Bibliografičeskie ukazateli
perevodnoj belletristiki

Other Variorum Reprints:

POLNYJ PRAVOSLAVNYJ BOGOSLOVSKIJ ENCIKLOPEDIČESKIJ SLOVAR'
Reprint of the (1913) Russian edition

DICTIONNAIRE GREC-FRANÇAIS DES NOMS LITURGIQUES EN USAGE DANS L'ÉGLISE GRECQUE
Léon Clugnet - Reprint of the Paris 1895 edition

£8·00

Edinburgh University Library

Dikson-Mežer-Braginskij

Bibliografičeskie ukazateli
perevodnoj belletristiki

With a prefatory note by J S G Simmons

VARIORUM REPRINTS
London 1971

Prefatory Note © 1971 Variorum Reprints

ISBN 0 902089 19 6

Published in Great Britain by
VARIORUM REPRINTS
21a Pembridge Mews London W11 3EQ

Printed in Switzerland by
REDA SA
1225 Chêne-Bourg Geneva

Reprint of:

Bibliografičeskij ukazatel' perevodnoj belletristiki
v svjazi s istoriej literatury i kritikoj. St Petersburg 1897
and
Bibliografičeskij ukazatel' perevodnoj belletristiki
v russkih žurnalah za pjat' let, 1897-1901. St Petersburg 1902.

VARIORUM REPRINT R3

PREFATORY NOTE

This reprint unites within a single pair of covers two Russian bibliographies — one by K.I. Dikson (with the collaboration of A.V. Mezér) and the other (which supplements Dikson's work) by D.A. Braginskij. Both bibliographies cover a body of literature which is arousing growing interest not only among historians of Russian literature, but also among comparatists, i.e. they record translations into Russian of Oriental, Classical, European, and American literary works. They cover both separately published translations and those which appeared in Russian journals throughout the nineteenth century. Neither could claim to be either an absolutely exhaustive or a flawless record, but they include a high proportion of the relevant material. The utility of Dikson's work is enhanced by A.V. Mezér's contribution (pp. 110-31) which records Russian critical, biographical, and historical works (books and articles) dealing with the non-Russian literatures and published in Russia to the year 1896.

Braginskij's supplement carries Dikson's bibliography forward from 1897 to the year 1901. It does not, unfortunately, contain a supplement covering the period on the lines of Mezér's contribution to the original work.

The two works were originally published in small editions and have long been unobtainable even in the U.S.S.R. They remain indispensable and un-superseded: as such they are excellent examples of the type of reference-work which deserves without question the new lease of life in book form which modern facsimile-reproduction methods can so easily bestow.

All Souls College, Oxford   J.S.G. SIMMONS

БИБЛІОГРАФИЧЕСКІЙ УКАЗАТЕЛЬ

ПЕРЕВОДНОЙ БЕЛЛЕТРИСТИКИ

ВЪ СВЯЗИ СЪ ИСТОРІЕЙ ЛИТЕРАТУРЫ

И КРИТИКОЙ.

Востокъ. Греція и Римъ. Испанія, Италія и Португалія. Франція. Англія и С. Американскіе соед. штаты. Терманія. Швеція, Норвегія и Данія. Южно-славянскія земли. Польша. Другія европейскія страны.

Съ предисловіемъ **Н. А. Рубакина.**

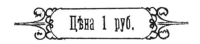

Цѣна 1 руб.

С.ПЕТЕРБУРГЪ.
Типографія А. А. Пороховщикова. Вассейная, № 3—5.
1897.

Дозвол. ценз. Сиб., 28 Января 1897 г.

Отъ составителя.

Настоящая книга представляетъ изъ себя скромную попытку разобраться въ наличности переводной беллетристики, существующей на русскомъ языкѣ. Составитель взялъ на себя кропотливый и неблагодарный трудъ пересмотрѣть по возможности всѣ существующіе на русскомъ языкѣ библіографическіе указатели и словари, какъ-то труды В. И. Межова, С. Венгерова, бр. Ламбиныхъ, Сопикова и др., каталоги книжныхъ магазиновъ, частныхъ и общественныхъ библіотекъ, указатели разныхъ періодическихъ изданій и т. д., и выбрать изъ нихъ произведенія тѣхъ авторовъ, которые играли извѣстную роль въ исторіи человѣческой мысли съ древнѣйшихъ до новѣйшихъ временъ. Никакого иного критерія къ избираемымъ авторамъ, кромѣ критерія историческаго, составитель не предъявлялъ. Главнымъ пособіемъ при составленіи списковъ этихъ авторовъ ему служили наиболѣе обширные обзоры всемірной исторіи литературы, существующіе на русскомъ языкѣ (напр., «Всеобщая исторія литературы», изд. К. Риккеромъ, подъ ред. В. Корша и проф. Кирпичникова, «Всемірная исторія литературы» В. Зотова, труды Каррьера, Шерра, Геттнера, Шерера и друг., указанные въ своемъ мѣстѣ). Не вина составителя, что нѣкоторые авторы совсѣмъ не вошли въ «Указатель»: ихъ произведеній совсѣмъ не существуетъ въ русскомъ переводѣ. И такихъ авторовъ не мало. По той же причинѣ у многихъ авторовъ не указаны критическія и біографическія статьи, характеризующія ихъ жизнь и дѣятельность. Намъ поневолѣ приходилось нерѣдко ограничиваться лишь тѣмъ, что ссылаться въ такихъ случаяхъ на общія обозрѣнія исторіи литературы той страны, гдѣ эти авторы жили и дѣйствовали. Нѣкоторые пробѣлы въ «Указателѣ» произошли еще потому, что, признавая за нашимъ трудомъ нѣкоторое практическое значеніе, въ смыслѣ пособія при преподаваніи и при изученіи словесности и ея исторіи, составитель не вводилъ въ свой «Указатель», за немногими исключеніями, тѣхъ переводовъ, которые сдѣланы въ прошломъ столѣтіи или въ началѣ нынѣшняго. Эти переводы слишкомъ устарѣли и пользованіе ими затруднительно.

Планъ, котораго мы держались при составленіи «Указателя», состоитъ въ нижеслѣдующемъ:

«Указатель» распадается на 9 отдѣловъ; каждый отдѣлъ посвященъ литературѣ того или другого народа или извѣстныхъ группъ народовъ. Передъ каждымъ отдѣломъ указаны *главнѣйшія* сочиненія, посвященныя болѣе или менѣе *общимъ* обзорамъ литературы данной страны. Краткій списокъ ихъ, напечатанный болѣе крупнымъ шрифтомъ и въ одинъ столбецъ, представляетъ какъ бы *историческое введеніе* въ исторію литературы даннаго народа. Какъ введеніе еще болѣе общаго характера, въ началѣ «Указателя» данъ списокъ главныхъ сочиненій по исторіи языка и письменности и списокъ общихъ обзоровъ литературы всемірной. Этотъ списокъ даетъ возможность читателю познакомиться съ тѣмъ, какое мѣсто занимаетъ литература даннаго народа въ исторіи человѣчества, во всей ея сложности и преемственности идей, стремленій и настроеній. Этимъ указаніямъ мы старались придать возможно *описательный* характеръ и съ этою цѣлью выписали не только подробныя названія указанныхъ сочиненій, но и оглавленія нѣкоторыхъ изъ нихъ. Знакомство съ главнѣйшими сочиненіями по исторіи литературы даннаго народа позволитъ читателю, буде онъ пожелаетъ, быстро оріентироваться въ наличности его литературы и взглянуть на того или иного автора съ *историческ...й* точки зрѣнія. Въ два столбца и болѣе мелкимъ шрифтомъ (петитъ) напечатаны самые списки произведеній той или другой литературы, имѣющихся въ русскомъ переводѣ. При тѣхъ авторахъ и ихъ произведеніяхъ, при какихъ это оказалось возможнымъ, напечатаны еще болѣе мелкимъ шрифтомъ (нонпарелью) указанія на относящіяся къ нимъ статьи критическія и біографическія. Такимъ образомъ, читатель, желающій приступить къ знакомству съ иностранной беллетристикой, съ помощью такого «Указателя» можетъ сдѣлать это *осмысленно*. Онъ не только можетъ познакомиться съ тѣмъ или другимъ его произведеніемъ, но и вдуматься въ него, вникнуть въ его историческія, эстетическія и другія детали; не только познакомиться съ тѣмъ, чему учитъ и чему можетъ научить это произведеніе, но и съ авторомъ его, съ его жизнью и дѣятельностью, съ его положеніемъ и ролью въ исторіи литературы родной его страны. съ этой исторіей литературы, съ ея отношеніями къ литературѣ всемірной. Нужно-ли доказывать, что наибольшее наслажденіе отъ знакомства съ произведеніями изящной словесности испытываетъ именно тотъ читатель, который не только относится къ нимъ какъ къ «пріятному чтенію, не оскорбляющему вкуса», а восходитъ отъ. произведенія и его исторіи къ исторіи тѣхъ стремленій и идей, которыми жилъ и которые волновали тотъ или иной вѣкъ, ту или иную страну...

Помочь этому восхожденію, помочь и читателю, ищущему самообразованія, и преподавателю, заботящемуся о чтеніи своихъ учениковъ и ученицъ,—въ этомъ и состояла задача, поставленная составителемъ «Указателя». Не его вина, если онъ исполнилъ ее не въ столь полной степени, какъ онъ этого желалъ бы. Составитель знаетъ, что въ его «Указателѣ» не мало промаховъ и ошибокъ, за указанія которыхъ онъ былъ бы весьма признателенъ. Но и то, что есть въ «Указателѣ», можно надѣяться, будетъ небезполезнымъ.

Составитель.

Предисловіе.

Богата-ли русская переводная литература? Въ чемъ заключаются ея богатства? Представляютъ-ли они блестящую совокупность лучшихъ произведеній всемірной литературы,—такихъ произведеній, которыя и были, и есть, и еще долго останутся ея украшеніемъ, которыя еще долго будутъ служить незыблемымъ доказательствомъ силы, величія и красоты человѣческаго духа, или же это сбродъ и хламъ, печальные отбросы, не имѣющіе никакого интереса или же имѣющіе интересъ минуты? Что даетъ русской читающей публикѣ переводная литература,—связываетъ-ли она ея стремленія со стремленіями западно-европейскаго общества, приближаетъ-ли ея жизнь къ духовной жизни человѣчества, къ братской семьѣ народовъ? Врядъ-ли нужно доказывать, какой громадный интересъ представляютъ отвѣты на всѣ эти вопросы,—интересъ не только теоретическій, но и практическій. Разумѣется, въ данномъ случаѣ рѣчь идетъ не о значеніи литературы вообще, а о значеніи частички всемірной литературы, переведенной на русскій языкъ. Это вопросъ дня,—вопросъ, если можно такъ выразиться, статистическій. На него можно отвѣчать только приведя въ извѣстность наличный составъ переведенной литературы.— Вотъ въ этомъ и заключается теоретическій интересъ «Библіографическаго указателя», издаваемаго нынѣ въ свѣтъ.

Правда, въ этотъ указатель вошла далеко не вся беллетристика, существующая въ переводахъ на русскомъ языкѣ; но всякій, кто мало-мальски знакомъ съ наличнымъ составомъ «беллетристическаго отдѣла» каталоговъ, легко можетъ убѣдиться, что въ этотъ «Указатель» вошло почти все лучшее, что только существуетъ на русскомъ языкѣ. Просматривая же это «лучшее», нетрудно видѣть, что переводная литература у насъ не только не поражаетъ своимъ обиліемъ, но и положительно бѣдна, что она даже поражаетъ своею скудостью, она блещетъ отсутствіемъ переводовъ длиннаго ряда выдающихся произведеній, украшающихъ собою всемірную литературу. Достаточно сказать, что у насъ не существуетъ переводовъ Рабле *), Монтеня, Китса, Леконтъ-де-Лиля, Джонсона, не говоря уже о такихъ произведеніяхъ, какъ «Зендъ-авеста», «Веды», «Рамаяна» и т. д., и т. д. Глубоко ошибаются тѣ, которые жалуются на переполненіе нашей литературы переводными произведеніями. Удивляться и жаловаться можно лишь на то, что мы еще мало причастны, посредствомъ переводной литературы, къ умственнымъ и литературнымъ теченіямъ Запада, что на русскій языкъ не переведено, изъ числа старыхъ и новыхъ литературныхъ произведеній разныхъ народовъ, и сотой доли того, что *должно* бы быть переведено. Пусть знатоки литературы перелистаютъ этотъ указатель. Эта истина, къ сожалѣнію, затемненная всякими спорами о литературныхъ конвенціяхъ, выступитъ съ его страницъ сама собою. Бѣдность нашей переводной литературы заставляетъ желать лишь *обогащенія* ея новыми переводами, а не возникновенія новыхъ препятствій къ ея обогащенію.

---

*) Если не считать сокращеннаго перевода, сдѣланнаго въ XVIII в. и давно вышедшаго изъ продажи.

Жалуются на обиліе въ переводной литературѣ всякаго рода бульварныхъ романовъ и вообще малоцѣнныхъ произведеній. Эти жалобы основательны, но только отчасти. Дѣло въ томъ, что сплошь и рядомъ съ этихъ-то «бульварныхъ» романовъ и начинаютъ свое знакомство съ литературой тѣ люди, которые еще только привыкаютъ къ чтенію, начинаютъ съ разныхъ Монтепеновъ, Эмаровъ, Борновъ, и т. д., для того, чтобы перейти затѣмъ на произведенія лучшихъ авторовъ, вродѣ Гюго, Флобера, Шпильгагена и др. Это естественный ходъ чтенія, и для того, чтобы судить о томъ, вреденъ онъ или нѣтъ, нужно произвести цѣлое изслѣдованіе, нужно наблюдать цѣлую толпу читателей, наблюдать въ теченіе возможно долгаго времени и, отмѣчая прочитанныя ими книги, присматриваясь къ нимъ, рѣшать,—замѣчаются-ли въ этой толпѣ читателей какія-либо улучшенія въ смыслѣ выбора книгъ. На основаніи цѣлаго ряда отчетовъ провинціальныхъ библіотекъ и другихъ, имѣющихся въ нашемъ распоряженіи цифровыхъ и иныхъ матеріаловъ, мы съ полною увѣренностью рѣшаемся утверждать, что *въ огромномъ большинствѣ случаевъ улучшенія эти дѣйствительно наблюдаются*, что читатель, упорно держащійся за книгу, обыкновенно прогрессируетъ въ своемъ развитіи, научается отличать лучшее отъ худшаго, цѣнить и выбирать. Душевное состояніе такого читателя прекрасно описано талантливымъ рабочимъ-самоучкой В. И. Савихинымъ *). Правда, есть и такіе читатели, которые застываютъ и за переводной дребеденью, но эти читатели—*не большинство*, и въ ихъ пристрастіи къ переводной дребедени виноваты уже отнюдь не самыя эти книги, а вообще разныя условія жизни, въ критическій анализъ которыхъ входить здѣсь было бы излишне. По отношенію ко многимъ и многимъ читателямъ, отрицать пользу бульварныхъ и тому подобныхъ шаржированныхъ романовъ значитъ то же, что отрицать первыя ступени лѣстницы, признавая послѣдующія. Не въ отрицаніи первыхъ вся суть дѣла, а именно въ указываніи этихъ послѣдующихъ. Поэтому мы считаемъ неосновательными жалобы и указанія на существованіе въ русскомъ переводѣ всякаго рода бульварныхъ произведеній. Эти произведенія пока еще ничѣмъ не замѣнимы для многихъ читателей, а въ настоящее время, когда кругъ читающей публики, можно сказать, расширяется въ разныхъ слояхъ населенія не по днямъ, а по часамъ,—и тѣмъ болѣе. Они представляютъ изъ себя какъ бы авангардъ великой книжной арміи, ея легкую кавалерію, проникающую даже въ такія дебри, куда болѣе тяжелая и основательная пѣхота разныхъ родовъ оружія не пройдетъ. А съ этой точки зрѣнія и количество такого рода произведеній не представляетъ изъ себя ничего удивительнаго, особенно если принять въ разсчетъ быструю поглощаемость этого матеріала.

Всякій интересующійся развитіемъ того общества, въ которомъ онъ живетъ, можетъ пожелать прежде всего, чтобы въ разные слои читающей публики проникало возможно больше знаній, возможно больше разнообразныхъ знаній, касающихся различныхъ условій личной и общественной жизни въ другихъ странахъ и другихъ общественныхъ классовъ, вообще больше матеріала для критической мысли, представлены-ли эти матеріалы въ художественныхъ образахъ поэта или въ убѣжденныхъ словахъ публициста и общественнаго дѣятеля.

И съ этой стороны скромная попытка составить «Библіографическій указатель переводной беллетристики въ связи съ исторіей литературы и критикой», какъ бы этотъ указатель ни былъ далекъ отъ совершенства, несомнѣнно заслуживаетъ симпатій всѣхъ тѣхъ, кому дорого стремленіе къ самообразованію, пробуждающееся нынѣ въ русской читающей публикѣ.

Въ заключеніе позволяемъ себѣ отмѣтить, что «Библіографическій указатель» составленъ по тому плану, который былъ намѣченъ нами на стр. 54 «Этюдовъ о русской читающей публикѣ».

Н. Рубакинъ.

ВВЕДЕНІЕ.

Главныя сочиненія по исторіи языка и письменности *)

Коршъ, В. Языкъ какъ, явленіе природы и орудіе литературы. См. Всеобщ. исторію литературы, т. I. В. I.

367. II. **Тэйлоръ.** Языкъ (см. «Антропологія» Тэйлора гл. IV—VI).

Употребленіе знаковъ. Языкъ движеній. Движенія, выражаемыя голосомъ. Естественный языкъ. Способъ выраженій у животныхъ. Эмоціональные и подражательные звуки въ языкѣ. Измѣненіе звука и смысла. Выраженіе смысла звукомъ. Дѣтскія слова. Членораздѣльная рѣчь.—Ея отношеніе къ естественной рѣчи.—Происхожденіе языка.—Членораздѣльная рѣчь. Развитіе значеній. Отвлеченныя слова. Предметныя и грамматическія слова. Части рѣчи. Изреченія. Аналогическій языкъ. Сочетаніе словъ. — Синтетическій языкъ. Приставки. — Звукоизмѣненіе. — Корни. Синтаксисъ. Управленіе и согласованіе. — Родъ. Развитіе языка.—Усвоеніе и утрата языка. Языкъ предковъ. Семейства языковъ: арійское, семитическое, египетское, берберійское, туранское или татарское, юго-восточно-азіатское, малайско-полинезійское, дравидійское, африканское, готтентотское, американское. Раннie языки и расы.

364. II.—Языкъ жестовъ и языкъ словъ (Тэйлоръ. Доисторич. бытъ человѣчества. гл. II—IV).

365. II. — Эмоціональный и подражательный языкъ. (Тэйлоръ. Первоб. культура, т. I, гл. V—VI).

(См. также соч. Леббока, Петри «Антропологія», Липперта «Исторія культуры»).

378. VIII. — **Мюллеръ, М.** Лекціи по наукѣ о языкѣ. Спб. 65 г.

207. VIII. — Наука о языкѣ. Вор. 68 г.

615. VI. — Наука о мысли. Пер. В. Чуйко. Спб. 95 г., 2 р. 50 к.

Основные элементы мысли. — Мысль и языкъ. Языкъ, какъ преграда между человѣкомъ и животными. Составные элементы языка. О происхожденіи понятій и корней.—Корни въ санскритѣ. Образованіе словъ.—Предложеніе и силлогизмъ.

438. VIII. **Овелакъ.** Лингвистика. Изд. Пантелѣева. Спб. 81 г., ц. 2 р.

792. VIII. **Шрадеръ.** Языкознаніе и первобытная культура. Спб. 86 г., ц. 3 р.

315. II. **Коршъ, В.** Письменность. Всеобщ. исторія литературы В. Корша, т. I, ч. I.

367. II. **Тэйлоръ.** Письменность. (Идеографическое письмо. Фонетическія письмена. Китайское письмо. Клинообразныя письмена. Египетское письмо. Азбучное письмо. Правописаніе. Книгопечатаніе).

---

*) Подробности см. въ этой книгѣ въ отдѣлахъ языкознанія и теоріи словесности.

1

364. II. — Письмо фигурами и письмо словами (Тэйлоръ. Доистор. быть, гл. V).

174. II. **Мечниковъ, Л.** До-азбучная цивилизація (исторія письменности). Д. 77 г. 5, 6.

361. II. **Леббокъ, Д.** Начало цивилизаціи. Умственное и общественное состояніе дикарей. Пер. под. ред. Д. Коропчевскаго Спб. 75 г.

2721. II. — Тоже. Новое изданіе М. Ледерле. Спб. 96 г.

Языкъ. Языкъ знаковъ.—Происхожденіе коренныхъ словъ.—Звукоподражанія.—Названія отца и матери.—Названія отца и матери въ различныхъ языкахъ.—Выборъ коренныхъ словъ.—Отсутствіе отвлеченныхъ понятій.—Затрудненіе дикарей въ счисленіи.

2188. II. **Летурно.** Литературное развитіе различныхъ племенъ и народовъ. Пер. съ фр. Спб. 95 г, 1 р. 50 к.

Начало литературы (эстетическіе рефлексы. Эстетика у животныхъ. Первобытные языки. Рѣчь у ребенка. Соціальныя вліянія). Литература меланезійцевъ и негровъ. Литература африканскихъ негровъ, полинезійцевъ, американскихъ дикарей, Мексики и Перу, монголовъ, Китая и Японіи, народовъ бѣлой расы. Первобытная литература среди европейскихъ варваровъ. Прошедшее и будущее литературы.

Изящная словесность въ связи съ исторіей литературы и критикой *)

Общія обозрѣнія исторіи всеобщей литературы.

1218. II. **Штернъ**. Всеобщая исторія литературы. Пер. съ нѣмецк., дополненный библіографическимъ указателемъ. Изд. А. Суворина. Спб. 85 г., ц. 2 р.

381. II. **Шерръ**, I. Всеобщая исторія литературы. Пер. съ нѣмецк. А. Пыпина Изд. 2-е. Спб. 67 г. ц. 3 р.

2162—63. II.—То-же, новое изданіе. Пер. подъ редакціей и съ примѣчан. П. И. Вейнберга, съ рис., изд. Байкова и К°. М. 95 г., ц. 8 р.

2725—27. II. **Исторія** литературы древняго и новаго міра. Сост. по I. Шерру, Шлоссеру, Г. Геттнеру, Ф. Шлегелю, Ю. Шмидту, Р. Готтшалю и др. подъ ред. А. Милюкова и В. Костомарова. Спб. 62—64 г. Ц. 3 р. 25 к.

2085—88. II. **Зотовъ**. В. Р. Исторія всемірной литературы въ общихъ. очеркахъ, біографіяхъ, характеристикахъ и образцахъ. Спб. Изд. Вольфа. 76 г., ц. 20 р Въ книгу вошло много отрывковъ изъ соч. классич. авторовъ.

315—319. II. **Коршъ**, В. Всеобщая исторія литературы, составлен. по источникамъ и новѣйшимъ изслѣдованіямъ, при участіи русскихъ ученыхъ и литераторовъ. 4 тома. Спб. 80—92 гг., ц. 30 р.

310—14. II. **Каррьеръ, М.** Искусство въ связи съ общимъ развитіемъ культуры и идеалы человѣчества. Пер. В. Корша, изд. Солдатенкова. 2 т. М. 70—75 г.. Ц. 16 р.—Т. I. Зачатки культуры и восточная древность. Т. II.—Эллада и Римъ. Т. III. Средніе вѣка. Т. IV. Возрожденіе и реформація въ образованіи искусствъ и литературъ Т. V. Новые вѣка.

270. II. **Линниченко, А.** Курсъ исторіи поэзіи для воспитанницъ женскихъ институтовъ и воспитанниковъ гимназій. Изд. 2-е К. 61 г.

1930. II. **Веселовскій, А.** Старинный театръ въ Европѣ (съ эпохи среднихъ вѣковъ). М. 70 г., 2 р.

ОТДѢЛЪ I.
Литература востока.

Общія обозрѣнія исторіи литературы восточныхъ народовъ.

315. II. **Якимовъ, И.** Очеркъ исторіи древне-еврейской литературы. Всеобщая исторія литер., Корша. Т. I, ч. I.

2161. II. **Карпелесъ, Г.** Исторія еврейской литературы. Перев. подъ редакц. и съ примѣчаніями доктора восточныхъ языковъ А. Я. Гаркави. Спб. 90 г.

---

*) Библіографическіе указатели см. въ отдѣлѣ исторіи литературы.

1*

315. II. **Мейеръ, Э.** Исторія древне-египетской литературы. Всеобщая исторія литературы, Корша. Т. I, ч. I.

Ө. Е. Изящная литература древнихъ египтянъ. Р. О. 91 г. 8.

1222. II. **Сэйсъ, А.** Ассиро-Вавилонская литература. Съ библіографическимъ указателемъ отъ переводчика. Спб. 79 г., ц. 50 к.

315. II. **Мейеръ, Э.** Исторія ассирійско-вавилонской литературы. Всеобщая исторія литературы, Корша. Т. I, ч. I.

103. II. **Хвольсонъ, Д.** Новооткрытые памятники древне-вавилонской письменности. Р. В. 59 г. 5—6.

315. II. **Залеманъ. К.** Очеркъ исторіи древне-персидской или иранской литературы. Всеобщая исторія литературы, Корша. Т. I, ч. 1.

971—2. II. **Шевыревъ, Ст.** Исторія поэзіи. Чтенія въ Московскомъ университетѣ. Т. I. Исторія поэзіи индійцевъ и евреевъ, съ приложеніемъ двухъ вступительныхъ чтеній о характерѣ образованія и поэзіи главныхъ народовъ Западной Европы. Изд. 2, Спб. 87 г.

315. II. **Минаевъ, И.** Очеркъ важнѣйшихъ памятниковъ санскритской литературы. Всеобщая исторія литературы, Корша. Т. I, ч. I.

1. II. **Коссовичъ, К.** Двѣ публичныя лекціи о санскритскомъ эпосѣ. Р. С. 60 г. 6—8.

Миллеръ, О. Поэзія древней Индіи. Ж. М. Н. П. 56 г. 8.

317. II. **Холмогоровъ, И** и **Муркосъ, Г.** Очеркъ исторіи арабской литературы. Всеобщая исторія литературы, Корша. Т. II.

315. II. **Васильевъ, В.** Очеркъ исторіи китайской литературы. Всеобщая исторія литературы, Корша. Т. I, ч. I.

315. II. **Паткановъ, К.** Очеркъ исторіи древне-армянской литературы. Всеобщая исторія литературы, Корша. Т. I, ч. I.

См. также статью:—„Армянская литература" въ Энциклопедическомъ словарѣ Брокгауза и Ефрона. Т. II.

268. II. **Остряковъ, П.** Народная литература кабардинцевъ и ея образцы. В. Е. 79 г. 8.

Хахановъ. Изъ исторіи современной грузинской литературы. Р. М. 93 г. 12.

4751. III. **Армянскіе** беллетристы. Сборникъ, изданный подъ редакціей Ю. Веселовскаго и М. Берберьяна. Т. I. 93 г., ц. 1 р. 75.

Отрывки изъ ихъ сочиненій съ біографическими очерками авторовъ. Въ книгу вошли слѣдующіе авторы: X. Абовлянъ, I. Прошьянцъ, Раффи, Р. Патканьянъ, А. Паронъянъ, Дзеренцъ, X. Агаянцъ.

6039. III. **Аттая, М. и Рябининъ, М.** Сборникъ басенъ, извѣстныхъ подъ именемъ басенъ Бидпая. Пер. съ арабскаго. Съ введеніемъ, примѣчаніями и прибавленіями къ тексту. М. 89 г., ц. 3 р.

225. III. **Ахтомеркіанъ.** Ножичекъ. Разсказъ водовоза. Пер. съ армянск. Тифлисъ., ц. 30 к.

1864. III. **Багуатъ-Гета** или бесѣды Кришны съ Аржуномъ. Съ примѣчаніями, перевед. съ подлинника, писаннаго на древнемъ браминскомъ языкѣ (Санскритѣ), на англійскій, а съ сего на россійскій языкъ. Тип. Н. И. Новикова. М. 1788 г. (библ. рѣдк.). Кр. см. ниже „Магабгарата".

2523. II. **Басни** и сказки дикихъ народовъ. I. Животный эпосъ и легенды готтентотовъ. II. Дѣтскія сказки и преданія зулусовъ. Пер. съ англійск. Спб. 74 г., ц. 75 к. См. также Стэнли.

Бидпай см. **Аттая.**

130. VII. **Бидпай** и **Локманъ.** Индійскія басни и сказки. Переведены на турецкій языкъ Али-Челеб-Бен-Салее. Начало перевода на французскій языкъ сдѣлано М. Галландомъ и окончено Кардономъ. Русскій переводъ обработанъ В. М. Кіевъ. 76 г.

165—6. V. **Библія.** См. отд. религіи.

Будда. См. Ольденбергъ, также въ отдѣл. религіи. См. еще Каррьеръ „Искусство", т. I, № 310. II.

6040. III. **Веды. Восемь гимновъ.** (Ригъ-Веды). Пер. Н. Крушевскаго. Каз. 79 г. См. также Джонсонъ. О значеніи Ведъ см. Хрисанфъ, Истор. религій, Карьеръ. Искусство. Минаевъ (въ исторіи литературы Корша). 101. У. Ольденбергъ. Будда.

55. III. **Гафизъ.** Пѣсни. Пер. Прахова. Р. В. 74 г. 5.

— 24 стихотворенія. Пер. А. Фета. Р. С. 60 г. 2.

6231. III. — Тоже. Собраніе стих. А. Фета. ч. II. М. 63 г. О Гафизѣ. См. Карьеръ. Т. III. № 312. II.

Гогія—пѣвецъ. Грузинская легенда о томъ, какъ явились въ міръ иволга, соловей и удодъ. Пер. съ грузинск. О. Т. В. Е. 92 г. 4.

Горе киргиза. Киргизская народная пѣснь. Сообщ. П. Расповъ. Р. С. 87 г. 8.

Джинъ-Дыхуэй. Фань-су или плутовка горничная. Ком. пер. Байбакова, Б. д. Ч. 39 г. 35.

Джонсонъ. Отрывки изъ Упанишадъ или Веданты (конца Ведъ). Вопр. фил. и псих. 96 г. 1.

249. I. **Диваевъ, А.** Сказки, собранныя въ Чимкентскомъ и Ауліе-атинскомъ уѣздахъ. Сыръ-Дарьинск. Сборн. Ташк. 91 г.

Древнія историческія саги Персіи. Б. д. Ч. 50 г. 102.

4848. III. **Душистая** весна. Ром. изъ корейскаго быта съ рис. Марольда и Митти-са. Пер. съ китайскаго. Прил. къ ж. «Во-кругъ Свѣта» за 1894 г. М. 94 г.

275. III. **Еврейскія** пѣсни. См. полное собраніе сочиненій Л. Мея. Т. II.

Египетская сказка. См. В. Стасова. В. Е. 82 г. 8.

6042. III. **Зендавеста.** Четыре статьи изъ Зендъ-Авесты, съ прилож. транскрипціи русск. и лат. переводовъ, объясн., критич. примѣчаній, санскритск. перевода и сравнит. глоссарія. К. Коссовичъ. Спб. Изд. Им. Ак. Н. 61 г.

— Тоже. Труды Восточн. Отд. Им. Археол. Общ. 61 г. ч. VIII.

См. также пер. въ стихахъ Цертелева: „Изъ Зендъ-Авесты. Въ собраніи его стихотвореній. № 6248. III.

Зороастръ см. Зендавеста. Нѣкоторые отрывки приведены въ книгѣ Фулье „Отрывки изъ соч. древн. философовъ". М. 94 г.

О Зороастрѣ см. Хрисанфъ. Ист. религіи; Карр-еръ. Искусство. Т. I; Вс. Миллеръ „Зороастръ". М. Бож. 92 г.

Изреченія китайской мудрости. Изъ книгъ Та-хіо (Великая наука), изъ книги Чунгъ-Юнгъ („Неизмѣнность въ серединѣ"), изъ книги Лунъ-Ю, („Бесѣды мудрецовъ"), изъ книги Менгъ-Тсе (Менція). Пер. Д. Ме-режковскаго. В. Ин. Лит. 95 г. 1.

5401. III. **Іошида.** Японскій романъ. Спб. 96 г., ц. 1 р.

6041. III. **Каганкатвази, М.** Исторія Агванъ. Пер. съ армянскаго К. Патканьянъ. Изд. Ак. Наукъ. Спб. 61 г.

См. отд. исторіи.

1782. III. **Калидаса.** Сакунтала. Индій-ская драма. Пер. съ санскрит. Путяты. М. 79 г.

5402. III. — Тоже. Изд. Суворина. Пер. С. Эйгесъ. Спб. 95 г., ц. 25 к.

5403. III. — Тоже. Переложеніе Маракуева (Сакунтала или узнанная по кольцу), М. 83 г. ц. 8 к.

— Разбитая кружка. Пер. съ санскритскаго В. М. Р. В. 76 г. 9.

О Калидасѣ и его драмахъ см. у Каррьера, т. I. № 310. III.

Каильонъ-Пандита. „Раджа Тарон-гини". Истор. поэма на санскрит. языкѣ. П. Л. Петровъ. Моск. унив. Изв. 65 г. 1.

5264. III. **Карма.** Буддійская сказка. пер. съ предисловіемъ Льва Толстого. Соч. Т. XIII.

6208. III. **Китай** и **Японія** и ихъ поэзія. Маленькая антологія № 1. Спб. 96 г., ц. 30 к.

2695 — 6. II. **Конфуціева** лѣтопись. Чунъ-цу. Пер. Н. Монастырева. Спб. 76 г.

См. отд. истор.

Конфуцій. „Средина и постоянство". Пер. съ кит. Д. Конисси. Вопр. фил. и психол. 95 г. 4.

См. отд. философіи.

Изложеніе ученія Конфуція см. 415. I. Георгіевскій. Принципы жизни Китая. Спб. 88 г. Ц. 2 р. 50 к.

Также Каррьеръ, М. „Искусство" т. I. № 310, II.

Коранъ см. отд. религіи.

Кришна - Мисра. Торжество свѣтлой мысли. Драма. Актъ III. Пер. Коссовича. Собр. 46 г. 41.

2028. VI. **Лао-цзы.** Тао-те-Кингъ. Пер. съ китайск. Д. Конисси. М. 93 г., ц. 40 к.

— Тоже. Вопр. фил. и псих. 93 г.

См. отдѣлъ филос. и религіи.

О Лао-цзы см. ст. Д. Конисси. Вопр. фил. и псих. 91 г. 18; 93 г. 23. Георгіевскій — Принципы жизни Китая", а также Каррьеръ — Искусство" т. I. № 310. II.

Магабгарата. См. Отрывокъ изъ нея: Наль и Дамаянти; также см. Коссовичъ. Багуат-Гета.

Мен-цзы (Менцій). см. Изреченія.

6004. III. **Минаевъ.** Индійскія сказки и легенды, собранныя въ Камаонѣ въ 1875 г, Спб. 77 г.

Объ индійскихъ сказкахъ см. у Каррьера, М. т. I. № 310. II.

1253. III. **Наль** и **Дамаянти.** Индій-ская повѣсть. Отрывки изъ Магабгараты. Пер. В. Жуковскаго. См. полн. собр. сочин. Т. III.

Существуетъ еще переводъ Н. Коссовича. Наль и Да-маянти. Этюдъ изъ Магабхараты. М. 51—52 гг., ц. 2 р.

5405. III.—Тоже. Переложеніе Маракуева. М. 83 г. ц. 10 к.

Объ индійскомъ эпосѣ см. у Каррьера, М. т. I. № 310. II; 971. II. Шевырева. Исторія поэзіи, и въ христо-матіи Филонова. В. I. № 116. VIII.

4924. III. **Натеза-Састри.** Пажъ прин-цессы. Ром. изъ индѣйскихъ нравовъ. Пер. съ индусскаго. М. 94 г.

1068. II. **Ольденбургъ. С.** Буддійскій сборникъ „Гирлянда Джатакъ" и замѣтка о Джатакахъ. Спб. 92 г.

105. V. **Ольденбергъ.** Будда. Его жизнь, ученіе и община. Пер. П. Николаева. М. 91 г., 2 р.

Въ книгу вошли многочисленные отрывки изъ буд-дійскихъ сочиненій. См. отд. религіи.

249. II. **Остроумовъ, Н.** Пословицы и поговорки туземнаго населенія Туркестанска-го края. Сыръ-Дар. сборн. Ташк. 91 г.

Пай-Хіангъ-Тсіенъ. Лиза—китай-ская куртизанка. В. II. Л. 94 г. 11.

Пратимокша-Сутра. Буддійскій слу-жебникъ. Пер. И. Минаева. Записки Им. Акад. Наукъ. Т. 16 (и отд. оттискъ).

1453. VII. **Рамаяна.** См. переложеніе Чистякова. См. отд. беллетристики для дѣтей.

Раффи. Биби-Шарабани. Этюдъ изъ жиз-ни солнцепоклонниковъ въ Персіи. Пер. съ армянск. Е. Некрасовой. М. Б. 92 г. 2.

5412. III. — Золотой пѣтухъ. Пер. съ ар-мянскаго Н. Кара-Мурза. Тифлисъ. 92 г., ц. 1 р.

Другія соч. Раффи см. въ сб. „Армянскіе беллет-ристы".

4872. III. — Джелаледдинъ. Разск. Пер. съ армянскаго. Р. М. 91 г. 9.

О Раффи см. М. Б. 92 г. 2, ст. Некрасовой. Біографія. См. сб. „Армянскіе беллетристы".

6043. III. **Саади-Ширази.** Гюлистанъ. Цвѣтникъ розъ. Съ персидскаго—пер. И. Хол-могоровъ. М. 82 г., ц. 1 р.

6044. III. **Саидъ-Саади.** Тайны гаре-ма. Съ турецкаго. М. 82 г. Ц. 40 к.

Кр. ст. Наскаго-Шарапова, О. 3. 51 г. 78.

6047. III. **Сборникъ** восточныхъ раз-сказовъ, легендъ и сказаній. Спб. 95 г., ц. 1 р. 50 к.

6045. III. **Себеасъ.** Исторія императора Иракла. Пер. съ армянскаго. Спб. 62 г. ц. 90 к.

1865. III. **Сказаніе о Дгрувѣ.** Древне-индійская религіозная легенда. Пер. съ санскритскаго К. Коссовича. М. 48 г.

4389. III. **Сказки попугая.** Передѣлка съ персидскаго А. Яворовскаго. Съ рис. М. Малышева и Порфирова. Изд. М. Ледерле и К°. Спб. 91 г., ц. 1 р. 50 к.

Стасовъ, В. Древнѣйшая повѣсть въ мірѣ.—Древне-египетскій папирусъ.—Романъ двухъ братьевъ. В. Е. 68 г. 10.

— Египетская сказка, открытая въ Петербургскомъ эрмитажѣ. В. Е. 82 г. 8.

6209. III. **Стэнли, Г.** Мои чернокожіе спутники и ихъ диковинные разсказы. Пер. Е. Бекетовой. Спб. 94 г.

— Тоже. В. Ин. литер. 94 г. (прилож.).

4885—87. III. **Тысяча и одна ночь.** Арабскія сказки. Новый полный переводъ Ю. Доппельмейера, съ 226 рис. въ текстѣ. 3 тома. Изд. Кушнерева, ц. 9 р. 25 к.

5160—165. III. **Тысяча и одна ночь.** Разсказы Шехеразады. Пер. съ позднѣйшаго, исправлен. и дополн. англійскаго изданія Л. Шелгуновой. Съ рис. Изд. Добродѣева. Пять томовъ. Спб. 94 г.

Фирдуси. Шахнамэ.
Отрывокъ см. Рустемъ и Зорабъ. Пер. В. Жуковскаго. См. Полн. Собр. сочиненій. Т. III. № 1253 Ш.
О Фирдуси см. у Каррьера, т. III. № 312. II.

Хвольсонъ, Д. Памятники древней вавилонской письменности. Р. В. 59 г. 21.

Церетели, А. (кн.). Тамара. Истор. драма въ 5 дѣйствіяхъ. Пер. В. Л. Величко. В. Е. 92 г. 10.

Чавчавадзе, И. Сцены изъ временъ освобожденія крестьянъ. Пер. съ грузинск. Николадзе. П. Л. 83 г. 6.

6046. III. **Чженгъ-Ки-Тонгъ.** Романъ желтаго человѣка. (Изъ китайской жизни). М. 92 г., ц. 1 р.—

1777. II. **Шидди-Куръ.** Собраніе монгольскихъ сказокъ. Пер. съ монгольскаго языка на русскій Ламы Галсапа-Гомбоева. Съ предисл. академ. А. Шифнера. (Этногр. Сборн.).

ОТДѢЛЪ II.

Литература древней и современной Греціи и древняго Рима.

Общія обозрѣнія исторіи и литературы Греціи и Рима.

Мищенко, О. проф. Греческая литература. Энциклопедич. словарь Брокгауза и Ефрона. Т. IX.

624. II. — Въ чемъ источникъ непреходящихъ достоинствъ древне-эллинскихъ классиковъ. Р. М. 90 г. 7.

2164. II. **Джеббъ, Р.** Краткая исторія греческой литературы. Перев. Мазурина. М. 91 г., ц. 1 р. 50 к.

316. II. **Коршъ, В.** Исторія греческой литературы. Всеобщая исторія литературы, Т. I, ч. 2.

1734. II. **Гарусовъ.** Драматическая поэзія у Грековъ. (см. книгу Гарусова: «Очерки литературы древнихъ и новыхъ народовъ»).

78. II. **Мункъ, Э.** Исторія греческой поэзіи. Перев. съ нѣмецк. Н. Соколова. М. 63 г., ц. 1 р. 25 к.

972. II. **Шевыревъ, С.** Исторія поэзіи Т. II. Исторія поэзіи грековъ и краткое обозрѣніе поэзіи римлянъ. Спб. 92 г., ц. 2 руб.

1639—40. II. **Магаффи, Д.** Исторія классическаго періода греческой литературы. Пер. съ англ. А. Веселовскаго. Т. I. Поэзія. Т. II.—Проза. М. 82—83 гг. ц. 6 руб.

2165. II. **Штоль, Г.** Великіе греческіе писатели, Спб. 80 г., ц. 2 р.

2166. II.—Великіе римскіе писатели. Спб. 80 г., ц. 2 р.

316. II. **Модестовъ, В.** Исторія римской литературы. (Всеобщая исторія литературы, Корша, Т. I, ч. 2, стр. 1323—1685).

2167. II. —Лекціи по исторіи римской литературы. Полное (3-е) издан., три курса въ одномъ томѣ. Изд. Пантелѣева. Спб. 90 г., ц. 5 р.

491—2. II.—То же, изд. 2-е перед. и доп. Спб. 76 г., ц. 5 р.

523—24. II. ШТОЛЬ, Г. Мимы классической древности. Пер. съ нѣмецк. В. Покровскаго и П. Медвѣдева, 2 тома съ рисунк. М. 65—67 г., ц. 5 р.

2725. II. Исторія литературы древняго и новаго міра. Сост. по I. Шерру, Шлоссеру, Г. Геттнеру, Ф. Шлегелю, Ю. Шмидту, Р. Готшалю и др., подъ редакціей А. Милюкова. Т. I. Эллада и Римъ. Спб. 62 г., ц. 1 р. 50 к.

1734. II. ГАРУСОВЪ. Римская драматическая поэзія. (См. книгу Гарусова: Очерки литературы древнихъ и новыхъ народовъ, в. 1).

692. IX. ЭМИХЕНЪ, Г. Греческій и римскій театръ. Съ 23 рис. сценическихъ древностей. Пер. Н. Семенова. М. 94 г. ц. 1 р.

2031. VI. МАРТА. Философы и поэты моралисты во времена римской имперіи. Пер. М. Корсакъ. М. 79 г.

БЛАГОВѢЩЕНСКІЙ. О характерѣ и значеніи римской литературы. (Изъ лекцій, читанныхъ въ Им. Спб. Универ. Ж. М. Н. П. 67 г. 4.

— О началѣ римской комедіи. Пропилеи, кн. 2.

2620. II. БУАСЬЕ, Г. Картины древне-римской жизни. Очерки общественнаго настроенія временъ цезарей. Пер. съ фр. Е. Дегена. Спб. 96 г.

318. II. ПЕРВАНОГЛОСЪ. Краткій очеркъ новогреческой литературы. (Всеобщая исторія литературы, Корша. Т. IV, стр. 204—224).

655. II. ЛЮБКЕРЪ. Реальный словарь классической древности. Спб. 83—85 гг.

2157. II. АЛЕКСѢЕВЪ, В. Древне-греческіе поэты въ біографіяхъ и образцахъ. Спб. 95 г. ц. 3 р.

3850. III. АНЕКДОТЫ и остроумныя изреченія, выбранныя изъ сочиненій древнихъ писателей. Изд. Деш. Биб. Суворина. Спб. 84 г. ц. 15 коп.

783. III. АЛКЕЙ. Нѣсколько стихотвореній. Переводъ В. Крестовскаго. См. собр. соч. К. Т. I. 783. III.

Общая характеристика произведеній Алкея—см. у Магаффи. Ч. I. 1639. II.

276. III. АНАКРЕОНЪ ТЕОССКІЙ. Пѣсни, надписи, эпитафіи, эпиталамы и отрывки. Пер. Л. А. Мея. См. полное собраніе сочиненій Мея. Т. III. № 276. III. Также Библ. для Чтен. 55 г. 5, 8—9.

1328. III.—Тоже. Пер. М. В. Ломоносова. Собр. соч.

—Тоже. Пер. В. Крестовскаго. см. Собр. сочин. 783. II. Также у Пушкина, Гнѣдича, Майкова. и Мартынова.

6210. III.—Пѣсни. Пер. Баженова, М. 61 г.

6106. III.—Тоже. Пер. А. Кантеміра. (Собр. соч. т. III).

Объ Анакреонѣ—см. полн. собр. соч. Мея. Т. III. ст.: Замѣтки объ Анакреонѣ; а общую харак. произведеній Анакреона см. у Милюкова: Исторія литературы древняго и новаго міра ч. I. № 2725. II, а также у Магаффи. Ч. I. № 1639. II; 94. II. Водовозовъ, В. Анакреонъ. Историко-литер. очеркъ. С. 57 г. 8.

6211. III. АНТОНИНЪ. Liberalis. Превращенія. Перев. съ греческ. В. Алексѣева. Спб. 90 г. ц. 30 коп.

2707. III. АПУЛЕЙ. Золотой оселъ. Правоописательный романъ. Пер. съ латинск. Кострова. М. 70 г., ц. 1 р. 25 к.

5387. III.—То-же. Перев. Н. М. Соколова. Изд. Пантелѣева. Спб. 95 г., ц. 1 р. 50 к.

4011. III.—Амуръ и Психея. Сказка. Перев. съ латинск. Ю. А—дта. Изданіе ж. Пант. Литер. Спб. 93.

Характеристика Апулея, а также его біографія—см. у Корша (Т. I. ч. II., ст. В. Модестова), а также у Каррьера, т. II.

Аристотель. См. отдѣлы философіи, политики, этики, теоріи словесности и юридическихъ наукъ.

Аристофанъ. Ахарняне. Комедія. Пер. М. А. Георгіевскаго. Ж. М. Н. П. 85 г. 11—12.

— Тоже. Пер. Ордынскаго О. З. 50 г. 6.

5388. III.—Облака. Комедія. Пер. съ греческ. В. Алексѣева, съ введеніемъ и примѣчаніями. Изд. Деш. Биб. Суворина. ц. 20 к.

5389. III.—Всадники. Комедія. Пер. Ап. Станкевича. Спб. 92 г., ц. 75 к.

— Тоже. Пер. Ордынскаго. О. З. 49 г. 1.

5390. III.—Лягушки. Пер. Нейлисова. Спб. 87 г., ц. 65 к.

Объ Аристофанѣ см. Ордынскій. Б. Аристофанъ. О. 49 г. 62; 50 г. 70, 73. Его-же. Сов. 51 г. 2. Критическій обзоръ произведеній Аристофана см. Корша, Магаффи, ч. I. № 1639. II. а также въ исторіи литературы древняго и новаго міра Милюкова ч. I. № 2725. II; и у Каррьера. т. II. Кромѣ того см. еще хрестоматію Филонова, Ч. III.

Біонъ. Нѣсколько стихотвореній переведены Пушкинымъ, Масальскимъ и Дуровымъ. См. ихъ собр. сочиненій.

4706. III. БИКЕЛАСЪ, Д. Лука Ларасъ. Ром. изъ эпохи греческаго возстанія. Съ рисунками Ралли. Пер. съ новогреч. Н. Н. К. М. 94 г.

5392. III. ВИРГИЛІЙ. Энеида. Перев. съ подлиннаго И. Квашнинъ-Самаринъ. Спб. 93 г. Ц. 2 р.

4767. III.—Тоже, пер. Ив. Соснецкаго. М. 72 г.

5394. III. — Тоже. Въ переводѣ А. Фета и съ объясненіями Д. Нагуевскаго. М. 88 г. 2 части. ц. 1 р. 50 к. за каждую.

— Тоже. Пѣснь 4 и 9, переводъ А. Мерзлякова. (См. соч. М.).

— Тоже. Пѣснь 2-я, переводъ В. Жуковскаго. полное собраніе сочиненій. Т. II.

— Тоже. Пер. Шершеневича. Совр. 51 г. 30; 52 г. 31—36.

5393. III.—Буколики и георгики. Пер. II. Соснецкаго. М. 73 г.

— Эклоги, въ переводѣ Мерзлякова. („Подражанія и переводы изъ греческихъ и латинскихъ стихотворцевъ. М. 25").

Общая характеристика произведеній Виргилія — см. Исторія литературы древняго и новаго міра Милюкова, ч. I № 2725. II, Модестова, Зотова, а также у Штоля. „Великіе римскіе писатели", № 2166. II. Кромѣ того см. Буасье, Г. Римская религія, № 975. II.

5396. III. **Гезіодъ**. Творенія. Перев. съ греческ. В. Огинскій. Спб. 30 г. (библ. рѣд.).

6212. III. — Тоже. Вступленіе, переводъ и примѣчанія Г. Властова. Спб. 85 г. 2 р. 50 к.

О Гезіодѣ см. Каррьеръ, Коршъ.
Критическій обзоръ произведеній Гезіода см. у Магаффи, ч. I. № 1639. II.

5397. III. **Герои** и героини греческихъ трагедій и въ разсказахъ для всѣхъ возрастовъ. Спб. Изд. Деш. Биб. Суворина. Ц. 10 к.

Геродотъ. См. отдѣлъ исторіи.

1390. II. **Гомеръ**. Иліада въ изложеніи Л. Коллинза. Пер. съ англійскаго Ф. Резенера. Спб. 76 г. Ц. 1 р.

1986.—87. III. — Иліада. Перев. съ греческкаго въ стихахъ, размѣромъ подлинника, Н. Гнѣдичъ. Спб. 61 г. Ц. 2 р.

4489. III. — Тоже. Изд. Суворина. Спб. 84 г. ц. 75 к.

6213. III. — Тоже. Пер. Н. Минскаго. Изд. Солдатенкова. М. 96 г. 75 к.

III. — Тоже. Пѣснь I и 2-ая. Перев. В. Жуковскаго. Собр. соч. Жуковскаго. Т. IV.

1255. III.—Одиссея. Перев. въ стихахъ В. Жуковскаго. См. полн. собр. сочиненій, т. V.

— Изъ Гомеровскихъ гимновъ. Перев. Д. Шестакова. Уч. Зап. Каз. Уп. 90 г. VI.

— Гимны. Перев. Гнѣдича. См. собр. соч. Гнѣдича.

— Война мышей и лягушекъ (Батрахоміомахія). Перев. съ греческ. И. Христофорова. Ж. М. Н. П. 86 г. 8.

5399. III. — Война мышей и лягушекъ. Забавная поэма Гомера. Переложеніе В. А. Воскресенскаго. Сиб. 80 г., ц. 15 к.

О сочиненіяхъ Гомера см. 1024. II. Гау, Дж. Минерва. Введеніе въ изученіе читаемыхъ въ классѣ писателей греческихъ и латинскихъ. Пер. со 2-го франц. изд. В. Алексѣева. Съ примѣчаніями переводчика и рисунками. Спб. 93 г., ц. 1 р. 50 к.
Современное положеніе вопроса о происхожденіи Иліады и Одиссеи. О. З. 59 г. 2.
910. II. Джеббъ, Р. Гомеръ. Введеніе къ Иліадѣ и Одиссеѣ. Съ англійскаго перевелъ А. Ѳ. Семеновъ. Спб. 92 г., ц. 1 р. 50 к.
Объ Иліадѣ. См. ст. Н. Минскаго. С. В. 96 г. 6.
Исторія словесности, Галахова, № 272. II.; Соч. Пушкина, № 1189. III.
Краузе, В. Иліада и Одиссея. (Замѣтки по поводу 400 лѣтія перваго печатнаго изданія твореній Гомера. Р. В. 88 г. 10. О. З. 39 г. 2.
311. II. Каррьеръ, М. „Искусство въ связи съ общимъ развитіемъ культуры". Т. II.
Соколовъ, Ф. Гомеровскій вопросъ. Ж. М. Н. П. 68 г. 11; Коршъ. Исторія греч. литературы.
2725. II. Исторія литературы древняго и новаго міра, сост. подъ редакціей А. Милюкова. Ч. I. Эллада и Римъ.
1639. II. Магаффи, Дж. Исторія классическаго періода греческой литературы. Пер. Алек. Веселовской. Т. I. Поэзія. М. 82.
Сэйсъ, проф. Статья о поэмахъ Гомера въ приложеніи къ книгѣ Магаффи. Т. I. № 1639. II.

4617. III. **Горацій Флаккъ.** Сатиры Съ латинск. Перев. въ стихахъ. М. Дмитріева, съ объяснительными примѣчаніями. М. 58 г. ц. 1 р. 75 к.

5400. III. — Тоже. Въ переводѣ и съ объясненіями А. Фета. М. 83 г., ц. 3 р.

6106. III. — Письма (Epistolae) въ пер. А. Кантеміра (Собр. соч. Т. I).

— Наука поэзіи или посланіе къ Пизонамъ. Пер. Дмитріева. Собр. соч. Дмитріева.

— Тоже. Пер. Тредьяковскаго. Собр. соч. Тредьяковскаго.

— Оды. Перев. А. Фета. Спб. 56 г., 1 р. 50 к. (О. З. 56 г. 1, 3, 5, 6, 7).

— Тоже. Книги I—IV. Собр. соч. Фета. ч. II. М. 63 г. № 6231. III. Тутъ же помѣщенъ біограф. очеркъ Горація.

— Оды и другія стихотворенія. Пер. В. Крестовскаго. Собр. соч. В. Кр. т. I. № 783. III.

— Тоже. Въ переводѣ Мерзлякова. См. полн. собр. соч. М.

О Гораціи см. Миллеръ. Жизнь и сочиненія Горація. Спб. 80 г., ц. 75 к. (Изд. Риккера); Шестаковъ, С.—Р. В. 56 г. 1; 56 г. 6.
Благовѣщенскій, Н. Горацій и его время. О. З. 57 г. 3, 4, 6, 10, 12.
1679. II. — Тоже. Отдѣльное изданіе. Варшава. 78 г., ц. 2 р.
2166. II. Штоль, Г. Великіе римскіе писатели.
См. также Модестовъ. Ист. рим. литературы; Буасье. „Римская религія". 975. II.

Греческіе поэты. Стихотворенія ихъ въ переводѣ В. Л. Солопа (седьмица человѣческой жизни), Эзопа, Демодока, Анакреона. Уч. Зап. Каз. У. 91 г. II.

Греческіе древніе поэты. Стихотворенія изъ Овидія, Горація, Тибулла, Катулла, Марціала. Перев. II. С—каго. Ж. М. Н. П. 86 г. 7.

Демодокъ. См. „Греческіе поэты".

Демосфенъ. См. отд. юридическій.

Епиктетъ. См. отд. философіи.

6140. III. **Еліанъ.** Различныя повѣсти. Пер. съ греческ. Ив. Сичкарева. Изд. 2-ое. М. 1787 г.

5404. III. **Катуллъ.** Стихотворенія въ переводѣ и съ объясненіями А. Фета. М. 86 г., ц. 1 р. 50 к.

Кр. Ж. М. Н. П. 86 г. 6; Совр. 50 г. 22.

— Стихотворенія (43) въ переводѣ и съ примѣчаніями К. С—скаго. Ж. М. Н. II. 86 г. 7.

О Катуллѣ см. Катуллъ и его произведенія. Совр. 50 г. 22. Штоль. Великіе римскіе писатели, а также исторіи литературы древняго и новаго міра Милюкова. Ч. I. № 2725. II, Модестова и др.

4033. II. **Кебетъ.** Картина. Пер. В. Алексѣева. Спб. Ц. 10 к.

Ксенофонтъ—см. отдѣлъ исторіи.

Корнелій Непотъ см. отд. исторіи.

772—3. III. **Ксено.** Тайны турецкаго двора. Истор. ром. Пер. съ новогреч. 2 т. Спб. 74 г. 2 р.

Ливій. Титъ. См. отд. исторіи.

5649. III. **Лонгусъ.** Дафнисъ и Хлоя. Древне-греческій романъ. Пер. Д. С. Мережковскаго. Спб. 96 г.

6214. III. **Луканъ.** Фарсалія. Спб. 49 г. О Луканѣ см. Буасье. Картина древне-римской жизни. Изд. О. Поповой. Спб. 96 г. 1 р. 25 к.

4053. III. **Лукіанъ.** Сочиненія. Перев. съ греческ. В. Алексѣева. В. I—II. Спб. 89— 90 г.

4608. III. — Сочиненія. В. III. Перев. съ
греческ. В. Алексѣева. Изд. ж. „Пант. Литер.".
Спб. 91 г.

6215. III. — Разговоры боговъ и разговоры
мертвыхъ. Пер. Е. Мииткиндъ. К. 86 г. 50 к.

1398. II. — Лукіанъ въ изложеніи Лукаса
Коллинза. Спб. 76 г., 1 р.

О Лукіанѣ см. Орлинскій. Совр. 51 г. 30; 52 г. 32.

Майковъ, Ап. Мотивы народной поэзіи
нынѣшнихъ грековъ. Р. В. 61 г. 1.

— Новогреческія пѣсни. См. полное собр.
сочиненій Майкова. Т. III. № 4880. III.

Мелеагръ. Гадарскій. (II в. до Р. Х.).
Къ веснѣ. Стихотв. Пер. В. Л. Уч. Зап. Каз.
Унив. 91 г. I.

5376. III. **П. Овидій Назонъ.** Письма
съ Понта. Пер. съ латинскаго В. Е. Рудако-
ва. Изд. М. Ледерле. Спб., 93 г. ц. 40 к.

5406. III. — Превращенія. Перев. съ латинск.
Матвѣева. М. 74—76 г.

— Тоже, въ переводѣ В. Алексѣева. Спб.
85 г. ц. 1 р.

— Фаэтонъ. Пер. Деларю. Совр. 44 г. 33.

5407. III. — Метаморфозы. II ер. В. Алек-
сѣева. Спб. 85 г. Ц. 1 р.

Кр. ст. Помяловскаго. Ж. М. Н. П. 85 г. 8.

— Изъ „Метаморфозъ". Пер. А. Страт. Ж.
М. Н. П. 80 г. 8.

5408. III. — XV книгъ „Превращеній". Въ
переводѣ и съ объясненіями А. Фета. М.
87 г., ц. 3 р.

Бр. Р. М. 87 г. 5.

— Дафна, Пирамъ и Тисбе, см. Подражанія
и переводы Мерзлякова. Т. II.

— Фасты. Перев. А. П. Безсонова. Пропи-
леи. Т. IV.

1397. II. — Овидій въ изложеніи Альфреда
Черча. Перев. съ англ. подъ ред. проф. И.
Помяловскаго. Спб. 77 г., ц. 1 р.

Объ Овидіи см. Знаменскій, И. Овидій и его произ-
веденія. Б. д. Ч. 36 г. 135.

2620. II. Буасье. Картины древне-римск. жизни. Изд.
О. Поповой. Спб. 96 г. 1 р. 25 к. а также Модестовъ,
Карръеръ и другіе.

4074. III. **Персій.** Сатиры въ переводѣ и
съ объясненіями А. Фета. Спб. 89 г., ц. 1 р.

5409. III. — Сатиры. Перев. Благовѣщенскаго.
Съ критич. статьей. Спб. 73 г., ц. 1 р. 50 к.

Кр. Благовѣщенскій, Н. Римскій сатирикъ Персій.
Р. В. 66 г. 10.

4501. III. **Петроній.** Сатириконъ (Европ.
писатели и мыслители, изд. В. Чуйко). Спб.
82 г. ц. 75 к.

О Петроніи см. Буасье. Картины древне-римск. жиз-
ни. Изд. О. Поповой. Спб. 96 г. 1 р. 25 к.

Пиндаръ. I пиѳическая пѣснь. II пиѳи-
ческая пѣснь. См. соч. Державина.

Критическій обзоръ произведеній Пиндара см. у Ма-
гаффи, ч. I 1639. II, а также у Милюкова въ исторіи
литературы древняго и новаго міра, ч. I. № 2725. II,
Корша и др.

5151. III. **Плавтъ, Титъ Марцій.**
Путаница. Ком. въ 5 д. Пер. съ латинскаго
И. Х-къ. Спб. 1887 г.

— Тоже. Ж. М. Н. П. 87 г. 8.

5410. III. — Горшокъ. Ком. Пер. Фета. М. 91 г.
ц. 1 р.

2079. III. — Пустозвонъ. Ком. въ 3-хъ д. съ
прологомъ. пер. И. Х—къ.

— Тоже. Ж. М. Н. П. 94 г.

5411. III. — Трехгрошовый день. Древне-
латинская комедія въ 5-ти дѣйствіяхъ. Перев.
въ прозѣ со статьей о Плавтѣ С. Эйчесъ. Спб.
93 г. („Д. Биб." Суворина), ц. 15 к.

— Хвастливый воинъ. Пер. С. Д. Шеста-
кова. Пропилеи. Т. III. стр. 3—61.

58. III. — Стихъ. Комедія. Пер. С. Д. Шес-
такова. С. 54 г.

1395. II. — и **Теренцій.** Въ изложеніи
Лукаса Коллинза. Пер. П. И. Вейнберга. Подъ
редакціей проф. Помяловскаго. Спб. 77 г.
ц. 1 р.

4075. III. — Кубышка (Aulularia). Комедія.
Перев. съ латинск. М. П—скаго.

— Тоже. Ж. М. Н. П. 88 г. 12.

О Плавтѣ см. ст. В. Модестова. Ж. М. Н. П.
78 г. 12.

Карръеръ, М. Искусство т. II., а также у Корша.

Платонъ см. отдѣлъ философіи.

Плутархъ см. отд. исторіи.

Полибій. См. отд. исторіи.

4074. III. **Проперцій, Сек.** Послѣдняя
элегія. Перев. А. Адольфа. (Изд. ж. „Панте-
онъ литературы").

4074. III. — Элегіи въ переводѣ съ объясне-
ніями А. Фета. Спб. 88 г. ц. 1 р. 50 к.

— Тоже. Ж. М. Н. П. 88 г. 5, 7—9.

О Проперціи см. у Корша, а также у Карръера
т. II.

Саллюстій. См. отд. исторіи.

Сафо. Нѣсколько стихотвореній переве-
дены Державинымъ, Щербиной, Майковымъ;
См. ихъ собр. соч., также см. хрестоматію
Алексѣева. 2157. II.

4609. III. **Сенека, Л.** Сатира на смерть
императора Клавдія. Пер. съ лат. В. Алек-
сѣева. Съ введеніемъ и примѣчаніями. Изда-
ніе ж. „Пант. литер." Сиб. 91 г.

1184. VI. — Избранныя письма къ Люци-
лію. Пер. Краснова. Спб. 93 г. 30 к.

См. также отдѣлъ философіи и этики.

О Сенекѣ см. Модестовъ. Ист. рим. литературы.
Карръеръ. Искусство. Буасье. Картины древне-римск.
жизни, изд. О. Поповой. Спб. 96 г. Біограф. Сенеки см.
Біогр. Библіотеку Павленкова.

4612. III. **Софоклъ.** Филоктетъ. Драма.
Пер. съ греческ., размѣрами подлинника съ
введеніемъ и примѣчаніями В. М. Краузе.
Изд. ж. „Пантеонъ Литер." Спб. 93 г.

4950. III. — Эдипъ Колонейскій. Пер. съ
греческ. Н. Котелова. Спб. 1893 г. ц. 1 р.

— Эдипъ въ Колонѣ. Трагедія. Пер. съ
греческ. В. Водовозова. Ж. М. Н. П. Т. 110.

См. также собраніе переводовъ Водовозова. № 5415 III.

1191. III. — Эдипъ-царь. Трагед. перев. съ
греч. П. Вейнберга. Евр. классики Спб. 76 г.

— Тоже. Переводъ В. Зубкова. Ж. М. Н.
П. 83 г. 10.

— Тоже. Перев. въ стихахъ С. Д. Шеста-
кова. Пропилеи. Кн. 2.

— Тоже. Перев. Д. Мережковскаго. В. Из.
литер.. 94 г. 1.

Кр. ст. Нѣвковскаго, Ж. М. Н. П. 79 г. 8; Кудряв-
цева. Опытъ анализа. Пропилеи, кн. 2.

— Электра. Трагед. Перев. Н. Котелова. Ж.
М. Н. П. 74 г. 10.

5413. III. — Тоже. Изд. Деш. Биб. Суворина
ц. 10 к.

— Тоже. Пер. П. Занкова. Ж. М. Н. П.
90 г. 8—9.

— Антигона. Трагед. Перев. Д. С. Мережковскаго. В. Е. 92 г. 4.

5414. III. — Тоже. Перев. Н. Котелова. Спб. 81 г. ц. 1 р.

1760. III. — Тоже. Перев. В. Водовозова. Спб. 77 г.

5415. III. — Тоже. См. Собраніе переводовъ В. Водовозова.

— Тоже. Перев. Шестакова. О. 54 г. 95.

1391. II. — Софоклъ, въ изложеніи Лукаса Коллинза. Перев. съ англійскаго П. И. Вейнберга. Спб. 76 г. ц. 1 р.

Критическій обзоръ произведеній Софокла см. у Магаффи, ч. I. №1639, II, а также въ исторіи литературы древняго и новаго міра, сост. подъ ред. А. Милюкова, ч. I № 2725, II. Каррьеръ, т, II.

Шестаковъ, С, Софоклъ и его значеніе въ греческой трагедіи. Пропилеи, кн, 2.

Бороздовъ, В. Б. д. Ч. 57 г. 142, 145; Шестаковъ, С. О. 3. 54 г, 59.

Страбонъ. См. отдѣлъ географіи.

Тацитъ. См. отдѣлъ исторіи.

О Тацитѣ, см. ст. Модестова, приложж, къ соч. Тацита, Буасье. Картины древне-римск. жизни.

4952. III. **Теренцій, П.** Переселенцы съ острова Андроса. Комед. въ 5 дѣйствіяхъ. Перев. съ латинскаго С. Николаева. Спб. 93 г. См. также Плавтъ.

4951. III. **Теофрастъ** Характеристики. Перев. съ греческ. В. Алексѣева. Спб. 88 г. ц. 30 к.

5416. III. **Тибулъ.** Элегіи въ переводѣ и съ объясненіями А. Фета. М. 86 г. ц. 1 р.

— Третья элегія къ Деліи. Пер. С-баго. Ж. М. Н. П. 85 г. 8.

— Четвертая элегія къ Деліи. Пер. К. С—кого Ж. М. Н. П. 86 г. 2.

— Къ Немезидѣ. Пер. К. С—кого. Ж. М. Н. П. 86 г. 12.

— Десятая элегія. Пер. Фоккова. Ж. М. Н. П. 74 г.

См. также переводы и подражанія. Мерзлякова.

Титъ Ливій см. отд. исторіи.

Цезарь. См. отдѣлъ исторіи.

6257. III. **Цицеронъ.** Бесѣды о старости. Пер. съ латинскаго. М. 66 г.

Другія сочиненія Цицерона см. въ отд. права и этики.

О Цицеронѣ см. Буасье. Цицеронъ и его друзья.

Эврипидъ. Ипполитъ. Трагед. Перев. Д. Мережковскаго. В. Е. 93 г., 1.

Кр. 2729. II. Алексѣевъ, В. Разборъ „Гипполита". Вор. 91 г. ц. 10 к.

5420. III. — Тоже. Пер. В. Алексѣева. Съ введеніемъ и примѣч. Спб. Изд. Деш. Б. Суворина., ц. 10 к.

5421. III. — Тоже. Переводъ Котелова. Спб. 84 г., ц. 1 р.

4503. III. — Трагедіи: Іонъ, Медея, Орестъ. (Библ. европ. писат. и мыслит. В. Чуйко). Спб. 83 г., 75 к.

4055. III. — Медея. Трагедія. Перев. съ греческаго Е. Ф. Шнейдера. Изд. „Пантеона Литер.". Спб. 88 г.

5422. III. — Тоже. Перев. съ греческ. В. Алексѣева. Изд. Суворина, ц. 10 к.

Кр. 2730. II. Алексѣевъ, В. Разборъ трагедіи Эвр. „Медея". Спб. 91 г., ц. 15 к.

5423. III. — Троянки. Трагед. Пер. П. Шестакова. Казань, 76 г.

5425. III. — Циклопъ. Трагед. Пер. XX. Изд. Гатцука. М. 77 г.

5426. III. — Андромаха. Трагед. Пер. Котелова. Ж. М. Н. П. 83 г, ц. 1 р.

5427. III. — Алкестида. Др. Пер. съ греческаго. Изд. Деш. Биб. Суворина, ц. 10 к.

5300. III. —Неистовый Гераклъ. Трагед. съ греческ. перев. В. Алексѣевъ. Съ введеніемъ и примѣчаніями. Изд. Деш. Биб. Суворина. Спб 92 г., ц. 10 к.

5139. III. — Ифигенія въ Тавридѣ. Трагед. Пер. съ греческ. П. Басистова. Изд. Я. Исакова. Спб. 76 г., ц. 25 к. (Классная библіотека. Вып. II).

5424. III. — Тоже. Пер. съ греческ., съ введеніемъ и примѣчаніями. В. Алексѣева. Изд. Деш. Биб. Суворина. Спб., 10 к.

— Ифигенія въ Авлидѣ. Траг. Пер. П. Тихановича. Ж. М. Н. П. 81 г. 7.

5428. III. — Тоже. Переводъ В. Алексѣева. Съ введеніемъ и примѣч. Спб. („Деш. Библ."), ц. 10 к.

— Вакханки. Трагед. Перев. А. Пушкарева. Ж. М. Н. П. 85 г. 7—8.

5429. III. — Тоже. Изданіе Деш. Биб. Суворина. Ц. 10 к.

Критическій обзоръ произведеній Эврипида см. у Магаффи, ч. I. № 1639, II, а также въ Исторіи литературы древняго и новаго міра, сост. подъ ред. А. Милюкова. № 2725. II., также см. Коршъ, Каррьеръ. Кромѣ того см. В—въ, Д. Къ вопросу о міровоззрѣніи Эврипида. Ж. М. Н. П. 77 г. 4. Бѣляевъ, Д. Воззрѣнія Эврипида на сословія и состояніе, внутреннюю и внѣшнюю политику Аѳинъ. Ж. М. Н. П. 82 г. 9—10; 85 г. 9.

2723. II. Котеловъ, Н.Эврипидъ и значеніе его драмы въ исторіи литературы. Спб. 94 г.

4250. III. **Эзопъ.** Избранныя басни. Пер. съ греческаго В. Алексѣева. Изд. А. Суворина. Деш. Биб. Спб. 88 г., ц. 15 к.

5430. III. — Басни въ русскомъ переводѣ. М. 80 г., ц. 80 к. (Изд. Общ. распр. полезн. книгъ).

— Тоже. Пер. въ стихахъ Н. Позднякова. См. дѣтскій отдѣлъ.

656. III. **Эсхилъ.** Драмы: Агамемнонъ.— Хоэфоры.—Эвмениды.—Персы.Пер. съ греческ. Н—. Спб. 64 г., ц. 2 р.

5431. III. — Орестейя. Полная трилогія. Пер. Котелова. Спб. 88 г., ц. 2 р. (Переводу предшествуетъ историко-литературное введеніе).

6258 III.—Персы. Трагедія. Пер. В. Г. Аппельрота. М. 88 г., ц. 30 к.

— Тоже. Переводъ В. Турбина. Ж. М. Н. П. 82 г. 3.

6184. III.—Молящія. Лир. храма. Пер. съ греч. Н. Котелова. Спб. 94 г.

— Скованный Прометей. Пер. Д. Мережковскаго. В. Е. 91 г. 1.

5432. III.—Прикованный Прометей. Драма. Пер. съ греческ., съ введеніемъ и примѣч. В. Алексѣевъ. Спб. Изд. Деш. Биб., ц. 10 к.

1394. II. — Эсхилъ въ изложеніи Л. Коллинза. Пер. Вейнберга. Спб. 77 г. 1 р.

Объ Эсхилѣ см. Мищенко. Мисо Прометея въ трагедіи Эсхила. Историко-литерат. изслѣдованіе. Сл. 79 г. 2; Луи-Бино. Эсхилъ и истор. трагедія въ Греціи. О. З. 54 г. 11.

Кратк. обзоръ трагедій Эсхила см. въ „Исторіи литературы" А. Милюкова. № 2725. II., а также у Магаффи № 1639. II, ч. I. у Каррьера, т. II., Корша.

5433. III. **Ювеналъ**. Сатиры, въ перево-дѣ и съ объясненіями А. Фета. М. 85 г., ц. 3 р.

— Тоже. Переводъ Д. Минаева. С. 63 г. 12 и Р. С. 63 г. 5.

1396. II.—Ювеналъ въ изложеніи Теодора Мартина. Перев. съ англійск. П. И. Вейнберга, подъ редакц. проф. Помяловскаго. Спб.
Кр. см. Нагуевскій. О жизнеописаніи Ювенала. Ж. М. Н. П. 80 г. 5. Благовѣщенскій, Н. Седьмая сатира Ювенала. Ж. М. Н. П. 85 г. I; Его-же. Восьмая сатира Ювенала. Ж. М. Н.П. 86 г. 2; Его-же. Десятая сатира Ювенала. Ж. М. Н. П. 90 г. 1; Его-же. Двѣ публичныя лекціи. Р. В. 59 г. 10; Его-же. Ювеналъ. Р. В. 59 г. 23. Буасье. Картины древне-рим. жизни. Изд. О. Поповой.

Ѳеокритъ. Идилліи. Пастухи. Баттъ и Коридонъ. Соперники. Эротъ воришка. Отвергнутый пастушокъ. Пер. В. Л. Уч. З. Каз. У. 91 г. I.

— Пѣвцы Дафнидъ и Менолкъ. Рыбаки. Уч. Зап. К. У. 91 г. II.

— Сиракузянки. Пер. Л. Мея. Б. д. Ч. 58 г. 151.

— Тоже, въ переводѣ Гнѣдича. См. собр. соч.

5156. III. — Идилліи. Пер. размѣромъ подлинника съ примѣчаніями и предисловіемъ, Янчевецкій. Воронежъ. 76 г.

— Тоже, въ переводѣ Мерзлякова (см. „Переводы и подражанія" Мерзлякова).

— Рыбаки. Пер. Л. Мея. Б. д. Ч. 56 г. 136.

276. III. — Произведенія въ переводѣ Л. Мея.
См. Полн. собр. сочиненій Мея, Т. III.
Критическій обзоръ произведеній Ѳеокрита см. у Маффи, ч. I. № 1639. II, а также въ Исторіи литературы древняго и новаго міра, Мюлюкова. № 2725. II.

Ѳукидидъ. См. отдѣлъ исторіи.

ОТДѢЛЪ III.

Литература Италіи, Испаніи и Португаліи.

Общія обозрѣнія исторіи литературы этихъ странъ.

1721. II. **Веселовскій, А.** Лекціи по исторіи итальянской литературы, читан. въ 1880—81 гг. Спб. 81 г.

2118. II. **Гаспари, А.** Исторія итальянской литературы. Т. I. Итальянская литература среднихъ вѣковъ. Пер. К. Бальмонта. Изд. К. Т. Солдатенкова. М. 95., ц. 3 руб.

2727. II. **Костомаровъ, В.** Исторія итальянской литературы. Спб. 63 г.

317. II. **Болдаковъ, П.** Итальянская литература въ средніе вѣка. Всеобщ. исторія литер. Корша. Т. II.

318. II. **Кирпичниковъ, А.** Возрожденіе. Начало гуманизма въ Италіи. Изученіе древнихъ въ средніе вѣка.—Петрарка.—Боккаччіо.—Марсильи.—Салютато.—Хризолоръ.

318. II. — Вѣкъ возрожденія въ Италіи.
Гуманисты XV в.—Поджіо.—Филельфо.—Эней Сильвій.—Валла.—Помпоній Лето.—Поэзія XV в.—Братья Пульчи.—Альберти.—Лоренцо Медичи.—Анджело Поліціано.—Беннвіени.—Боярдо.—Саннацаро.

318. II. — Итальянская литература XV вѣка.
Бембо.—Кастильоне.—Аріосто.—Маккіавелли.—Гвиччардини.—Торквато Тассо.

318. II. — Вѣкъ ложнаго классицизма въ Италіи и на Пиренейскомъ полуостровѣ.
Марини и его школа.—Тассони.—Буанаротти.—Сальваторъ Роза.—Тэсти—Эпосъ.—Драма.—Кьямбера.—Королева Христина.—Филикайя.—Аркадійцы.—Вліяніе Франціи.—Метастазіо.—Гольдони.—Гоцци. Испанія въ концѣ XVII в.—Антоніо де-Солисъ.—Начало XVIII в. Люзанъ.—Изла.—Моратинъ и др. Театръ. Португалія подъ властію испанцевъ.—Освобожденіе.—Академія.—Проповѣдь.—Французскій классицизмъ.—Борьба направленій.
См. Всеобщую исторію литературы Корша. Т. III.

1632—33. II. **Фойгтъ, Г.** Возрожденіе классической древности или первый вѣкъ гуманизма. Пер. со 2-го нѣм. изд., передѣланнаго авторомъ, И. И. Рассадинъ 2 тома. М. 84—85. 6 р. 50 к.

2152—2153. II. **Карелинъ, М.** Ранній итальянскій гуманизмъ и его исторіографія. Критич. изслѣдованіе, 2 вып. (Учен. Зап. Им. Моск. Универ. М. 92 г.).

396. II. **Бурхардъ, Я.** Культура Италіи въ эпоху возрожденія. Пер. со 2-го нѣмецк. изданія. Спб. 76 г.

1193. II. **Веселовскій, А.** Вилла Альберти. Новые матеріалы для характеристики литературнаго и общественнаго перелома въ итальянской жизни XIV и XV столѣтія. М. 70 г.

319. II. **Кирпичниковъ, А.** Вѣкъ просвѣщенія въ Италіи. Всеобщ. ист. литературы Корша. Т. IV.

319. II. — Итальянская литература XIX вѣка. Всеобщ. ист. литературы Корша. Т. IV.

Денегри, Э. Литература итальянскаго объединенія. Д. 72 г. 12.

770—72. II. **Тикноръ.** Исторія испанской литературы. Пер. Стороженко. Т. I—Ш. М. 83—91 гг., ц. 9 р. 50 к.

317. II. **Кирпичниковъ, А.** Испанская поэзія въ средніе вѣка.

Поэма о Сидѣ.—„Риѳмованная хроника“.—Романсы.—Книга объ Аполлоніи Тирскомъ. — Берсео. — Сегура. — Альфонсъ Мудрый.—Поученіе клерику.—Графъ Луканоръ.—Хуанъ Руицъ.—Конецъ XIV и XV в. въ Испаніи. Всеобщ. исторія литерат. Корша. Т. II.

318. II.—Испанія и Португалія въ эпоху возрожденія. Всеобщ. истор. литературы., Корша.

Вѣкъ Хуана II.—Виллена.—Сантилано.—Хуанъ де Мена.—Испанія въ XVI вѣкѣ.—Босканъ и др. сторонники итальянской школы. Люисъ де Леонъ. Эрцилла—предшественники Сервантеса. — Монтемайоръ. — Мендоса. — Алеманъ.—Рыцарскіе романы.—Сервантесъ.—Испанская драма.—Селестина.—Лопе де-Вега.—Кальдеронъ.—Португалія въ эпоху возрожденія.—Камоэнсъ.

319. II. — Испанская и португальская литература въ XIX вѣкѣ. Всеобщая исторія литер. Корша. Т. IV.

1540. II. **Гюббаръ, Г.** Исторія современной литературы въ Испаніи. Пер. Ю. Доппельмайеръ. М. 92 г., ц. 2 р.

Денегри, Э. Очерки новой испанской литературы: Харценбушъ, Фернандъ Кавальеро, Месонеро Романосъ, Трузба. Д. 73 г. 9; 74 г. 4.

312. II. **Каррьеръ, М.** Искусство въ связи съ общимъ развитіемъ культуры и идеалы человѣчества. Т. III. Испанская національная поэзія. Народный характеръ испанцевъ. Романсы. Эпосъ о Сидѣ, стр. 469—474.

313. II.—Т. IV. Поэзія возрожденія.

а). Академія и искусственное стихотворство въ Италіи. b) Романтическій искусственный эпосъ. Боярдо и Аріостъ. Тассъ. Камоэнсъ. с) Трагедія и комедія въ Италіи. Стр. 174—219.

313. II.—Т. IV. Испанскій театръ. а) Разработка народной поэзіи; Лопе.

Зачатки. Руэда; Ла-Куэва.—Сервантесъ. Лопе де-Вега. Духъ его времени. Форма драмы и образъ театральнаго представленія. Теорія новаго искусства писать комедіи и практика Лопе; его художественный характеръ, сюжеты и взглядъ на жизнь. Былины и исторія испанцевъ, освѣщенныя его поэзіей. Его комедіи. Гильенъ-де-Кастро и его Сидъ. Тирсо-де-Молина; комедіи; Донъ-Хуанъ; духовная его драма. Аларконъ и его Сеговійскій Ткачъ.

b) Цвѣтъ дворской искусственной поэзіи;

Кальдеронъ. Дворъ Филиппа IV-го. Кальдеронъ въ его величіи и въ его ограниченности; его языкъ; условность и въ нравахъ, и въ догматѣ. Его піесы въ честь праздника Тѣла Христова, въ томъ числѣ: Жизнь только сонъ, Небесный Орфей, Вельсаторъ, Мученическія трагедіи. Непоколебимый принцъ, Чудотворный магъ, Поклоненіе Кресту, Воздвиженіе Креста. Праздничныя представленія. Драма примиренія и съ веселымъ притомъ исходомъ. Такъ называемыя „плащевыя и шпажныя“ піесы. Врачъ своей чести и Соломейскій алькадъ, передѣланный изъ Лопе. Францисько-де-Рохасъ. Донья Діана, піеса Морето Стр. 303—351.

Ватсонъ, М. Португалія и ея литература. Р. М. 90 г. 8—9.

1463. Ш. **Азеліо, М.** Никколо де-Лапи. Ром. Пер. съ итальянск. Спб. 80 г., 1 руб. 50 к.
— Тоже. Нед. 80 г. 7—11.
3879. Ш.—Гекторъ Фіерамоска. Ром. Пер. съ итальянск. О. Коваленской. Спб. 74., ц. 2 р.
Аларконъ, П. Коррехидоръ. Разск. Пер. съ исп. Р. В. 78 г. 2.
5434. Ш.—Повѣсти и разсказы. Пер. М.

Ватсонъ. Гвоздь.—Трехугольная шляпа.—Угольщикъ.—Алькадъ.—Корнетъ-а-пистонъ.—Поцѣлуй въ Вергарѣ.—Гаданіе. Спб. 86 г., ц. 75 к.
5626. III. — Іезуитъ. Ром. Кол. 92 г. 1, 2, 3, 4.
— Записная книжка. Разск. Пер. съ исп. Р. В. 91 г. 4.

6054. III.—Жертва любви. Изд. 87 г. Ц. 1 р.
Объ Аларконѣ См. 1540 II. Гюббаръ, Г. Исторія современной литературы въ Испаніи.

Альфіери. Отецъ и сынъ. Сц. изъ трагедіи. Пер. съ итальянск. А. Плещеева. О. 69 г. 3.

— Виргинія. Траг. Пер. Бредихина. В. Е. 71 г. 7.

— Филиппъ. Др. Пер. Н. К. Р. С. 65 г. 12.
Объ Альфіери см. 2309. II. Геттнеръ, Г. Исторія всеобщей литер. Т. II, Б. д. Ч. 57 г. 4.

5602. III. **де-Амичисъ, Э.** Народный учитель. Пов. Пер. съ итальянск. Наб. 92 г. 6—12.

4177. III.—Учительница. Пов. Спб. 91 г.

— Въ походъ и изъ похода. Набл. 83 г. 3.

— Холера въ Сициліи. Набл. 83 г. 11.

— Товарищи. Оч. Пер. Г—й. М. Б. 93. 1.

— Въ двадцать лѣтъ. Очеркъ. Пер. съ итал. В. Сусалиной. М. Б. 93 г. 10.

— Дневникъ школьника. См. отд. дѣтской литературы.

5577. III. **д'Аннунціо Габріэль.** Невинная жертва. Ром. Пер. съ итал. Спб. 93 г.

— Тоже. С. В. 93 г. 5—9.

5520. III. **Аріостъ.** Неистовый Роландъ (Orlando furioso). Съ портретомъ Аріоста и 20 гравюрами лучшихъ франц. художниковъ. Пер. подъ ред. В. Р. Зотова, со статьею его о значеніи этого творенія. Изд. Шигина. Спб. 92 г., ц. 4 р.

— Испытаніе женъ. Пер. В. Буренина. В. Е. 74 г. 12.

— Изъ Аріоста отрывки. См. соч. Пушкина.
Объ Аріостѣ см. Всеобщая исторія литературы Корша. Т. III. Итальянская литература XV в., Бурхардъ. Культура Италіи № 396. II.

Атентонъ, Г. Эвлогія (очеркъ изъ Калифорнійской жизни). Пер. съ исп. Р. Б. 92 г. 9.

5619. III. **Базанъ, Э.** Краеугольный камень. Пов. Пер. съ исп. Р. В. 93 г. 3, 4.

3101. III. **Барилли, А.** Черная книга. Романъ легенда. Пер. съ итал. В. Крестовской (псев.). Спб. 86 г.

700. III. — Жизнь съизнова. Ром. Странная ночь. Разск. Капитанъ Додеро. Разск. Пер. Крестовской. Спб. 81 г. 1 р. 30 к.

5553. III. — Граціана. Пов. Спб. 93 г.

— Тоже. Р. В. 93 г. 8, 9.

Беккаріа см. отд. права.

3884. III. **Бекуеръ.** Разсказы. Пер. съ исп. Спб. 91 г.

2715. III. **Бенони, Л.** Записки. Пер. Д. Михаловскаго. Спб. 61 г.

4877. III. **Берковъ, К.** При дворѣ Медичи. Истор. ром. Пер. съ итал. Спб. 91 г.

— Тоже. Р. М. 91 г. 4—7.

Беренціо, В. Бѣсенокъ. Разск. Пер. съ итал. Д. 86 г. 1.

6152. III. **Бертати.** Любовныя хитрости. Ком. оп. въ 2-хъ д.

5093—4. III. **Боккаччіо, Джіованни.** Декамеронъ. Пер. Александра Веселовскаго, съ этюдомъ о Боккаччіо. Иллюстраціи франц. художниковъ. 2 тома. Изд. Т—ва И. Кушнеревъ и Кⁿ. М. 91—92 гг., ц. 10 р.

4313. III.—Декамеронъ. Избр. новеллы. Изд. подъ ред. В. Чуйко (Европ. писатели и мыслители). Соб. 82 г., 75 к.

4677. III.—Тоже. Пер. З. Н. Журавской. Изд. М. М. Ледерле и Кⁿ. Спб. 93 г. ц. 20 к.
О Боккаччіо. См. 122. II. А—ва, А. Итальянская новелла и „Декамеронъ". Историко-литер. изслѣдованіе. Спб. 93 г. (То-же, В. Е. 80 г. 2—4). См. также у Корша: „Начало гуманизма въ Италіи", № 318. II. № 2152—3. II. Карелинъ, М. Ранній ит. гуманизмъ. Джіованни Боккаччіо. Его критики и біографы. (Учен. зап. Моск. Унив.). Вып. XV. М. 92 г.

2227—8. II. Веселовскій, А. Боккаччіо, его среда и сверстники. 2 т. Спб. 93 г., II. Его-же: Учители Боккаччіо. Оч. В. Е. 91 г. 11.

Біографія Боккаччіо см. 857. II. Тихановъ, А. Д. Боккаччіо. Его жизнь и литературная дѣятельность. Біогр. очеркъ. Изд. Ф. Павленкова. Ц. 25 к.

2169. III. **Вакано.** Любовь мертвеца. Пов. Пер. съ ит. М. 81 г.

829. III. — Романъ Аделины Патти. Спб. 75 г. 1 р.

4847. III. **Валера, Жуанъ.** Иллюзіи доктора Фаустино. Ром. Пер. съ исп. Н. Федоровой. Изд. М. Ледерле. Спб. 94 г. ц. 40 к.

— Тоже. Наб. 88 г. 3—4.

2267. III. — Командоръ Мендоза. Ром. М. 81 г.

Верга, Д. На черномъ хлѣбѣ. Пер. съ ит. О. 83. 1.

— Сельскіе очерки. О. 3. 83. 2, 5, 6.

— Разсказы изъ итальянской жизни. Скорбный путь. Въ трактирѣ „Добрыхъ Друзей".— Его послѣдній день. О. 3. 83. 11.

1465. III. — Ева. Ром. Пер. В. Крестовскаго (псевд.). Спб. 81 г. 1 р. 50 к.

— Огневикъ. Разск. изъ жизни рудокоповъ. Д. 81 г. 12.

2270. III. — Побѣжденные. Ром. Пер. съ итал. Съ біограф. оч. Спб. 95.

2303. III. — Тоже. Спб. 81 г. 1 р. 50 к.

— Эли пастушекъ. Пов. О. 3. 82 г. 3.

4701. III. — Сцены изъ итальянской народной жизни. Спб. 93 г.

— Недда. Ром. изъ сицилійской жизни. Пер. В. Крестовской и Е. Лѣтковой. (В. Е. 87 г. 1; С. В. 90. 6.).

3619. III.—Донъ-Джезуальдо. Ром. Пер. Е. Лѣтковой (С. В. 89. 1—3, 5, 6.).

III. — Въ старые годы. Пер. П. Лѣтнева. Наб. 91 г. 11.

Вико см. отд. философіи.

Галлети-ди-Кадильякъ Маргарита. Камористы. Разск. Пер. съ итал. О. 3. 83 г. 3.

5049. III. **Гальдосъ, Пересъ.** Дворъ Карла IV. Истор. ром. Пер. съ исп. Е. Г. Уманецъ. Прил. къ ж. „Истор. Вѣстникъ". Спб. 1893 г.

— Тоже. И. В. 93 г. 6—12.

— О другъ Мансо. Пов. Перев. И. П.—В. Е. 83 г. 10—12.

— Призракъ. (La Sombra). Пов. Набл. 93 г. 4—5.

— Дурнушка. Новелла. Тр. 90 г. 5.

1854. III. — Волонтеръ. Истор. ром. Спб. 80 г.

— Тоже (Д. 79 г. 10—12).

2154. III. — Хамелеонъ. Истор. ром. Спб. 80 г.

— Тоже (Д. 80 г. 1—3).

— Золотой фонтанъ. Ром. (Д. 82 г. 5—9).

— Тоже. Ист. пов. Загр. В. 81 г. 10—11.

2381. III. — Донья Перфекта. Ром. Спб. 82 г.

2783. III. — Глорія. Ром.

4208. III. — Маріанелла. Ром. Наб. 91 г. 2, 3, 4.

О Гальдосѣ см. статью В. Л. В. Е. 82 г. 2—3.

1923. III. **Гарибальди, Д.** Дамокловъ мечъ и гордіевъ узелъ. Истор. ром. Пер. съ итал. М. 76 г. ц. 2 р.

— Духовное господство. Ром. О. 3. 70. 2—4.

3645. III. **Гатина Петручелли.** Король Бомба. Ром. Перев. съ итал. Спб. 89 г.

— Тоже. Наб. 89 г. 11, 12.

Гверацци, Ф. Паскуале Паоли. Ром. пер. съ итал. (Р. М. 80 г. 6—9).

58. III. — Вероника Чибо. Изъ хроникъ города Венеціи. Спб. 73 г.

О Гверацци см. Денегри, Э. Д. 71 г. 10; Л. Бранди (Л. Мечниковъ). С. 64 г. 5.

6. III. **Гизланцони.** Театральные артисты. Ром. Пер. съ итал. Р. В. 69 г. 7—8.

2896. III. **Гольдони, К.** Вѣеръ. Ком. въ 3 д. Пер. съ итал. П. Боборыкина. Из. Лит.

5133. III. — Кофейная. Ком. въ 3-хъ д., въ прозѣ. Пер. Островскаго. Собр. пер. Остр—го.

О Гольдони см. Корша № 318. II. Вѣкъ новой классицизма въ Италіи и на Пиринейскомъ полуостровѣ. „Гольдони и Альфери" Б. д. Ч. 57 г. 4., а также Энциклопедич. Словарь Брокгауза и Ефрона, т. IX, ст. П. Вейнберга.

4052. III. **Данте Алигьери.** Божественная комедія (Divina Comedia). Чистилище. 6 пѣсней. Пер. съ италіанск Съ объясн. и примѣч. М. Г. Изд. „Пант. литер." Спб. 89 г.

— Божественная комедія. Чистилище. Пер. А. Соломона. Р. О. 92 г. 7—9.

— Первая пѣснь Чистилища. Пер. Д. Мина. Р. В. 65 г. 9.

1809. III. — Адъ. Съ приложеніемъ комментарія, матеріаловъ пояснительныхъ, портрета и (двухъ рисунковъ. Пер. съ ит. Дм. Мина. М. 55 г.

937. III. — Адъ. Божествен. Ком. Пер. съ итальянск. Фанъ-Дима. (Европейск. классики. вып. 4). Спб. 75 г. ц. 1 р.

4947—49. III. — Божественная комедія. Адъ. —Чистилище.—Рай. Перев. стихами съ итал. А. П. Федорова. Спб. 94 г., ц. 4 р. 50 к.

— Адъ. Пѣснь 3-я. Пер. П. Вейнберга. В. Е. 75 г. 5.

5653. III. — Божественная комедія. Ч. I. Пер. съ итал. Н. Голованова. Изд. Байкова и К°. М. 96 г., ц. 1 р. 50 к.

4933. III. — Обновленная жизнь. Пер. стихами съ итальянск. А. П. Федорова. Спб. 93 г., ц. 1 р. 20 к.

— Паоло и Франческа (Адъ. Пер. А. Орлова). В. Е. 75 г. 8.

О Данте см. 1279. II. Веселовскій, А. Данте и символическая поэзія католичества. В. Е. 66 г. 4. Обозрѣніе источниковъ „Божественной комедіи". В. Е 68 г. 12. Его-же. Нерѣшенные, нерѣшительные и безразличные Дантовскаго дѣла. Ж. М. Н. П. 88 г. 11. Его-же статья въ Энциклоп. Словарѣ Брокгауза и Ефрона, т. X. Волконскій, кн. Божественная комедія Данте. Совр. 37 г. 5, 6. 624. II. Чуйко, В. Легенда о Данте. В. Е. 89 г. 4. Его-же. Данте Алигьери и „Божественная комедія". Новь. 85 г. 8—9; Лесевичъ, В. Данте, какъ мыслитель. Зн. 71 г. 6. 7;№ 673. II. Шинто, М. Историческіе очерки итальянской литературы. Данте. Его поэма и его вѣкъ. Его-же. О Данте. О. 65 г. 9—11; 629. IX, Фрикенъ. И искусство итальянскаго возрожденія.

2735. II. Дж. Аддингтонъ Симондсъ. Данте. Его время, его произведенія, его геній. Пер. съ англ. М. Коршъ. М. 93 г., ц. 1 р. 50 к. Флото, Г. Данте О. 3. 59 г. 7.

2118. I. Гаспари, А. Исторія итальянской лит.

Т. I.; Каррьеръ. Т. III. № 312. II; Буркхардтъ, Я. Культура Италіи. 396. II.

Біографія Данте. См. Кудрявцевъ. Данте, его вѣкъ и жизнь. О. 55 г. 5—7; 56 г. 3. (Собр. соч. Кудрявцева). 1194. II. Вегеле, Ф. Данте Алигьери его жизни и сочиненія; Карлейль. Данте. Сов. 56 г. (также „Герои и героизм. въ исторіи"). Ватсонъ, М. Данте. Біогр. Библ. Павленкова. (840. II).

Минъ. Космологія Дантовой поэмы. IV. Комментаріи къ переводу Ада.—Портреты Данте. И. В. 85 г. 10.

1483. III. **Джіакометти.** Гражданская смерть. Др. Пер. Г—ой. Спб. 78 г., 1 р.

— Тоже подъ названіемъ: Семья преступника („La mort civile"). Др. въ пяти дѣйств. Пер. съ ит. А. Н. Островскаго. Драм. пер. Островскаго, т. II 5134. III.

4067. III. **Джіованіоли, Р.** Спартакъ. Истор. ром. Пер. съ итальянскаго. Спб. 1881, г. ц. 2 руб.

— Тоже. Д. 80 г. 8, 10—12; 81 г. 1—8.

9. VII. — Тоже. Сокращ. изд. Прянишникова. М. 95 г. ц. 8 к.

2481. III. **Досси, Карло.** Этюды. Пер. съ итальянскаго. I) Двѣ куклы. II) Въ коллегіи. III) Подруги. IV) Материнская любовь. V) Послѣдняя сцена. Наб. 89 г. 9.

5435. III. **Испанскій** театръ. Изд. Юрьева. М. 87 г., ц. 2 р.

Здѣсь читатели найдутъ характеристику Лопе де Вега, которую авторъ предпосылаетъ переводу двухъ его пьесъ: „Наказаніе—не мщеніе" и „Овечій источникъ".

2711. II. **Испанскій** эпосъ: Романсы и поэмы о Сидѣ. Романъ объ Амадисѣ. См. Западно-Европейскій эпосъ. Пер. Петерсонъ и Балобановой. Спб. 96 г. Т. I.

Объ испанскомъ эпосѣ см. соч. Грановскаго. Т. II. Буслаевъ. Испанскій эпосъ о Сидѣ. Зап. Ак. Наукъ. Т. V. Кн. 2.

Кавальеро, Ф Бѣдная Долоресъ. Пов. Пер. съ итал. Вр. 61 г. 9.

68 III. — Семейство Альвареда. Повѣсть. Прилож. къ Рус. Вѣст. 60 г. 5, 6.

304. III.—Одно въ другомъ. Пов. Прил. къ Р.В.

О Кавальеро см. ст. Денегри. Д. 74 г. 2; 73 г. 9, а также Гюббаръ Г. Исторія совр. лит. въ Испаніи.

5998. III. **Казанова.** Мемуары. („Европ. писатели" Чуйко. Спб. 87 г., ц. 75 к.

4499. III. **Кальдеронъ.** Драматическ. произведенія: 1) Поклоненіе Кресту. 2) Часъ отъ часу не легче. 4) Алькадъ въ Соломеѣ. „Библіотека Европейскихъ писателей". Изд. Чуйко.

— Дочь воздуха. (Отрывки). Пер. Буренина. В. Е. 72 г. 3.

О Кальдеронѣ см. Тикноръ.

Капуани, Луиджи. Зачѣмъ? Повесть. Пер. съ итальянск. Наб. 90 г. 4.

3311. III. — Гіацинта. Ром. Спб. 87 г.

— То-же. Наблюд. 87 г. 9, 10.

Камоэнсъ. Лузіада. Существуетъ старый переводъ Дмитріева 1788 г. Отрывки см. Хрестоматію Филонова. ч. I.

О Камоэнсѣ см. Корша, а также у Каррьера. Т. IV.

Караччоло, Э. Тайны женскаго монастыря въ Неаполѣ. Пер. съ итал. О. 3.65 г. 2. 3. 4. 6. 8. 10. 11.

3389. III. **Кастеллацо, Л.** Тито Вецо или Римъ за 100 лѣтъ до христіанства. Истор. ром. Пер. съ итальянскаго, Спб. 87 г.

Кастельвеккіо. Р. Сельская школа. Ком. Пер. съ итальянск. П. Курочкина (О. 3. 68 г. 8).

Кастельнуово, Э. Почему синьора Джустина дожила до восьмидесяти слишкомъ лѣтъ. Изъ сборника разсказовъ „Улыбки и слезы“. М. Б. 92 г. 6.

— Джиневра. Разсказъ. Тр. 91 г. 23.

2688. III. **Качіанигъ, А.** Поцѣлуй графини Сабины. Пер. съ итал. Спб. 83 г., 1 р. 25 к.

3006. III. **Коломби.** Потеря идеала. Ром. Пер. съ итальянск. Д. 83 г. 1, 4.

— Пистолетъ баронессы. Ром. Спб. 83 г., 1 р. 25 к.

3005. III. — Умереть! Ром. Пер. В. Крестовскаго (псевд.). Спб. 86. г., 1 р 25 к.

— Въ рисовыхъ поляхъ. Разск. Наб. 84 г. 7.

2130. III.—Тоже. Д. 80 г. 8—9.

4683. III. — Красавица. Разск. М. 94 г.. 35 к.

468. III. **Косса, П.** Неронъ. Ком. въ 5 д. Пер. съ итальянск. Ус—вой. Спб. 78 г. 50 к.

— Мессалина. Др. въ 5 д. Пер. Аксакова (Р. М, 80 г. 8, 9).

2198—99. III. **Курти.** Подъ развалинами Помпеи. Истор. ром. Пер. съ итальянск. 2 ч. Спб. 81 г. 2 р. 50 к.

4155. III.—Тоже подъ заглавіемъ:Невольница. Истор. ром. въ 2-хъ ч. Спб. 88 г.. ц. 1 р. 50 д. Кр. Д. 81 г. 4.

5558. III. **Лазарильо** изъ Тормесъ и его удачи и неудачи. Первый реальный романъ. Пер. съ испанск. И. Гливенко. С. В. 93. 11, 12.

3566. III. **Ларминъ, И.** Побѣгъ Казановы. Разск. Пер. съ итал. М. 89.

4811. III. — **Леле, Е.** Любовь врага. Изъ корсиканской жизни. Пер. съ итальянск. Спб. 83 г.

4052. III. **Леопарди, Дж.** Разговоры. Пер. А. И. Орлова. Изд. „Пантеона литературы“. Спб. 88.

— Къ Италіи. Перев. В. Буренина. В. Е. 71 г. 11.

— На свадьбу сестры. Стих. Пер. Л. Граве. О. З. 69 г. 11,

— Къ самому себѣ. Пер. Н. Курочкина. О. З. 72 г. 6.

— Послѣ грозы. Стих. Пер. А.. Плещеева. О. З. 75 г. 12.

— Цвѣтокъ пустыни. Перев. А. Орлова. В. Е. 74 г. 11.

4742. III.—Стихотворенія (полное собраніе). Съ предисловіемъ и примѣч. Пер. съ итал. В. Ф. Помянъ. М. 93 г. ц. 1 р. 50 к. См. также Плещеева (5 стихотвореній). № 5171. III.

3487. III. — Любовь фрейлины. Истор. ром. въ 2-хъ ч. Пер. съ итал. Спб. 58 г. О Леопарди. См. Чуйко, В. Дж. Леопарди. Брит. этюдъ. Наб. 85 г. 3—4.

1947. II. Штейнъ, Вл. Графъ Джіакомо Леопарди и теорія infelicita. Литер. оч. Спб. 91 г., 1 р. 50 к. Стороженко. Поэзія міровой скорби. Р. М. 89 г. 3.

5435. III. **Лопе де-Вега.** 1) „Наказаніе не мщеніе“. 2) „Овечій источникъ“. Перев. Юрьева. См. „Испанскій театръ“ Юрьева. М. 87 г.

— Садовничья собака. Ком. Пер. Г. Пятницкой. О. З. 54 г. 95.

— Собака на сѣнѣ. Б. д. Ч. 43 г. 58.

— Причудница. Ком. Пер. Н. Пятницкаго. О. З. 54 г. 95. О Лопе-де-Вега см. ст. Ковалевскаго, М. Народъ въ драмѣ Лопе-де-Веги „Овечій источникъ“. Сборникъ въ па-

мять Юрьева. М. 91 г., ц. 2 р. 50 к., Барьеръ, Шерръ, а также Тикноръ.

3969. III. **Мантегацца, П.** Больная любовь. Гигіеническій романъ. Пер. съ 7-го итал. изданія Люботинскій. Издан. 2-е Павленкова. Спб. 92 г. 50 к.

Маршоль-Хозе. Друзья хуже враговъ. Пер. съ испанск. Д. 68 г. 1—9.

Маккіавелли. См. отдѣлъ права.

5896. III. **Манцони.** Графъ Карманьола. Тр. Спб. 88 г., ц. 1 р. О Манцони см. Колосовъ. Ист. лит. этюдъ. Р. М 84 г. 8—9.

Манчини, Г. П. Деревенскія красавицы. Пов. Пер. съ итальянск. Новь, 86 г. 22, 23.

3976. III. **Медзаботта, Э.** Іезуитъ. Истор. романъ. Перев. съ итал. Н. А. Попова. Спб. 92 г.

4934. III. — Папа Сикстъ V. Истор. ром. Пер. съ итальянск. Спб. 94.

Монтескорбали, Э. „Во время“. Ком. въ 1 д. Перев. съ итальянск. Ек. Л. „Театр. Библ.“ 93 г. 12.

Монти, В. Кай Гракхъ. Ком. Перев. съ итал. В. Крестовскаго (псевд.). (О. З. 82 г. 7).

Моретто, А. Спѣсь на спѣсь. Ком. въ 3-хъ д. и 6-ти карт. Вольный пер. съ испан. въ стихахъ А. Венкстерна. Р. В. 87 г. 8

— Чѣмъ ушибся—тѣмъ и лѣчись. Ком. въ 3-хъ д. Пер. Крылова. Ж. О. 83 г. 4.

2028. III. **На Римъ.** Жизнь Гарибальди. Пер. съ итал. М. 76 г.

Никколини, Д. Антоніо Фоскарини. Траг. Пер. съ итал. В. Крестовскаго (псевд. (Д. 82 г. 4).

1376. III. **Ньебо, И.** Исповѣдь старика. Ром. Пер. съ итал. Спб. 76 г. 2 р.

— Тоже (Д. 75 г. 3, 4, 6—12).

3476. III. **Неэра.** Лидія. Ром. Пер. съ итал. В. Крестовскаго (псевдон.). Р. М. 82 г. 1—2.

Онуфріо. Да здравствуетъ Мадонна. Разск. Пер. съ итал. Д. 83 г. 9.

2128. III. **Оттолини, В.** Гарибальдійцы. Истор. ром. Пер. съ итальянск. Спб 80 г.

— Тоже (Д. 80 г. 6, 7, 9—11).

Павелъ-Дьяконъ. Альбуинъ и Розамунда. Автари и Теоделинда. Ист. сред. вѣк. Стасюлевича. Т. I. № 1184. II.

5047. III. **Пардо-Базанъ, Эм.** Дочь народа. Истор. новелла. Пер. съ испанск. Е. I. Уманецъ. Спб. 93.

2754. III. **Пароди, А.** Побѣжденный Римъ. Траг. въ 5 д. въ стихахъ. Пер. А. Ѳедотова. Спб. 84 г. 1 р.

Переда, Х. М. Сцены изъ испанской народной жизни. Наб. 85 г. 2.

Пеллико-де-Салуцо, С. Объ обязанностяхъ человѣка. См. отд. этики и отд. религіи.

5011. III. — Мои темницы. Пер. съ итальянск. съ введеніемъ и дополненіями изъ Маронгелли и Андріана, Вл. Штейна. Изд. М. Ледерле и К°. Спб. 94 г.. ц. 60 к.

3091. III.—Мои темницы. Воспом., пер. съ итальянск. Спб. 86 г. 1347. II. Біограф. очеркъ сост. Стонскій. Изд. ж. Пантеонъ литер. Спб. 92 г.

Петрарка. См. переводы Чюминой, Михайловскаго, Жуковскаго, Пушкина; см. также Буренина. В. Е. 74 г. 9.

О Петраркѣ см. 1632. II. Фойгтъ, Г. Возрожденіе классической древности или перв. вѣкъ гуманизма. Т. I. Де-Губернатисъ, А. Франческо Петрарка и его юбилей. В. Е. 74 г. 9.

2152—3. II. Франческо Петрарка. Его критики и біографы. Карелинъ. Раннiй итал. гуманизмъ. (Учен. Зап. Имп. Моск. Унив. Вып. XIV). 2118. II. Гаспари. Исторія итальянской литературы. Т. I. Карръеръ. Т. III. № 312. II, а также статья Карелина въ Р. М. 88 г. 7—8. „Петрарка какъ политикъ".

Пинто. Петрарка и его политич. значеніе, Ж. М. Н. П. 67 г. 6.

4820. III. **Постери, Э.** Подъ маской благочестія. Истор. романъ-хроника. Пер. съ итал. Изд. Павленкова. Спб. 93 г., ц. 1 р.

Рензасъ, Ф. Поздняя любовь. Разск. Пер. съ итальянск. Е. Лѣтковой. С. В. 88 г. 12.

2165. II. **Рыцари** полуночи. Картины мексиканской жизни. Пер. съ исп. М. 81.

1601—2. III. **Руффини.** Лавинія. Ром. въ 7 ч. Пер. съ итальянск. Спб. 61 г., 1 р. 50 к.

Саккети, Р. Капунъ свадьбы. Разсказъ Пер. съ ит. (Д. 82 г. 5).

— Энтузіасты. Ром. (З. В. 82 г. 3, 4).

2978. III. **Салингеръ, Е.** Безумная невѣста. Ром. Пер. съ исп. Спб. 84 г., ц. 1 р. 25 к.

5620. III. **Сборникъ** испанскихъ повѣстей, разсказовъ и драмат. произведеній. Оглавленіе: **Колома. Бездѣлицы. Сельгасъ.** Салюдадоръ. **Гальдосъ,** Призракъ. **Лопе-де-Вега.** Сѣти Фенизы. Ком. **Эчегарай.** Помѣшанный или праведникъ? Драма въ 3-хъ д.

5602. III. **Сборникъ** итальянскихъ пов. и разск. Оглавленіе: **Амичисъ, Э.** Народный учитель. **Серао, М.** 1) Чары золота.— 2) Отверженный.—3) Возрожденіе. **Баррилли.** Граціана.

5558. III. **Сборникъ** испанскихъ и итальянскихъ пов. и разск. Оглавленіе: **Серао,** Маленькій романъ.—Три письма. Разск. —Дуэтъ.—Лазарильо изъ Тормесъ и его удачи и неудачи. **Фогаццаро** А. Идея Гермеса Торранца. **Чіамполи,** Д. Вѣдьма. **Леопольдо Кларина.** Донна Берта.

5558. III. **Серао.** Маленькій романъ. Пер. съ итал. Ек. Лѣтковой. С. В. 93 г. 4.

— Идилія Пульчинеля. Разск. Р. В. 91, 6.

— То-же. Набл. 86 г. 8.

3139. III. — Фантазія. Ром. С.В. 86 г. 6—9.

— Въ женской школѣ. Сцены. Пер. А. А. В. Р. М. 86 г. 7.

— Или онъ, или смерть. Неаполит. новелла. Пер. Е. Лѣтковой. С. В. 88, 6.

5602. III. — Отверженный. Разсказъ. Набл. 92.

3783. III. — Побѣжденный. Ром. Наб. 90 г. 8—10.

3290. III. — Жизнь и приключенія Рикорда Іоанна. Ром. Перев. съ итальянск. Спб. 88.

— Тоже. С. В. 87. 11, 12.

3777. III. — Прощай любовь! Ром. Пер. Е. Лѣтковой. С. В. 90. 9, 10, 11, 12.

3631. III. — Большое сердце. С. В. 89. 7—11.

5602. III. — Чары любви. Разск. Наб. 93 г. 2.

— Разсказы. Возрожденіе. Сквозь призму. Лѣтняя ночь. Наб. 93. 6.

— Наединѣ. Разск. Р. М. 90. 12.

— Разсказы: Бѣлокурый мальчикъ. Раздвоеніе. Торжество Лулу. Супруга великаго человѣка. Наб. 88 г. 1.

5282—83. III. **Сервантесъ, Мигуэль.** Славный рыцарь Донъ-Кихотъ Ламанчскій. Новый полный переводъ съ примѣчаніями и статьею Л. Віардо „Жизнь и произведенія Сервантеса" и 39-ю картинами Густава Доре. 2 тома. Изд. книжн. магаз. А. Г. Кольгугина. М. 95 г., ц. каж. т. по 1 р. 50 коп.

6052—53. III.—Донъ-Кихотъ Ламанчскій. Переводъ съ испанск. В. Карелина, съ приложеніемъ критическаго этюда В. Карелина. 2 тома съ 630 рис. Изд. 3-е Спб. 81 г., ц. 7 р.

1016. III.—То-же, изданіе 73 г. Спб., ц. 4 р.

2133. III.—Интермедіи. Пер. съ испанск. А. Н. Островскаго. Оглавленіе: I. Судья по бракоразводнымъ дѣламъ. II. Бискаецъ-самозванецъ. III. Бдительный стражъ. IV. Ревнивый старикъ. V. Избраніе алькадовъ въ Догансо. VI. Театръ чудесъ. VI. Саламанкская пещера. VIII. Два болтуна. Спб. 86.

5133. III.—То-же. Полное собраніе сочиненій А. Н. Островскаго. Драматическіе переводы. Т. I. Спб. 86 г.

— Ревнивецъ изъ Эстремадуры. В. И. Л. 92 г. 10.

— Синьора Корнилія. Новелла. Р. В. 72 г. 9.

— Сила крови. Пов. О. З. 39 г. 1.

4044. III. — Ринконетъ и Кортадилло. Новела. Съ рис. художника Аталайя. Спб. 92 г., ц. 1 р.

3176. III. — Саламанкская пещера. Интермедія. Пер. Островскаго. И. Л. 85 г. 4.

О Сервантесѣ и „Донъ-Кихотѣ" см. Тикноръ. Исторія испанск. литературы. Т. I. Карелинъ, М. Донъ-Кихотизмъ и демонизмъ. Крит. изслѣдованіе. Спб. 66 г. № 533. II; Статья Авсѣенки: „Происхожденіе романа". Р. В. 77 г. 6; ст. Тургенева, 525. III. Ст. Стороженки: Философія Донъ-Кихота. В. Е. 85 г. 9. 607. II: 624. II. Мережковскаго: Донъ-Кихотъ и Санчо-Панса. (С. В. 89 г. 8—9). Ст. Алферова. А. Донъ-Кихотъ Ламанчскій. См. книгу „Десять чтеній по литературѣ". № II. 2168. Біографія Сервантеса см. Биогр. биб. Павленкова. 1901. II.

Тамайо и Баусъ. Сумашествіе отъ любви. Драма въ 5 д. Пер. съ исп. Р. В. 74, 12.

5218. III. **Тассо, Торквато.** Освобожденный Іерусалимъ. Поэма. Ч. I. Пер. съ новѣйшаго италіанскаго текста, изданнаго въ Парижѣ 1855 г., съ присовокупленіемъ историческихъ, миѳологическихъ и географическихъ комментарій, Ѳ. В. Ливанова. Спб. 1862 г. ц. 75 к.

— Два отрывка изъ „Освобожденнаго Іерусалима". I. Смерть Клоринды. II. Видѣніе Танкреда. Пер. И. Козлова. См. собр. его сочиненій. № 3971. III.

Кр. Карелинъ, М. Торквато Тассо и его вѣкъ. И. В. 83 г. 7—9.

Біографія Тассо см. Ист. литературы Миллюкова, Гаспари.

3639. III. **Тронкони.** Цезарь. Исторія одной любви (Caro Foco). Пов. Пер. съ итал. (Наб. 89 г. 1).

2987 III. **Фарина, Сальваторе.** Любовь все видитъ. Ром. Пер. съ итальянск. Крестовскаго (псевд.) Спб. 85 г. 1 р 50 к.

— То-же. Р. М. 84 г. 8 —12.

— Смерти не миновать. Ром. С.В. 85 г. 2, 3.

2391 III. — Бѣлокурые волосы. Ром. Перев. В. Крестовскаго (псевд.). Спб. 82 г. 1 р. 30 к.

— Старость и молодость. Разск. Тр. 89 г. 20. 21.

3693 III Фіорентини, И. Изабелла Орсини, герцогиня Браччіано. Ист. ром. Перев. съ итал. Н. Поповъ. Спб. 90 г. (И. В. 90. 1—8).

Фагаццаро. Pereat Rochus. Пер. съ итал. С. В.—91 г. 7.

3693. III. — Тѣни прошлаго. Ром. С. В. 92 г. 5—12.

— Идея Гермеса Торранца. С. В. 93 г. 3.
— Фіаско маэстро Кіеко. С. В. 90 г. 12.

4500. III. Фосколо Уго. Послѣднія письма Якопо Ортиса. Ром. (Библ. европ. писат. и мыслит. изд. В. Чуйко). Спб. 83 г. 75 к.

5134. III. Франки, Ит. Великій банкиръ. Комед. въ двухъ частяхъ. Пер. съ ит. А. Н. Островскаго. (См. его переводы).

— Тоже. О. З. 71 г. 7.

5999. III. Челлини, Бенвенуто. За-писки флорентійскаго золотыхъ дѣлъ мастера. Въ 2 ч. Спб. 48 г.

Чіампіоли, В. Разсказы. Пер. съ итал. I. Заклинатель змѣй. II. Жница. Р. В. 91 г. 5.
— Умница. Очеркъ. Загр. В. 82 г. 11.

Чіамполи, Д. Черныя косы. Разсказъ. Пер. съ итальянскаго. Р. В. 91 г. 12.
— Микелаччіо. Разсказъ. Р. В. 91 г. 12.

5558. III. — Вѣдьма С. В. 92 г. 4.

5133. III. Чикони, Теобальдо. Заблудшія овцы. Ком. въ 4-хъ д.—Пер. Островскаго. (См. его драм. переводы).

5620. III. Эчегарай, Х. Помѣшанный или праведникъ? Др. въ 3-хъ д. Пер. съ испанск. Паульсона. Наб. 93 г. 7.

Эспронседа, Х. — Саламанскій студентъ. Поэма-сказка. Загр. В. 81 г. 10—11. (Къ ней приложенъ біогр. очеркъ Эспронседы).

Біограф. Эспронседы сост. Денегри. Д. 73 г. 9;. Бр. Ватсонъ, М. Эспронседа. Р. М. .81 г. 2; 1540. II. Гюббаръ, Г. Исторія современной литературы въ Испаніи.

ОТДѢЛЪ IV.
Литература Франціи.

Общія обозрѣнія исторіи французской литературы.

2076. II. Сентсбери, Д. Краткая исторія французской литературы. Спб. 84 г., ц. 40 к.

Лансонъ. Исторія французской литературы. Изд. Солдатенкова. М. (печатается).

317. II. Кирпичниковъ, А. Средневѣковыя литературы западной Европы. Феодальный порядокъ.—Французскій эпосъ.—Циклъ Карла Великаго.—Теорія Кантиленъ.—Хроника Турпина.—Пѣснь о Роландѣ.—Труверы и жонглеры.—Три эпохи въ развитіи французскаго національнаго эпоса.—Ронсевальскій романъ.—Три цикла.—Рауль Камбрейскій.—Циклъ Вильгельма Оранжскаго.—Французскій эпосъ внѣ Франціи. Романы объ Артурѣ и рыцаряхъ Круглаго стола. Рыцарство и его связь съ поэзіей.—Хроника британцевъ.—Жизнь Мерлина.—Бретонскія Lais.—Іосифъ Аримаѳейскій.—Св. Грааль.—Кретьенъ де-Труа. (Всеобщая истор. литер. Корша. Т. II, стр. 199—235).

317. II. — Южная Франція, ея культура и языкъ. Народная поэзія въ Провансѣ и письменность духовныхъ.—Остатки провансальскаго эпоса. Развитіе лирики.—Поэты и пѣвцы.—Виды любовной лирики; сирвенты.—Вильгельмъ де-Кабестанъ.—Петръ Видаль.—Бертранъ де-Борнъ.—Фламенка.—3-й періодъ провансальской литературы.—Сѣверно-французская лирика. (Всеобщ. истор. литер. Корша. Т. II, стр. 380).

317. II. — Средневѣковая драма. Французская исторіографія въ среднie вѣка. Вильгардуэнъ.—Жуанвиль.—Фруассаръ.—Французская лирика въ XV в.—Карлъ Орлеанскій.—Виллонъ. (Тамъ-же, стр. 872—898).

318. II. — Франція въ эпоху Возрожденія. Итальянскіе гуманисты во Франціи.—Аврелини.—Наука.—Этьенъ де-Боэси.—Клеманъ Маро.—Рабле.—Начало новой школы. Дю-Беллей.—Ронсаръ и плеяда.—Монтэнъ. (Всеобщ. ист. литер. Корша. Т. II, стр. 452).

Утинъ, Е. Французская сатира до Рабле. В. Е. 70 г. 9.

741. II. Борхсеніусъ, Е. Представители реальнаго романа во Франціи въ XVII столѣтіи. Спб. 89 г., ц. 60 к.

318. II. Кирпичниковъ, А. Французская литература въ эпоху псевдоклассицизма.

2

Франція при Генрихѣ IV.—Малербъ.—Матуринъ Ренье.—Агриппа д'Обинье. Пасту-
шескій романъ во Франціи (Астрея).—Отель Рамбулье.—Бальзакъ.—Вуатюръ.—Французская
академія.—Театръ въ началѣ XVII ст.—Гарди.—Раканъ Мерэ.—Парижское общество въ
половинѣ XVII вѣка.—Жоржъ Скюдери.—„Маріанна“. Корнель.—Расинъ.—Буало.—Янсе-
низмъ. Паскаль.—Мольеръ.—Лафонтенъ.—Перро.—Романъ XVII ст. Ларошфуко.—Лабрюй-
еръ. — Идиллія. — Боссюэтъ. — Фенелонъ. Всеобщ. ист. литер. подъ редакціей В. Корша,
стр. 633.

2309. II. Геттнеръ, Г. Исторія всеобщей литературы XVIII вѣка. Т. II.
Французская литература въ XVIII вѣкѣ. Спб. 66 г.

1192. II. Морлей, Дж. Руссо. Пер. съ послѣдняго англійск. изд. В. Невѣдом-
скаго. Изд. К. Солдатенкова. М. 86 г., ц. 2 р. 50 к.

974. II. — Дидро и энциклопедисты. Пер. съ послѣд. англійск. изд. В. Н. Невѣдом-
скаго. Изд. Солдатенкова. М. 82 г., ц. 2 р. 50 к.

1625. II. — Вольтеръ. Пер. съ 4-го англійскаго изданія подъ редакціей професс.
А. И. Кирпичникова. М. 89 г., ц. 2 р.

527. II. Тэнъ, И. Происхожденіе общественнаго строя современной Франціи.
Т. I. Старый порядокъ. Пер. съ 3-го изд. Спб. 80 г., ц. 3 р. 50 к.

1369. II. Шаховъ, А. Очерки литературнаго движенія въ первую половину
XIX вѣка. Лекціи по исторіи французской литературы, читанныя на высшихъ женскихъ
курсахъ въ Москвѣ. Спб. 94 г.

2150. II. Брандесъ, Г. Литература XIX вѣка въ ея главныхъ теченіяхъ.
Французская литература: Литература эмигрантовъ. Реакція во Франціи. Романтическая
школа. Пер. съ нѣмецк. Эл. Зауеръ. Съ 13 портретами и вступительной статьей Е.
Соловьева. Спб. 95 г., ц. 2 р.

1984. II. Пелисье, Ж. Французская литература XIX вѣка. Переводъ подъ
редакціей Н. Мееровича. Изд. книж. скл. Прянишникова. М. 95 г., ц. 1 р.
Шекспировская драма во Франціи.—Октавъ Фелье.—Эмиль Зола.—Поль Бурже.—
Марсель Прево.—Пессимизмъ въ современной французской литературѣ.

2194. II. — Литературное движеніе въ XIX столѣтіи. Пер. Ю. В. Доппельмайеръ.
М. 91 г., ц. 2 р.
I. Классицизмъ. Провозвѣстники XIX в. (Руссо, Дидро, Сталь и Шатобріанъ). Псевдо-
классики. II. Романтизмъ. Новое реалистическое направленіе (поэзія, критика, романъ,
сцена).

897. II. Бурже, П. Очерки современной психологіи. Этюды о выдающихся.
писателяхъ нашего времени, съ приложеніемъ статьи о П. Бурже, Жюля Леметра. Перев.
Э. Ватсона. Спб. 88 г.

1454. VI. Брюнетьеръ, Ф Отличительный характеръ   французской лите-
ратуры. Ц. 15 к. Изд. Межд. Библ.

Писаревъ, Д. Изъ исторіи французской журналистики. См. соч. Т. II. Изд.
Ф. Павленкова.

1980—81. III. **Аббатъ.** Іезуитъ. Перев. съ
фр. 2 т. Спб. 66 г.
— Тоже. (Іезуитъ и монахъ) О. З. 66 г. 5, 6,
8, 9.
2308. III. **Абу, Э.** Сынъ тьмы. Ром. Пер.
съ фр. М. 76 г. 2 р.
3154. III. — Романъ хорошаго человѣка. Р.
М. 86 г. 1—6.
Кр. 2726. III. Костомаровъ, В. Исторія литературы
древняго и новаго міра.
Ососовъ, В. Эдмонъ Абу. Вр. 62 г. 3.
2314. III. **Адвокатъ Пателенъ.** Ком.
въ 3-хъ д. Пер. съ фр. Спб. 58 г.
Аккерманъ, Л. Стихотворенія въ пе-
реводѣ В. Курочкина. О. З. 74 г. 10; 76 г. 9.
См. также:
5637. III.—Зетъ. Е. Преимущественно современные
Французскіе лирики. М. 96 г.
6031. III. Позняковъ, Н. Стихотворенія. Спб. 96 г.
Кр. см. Гюйо. Искусство съ точки зрѣнія соціологіи.

227. III. **Альбакъ, П.** Подъ стѣнами
Парижа. Ром. въ письмахъ. Пер. съ фр. Спб.
72 г. 1 р. 50 к.
602. III. **Альтарошъ.** Ядъ ревности.
Пов. Перев. съ фр. Н. Строева. Спб. 47 г. 1 р.
2533 III. **Альфредъ-де-Бредготъ.**
Романъ двухъ женщинъ. Пер. съ франц. М.
82 г., ц. 1 р. 25 к.
4614. III. **Аміэль.** Отрывки изъ дневника.
Изд. ж. „Пантеонъ литературы“. Спб. 92 г.
4984. III. — Изъ дневника. Пер. М. Л. Тол-
стой, подъ ред. и съ предисловіемъ Л. Н. Тол-
стого. Изд. „Посредника“. Спб. 94 г. ц. 35 к.
Объ Аміэлѣ см. у Бурже. Очерки современной психо-
логіи, № 897. II.
Андріе, Л. Воспоминанія префекта по-
лиціи. Наб. 86 г. 6. 7, 9—11.
6153. III. **Анзомъ.** Живописецъ. влюб-

лепный въ свою модель. Ком. опера въ 2-хъ д. Пер. съ франц. Вас. Вороблевскiй. М. 1779 г.

3902. III. **Арно, С.** Iахиль. Траг. въ 4-хъ д. Пер. Н. Познякова. Спб. 89 г.

2318. III. **Арну, А.** Бракъ самоубiйцы. Ром. Пер. М. 82 г.

1378. II. **Арнульдъ, Пюжоль и Макэ.** Бастилiя. Истор. оч. Тайны Бастилiи, ея арестанты, пытки, процессы, побѣги. 1374—1789 г. Спб. 72 г. 3 р. 50 к.

Ашаръ, А. Дѣвица Дюрозье. Разсказъ. Р. В. 56 г. 4.

253. III. — Женщина-змѣя. Ром. Пер. съ франц. Спб. 74 г. 60.

775. III. — Герцогъ Карлепонъ. Ром. Спб. 76 г. 2 р.

776. III. — Въ огонь и въ воду. Истор. ром. М. 76 г. 2 р.

777. III. — Убiйство герцогини. Истор. ром. (Продолж. ром. „Въ огонь и въ воду"). М. 76 г. 2 р.

778. III. — Миссъ-Буря. Ром. Перев. Н. Строева. Спб. 61 г. 20 к.

779. III. — Прямо къ цѣли. Ром. изъ современной франц. жизни. Спб. 75 г. 1 р. 50 к.

— Мечтательница. Пов. Вр. 61 г. 8.

3853. III. **Базенъ, Р.** У сестеръ милосердiя. Спб. 91 г.

— Чернильное пятно. Р. О. 92 г. 5, 6, 8.

Бальзакъ, О. Собранiе сочиненiй. Изд. бр. Пантелѣевыхъ. Спб. 96—97 г. (изданiе продолжается).

3291. III. Погибшiя мечты. Ром. въ 2 ч. С. В. 87 г. 1—4, 6—8.

2769. III. — Тоже. Пер. Д. Аверкiева. В. И. Л. 92 г. 1—7.

Кр. ст. Н. М. Отчего погибли мечты. С. В. 87 г. 10.

— Похожденiя парижскихъ дэнди. Б. д. Ч 39 г. 36.

5176. III. — Женщина тридцати лѣтъ. Ром. пер. съ франц. Изд. Суворина ц. 60 к.

— Необыкновенная женщина. Б. д. Ч. 38 г. Т. 26. Кн. 1.

1036. III. — Лилiя въ долинѣ. Ром. М. 37 г. ц. 2 р.

3821. III. — Руби дерево по себѣ. (Старикъ Горiо). Обыкновенная исторiя. М. 71 г.

— Старикъ Горiо. Б. д. Ч. 35 г. 8—9.

— Тоже. Кол. 86 г. 8—12.

6066. III. — Отецъ семейства. Ром. (Дешевая библ. А. С. Суворина). Спб. 92 г., ц. 35 к.

5994. III. — Свадебный договоръ. Ром. Пер. Н. Щиглева. Спб. 55 г., ц. 50 к.

— Модеста Миньонъ. Б. д. Ч. 45 г. 69.

263. III. — Исторiя бѣдныхъ родственниковъ. 2 т. Т. I Кузина Лиза. Т. II. Кузенъ Понсъ, или два музыканта. Спб. 47 г. ц. 2 р.

— Тоже. Б. д. Ч. 47 г. 80—83.

1642. III.—Меркаде. Ком. Б. д. Ч. 74 г. ц. 1 р.

— Тоже. Пер. С. А. Б. О. З. 75 г. 7.

— Провинцiальный Байронъ. Б. д. Ч. 37 г. 21.

— Первые шаги на жизненномъ пути. Пов. Пер. съ фр. М. Б. 93 г. 7.

4172. III. — Шагреневая кожа. Талисманъ. Женщина безъ сердца. Агонiя. Пер. Д. Аверкiева. Спб. 92 г. ц. 60 к.

(Къ книгѣ приложены воспоминанiя о Бальзакѣ сестры его г-жи Сюрвилль и др. статьи о Бальзакѣ).

5992. III.—Шагреневая кожа.—Полковникъ Шоберъ. В. И. Л. 91 г. 8—10.

3105. III. — Ежени Гранде. Ром. Пер. съ франц. Ө. М. Достоевскаго. Спб. 83 г.

4937. III. — Разсказы. Т. I. Фачино Кане. Полковникъ Шоберъ. Мильона. Перев. Е. Штейнъ. Изд. М. Ледерле. Спб. 94 г.

— Исторiя величiя и паденiя Цезаря Биротто, продавца духовъ. Б. д. Ч. 38 г. 29.

О Бальзакѣ см.

309. II. Тэнъ, И. Критическiе опыты. (Ст.„Бальзакъ").

1546. II. Тэнъ. Бальзакъ. Этюдъ. Пер. С. Шмелева. Спб. 94 г. ц. 30 к.

1369. II. Шаховъ. Очерки литературнаго движенiя въ первую половину XIX вѣка. Боборыкинъ. О. З. 76 г. 3.

Денегри, Э. Бальзакъ и его школа. Д. 70 г. 8.

223. II. Зола, Э. Бальзакъ и его переписка. Бiогр. очеркъ по новымъ источникамъ, В. Е. 77 г. 1.

Майновъ, И. Оноре-де-Бальзакъ. Сл. 81 г. 4. Бальзакъ. Совр. 41 г. 24. Красносельскiй. О. З. 83 г. 5, 6.

Брандесъ, Г. Бальзакъ. Р. М. 81 г. 6.

— Тоже. З. В. 81 г. 10.

2150. II. — Литература XIX вѣка въ ея главныхъ теченiяхъ. Французская литература: Литература эмигрантовъ. —Реакцiя во Францiи. Романтическая школа. Пер. съ нѣмецк. Эл. Зауэръ. Стр. 145.

2194. II. Пелисье. Литературное движенiе въ XIX в. М. 95 г. 2 р.

1891. II. Бiогр. очеркъ Б. сост. А. Н. Анненской. Бiогр. библ. Павленкова. Спб. 95 г.,

1832. III. **Бальель.** Тайны бронзовой статуи. Ром. Спб .72 г., ц. 1 р. 75 к.

де-Банвиль, Т. Сократъ и его жена. Ком. въ 1-мъ дѣйствiи, въ стихахъ. Пер. О. Чюминой. Наб. 87 г. 6.

О Банвилѣ см. 2194 II. Пелисье. Литер. движен. XIX в. М. 95 г.

2549. III. **Барбей д'Оревилли. Ж.** Повесть безъ названiя. Пер. О. Хмѣлевой. Спб. 82 г.

Барбье. Прогрессъ. Пер. Д. Минаева. С. 62 г. 91.

— Побѣдитель. Пер. Ковалевскаго. С. 62 г. 92.

— Стихотворенiя. Пер. Д. Минаевъ. Р. С. 63 г. 1.

— Ямбъ первый. Перев. Д. Минаева. Сов. 61 г. 96.

— Мѣдная лира. Пер. Ю. Д. О. З. 68 г. 12.

— Римъ. Пер. П. Ковалевскаго. О. З. 63 г. к.

— Прологъ къ ямбамъ. Пер. Н. Курочкина. О. З. 69 г. 8.

— Темза. Пер. Д. Минаева. О. З. 75 г. 6.

— Пророкъ. Пер. Н. Некрасова. О. З. 77 г. 1.

— Конь. Пер. Л. Трефолева. О. З. 69 г. 3.

— Собачiй пиръ. Перев. Буренина. В. Е. 68 г. 11.

— Сплинъ.—Пер. Минаева. Д. 68 г. 5

О Барбье см. 2194. II. Пелисье. Литер. движенiе XIX в. М. 95 г.

Арсеньевъ, К. Ауэрбахъ и Барбье. В. Е. 82 г. 3.

1390. III. **Бассанвиль.** Мщенiе покойницы. Ром. М. 73 г. ц. 75 к.

Бейль, Анри; см. **Стендаль.**

2535. III. **Беккъ, Г.** Вороны. Ком. въ 4-хъ д. Пер. Н. Семигановскаго. М. 82 г., ц. 1 р. 254.

3122. III. —Тоже. Пер. Ө. И. Булгакова. Изд. Л. 83 г. 9.

О Беккѣ см. 1984. II. Пелисье Ж. Фр. лит. XII в. стр. 158.

4810. III. **Бентзонъ.** Сумасбродка. Ром. Спб. 83 г.

2980. III.—То-же. подъ заглавіемъ: Сума-сбродная головка. Пер. Чавчавадзе. Спб. 85 г. ц. 1 р. 25 к.

3012. III. — Валкирія. Ром. Пер. Крестовскаго (псевд.) Спб. 86 г. ц. 1 р. 25 к.

5143. III. Беранже. Пѣсни въ переводѣ русскихъ писателей подъ ред. П. В. Быкова, съ портретами и 35 иллюстраціями; изд. Гоппе. Спб. 94 г.

975. III.—Пѣсни. Пер. В. Курочкина. Изд. 6, исправл. и дополн., съ приложеніемъ біографіи и портрета Беранже. Спб. 74 г. 1 р. 50 к. Бр. Добролюбовъ. Т. I.

5638. III. — Моя біографія. Посмерт. сочин. съ прилож. портрета автора и перевода нѣкоторыхъ нигдѣ ненапечатанныхъ пѣсенъ. Изд. В. В. Костомарова. М. 61 г. ц. 1 р.

4743. III. — Полное собраніе пѣсенъ (по парижск. изданію 1867 г.) въ переводѣ русскихъ писателей. подъ ред. И. Ф. Тхоржевскаго. Тифлисъ. 92—93 г. 6 р.

О Беранже см. Шаховъ. Очерки литературнаго движенія въ первую половину XIX вѣка. № 1369. II; Пелисье. 2194 II.

Ст. Безсонова. Беранже и его пѣсни. О. З. 58 г. 3.

Біографію Беранже см. 5638. III. Автобіографія.

934. II. Біогр. очеркъ. М. Барро. Біогр. Библ. Павленкова.

2726. II. Костомаровъ, В. Исторія литературы древняго и новаго міра. Т. II.

Бергсоэ. Далила. Разсказъ. Пер. съ фр. М. Б. 92 г. 2.

Беркенъ, А.

Существуетъ старый переводъ избранныхъ идилій. Спб. 1803 г.

4233. III. — Бернарденъ де Сенъ-Пьеръ. Павелъ и Виргинія. Пер. Ек. Бекетовой. Изд. А. С. Суворина, Деш. библ. Спб. 92 г. 15 к.

О Б. де С. Пьеръ см. 2194. II. Пелисье. Литер. движеніе XIX в.

Общ. хар. 2726. II. Костомаровъ, В. Исторія литературы древняго и новаго міра. Т. II.

1470 — 71. III. Бернаръ, Ж. Замокъ Трамблъ. Ром. 2 ч. Спб. 78 г. 2 р. 25 к.

Бернаръ, Сара. „Признаніе“. Др. въ 1 д. „Театралъ“. 95 г. 22.

де-Берни, Фр.

Существуетъ въ переводахъ конца 18 и начала 19 вѣка.

826. III. Бертэ, Э. Птица пустыни. Ром. Спб. 63 г. 2 р. 50 к.

827. III. — Шофферы, или оржерская шайка. Истор. ром. Спб. 73 г. 2 р.

828. III. — Итальянскіе разбойники. Ром. Спб. 76 г. 1 р. 25 к.

2291. III. — Дворянинъ-стекольщикъ. Истор. ром. Спб. 87 г. 1 р. 50 к.

2346. III. — Присяжный. Ром. Спб. 68 г. 1 р. 50 к.

3160. III. Біаръ, Люсьенъ. Лола Лопесъ Разск. Наб. 86 г. 8.

3532. III. — Приключенія Лючія Авила. Съ рис. Г. Мейера. М. 89 г.

3468. III. — Антонія Безарецъ. Разск. изъ мексиканской жизни. Р. М. 88 г. 2.

2986. III. Біасъ, К. На востокѣ. Роу Спб. 85 г. Ц. 1 р. 25 к.

4147. III. — Фаустина. Ром. Пер. Богородской. Спб. 89 г. ц. 1 р.

935. III. Бланкэ, А. Война амазонокъ. Истор. ром. Спб. 68 г. 1 р. 50 к.

1612. III. Блез-де-Бюри. Жажда денегъ. Ром. Изд. Е. Ахматовой. Спб .75 г. 1 р. 50 к.

Блондель, О. Altica rubra. Разск. Р. О. 90 г. 3.

5454. III. Боало. Наука о стихотворствѣ. Пер. стихами, вмѣстѣ съ подлинникомъ, графа Хвостова. Изд. 4-е. Спб. 30 г. ц. 5 р.

О Боало см. Корша. № 318. II. Истор. всеобщ. литер. Т. III. Французская литература въ эпоху классицизма, а также Костомаровъ, В. Исторія литературы древняго и новаго міра. Т. II. 2726. II.

2894. III. Боделэръ, Ш. Стихотворенія въ прозѣ. Пер. Д. Мережковскаго. Из. I., и въ переводѣ Н. Курочкина. О. З. 69 г. 12; 70 г. 4; 71 г. 1; 72 г. 8.

О Боделэръ см. Пелисье. Лит. движ. XIX в.

897. II. Бурже, П. Очерки современной психологіи, а также Усовъ, А. Нѣсколько словъ о декадентахъ. С. В. 93 г. 8. Еще см. статью П. Я. Бодлэръ, его жизнь и поэзія. Р. Б. 96 г. 4. Гюйо. Искусство съ точки зрѣнія соціол.

2994. III. Боккеній, А. Вдова маршала. Ром. ц. 1 р. 25 к.

— То-же. Д. 83 г. 9—12.

1094. III. Бомонъ де-Васси. Тайныя бумаги придворнаго. (1770—1870 гг.). Спб. 76 г. 1 р. 25 к.

1962. III. — Тайны царствованія Наполеона III. Интимная исторія. Спб. 75 г. 1 р. 50 к.

4050. III. Бомарше, П. Трилогія: Севильскій цирульникъ или безполезная осторожность. Ком. въ 4 д.—Безумный день или женитьба Фигаро. Ком. въ 5 д.—Второй Тартюфъ или преступная мать. Ком. въ 5 д. Съ характеристик ой поэта, состав. А. Н. Веселовскимъ. Пер. А. Н. Чудинова. Изд. Пантеона литературы. Спб. 88 г.

6088. III. — Безумный день или женитьба Фигаро. Ком. Пер. А. Чудинова. Изд. Суворина. Спб., ц. 20 к.

6089. III. — Севиль скій цирульникъ. Ком. пер. А. Чудинова. Изд. Суворина. Спб. ц. 15 к.

О Бомарше см. Веселовскій, АЭтюды и характеристики. 1441. II.

— Его-же. Бомарше и его судьба. Б.: Е. 87 г. 2, 3.

К.И.—Бомарше. Р. М. 92 г. 9. Шерръ. Челов трагикомедія. Луи Блонъ. Ист. Фр. рев.

933. II. Біогр. Бомарше. Біогр. библ. Павленкова.

2309. II. Геттнеръ, Г. Ист. всеобщ. литер. XVIII вѣка. Т. II. Спб. 66 г.

527. II. Тэнъ, Ип. Происхожденіе общественнаго строя современной Франціи. Спб. 80 г.

2726. II. Костомаровъ, В. Исторія литературы древняго и новаго міра. Т. II, а также см. 1985. II. Ивановъ. Полит. роль фр. театра.

260. III. Бори, Г. Красавецъ Роланъ, или клубъ висѣльниковъ. Ром. Спб. 74 г. 3 р.

1469. III. — Парижскіе лѣнтяи. Ром. Спб. 73 г. 1 р. 50 к.

Боскэ. Руанскія работницы. Ром. О. З. 69 г. 10, 11.

302. III. Бреа, А. Дочь императора. Истор. ром. Спб. 67 г. 1 р.

1467. III. — Любовница діавола. Ром. М 71 г. 1 р.

267. III. — Наслѣдство Мальроа. Ром. Спб. 71 г. 2 р.

1026. III. Брифо. Тайны римскаго двора. Истор. ром. Спб. 75 г. 2 р. 50 к.

220. III. Бро, А. Шпіоны. Ром. Спб. 4 г. 2 р.

1295. Ш. — Ужасныя ночи. Ром. Спб. 80 г. 1 р. 50 к.

2145—47. Ш. — Товарищество Ноева ковчега. Ром. въ 3 ч. Ч. I. Таинственный ядъ. Ч. II. Бракъ Фернанды. Ч. Ш. Дѣти Ноева ковчега. М. 81 г.

1918. Ш. — Сестра короля. Истор. ром. временъ царствованія Елизаветы I и Іакова I. Спб. 69 г. 1 р. 50 к.

2257. Ш. Брюммель. Аристократическій полусвѣтъ. Сцены изъ жизни высшаго свѣта во время второй имперіи. Пер. Н. Высокой. М. 81 г.

3203. Ш. Буагобей, Ф. Червонный тузъ. Истор. ром. Спб. 85 г.

3351. Ш. — Роковой билетъ. Ром. Спб. 88 г.

3403. Ш. — Бракъ по любви. Ром. Спб. 88 г.

2527. Ш. — Дикарь. Ром. Спб., 82 г., ц. 1 р. 50 к.

2648—49. Ш. — Полусвѣтъ во время террора. Ром. изъ исторіи Франціи. Спб. 83 г. ц. 2 р. 50 к.

2772. Ш. — Стальное ожерелье. Ром. Спб. 84 г. 1 р. 50 к.

3085—6. Ш. — Золотая свинья. Ром. 2 ч. Спб. 83 г.

555. Ш. — Милліонное наслѣдство. Ром. Спб. 74 г. 1 р.

945—46. Ш. — Тайны новаго Парижа. Ром. 2 ч. Спб. 77 г. 2 р. 50 к.

943—44. Ш. — Старость Лекока. Ром. Изд. В. Сахаровой. Спб. 78 г. 2 р. 50 к.

1592. Ш. — Исчезъ. Ром. М. 72 г. 2 р.

2044—45. Ш. — Убійство въ маскарадѣ. Ром. Спб. 80 г. 2 р. 50 к.

2093. Ш. — Шпіонъ. Ром. Пер. Солодовниковой. Спб. 74 г. 1 р. 25 к.

2292. Ш. — Дѣло Матапана. Ром. Спб. 81 г. 2 р.

2077. Ш. Бувье, А. Кредиторы эшафота. Ром. Пер. съ фр. Спб. 80 г. 2 р. 50 к.

2075. Ш. — Олимпія. Бывшій торговый домъ Пальмиры. Ром. Спб. 80 г. 2 р.

2588. Ш. — Принцесса-акробатка. Ром. Спб. 82 г., ц. 1 р.

2703. Ш.—Маленькая герцогиня. Ром. Спб. 83 г.

2785. Ш. — Кипятокъ. Ром. Спб. 84 г. ц. 1 р. 25 к.

4638. Ш. Бурже, П. Въ безсонныя ночи. Съ иллюстраціями. М. 94 г., ц. 50 к.

4412. Ш. — Очерки парижскихъ нравовъ. Отрывки изъ сочиненія Клода Ларше, собранныхъ и изданныхъ Полемъ Бурже, его душеприкащикомъ. Пер. С. Спб. 91 г.

5622. Ш. — Космополиты. Ром. Пер. А. Э. Спб. 93 г.

5634. Ш. — Тоже. Р. М. 93. 1—4.

Кр. 2450 П. Оболенскій, Л. Въ чемъ спасеніе. Нед. 93 г. 6.

5621. Ш. — Обѣтованная земля. Ром. Р. Б. 92 г. 2—10.

— Игрокъ. Святочное воспоминаніе. М. Б. 93 г. 12.

4165. Ш. — Уродъ. Спб. 92.

4939. Ш. — Святой. Изд. В. С. Хесина. Спб. 94 г., ц. 50 к.

— Тоже. Р. О. 92 г. 4.

3397. Ш. — Въ сѣтяхъ лжи. Ром. Спб. 83 г.

— Тоже. Набл. 88 г. 1—3.

3451. Ш. — Ложь. Ром. С. В. 88 г. 1—5.

3615. Ш. — Ученикъ. Ром. С. В. 89 г. 4. 6—8.

Кр. Ст. Вермеля, С. „Нападенія новѣйшихъ беллетристовъ на науку". Р. Б. 91 г. 9.

576. II. Арсеньевъ, К. Новый тенденціозный романъ. В. Е. 89 г. 10.

2450. II. Шепелевичъ, Л. Романистъ-психологъ. Кн. Нед. 93 г. 8.

О. Л. Новый романъ Поля Бурже. Р. Б. 89 г. 10. Кто виноватъ въ проступкѣ Грелу? (по поводу ром. Бурже: Ученикъ). Пант. Лит. 89 г. 11.

3285. Ш. — Андре Корнели. Ром. С. В. 87 г. 1—3.

3755. Ш. — Габріэль Оливье. Разск. (С. В. 90 г. 1, 2).

3755. Ш. — Женское сердце. С. В. 90 г. 6. 7, 9, 11. 12.

— Тоже. Тр. 90 г. 17—23.

— Алина (Святочн. разск.) Р. М. 89 г. 12.

— Меньшая сестра Алины. (Un Scrupule).

Два отрывка изъ дневника Франсуа Вернанта). Р. М. 93 г. 9.

5179. Ш. — Изъ-за любви. Пер. В. Савельева. Изд. В. С. Хесина. Спб. 94 г., ц. 50 коп.

О Бурже. См. 624. II. Андреева, А. Поль Бурже и пессимизмъ. С. В. 90 г. 2, 4, 10, 11.

897. II. Поль Бурже. Жюли Лемэтра (Вступительная статья къ книгѣ Бурже: „Очерки современной психологіи) а также Р. М. 87 г. 10, и Пант. Лит. 88 г. 1.

1984. II. Делисль, Ж. Очерки современной литературы. Пер. подъ ред. Н. Мировичъ. М. 95 г. Михайловскій, Н. Литер. и жизнь.

4536. Ш. Буссенаръ, Л. Милліонное наслѣдство. Путешествіе двухъ французовъ изъ Парижа черезъ Сибирь въ Бразилію. Ром. въ 3-хъ ч. Съ 80 рис. П. Фера. М. 91 г. ц. 2 руб. 50 коп.

4537. Ш.—Похитители брилльянтовъ. Ром. въ 3-хъ ч. Съ 61 рис. П. Фера. М. 91 г. 2 р. 50 к.

6090. Ш.— Путешествія и приключенія на сушѣ и на морѣ. Подъ Южнымъ Крестомъ. Ром. М. 86 г., 2 р.

3582. Ш. Бюрдо, А. Приключенія Стэнли. Спб. 89 г.

Бэйль- См. Стендаль.

532. Ш. Бэло, А. Огненная женщина. Ром. Спб. 75 г. 1 р. 25 к.

533. Ш. — Любовники-убійцы. Ром. Спб. 75 г. 2 р.

534. Ш. — Жена и фаворитка (Привычка и воспитаніе). Ром.—Семейная тайна. Ром. Пер. Лимана. Спб. 74 г. 1 р. 25 к.

535. Ш. — Дѣвица Жиро, моя супруга. Ром. Спб. 70 г. 1 р. 50 к.

2898. Ш. — Статья сорокъ-седьмая. Уголовн. ром. въ 3-хъ част. Пер. Д. Ланге. М. 74 г.

3391. Ш.—Ледяная женщина. Ром. Пер. Траубенберга. Одесса. 78 г.

6059—60 .Ш. БѢСЪ въ Парижѣ. Парижъ и Парижане. Нравы и обычаи, характеры и портреты парижскихъ жителей; полная картина ихъ жизни домашней, публичной, политической, артистической, литературной и т. д. Въ 2-хъ частяхъ. Текстъ состоитъ изъ статей: Ж. Занда, Сталь, П. Паскаля, Бальзака, А. Карра; Т. Готье, А. Мюссе и мн. др. Изд. П. П. Мартынова. Спб. 46 г.

2575. Ш. **Валлесъ. Ж.** Баккалавръ. Ром. Пер. съ франц. Спб. 82 г. ц. 1 р. 25 к. — Тоже. Р. Б. 82. 1—4; Набл. 82. 1—5.

558. Ш. **де-Вальеръ, Л.** Слабости хорошенькой дѣвушки. Ром. Спб. 75 г., ц. 1 р.

1916. Ш. **Вальмонтъ.** Прусскій шпіонъ. Ром. изъ послѣдней франко-германской войны. М. 73 г., 1 р. 50 к.

де-Вариньи. Янки на морскомъ берегу. Наб. 87 г. 1.

2589. Ш. **Вастъ-Рикуаръ.** Мошенники большого свѣта. Ром. Спб. 81 г., ц. 1 р. 25 к.

2080. Ш. — Мадамъ Бекаръ. Ром. Спб. 80 г. 1 р. 50 к.

2148. Ш.—Великосвѣтскіе бездѣльники. Ром. М. 81 г.

Верленъ, П. Стихотвореніе: „Завѣтный сонъ“ въ переводѣ А. Кублицкой — Піоттухъ. В. И. Л. 95 г. 7.

6399. III —Романсы безъ словъ. Пер. В. Брюссова М. 94 г.

О немъ см. Венгерова. Поэты символисты во Франціи. В. Е. 92 г. 9,—а также Усова, А. Нѣсколько словъ о декадентахъ. С. В. 93 г. 8. Гюйо. Искусство съ точки зрѣнія соціологіи.

2501. Ш. **Вернъ-Жюль.** Зеленый лучъ. Ром. М. 82 г., 1 р. 25 к.

2689. Ш. — Школа Робинзоновъ. Разск. Спб. 83 г., ц. 1 р. 25 к.

2780—81. Ш. — Упрямецъ Керабанъ. Ром. въ 2-хъ ч. Спб. 84 г., ц. 1 р. 25 к.

2782. Ш. — Южная звѣзда. Алмазный край. Спб. 84 г. 1 р. 25 к.

3051. Ш. — Архипелагъ въ огнѣ. Ром. Спб. 84 г.

1192. Ш. — Сквозь блокаду. Разск. Спб. 71 г. 50 к.

1193. Ш. — Нарушители блокады. Съ рис. Спб. 76 г. 1 р.

1195—96. Ш. — Путешествіе въ страну пушныхъ звѣрей. Въ 2 т. Пер. Марка Вовчка. Спб. 74 г. 4 р.

Кр. Д. 74 г. 2.

1197. Ш. — Новые разсказы: Вокругъ свѣта въ 80 дней.—Фантазія доктора Окса. Спб. 73 г. 2 р. 50 к.

— Вокругъ свѣта въ восемьдесятъ дней. Рус. В. 72 г. 11, 12.

1198. Ш. — Плавающій городъ. Съ прил. I. Верна: Восхожденіе на Монбланъ. Пер. подъ ред. Марка Вовчка. Съ рис. Спб. 72 г. 2 р.

1199. Ш. — Приключенія трехъ русскихъ и трехъ англичанъ въ Южной Африкѣ. Спб. 73 г. 1 р. 50 к.

Кр. Д. 73 г. 1.

— 20000 лье подъ водой (Р. В. 70 г. 1—12).

1200. Ш. — Тоже, подъ наз. „80,000 верстъ подъ водой. Путешествіе подъ волнами океана“. Съ 112 рис. Пер. Марка Вовчка. 2 ч. Спб. 71 г. 4 р.

1201. Ш. — Приключенія капитана Гатраса. Необыкновенное путешествіе. Съ 250 рис. Пер. Марка Вовчка. Спб. 70 г. 3 р. 50 к.

Кр. О. З. 69 г. 13.

1202—4. Ш. — Дѣти капитана Гранта. Кругосвѣтное путешествіе. Пер. Марка Вовчка. Съ 172 рис. Спб. 69 г. 4 р.

Кр. О. З. 69 г. 1.

1205. Ш. — Отъ земли до луны. 96 часовъ прямого пути. Съ рис. Спб. 70 г. 1 р. 50 к.

1194. Ш. — Вокругъ луны. М. 69 г. 1 р.

— Тоже. Р. В. 69 г. 11. 12.

1206. Ш. — Ченслеръ. Драма на морѣ. Спб. 75 г. 1 р.

Кр. Д. 75 г. 6.

1208. Ш. — На морѣ. Пер. Марка Вовчка. Съ 49 рис. Барбана и Ріу. Спб. 76 г. 2 р. 50 к.

1207. Ш. — Разсказы: Старый часовщикъ. Драма въ воздухѣ. Зимовка среди льдовъ. Опытъ доктора Окса. Съ рис. Спб. 76 г. 2 р.

1209. Ш.—Черная Индія. Спб. 77 г. 1 р. 50 к.

1181. Ш. — Пятьсотъ милліоновъ индійской принцессы. Разск. Спб. 79 г. 1 р. 50 к.

1178—79. Ш. — Пять недѣль на аэростатѣ. Путешествіе и открытія въ Африкѣ доктора Фергюссона. Съ рис. Спб. 70 г. 2 р.

1211. Ш. — Путешествіе къ центру земли. Пер. М. Вовчка. Спб. 71 г. 2 р. 50 к.

1212—14. Ш.—Таинственный островъ. Ч. I. Потерпѣвшіе крушеніе въ воздухѣ. Ч. II. Покинутый. Ч. Ш. Тайна. Пер. М. Вовчка. Съ рис. Спб. 76 г. 6 р.

1215 и 1197.Ш.—Фантазія доктора Окса. Спб. 73 г. 1 р.

1210. Ш. — Пятнадцатилѣтній капитанъ. Спб. 79 г. 2 р.

Кр. Р. В. 78 г. 9.

1180. Ш. — Приключенія китайца. Пов. Спб. 79.

1182. Ш. — Паровой домъ. Разск. о путешествіи по Сѣверной Индіи. Спб. 81 г. 1 р. 25 к.

Кр. Р. М. 82 г. 5.

1183. Ш. — Гекторъ Сервадакъ. Путешествія и приключенія въ солнечномъ мірѣ. Пер. С. Самойловичъ. Съ рис. Спб. 80 г. 4 р.

1184. Ш. — Жангада. Восемьсотъ миль по Амазонской рѣкѣ. Спб. 82 г. 1 р. 25 к.

3909. Ш. — Выигрышный билетъ нумеръ 9672. М. 89 г. 40 к.

3566. Ш. — Обезьяній генералъ. Ром. М. 89 г.

3626. Ш. — Матіасъ Сандорфъ. Ром. въ 5 ч. М. 89 г., ц. 3 р.

3627. III.—Вверхъ дномъ. Ром. М. 90 г. 2 р.

3628. III.—Воздушный корабль. М. 89 г. ц. 2 р.

3735. Ш. — Островъ Ричмондъ. М. 89 г., ц. 2 р. 50 к.

3832. III.—Безымянное семейство. Спб. 90 г.

4533. III. — Тоже, подъ названіемъ: Семья безъ имени. Ром. Съ рис. худож. Тире-Бопе. М. 93 г. 60 к.

4534. Ш. — Сезаръ Каскабель. Ром. Пер. Е. Киселева. Съ 44 рис. Бенета. М. 91 г. 2 р. 50 к.

Видокъ. См. записки Видока.

3829. Ш. **Виларъ.** Конецъ любви. Ром. Спб. 91 г.

4043. Ш. **Вильерсъ, А.** На велосипедахъ. Фантастическое путешествіе черезъ Африку. Съ рис. Зира. М. 92 г.

Виньи, А. Смерть волка. Поэма. Пер. Ларка. Р. М. 86 г. 10.

— Потокъ. Пер. Д. Минаева. О. З. 69 г. 12.

5877. III — Сенъ-Марсъ или заговоръ въ царствованіе Людовика XIII. М. Б. 95 г. (Приложеніе).

— Грѣшница. Пер. Бурѣнина. В. Е. 68 г. 2.

О Виньи см. Брандесъ, Г. Литература XIX вѣка въ ея главныхъ теченіяхъ. Гюйо. Искусство съ точки зрѣнія соціологіи.

2194. II. Пелисье, Ж. Литературн. движ. въ XIX в.

2894. III. **Вихертъ, Э.** Мать и дочь. Пер. съ фр. Крылова.

3748. III. — Современные меценаты. Ром. Спб. 90 г.

712. III. **Віалонъ, П.** Жатва. Ром. Спб. 76 г. 1 р. 75 к.

563. III. **Влюбленныя** узницы. Барбара Убрикъ. Ром. Спб. 73 г. 1 р. 50 к.

3009. III. **де-Вогюе, М.** Зимнія сказки. Спб. 86 г.

4314. III. **Вольтеръ, Г.** Романы и повѣсти. Пер. Н. Дмитріева. Спб. 70 г. 2 р. 50 к. Свѣтъ какъ онъ есть.—Кривой носильщикъ.—Cosi sancta.—Задигъ.—Мемнонъ. Бабабекъ и факиры.—Микромегасъ.—Двое утѣшенныхъ.—Исторія путешествій Скарментадо. — Сонъ Платона. — Кандидъ. —Разсказъ о добромъ браминѣ.—Бѣлый и черный.—Жано и Колевъ.—Простодушный.—Человѣкъ съ 40 экю.—Вавилонская принцесса.—Письма Амабеда.—Исторія о памяти.—Бѣлый быкъ.—Похвальное слово разуму.—Исторія Женни.—Уши графа Честерфильда.—Индійскіе разсказы.—Слѣпые судьи цвѣтовъ.

Общ. хар. произведеній Вольтера см. Геттнеръ, Г, Истор. всеобщ. литер. XVIII вѣка. Т. II. Спб. 66 г. № 2309. II.

Біогр. Каренинъ, А. Вольтеръ. Изд. Павленкова, 1533. II.

Коршъ, В. Вольтеръ, его жизнь и сочиненія. В. Е. 80 г. 10—12. Луи Бланк. Ист. Фр. револ.

735. II. — Тоже. въ „Этюдахъ" Корша.

1625. II. Морлей, Дж. Вольтеръ. Пер. съ 4-го англійскаго изданія подъ редакціей проф. А. И. Кирпичникова. М. 89 г., ц. 2 р

2726. II. Исторія литературы древняго и новаго міра. Костомарова. Т. II. к. I, составлен., по I. Шеррр. Спб. 64 г.; 1985. II. Ивановъ. Полит. роль фр. театра.

998. II. Карлейль, Т. Историческіе и критическіе опыты. М. 78 г. ц. 3 р.

527. II. Тэнъ, Ип. Происхожденіе общественнаго строя современной Франціи. Спб. 80 г.

Михайловскій, Н. Вольтеръ какъ писатель и какъ человѣкъ. Т. III. Полн. собр. сочиненій.

266. II. Шашковъ, С. Вольтеръ. Біографія. Дѣл. 79 г. 11—12.

2630. II. Философическая и политическая переписка Императрицы Екатерины II съ Вольтеромъ. Съ 1763 по 1778 годъ. Пер. съ фр. 2 части. Спб. 1802 г.

3146. III. **Вольфъ, А.** Прожигатели жизни. Мемуары парижанина. Наб. 86 г. 1—5.

3306. III. — Лондонскія трущобы. Кол. 84 г. 7—8.

— Накипь Парижа. Наб. 85 г. 1, 4. Бр. Р. М. 85 г. 4.

1232. III. **Вотье, Ж.** Послѣдняя любовь. Истор. ром. Спб. 74 г. 1 р. 50 к.

1871. III. **Вѣроотступникъ.** Исповѣдь аббата Жака, изданная его сестрой. Спб. 79 г. 1 р. 25 к.

2568—69. III. **Габоріо, Э.** Знаменитыя фаворитки. Пер. О. Хмѣлевой. Спб. 1883 г., ц. 1 р. 25 к.

2729. III.—Случайные браки. Ром. Спб. 72 г., ц. 1 р. 25 к.

425. III.—Адская жизнь. Ром. Спб. 71 г. 2 р.

426. III.—Чужія деньги. Ром. Спб. 73 г. 2 р.

427. III. — Лекокъ. агентъ сыскной полиціи. Ром. Изд. 2. Спб. 73 г. 1 р. 50 к.

428. III. — Дѣло подъ № 113. Ром. Спб. 69 г. 1 р. 50 к.

429. III. — Золотая шайка. Ром. Спб. 72 г. 1 р. 75 к.

430. III.—Петля на шеѣ. Ром. Спб. 73 г. 2 р.

423—4. III. — Рабы Парижа. Т. I. Шантажъ. Т. II. Тайна герцогъ Шандосъ. Ром. Спб. 72 г. 2 р. 50 к.

431. III. — Преступленіе въ Орсивалѣ. Ром. Спб. 69 г. 1 р. 50 к.

432. III. — Кувыркомъ. Ром. Спб. 75 г. 3 р.

434. III. — Батиньольскій старикашка. Разсказъ. Спб. 76 г. 1 р.

3396. III. — Убійство госпожи Леружъ. Ром. Од. 72 г.

3192. III.—Золотая грязь. Ром. Спб. 76 г. 2 р.

3294. III. **Галеви, Л.** Достигла цѣли. Парижскіе нравы. Пер. А. Плещеева. (С. В. 87 г. 6).

5383. III. — Семейство Кардиналъ. Ром. М. Н. Ремезова. Изд. М. Ледерле и К°. Спб. 95 г., ц. 40 к.

2881. III. — Тоже. Спб. 85 г., ц. 1 р. 25 к.

— Тоже. Р. М. 84 г. 6—7.

2900. III.—Аббатъ. Ром. Спб. 82 г., ц. 1 р. 50 к.

— Тоже. Вѣк. 82 г. 5—9.

— Крикетъ. Набл. 83 г. 6—9.

— Княгиня. Пов. Набл. 91 г. 5.

— Три удара молніи. Разск. Набл. 91 г. 6.

— „Скандалъ". Разск. Арт. 92 г. 9.

— „Туръ вальса". Разск. Арт. 92 г. 11.

— „Курьерскимъ поѣздомъ". Разск. Арт. 92 г. 12.

— Мой пріятель Мюссаръ. Разск. Набл. 93 г. 3.

Галле, Л. Надъ пропастью. Пов. Р. М. 89 г. 9, 10.

914. III. **Галетъ, В.** Сирано де-Бержеракъ. Ром. Спб. 78 г. 2 р.

Гальтъ, Р. Въ погонѣ за счастьемъ. Ром. Р. Б. 88 г. 1—7.

— Крестница министра. Ром. (О. З. 68 г. 9, 10).

2538. III. — Писатель. Ром. Спб. 82 г., ц. 1 р. 25 к.

3593. III. **Ганьеръ.** Современная война. Ром. Спб. 73 г.

1472. III. — Бракъ каторжника. Ром. М. 71 г. 2 р.

681. III. — Счастливые супруги. Ром. Спб. 71 г. 1 р. 30 к.

682. III. — Пушечное мясо. Ром. съ франко-прусской войны. Спб. 74 г. 2 р.

1807. III. — Адріенна Берто. (Les crimes de l'amour). Ром. Спб. 75 г.

2548. III. **Гарсіа, П.** Виконтъ Альфоясъ. Разск. М. 82 г.

2730. III. **Гастинь, Жюль.** Нагая женщина. Ром. Спб. 83 г.

4295. III. — Полунощникъ (L'homme de la nuit). Ром. Пер. М. Сороченковой. Спб. 93 г.

930—31. III. **Геру, К.** Убійство въ улицѣ Тамиль. Ром. въ 2 ч. Спб. 77 г. 1 р. 50 к.

1240. III. — Замокъ Шамбла. Уголовн. ром. Спб. 74 г. 1 р. 75 к.

2046. III.—Трагическое наслѣдство. Ром. Спб. 80 г.

3853. III. **Гильтль, Ж.** Термидоръ. Ром. Спб. 91 г.

2049. III. **Глуве.** На рѣкѣ. Ром. М. 81 г.

2168. III. **Гонкуръ, Э. и Ж.** Жермини Ласертэ. Ром. М. 81 г.

— Тоже. В. Е. 75 г. 10:

2532. III. — Исторія служанки. Ром. Пер. П. Лѣтнева. Спб. 82 г., ц. 1 р. 25 к.

5633. III. — Шарль Демальи. Ром. Перев. подъ ред. Ѳ. Булгакова. В. II. Л. 93 г. 3—9.

36. III.—Молодая буржуазія. Ром. О. З. 76 г. 11—12.

86. III. — Натурщица. Ром. Спб. **77 г.** ц. 1 р.

— Тоже. Д. 77 г. 3.

35. III. **Гонкуръ, Э.** Осужденная на молчаніе. Пов. Д. 77 г. 4.

36. III. — Жертва филантропіи. Пер. съ фр. А. П. (О. З. 77 г. 4—5).

— Братья Земганно. Ром. Сл. 79 г. 5—8.

2638. III.—Фостэнъ. Ром. Спб. 83 г., ц. 1 р. 25 к.

— Тоже. Набл. 82 г. 1—6.

Кр. В. Е. 82 г. 9.

2406. III. — Жюльета Фаустэнъ. Ром. Спб. 82 г.

2897. III. — Шери. Ром. Из. Л. 84 г.

— Тоже. Наб. 84 г. 7.

Кр. этого романа см. Арсеньевъ, К. В.Е. 84 г. 11. О Гонкурахъ см. Утинъ, Е. Изъ литературы и жизни. Т. II. 2205. II.

— Тоже. В. Е. 90 г. 1—3.

Брандесъ, Г. Новыя вѣянія.

121. II. Арсеньевъ, К. (Z. Z.) Современный романъ въ его представителяхъ VI. Братья Гонкуръ. В. Е. 80 г. 10; 84 г. 11.

897. II. Буржэ, П. Очерки современной психологіи.

2194. II. Пелисье, Ж. Литературн. движ. въ XIX ст.

222. III. **Готье, Т.** Милитона. Ром. Спб. 47 г. 1 р. (Стих. см. **Зетъ.** Франц. лирики.).

— Безъ вины виноватъ. Б. д. Ч. 47 г. 84.

Кр. 2194. II. Пелисье, Ж. Литерат. движ. въ XIX ст. Брандесъ. Литература XIX вѣка. Фр. литература.

1808. III. **Гранвиль.** Грабители или кровавая драма въ лѣсу. Ром. М. 76 г. 2 р.

2247. III. **Графиня** Муренина. Ром. Спб. 81 г. 1 р. 25 к.

2166. III. **Гревилль, А.** Жертва женщины. Ром. М. 81 г.

2792. III. — Преступленіе. Ром. Спб. 84 г. 1 р. 25 к.

2490. III. **Гренвиль, Г.** Домъ де-Мореза. Ром. 78 г. 1 р. 50 к.

Гресса. Попугай. Поэма. Пер. В. Курочкина. О.З. 75 г. 2.

Кр. 2309. Геттнеръ, Г. Ист. всеобщ. литер. XVIII вѣка. Т. II.

2402. III. **Гро, Ж.** Вулканъ во льду. Приключенія ученой экспедиціи къ сѣверному полюсу. Спб. 82 г.

5993. III. **Гуссэ (Уссэ) А.** Маріани. Ром. Спб. 59 г. 1 р.

41. III. — Лучіа Маріани. Разск. Собр. ром. Спб. 59 г.

1477—78. III. — Великосвѣтскія женщины: 1) Донъ-Жуанъ. 2) Венера. Ром. Спб. 79 г.

1412. III. —Тригерцогини. Ром. Спб. 78 г. 3 р.

556. III. — Полны руки розъ, золота и крови. Ром. Спб. 75 г. 1 р. 50 к.

1089. III. — Тысяча и одна тайна парижскихъ ночей или сердечныя драмы. Ром. М. 77 г. 3 р. 50 к.

2036. III. — Сломанный вѣеръ. Ром. Спб. 80 г.

5122 — 3. III. **Гюго, В.** Сочиненія въ 2-хъ том. Съ портретомъ автора и вступительн. статьей А. Скабичевскаго. Т. I. Бюгъ-Жаргаль.—Послѣдній день приговореннаго къ смерти.—Соборъ Парижской Богоматери.—Клодъ Ге.—Исторія одного преступленія.—Человѣкъ, который смѣется. Т. II. Труженики моря.—Несчастные.—Девяносто третій годъ. Сокращ. переводъ С. Брагинской. Изд. Павленкова. Спб. 93 г., ц. 2 р. 50 к.

6397. III. — Полное собраніе сочиненій въ переводѣ русскихъ писателей. Т. I. Романы. Спб. 86 г. ц. 6 р.

— Что я видѣлъ. Изъ воспоминаній. С. В. 87 г. 7,9.

2965. III. — Избранныя стихотворенія въ переводѣ Буренина, Вейнберга, Н. Грекова, С. Дурова и А. Плещеева. Спб. 84 г.

3119. III. — Человѣкъ, который смѣется. Ром. Изд. Н. Львова. Спб. 69.

— Тоже. В. Е. 69 г. 6—7.

5537. III. — Тоже. подъ загл. „Маска смѣха“. М. 94 г. ц. 1 р. 50 к.

— Тоже. О. З. 69 г. 4—7.

— Тоже. (Смѣхъ сквозь слезы). Ром. Д. 69 г. 4—7.

Кр. см. 2. П. А. С—нъ. Новый романъ В. Гюго. В Е. 69 г. 6., а также ст. Чуйко. Наб. 85 г. 6.

— Искупленіе. Пер. А. Федорова. Р. М. 86 г. 3.

3196. III. — Послѣдній день приговореннаго къ смерти. Спб. 79 г.

— Тоже. С. 65 г. 11—12.

5893. III. — Тоже. Изд. Деш. Библ. Суворина. Ц. 12 к.

3844. III. — Два разсказа. Послѣдній день приговореннаго къ смерти.—Шпіонъ. Изд. „Сем. Библ.“ Спб. 91 г., ц. 25 к.

3415. III. — Шутъ. (Le roi s'amuse). Драма въ 5 дѣйствіяхъ. Пер. Лобанова. Кол. 67 г. 9.

3242. III.—Анджело (Венеціанская актриса). Др. въ 3-хъ д. Спб. 61.

3926. III.—Театръ: Анджело. Др. въ 4-хъ д. Лукреція Борджіа. Тр. въ 3 д. Пер. Н. Михно. Изд. 2-е. Од. 91 г.

6012. III. — Тоже. Изд. 69 г.

3259. III. — Эрнани. Др. въ 5 д. Пер. П. Каншина. Спб. 87 г.

— Тоже. Пер. Д. Минаева. Д. 69 г. 3.

4678. III. — Ганъ Исландецъ. Истор. ром. Пер. О. Н. Хмѣлевской. Съ порт. и біогр. автора. Изд. М. Ледерле. Спб. 93 г. ц. 80 к.

4150. III. — Тоже. Пер. Соколовой. Спб. 84 г. ц. 2 р.

4017. III.—Отверженные. Ром. 2 т. Изд. А. Суворина. Спб. 82 г. ц. 3 р. 50 к.

См. также. Еженедѣльцое „Новое время“ 1881—82 г.

— Тоже. О. З. 62 г. 141, 142 (неполн.).

— Тоже. Совр. 62 г. 92 (неполн.).

4514. III. — Отважный предводитель негровъ Бюгъ Жаргаль. Пер. В. Владимірова. Спб. 93 г.

— Аристократія. Ром. Вс. Тр. 69 г. 4—5.

280—81. III. — Девяносто третій годъ. Ром. Изд. Е. Ахматовой. Спб. 74 г. ц. 2 р.

6100—101. Ш. — Тоже. Изд. Львова. 2 т. Спб. 74 г. ц. 2 р.

6099. III. —Тоже. Спб. 92 г. Изд. „Сем биб.“ Кр. ст. А. Н. О. 3. 89 г. 5.

283. III. — Труженики моря. Ром. Спб. 66 г. ц. 1 р.

— Тоже. О. 3. 66 г. 6—8. 15—17.

5892. III. — Тоже. Изд. Деш. Биб. А. Суворина. 3 т. Ц. 50 к.

284. III. — Мои сыновья. Спб. 75 г. ц. 30 к.

285. III. — Соборъ Парижской Богоматери (Notre Dame de Paris). Ром. 2 т. Спб. 75 г. ц. 2 р. 50 к.

— Тоже. Вр. 62 г. 9—11.

5891. III. — Тоже. Изд. А. Суворина „Деш. Библ.“ Въ 3 частяхъ. ц. 60 к.

286. III. — Исторія одного преступленія. Спб. 78 г. ц. 2 р.

— Тоже. О. 3. 78 г. 1—8.

4488. III. — Исторія одного преступленія (Показаніе свидѣтеля) I. Первый день.—Западня. II. Второй день.—Борьба. Спб. 78 г.
Кр. Д. 77 г. 10; Д. 78 г. 7; В. Е. 78 г. 6, 7. Ст. А. Э. Новый свидѣтель декабрьскаго переворота. Лисовскій, Д. Три основные типа современнаго романа. Р. Б. 87 г. 10.

2021. III. — Маріонъ-де-Лормъ. Др. въ 5 д. въ стихахъ. Пер. Кашпина. О. 3. 73 г. 12.
Кр. ст. Денегри. Д. 71 г. 2.

— Торквемада. Др. въ 4 д. Пер. Д. Минаева. Д. 82 г. 9—10.

6062. III. — Торквемада. Др. въ 5 д. съ прологомъ. (Библ. европейск. писателей и мыслителей. Изд. В. В. Чуйко). Спб. 82 г. ц. 75 к.
Кр. О. 3. 82 г. 8. Арсеньевъ, Б. Б. Новая драма Гюго „Торквемада“. В. Е. 82 г. 9.

— Эми Робзаръ. Др. въ 5 д. Р. М. 89 г. 8.

— Рюи-Блазъ. Др. Д. 68 г. 2.
Кр. см. Батюшковъ, Ѳ. О „Рюи Блазѣ“. Пант. Лит. 89 г. 11.

— Подземный шпръ. Поэма. Пер. Д. Минаева. О. 3. 72 г. 3.

5890. Ш. — Собраніе стихотвореній въ переводахъ русскихъ писателей. Тифлисъ. 95 г. ц. 1 р. 50 к. (Изданіе продолжается).

— Стихотворенія въ переводахъ В. Буренина, П. Вейнберга, Ю. Доппельмайера, Н. Курочкина и Д. Минаева. (О. 3. 69 г. 2—3; 70 г. 11; 71 г. 1, 6; 72 г. 3, 7, 10, 12; 73 г. 4; 75 г. 3; 77 г. 4). О. Михайловой. (В. Е. 91 г. 7; 94 г. 2). См. также Зет. Франц. лирики.

5645. III.—Встрѣчи и впечатлѣнія. Посмертныя записки, съ предисловіемъ б. профессора В. А. Гольцева. М. ц. 1 р. 50 к.
Критика сочиненій Гюго и его біографія.
2054. II. Викторъ Гюго и его время; по его запискамъ, впечатлѣніямъ и разборамъ близкихъ свидѣтелей его жизни. Пер. съ фр. Доппельмайера, съ предисловіемъ проф. Н. Стороженко. М. 87 г. ц. 2 р. 25 к.
738. II. Бизэ. Историческое развитіе чувства природы.
1843. VI. Гюйо. Искусство съ точки зрѣнія соціологіи.
121. II. Арсеньевъ, Б. Современный романъ въ его представителяхъ. IV. Викторъ Гюго. В. Е. 80 г. 1; 82 г. 2, 3, 9.
— Викторъ Гюго и новѣйшая французская критика. В. Е. 87. 10.
— Викторъ Гюго, какъ политическій дѣятель. В. Е. 76 г. 4.

— Викторъ Гюго по возвращеніи его во Францію. В. Е. 77 г. 1.
304. II. Скабичевскій, А. Французскіе романтики. Историко-литературные очерки. I. Викторъ Гюго.
Тоже. О. 3. 80 г. 1, 2, 5, 7, 11, 12; 81 г. 3, 4, 7, 10, 12.
V. W. Политическая жизнь Виктора Гюго. Р. В. 75 г. 9.
Ж. Зандъ. Письма путешественника. 3. В. 64 г. 6.
2194. II. Пелисье, Ж. Литерат. движ. въ XIX ст.
Кирпичниковъ, А. проф. Викторъ Гюго. Критико-біогр. очеркъ. Новь 91 г. 1.
683. II. — Вальтеръ Скоттъ и Викторъ Гюго. Спб. 91 г. (Пант. Лит. 90 г. 10, 11, 12).
2150. II. Брандесъ, Г. Литература XIX вѣка въ ея главныхъ представителяхъ. I. Французская литература. II. Литература эмигрантовъ. III. Реакція во Франціи. Романтическая школа. Пер. съ нѣм. Эл. Зауэръ, съ тринадцатью портретами и вступительной статьей Е. А. Соловьева. Т. III.—Романтическая школа.
Зола, Э. Два литературныя торжества: В. Гюго и Ренанъ. В. Е. 79 г. 5.
607. II. Цебрикова, М. Два романтизма во Франціи. С. В. 86 г. 11—12.
Чуйко, В. Викторъ Гюго. Набл. 85 г. 6.
Полонскій, Л. Викторъ Гюго. Р. М. 85 г. 6, 7.
Вейнбергъ, П. Викторъ Гюго. С. В. 85 г. 1, 2.
Додэ, А. Викторъ Гюго. Очеркъ. 3. В. 82 г. 11.
Общ. хар. 2726. II. Костомаровъ, В. Исторія литературы древняго и новаго міра. Т. II.
Біографія Гюго. См. еще біограф. библіотеку Павленкова. № 720. II.

224. III. **ГЮГО, Ш.** Трагическая семья. Ром. Спб. 62 г. ц. 1 р. 50 к.

2359. III. **ГЮЙО, И.** Соціальный адъ. Ром. М. 82 г.

4985—86. III. **ДАНРИ** (капитанъ). Въ чистомъ полѣ. Военный романъ - фантазія въ 2 ч. Спб. 94 г.

453. III. **ДАШЪ, гр.** Маскированный балъ. Ром. Спб. 74 г. ц. 1 р. 25 к.

1402. III. — Тайна колдуньи. Ром въ 2 ч. Спб. 78 г. ц. 2 р. 50 к.

1172—74. III. — Герцогиня де-Лозенъ. Ром. 3 ч. Спб. 78 г. ц. 2 р.

3601. III. — Наслѣдница министра. Ром. Спб. 86 г.

2732. III.—Марселина. Ром. Спб. 72 г. ц. 75 к.

1403. III. **ДЕБАНЪ, К.** Капитанъ Сорвиголова. Ром. Спб. 78 г. ц. 1 р. 50 к.

2548. III. — Изъ фантастическихъ разсказовъ. I. Ночь среди мертвецовъ. II. Король фальшивыхъ монетчиковъ. М. 82 г.

Дезульеръ. Существуетъ старый переводъ: Идиліи. Пер. стихами Ал. Мерзлякова съ портретами автора. М. 1807.
О Дезульеръ см. Исторія литературы древняго и новаго міра. Костомаровъ. Т. 2.

4600. III. **Д’ЕГРЕМОНЪ, П.** Благородное сердце. Ром. Спб. 93 г.

128. III.—Снѣгурочка. Ром. Пер. М. Сароченковой. Спб. 95 г.

539. II. **Дез-Ешероль.** Судьба одной дворянской семьи во время террора. Спб. 82 г.

— Тоже. П. В. 82 г. 1—6.

3710. III. **ДЕКУРСЕЛЛЬ и Тибу.** Я обѣдаю у маменьки. Ком. въ 1 д. (Годъ не обозначенъ).

258. III. **ДЕЛАВИНЬ.** Школа стариковъ. Ком. въ 5 д. Пер. А. Григорьева. Драмат. Литерат. (Годъ не обозначенъ).

1481. III.—Людовикъ XI. Траг. въ 5 д. Пер. въ стихахъ Устрялова. Спб. 77 г. 75 к.

2579. III. Дели, Ш. Мститель. Ром. Пер. А. Соколовой. Спб. 82 г. 2 р.

Деллиль, Ж.

Нѣкоторыя произведенія Деллиля существуютъ лишь въ переводахъ прошлаго столѣтія.

3297. III. Дельпи, А. Изъ омута. Ром. Спб. 87 г.

3213. III.—Материнская любовь или мать и бабка. Ром. Спб. 86 г.

1679. III. — Сынъ Кораліи. Ром. Спб. 79 г., ц. 2 р.

1731. III.—Тайны и драмы послѣдняго времени. Ром. въ 2 ч. Ч. I. Черный вождь. Ч. II. Трудныя времена. Пер. Н. Сѣдельникова. М. 79 г., ц. 2 р.

2041. III.—Дочь атеиста. (Mariage d'Odette). Ром. Спб. 80 г., ц. 1 р

2150. III.—Отецъ Марціала. Ром. М. 81 г.

2655. III.—Маркиза. Ром. Спб. 83 г., ц. 1 р. 25 к.

3350. III.—О Саланерѣ. Ком. Спб. 87 г.

3306. III.—Преступленіе Бернардена Морель. Разск. Кол. 84 г. 2 к.

4317. III. Дидро, Д. Романы и повѣсти. Въ 2 томахъ. Т. II. Жакъ фаталистъ и его баринъ. Бѣлая птица. Бурбонскіе друзья. Это не сказка. О непослѣдовательности общественнаго суда надъ нашими частными поступками. Пер. В. Зайцева. Спб. 72 г.

6061. III.—Племянникъ Рамо.—Это не сказка. (Библ. европейск. писателей и мыслителей. Изд. В. В. Чуйко). Спб. 83 г., ц. 75 к.

Крит. тамъ же: статьи Гете.

1536. III.—Побочный сынъ или искушеніе добродѣтели. Комедія въ 5-ти дѣйствіяхъ.

О Дидро. См. Морлей. Дидро и энциклопедисты. Шеррь. Челов. трагиком. — Тэнъ. Происхожд. строя совр. Франціи. Т. I. Геттнеръ. Исторія франц. литературы XVIII вѣка. Т. II.—Карлейль. Историческіе и критическіе опыты. См. также біогр. биб. Павл. № 2738. II. Общ. хар. 2726. II. Костомаровъ, В. Исторія литературы древняго и новаго міра. Т. II. 2194. II. Пелисье, Ж. Литер. движ. въ XIX стар. Веселовскій, А. Дени Дидро. В. Е. 84 г. 10, 11. (и въ „Этюдахъ"). 1277. II.—Дидро и Лессингъ. О. З. 68 г. 1.

1039. III. Дидье, Э. Опаловый перстень. Ром. Спб. 78 г. ц. 1 р. 50 к.

3587. III. Диплесси, Э. Филипъ Августъ. Ист. ром. Спб. 67 г.

479. III. Добродушный или изображеніе парижскихъ нравовъ и обычаевъ въ началѣ XIX ст. Спб. 24 г., ц. 1 р.

5235-46. III. Додэ, А. Собраніе сочиненій. 12 томовъ. Пер. съ франц. Спб. 1894—95 гг.

5235. III.—Т. I. Сафо. Ром.—Маленькій человѣкъ. Ром.

5236. III.—Т. II. Нума Руместанъ. Ром. Роза и Нина. Ром.

5237. III.—Т. III. Джекъ. Ром. Ч. I и II.

5238. III.—Т. IV. Джекъ. Ром. Ч. III.—Фромонъ молодой и Рислеръ старшій. Парижскіе нравы. Ром.

5239. III.—Т. V. Маленькій приходъ. Ром. Пер. Ю. М. Загуляевой.—Жены артистовъ. Очерки. Пер. В. А. Даниловой.

5240. III.—Т. VI. Безсмертный. Ром. Пер. В. Л. Ранцова. Дневникъ одинокаго. Пер. М. Л. Лихтенштадтъ.

5241. III.—Т VII. Тартаренъ изъ Тараскона, Ром.—Портъ Тарасконъ. Ром.—Письма съ мель-

ницы. Разсказы. Пер. А. А. Кублицкой-Піоттухъ.

3242. III.—Т. VIII. Короли въ изгнаніи. Разсказы: Арлезьянка.—Папа умеръ!—Звѣзды.—Обезьяна. Кадуръ и Катель. Легенда о человѣкѣ съ золотымъ мозгомъ.—Осада Берлина. Мать. Домъ продается. Маленькій шпіонъ.

5243. III.—Т. IX. Евангелистка.—Разсказы. Пер. М. Л. Лихтенштадтъ.

5244. III.—Т. X. Набобъ. Очерки парижскихъ нравовъ. Ром.

5245. III.—Т. XI. Разсказы: Монологъ на суднѣ. Феи Франціи. (Пер. М. А. Лихтенштадтъ). Зеркало. — Три обѣдни (Пер. Л. М. Давыдовой).—Одиберта. Фантастическіе діалоги: Романъ Красной Шапочки.—Амуръ трубачъ.—Кладбищенскіе соловьи.—Души рая. (Пер. В. Л. Даниловой). Между фризами и рампой. Этюды изъ театральной жизни. (Пер. М. А. Бекетовой).—Автобіографическія воспоминанія. Пріѣздъ въ Парижъ.—Первый фракъ.—Мой тамбуринеръ.—Исторія моихъ книгъ.—Первое представленіе. —Тургеневъ.—Вольные стрѣлки.—Садъ въ „улицѣ розъ".—Бѣгство. Наши лѣтніе дворцы.—Кораблекрушеніе.

5246. III. — Т. XII. Драматическія произведенія: Послѣдній кумиръ. Др. въ 1 д. Жертва. Ком. въ 3-хъ д.—Съ глазъ долой—къ сердцу ближе. Ком. въ 1 д. Бѣлая гвоздика Ком. въ 1 д.—Старшій братъ. Др. въ 1 д.—Арлезіанка. Пьеса въ 3-хъ д. и 5 карт.—Препятствіе. Пьеса въ 4-хъ д.—Борьба за жизнь. Пьеса въ 5-ти д. и въ 6-ти карт. Стихотворенія. Біограф. очеркъ.

2906. III.—Роза и Нина. Ром. В. И. Л. 92 г. 4—5.

4111. III. — Тоже. М. 92 г.

4524. III.—Тоже, подъ загл. „Разводъ". Пер. Н. А. Шульгиной. Спб. 92 г. ц. 40 к.

— Тоже. Р. О. 92 г. 1, 2.

— Тоже. Р. М. 94 г. 4—5.

864. III. — Жакъ, современные нравы. Пер. съ франц. Спб. 76 г. ц. 1 р. 50 к.

— Тоже. О. З. 76 г. 4—8.

Кр. ст. В—ской. В. 76 г. 6.

865. III. — Маленькій человѣкъ. Исторія одного ребенка. Спб. 75 г. ц. 1 р. 25 к.

866. III. — Фромонъ молодой и Рислеръ старшій. Ром. Пер. Инге. М. 76 г. ц. 1 р. 75 к.

2302. III. — Тоже подъ назв.: «Компаньоны». Ром. Спб. 81 г.

867. III. — Набобъ. Очеркъ нравовъ. Спб. 77 г. ц. 2 р.

— Тоже. Р. В. 77 г. 7—12, и Д. 77 г. 7—12.

Кр. ст. Золя, В. Е. 78 г. 3.

— Разсказы и очерки. О. З. 78 г. 10.

— Лѣсъ. Сказка въ стихахъ. Пер. Голенищева-Кутузова. В. Е. 77 г. 6.

1650. III. — Разсказы и очерки. Пожалованный орденомъ.—Продается домъ.—Кобесилья.—Старички.—Письмоводитель. Съ тремя стами тысячъ франковъ. Видѣніе Кольмарскаго судьи. Спб. 78 г.

— Разсказы. Сл. 79 г. 3.

— Баллады въ прозѣ. Сл. 80 г. 11.

— Арлезіанка. Др. М. 81 г. 7.

— Человѣкъ съ золотымъ мозгомъ. Р. Б. 81 г. 2.

— Тайна дяди Корниля. Р. Б. 81 г. 3.

— Разсказы. Р. Б. 81 г. 4.

2608. Ш. — Евангелистка. Ром. Д. 83 г. 1—3.

— Тоже. Р. Б. 83 г. 1—10.

— Тоже. Р. В. 82 г. 11—12.

3118. Ш. — Тоже, подъ загл.: „Элина Эбсенъ“. Ром. Пер. Плещеева. И. Л. 83 г., 1—3.

2716. Ш. — Тоже, подъ назв.: „Женщина-апостолъ“. Ром. Спб. 83 г., ц. 1 р. 50 к.

Кр. Арсеньевъ, К. Новые романы Додэ и Зола. В. Е. 83, 6.

2548. Ш.—Мой первый фракъ. Разск. М. 82 г.

2557. Ш. — Нума Руместанъ. Ром. Спб. 81 г. ц. 1 р. 50 к.

— Тоже. Д. 81 г. 6—11.

Кр. З. В. 81 г. 10—11.

— Звѣзды. Разсказъ провансальскаго пастуха. Д. 83 г., 11.

2804. Ш. — Сафо. Ром. Спб. 84 г. ц. 1 р. 50 к.

— Тоже. Ж. О. 84 г. 3—4; Набл. 84 г. 8—10; Д. 84 г. 5, 6; Р. В. 84 г. 3. 4.

Кр. ст. К. Арсеньева. В. Е. 84 г. 11.

3159. Ш. — Необычайное приключеніе Тартарена изъ Тараскона. Ром. М. 86 г. 7, 9.

4108. Ш. — Тоже, подъ загл.: Тартаренъ изъ Тараскона. Ром. Пер. В. В. Кашпирева. М. 92 г. ц. 1 р.

— Тоже. Мысль. 80 г., 5—10.

3327. Ш. — Тартаренъ на Альпахъ. Р. М. 87 г. 1, 2, 3, 5.

3817. Ш. — Портъ-Тарасконъ. Послѣднія приключенія знаменитаго Тартарена. Спб. 90.

4098. Ш. — Тоже. Пер. Ремезова. М. 91. ц. 1 р.

— Защита Тараскона. Страница изъ исторіи знаменитаго Тартарена. Р. М. 87 г. 10.

3269. Ш. — Тридцать лѣтъ въ Парижѣ. Р. М. 88 г. 1.

3330. Ш. — Видѣніе Кольмарскаго судьи. Сказка. Пер. М. В. Р. М. 87 г. 2.

3431. Ш. — Одинъ изъ безсмертныхъ. Наб. 88 г. 11, 12.

3376. III. — Безсмертный. Ром. Пер. С. Воскресенской. Р. М. 88 г. 5—7.

— Тоже. С. В. 88 г. 6—8; Р. В. 88 г. 6—8.

3407. III. — Тоже, подъ загл.: „Ученый мужъ“. Ром. Кн. Недѣли за 88 г.

3855. Ш. — Борьба за существованіе. Др. въ 5 д. и 4 картинахъ. Спб. 91 г.

Кр. ст. Вермель, С. Нападенія новѣйшихъ беллетристовъ на науку. Р. Б. 91 г. 9. Михайловскій Н. Литература и жизнь.

3330. III. — Часики изъ Буживаля. Сказка. Р. М. 87 г. 12.

— Препятствіе. Піеса въ 4 д. Р. О. 91 г. 3.

— Прекрасная Нивернеза. Разск. Тр. 89 г. 1.

— Дениза. Ром. Наб. 83 г. 10—12.

5295. III. — Жены артистовъ. Очерки нравовъ. Пер. А. Н. Плещеева. Изд. А. С. Суворина. Спб. 1886 г. ц. 40 к. (Дорожная библіотека).

36. II. — Тоже. Пер. А. П. О. 3. 77 г. 2.

— Послѣдняя книга. Разск. М. Б. 92 г. 1.

— (въ сотрудничествѣ съ Бэло, А.). „Сафо“. Піеса въ 5-ти д. „Театр. Библ.“ 94 г., 11.

О Додэ см. ст. V. W. Р. В. 77 г. 2.

607. II. Арсеньевъ. Современный романъ въ его представителяхъ. В. Е. 83 г. 2.

Зола, Э. В. Е. 76 г. 3.

Марковъ, Е. Этюды о французскомъ романѣ. Въ глубь плоти. Р. Р. 81 г. 6, 10.

Арсеньевъ, К. Французскій романъ въ 1884 г. В. Е. 84 г. 11.

Леметръ, Ж. Альфонсъ Додэ. Р. М. 88 г. 4.

Зотовъ, В. Представители современнаго реализма во французской и англійской литературѣ. А. Додэ и Троллопъ. И. В. 85 г. 1.

2194. II. Пелисье, Ж. Литер. движ. въ XIX стол.

87. III. ДОДЭ, Э. Баронесса Амальти. Разск. Собр. романовъ Ахматовой.

868. III. — Преступленіе Жана Малори. Ром. Спб. 78 г. 1 р. 50 к.

2262. III. — Дочь каторжника. Ром. Спб. 81 г. 1 р.

3500. III. — Журданъ-головорѣзъ. Истор. ром. Спб. 89 г.

3310. III. — Герои легкой наживы. Ром. Спб. 87 г.

— Тоже. Наб. 87 г. 1—4.

4392. III. — Развращенные. Ром. Пер. О. Зандрокъ. Спб. 91 г. 1 р.

— Тоже. Вѣкъ. 82 г. 10—12.

4374. III. — Кармелитка. Ром. М. 85 г.

698. III. — Въ двухъ лагеряхъ. Пер. К. Карепина. Спб. 96 г.

2751. III.—Разстрига. Ром. М. 83 г. 1 р. 25 к.

3160. III.—Маделена. Разсказъ. Наб. 86 г. 1.

3160. III. — Мина Танписка. Разск. Наб. 86 г. 3.

741. III. ДОРЪ, Э. Хищники. Похищеніе милліоновъ. Ром. М. 75 г. 2 р.

2821. III. ДОРСЬЕ, П. Нотаріусъ убійца. Ром. Спб. 84 г. 1 р. 25 к.

Доршенъ, О. „Осенняя роза“. Ком. Ар. 92 г. 4.

543. III. ДРОЗЪ, Г. Баболенъ. Ром. Спб. 74 г. 1 р. 50 к.

544. III. — Пруды. Ром. Спб. 75 г. 2 р.

54. III. — Золотые годы молодой француженки. (Le cahier bleu de mademoiselle Cibot) Ром. О. З. 68 г. 5, 6.

5611. III. —У источника. Пов. О. З. 70 г. 8.

— Яичница. Разск. Р. Б. 85 г. 3.

— Больное дитя. Разск. Ж. О. 83 г. 1.

3392. III. — Обманчивая наружность. Разск. Пер. С. Брагинской. Балъ въ посольствѣ. Разск. Спб. 88 г.

3942. III. ДЮВАЛЬ, Ж. Въ мірѣ печати. Ром. Спб. 91 г.

3602. III. ДЮКАНЪ, М. Утраченныя силы. Ром. Спб. 68 г.

ДЮКЛО. См. отд. исторіи (хополненіе).

405. III. ДЮМА, А. Маркиза д'Эскоманъ. Ром. Спб. 61 г. 1 р. 75 к.

278. III. — Похожденія Марсельскаго охотника. Ром. 2 ч. Спб. 47 г. 50 к.

294—95. III. — Санъ Феличе. Истор. ром. 2 т. Спб. 65 г. 4 р. 50 к.

406—10. III.—Записки врача. Жозефъ Бальзамо. Ром. 5 т. Спб. 75 г. 6 р.

— Тоже. Б. х. Ч. 46 г. 77—80; 47 г. 85; 48 г. 86.

419—20. III. — Ожерелье королевы. (Продолж. ром. „Записки врача“). Спб. 74 г. 2 р. 50 к.

411—12. III. — Ангелъ Питу. Ром. (Продолж. ром. „Ожерелье королевы"). Спб. 74 г. 2 р. 50 к.

413—18. III. — Графиня Шарни. Ром. (Продолж. ром. „Ангелъ Питу"). Спб. 75 г. 6 р.

421—22. III. — Графъ Монте-Кристо. Ром. 2 т. М. 65 г. 2 р. 50 к.

4428—29. III. — Тоже. Изд. 2-е. Спб. 58 г. — Тоже. Б. д. Ч. 45 г. 72, 73; 46 г. 74, 75.

1487. III. — Кинъ или безпутство и геній. Ком. Пер. Вейнберга. Спб. 77 г. 75 к.

70. III. — Свадьба при Людовикѣ XV. Ком. Пер. Строева. (Годъ не обозначенъ).

1896. III. — Двѣ Діаны. Ром. Спб. 47 г. 5 р.

— Тоже. О. З. 47 г. 51—55.

2342. III. — Королева Изабелла Баварская. Ром. въ 3 ч. Спб. 79 г. 2 р. 50 к.

2457. III. — На кострѣ и подъ сѣкирой палача. Истор. ром. изъ временъ Карла VI. Спб. 79 г. 2 р. 50 к.

— Жизнь и приключенія Джона Девиса. Б. д. Ч. 39 г. 36—38.

— Полковникъ Санта-Кроче. Разск. О. З. 43 г. 28.

4433. III. — Графъ Амори или два рода любви. Ром. М. 48 г.

3197. III. — Три мушкатера. Ист. ром. Пер. Руммель. Спб. 60 г.

4193—94. III. — Тоже. Изд. Суворина. Спб. 92 г., ц. 1 р. 20 к.

4085. III. — Двадцать лѣтъ спустя. Прод. „Трехъ мушкатеровъ". Сокращ. пер. М. 84 г.

4573—74. III.—Тоже. Полн. изд. Спб. 93 г., ц. 1 р. 20 к.

4085. III.— Виконтъ де-Бражелонъ. Сокращ. пер. М. 84 г.

6396. Ш.—Тоже. Полн. изд. Спб. ц. 1 р. 20 к.

— Черный тюльпанъ. О. З. 52 г. 81, 82.

— Капитанъ Поль. Б. д. Ч. 38 г. 30.

2870—71. III. — Кавалеръ Краснаго Замка. Спб. 79 г., ц. 1 р. 60 к.

— Калигула. Др. въ 5-ти д. Пер. Буренина. И. В. 84 г. 6, 7.

2822—25. III. — Могикане Парижа. Ром. Спб. 84 г., ц. 3 р. 50 к.

4045—46. III. — Королева Марго. Ром. въ 6-ти част. и 2-хъ т. Изд. Суворина. Спб. 92 г., ц. 1 р. 20 к.

4430—32. III.—Графиня де-Монсоро. 3 части. Спб. 59 г.

3194—95. III. — Сорокъ пять. Продолж. ром. „Графиня де Монсоро". 2 части. М. 48 г.
О Дюма см. 2150. II. Брандесъ, Г. Литература XIX вѣка въ ея главн. теченіяхъ.
2726. II. Костомаровъ, В. Исторія литературы древняго и новаго міра. Т. II.
2194. II. Пелисье, Ж. Литер. движ. въ XIX стол.

1488. III. ДЮМА, А. (Сынъ). Процессъ Клемансо. Ром. Спб. 66 г., ц. 1 р. 50 к.

265. III. — Маргарита Готье. Ром. Спб. 59 г., ц. 1 р. 50 к.

4228. III. — Тоже, подъ назв. „Дама съ камеліями", съ предисл. Ж. Жанена. Изд. М. Ледерле. Спб. 92 г., ц. 60 к.

5869. III. — Какъ поживешь, такъ и прослывешь. (La dame aux camelias). Др. въ 5 д. М. 73 г. ц. 75 к.

5870. III.—Елена. Ром. въ 3 ч. Спб. 64 г. ц. 1 р.

5871. III.—Романъ женщины. Спб. 60 г. ц. 1 р. 50 к.

5872. III.—Докторъ Серванъ. Ром. 2 ч. М. 50 г.

5873. III.—Позднее признаніе. Ком. въ 4 д. Спб. 59 г. ц. 75 к.

5874. III.—Денежный вопросъ. Ком. въ 5 д. Спб. 57 г. ц. 75 к.

5875. III.—Господинъ Альфонсъ. Ком. въ 3 д. Пер. Н. Путяты. М. 75 г. ц. 75 к.

5876. III.—Свадебный визитъ. Ком. въ 1 д. пер. Л. Солодовниковой. Спб. 73 г. ц. 50 к.
О Дюма, сынѣ см. 607. II. Боборыкина, П. Дюма-сынъ въ новомъ освѣщеніи. В. Е. 86 г. 10.
897. II. Бурже, П. Очерки современной психологіи. В. Е. Т. II.
2726. II. Костомаровъ, В. Исторія литер. древн. и нов. міра. Т. II.
2194. II. Пелисье, Ж. Лит. движен. въ XIX стол.
Утинъ, Е. Драматическое искусство во Франціи. В. Е. 68 г. 11. Брандесъ. Фр. Литер. XIX в.
А. Э Новая защита женскихъ правъ. В. Е. 80 г. 11. Ст. Т—но. Новый фазисъ женскаго вопроса во Франціи. Д. 80 г., а также см. О. З. 81 г. 5.

ДЮРЮИ, Ж. Созвучіе. Ром. Р. В. 87 г. 7—9.

3265. III. — Униссонъ. Ром. Спб. 87 г.

3623. III. — Въ погоню за прошлымъ. Разск. Р. М. 89 г. 2.

3775. III. — Прощай мечты! Спб. 90 г.

— Тоже. С. В. 90 г. 1—4.

— Паріи. Разск. Р. М. 88 г. 12.

557. Ш. ДЭБО, Э. Люди золота. Американск. ром. Спб. 75 г., ц. 1 р.

273. Ш. ЕЛЕНА. Ром. Пер. Строева. Спб. 56 г. ц. 1 р.

3925. III. ЖАКОЛЬО, Л. Роковое кольцо. Ром. въ 5-ти ч. съ 47 рис. М. 92 г., ц. 1 р.

5519. III. — Грабители морей. Ром. въ 3 кн. съ рис. Клериса.—Изд. Сытина.—М. 94 г., ц. 1 р. 50 к.

1870. Ш. — Питкернское преступленіе. Воспоминаніе о путешествіяхъ по Океаніи. Спб. 79 г., ц. 75 к.

2293. III. — Берегъ Чернаго дерева. Разск. Спб. 81 г.

2403. III. — Берегъ Слоновой кости. Спб. 82 г.

2285. III.—Песчаный городъ. Ром. Спб. 81 г.

3679. Ш. — Въ трущобахъ Индіи. М. 90 г., ц. 3 р. 50 к.
Другія соч. Ж. см. въ отдѣлѣ географіи.

4268. Ш. ЖАНВЬЕ, Томасъ. Сокровищница аптековъ. Ром. изъ современной древности. Наб. 91 г. 10—12.

84. Ш. ЖАНЕНЪ, Ж. Сто тысячъ первая и послѣдняя. Пов. Б. д. Ч. 34 г. 4.

2397. Ш. Ж—дъ. Двоеженецъ. Угол. ром. Пер. Навороой. М. 82 г.

— Вандейская свадьба. О. З. 39 г. 5.

— Жена солнца. Б. д. Ч. 35 г. 9.

Жанлисъ, С.
Въ русскомъ переводѣ существуютъ почти всѣ произведенія Жанлисъ въ изданіяхъ XVIII и начала XIX в.

2169. III. ЖЕННЕВРЕ. Омбра. Разск. М. 81 г.

1107. III. ЖЕРАЛЬДЪ. Діана-де-Лансиваль. Ром. Перев. Вороновой. М. 76 г. 1 р. 50 к.

5148. III. ЖЕРТВА мщенія. Др. въ 2 д. Пер. Дм. Ленскаго. Репертуаръ русской сцены. № 6. (Годъ не обозначенъ).

2395. III. **Жирарденъ, Ж.** Теоріи доктора Вюртца. Ром. Спб. 82 г. 1 р. 25 к.

Жипъ (графиня де-Мартенъ). Голубенькое пятнышко. Р. О. 92 г. 7.

5459. III. — Ихъ души. Ром. (Моя библіотека). Изд. М. Ледерле. Спб. 95., ц. 1 р.

— Тоже. Р. М. 95 г. 3—6.

5887. Щ. — Замужество Коризы. Пер. Е. М. Поливановой. М. 94 г. ц. 75 к.

— Жозефъ. Разск. Р. О. 90. 7.—Неудачникъ. Пер. А. Э. В. Е. 91 г. 6—8.

86. III. **Жоли, М.** Парижская богема. Ром. Спб. 77 г. 1 р. 25 к.

— Тоже. Д. 77 г. 1—3.

1413. III. **Жофре, А.** Жемчужина Востока. Ром. Спб. 78 г. 2 р.

448. III. **Законъ, П.** Записки полицейскаго сыщика. Проклятый домъ. Угол. ром. Спб. 75 г. 1 р.

449—50. III. — Записки полицейскаго сыщика. Красный фонарь. Уголовн. ром. Спб. 75 г. 1 р.

2493. III. — Бульварныя ночи. Ром. Спб. 77 г. 2 р.

451. III. — Парижскіе авантюристы. Ром. Спб. 77 г. 1 р.

452. III. — Бювардъ, агентъ сыскной полиціи. Уголовн. ром. М. 78 г. 1 р. 50 к.

1857—58. III. — Камера № 7. Ром. Спб. 79 г.

2015. III. — Заклейменный. Ром. Спб. 80 г.

2405. III. — Позорное клеймо. Ром. М. 82 г.

2350. III. **Записки** монахини. Ром. Спб. 82 г.

III. **Зандъ, Ж.** Полное собраніе сочиненій. Изд. „В. Иностр. Литер.“. Спб. 95—97 г. Т. I Маленькая Фадетта. Разск. Моира. Ром. Т. II. Вальведръ. (Изданіе продолжается).

5351 — 60. III. — Сочиненія. Среди полей. Романы изъ крестьянскаго быта. Изд. М. М. Ледерле и К°. 10 т. Спб. 95 г.

5351. III. — Т. I. Чортово болото. Пер. Ю. В. Доппельмейеръ. Спб. 95 г., ц. 40 к.

5352. III. — Т. II. Личный секретарь ея свѣтлости. — Мельхіоръ. Пер. В. И. Штейна. Спб. 95 г. ц. 40 к.

5353. III. — Т. III. Любовь артиста. Пер. съ франц. Е. Патрикѣевой. Спб. 95. ц. 40 к.

5894. III. — Тоже. Ром. Е. Ильиной. Изд. А. Суворина. Спб. ц. 15 к. („Деш. библ.“).

5180. III. — Сочиненія. Т. I. Замокъ Вильпрэ. Пер. Ю. В. Доппельмейеръ. Изд. Т—ва И. Н. Кушнеревъ и К°. М. 92., ц. 1 р. 75 к.

— Тоже, подъ загл. „Пьеръ Гюгененъ“. Сов. 65 г. 9—12.

— Исторія моей жизни. Совр. 55 г. 49.

5347. III. — Проступокъ господина Антуана. Ром. Спб. 46 г.

— Тоже. О. З. 46 г. 46, 47.

— Домашній секретарь. Ром. О. З. 44 г. 32.

— Мельхіоръ. Пов. О. З. 44 г.

— Волынщики. Ром. О. З. 53 г. 91; 54 г. 92.

252. VII.—Бабушкины сказки. Спб. 74 г.

— Андре. Ром. О. З. 43 г. 26.

— Жанна. Ром. О. З. 45 г. 40.

— Крестница. Пер. А. Грека. Б. д. Ч. 53 г. 122; 54 г. 123.

— Малютка Фадетта. О. З. 50 г. 69.

— Il primo tenore. Б. д. Ч. 38 г. 27.

— Маркиза. Пов. О. З. 45 г. 41.

— Проклятое мѣсто. О. З. 46 г. 47.

— Ускокъ. Пов. Б. д. Ч. 38 г. 29.

— Теверино. Б. д. Ч. 45 г. 72.

— Тоже. О. З. 45 г. 42.

819. III. — Казаки въ Парижѣ. Ром. М. 76 г. 2 р.

266. III. — Клоди. Др. въ 3 д. О. З. 51 г. 76.

268. III. — Виноградные тиски. Др. въ 3 д. Б. д. Ч. 54 г. 124.

320. III. — Фламарандъ. Ром. Спб. 75 г. 1 р. 75 к.

321. III. — Красавцы Буа-Дорэ. Ром. Спб. 58 г. 1 р.

322—23. III. — Консуэлло. Ром. 3 ч. Спб. 60 г. 3 р.

5878—79. II.—Тоже. пер. Лѣтнева. Спб. 87 г.

324. III. — Маркизъ де-Вильмеръ. Ром. Спб. 61 г. ц. 1 р. 50 к.

325. III. — Валентина. Ром. Спб. 71 г. 1 р.

2. III.—Нарсиссъ. Пов. Спб. 59 г. 75 к.

2129. III. — Цезарина Дитрихъ. Ром. Спб. 80 г.

— Тоже. Д. 80 г. 4—8.

1990. III. — Замокъ Персемонъ. Ром. Спб. 76 г. 75 к.

1973. III. — Онъ и она. Ром. Спб. 60 г. 1 руб.

1974. III. — Замокъ Монъ-Ревешъ. Ром. Спб. 54 г. 1 р. 25 к.

— Пинчинино. Б. д. Ч. 47 г. 82.

3977. III. — Даніэлла. Ром. Спб. 57 г.

— Лукреція Флоріани. О. З. 47 г. 50.

— Тоже. Совр. 47 г. 1.

3113. III. — Орасъ. Ром. Пер. Крестовскаго (псевд.) О. З. 42 г. 23, 24.

3387. III. — Послѣдняя любовь. Ром. Спб. 66 г.

— Итальянскіе артисты. С. 51 г. 26—27.

— Ночныя видѣнія въ деревняхъ. С. 52 г. 31.

4837. III. — Тамарисъ. Ром. Спб. 62 г.

4831. III. — Констансъ Веррье. Ром. Спб. 60 г.

4832. III. — Мадемуазель Меркемъ. Ром. Спб. 68 г.

4833. III. — Снѣговикъ. Ром. Спб. 58 г.

— Нравы и обычаи въ Берри. С. 52 г. 35.

О Жоржъ Зандъ см.

2726. II. Костомаровъ, В. Исторія литературы древняго и новаго міра. Т. II.

2194. II. Пелиссье, Ж. Литературн. движен. въ XIX стол. Также Брандесъ. 2150. II. Фр. литерат. XIX в.

Шаховъ. Очерки литературнаго движенія въ первую половину XIX вѣка. № 1369. II.

Б. Е. Жоржъ Зандъ по ея письмамъ. З. В. 81 г. 10.

Д. Э. Жоржъ Зандъ. Литер. очерки. Д. 70 г. 10.

Гр—ли, П. Жоржъ Зандъ. Біогр. оч. Д. 74 г. 9, 11; 75 г. 3, 5. Каренинъ. Главы изъ книги о Ж. Зандѣ. Р. Б. 95 г. 1, 2.

Скабичевскій, А. Французскіе романтики. Историко-литературные очерки. II. Жоржъ Зандъ. Спб. Ц. 1 р. Жоржъ Зандъ. Біогр. Р. М. 86 г. 4.

Жизнь Жоржъ Зандъ. Р. В. 56 г. 3—4.

Н. С. Жоржъ Зандъ о французской революціи 1848 г. и о ея дѣятеляхъ. Р. М. 83 г. 3, 5, 6.

Жоржъ Зандъ. Ст. Зола. В. Е. 76 г. 7.

607. II. Цебрикова, М. Два романтизма во Франціи. С. В. 83 г. 11, 12.

Кронебергъ, А. Послѣдніе романы Ж. Занда. С. 47 г. 1: Гренье, Эд. Изъ литер. воспом. Р. Б. 83 г. 1. 1535. П. Аннненская. Ж. Зандъ. Ея жизнь и литературная дѣятельность. Біогр. очеркъ. Изд. Ф. Павленкова. Спб. 94 г. ц. 25 к.

3793. Ш. **ЗАНДЪ, М.** Каллироэ. Ром. — Тоже. Наб. 90 г. 1, 2.

2711. П. **ЗАПАДНО**-европейскій эпосъ и средневѣковой романъ въ пересказахъ и сокращенныхъ переводахъ съ подлинныхъ текстовъ О. Петерсонъ и Е. Балабановой. Т. I. Романскіе народы: Предисловіе. Франція. Введеніе.—Пѣсня о Роландѣ.—Романы Круглаго Стола: Мерлинъ. — Персеваль. Романъ объ Александрѣ Македонскомъ. Приключенія Ренара-Лиса и его кума Волка-Изегрима. — Фабліо: I. Англійскій король и жонглеръ изъ Эли. II. Крестьянинъ-лѣкарь. Аллегорическій романъ о розѣ. Спб. 96 г.

1437. Ш. **ЗАПИСКИ** ссыльнаго, собранныя и приведенныя въ порядокъ авторомъ „Записокъ шпіона". Спб. 75 г. 2 р.

1239. Ш. **ЗАПИСКИ** шпіона. Тайны имперіи, обнаруженныя политическимъ и военнымъ шпіономъ. Истор. разск. Спб. 73 г. 2 р.

1325—27 Ш. **ЗАПИСКИ** Видока, начальника Парижской тайной полиціи. Пер. съ фр. 3 т. Спб. 77 г. 5 р.

5637. Ш. **Зетъ, Е.** Преимущественно современные французскіе лирики въ краткихъ біографіяхъ и произведеніяхъ. Изд. 2-е. 1888—93 г. М. 96 г. ц. 1 р. 75 к.

3544. **Злая** судьба. Ром. М. 76 г.

Зола, Э. Полное собраніе сочиненій. Изд. В. И. Л. Спб. 95—97 гг.

5725. Ш.—Т. I. Римъ. Ром. Спб. 95 г. (Изданіе продолжается).

— Кровь. Сказка. Пер. Минаева (О. 3. 75 г. 9).

777. Ш.—Коршуны. Провинц. сц. М. 76 г., ц. 1 р. 50 к,

— Мои воспоминанія изъ военныхъ эпохъ. (В. Е. 77 г. 6).

— Парижанинъ на дачѣ и въ деревнѣ (В. Е. 77 г. 11).

— Драма въ провинціальномъ городкѣ (В. Е. 76 г. 10).

— Типы духовенства во Франціи (В. Е. 77 г. 1).

— Эпизодъ изъ нашествія 1870 г., (В. Е. 77 г. 7).

— Наиса Микуленъ (В. Е. 77 г. 9).

979. Ш.—Парижскія письма. Спб.78 г.,ц.2р. 1645. Ш. — Тоже. Спб. 79 г. ц. 2 р. — Тоже (В. Е. 75 г. 3, 5—10; 76 г. 1—11; 77 г. 1—12; 78 г. 1—12).

Кр. 610. Ш. Г. Б. Критикъ безъ критической мѣрки. Д. 78 г. 2; Д. 79 г. 10. № 157. IX.

— Влюбленныя дѣти. Эпизодъ изъ романа. Пер. Лѣтнева. Набл. 83 г. 4.

3123. Ш. — Наводненіе. Разск. Перев. Боборыкина. Из. Л. 83 г. 7.

3123. Ш. — Жакъ д'Амуръ. Разск. Пер. Вейнберга. Из. Л. 83 г. 12.

— Тоже. В. Е. 80 г. 7.

— За ночь любви. Разск. Наб. 83 г. 1.

127. Ш. — Разсказы: Долговязый Мишю.

Проповѣдь воздержанія и поста. Плечи маркизы. Кошачій рай. Кузнецъ. Пер. съ франц. (О. 3. 74 г. 12).

333. Ш. — Приключенія большого Сидуана и маленькаго Медерика. Разск. Спб. 75 г., ц. 60 к.

— Бракъ во Франціи и его главные типы. (В. Е. 76 г. 1).

— Тереза Ракенъ. Др. въ 4 д. (Д. 74 г. 2).

—Марсельскія тайны. Ром. (Д. 79 г. 7—12).

— Парижанка (В. Е. 79 г. 6).

1724. Ш. — Искупленіе. Ром. Спб. 79 г.

— Праздникъ въ Коксвилѣ (В. Е. 79 г. 8).

— Мадамъ Сурди (В. Е. 80 г. 4).

— Капитанъ Бурль. Разск. (Д. 81 г. 4).

5261. Ш. — Убійца (Тереза Ракенъ). Ром. Разсказы: Та, что любитъ меня.—Кровь.—Сестра бѣдняковъ. Съ біографическимъ очеркомъ. Прил. къ ж. „Жив. Обозр." за 1895. Пер. съ франц. Спб. 1895 г.

3615. Ш. — Завѣтъ матери. Ром. С.В.89 г. 11, 12.

3561. Ш.—Воля умершей. Ром. Пер. съ фр. Спб. 89 г.,

3306. Ш. — Нантасъ. Разск. Кол. 84 г. 1.

3512. Ш. — Новые разсказы. Пер. съ фр. М. 75 г.

6400—417.Ш.—Серія романовъ: Ругоны—Маккаръ 18 т. Спб. 94 г. Изд. Сойкина. (прил. къ жур. „Звѣзда").

334. Ш. — Ругоны—Маккаръ. Ч. I. Исторія одного семейства временъ второй имперіи. Ром. Спб. 73 г., ц. 1 р. 50 к.

Бр. ст. Ч. В. Вторая имперія въ романѣ Зола. В. Е. 72 г. 7.

977. Ш.—Ч. II. Добыча, брошенная собакамъ. Ром. Спб. 74 г., ц. 1 р. 50 к.

Кр. ст Ч. В. Вторая имперія въ романѣ Зола. В. Е. 72 г. 8.

336. Ш.—Ч. III. Брюхо Парижа. Ром. Спб. 73 г., ц. 2 р.

— Тоже. Д. 73 г. 5—6.

335. Ш.—Ч. IV. Завоеваніе Плассанса. Ром. 74 г. ц. 1 р. 50 к.

Кр. О. 3. Ст. А. П. 74. г. 7—9.

— Ч. V. Проступокъ аббата Мурэ. Ром. В. Е. 75 г. 1—3.

— Ч. VI. Его превосходительство Эжень Ругонъ. Ром. В. Е. 76 г., 1—4.

1938. Ш.—Ч. VII. Западня. Ром. Спб. 80 г..

1383. Ш.—Ч. VIII. Страница любви. Ром. Спб. 78 г., ц. 2 р.

— Тоже. Д. 78 г., 1—7.

— Тоже, подъ названіемъ: „Страница романа". Сл. 78 г. 2. 4—8.

1728—29. — Ч. IX. Нана. Ром. Спб. 80 г. ц. 2 р.

— Тоже. Сл. 80 г., 1—7.

Кр. ст. Басардина. Д. 80 г. 3, 5; М. 80 г. 6.

2376. Ш—Ч. X. Вертепъ. Ром. Спб. 82 г.

2519. Ш—Тоже подъ названіемъ: „Трясина". Ром. Пер. М. Бѣлинскаго. Спб. 82 г. ц. 1 р. 25 к.

— Ч. XI. Au bonheur des dames. Ром. Д. 83 г. 2—6.

2643—4. Ш. — Тоже (Модный магазинъ подъ фирмою „Au bonheur des dames"). М. 83 г. ц. 2 р. 50 к.

Кр. ст. Боборыкина. Набл. 83 г. 11, 12.

2800, Ш.—Ч. XII. Радости бытія. Ром. Спб. 84 г. ц. 1 р. 25 к.

2899. Ш. — То-же, подъ названіемъ: «Радуешься, что живешь». Пер. П. И. Вейнберга. Из. Лит.

— Тоже, подъ названіемъ: „Чѣмъ жизнь красна“. Д. 83 г. 12; 84 г. 1—4.

— Тоже. Набл. 84 г. 3—6.

Кр. ст. Арсеньева, В. Е. 84 г. 6. 11.

2926—27. Ш.—Ч. XIII. Углекопы. Ром. Спб. 84 г. ц. 2 р. 50 к.

— Тоже, подъ названіемъ: Жерминаль. Набл. 85 г. 1—7.

Кр. Р. М. 85 г. 4; Крит. статья М. Бѣлинскаго Наб. 85 г. 11—12; Андреевичъ, В. Литературныя впечатлѣнія, В. Е. 92 г. 7.

3142. Ш.—Ч. XIV. Идеалъ. Ром. Наб. 86 г. 1—7.

6398 и 3103. Ш.—Тоже, подъ назв. „Въ мірѣ искусства“. Ром. изъ парижской жизни. Спб. 86 г.

Кр. ст. Арсеньева. В. Е. 86 г. 6.

— Ч. XV.—Земля. Ром. Р. Б. 87 г. 5—6.

— Тоже. Наб. 87 г. 7.

3448. Ш.—Ч. XVI. Мечта. Ром. Пер. А. П. Т-ой. Изд. „Пантеона литературы“. Спб. 88 г. ц. 1 р.

— Тоже. С. В. 88 г. 5—11.

4486. Ш. — Тоже (Грезы). Съ 47 иллюстраціями Жанью, портретомъ и автографомъ автора. Изд. Г. Гоппе. Спб. 89 г.

3762. Ш. — Ч. XVII. Человѣкъ-звѣрь. Ром. Спб. 89 г.

— Тоже. Наб. 90 г. 1—5.

4275. Ш.—Ч. XVIII. Деньги. Ром. Изд. журн. «Колосья». Спб. 91 г.

4182. Ш.—Тоже. Спб. 91 г.

3686. Ш.—Тоже. Изд. г. «Свѣтъ». Спб. 91 г.

4183. Ш.—Тоже. Изд ред. «Недѣля». Спб. 91 г.

— Тоже. Тр. 90 г. 22; 91 г. 1—11.

Кр. Арсеньевъ, К. Новый романъ Золя «L'argent» В. Е. 91 г. 4.

1984. II. Пелисье, Ж. Франц. литература XIX в. М. 95 г.

5263. Ш.—Ч. XIX. Погромъ. Ром. Спб. 93 г.

5563. Ш. — Тоже. Наб. 92 г. 3—11.

395—96. Ш. — Разгромъ. Ром. Переводъ А. Шульгиной. Изд. Н. П. Карбасникова. Въ 2-хъ книгахъ. Спб. 92 г.

397. Ш.—Тоже. Пер. съ фр. „Книжки Недѣли“. 92 г. 4—12.

398. Ш.—Тоже. Изъ «В. Ин. Лит.».

4382. Ш.—Тоже. Спб. 92 г.

5273. Ш.—Тоже. Изданіе газеты «Новости». Спб. 92 г.

Кр. ст. Чуйко, В. Наб. 92 г. 11.

Л. С. Война въ романѣ Золя. В. Е. 92 г. 9.

4931. Ш.—Ч. XX. Докторъ Паскаль. Ром. Изд. Комарова. Спб. 93 г.

— Тоже. С. В. 93 г. 5—10.

— Тоже. Набл. 93 г. 5—6.

6063. Ш.—Тоже. Пер. К. Л. Изд. конторы газеты „Новости“. Спб. 93 г. ц. 1 р.

2450. II. Оболенскій, Л. Послѣдній романъ Золя. Нед. 93 г. 8.

5173. Ш.—Лурдъ. Ром. Изд. В. Комарова. Спб. 94 г.

6064. Ш.—Тоже. Пер. Н. Шелгуновой. Спб. 94 г. Ц. 1 р. 50 коп.

— Четыре дня жизни. Тр. 91 г. 19, 20.

О Золя—см.:

Конради, Е. Теорія и практика литературнаго натурализма. З. В. 82 г. 1—2.

636. II. Брандесъ. Художественный реализмъ Зола. В. Е. 87 г. 10.

Марковъ, Е. Этюды о французскомъ романѣ Р. Р. 81 г. 6, 10.

Лисовскій, Л. Три основныхъ типа современнаго романа. Р. Б. 87 г. 10.

Арсеньевъ, К. Психологія творчества въ романѣ Зола. Французскій романъ в 1884 г. В. Е. 84 г. 11.

Ст. Амичиса. Сл. 80 г. 6.

2182. II. Барро, В. Зола, его жизнь и литературная дѣятельность. Спб. 95 г. Изд. Биогр. Библ. Павленкова.

1261. II. Темлинскій. Золаизмъ. Крит. этюдъ. Изд. 2-е испр. и дополн. М. 81 г.

2194. II. Пелисье, Ж. Лит. движ. въ XIX стол.

Эмиль Зола. Біогр. очеркъ съ предисловіемъ П. Д. Боборыкина. Наб., 82 г. 11, 12, а также 81. Ясинскаго См. Карьера Ругоновъ, изд. ж. „Звѣзда“ № 5297. III.

2396. III. Измѣна. Ром. изъ исторіи нашествія Наполеона I на Россію въ 1812 г. Соч. автора „Записокъ полицейскаго офицера».

Изъ исторіи рабства (Д. 69 г. 2).

4034. III. Кадоль, Э. Усыновленный. Ром. Спб. 92 г.

2925. III. Казъ, Ж. Буржуазная семья. Ром. Спб. 85 г. 1 р. 25 к.

4173. III.—Семейный очагъ. Ром. В. И. л 91 г. 9—12.

Казалисъ, А. Стихотворенія. См. Переводы Н. Познякова. № 6021. III.

1868. III. Каморъ, Р. Сообщникъ. Ром. Спб. 80 г.

290. III. Капандю, Э. Рыцарь курятника. Истор. ром. Спб. 65 г. 2 р.

291. III.—Таинственный незнакомецъ. Ром. Спб. 66 г. 2 р.

292—93. Ш.—Отель де-Ніоррь. Ром. въ 2 ч. Спб. 77 г. 3 р. 50 к.

1451. III. Капмаль, П. Тюрьма въ Сосновой башнѣ. Истор. ром. Спб. 70 г. 1 р. 50 к.

1497. III. Карръ, А. Нормандская Пенелопа. Ром. Спб. 60 г. 50 к.

1498. III.—Подъ липами. Ром. М. 62 г. 2 р.

— Семейство Алановыхъ. С. 47 г. 5—6.

Катрель. Огонь и пламя. Разск. Наб. 83 г. 5.

1626. III. — Убійца—мономанъ. Разск. Д. 76 г. 12.

1040. III.—Тысяча и одна супружеская ночь. Спб. 78 г. 1 р. 50 к.

1733. III. Каэнъ, Л. Чингизъ-ханъ и его полчища или голубое знамя. Истор. пов. временъ нашествія монголовъ. Спб. 77 г. 1 р. 50 к.

Кервильи, Ж. Изъ жизни французскаго резервиста. Набл. 93 г. 3, 4.

5361. III. Кладель, Л. Очерки и разсказы изъ жизни простого народа. Пер. А. В. Успенской, съ предисловіемъ И. С. Тургенева. Изд. 2-ое. М. М. Ледерле и К°. Спб. 1895. Ц. 80 к.

95. Ш.—Тоже. Изд. 1-е. Спб 77 г. ц. 1 р. 50 к.

— Разсказы. I. Въ дорогу. II. Господи помилуй. Наб. 86 г. 2.

— Эраль-укротитель. Разск. Наб. 88 г. 11.

Клареси, Л. Артистка. Театр. Библ. 94 г. 10.

4141. III. — Заговоръ полицейскаго сыщика. Ром. изъ жизни революціонеровъ и политическихъ преступниковъ. М. 81 г. 2 р.

—Бумъ-бумъ. Разск. Пом. Сам. 89 г. вып. 1.

2719. III.—Депутатъ. Ром. Спб. 83 г. 2 р. 50 к.

2635. III.—Бѣдняки. Ром. Спб. 83 г. 1 р. 25.

— Красавецъ. Ром. Пер. съ франц. (Д. 75 г. 5. 7—12).

834. III. — Ренегатъ. Ром. Спб. 76 г., ц. 1 р. 50.

— Тоже. Д. 76 г., 1—5.

— Заброшенный домъ. Ром. (Д. 78 г. 1—7).

1761. III.—Разбитая жизнь. Ром. Спб. 80 г., ц. 2 р.

2263. III.—Министръ. Ром. Спб. 81 г. ц. 2 р.

2272. III. — Дочь укротителя. Ром. М. 81 г.,

2481. III. — Милліонъ. Ром. Спб. 82 г.

— Тоже. Наб. 89 г. 7—9.

1249. III. Клезингеръ-Зандъ. Жакъ Брюно. Спб. 70 г., ц. 75 к.

2286. III. Клодъ. Записки начальника охранной полиціи временъ второй имперіи. Спб. 81 г.

1975. III. Кованъ, Ж. Осада Монтобана. Ист. ром. изъ царствованія Людовика XIII. Спб. 66 г. ц. 3 р.

3090. III. — Пруссакъ. Ром. 2 ч. Спб. 83 г.

2092. III. — и **Брассэ.** Мученики инквизиціи. Истор. ром. Спб. 73 г. ц. 1 р. 75 к.

1492. III. Кокъ, П. Рекрутъ. Ром. М. 70 г. ц. 2 р.

714—17. III.—Зизина. Ром. 4 т. М. 40 г., ц. 3 р.

718—20. III. — Бѣдовая женщина. Ром. въ 7 ч. Спб. 56 г. ц. 1 р 75 к.

105. III. — Женихъ не молодыхъ лѣтъ. Ром. М. 74 г. ц. 40 к,

721—24. III. — Братъ Яковъ. Ром. Съ 12 карт. М. 60 г. ц. 2 р.

725. III. — Похожденія мужа, покинутаго женою. Ром. Спб. 63 г. ц. 75 к.

726. III.—Магдалина. Ром. Спб. 64 г., ц. 1 р.

727. III. — Женщины, игра и вино. Ром. Спб. 65 г. ц. 1 р.

728. III. — Дѣвушка о трехъ юбкахъ. Ром. 2 т. 74 г. ц. 1 р. 25 к,

729—31. III. — Американскій дядя или таинственные милліоны. Ром. 3 т. Спб. 69 г., ц. 1 р. 50 к.

732. III. — Забубенный кутила. Ром. М. 74 г. ц. 1 р.

733. III. — Веселый домъ или похожденія волокиты-парижанина. Ром. въ 4 ч. М. 75 г., ц. 1 р. 50 к.

734. III. — Всего вволю, любви по немногу. Ром. М. 76 г. ц. 1 р.

735. — Англійская камелія. Ром. М. 74 г., ц. 1 р. 50 к.

736. III. — Дѣвочка, которая долго считалась за мальчика. Ром. М. 59 г. ц. 1 р.

737. III. — Лизокъ. Ром. Спб. 71 г. ц. 1 р.

738. III. — Жена безъ мужа и мужъ безъ жены. Ром. въ 2 ч. М. 74 г. ц. 1 р.

739. III. — Записки. Съ портретомъ автора Спб. 74 г., ц. 2 р.

970—72. III. — Магазинныя барышни. Ром. въ 4 ч. М. 70 г. ц. 2 р.

1060. III. — Мусташъ. Спб. 39 г.,

1819—23. III. — Влюбленный въ луну. Ром. Спб. 49 г. ц. 3 р.

1824—28. III. — Монфермельская молочница. М. 61 г. ц. 3 р.

2657. III. — Найденышъ. Ром. Пер. А. М. М. 83 г. ц. 1 р.

Оцѣнка произведеній Поль-де-Кока см. въ „Ист. всеобщ. литературы" В. Корша. т. IV. Біограф. см. его „Записки".

2726. II. Костомаровъ, В. Ист. литературы древ. и нов. міра, т. II.

814—15. Кокъ, Г. Исторія знаменитыхъ куртизанокъ. Пер. съ франц., съ примѣчаніями. М. 72 г. ц. 4 р.

1056. III. — Гостинница тринадцати повѣшенныхъ. Ром. Спб. 73 г., ц. 1 р.

1057. III. — Три рода любви и три рода преступленій. Ром. М. 76 г. ц. 1 р. 50 к.

895. III. — Исторія блѣдной женщины. Ром. Спб. 73 г. ц. 1 р. 50 к.

Коля, Л. Новый Парижъ. Типы второй имперіи. Сатира въ стихахъ. Пер. Д. Минаева. О. З. 74 г. 8.

Коклэнъ—Старшій. Десять минутъ. Изъ монологовъ. „Театр. Библіот." 93 г. 12.

Колардо, Ш.
Существуютъ на русскомъ языкѣ только старые переводы: Ироида, Элоиза къ Абеларду. Перев. В. Озерова. Спб. 1794 г.

560. III. **Консьянсъ, Г.** Зло вѣка. Ром. Пер. съ франц. М. 75 г. ц. 1 р.

5380. III. **Константъ, Б.** Адольфъ. Ром. Изд. М. Ледерле. Спб. 94 г. ц. 40 к.

— Тоже. Б. д. Ч. 62 г. 173.

5505. III. **Коппе, Франсуа.** Двѣ женщины. Пов. Пер. Н. Эфроса. М. 95 г. ц. 60 к.

— Соперницы. Ром. Р. В. 93 г. 7—8.

— Типы и силуэты. 1) Органистъ 2) Странствующій комедіантъ. Р. В. 93 г. 8.

— 1) Газетчикъ въ деревнѣ. 2) Духовидецъ. Р. В. 93 г., 11.

— Северо Торелли. Др. Колос. 84 г. 10.

— Дитя-игрушка. Нед. 89 г. 9.

— Тоже. Жив. Об. 84 г. 1.

1937. III.—Двѣ скорби. Др. сц. О. З. 73 г. 10.

— Тоже. Переводъ Чуминой. Р. Б. 86 г. 4.

— Разсказы: Честь спасена. Уврѣза. Д. 83 г., 8.

— Голова султанши. Разск. Пер. Д. Михаловскаго. Р. М. 83 г. 3.

3873. III. — Новые разсказы. Пер. Устрялова. Из. Л.

3009. III. — Корка хлѣба. Разск. Прилож. къ газ. „Гражданинъ".

3219. III. — Мимолетно. Ком. въ 1 д. Пер. О. Чуминой. В. Е. 86 г. 7.

— Невѣста. Разск. Пер. Познякова. С. В. 85 г. 4.

— Три разсказа: I. Трагическія похороны. II.Литературное знакомство. III. Два паяца. Р. В. 91 г. 6.

3315. III. — Разсказы: I. Серебряный наперстокъ. II. Бѣлое платье. III. Сюжетъ для пьесы. Наб. 87 г. 12.

5641. III. —Стихотворенія. Редакція Петра Вейнберга. Спб. 89 г. ц. 60 к.

4699. III. — Разсказы: Пер. З. Журавской. Изд. Ледерле. Спб. 94 г. ц. 60 к.

3615. III. — Генріэта. Раз. С. В. 89 г. 9.

5680. III. — Тоже. Кіевъ, 96 г. ц. 1 р. 25 к.

586. III. — Добровольная смерть и др. разсказы: Депутатъ.—При свѣтѣ дня.—Покинутый домъ.—Мщеніе.—Образочекъ.—Львиный коготь.—Дитя-игрушка.—Щетка.—Осенній ве-

черъ.—Крестный отецъ. Пер. В. Мосоловой.
Изд. книжн. маг. Гросманъ и Кнебель. М.
95 г. ц. 40 к.
— Человѣкъ-афиша. Стих. Пер. О. М—вой.
В. Е. 90 г. 12.
— Машинистъ. Стих. Пер. О. Михайловой.
В. Е. 92 г. 2.
— I. Мать-кормилица. II. Нечистые цвѣты.
III. Блѣдная женщина. Пер. О. Михайловой.
В. Е. 92 г. 12.
— Les petits poèmes. Пер. О. Михайловой.
В. Е. 95 г. 5.
3755. III. — Вся молодость. Ром. С. В. 90 г.
2—5.
3933. III. — Якобиты. Др. Пер. А. Слѣпцова.
Спб. 89 г. ц. 1 р.
3432. III. — Тоже. Набл. 88 г. 12.
6021. III. — Стихотворенія: Невѣста. —
Нежданная радость.—Ласточка Будды.—Сен-
нахерибъ.—Паукъ Магомета.—Отвѣтъ земли.
—Грѣшница.—Три правды.—Пѣсня.—Падучія
звѣзды. Пер. Н. Познякова. См. собр. его стихотвореній. М. 96 г.
5637. III. — Стихотворенія: Хоть и крат-
кое мгновеніе.—Сонетъ. Разсказы: Полковой
номеръ.—Приглашеніе ко сну.—Уличная му-
зыкантша. (Франц. лирики.—Зетъ).
О Коппе см. Брандесъ, Г. Литература XIX вѣка въ
ея главныхъ теченіяхъ. Французская литература, т. III.
Пелиссье. Литер. движеніе XIX в.
Гюйо. Искусство съ точки зрѣнія соціологіи. 1843. VI.

Коркрэнъ, Алиса. Источникъ. Разск.
Д. 82 г. 12.

6428. III. Корнель. Сидъ. трагедія въ 5
актахъ. Пер. въ стихахъ В. С. Лихачева
(Дешев. Библ. А. С. Суворина). Спб. ц. 12 к.
6429. III.—Горація. Трагедія въ пяти дѣй-
ствіяхъ.(Деш.Биб. А.С.Суворина).Спб.Ц. 12 к.
— Существуютъ старые переводы: Родогуна.
тр., въ 5 дѣйств. пер. прозой. 1788 г.
— Смерть Помпеева, пер. бѣлыми стихами.
Спб. 1779 г.
— Цинна или Августово милосердіе. Тр.
въ 5 д. пер. бѣлыми стихами. Спб. 1779 г.
— Сидъ, тр. въ 5 д. пер. бѣлыми стихами.
Спб. 1779.
— Тоже, въ стихахъ; пер. Пав. Катенина.
Спб. 1822 г.
О Корнелѣ см. Костомарова „Исторія литературы
древняго и новаго міра". Т. 2. 2726. II.
Каррьеръ. Искусство. Т. IV. № 314. II.
Сентъ-Бевъ. Разборъ трагедіи „Сидъ". См. Хресто-
матію Покровскаго, ч. V. № 1125. II.
Кирпичниковъ, А. Французская литература въ эпоху
псевдо-классицизма. № 318. II. (Коршъ. Вс. ист. лит.).

1506. III. Кочубей, А. Рукопись Мад-
муазель Камилль, ком. Пер. С. Мей. Спб.
75 г. ц. 1 р.

Де-Кребильонъ, К.
На русскомъ языкѣ существуютъ переводы XVIII ст.
2827. III. Кровавая корона. Ром. Пер.
Лѣтнева. Спб. 84 г. ц. 1 р. 25 к.

404. VI. Лабрюйеръ, Ж. Характеры,
или нравы этого вѣка. Съ предисловіемъ Прево-
Парадоля и Сентъ-Бева. Спб. 90 г. ц. 2 р.
О Лабрюйерѣ см. Кирпичниковъ. Французская литер.
въ эпоху псевдо-классицизма. 318 II. (Коршъ. Вс. ист. лит.).

1508. III. Лабулэ, Э. Принцъ собачка.
Политич. сатира. Пер. съ прилож. новыхъ
сочиненій того-же автора: „Три лимона"
и „Исторія парижской прессы". Спб. 68 г.
1 р.
Кр. ст. О. В. Политическая сатира во Франціи. В. Е.
68 г. 2, 4.
— Новая волшебная сказка. (О. З. 68 г.
2—4).
4386. III. — Парижъ въ Америкѣ. Пер. съ
36 изд. С. Брильянта. Съ предисловіемъ автора. Изд. М. Ледерле. Спб. 93 г. 1 р.
3553. III. — Тоже. (болѣе полное изд.). Спб.
74 г.
— Ночь Св. Марка. Вс. Тр. 70 г. 1.
3900. III. — Абдаллахъ или трилистникъ о
четырехъ листкахъ. Арабск. сказка. Пер. М.
Бекетовой. М. 89 г.
1347. VII. — Голубыя сказки.—Герцогъ Ча-
ровникъ.—Ивонъ и Финетта.—Три милліона.—
Пальчикъ.—Добрая жена.—Богемскія сказки.
Пер. Н. Гарвей, съ 150 рис. Изд. Девріена
94 г.
6430. III.—Арабскія, турецкія, чешскія и
нѣмецкія сказки. Т. I. Азисъ и Азиза.—Паша-
пастухъ.—Раба Бландина. Съ приложеніемъ
очерка политической дѣятельности Лабулэ.
Т. II. Трилистникъ о четырехъ листьяхъ.
Спб. 69 г. ц. 3 р. 50 к.
См. также дѣтскій отд.
О Лабулэ см. ст. П. Т. Д. 69 г. 2, а также замѣтку
В. Водовозова въ Энциклопедическомъ словарѣ Брокгауза
и Ефрона, т. XVII.
928. III. Лабурье, Т. Драма въ Сералѣ.
Убійства въ Болгаріи. Война за независи-
мость Сербіи. Ром. Спб. 77 г. 2 р.
6058.III.—Лавернъ, М. Бѣгствующій Ан-
нибалъ. Пер. Іосифъ Тиряевъ. Спб. 1811 г.
— Легенды Тріанона и Версаля: I. Послѣдняя
роза.—II. Постель короля Людовика XIII. Ист.
В. 80 г. 7—8.
1404. III. Лавернь, А. Княгиня Дезюр-
сэнъ. Ром. Спб. 47 г. 1 р.
де-Лагарпъ, Ж. Фр. На русскомъ
языкѣ существуютъ старые переводы: Ликей,
или кругъ словесности древней и новой. Пер.
членами россійской Академіи; 5 ч. Спб.
1810—14.
— Посланіе къ Гр. Анд. П. Шувалову о
дѣйствіяхъ сельской природы и о Поэзіи опи-
сательной, съ присовокупленіемъ разсужденій
о семъ родѣ поэзіи, изъ сочиненій Сентъ Лам-
берта. М. 1817.
— Черный рыцарь. Истор. романъ XVIII
ст., содержащій не волшебныя, но удивитель-
ныя приключенія. Пер. Британскаго. М. 1816 г.
— Графъ Варвикъ, траг. въ 5 д. Спб. 1814.
2815. III: Лакреза. Прыжокъ повѣренна-
го. Ром. Пер. съ фр. М. 80 г. 1 р. 25 к.
5643. III. Ламартинъ, А. Жанна
д'Аркъ (Орлеанская дѣва). Съ рис. Изд. Суво-
рина. ц. 12 к.
— Рафаэль. Страницы изъ двадцатыхъ го-
довъ жизни. Б. д. Ч. 49 г. 94, 95.
4829. III. — Антоніэлла. Ром. Спб. 68 г.
3602. III.—Тоже. (Собр. романовъ).
— Шарлота Корде (изъ исторіи жиронди-
стовъ). С. 47 г. 3.

— Признаніе. С. 49 г. 14—15; 50 г. 23, 24.
5637. Ш. — Одиночество. (Зеть. Франц. лирики).
О Ламартинѣ см. 738. II. Бизэ, А. Историческое развитіе чувства природы; ст. Полонскаго, Л. В. Е. 69 г. 4. (Также въ сб. „На досугѣ").
2150. II. Брандесъ, Г. Французск. лит. XIX вѣка.
2726. II. Костомаровъ, В. Исторія литературы древней и новой. Т. II. Верморель. Дѣятели 48-го года.
2194. II. Пелисье, Ж. Лит. движ. въ XIX стол.
Гюйо. Искусство съ точки зрѣнія соціологіи. Вяземскій, Н. Соч. т. II.
Ст. З. Венгеровой и П. Конскаго. См. Энциклопедическій словарь Брокгауза и Ефрона. Т. XVII.

817—19. Ш. Ламоттъ. Карлисты: I. Кровавый день. II. Убійца. III. Смерть маршала Конча. Истор. ром. М. 76 г. 6 р.
5398. III. Ламоттъ-Фуке. Ундина. Старинная повесть. Перев. В. А. Жуковскаго. Спб. 78 г. ц. 50 к. См. также собр. сочин. В. Жуковскаго, т. III.
О Ламоттъ-Фуке. См. 2726. II. Костомаровъ, В. Исторія литературы древней и новой, т. III.

980—81. Ш. Лапуантъ. Въ погоню за призраками. Ром. Спб. 77 г. 1 р.
6448. III. Лафонтенъ. Басни: въ переводахъ: Крылова, Измайлова, Дмитріева, Хемницера, Коринфскаго и др. Съ рис. Дорэ. Изд. Сойкина. Спб. 96 р. ц. 1 р. Переводы изъ него см. у Крылова и И. Дмитріева. (Собр. сочин.)
О Лафонтенѣ см. Кирпичниковъ: Франц. литер. въ эпоху псевдо-классицизма. 818. II. (Ист. Всеоб. лит. Корша.)
Ст. Венгеровой. З. Образ. 96 г. № 5—6, а также ея же статьи въ Энцикл. Словарѣ Брокгауза и Ефрона, т. XVII.

Лебрэнъ, П.
Существуютъ старые переводы, изд. въ началѣ XIX ст.
8561. Ш. Леведанъ, А. Развѣнчанный король. Новелла. Спб. 89 г.
Легуве, Э. Анна де Кервилеръ. Др. въ 1 д. Пер. А. Ө—ва. Театралъ. 95 г. 16.
137. III Легэ, А. Прошлая жизнь. Ром. Спб. 70 г. ц. 1 р.
Леконтъ де-Лиль. Изъ „Poèmes tragiques". Пер. О. Михайловой. В. Е. 95 г. 1. (Другіе переводы разбросаны по разнымъ журналамъ).
О Леконтъ де-Лилѣ см. Пелисье. Литер. движ. XIX в.—689. П. Фришмутъ, М. Леконтъ де-Лиль. Изъ современной французск. литературы. В. Е. 89 г. 3—4, а также у Гюйо. Искусство съ точки зрѣнія соціологіи.

Леметръ, Ж. Мирра. Разск. изъ временъ Нерона. Р. М. 92 г. 8.
— Прости. Ком. въ 3 д. Пер. Н. Э. Театралъ, 95 г. 37.
— Флипотъ. Ком. въ 3 д. Пер. Э. Матерна. Театр. Библ. 93 г. 10.
О немъ см. замѣтку З. Венгеровой въ Энцикл. словарѣ Брокгауза и Ефрона, т. XVII.
Ст. Андреева, А. Жюль Леметръ и его „Современники". С. В. 92 г. 5 г.

435. Ш. Лео, А. Алина-Али. Ром. М. 70 г. 1 р. 50 к.
Кр. ст. Шелгунова. Д. 71 г. 1.

436. Ш. — Скандалезный бракъ. Ром. Спб. 71 г. 1 р. 50 к.
553. Ш. — Разводъ. Ром. Спб. 68 г. 1 р. 50 к.
17. Ш. — Сестра Роза. Пов. В. Е. 69 г. 10.
1526. Ш. — Двѣ исторіи. Ром. Спб. 71 г.
Кр. О. З. 71 г. 3.

53. Ш. — Жакъ Галеронъ. Ром. Прил. къ Совр. Обозр.
Кр. Д. 71 г. 1.
1292. Ш. — Два женскихъ характера (Les deux filles de m-r Plichon). Пов. О. З. 68 г. 7.
— Грація. Ром. изъ сардинскихъ нравовъ. (Сл. 79 г. 1—5).
— Около наслѣдства. Ром. Ж. О. 83 г. 2—4.
— Исторія одного честнаго буржуа. Ром. Бс. 72 г. 1—5, 7, 9—12.
4830. Ш. — Идеалъ въ деревнѣ. Ром. Спб. 69 г.
Кр. соч. Лео, см. Д. II. О. З. 68 г. 1—2. Тоже. Полное Собр. сочиненій Писарева. Т. II.

4134. Ш. Лермина, Ж. Роялистская заговорщица. Истор. ром. Изд. Суворина. Спб. 92 г.
— Тоже. И. В. 92 г. 1, 2, 4, 5.
1130. Ш. — Сто тысячъ франковъ вознагражденія. Ром. Спб. 77 г. 1 р. 25 к.
2386—7. Ш. — Великосвѣтскіе негодяи. Ром. Спб. 82 г.
Леру, Ю. Доброе сердце. Разск. Театралъ, 95 г. 30.
де-Лиль, Леконтъ. См. Леконтъ.
4316. Ш. Лесажъ. Удивительныя похожденія Жиль Блаза де-Сантильяна. Ром. Пер. Шлезингеръ. Съ біогр. оч. автора. М. 75 г.
5269. Ш. — Исторія Жиль Блаза де-Сантильяне. Изд. Л. Ф. Пантелѣева. Спб. 1895 г. ц. 2 р. 50 к.
— Тоже. М. Б. 92 г. 7, 8. (Пер. по сокращ. франц. изд.).
5379. Ш. — Тюркаре. Ком. въ 5 д. Пер. О. М. Шерстобитовой подъ ред. и съ предисловіемъ В. Острогорскаго. Изд. М. Ледерле. Спб. 95. ц. 40 к.
— Тоже. Пер. А. Б. В. Е. 74 г. 11.
5159. Ш. — Хромой бѣсъ. Пер. съ фран. П. Канчаловскаго. Изд. П. К. Прянишникова. Спб. 1895 г. ц. 1 р. 50 к.
1538. Ш. — Тоже. Пер. Г. Пасынкова. Спб. 32 г.
На русскомъ языкѣ существуютъ еще старые переводы слѣдующихъ произведеній: Увеселительныя приключенія Гусмана д'Альфараша, переведено съ гиш. на фр. Лесажемъ, а съ фр. Д. Щ. Ч. I. М. 1785 г.
— Тоже. Гусманъ д'Альфарашъ, истинная Гишпанская повѣсть; пер. А. К. 4 ч. М. 1804 г.
— Тоже, подъ другимъ названіемъ: Шалости Забавнаго Гусмана, или каковъ въ колыбельку, таковъ и въ могилку. М. 1813 г.
— Тоже, пер. Дм. Максвей; изд. 3-е и 4-е. 2 ч. Спб. 1791—1807 г.
— Тоже, изд. послѣднее. Спб. 1812—1815 г.
— Баккалавръ Саламанскій, или похожденія Донъ Херубина де ла Ронда. Пер. Андрея Нартова. 2 ч. Спб. 1763—84 г.
— Похожденіе Естеванилла Гонзалеца, прозваннаго весельчакомъ. Пер. Я. В. 3 ч. 1765—66 г.
— Зулима, или непорочная любовь. Пер. Вѣ. Кудрявцева. Спб., 1768 г.
О Лесажѣ см. Костомаровъ: Исторія литературы древняго и новаго міра. Т. II. стр. 144—145.
Шультгейсъ, А. Алэнъ Рене Лесажъ. Историко-литературный очеркъ. М. В. 92 г. 1.
Общ. хар. 2309. II. Геттнеръ, Р. Ист. всеобщей литер. XVIII вѣка. Т. II. Спб. 66 г.

Лефевръ, см. Лабула.
3641—2. III. Лоде. На тронѣ. Ист. ром. изъ царствованія Людовика II Баварскаго. Наб. 89 г. 1—7.

Ломанъ, Ш. Адмиральша. Ром. Наб. 87 г. 10, 11.

4269. III. Ломбаръ, Жакъ. Византія. Истор. ром. (VIII ст. по Р. Х.). Наб. 91 г. 9—11.

5459. III. де-Лоне. А. Какъ Крике не видалъ сраженія. Разсказъ. Пер. съ франц. Изд. М. Ледерле. М. 95.
— Тоже. Р. М. 88 г. 3.

1722. III. Лорансъ Ж. Тайна завѣщанія. Ром. Спб. 78 г. ц. 1 р. 50 к.

3516. III. Лори, А. Изгнанники земли. Ром. въ 2 частяхъ. Путешествія и приключенія на сушѣ и на морѣ. Съ рис. Ж. Рус. М. 89 г.

3808. III. — Испанскіе студенты. Ром. Съ 23 рис. исп. художн. Аталайя. М. 91 г., ц. 2 р.

3807. III. — Черезъ океанъ. М. 91 г., ц. 3 р.

4538. III. — Наслѣдникъ Робинзона. Ром. М. 92 г.

5118. III. Лоти, П. Матросъ. Ром. Пер. Н. В. К—ва. М. 94 г.

5362. III. — Исландскій рыбакъ. Пер. З. Н. Журавской. Изд. М. М. Ледерле и К°. Спб. 1895. ц. 40 к.

3692. III. — Тоже. Р. В. 90. 1, 2.

— Рыбаки дальняго плаванія. Ром. Д. 86 г. 6—8.

— Старикъ. Разск. С. В. 86 г. 12.

2534. III. — Бракъ Лоти. (Рараю). Ром. изъ жизни на островѣ Таити. М. 82 г. ц. 1 р. 25 к.

О Лоти см. А. А. Очерки современнаго романа во Франціи. С. В. 88 г. 9, 11.
Современные писатели (Пьеръ Лоти). Пант. Лит. 92 г. 2 и 4.
Пелисье. Франц. литер. XIX в.

3581. III. Ля—Гардъ, Э. Двумужница. Ром. Спб. 88 г.

1850. III. Ля-Рю. Жанъ Винтрасъ. Ром. Спб. 76 г.

Мабли, аббатъ.
См. отдѣлы исторіи и этики (дополненія).

1175—76. III. Магаленъ, П. Кровавая гостинница. Ром. въ 2 ч. Спб. 78 г. ц. 2 р.

1944. III. Макэ, О. Прекрасная Габріель. Ром. изъ жизни Генриха IV. Спб. 71 г. ц. 2 р. 50 к.

5292. III. Мало, Г. Въ семьѣ. Ром. Пер. М. А. Сороченковой. Спб. 1894 г.

1913. III. — Люди второй имперіи. Политико-соціальн. ром. 2 ч. Спб. 74 г. ц. 2 р. 50 к.

339. III. — Раненый. Ром. изъ франко-прусской войны 1870—71 г. Спб. 72 г. ц. 1 р. 50 к.

1920. III. — Дочь актрисы. Ром. Спб. 75 г. ц. 1 р. 50 к.

2098. III. — Наслѣдство маркиза. Ром. 75 г. ц. 1 р. 25 к.

337. III. — Бракъ временъ второй имперіи. Ром. Спб. 73 г. ц. 1 р.

1841. III. — Бездомный. Разск. (Д. 79 г. 6).

2249. III. — Героиня нашего времени. Ром. Спб. 81 г. ц. 1 р.

2385. III. — Позорные милліоны. Ром. въ 6 ч. Пер. подъ редакціей Пешибора. Спб. 82 г. ц. 1 р. 50 к.

3616. III. — Свѣтская дама. Ром. Р. М. 89 г. 5—8.

5381. III. — Богатая партія. Пов. Изд. М. Ледерле. Спб. 94. ц. 20 к.

3520. III. — Правосудіе. Ром. Спб. 89 г.

2789. III. — Труженики. Ром. Спб. 84 г. ц. 1 р. 25 к.

— Зита. Ром. Н. 87 г. 1—14.

8392. III. — Безъ семьи. Ром. Пер. С. Брагинской. Дѣдушка и внукъ. (Le crime du vieux Blaise). Спб. 88 г.

3809. III. — Приключенія Рене Мелигана. Ром. М. 91 г. ц. 2 р. 50 к.

О Мало см. Пелисье.

4804. III. Маргеритъ, Н. На закатѣ. Ром. Пер. М. Ремезова. Изд. Ледерле. Спб. 94 г. 40 к.

— Тоже. Р. М. 92 г. 11, 12.

— Семейныя бури (La tourmente). Р. М. 94 г. 1—4.

3607. III. — Савиньи. Др. въ 4 д. съ прологомъ. Пер. Крюковскаго. Спб. 89 г.

2140—41. III. Мари, Ж. Ошибка доктора Маделора. Ром. Спб. 81 г.

2341. III. — Кровавыя ночи. Изъ исторіи ирландскихъ смутъ. Ром. Спб. 82 г.

2368—9. III.—Любовь и ревность. Ром. Спб. 82 г.

4618. III. — Таинственное убійство. (Diane La-Pâle) Ром. Пер. Сороченковой. Спб. 93 г.

3825. III. — Въ бѣдѣ. Ром. Пер. М. Сороченковой. Спб. 91 г.

3547. III. — Западня. Спб. 89 г.

3699. III. — Полкъ. Спб. 90 г.

4197. III. — Двѣ жертвы. Ром. Спб. 92 г.

Мариво.
Существуютъ русскіе переводы XVIII вѣка.

Мармонтель.
Существуютъ многочисленные переводы 18-го вѣка.

Мармье, Ксавье. Эрикъ XIV. Ист. разск. И. В. 89 г. 9, 10.

4828. III. Марша, А. Королевскій поваръ. Истор. ром. Спб. 68 г.

Марэ, Ж. Слѣпой. Разск. Р. Б. 92 г. 4, 5.

1101. III. Массонъ и Томъ. Бракъ для Новаго свѣта. Ром. Спб. 69 г. 1 р.

1618. III. Маттеи, А. Месть Клодіона. Ром. Спб. 78 г. 2 р. 50 к.

— Тоже. (Д. 78 г. 8—11).

1861. III. — Тайна Бальды. Ром. (Д. 79 г. 1—4).

2124—25. III. — Месть падшей. Ром. М. 81 г.

2503—4. III. — Дитя любовника. Ром. М. 82 г. 1 р. 25 к.

2521. III. — Мать-дѣвушка. Ром. Прод. „Дитя любовника“. М. 82 г. 1 р. 25 к.

2727. III. — Ищите женщину. Ром. Спб. 88 г. 1 р. 75 к.

2775. III. — Розовая комната. Спб. 84 г. 1 р. 75 к.

2992. III. — Наслѣдство. Ром. Спб. 85 г. 1 р. 75 к.

2993. III. — Уголовный процессъ. Спб. 85 г.

4161. III. Май, К. На дальнемъ Западѣ. Ром. Съ рис. М. 92 г.

2085. III. Майеръ, С. Изъ воспоминаній ссыльнаго. Спб. 81 г. 1 р. 25 к.

Мендесъ, Катуллъ. Разсказы: Первый поцѣлуй.—Покрывало Изиды.—Тѣнь. Наб. 89 г. 4.
— Утѣшительница.—Зима и весна.—Увяданіе весны. Набл. 89. 9.
— Грязь и золото. Ром. Наб. 85 г. 7—8.
— Разсказы: 1. Золотые поцѣлуи.—2. Два купца.—3. Правосудіе. Набл. 90 г. 4.
— Разсказы: Побѣжденный мракъ. — Торжество гигіены.—Нѣмая принцесса.—Чудо. Пер. Лѣтнева. Набл. 87 г. 4.
— Тоже. Послѣдняя фея.—Райскій путь. Набл. 91 г. 4.
— Разсказы:. Вдовецъ. — Единственный.— Счастливое самоубійство. — Воды Леты.—Цезарина. — Марта. — Антуанета.—Агата.— Запретный плодъ. — Чепчикъ новобрачной. Цвѣты въ водѣ. Пер. Лѣтнева. Наб. 85 г. 11.
— Тоже: Телескопъ. — Вѣтка шиповника. Наб. 85 г. 12.
— Аттестатъ.—Строгій судья. Наб. 89 г. 1.
3160. Ш. — Разсказы: 1. Ошибка. 2) Цѣна славы. 3) Выгода краснорѣчія и 4) Возмездіе. Наб. 86 г. 4.
2298. Ш. — Король-дѣвственникъ. Ром. М. 81 г.
2365. — Безсмертный. Записки Каліостро. Ром. Спб. 82 г. 1 р.
2543. Ш. — Божественное приключеніе. Ром. М. 82 г.
— Преступленіе дѣдушки Власа. М. Б. 93 г. 9.
— Трусъ. Этюдъ. Театрал. 95 г. 6.
4099. Ш. **Мериме, П.** Варѳоломеевская ночь. Истор. хроника. Спб. 85 г. ц. 1 р.
— Тоже. Ист. В. 82 г. 9—12.
4599. Ш. — Жакерія. Сцены изъ феодальныхъ временъ. Пер. Д. В. Аверкіева. Изд. А. Суворина. Спб. 1893 г. ц. 60 к.
4174. — Тоже. Спб. 91 г. (В. И. Л.).
3873. Ш. — Этрусская ваза. Разск. Пер. Григоровича. Из. Лит.
5294. Ш. — Карменъ. Ром. Изд. А. С. Суворина. Спб. 1886 г. ц. 40 к.
5885. Ш. — Медвѣдь (Lokis). Литовская повѣсть. Пер. М. Бѣлинскаго. К. 85 г. 45 к.
3108. Ш. — Коломба. Ром. Переводъ В. Гаршина. Из. Лит.
О Мериме см. Брандесъ, Г. № 2150. II. Литература XIX вѣка въ ея главныхъ теченіяхъ. Французская литература.
2194. II. Пелисье, Ж. Литер. движ. въ XIX стол.
607. II. Цебрикова, М. Два романтизма во Франціи. С. В. 86 г. 11, 12.
6057. Ш. **Мерсье**. Гваделупскій житель. Ком. Пер. Ник. Брусилова. Спб. 1800 г.
Мерэ, Ж. Старый актеръ. Разск. Ар. 92 г. 4.
— Месть Оррюво. Легенда. Д. 83 г. 1.
де-Местръ, К. Параша сибирячка. См. дѣтскій отдѣлъ.
6431. Ш.—Плѣнники Кавказа. Пер. съ франц. Н. Виноградова. М. 94 г.
О де-Местрѣ см. Шаховъ. Литер. теченія XIX в.
5884. Ш. **Метерлинкъ, М.** Пять драмъ. Слѣпцы.—Тайны души.—Семь принцессъ.— Смерть Тентафиля.—Вторженіе смерти. М. 96 г. ц. 2 р.

6432. Ш. — Тайны души. Др. Пер. и предисл. А. С. Суворина. (Изд. Деш. Библ.). Спб. Ц. 10 к.
О Метерлинкѣ см. Михайловскаго. Р. М. 92 г. 1, 3.
1231. Ш. **Мiерръ**. Гипермнестра. Трагедія. Пер. Н. М. Новикова и др. М. 1783 г.
1794. Ш. **Мирекуръ, Е.** Убійца. Ром. Спб. 76 г. 1 р.
2723. Ш. — Андрей Колдунъ. Ром. Спб. 74 г. 1 р. 75 к.
Мишле. См. отд. исторіи.
О Мишле см. ст. с. Л-ва. Р. М. 95 г. 3.
564. Ш. **Моклеръ.** Наслѣдникъ великаго короля. Пер. съ франц. Спб. 73 г. 1 р. 50 к.
5181—3. Ш. **Мольеръ.** Собраніе сочиненій въ трехъ томахъ. Съ біографіей, составленной А. Веселовскимъ. Изд. О. И. Бакста. Спб. 84 г. ц. за 3 тома 7 р. 50 к.
5181. Ш. Т. I. Мольеръ, біографическій очеркъ А. Веселовскаго.—Литература о Мольерѣ.— Взбалмошный. Ком. въ 5 д. Пер. О. Бакста.—Любовная досада. Ком. въ 5 д. Пер. О. Бахста. — Жеманницы. Ком. въ 1 д. Пер. О. Бакста.—Школа мужей. Ком. въ 3 д. Пер. Ап. Григорьева. — Школа женщинъ. Ком. въ 5 д. Пер. Д. Минаева.—Критика на школу женщинъ. Ком. въ 1 д. Пер. Н. Максимова.—Экспромтъ въ Версалѣ. Ком. въ 1 д. Пер. Ѳ. Устрялова.—Женитьба по принужденію. Ком. въ 1 д. Пер. Ѳ. Устрялова.
5182. Ш. — Т. II. Донъ Жуанъ. Ком. въ 5 д. Пер. О. Бакста.—Мизантропъ. Ком. въ 5 д. Пер. В. Курочкина. — Лѣкарь поневолѣ. Ком. въ 3 д. Пер. В. Родиславскаго. — Тартюфъ. Ком. въ 5 д., Пер. Д. Минаева. — Амфитріонъ. Ком. въ 3 д., съ прологомъ. Пер. Д. Минаева.— Скупой. Ком. въ 5 д. Пер. Ѳ. Устрялова.
5183. Ш. — Т. III. Жоржъ Данденъ. Ком. въ 3 д. Пер. О. Бакстъ.—Господинъ де-Пурсаньякъ Ком.-балетъ въ 3 д. Пер. Н. Вейнберга.— Мѣщанинъ въ дворянствѣ. Ком.-балетъ въ 5 д. Пер. В. Острогорскаго. — Продѣлки Скапена. Ком. въ 3 д. Пер. I. Мещерскаго. — Ученыя женщины. Ком. въ 5 д. Пер. Д. Минаева.— Мнимый больной. Ком.-балетъ въ 3 д. Пер. П. Вейнберга.
4231. Ш. — Мѣщанинъ въ дворянствѣ. Ком. въ 5-ти д. Пер. В. П. Острогорскаго. Съ предисловіемъ переводчика. Спб. 93 г.
5882. Ш. — Донъ-Жуанъ. Ком. въ 5 д. Изд. Суворина. Спб. ц. 15 к.
5883. Ш. — Мизантропъ. Ком. въ 5 д. Пер. Л. Поливанова. Съ очеркомъ жизни Мольера. М. ц. 1 р. 50 к.
1550. Ш. — Тоже. Въ стихахъ. Пер. Ѳ. Кокошкина. М. 1816 г.
Кр. 2080. II. Веселовскій, А. Этюды о Мольерѣ. Мизантропъ.
Альцестъ и Чацкій. В. Е. 81 г. 3.
3905. Ш. — Скупой. Ком. въ 5 д. Пер. В. Лихачева. Изд. Суворина. Спб. 91 г. ц. 15 к.
609. Ш. — Тоже. Пер. Вейнберга. „Европейскіе классики“. Спб. 75 г. 60 к.
— Ученыя барыни. Ком. въ 5 д. Пер. Д. Минаева. (В. Е. 75 г. 12).
— Версальскій экспромтъ. Ком. Переводъ И. Мещерскаго. (Р. М. 81 г. 8).
5881. Ш. — Школа женъ. Пер. В. Лихачева. Изд. Суворина. Спб. ц. 15 к.

— Тоже. Тр. 89 г. 17—21.

3714. III.—Школа мужей. Ком. въ 3-хъ д. Пер. А. Григорьева (Отд. оттиск).

3443. III. — Тартюфъ. Ком. Перев. въ стихахъ В. Лихачева. Спб. 87 г. Ц. 50 к.

6068. III.—Тоже. Изд. А. Суворина (Деш. Библ.). Спб. 92 г. ц. 15 к.

Кр. 2079. II. Веселовскій, А. Этюды о Мольерѣ. Тартюфъ. М. 79 г.

3715. III.—Жеманницы. Ком. въ 1-мъ д.

О Мольерѣ см. Цебрикова, М. Мольеръ, его жизнь и произведенія. Изд. Патн. Литературы. Спб. 88 г., д. 30 к. (П. Лит. 88 г. 6, 7, 8).

2079. II. Веселовскій, А. Этюды о Мольерѣ. Тартюфъ. М. 79 г. 2080. II.—Мизантропъ. М. 81 г., п. 2 р.

218. II—Мольеръ сатирикъ и человѣкъ. Литературный портретъ. В. Е. 78 г. 5.

1985. III. Ивановъ, И. Политическая роль французскаго театра въ связи съ философіей XVIII в. Карреръ. „Искусство“. Т. IV. № 314. II.

2726. II. Костомаровъ, В. Исторія литературы древняго и новаго міра.

1125. II. Историческая хрестоматія Покровскаго, в. V. См. также русскую хрестоматію А. Филонова. Часть III.

5181. III.—Веселовскій, А. Біогр. очеркъ Мольера см. собр. соч. Мольера, т. I.

Араго. Слово Мольеру. Совр. 55 г. 10.

Біогр. Барро, М. Мольеръ, его жизнь и литературная дѣятельность. Біогр. библ. Павленкова. Спб. 91 г. ц. 25 к.

Монтэнь. См. отд. философіи.

О Монтэнѣ см. Всеобщ. ист. литературы Корша. Т. II. 318. II. Ст. Мережковскаго, Д. Монтэнь. Р. М. 93 г. 2.

4935. III. **Монтепенъ, К.** Горбунья. Спб. 94 г.

2541. III.—Маріонетки-супруги Сатаны. Ром. 2 т. Спб. 83 г. 2 р. 50 к.

2542. III.—Таинственный домъ. (Продолженіе ром. „Маріонетки супруги Сатаны“. Спб. 82 г. 2 р. 50 к.

2683. III.—Драма въ Сальпетріерѣ. Ром. (Прод. ром. „Таинственный домъ“). Спб. 83 г. 1 р. 75.

2684—86.—Симона и Марія. Ром. Спб. 83 г.

2768. III.—Сынъ Эме Жуберъ. Ром. Спб. 84 г. 1 р. 75 к.

2807. III. — Кровавая ночь. Ром. Спб. 84 г. 1 р. 75 к.

2784. III.—Кошачій глазъ. Спб. 84 г. 1 р. 75 к.

2989. III.—Жанъ Вобаронъ. Спб. 86 г. 1 р. 75 к.

2990. III.—Каторжникъ. Спб. 86 г. 1 р. 75 к.

175. III. — Оправданный убійца. (Бракъ и преступленіе). Спб. 74 г. ц. 1 р.

176. III. — Мщеніе. (Графиня де-Нансей). Ром. (Продол. ром. „Оправданный убійца“).Спб. 74 г. 1 р.

177. III.—Зачѣмъ? (Алиса). Ром. (Продолж. романа „Мщеніе“). Спб. 75 г. 1 р.

203. III.—Живая покойница. Спб. 74 г. 2 р.

204. III.—Адская женщина. Уголовн. ром. М. 75 г. 1 р.

205—7. III.—Трагедіи Парижа. Ром. въ 3 ч. Спб. 75 г. 3 р. Ч. I. Акушерка.—Паукъ Парижа.—Ч. II. Жена барона Вормса.—Ч. III. Дина Блуэ.

179. III.—Виконтесса Жермена. Ром. (Продолженіе романа „Трагедіи Парижа“). Спб. 77 г. 1 р.

180. III.—Глубокая страсть. Ром. Спб. 77 г. ц. 1 р.

181. III.—Тоже подъ заглав. „Ночная драма“. М. 76 г. 1 р. 50 к.

182. III.—Дебютантка. Ром. Спб. 77 г. 1 р. 50 к.

183—84. III. — Изъ-за блондинки. Ром. въ 2 кн. Спб. 76 г. 1 р.

185. III.—Князь міра сего. Истор. ром., 4 ч. М. 76 г. 2 р.

186. III.—Передъ судомъ. Истор. ром. (Продолженіе ром. „Князь міра сего“). М. 76 г. 2 р.

187. III.—Дѣти ада. Ром. (Продолж. ром. „Передъ судомъ“). М. 76 г. 2 р.

188—90. III.—Красная колдунья. Ром. въ 3 ч. Спб. 77 г. 2 р. 50 к.

191—93. III.—Могущество денегъ. Ром. 3 кн. Спб. 77 г. 3 р. 50 к.

1652. III.—Двѣ подруги по институту Сенъ Дени. Ром. Спб. 78 г. 1 р. 50 к.

194. III. — Незаконнорожденная. Ром. Спб. 77 г. 2 р.

195—98. III.—Повѣшанный. Ром. 4 тома. Спб. 77 г. 3 р.

199—200. III.—Парижская драма. Ром. въ 2 ч. — Ч. I. Бѣлокурая чародѣйка. — Ч. II. Месть грѣшницы. М. 75 г. 2 р. 50 к.

201. III.—Чревовѣщатель. Ром. Спб. 76 г. 2 р. 50 к.

976. III.—Огонь и мечъ. Истор. ром. М. 75 г. 1 р. 75 к.

1607. III.—Драма въ Розовомъ домѣ. Ром. Спб. 78 г. 1 р.

939—40. III.— Дитя несчастія. Ром. 2 ч. Ч. I. Гусарскій капитанъ. Ч. II. Арманъ. Спб. 79 г. 2 р. 50 к.

1780—81. III.—Маркиза Кастелла. Ром. въ 2 ч. Ч. I. Преступленіе въ отелѣ. Ч. II. Похитительница любви. Спб. 79 г. 2 р.

2132. III.—Исторія людоѣда. Ром. въ 3 ч. Спб. 81 г. 2 р.

2250—52. III. — Фіакръ № 13. Ром. Спб. 81 г. 4 р.

4836. III.—Механикъ. Ром. Спб. 64 г.

178. III.—Двоеженецъ. Спб. 74 г. 1 р. 25 к.

2222. III.—Таинственная маска. Ром. изъ индійской жизни. Спб. 81 г. 2 р.

173—74. III.—Индѣйскія тайны съ ихъ кознями и преступленіями. Ром. въ 2 ч. М. 76 г. 2 р. 50 к.

3663. III.—Ворожеи. Ром. Спб. 89 г. 1 р.

3837. III.—Три милліона приданаго. Спб. 91 г.

3632. III.—Мачиха. Ром. Пер. М. М. Спб. 90 г. 1 р. 50 к.

5592. III.—Нищая. Пер. М. Сароченковой. Спб. 95 г.

' Оцѣнку сочиненій Монтепена см. Всеоб. Литер. Корша. Т. IV.

2144. III. **Монтейль, Э.** Госпожа лейтенантъ. Ром. М. 81 г.

2151. III.—Сумасшедшій. Разск. М. 81 г.

4613. III. **Монтескье.** Персидскія письма. Съ характеристикой И. Первова. Изд. журн. „Пантеонъ литературы“. Спб. 92 г.

5880. III. — Тоже. Изд. Л. Пантелѣева Спб. 2 р. 50 к.

О Монтескье см. 2309. II. Геттнеръ, Г. Исторія всеобщей литературы. Т. II, стр. 183.

527. II. Тэнъ, Ип. Происхожденіе общественнаго строя современной Франціи.

К—на. И. Монтескье. (Ad. Frank: Reformateurs et publicistes de l'Europe). Р. М. 93 г. 6—7.

Біографія Монтескье см. біогр. библ. Павленкова. № 1079. II.

3240. III. Монье. М. Сбитый съ толку. Р. М. 83 г. 5—8.

3240. III.—Жіанъ и Гансъ. Пов. Р. М. 83 г. 9—10.

4707—18. III. Мопассанъ, Г. Полное собраніе сочиненій. 12 т. Изд. В. И. Л. Спб. 93 г.

4707. III. Т. I.—Наше сердце. Ром.—Сильна какъ смерть. Ром.

4708. III.—Т. II. Жизнь. Ром.—Пьеръ и Жанъ. Ром.

4709. III.—Т. III. Гора Оріоль. Ром.—Пов. и рассказы: Малютка Рокъ.—Разбитый корабль. —Госпожа Парисъ.—Отшельникъ.—О кошкахъ. —Розалія Прюдомъ.—Дядя Амабль.

4710. III.—Т. IV. Повѣсти и рассказы: Бродяга. — Въ лѣсу.—Омутъ. — Хромоножка. — Орля.—Діаволъ.—Семейка.—Жюли Ромэнъ.— Гостинница.— Иветта.—Бекасъ. — Этотъ свинтусъ Моренъ.—Безумная.—Пьерро.—Менуэтъ. —Нормандская шутка.—Лунный свѣтъ. — Государственный переворотъ. — Волкъ. — Ребенокъ.— Рождественская сказка.— Королева Гортензія.—Прощеніе.—Легенда о горѣ св. Михаила.—Вдова.—M-lle Кокотка.—Брилліанты. —M-lleПерль.—Страхъ.—Башмаки.—Плетельщица соломенныхъ стульевъ.—Жозефъ.—Спасена.

4711. III.—Т.V. Повѣсти и рассказы:—Аллума. —Гото отецъ и сынъ.—Буатель.—Деньщикъ.— Кроликъ.—Вечеръ.—Булавки.—Дюшу. — Свиданіе.—Портъ.—Покойница. — Возвращеніе.— Покинутый.—Мысли полковника.—Прогулка.— Магометъ-Фрипуйль.—Берта.—Сторожъ.—M-lle Фифи.—Госпожа Баптистъ.—Ржавчина.—Пробужденіе.—Сумасшедшій-ли?—Слова любви.— Подъ солнцемъ.—На водахъ.—Въ Бретани.— Крето.—Любовь.

4712. III.—Т. VI. Бродячая жизнь. Ром. — Повѣсти и рассказы: Миссъ Гарріэтъ.—Наслѣдство.—На чужбинѣ. — Денисъ. — Крещенскій вечеръ.—Маркизъ де Фюмроль.—Кичевка. — Оселъ. — Идиллія. — Человѣкъ, кружку пива!—Крестины.—Сожалѣніе. — Дядя Жюль.

4713. III.—Т. VII. На водѣ. — Повѣсти и рассказы: Сочельникъ. — Кровать. — Марроко.— Мощи.—Хитрость.—Замѣститель.—Полѣно. — Ночь на Рождество Христово. — Парижское приключеніе—Верхомъ. — Воръ. — Два пріятеля.—Видѣніе.—На морѣ.— Завѣщаніе. — Въ поляхъ.—Пѣтухъ пропѣлъ.— Сынъ. — „Святой Михаилъ“.—Приключеніе Вальтера Шнаффса. —Преступленіе для дяди Бонифація.— Роза.— Отецъ. — Признаніе. — Парюра. — Счастье. — Старикъ.— Трусъ.— Пьяница.— Вендетта.— Звѣрь метра Бельома. — Продается. — Незнакомка.—Секретъ.—Нормандецъ.—Сигналъ.

4714. III.—Т. VIII. Повѣсти и рассказы: Заведеніе Телье.—Безполезная красота. — Господинъ Паранъ.—Сестры Рондоли.—Муха.—Бракоразводное дѣло.—Кто знаетъ? — Дождевой зонтикъ.—Боченокъ.—Онъ?—Мудрецъ.— Мой дядя Состенъ.— Отцеубійца. — Малютка.— Коко. — Рука. — Бродяга. — Скала Каира. Тетка Соважъ.—Крестины.—Неосторожность.

—Шпилька.—Въ вагонѣ.—Деревенскіе суды.— „Ça ira“.—Утопленникъ.—Испытаніе. — Оливковая роща.—Коробейникъ. — Болѣзнь Андре.

4715. III.—Т. IX. Повѣсти и рассказы: Тимбукту.—Истинное происшествіе. — Прощай.— Воспоминаніе.—Исповѣдь. — Встрѣча. — Получилъ орденъ.—Самоубійства. — Шали. — Проклятый хлѣбъ.—Бекасы. — Открытіе. — У постели.—Маленькій солдатъ.—Сумасшедшій.— Одиночество. — Портретъ. — Инвалидъ. — 25 франковъ старшей сестры.—Маска. — Усы.— Покровитель. — Мужчина-женщина. — Исповѣдь.—Папа Симона.—Исторія одной работницы на фермѣ.—На водѣ.—Плакальщицы.— По-семейному. — Шкафъ.—Исповѣдь Теодюля Сабо.—Золотистая коса.—ПріятельПасьянсъ.— Приданое.—Бомбаръ.— Хозяйка. — Дѣло г-жи Люно.—Пышка.

4716. III.—Т. X. Драматическія произведенія: Въ старые годы. — Мюзотта. Пьеса въ 3 д.—Семейный миръ. Ком. въ 2 д.—Повѣсти и рассказы: Подруга Поля.—Весной. — Загородная прогулка.—Плѣнники.—Мать уродовъ.— Наши англичане. — Дядюшка Монжиле.—Комната № 11.—Кровать № 29. — Натурщица. — Убійца. — Лауреатъ добродѣтели г-жи Гюссонъ.—Баронесса.—Окно.—Продажа. — Одиссея проститутки.—Исповѣдь.—Неудача. — Разводъ.—Не бѣшенство-ли?..—Туанъ.

4717. III.—Т. XI. Милый другъ. Ром.

4718. III.—Т. XII. Стихотворенія.—Разсказы. Пер. В. А. Даниловой. Реваншъ. — Вечеръ.— Мартина.—Волкъ.—Наши письма. — Отецъ.— Дверь. — Муаронъ. — Задвижка. Пер. З. Н. Булгаковой: На воздушномъ шарѣ. — Къ роману „Жизнь“. Дополнит. эпизодъ къ главѣ III.— Доп. эпизодъ къ главѣ V-й. — Критическіе этюды. Пер. М. Л. Лихтенштадтъ.—ЭмильЗола. —Густавъ Флоберъ (какъ писатель). Пер. З. Н. Булгаковой. Густавъ Флоберъ (какъ человѣкъ).— „О романѣ“. — Біографія и характеристика Мопассана. Очерки Ѳ. И. Булгакова. — Хронологическій списокъ произведеній Мопассана, Ѳ. И. Булгакова. — Этюдъ С. А. Андреевскаго. — Жюль Леметръ о Мопассанѣ.—Рене Думикъ о Мопасанѣ.—Надгробная рѣчь Эмиля Зола.

4632. III.—Сочиненія, избранныя Л. Н. Толстымъ: Одиночество. — Лунный свѣтъ.—Жизнь женщины.—Оливковое поле.—Исповѣдь.--Мадемузаль Перль.—Калѣка.—Маска. — Гавань.— Сумасшедшій. Пер. Л. П. Никифорова, просм. Л. Н. Толстымъ. 93 г. 1 р. 25.

3294. III.—Разсказы: Орля.—Что было, то не будетъ вновь.—Раскаяніе. — Одиночество. С. В. 87 г. 9.

— Разсказы: I Старая актриса.—II. Канунъ Новаго года. III. Дѣдушка Любимъ. Пер. съ фр. П. Коншина. Д. 86 г. 1.

3295. III.—Повѣсти и разск. Оглав.: Обманъ.— Полѣно.—Сожалѣніе.—M-me Баптистъ.—M-lle Фифи. — Верхомъ на лошади. — Менуэтъ.— Коко.—Въ дорогѣ. — Ожерелье. — Миссъ Гарріэтъ.—Завѣщаніе.— Иветта. — Покинутый.— Ужасное.—Прощаніе. Спб. 85 г.

3258. III.—Золотое дно. Ром. Спб. 87 г.

3306. Ш.—Пьеро. Разск.—Веревочка. Кол. 84 г. 3.

3315. Ш.—Разсказы: I. Невидимый. II. Чортъ. III. Бродяга. IV. Онъ. Наб. 87 г. 9.

2799. Ш.—Загадка. Разск. Спб. 84 г.

3114. Ш. Жизнь. Ром. Пер. Булгакова. Спб. 83 г.

— Иветта. Разск. В. Е. 84 г. 8.

— Сочельникъ. Разск. Пер. Коропчевскаго. И. Л. 83 г. 9.

— Разсказы: I. Самоубійство.—II. Награжденъ орденомъ.—III. На водахъ. Наб. 84 г. 11.

2922. Ш.—Прекрасный другъ. Пов. Спб. 85 г.

— Тоже. В. Е. 85 г. 3—6.

— Миссъ Гарріэтъ. Разск. Наб. 84 г. 8.

— Дождевой зонтикъ. Разск. Набл. 85 г. 3.

— Господинъ Паранъ. Разск. Наб. 85 г. 12.

— Золотыя кудри. Разск. Наб. 86 г. 12.

3010. Ш.—Разсказы. М-me Баптистъ.—Безъ покаянія. Спб. 86 г.

— Разсказы. Д. 84 г. 5.

3448. Ш.—На водѣ. (изъ новой книги Мопассана). Пер. А. Плещеева. С. В. 88 г. 9.

6020. Ш.—Тоже. Перев. и предисл. П. Кеменоградскаго. Спб. 96 г.

4983. Ш. — На водѣ. Сборникъ разсказовъ: На водѣ.—Дѣвочка Рокъ.—Ребенокъ.—Пышка.—Ночь.—Не удалось.—Муаронъ.—На рѣкѣ.—Отецъ Симона. Перев. Л. П. Никифорова и др., съ предисловіемъ Л. Н. Толстого. Изд. „Посредника". М. 1894 г., ц. 60 к.

3605. Ш.—Приключеніе съ русскою графинею. Спб. 89 г.

3745. Ш.—Испытаніе. Разск. Кол. 90 г. 12.

4096. III.—Наше сердце. Ром. Пер. М. Н. Ремезова. М. 91 г., ц. 1 р.

3817. Ш.—Тоже. Р. М. 90 г. 8—10.

4913. Ш.—Монтъ-Оріоль. Ром. Пер. съ франц. Л. П. Никифорова. Съ предисл. Л. Н. Толстого. Изд. „Посредника". М. 94 г., ц. 70 к.

— Опытъ. Разск. „Р. Б.". 92 г. 6.

— Пышка. Разск. (Д. 81 г. 11).

— Батрачка. Разск. (Д. 81 г. 12).

— Бродяга. Разсказъ. Р. Б. 87 г. 3.

— Инвалидъ. Оч. М. Б. 93 г. 8.

— Какъ знать? Разск. Р. О. 90 г. 12.

— Царство смерти. Эскизъ. Наб. 91 г. 2.

2481. Ш. — Разсказы. Пер. П. Лѣтнева: I. Отецъ и сынъ. II. Мечта холостяка. III. Умершая. IV. Въ одинъ вечеръ. Наб. 89 г. 6.

— Идеальная красота. Разск. Р. Б..1891 г. 1.

— Разсказы: I. Малютка Рокъ. II. Жюли Романъ. Наб. 86 г. 9.

5637. Ш.—Разсказъ: Дитя. (Зетъ. Французскіе лирики).

— Посмертная исповѣдь. Разск. Наб. 86 г. 10.

— „Миръ семейнаго очага". Ком. въ 2 д., пер. В. Плюцинскій. Театр. Библ. 94 г. 2.

4621. Ш.—И. Норманъ, Ж. Красотка. Др. въ 3 дѣйств. Перев. съ небольшими измѣненіями для русской сцены О. М. Мижуевой. Спб. 93 г., ц. 60 к.

О Мопассанѣ см. Шепелевичъ, Л. Проф. Гюи де-Мопассанъ. С. В. 93 г. 8. См. также соч. Моп. Т. XII. (Ст. Булгакова, Андреевскаго, Жюля Леметра, Рене Думика и Эмиля Зола).

1984. II. Пелисье, Ж. Французская литература XIX вѣка.

де-Мопертюи, П. Л. См. отд. философіи (дополненіе).

2715. Ш. Море, А. Черный кардиналъ. Ром. Спб. 83 г., ц. 1 р. 25 к.

Моро, аббатъ. Тюремный міръ. Наб. 86 г. 5.

4610. Ш. Мюссе, Альфр. Уста и чаша. Драм. поэма. Пер. А. Д. Мысовской. Изд. ж. „Пантеонъ литературы". Спб. 91 г.

6433. Ш.—Мардошъ. Поэма. М. 92 г., ц. 25 к.

— Дюпонъ и Дюранъ. Пер. А. Фета. Р. В. 81 г. 11.

1526. Ш.—Исповѣдь сына вѣка. Ром.—Фредерикъ и Бернеретъ. Пов. Спб. 72 г., ц. 1 р. 50 коп.

Кр. О. 8. 71 г. 8.

— Горячіе каштаны. Др. сц. Пер. Н. Н. (Д. 75 г. 2).

— Намуна. Восточн. пов. Пер. Д. Минаева. (О. 3. 76 г. 10).

— Тоже. Пер. П. Козлова. Р. М. 84 г. 3.

— Сонъ Августа. Др. фантазія. (Д. 71 г. 12.).

5888. Ш. — Фредерикъ и Бернеретъ. Пер. Н. Эфроса. Изд. т-ва Левенсонъ. М. 94 г. ц. 50 к.

— Тоже. Совр. 47 г. 8.

4930. Ш.—Сынъ Тиціана. Истор. ром. М. 94 г.

— Бастарда. Совр. 55 г. 50.

— Женскій умъ лучше всякихъ думъ. Др. Б. д. Ч. 37 г. 23.

— Нужно, чтобы дверь была либо отворена, либо затворена. Совр. 48 г. 12.

— Любовь и ревность. Ком. О. 3, 57 г. 79.

— Петръ и Камилла. Разск. М. Б. 93 г. 5, 6.

6649. III.—Ночи. Пер. А. Облеухова. М. 95 г. ц. 60 к.

5637. Ш.—Стихотворенія: Сонетъ.—А. М-le М.—Печаль.—Ты вспомни обо мнѣ.—Juanna—Экспромтъ.—Лѣтняя ночь. (Зетъ. Французскіе лирики).

— Стихотворенія въ переводахъ О. Чюминой, Познякова и др. (См. ихъ собр. соч.).

— Лучія. Пер. Минскаго. Загр. В. 82 г. 5.

— Ролла. Поэма. Пер. В. Буренина. В. Е. 72 г. 10.

— Ива. Поэма. Пер. П. Козлова. Р. М. 84 г. 1.

— Пари. Ком. въ 3 д. Р. О. 91. 7.

О Мюссе см. Б — ва, И. Альфредъ де-Мюссе. Р. М. 93 г. 12.

Брандесъ, Г. Литература XIX вѣка въ ея главныхъ теченіяхъ. Французская литература. 2150. II.

Мюссе, Альфредъ. (По Брандесу) Р. М. 86 г. 7.

2726. II. Костомаровъ, В. Исторія литерат. древняго и новаго міра. Т. II.

1843. VI. Гюйо, М. Искусство съ точки зрѣнія соціологіи.

2194. II. Пелисье, Ж. Лит. движ. въ XIX стол.

1369. II. Шаховъ. Очерки литературнаго движенія въ первую половину XIX вѣка.

607. II. Цебрикова, М. Два романтизма во Франціи. С. В. 86 г. 11, 12.

6434. Ш. Мюссе, Поль. Жанъ-счастливецъ. Ром. 5 т., ц. 3 р.

— Ришелье и его племянница. Б. д. Ч. 49 г. 97, 98.

— Бонакино. Пов. Пант. 52 г. 2.

— Сицилійскія воспоминанія. Совр. 52 г. 32.

2116. Ш. Мэзеруа, Рене. Капитанъ-старьевщикъ. Ром. М. 81 г.

— Послѣдствія развода. Разск. Наб. 91 г. 10.

1628. Ш. Мюрже, Г. Сцены изъ цыганской жизни (Scènes de la vie de Bohème). Спб. 75 г. 1 р. 50 к.

— Потребители воды. Очерки изъ жизни художниковъ. В. Е. 94 г., 1. 2.

Бр. Д-свъ. Признанія литературныхъ отцовъ. В. Е. 75 г. 2; Кр. ст. въ Д. 76 г. 2.

6056. III. Нанина или побѣжденное предразсужденіе. Ком. Пер. съ фр. Спб. 1766.

3570. III. де-Нерваль, Ж. Король шутовъ. Пер. Е. Гаршина. Ист. В. 89 г. 9—12.

2322. III. Нину, П. Безъ роду, безъ племени. Ром. М. 82 г.

Норманъ. Шарль. Процессъ Агнесы Дюшенъ. Разск. Наб. 89 г. 8.

1115. III. Ноэль, Е. Записки дурака, сдержавшаго больше, чѣмъ онъ обѣщалъ. Съ предисл. Боборыкина. Спб. 76 г., ц. 1 р. 50 к.

4487. III. — Записки глупца. Съ предисловіемъ Е. Литтре. Спб. 76 г., ц. 1 р. 50 к.

Ожье, Э. Двѣ семьи. Ком. въ 5 д. Пер. съ франц. Арт. 92 г. 9.

80. III. — Габріель. Ком. въ 5 д. Б. д. Ч. 53 г. 119.

266. III. — Искательница приключеній. Ком. въ 5 д. Пант. 51 г. 5. — Дружба и любовь. Ком. въ 1 д. Пант. 51 г. 2.

Объ Ожье см. 624. II. Задуновскій, А. Эмиль Ожье. Литературн. очеркъ. Кол. 90 г. 2.
2194. II. Пелисье, Ж. Лит. движ. въ XIX стол. В. О. Эмиль Ожье и реализмъ современной драмы. В. Е. 68 г. 4.

4078. III. Она его ждетъ. Шутка въ одномъ актѣ. Пер. В. Н. Р. М. 73 г.

4188. III. Онэ, Ж. Торжество любви. (Le maître de forges) Ром. Пер. съ 289 фр. изд. О. Хмѣлевой. (Изд. М. Ледерле и К°). Спб. 93 г.

2661. III.—Тоже подъ загл: „Кузнецъ". Ром. съ рис. Спб. 82 г. 1 р. 75 к.

3226. III. — Грандъ-Марньеръ. Ром. И. Л. 85 г. 6—8.

4750. III. — Немвродъ и К°. Ром. Спб. 93 г. 1 р.

5116. III. — Право ребенка. Ром. Пер. М. А. Сароченковой. Изд. ж. „Свѣтъ". Спб. 94.

2545. III. — Битвы житейскія. Ром. Пер. О. Хмѣлевой. Спб. 82 г. 1 р. 75 к.

3426. III.—Тоже, подъ загл. „Житейская борьба". Ром. Кол. 87 г. 7- 8.

2728. III. — Графиня Сара. Ром. Спб. 84 г. ц. 1 р.

3191. III. — Лиза Флеронъ. Ром. Спб. 85. — Тоже. Наб. 84 г. 8—11.

3315. III. — Горе тетушки Урсулы. Разск. Набл. 87. г. 10.

3497. III. — Воля. Ком. Спб. 89.

— Послѣдняя пѣснь лебедя. Пов. Кол. 88 г. 7—8.

1392. III.—Сержъ Панинъ. (Жизнь за жизнь). Ром. Пер подъ ред. П. Вейнберга. Спб. 81 г. 1 р. 50 к.

— Мать и дочь (Les dames de Croix-Mort) Пер. Лѣтнева. Наб. 86 г. 5.

6435. III.—Месть плебея. Ром. Прил. къ „Свѣту" за 1895 г. Спб. 95 г.

5642. III. — Теща. Ром. въ 5-ти глав. М. 84 г., ц. 1 р. 25 к.

— „Горнозаводчикъ", пьеса въ 4 д. и 5 карт.

Пер. Э. Матерна и С. Маслова. Театр. библ. 94 г. 12.

Паріа-Карриганъ. Бретонскіе разсказы: I. Всё стерпимъ.—II. Полюбила дѣвка не на шутку.—III. Капитанъ. Наб. 85 г. 10.

3717. III. Парикмахеръ. Ком. въ 4 д. Пер. Вл. Курочкина. Спб. 83 г.

7. VI. Паскаль, Б. Мысли.Съ предисловіемъ Прево-Парадоля. Пант. Лит. 88 г. 10—12; 89 г. 1—3.

См. отдѣлъ философіи.

— Письма. (Provinciales). Изд. Л. Пантелѣева (печатается).

О Паскалѣ см. ст. Лунина, Р. Блезъ Паскаль. В. Е 92 г. 1.
318. II. Кирпичниковъ, А. Французская литература въ эпоху псевдоклассицизма. (Коршъ, В. Ист. Всеобщ. Лит. Т. II).
Біогр. Паскаля. См. 859. II. Біогр. библ. Павленкова; О. З. 43 г. 7.

3778. III. Перре, П. Баскскій пѣтухъ. Пов. Спб. 91.

242. IX. Подарокъ на новый годъ. Пом. Сам. 89 г. вып. 1.

1681. III. Помаръ. Тайный бракъ и его послѣдствія. Ром. Спб. 79 г. 2 р.

82. III. Понъ-Жестъ, Рене. Убійство въ домѣ подъ № 13, въ улицѣ Марло. Спб. 78.

Понсаръ, Ф. Галилей. Др. въ 4 д. Пер. И. Пушкарева (В. Е. 74 г. 6).

— Тоже. Перев. Минаева. Д. 68 г. 10.

О Понсарѣ см. 2726. II. Костомаровъ, В. Исторія литерат. древняго и новаго міра. Т. II.
2194. II. Пелисье, Ж. Литер. движ. въ XIX стол.
2150. II. Брандесъ. Французская литература XIX в. Утинъ, Ев. Драматическая сцена во Франціи. В. 68 г. 1.

4157. III. Портенъ, А. Завѣщаніе музыканта (Testament d'un musicien). Пер. А. Анисимова. Спб. 91 г. 1 р.

1331. III. Понсонъ-дю-Террайль. Духовное завѣщаніе. Ром. М. 71 г. 2 р.

1332—33. III. — Великосвѣтскіе воры. Ром. Пер. Исаевича. М. 72 г. 2 р.

1334—36. III. — Парижскія драмы: I. Таинственное наслѣдство. Ром. Спб. 67 г. 1 р. 30 к. II. Клубъ червонныхъ валетовъ. Ром. Спб. 67 г. 1 р. 30 к. III. Грѣшница. Ром. Спб. 67 г. 1 р. 30 к.

— Похожденія Рокамболя.

1337. III. — IV. Испанка. Ром. Спб. 67 г. 1 р.

1338. III. — V. Смерть Дикаря. Спб. 67 г. 1 р.

1339. III.—VI. Мщеніе Баккара. Ром. Спб. 67 г. 1 р.

— Воскресшій Рокамболь:

1340. III.—I. Тулонскій острогъ. Ром. Спб. 68 г. 1 р.

1341. III.—II. Сенъ-Лазаръ. Ром. Спб. 68 г. 1 р.

1342. III. — III. Заклятая гостиница. Ром. Спб. 68 г. 1 р.

1343. III. — IV. Домъ сумасшедшихъ. Ром. Спб. 68 г. 1 р.

1344. III. — V. Искупленіе. Ром. Спб. 68 г. 1 р.

1345. III.—VI. Подземелье. Ром. Спб. 68 г. 1 р.

— Послѣднее слово о Рокамболѣ:

1346. III.—I. Опустошители. Ром. Спб. 69 г. 1 р.

1347. III.— II. Душители. Ром. Спб. 69 г. 1 р.

1348—50. III.—III. Милліоны цыганки. Ром. Спб. 69 г. 1 р. 30 к.

1351. III.—IV. Прекрасная садовница. Ром. Спб. 69 г. 1 р. 30 к.

1352. III. — V. Драма въ Индіи. Ром. Спб. 69 г. 1 р. 30 к.

1353. III. —. VI. Истина о Рокамболѣ. Ром. Спб. 69 г. 1 р. 50 к.

1354. III.—VII. Рокамболь въ тюрьмѣ. Ром.—Ч. I. Любовныя похожденія Лимузена.— Ч. II. Ньюгетскія подземелья. Спб. 70 г. 1 р. 50 к.

1355. III. — Сироты Варѳоломеевской ночи. Ром. въ 2 ч. Спб. 70 г. 2 р.

1356. III. — Месть Амори. Ром. (Продолж. ром. „Сироты Варѳоломеевской ночи"). Спб. 70 г. 1 р. 50 к.

1357. III. — Балъ жертвъ. Истор. ром. Спб. 66 г. 2 р.

1358—63. III.—Молодость Генриха IV. Ист. ром. въ 6-ти книгахъ.

1358. III.—Кн. I. Прекрасная ювелирша. Ром. М. 74 г. 1 р. 75 к.

1359. III.—Кн. II. Любовница короля Наваррскаго. Ром. М. 74 г. 2 р.

1360. III.—Кн. III. Отравленіе Іоанны д'Альберъ, королевы Наваррской. Ром. М. 74 г. 2 р.

1361. III.—Кн. IV. Казнь Рене и палачъ-освободитель. Ром. М. 75 г. 2 р.

1362. III.— Кн. V. Королева Екатерина Медичи. Ром. М. 75 г. 2 р.

1363. III.—Кн. VI. Похищеніе королевы.— Кровавое истребленіе гугенотовъ. Ром. М. 75 г. 2 р.

1373 и 1364. III—Королева баррикадъ.(Прод. „Молодости Генриха IV"). Въ 2-хъ книгахъ. Спб. 65 г.

1373. III.—Кн. I. Похищеніе герцогини Анны Лотарингской. Ром. М. 75 г. 2 р.

1364. III.—Кн. II. Убійство герцога-де-Гиз. Ром. М. 75 г. 2 р.

1365. III.—Красавецъ Галаоръ. Ром. (Продолж. ром. „Королева баррикадъ"). Спб. 70 г. 1 р. 50 к.

1366. III. — Вторая молодость Генриха IV. Ром. (Продолж. ром. „Красавецъ Галаоръ"). Спб. 70 г. 1 р. 50 к.

3881—83. III.—Тоже, въ 3 книгахъ: 1) Вступленіе на французскій престолъ Генриха IV. М. 76 г. 2 р.

3882. III—2). Темница королевы Наваррской. М. 76 г. ц. 2 р.

3883. III.—3). Бѣгство королевы Наваррской. М. 76 г. 2 р. 50 к.

1367. III. — Таинственный золотой домъ. Истор. ром. М. 75 г. 1 р. 50 к.

1368. III.—Цыганскій царь. Ром. М. 75 г. 2 р.

1369. III. — Кровавое ожерелье. Ром. (Продолж. ром. „Цыганскій царь"). М. 75 г. 1 р. 50 к.

1370. III.—Черная волчица. Ром. Спб. 66 г. 2 р.

1590. III.—Боченки съ золотомъ. Ром. (Продолж. ром. „Черная волчица"). Спб. 71 г. 2 р.

1371. III.—Безсмертная женщина. Ром. М. 73 г. 1 р. 75 к.

1372. III. — Пажъ Флеръ де-Ме. Пов. въ 3 ч. Спб. 63 г. 60 к.

181. III.—Предатель. Ром. Пер. Вороновой. М. 76 г. 1 р. 50 к.

4230. III. **Прадель, Жоржъ.** Майскій цвѣтокъ. Ром. Спб. 1892 г.

4180. III. **Прево, Аббатъ.** Исторія Манонъ Леско и кавалера де-Гріе. Пер. Д. Аверкіева. Спб. 91 г. (В. И. Л.).

Другія сочиненія Прево существуютъ лишь въ переводахъ XVIII ст.

О Прево см. 2309. II. Геттнеръ, Г. Ист. всеобщ. литер. XVIII вѣка. Т. II. Спб. 66 г.

4179. III. **Прево, Марсель.** Исповѣдь идеалиста. Ром. Спб. 91 г.

5584. III. — Осень женщины. Ром. въ 3-хъ частяхъ. В. П. Л. 93 г. 6—11.

— Супруги. Разск. Театралъ. 95 г. 21.

6436. III.—Дѣвушки-женщины. Ром. Пер. С. Небольсиной. Спб. 95 г., ц. 1 р.

4042. III. — Женщины. (Женскія письма). Lettres de femmes. Спб. 94 г., ц. 50 к.

Кр. 1984. II. Пелисье, Ж. Французская литература XIX вѣка. М. 95 г.

759. III. **Предательство** и злодѣйство. или Аделина Мюрвиль. Ром. Пер. Н. Миронова. М. 73 г. 75 к.

1419. III. **Принцъ, А.** Судьба Поля Гардинга. Ром. изъ бельгійской жизни. Спб. 75 г. 80 к.

Прюдомъ, Сюлли. Стихотворенія въ переводахъ Н. Познякова № 6021. III; Плещеева № 5171. III; Чюминой (Михайловой). В. Е. 93 г. 4; 95 г. 8.

О Прюдомѣ см. ст. Цебриковой. Поэтъ-мыслитель. Р. М. 87 г. 2, а также 1843. VI. Гюйо, М. Искусство съ точки зрѣнія соціологіи.

Рабле, Ф.

Кромѣ стариннаго перевода: „Повѣсть славнаго Гаргантуаса, страшнѣйшаго великана изъ всѣхъ, донынѣ находившихся въ свѣтѣ. Спб. 1790 г.",—на русскомъ языкѣ другихъ переводовъ не существуетъ. Довольно подробное изложеніе см. въ ст. Авсѣенко: Происхожденіе романа. Р. В. 77 г. 6, 9. 12, а также см. книгу: 798. VIII. Рабле, Ф. и Монтэнь, М. Мысли о воспитаніи и обученіи. Избранныя мѣста изъ „Гаргантуа" и „Пантагрюэля" Рабле и „опытовъ" Монтэня. Пер. съ фр. С. Смирнова. Съ приложеніемъ портретовъ и очерковъ жизни Рабле и Монтэня. М. 96 г. ц. 1 р.

О Рабле см.: 624. II. П—ва, А. Рабле, его жизнь и произведенія. Р. М. 90 г. 7.

1075. II. Анненская, А. Рабле, его жизнь и литературная дѣятельность. (Біогр. библ. Павл.).

218. II. Веселовскій, А. Рабле и его романъ. В. Е. 78 г. 3.

318. II. Кирпичниковъ, А. Франція въ эпоху возрожденія. (Коршъ, В. Ист. Всеобщ. Лит. Т. II).

2785. III. **Рабюссонъ.** Въ свѣтѣ. Пов. Спб. 84 г. Ц. 1 р. 75 к.

— Во имя долга. Ром. Наб. 84 г. 1—2.

3561. III. — Мечты Флорестана. Ром. Спб. 89 г.

697. III. **Рамо, Ж.** Шевелюра Магдалины. Спб. 95 г.

3810. III. **Рангадъ, Р.** Подъ волнами. Необыкновенныя приключенія Тринитуса. М. 91 г. Ц. 2 р.

6055. III. **Расинъ.** Аѳолія. Трагедія. Пер. иждивеніемъ Н. Новикова и К°. М. 1784 г.

6437. III.—Гоѳолія. Траг. Пер. Полѣванова. М. 92 г. 2 р.

Существуютъ старые переводы еще слѣдующихъ его произведеній:
— Аѳалія, (Гоѳолія)пер. стихами. М. 1820 г.
— Ифигенія въ Авлидѣ, пер. М. Лобанова.
— Тоже, пер. 1796 г.
— Андромаха, траг. въ 5 д., пер. гр. Д. Хвостова,
— Есѳирь, пер. прозою. М. 1783 г.
— Тоже, пер. стихами П. Катенина. Спб. 1816 г.
— Федра, пер. стихами В. Анастасевича. Спб. 1805 г.

— Тоже, стихами. М. 1821 г.
— Тоже, пер. М. Лобанова. Спб. 1823 г.
— Тоже, пер. въ стихахъ, Окулова. 1824 г.
— Тоже, въ стихахъ пер. П. Чесловскаго. 1827 г.
— Баязетъ, пер. въ стихахъ И. Олина. Спб. 1827 г.
О Расинѣ см. Исторію литературы древняго и новаго міра Костомарова. Т. II. Геттнеръ. Т. II.
1125. II. Покровскій, В. Истор. хрестом. Вып. V (ст. Тулова, Фоле, Каррьера и Низара).
Бирнничниковъ, А. Франц. литер. въ эпоху псевдоклассицизма. 318. II. (Коршъ. Вс. ист. лит.)
См. также: Каррьеръ, „Искусство“. Т. IV. № 314. II.
Батюшковъ. Ѳ. Женскіе типы въ трагедіяхъ Расина. С. В. 96 г. 7.
О псевдоклассицизмѣ, кромѣ вышеуказанныхъ книгъ по исторіи литературы, см. Тэнъ. Происх. строя совр. Франціи. Т. I.

2030. Ш. Ревильонъ, Т. Любовь еврейки или Ноэми. Ром. Смоленскъ. 81 г. 65 к.

1534. Ш. Ревоаль, А. Сирена. Ром. Спб. 68 г. 1 р.

Ренанъ, Э. Бретонка. Разск. С. В. 90 г. 7.
— Калибанъ.
Содержаніе этой драмы изложено въ статьѣ Слонимскаго „Философскія драмы Ренана“. В. Е. 93 г. 1 и въ ст. Арсеньева: Философская драма Ренана: „Калибанъ“. В. Е. 79 г. 1. Другія сочиненія Ренана—см. отдѣлъ исторіи и исторіи литературы. О Ренанѣ см.
897. II. Буржэ, П. Очерки современной психологіи.
Брандесъ, Г. О Ренанѣ. Д. 82 г. 3.
Его-же. Новыя вѣянія. 919. II. (Пант. Лит. 89 г. 1—10).
607. II. П. и. В. Ренанъ въ характеристикѣ Брандеса.
Слонимскій, А. Эрнестъ Ренанъ. В. Е. 92 г. 11. 12.
Чуйко, В. Эрнестъ Ренанъ. По поводу его смерти. Набл. 93 г. 1.
2173. II. Годлевскій, С. Ренанъ, какъ человѣкъ и писатель. Критико-біографич. этюдъ. Съ портретомъ Э. Ренана. Спб. 95 г.
В. Т. Жизнерадостный скептикъ. (Ренанъ) И. В. 92 г., 11.
Андреева, А. Ж.Леметръ и его современники (Взглядъ Леметра на Ренана) С. В. 92 г. 5.
2194. II. Пелисье, Ж. Литер. движ. въ XIX стол.

896. Ш. Ривьеръ, А. Обманъ сердца. Ром. въ 2 ч. Спб. 78 г. 1 р.

1778—79. Ш. Ришебуръ, Э. Двѣ матери. Ром. въ 2 ч. Спб. 79 г.

2031—34. Ш. — Графъ де-Куланжъ. Прод. ром. „Двѣ матери“. Ч. I. Три сообщника. Ч. II. Интрига. Ч. III. Высокія души. Ч. IV. Сынъ. Спб. 80 г.

1805. Ш. — По торной дорогѣ къ преступленію. Ром. М. 79 г. 2 р.

2357—58. Ш. — Влюбленная монахиня. Ром. въ 2 ч. М. 82 г.

3490. Ш.—Жизненныя драмы. Ром. 89 г.

3721. Ш.—Блуждающій огонь. Истор. ром. временъ Кромвеля. Спб. 90 г.

1744. Ш. Ришелье или заговоръ. Истор. др. въ стихахъ. Спб. 73 г.

Ришпенъ, Жанъ. Въ смутное время. Ром. Р. Б. 89. 3. 4, 5—6, 7, 8, 9.

1855. Ш. — Мадамъ Андре. Ром. (Сл. 79 г. 4—10).

2151. Ш.—Клейкая. Ром. М. 81 г.
— Ради науки. Разск. (Р. Б. 81 г. 9).

— Изъ разсказовъ. Р. Б. 80. 4.
— Образцовое преступленіе. Разск. Р. Б. 92 г. 4, 5.
— Стихотворенія.
См. сборн. стихотв. и переводовъ Барыковой и Познякова, а также З этъ, „Франц. лирики“. 5637. III.
О Ришпенѣ см. 1843. VI. Гюйо. Искусство съ точки зрѣнія соціологіи (стр. 262 и д.).

2404. Ш. Ро, Ж. Поджогъ и кража. Уголов. ром. М. 82 г.

4688. Ш. Робидъ. Электрическая жизнь. Двадцатое столѣтіе. Текстъ и рисунки А. Робида. Пер. В. Ранцова. Спб. 94 г.

3927. Ш. Родъ, Эд. Переломъ. Ром. Спб. 93.

3993. Ш. — Смыслъ жизни. Ром. Пер. О. Н. Хмѣлевой. Спб. 1890. Ц. 1 руб.

4945. Ш. — Тоже. Вопросы жизни. Пер. О. Хмѣлевой. М. 94 г. 60 к.

— Швейцарскіе разсказы: I. Жена Бускара. Семейство Кин. Пер. Вес—кой. (С. В. 92 г. 2).
— Три сердца. Ром. Р. О. 90 г. 4, 5, 6.

4702. Ш. — Жертва искупленія. Ром. Спб. 92 г.

5624. Ш. — Частная жизнь парламентскаго дѣятеля. Ром. В. И. Л. 93 г. 1—4.

Ролланъ, Ж. Гусятница. Пов. Д. 83 г. 5—6.

Ролленъ, Ш. См. отд. исторіи.

1438. Ш. Ролла, Э. Разбойникъ Кадрусъ. Истор. ром. Спб. 71 г. 2 р.

3549. Ш. Ронделе, А. Путешествіе въ страну химеръ. Спб. 76 г. 1 р. 50 к.

3591. Ш. Рони, Ж. Нелли Горнъ, изъ арміи спасенія. Спб. 89. 1 р.

— Вамирэхъ. Романъ древне-каменнаго вѣка. М. Б. 92 г. 4—6.

3991. Ш. — Тоже, подъ назв. „До потопа“. Пер. Н. Орлова. Съ 16 рис. Спб. 92 г., ц. 50 к.

6438. Ш. Ростанъ, Эд. Принцесса Греза. Пьеса въ 4-хъ д., въ стихахъ. Пер. Щепкиной-Куперникъ. Спб. Ц. 2 р.

3101. Ш. Рошфоръ, А. Пятьдесятъ на сто. Перев. С. Воскресенской. Спб. 1886 г.

2048. Ш.—Конюхъ. Ром. М. 81 г.

102. Ш.—M-elle Бисмаркъ. Ром. изъ парижск. жизни. Спб. 81 г. 1 р. 30 к.
О Рошфорѣ см. 1278. II. Кинъ, И. Анри Рошфоръ и его „Фонарь“.

87. Ш. Рубинъ Маріи Стюартъ. Истор. ром. Спб. 77 г. 1 р.

4304. III. Руссо, Ж. Ж. Юлія или новая Элоиза, или письма двухъ любовниковъ, живущихъ въ маленькомъ городкѣ у подножія Альпъ. Пер. П. Кончаловскаго. Съ портр. Ж. Ж. Руссо и рис. М. 92 г. 2 р.

5639. III. — Руссо. Изд. Чуйко. Вып. V. Спб. 82 г. 75 к.

— Эмиль. См. отд. педагогики.

1182—83. VI. — Исповѣдь. Пер. г-жи Чуйко. Пант. Лит. 94 г. 1—4. (Неоконч.).

6439. III.—Исповѣдь. Пер. Н. Устрялова. Спб. 65 г. ц. 2 р.
— Переводы нѣкоторыхъ произведеній Руссо существуютъ въ изданіяхъ XVIII в.
— Ода на счастіе съ переводами гг. Ломоносова и Сумарокова. (См. ихъ собр. сочиненій).
О Руссо см. 1192. II. Морлей. Руссо. М. 81 г.
788. II. Карлейль. Герои и героическо» въ исторіи.

227. II. Ставрикъ. Жизнь и дѣятельность Ж. Ж. Руссо. (Д. 75 г. 8, 10—12).

Герье. Понятіе о народѣ у Руссо. Р. М. 82 г. 5, 8.

1991. II. Грэхэмъ. Ж. Ж. Руссо. М. 90 г.

Тэнъ. Происх. строя совр. Франціи.

П—ва, А. Ж. Ж. Руссо. (По отзывамъ нынѣшнихъ французовъ). Р. М. 90 г. 6.

Булгаковъ, О. Ж. Ж. Руссо по новымъ даннымъ. Н. 85 г. 24.

560. II. Мечниковъ, Л. Ж. Ж. Руссо. Д. 31 г. 1, 3.

Мережковскій, Д. Руссо. Р. Б. 89 г. 11.

304. VI. Радловъ, Э. Отношенія Вольтера къ Руссо. Вопр. Ф. и Пс. 90 г. 2.

2083—84. II. Алексѣевъ, А. Этюды о Ж. Ж. Руссо. Т. I. Руссо во Франціи. Т. II. Связь политической доктрины Руссо съ государственнымъ бытомъ Женевы. М. 88 г. Ц. кажд. т. 2 р. 50 к.

1985. II. Ивановъ, Ив. Политическая роль французскаго театра въ связи съ философіей XVIII в.

Острогорскій, А. Ж. Ж. Руссо, его жизнь и литературная дѣятельность. Ю. В. 92 г. 5, 6, 7, 8, 9.

2726. II. Костомаровъ, В. Ист. литер. древняго и нов. міра.

2194. II.—Пелисье, Ж. Лит. движ. въ XIX стол.

Луи Бланъ. Ист. франц. революціи; Сорель, А. Европа и франц. революція. Т. I; а также 1061. III. Карѣевъ, Н. Исторія Западной Европы въ новое время. Т. III.

1900. II. Южаковъ, С. Ж. Ж. Руссо. Біогр. очеркъ. Біогр. библ. Павленкова.

6440. III. Сандо, Ж. Домъ Пенарванъ. Ром. Спб. 68 г. ц. 2 р.

6441. III.—Елена де-ла-Сеглiеръ. Ром. Спб. 58 г. ц. 1 р. 25 к.

6442. III.—Наслѣдство. Ром. Спб. 58 г. ц. 1 р. 25 к.

6443. III.—Мѣшки и патенты. Ром. Спб. 59 г. ц. 1 р. 25 к.

6444. III.—Искатель приключеній. Ром. Спб. 54 г. ц. 1 р.

4824. III. Сансе, Ж. Мясникъ Карла IX. Ист. ром. Спб. 69 г.

1671—76. III. Сансонъ, Г. Записки палача или политическія и историческія тайны Франціи. Пер. П. Л—берга. Спб. 62—66 гг. ц. 6 р.

Сарду, В. Графъ де Ризооръ. Др. въ 5 д. Ар. 92 г. 11.

2050. III. — Даніель Роша. Ком. въ 5 д. Пер. П. Вейнберга. М. 81 г.

5149. III. — Родина. Ист. др. въ 5-ти д. Пер. О. Гридина и Н. Самойлова. Изд. Мартынова. Спб. 83 г., ц. 1 р.

6445. III.—Термидоръ, др. Спб. 95 г. ц. 1 р.

6446. III.—и Маро, Э. „Madame Sans-Gêne". Ком. въ 4-хъ д. Пер. Ф. Корша. М. 94 г.

О Сарду см. Утинъ, Ев. Драматическое искусство во Франціи. Сарду и Барьеръ. В. Е. 68 г. 10.

Сеаръ, А. Перемиріе. Разск. Сл. 79 г. 9.

— Недоростокъ. Пов. Сл. 80 г. 1—3.

5573. III. Сборникъ произведеній французскихъ авторовъ. Оглавленіе: Бальзакъ, Г. Два разсказа. Пер. Д. В. Аверкіева. — Коппе, Фр. Зачахъ вербы. Новый разск.—Де-ла Фаври Шалькъ. Ребенокъ. Разск.—Зандъ, Ж. Маркиза. Разск.—Эфэръ (Шарль Рише). Сестра Марта. Разск.—Видѣніе Карла XI, короля Шведскаго. (По Просперу Мериме).—Ришпенъ. Образцовое преступленіе. Разск. Пер. А. Н.—Перре, П. Золотые глаза. Пов.—Мюрже, Анри. Сцены изъ жизни парижской Богемы. Пер. А. В. Арсеньева.

5627. III. Сборникъ пов. и разск. французскихъ авт.: Коппе, Ф. Типы и силуэты. Галеви, Людовикъ. Мой пріятель Мюссаръ. Разск. Рише. Черезъ сто лѣтъ. Маро,

Жанна. Слѣпой. Разск. Мопассанъ, Г. Опытъ. Разск. Додэ, Альф. Оскорбленіе дѣйствіемъ. Разск. Роза и Нинета. Ром.

6623. III. Сборникъ произведеній французскихъ авторовъ. Оглавленіе: де-Борегаръ Коста (маркиза). Романъ роялиста временъ революціи. (По воспоминаніямъ графа де-Вирле).—Прево, М. Дэзирэ. Разск.—Додэ, А. Маленькій шпіонъ. Разск.—Коппе, Фр. Рѣдкій банкротъ. Ром.—Родъ, Эд. Швейцарскіе разсказы. Пер. А. В. Вес—кой.

5635. III. Сборникъ произведеній французскихъ авторовъ: Абу, Эдм. Носъ нѣкоего нотаріуса. Разск.—Леметръ. Ж. Мирра. Разск.—Филонъ, Ог. Віолетта Меріанъ. Ром.—Жипъ. Неудачникъ. Разск. — Мопассанъ, Г. Коробейникъ. Разск.—Утопленникъ. Разск.—Бурже, П. Меньшая сестра Алины.—Незнакомка. Разск.

542. III. Сегонъ, А. Львица. Ром. Спб. 74 г. 75 к.

Седенъ, П. Ж.

Существуютъ старые переводы: Бѣглецъ. Въ 3-хъ д. Пер. Вас. Лёвшинъ. Калуга. 1793 г.

— Бѣдный солдатъ, въ 3 д. пер. Вас. Вороблевскій. М. 1871 г.

4165. III. Секретъ короля. Ром. въ трехъ частяхъ. В. И. Л. 91 г.

Сентъ-Бёвъ. Кавалеръ де Море или о порядочномъ человѣкѣ въ XVII стол. Совр. 48 г. 9.

О Сентъ-Бёвѣ: см. 2194. II. Пелисье, Ж. Лит. движ. въ XIX стол.

Брандесъ, Г. Сентъ-Бёвъ и современная критика. Р. М. 87 г. 5. См. также Брандесъ, Г. Литература XIX в. 2150. II.

Геннекенъ. Научн. критика. 737. II.

444. II.—Угрюмовъ, П. Сенъ-Бёвъ, какъ человѣкъ. О. З. 81. г. 1, 2.

Сенъ-Кентэнъ. Любовь въ странѣ волхвовъ. Р. О. 91 г. 10—19.

4434. III. Сентинъ, К. Фаворитка Людовика XIII. Истор. ром. Пер. Н. Р. Щиглева. 2 ч. Спб. 62 г.

277. III. Сентъ-Илеръ, Ж. Наполеонъ на бивуакахъ, въ Тюильри и на островѣ св. Елены. 2 т. Спб. 47 г. 40 к.

2. III. Серре, Э. Элиза Меро (Письма трехъ дѣвушекъ). Пов. Сов. 59 г. 73.

2476. III. Симонъ, Ж. Смертная казнь. Разск. Пер. А. О. Пб. 82 г. 70 к.

695. III. Сирвенъ и Левердье. Дочь Нана. Ром. Спб. 81 г. 1 р. 75 к.

266. III. Скрибъ, Е. Дамская война. Ком. въ 3 д. Пер. Попова. Пант. 51 г. 6.

— Пуфъ. Ком. Б. д. Ч. 48 г. 91.

— Свои люди. Ком. Б. д. Ч. 37 г. 25.

— Незнакомка. О. З. 40 г. 8.

258. — Неутѣшные. Ком. въ 1 д. Пер. Ѳ. Конн. Пант. 50 г. 5.

60. III. — Ложа въ оперномъ театрѣ. Пов. Б. д. Ч. 38 г. 2—7.

1895. III. — Мавры при Филиппѣ III. Истор. ром. Спб. 60 г. 9.

О Скрибѣ см. Шаховъ. Очерки литературнаго движенія въ первую половину XIX вѣка. № 1369. II.

2726. II. Костомаровъ, В. Исторія литерат. древняго и новаго міра. Т. II.

2194. II. Пелисье, Ж. Лит. движ. въ XIX стол.

1833—34. III. Соньеръ, П. Уличная пѣвица. Ром. Спб. 79 г.

1966. III. — Іезуитъ. Истор. ром. Спб. 81 г. 2 р.

1109. III. Сорръ, А. Драма въ Американскихъ каменоломняхъ. Ром. Спб. 76 г. 1 р. 25 к.

де-Сталь, Анна, Л. Ж. Существуютъ старые переводы: Коринна или Италія. 6 ч. М. 1809—10 гг.

— Дельфина. 5 ч. М. 1803—4 гг.

— Разсужденіе о Дельфинѣ. Спб. 1803—4 гг.

— Двѣ повѣсти. Пер. Мих. Михайлова. Спб. 1804 г.

— Новыя повѣсти. М. 1815 г.

— Мирза. Спб. 1780 г.

— Медина. Пер. Карамзина. М. 1795 г.

О Сталь см. 1369. II. Шаховъ, А. Очерки литер. движенія въ первую половину XIX вѣка; 1345. II. Сорель, А. Госпожа де-Сталь. Изд. ж. „Пант. литер.". Спб. 92 г. 2150. II. Брандесъ, Г. Литер. XIX вѣка въ ея главныхъ теченіяхъ. Французская литер. Спб. 95 г.; 207. II. Шлоссеръ, Ф. Женщины французской революціи. Сталь и Роланъ. Спб. 65 г.

4665. III. Стани (капитанъ). Сказочное сокровище. Ром. изъ быта бретонскихъ моряковъ. Съ рис. Э. Зира. М. 93 г.

2038. III. Стапло, Л. Общество меча. Ром. Спб. 80 г.

6447. III. Стендаль (Бэйль). Послѣдніе карбонаріи. Спб. 82 г. 1 р. 30 к.

4502. III. — Итальянскія хроники: Витторія Аккорамбони. — Ченчи. — Герцогиня Пальяно. — Ванина Ванини. — Санъ Франческо-а-Рипа. (Библіотека европейскихъ писателей и мыслителей, издаваемая В. В. Чуйко). Спб. 1883.

4849. III. — Жертва предразсудковъ. Изъ итальянскихъ хроникъ. Съ рис. П. Шаба. М. 94 г.

4891. III. — Пармская Шартреза. Ром. съ предисл. В. В. Чуйко. Сл. 78 г. 9—12.

4676. III. — Красное и черное. Ром. Съ портретомъ автора. Пер. В. Чуйко. Изд. М. М. Ледерле. Спб. 93. г. ц. 1 р. 20 к.

1533. III. — То-же. Пер. А. П—ва. Спб. 74 г., ц. 1 р.

— Тоже. О. З. 74 г. 3—6.

— Эрнестина или возникновеніе любви. См. «Три портрета», Виктора Бибикова.

— Санъ Франциско-а-Рипа. Новелла. И. Л. 83 г. 2.

О Стендалѣ см.: 2726. II. Костомаровъ, В. Исторія литературы древняго и новаго міра. Т. II. 2194. II. Пелисье, Ж. Лит. движ. въ XIX стол. Брандесъ, Г. Бейль (Стендаль). Р. М. 87 г. 3. Его-же. Литература XIX в. Франц. литер. см. 2150. II. 607. II. Цебрикова, М. Два романтизма во Франціи. С. В. 86, 11, 12. 2746 II. В. Бибиковъ. Три портрета; Стендаль, Флоберъ и Бодлеръ. Спб. 90 г., ц. 1 р. 1843. II. Гюйо, М. Искусство съ точки зрѣнія соціологіи. 897. II. Бурже, П. Очерки современной психологіи.

6154. III. Странная предпріимчивость или притворный жокей. Опера въ 1 д. Пер. Серг. Глинки. М. 1800 г.

1642. III. Стюпюи. Ип. У Дидро. Ком. Пер. Н. Л. Вейнберга. О. З. 75 г. 12.

Сувестръ. Парижская женщина. Б. д. Ч. 36 г. 14.

Сулье, Ф. Карлисты и Филиписты. Б. д. Ч. 35 г. 12.

— Влюбленный левъ. Пов. О. З. 39 г. 6.

— Призракъ любви. О. З. 40 г. 9.

— Маргарита. Ром. Б. д. Ч. 42 г. 51.

— Герцогъ де Гизъ. Б. д. Ч. 75 г. 77.

360. III. Сю, Е. Тереза Дюнойе. Ром. въ 4 ч. Спб. 46 г. 1 р.

361—367. III. — Семь смертныхъ грѣховъ:

361. III. — I. Гордость. Ром. 2 ч. Спб. 75 г. 1 р. 50 к.

362. III. — II. Сладострастіе. Ром. Спб. 75 г. 75 к.

363. III. — III. Зависть. Ром. Спб. 76 г. 1 р.

364. III. — IV. Скупость. Ром. Спб. 76 г. 75 к.

365. III. — V. Гнѣвъ. Ром. Спб. 76 г. 75 к.

366. III. — VI. Лѣность. Ром. Спб. 76 г. 60 к.

367. III. — VII. Чревоугодіе. Ром. Спб. 76 г. 60 к.

369. III. — Паула Монти. Ром. Спб. 46 г. 1 р.

— Мартинъ найденышъ. Б. д. Ч. 46 г. 77—79; 47 г. 80—82.

— Синяя борода. Ром. Б. д. Ч. 42 г. 55.

— Гувернантка. Б. д. Ч. 52 г. 111—112.

— Полковникъ Сюрвиль. Ром. О. З. 41 г. 14.

— Изъ исторіи рабства. Д. 68—69 г. (Изъ Mystères du peuple).

— Молотъ кузнеца. Ром. (Изъ Mystères du peuple). (Д. 70. 2).

5186—91. III. — Вѣчный жидъ. Ром. Первый полный, безъ пропусковъ, пер. Е. Ильиной. Изд. А. С. Суворина. 6 т. Спб. 94 г. ц. кажд. т. 60 к.

4721—22. III. — Тоже. Изд. М. Ольхина. 2 т. Спб. 44—45 гг.

О соч. Сю см. Бѣлинскій, В. Полн. собраніе сочиненій. Т. IX. Чуйко, В. Вѣчный жидъ во Франціи. Новь. 91 г. 7—8. Ст. Денегри. „Э. Сю". Д. 71 г. 2.

6155. III. Тайна. Опера въ 1 д. Пер. Сергѣя Глинки. М. 1800 г.

2164. III. Тексье, Е. и Ла-Сеннъ, К. Бракъ актрисы. Ром. М. 81 г., ц. 60 к.

Тепферъ, Р. Библіотека моего дяди. Пов. О. З. 48 г. 61.

Кр. 2726. II. Костомаровъ,В.Исторія литерат. древняго и новаго міра. Т. II.

5160. III. Тэрье, А. Роза - Лиза. Пер. В. А. Ларіоновой. М. 95 г., ц. 50 к.

3965. III. — Жертва страсти. Ром. Спб. 1892 г.

— Братья Налимы. Ром. Наб. 87 г. 5.

— Дѣтскій рай. Ром. Наб. 88 г. 11.

— Форель. Наб. 91 г. 9.

— Могаръ младшій. Ром. Р. В. 79 г. 6—8.

2323. III. — Дикарка. Ром. М. 81 г.

— Тоже Д. 83 г. 7, 8.

2355. III. — Месть мужа. Ром. М. 82 г.

2798. III. — Тетя Орели. Ром. Спб. 48 г. 1 р. 75 к.

— Евсевій Ломбаръ. Ром. Р. В. 85 г. 1—3.

4207. III. — Опасныя чары. Пов. Спб. 91 г.

— Царица лѣсовъ. Р. О. 91 г. 6, 7, 8, 9.

— Разсказы: I. Подъ звуки цыганской музыки. II. Супружеское счастіе. Наб. 89 г. 3.

1851 — 52. III. Тиссо, В. и Амеро. Приключенія Гаспара Ванъ-деръ-Гоммъ. въ 2 ч. Ч. I. Графиня Монтрету. Ч. II. Тайны Берлина. Спб. 79 г., ц. 4 р.

3805. III. Тьерри, Ж. О. Месть карбонаріевъ. Ром. изъ временъ второй имперіи во Франціи. Спб. 91 г., ц. 1 р.

4878. III.—Тоже, подъ загл. „Савелли“. Р. М. 91 г. 1—3.

Тюркэ, К. Американская народная расправа (О. З. 69 г. 10).

1241. III. **Тюрьма** убійствъ. Ром. въ 3 ч. 75 г. 2 р.

2847. III. **Убійца** Теодора. Комедія-водевиль въ 3 д., ц. 50 к.

Ульбахъ, Луи. Орфей. Ром. Пер. П. Лѣтнева. Наб. 86 г. 8, 9.

872. III. — Записки убійцы. Ром. Спб. 77 г., ц. 2 р.

— Тоже (Д. 77 г. 4—11).

873. III.—Который изъ всѣхъ? Ром. Спб. 77 г. 1 р. 25 к.

256. III.—Сусанна Дюшменъ. Ром. Б. д. Ч. 54 г. 125—126.

1634—36. III.—Приключенія трехъ знатныхъ дамъ Вѣнскаго двора: 1) Княжна Морани. 2) Магда. 3) Графиня Тирно. Ром. Спб. 78 г., ц. 2 р. 50 к.

2025. III.—Мученики долга (Замокъ Терній). Ром. Спб. 80 г.

2026. III. — Преступленіе Марсьяля. Ром. Продолж. „Мучениковъ долга“. Спб. 80 г.

3606. III.—Любовь и здоровье. Этюдъ. Спб. 89 г.

3746. III.—Виновата за то, что любила. Ром. Спб. 90 г.

Уссэ. См. Гуссэ.

Ушаръ, М. Инеса Паркеръ. Ром. (Сл. 80 г. 8—10).

—Жоконда Бертье. Пов. Наб. 87 г. 2.

Кр. 2726. II. Костомаровъ, В. Исторія литерат. древняго и новаго міра. Т. II.
О. З. 59 г. 3.

1493. III. **Фанелія** или заблужденіе отъ любви. Др. въ 5-ти д. Спб. 85 г.

629—34. III. **Феваль, П.** Свадебныя спекуляціи въ Парижѣ. Ром. въ 6 т. М. 60 г. 4 р.

635—36. III. — Сынъ тайны. Ром. въ 2 т. Спб. 62 г. 3 р.

457. III. — Королевскіе фанфароны. Истор. ром. въ 4 ч. Спб. 47 г., ц. 1 р.

713. III.—Королевскій фаворитъ. Ром. Спб. 76 г. 1 р. 25 к.

— Смѣльчакъ. Эпизодъ изъ временъ шуанскихъ войнъ. О. 44 г. 35.

О Февалѣ. См. Коршъ. Всеоб. ист. литер. Т. IV.

474. III. **Фелье, О.** Де-Каморъ. Ром. Спб. 67 г. 1 р.

484. III.—Жюли де-Трекеръ. Пов. Спб. 73 г. 1 р. 25 к.

641. III.—Свѣтскій бракъ. Ром. Спб. 75 г., ц. 1 р. 25 к.

475. III.—Исторія Сивиллы. Ром. Спб. 62 г., ц. 1 р.

1548. III.—Романъ бѣднаго молодого человѣка. Ком. въ 5 д. Пер. П. Евстафьева. Спб. 75 г., ц. 75 к.

753. III. — Дневникъ женщины. Ром. Спб. 78 г., ц. 1 р. 50 к.

2301. III.—Исторія одной парижанки. Пов. Спб. 81 г.

— Кризисъ. Др. Совр. 49 г. 13.

— Какъ на что взглянешь, такъ и видишь. Совр. 49 г. 17.

— Монжуа. Ком. въ 5 д. Театралъ. 95 г. 5.

3012. III.—Покойница. Ром. Спб. 86 г. 1 р. 75 к.

— Тоже. Р. В. 86 г. 1.

О Фельѣ см.: Головинъ, К. Октавъ Фелье. Литературный очеркъ. Р. О. 91 г. 5.
2194. II. Пелиссье, Ж. Лит. движ. въ XIX стол.
1984. II.—Французская литература XIX вѣка.
Утинъ, Евг. Драматическое искусство во Франціи.
Октавъ Фелье. В. Е. 68 г. 11.

Фенелонъ. Телемахида, или странствованія Телемаха, сына Одиссеева, описанныя въ составѣ героическія поэмы Вас. Тредьяковскимъ, съ французскія нестихословныя рѣчи, Францискомъ де Салильякомъ де ла-Мотомъ Фенелономъ. 2 ч. См. соч. Тредьяковскаго, т. II. 649—50. III.

5095—96. III. — Странствованія Телемака, сына Улиссова, съ присовокупленіемъ разсужденія г. Рамзея о героической поэмѣ и о превосходствѣ стихотворенія Телемака. Пер. Ив. Захарова. 2 ч. Спб. 1786 г.

— Тоже. Изд. 3-е, вновь испр. съ фигурами. Спб. 1812 г.

О Фенелонѣ см.: Костомаровъ. Исторія лит. древняго и новаго міра. Т. II.
2309. II. Геттнеръ, Г. Ист. всеобщ. литер. XVIII вѣка. Т. II. Спб. 66 г.

637. III **Фере, О.** Судья-докторъ. Ром. Спб. 74 г., ц. 1 р. 50 к.

638. III.—Запутанное дѣло. Ром. Спб. 75 г., ц. 2 р.

639. III.—Четыре фрейлины двора Людовика XIV. Истор. ром. М. 77 г., ц. 2 р.

1705—6. III.—и **Моро.** Парижскіе милліонеры. Ром. Спб. 78 г., ц. 1 р. 50 к.

1772. III.—Докторъ-исповѣдникъ. Ром. Спб. 75 г. 1 р 25 к.

437. III.—и **Сентъ-Ивъ.** Странствующіе рыцари. Истор. ром. XVII стол. Спб. 66 г., ц. 2 р.

1229. III. **Ферреаль, П.** Тайны инквизиціи. Истор. ром. М. 71 г., ц. 2 р.

358—59. III. **Ферри, Г.** Обитатель лѣсовъ. Ром. Спб. 72 г., ц. 3 р. 50 к.

1547. III. **Фейдо, Э.** Фанни. Этюдъ. Спб. 58 г., ц. 75 к.

Кр. О. З. 59 г. 3.

4827. III.—Даніель. Этюдъ. Спб. 59 г.

Филонъ, А. Homo Duplex. (Новелла). Пер. В. М. В. (Р. М. 88 г. 11).

3561. III.—Безъ любви. Разсказъ изъ далекаго прошлаго. Спб. 89 г.

— Віолетта Меріанъ. Ром. В. Е. 92 г. 1—3.

— Сто лѣтъ тому назадъ. Разсказы: Дѣвическая грёза. Кукла. Неравный бракъ. Въ общественной каретѣ. Пер. А. Э. В. Е. 90 г. 6, 12.

— Ученица Гаррика. Истор. ром. Пер. В. Ремезовой. Р. М. 92 г. 1—4.

4252. III. **Фламмаріонъ, К.** Уранія. Путешествіе въ небесныя пространства. Изд. А. С. Суворина. (Деш. библ.). Спб. 92 г., ц. 20 к.

3953. III.—Въ небесахъ (Uranie). Астрономич. ром. съ 89 рис. Пер. Е. Предтеченскій. Изд. Ф. Павленкова, 2-е испр. и доп. Спб. 92 г., ц. 75 к.

5536. III. — Свѣтопреставленіе. Астроном. ром. Съ иллюстраціями. Спб. 93 г.

4368. III.—По волнамъ безконечности (Dans l'espace immense). Астрономическая фантазія.

Пер. В. Ранцева. Изд. Ф. Павленкова. Спб.
93 г., ц. 80 к.

1250. Ш. **Флеріо. З.** Парижанка подъ громомъ военной грозы. Ром. Спб. 73 г., ц. 1 р. 50 к.

Флёри, аббатъ, см. отд. исторіи и религіи (добавленія).

Флоберъ, Г. Собраніе сочиненій. Изд. В. П. Л. 96 г. Т. I. Бюваръ и Пекюше. (изданіе продолжается).

84. Ш—Католическая легенда о Юліанѣ Милостивомъ. Пер. И. С. Тургенева. В. Е. 77 г. 4.
— Продіада. Легенда. Пер. И. Тургенева. В. Е. 77 г. 5. (также собр. соч. И. С. Тургенева).

2160. Ш.—Сентиментальное воспитаніе. Спб. 73 г. 1 р. 50 к.
(Кр. Ст. Нелюбова. Р. В. 70 г. 8; Д. 70 г. 8; О. З. 70 г. 8).

2246. Ш.—Госпожа Бовари. Ром. Спб. 81 г. ц. 2 р.
Кр. О. З. 59 г. 3.
Туръ Е. Нравоописательный романъ во Франціи. Р. В. 57 г. 11.

1466. Ш. — Бюваръ и Пекюше. Ром. Спб. 81 г., ц. 1 р. 50 к.
Кр. О. З. 76 г. 6, 7, - ст. Боборыкина; В. Е. 75 г. 11, ст. Зола.
Арсеньевъ, К. Посмертный романъ Флобера. В. Е. 82 г. 1.
— Folle journée. Пов. Совр 48 г. 9.

2382. Ш.—Саламбо. Истор. ром. Спб. 82 г., ц. 1 р. 50 к.
— Тоже. О. З. 63 г. 6—7.

6067. III.—Тоже. Изд. А. Суворина (Деш. Библ.). Спб. 88 г., ц. 48 к.
Кр. Скабичевскій. Саламбо. Ром. Флобера. Р. Б. 88 г. 9.
О Флоберѣ см.; 2194. П. Пелисье, Ж. Литер. движ. въ XIX ст.
Брандесъ. Новыя вѣянія. № 919. II.
Зола, Э. Флоберъ, какъ человѣкъ и писатель. В. Е. 80 г. 7.
Брандесъ, Г. Г.Флоберъ. Э. В. 81 г. 11. Р.М. 82 г. 2.
897. II. Бурже, П. Очерки современной психологіи.
Мережковскій, Д. Флоберъ въ своихъ письмахъ. С. В. 88 г. 12.
Дюканъ, М. Флоберъ по воспоминаніямъ. Наб. 83 г. 8—9.
Арсеньевъ, К. Современный романъ въ его представителяхъ. V. Густавъ Флоберъ. В. Е. 80 г. 8.
2746. II. В. Бибиковъ. Три портрета: Стендаль, Флоберъ, Бодляръ. Спб. 90 г. ц. 1 р.
1843. VI. Гюйо. Искусство съ точки зрѣнія соціологіи. (стр. 52—53).

3494. Ш. **Фонбрекъ, А.** Лордъ - каторжникъ. Ром. Спб. 89 г.

Фонтенель.
Разговоры о множествѣ міровъ. Пер. кн. Антіоха Кантеміра. Отрывокъ изъ этого перевода см. 6106. III. Соч. Кантеміра. Т. II.
На русскомъ языкѣ еще имѣются:
— Разговоры въ царствѣ мертвыхъ древнихъ и новѣйшихъ лицъ. Пер. Ив. Бутовскій. Спб. 1821 г.
Письма Фонтенеля и Юнга. Пер. Вышеславцева. М. 1801 г.
О Фонтенелѣ см.: 2309. II. Геттнеръ. Ист. фр. литер.
2726. II. Костомаровъ. Исторія литературы древняго и новаго міра. Т. II. стр. 137.

3856. Ш. **Франсъ, Ан.** Желанія Жана Сервіена. Ром. Пер. Ѳ. Н. Устрялова. Спб. 86 г.
3854. Ш — Александрійская куртизанка. Ром. изъ первыхъ вѣковъ христіанства. Спб. 91 г. Прил. къ журн. II. В.
3930. Ш.—Тоже. Спб. 91 г., ц. 50 к.

2028. Ш. **Фросардъ, К.** Въ пешерахъ. Разсказъ. М. 76 г.
Фуко. См. Ламоттъ-Фуко.
4067. III. **Фушэ, П.** Права любви. Ром. Пер. П. Ѳ. Манасевича-Мануилова. Спб. 92 г. ц. 1 р.
— Что можетъ сдѣлать женщина? Разск. Набл. 89 г. 3.

662—63. Ш. **Шаветтъ, Е.** Тайны первой французской революціи (1789—93). Истор. ром. Спб. 75 г., ц. 2 р. 50 к.
664. Ш.—Комната преступленія. Ром. Спб. 75 г., ц. 1 р.
665. Ш.—Прокуроръ Бріше. Ром. Спб. 75 г., ц. 1 р. 75 к.
666—67. Ш. — Охота за милліонами. Ром. 2 ч. I. Приданое Анжелы. II. Капитанъ Лехусеръ. Спб. 77 г., ц. 2 р.
668—70. Ш.—Наслѣдство блюдолиза. Ром. въ 3 ч. Спб. 77 г., ц. 3 р. 50 к.
671—73. Ш. — Тоже, подъ названіемъ: „Роковое наслѣдство.“ Ром. въ 3 ч. Спб. 76 г., ц. 4 р.
674. Ш.—Куртизанка Шиффардъ. Ром. въ 2 ч. I. Прошлое герцогини. II. Продѣлки Боба. Спб. 76 г., ц. 2 р. 50 к.
675. Ш.—По туманнымъ слѣдамъ. Ром. Спб. 78 г., ц. 1 р. 50 к.
2037. Ш.—Король сыщиковъ. Ром. Спб. 80 г.
1869. Ш.—Почему? Ром. Спб. 79 г.
2367. Ш.—Бѣжавшій нотаріусъ. Ром. Спб. 82 г., ц. 2 р.

3202. Ш. **Шадрилья, Г.** Фрике. Ром. въ 2 ч. Спб. 86 г.
2606. Ш. **Шаллямель, Ог.** Отецъ ребенка. Разск. М. 82 г.
Шапюи. Послѣ дуэли. Эскизъ. И. Л. 85 г. 3.
1430. Ш. **Шардаль.** Три любимца Анны Австрійской. Истор. ром. Спб. 70 г., ц. 2 р. 50 к.
3845. III. **Шатобріанъ.** Послѣдній изъ Абенсераговъ. Разск. (Сем. биб.) Спб. 91 г. 25 к.
4638. III. — Атала. Пер. В. Садикова. Изд. Сем. биб. Спб. 91 г., ц. 25 к.
4165. Ш. — Мученики или торжество христіанства. Спб. 91 г.
5375. Ш. — Ренэ—Эвдоръ и Велледа. Пер. Н. Чуйко. Съ предисл. В. Чуйко. Изд. М. Лехерле. Спб. 94 г. ц. 20 к.
О Шатобріанѣ см. 2194. П. Пелисье, Ж. Лит. движ. въ XIX ст.
624. II. Фаге. Шатобріанъ. Р. М. 89 и, 10.
Шаховъ. Очерки литературнаго движенія въ первую половину XIX вѣка. № 1369. II.
2150. II. Брандесъ, Г. Литература XIX вѣка въ ея главныхъ теченіяхъ. Французская литература.
2726. II. Костомаровъ, В. Исторія литер. древняго и новаго міра.

1237. Ш. **Шевалье, Э.** Дикая горлица. Ром. Спб. 73 г. 1 р. 50 к.
1238. Ш. — Черноногіе. Ром. Спб. 74 г. 2 р.
Шенье, А. Послѣдняя пѣснь. Пер. Ковалевскаго. Совр. 62 г. 92.
— Слѣпой. Пер. А. Павловой. О. З. 55 г. 99.
3029. III—Стихотворенія; „Покровъ униженный.“—„Близъ мѣстъ, гдѣ царствуетъ Венеція златая“.—„Каковъ я прежде былъ. Пер. А. С. Пушкина. См. Собр. его сочиненій. Т. II.
607. II. Цебриковъ, М. Два романтизма во Франціи. О. В. 86. 11, 12.

2726. П. Костомаровъ, В. Исторія литерат. древ-
няго и новаго міра. Т. II.

2194. П. Пелисье, Ж. Лит. движ. въ XIX стол.

2150. П. Брандесъ, Г. Литература XIX вѣка въ ея
главныхъ теченіяхъ. Французская литература.

561. Ш. **Шербюлье, В.** Очаровательные
глазки (Meta Holdenis). Ром. Спб. 74 г. 75 к.

562. Ш. — Женихъ дѣвицы Сенъ-Моръ. Ром.
Спб. 76 г. 1 р. 75 к.

699. Ш. — Проклятый родъ. Графиня Софья
Левичъ. Ром. Пер. Лѣтнева. Спб. 81 г. 1 р.
30 к.

— Жозефъ Нуарель. Ром. Бс. 71 г. 11. 12.

3708. Ш.—Царь Апепи. Разск. Спб. 90.

— Тоже. Пер. С. Воскресенской. Ж. О.
84 г. 3.

2645. Ш.—Шокарская ферма. Ром. Спб. 83 г.
1 р. 25 к.

2699. Ш. — Самуилъ Броль и К°. Ром. Спб.
77 г. 75 к.

— Оливье Моганъ. Ром. Р. В. 84 г. 10, 12.

2735. Ш. **Шузи.** Подземный огонь. Пов.
Пер. съ фр. Спб. 83 г. 1 р. 25 к.

2735. Ш.—Тоже, подъ названіемъ: Ignis. Спб.
84 г.

Экаръ, Ж. Смилисъ. Др. въ 4 д. Пер.
А. В. Лентовской и М. В. Лентовскаго. Театр-
ралъ. 95 г. 13.

2639—40. Ш. **Эмаръ, Г.** Сурикэ. „1756.—
1760“. Легенда о потерѣ французами Канады.
Ром. М. 83 г. 2 р. 50 к.

2696. Ш.—Сакраменто. Ром. Спб. 83 г. 1 р.
75 к.

4844. Ш. — Искатель слѣдовъ. (Ч. I. Крас-
ный кедръ.- Ч. II. Сантафэ. Ч. III. Луговые
пираты). Спб. 60 г.

133. Ш.—Америка, или дѣвственный лѣсъ.
Фанни д'Айтонъ. Ром. Пер. Исаевича. М. 71 г.
1 р. 50 к.

134—35. Ш. — Загадка. Ром. въ 2 ч. Спб.
74 г. 2 р. 25 к.

136. Ш.—Авантюристы. Ром. Спб. 69 г., ц.
1 р. 50 к.

137. Ш.—Морскіе цыгане. Ром. (Продолже-
ніе романа „Авантюристы“). Спб. 70 г. 1 р.

138. Ш.—Золотая Кастилія. Ром. (Продол-
женіе романа „Морскіе цыгане“). Спб. 71 г.
1 р. 50 к.

139. Ш.—Поклонники змѣи. Ром. Спб. 75 г.
1 р. 50 к.

140. Ш.—Левъ пустыни. Ром. Спб. 75 г. 1 р,
50 к.

141. Ш.—Приключенія Мишеля Гартмана.
Ром. Спб. 73 г. 2 р.

142. Ш.—Черная собака. Ром. (Продолже-
ніе романа „Приключенія Мишеля Гартма-
на“). Спб. 74 г. 2 р.

143. Ш.—Мѣткая пуля. Ром. Спб. 76 г. 1 р.
75 к.

144. Ш.—Развѣдчикъ. Ром. Спб. 77 г. 2 р.

145. Ш.—Охотники за пчелами. Ром. Спб.
74 г. 1 р. 50 к.

146. Ш.—Каменное сердце. Ром. (Продол-
женіе романа „Охотники за пчелами“). Спб.
72 г. 1 р. 50 к.

147—148. Ш. — Красная рѣка: 1) Фортъ
Дюкенъ. 2) Алмазная змѣя. Ром. Спб. 74 г.
3 р.

— Тоже. Спб. 76 г. 1 р. 50 к.

149. Ш. — Твердая рука. Ром. Спб. 71 г.
2 р.

150. Ш.—Утлавы или разбойники на Мис-
сури. Ром. Изд. Вольфа. Спб. 77 г. 2 р.

150. Ш.—Тоже подъ назв.: Миссурійскіе
разбойники. Ром. Изд. Е. Н. Ахматовой. Спб.
72 г.

151. Ш.—Фланкеръ. Ром. Спб. 77 г. 2 р.

152. Ш.—Эльдорадо. Ром. Пер. Троицкаго.
Спб. 69 г. 1 р.

153. Ш.—Капканщики въ Арканзасѣ. Ром.
Спб. 76 г. 2 р.

154. Ш.—Пограничные бродяги. Ром. Спб.
66 г. 1 р. 50 к.

155. Ш.—Вольные стрѣлки. Ром. (Продол-
женіе романа „Пограничные бродяги“). Спб.
67 г. 1 р. 50 к.

156. Ш.—Честное сердце. Ром. (Продолже-
ніе романа „Вольные стрѣлки“). Спб. 75 г.
2 р.

4842. Ш.—То-же подъ назв.: Благородное
сердце. Ром. Спб. 68 г.

1611. Ш.—Мас-Горка. Ром. Спб. 78 г. 1 р.
50 к.

157. Ш. — Великій предводитель Аукасовъ.
Ром. Спб. 67 г. 2 р.

4843. Ш.—Тоже. Спб. 59 г.

158. Ш.—Красный Кедръ. Ром. (Продолже-
ніе романа „Великій предводитель Аукасовъ“).
Спб. 67 г. 2 р.

159. Ш.—Дальній Западъ. Ром. (Продолже-
ніе романа „Красный Кедръ“). Спб. 67 г. ц.
2 р.

160. Ш.—Законъ Линча. Ром. (Продолженіе
романа „Дальній Западъ“). Спб. 67 г. 2 р.

161. Ш.—Анита. Ром. (Продолженіе рома-
на „Законъ Линча“). Спб. 62 г. 1 р. 25 к.

162. Ш.—Золотая лихорадка. Ром. (Продол-
женіе романа „Анита“). Спб. 62 г. 1 р. 25 к.

163. Ш. — Курумилла. Ром. (Продолженіе
романа „Золотая лихорадка“). Спб. 63 г. 1 р.
25 к.

164. Ш.—Валентинъ Гилуа. Ром. (Продол-
женіе романа „Курумилла“). Спб. 63 г. 1 р.
25 к.

165. Ш.—Воладеро. Ром. Спб. 76 г. 1 р.

166. Ш.—Капитанъ Кильдъ. Ром. (Продол-
женіе романа „Воладеро“).

167.—Прыжокъ оленя или „Буа-Брюлэ“.
Ром. (Продолженіе романа „Капитанъ Кильдъ“).
Спб. 76 г. 75 к.

168. Ш.—Тоже подъ назв.: Вождь сожжен-
ныхъ лѣсовъ. Ром. М. 76 г. 2 р.

169. Ш.—Сожженные лѣса.—Въ дикихъ пу-
стыняхъ Индіи. Ром. М. 76 г. 2 р.

1594. Ш. — Американскіе контрабандисты.
Ром. М. 74 г. 2 р.

1595. Ш. — Бѣгучая вода. Ром. Спб. 72 г.
1 р. 75 к.

170—72. Ш.—Тунеядцы Новаго моста. Хро-
ника временъ Людовика XIII. Ром. въ 2 ч.
Спб. 78 г. 3 р.

1806. Ш.—Тайныя чары великой Индіи. Ром.
М. 77 г. 2 р. 50 к.

1917. Ш. — Мексиканская месть. Ром. М.
76 г. 1 р. 50 к.

2340. Ш. — Заживо-погребенные. Ром. Спб. 82 г. 2 р.

1831. Ш.—Розасъ. Ром. Спб. 79 г.

2076. Ш.—Гваранъ. Ром. Спб. 80 г.

2296. Ш.—Монтонеро. Ром. Спб. 81 г.

2297. Ш.—Сено-Кабраль. Ром. Спб. 81 г.

2401. Ш.—Гамбузины. Ром. Спб. 82 г.

4126. Ш.—Морскіе титаны. Ром. Спб. 74 г. 1 р. 75 к.

4127. Ш.—Король золотыхъ пріисковъ. Ром. Спб. 74 г. 1 р. 75 к.

4128. Ш.—Медвѣжонокъ - желѣзная голова. Ром. Спб. 74 г. 2 р.

4129. Ш.—Лѣсникъ. Ром. Спб. 74 г. 2 р.
Кр. В. П. Густавъ Эмаръ и его романы. Р. С. 61 г. 8.

ЭННИКЪ, Л. Обреченная. Ром. Сл. 79 г. 1—4.

1759. Ш.—Жертва эгоизма. Ром. Спб. 74 г. 1 р.

2890. Ш. **ЭННЪ, Фр.** I. Простая исторія П. Горанфло. Ш. Порядочный человѣкъ. IV. Честная женщина. V. Семья. Очерки. Пер. Устрялова.

Эрвье, Поль. Исторія одной дуэли. Пер. Э. А.—В. Е. 89 г. 12.

2598. Ш.—Устои. Ром. Съ біографическимъ очеркомъ автора. Спб. 95 г.

550. Ш. **Эркманъ-Шатріанъ.** Исторія крестьянина. 1793—1815 г. Пер. Марка Вовчка. 2 т. Спб 72 г. 7 р.

— Тоже подъ загл. „Разсвѣтъ". Д. 68 г. 4—8.
Кр. О. З. 70 г. 2; О. З. 68 г. 6, ст. П—ва.

4041. Ш.—Исторія плебисцита. Разсказъ одного изъ 7.500,000 избирателей, сказавшихъ „да". Спб. 73 г.

— Тоже. Д. 72 г. 1—4.

2225—26. Ш.—Сочиненія. Національные романы, повѣсти и сказки. Пер. М. Вовчка. Спб. 72 г. 4 р.

2229. Ш. — Повѣсти и разсказы. Пер. М. Минутъ. Съ рис. Спб. 81 г.

— Дѣдушка Вандеецъ. Вс. Тр. 70 г. 1.

3125. Ш. — Братья Ренцау. Ком. Пер. В. Крылова. Спб. 83 г.

3010. Ш.—Вогезскіе разсказы. Спб. 86 г.

— Старики стараго времени. Пов. Р. Б. 80 г. 10—12.

4787. Ш — Воспитаніе феодала. Спб. 76 г.

547. Ш. — Гаспаръ Фиксъ. Исторія одного консерватора. Истор. ром. изъ временъ второй имперіи. М. 76 г. 2 р.

— Капралъ Фредерикъ. Ром. Д. 74 г. 10, 12.

1445. Ш.—Исторія школьнаго учителя. Ром. Съ прилож. др. „Польскій жидъ" и критич. статьи Ж. Кларети. Спб. 71 г. 1 р. 25 к.
(Кр. О. З. 71 г. 4, 8; Д. 71 г. 6; В. Е. 71 г. 7).

1446. Ш.—Два брата. Разск. школьнаго учителя. Спб. 74 г. 1 р.

647. Ш.—Даніэль Рокъ. Ром. Спб. 69 г. 75 к.

1288. Ш.—Часы декана. Разск. Собр. ром. Ахматовой.

548. Ш.—Семейная вражда. Ром. Спб. 74 г. 1 р. 50 к.

— Воспоминанія пролетарія (Histoire d'un homme du peuple) Р. С. 65 г. 11—12.

549. Ш. — Блокада. Разск. Спб. 71 г. 1 р. 25 к.

58. Ш.—Три души. Разск. Собр. ром. Ахматовой.

68. Ш. — Новые разсказы: I. Деревенскіе ораторы. II. Доброе, старое время. Ш. Старыя бумаги. О. З. 71 г. 5.

2170. Ш.—Старые молодцы. Пов. Спб. 80 г.
Объ Эркманѣ-Шатріанѣ см. ст. „Корни невзгодъ современной Франціи". О. З. 71 г. 5.

2771. Ш. **ЮЖНЫЙ** крестъ. Разск. М. 81 г.

1720. Ш. **Юисманъ.** (Гюисмансъ). Сестры Ватаръ. Ром. Сокр. пер. Спб. 79 г.

3186. Ш.—Юная новобрачная. Истор. ром. Спб. 84 г.
О Гюисмансѣ см. ст. Венгеровой, З. Новыя теченія во французск. романѣ. С. В. 96 г. 7.

ОТДѢЛЪ V.

Литература Англіи и С. Америки.

Общія обозрѣнія исторіи англійской и сѣверо-американской литературы.

305—6. II. **Тэнъ, И.** Развитіе политической и гражданской свободы въ Англіи въ связи съ развитіемъ литературы. 2 т. (Histoire de la littérature anglaise). Пер. съ фр. подъ ред. А. Рябинина и М. Головина. Спб. 76 г., ц. 6 р.

990. II.—Новѣйшая англійская литература въ ея современныхъ представителяхъ. (Продолженіе предыдущаго). Пер. Д. С. Ивашинцева. Спб. 76 г., ц. 2 р.

Жюссеранъ. Исторія англійскаго народа въ его литературѣ. Пер. В. Тимирязева. Изд. О. Н. Поповой. Спб. 96—97 г. (печатается). (Прилож. къ журн. «Новое Слово». Спб. 1896 г.)

317. II. **Кирпичниковъ, А.** Англійская литература въ концѣ среднихъ вѣковъ.

Англійскій языкъ и поэзія подъ владычествомъ норманновъ и въ переходную эпоху.—Переводы съ французскаго и подражанія.—Путешествіе Мандевиля.—Чосеръ.—Виклефъ.—Видѣніе о Петрѣ Пахарѣ.—Подражатели Чосера. (Ист. литературы Корша).

318. II. **Морозовъ, П.** Англійская литература въ эпоху Возрожденія.

Томасъ Моръ и его Утопія.—Скэльтонъ.—Линдсэй.—Уайэттъ.—Серрэй. Всеобщ. Ист. Лит. Корша. Т. III, стр. 460.

318. II. **Стороженко, Н.** Англійская драма до смерти Шекспира.

Сводныя мистеріи.—Моралитэ.—Интерлюдіи Гейвуда.—Начатки серьезной драмы.—Горбодукъ и др. предшественники Шекспира.—Лилли.—Кидъ.—Марло.—Робертъ Гринъ.—Пиль.—Нашъ.—Лоджъ.—Шекспиръ. Всеобщ. Ист. Лит. Корша. Т. III стр. 475.

318. II. **Варшеръ, С.** Драматурги, современные Шекспиру.

Бенъ-Джонсонъ и его школа.—Бомонъ и Флетчеръ.—Фордъ. — Вебстеръ. — Мэссинлуергъ.—Марстонъ.—Миддльтонъ.—Деккеръ Гейвудъ.—Шерли.—Заключеніе. Всеобщ. Ист. Лит. Корша. Т. III. стр. 579 и 715.

318. II. **Веселовскій, А.** Англійская литература въ періодъ республики и реставраціи.

Подъемъ критической мысли.—Религіозное движеніе. — Дж. Боніанъ. — Мильтонъ. — Начало журналистики.—Политическіе трактаты.—Гаррингтонъ, Сидней, Бакстеръ и Фильтеръ.—Гоббзъ.—Естествознаніе.—Реставрація. — Французское вліяніе. — Комическая поэма (Ботлеръ), романъ (Афра Бэнъ).—Героическая трагедія.—Комедія (Уичерли).—Политическая литература.—Трагедія.—Отвэй и Драйденъ. Всеобщ. Ист. Лит. Корша. Т. III, стр. 598.

318. II. **Веселовскій, А.** Вѣкъ просвѣщенія въ Англіи. Англійская литература XVIII вѣка.

Локкъ.—Деизмъ.—Шафтсбэри.— Мандевиль и его „Басня о пчелахъ“.— Дефоэ и его Робинзонъ. — Свифтъ: его „Сказка о бочкѣ“ и „Гулливеръ.“—Стиль и Аддисонъ.—Попъ. — Семейный романъ.—Ричардсонъ.—Фильдингъ.—Смоллетъ.—Стернъ.—Гольдсмить. — Шериданъ.—Джонсонъ.—Народность въ поэзіи. Бернсъ. Всеобщ. лит. Корша. Т. III. стр. 802.

319. II. **Кирпичниковъ, А.** Англійская литература въ началѣ XIX вѣка. В. Скоттъ, Байронъ и Шелли. Всеобщ. Ист. Лит. Корша. Т. IV стр. 596.

319. II.—Англійская литература новѣйшаго времени. С.-Американская литература. Всеобщ. Ист. Лит. Корша. Т. IV, стр. 931.

Цебрикова, М. Романтизмъ въ Англіи. (По Брандесу) Р. Б. 87 г. 9—11.

4366. III. **Гербель, Н.** Англійская поэзія. (Введеніе къ книгѣ: Англійскіе поэты въ біографіяхъ и образцахъ).

2308. II. **Геттнеръ, Г.** Исторія всеобщей литературы XVIII вѣка. Т. I. Англійская литература (1660—1770). Переводъ А. Пыпина. Изд. Н. Тиблена. Спб. 63 г.

Англійская литература отъ возстановленія королевства до второй половины восемнадцатаго столѣтія. Вѣкъ послѣднихъ Стюартовъ 1660—1688 г.—Наука: Ньютонъ и естествознаніе.—Начала деизма.—Гербертъ.—Рочестеръ и Блонтъ.—Спиноза и Бэйль. — Королевская власть „божіею милостью“ и ученіе о верховномъ правѣ народа.—Гоббсъ.—Фильмеръ. — Альджернонъ Сидни.—Поэзія. — Эпосъ и лирика. — Мильтонъ. — Ботлеръ.—Драйденъ.—Трагедія.—Французское вліяніе и старо-англійскія воспоминанія.—Драйденъ.—Ли и Отвей.—Комедія. — Одичалость англійской комедіи.—Вичеринъ и Конгривъ.—Нападки Блекмора и Колльера и комедія Фарквара и Ванбру.—Вѣкъ королевы Анны (отъ восшествія на престолъ Вильгельма Оранскаго до смерти Георга I.). (1688—1728). Наука: Побѣда конституціонализма.—Локкъ и опытная философія.—Деисты, моралисты и свободные каменьщики: Деисты.—Коллинзъ.—Толандъ.—Моралисты.—Шафтсбери.—Басня о пчелахъ, Мандевиля.—Общественное настроеніе.—Свободные каменьщики.—Поэзія: Попъ и его школа. Нравоучительная храма и нравственныя еженедѣльныя изданія.—Нравоучительная драма.—Трагедія. Соутернъ. Конгривъ. Роу. Аддисонъ. Комедія.—Сиббберъ. Стиль. Сентливеръ.—Нравственныя еженедѣльныя изданія.—Болтунъ.—Зритель.—Опекунъ и проч. Поучительный и сатирическій романъ.—Даніэль Дефо и „Робинзонъ Крузо“. Джонатанъ Свифтъ.—Вѣкъ Георга II и Георга III. (1727—1770). Наука: Политика и народное хозяйство.—Политическія сочиненія Болингброка. „Письма Юніуса“ и первое появленіе Борка.—Адамъ Смитъ.—Естественная религія и нравственное ученіе.—Христіанство, какъ естественная религія.—Тиндаль.—Морганъ.—Чоббъ.—Ученіе о нравственномъ чувствѣ и первое появленіе матеріализма.—Гютчесонъ.—Фергюсонъ.—Гартли.—Свѣтская разочарованность.—Болингброкъ. — Честерфильдъ.—Теорія искусства.—Психологическая эстетика.—Боркъ. — Джерардъ Гомъ. Критика Самэля Джонсона.—Паденіе классицизма; стремленіе къ самобытности.—Лоутъ и

4

Вудъ.—Перси. Вартонъ, Блеръ и Юнгъ. Гогартъ. Стьюартъ и Реветтъ. Поэзія: Романъ.—Ричардсонъ и нравоучительный семейный романъ. Комическій романъ Фильдинга, Гольдсмита и Смоллета и сатирическіе рисунки Гогарта.—Фильдингъ. Гольдсмитъ. Смоллетъ и Гогартъ.—Юмористическій романъ Стерна.—Драма.— Мѣщанская трагедія и драма, какъ драматическая картина характеровъ.—Георгъ Лилло.—Эдвардъ Муръ.—Комберландъ. Фарсъ и комедія.—Футъ и Гаррикъ.— Кольманъ и Гольдсмитъ.—Шериданъ.—Гаррикъ и возстановленіе Шекспира.—Эпосъ и лирика: Томсонъ и Юнгъ.—Макферсонъ. Чаттертонъ. Ирландъ.— В. Коуперъ и Робертъ Борнсъ.

1313. II. Брандесъ, Г. Главныя теченія литературы девятнадцатаго столѣтія. Лекціи, читанныя въ Копенгагенскомъ Университетѣ. Пер. В. Невѣдомскаго (съ нѣмецкаго изданія Адольфа Шрадтмана). Англійская литература. М. 93 г. ц. 2 р. 50 к.

Содержаніе. Натурализмъ въ Англіи. Общія черты вѣка. — Общія черты народнаго характера. — Политическая подкладка. — Первые зачатки натурализма. — Глубина и искренность любви къ природѣ.—Вордсвортъ.—Деревенская жизнь и описаніе деревни.—Натуралистическій романтизмъ.—Кольриджъ.—Понятія озерной школы о свободѣ.—Восточный романтизмъ озерной школы.—Соути.—Историческій и этнографическій натурализмъ.—Вальтеръ Скоттъ.—Универсальный сенсуализмъ.—Китсъ.—Ирландское возстаніе и оппозиціонная поэзія.—Томасъ Муръ.—Эротическая лирика.—Республиканскій гуманизмъ.—В. С. Лэндоръ.—Радикальный натурализмъ.—Шелли.—Индивидуальная страстность.—Байронъ.—Индивидуальность погружается въ самосозерцаніе. — Революціонный духъ.—Комическій и трагическій реализмъ.—Кульминація натурализма.

Аддисонъ, Іосифъ. Стихотворенія.
Въ русскомъ переводѣ не существуютъ. Объ Аддисонѣ см. Маколей. Собр. соч. Т. V. (Тоже. О. З. 56 г. 5—6).
2308. II. Геттнеръ, Г. Исторія всеобщей литературы XVIII в. Т. I. Англійская литература.
306. II. Тэнъ. Развит. полит. и гражд. своб. въ Англіи. Т. I. Спб. 71 г.
5625. III. **Айронъ, Ральфъ.** Африканская ферма. Пов. Пер. Е. Г. Бекетовой. В. И. Л. 93 г. 9—12.
Аллисъ, Гарри. Пять внѣшнихъ чувствъ. Парадоксальная фантазія. Наб. 87 г. 7.
Альмандъ. Заблудшій. Ром. въ 2 ч. В. 88 г. 10—11.
655. III. **Альдрихъ, Т.** Прюденсъ Пальфрей. Ром. изъ амерік. жизни. Спб. 75 г. 1 р. 25 к.
1415. III. — Царица Савская. Пов. Спб. 78 г. 1 р.
Алчущіе и жаждущіе. Ром. Пер. съ англ. Ж. О. 84 г. 2, 3.
Американскіе современные поэты. Изъ Д. Доргана, Г. Стоддарта, Ст. Стерна. Пер. Вейнберга. О. З. 77 г. 4.
1418. III. **Американскія** поселенія. Спб. 74 г. 1 р.
4366. III. **Англійскіе** поэты въ біографіяхъ и образцахъ. Сост. Н. В. Гербель. Спб. 75 г.
Чосеръ.—Марло.—Мильтонъ.—Драйденъ.— Попъ.—Томсонъ.—Грей.—Гольдсмитъ.— Макферсонъ. — Чаттертонъ. — Краббъ. — Вордсвортъ.—Вальтеръ-Скоттъ.—Кольриджъ.—Соути.—Кэмбель.—Борисъ.—Эліотъ. — Муръ.— Вильсонъ.—Лордъ Байронъ.—Вольфъ.—Шелли.—Гитенсъ.—Проктеръ.—Брэйантъ.—Мотервель.—Гудъ.—Маколей.—Лонгфелло. — Теннисонъ.—Броунингъ.
608. III. **Анджело - Санмартино.** Совр. англ. ром. Спб. 63 г. 2 р.
2944. III. **Ансти, Ф.** Въ панцырѣ великана. Спб. 85 г. 1 р. 25 к.
— Тоже. В. Е. 85 г. 9—12.
— Паріа. Ром. Р. В. 90 г. 5—12; 91 г. 2—3.
4566. III. **Арнольдъ, Э.** Свѣтъ Азіи. Поэма.

Пер. А. Анненской подъ ред. В. Лесевича съ его предисловіемъ и введеніемъ, редактированныя имъ же. Изд. 2-е, иллюстр. Спб. 93 г. 2 руб.
5382. III. — Тоже. Перев. Сабашникова. Изд. Ледерле. Спб. 96. г. ц. 60 к.
— Тайна смерти. Перев. съ англ. С. В. 92 г. 1.
3962. III. **Арнольдъ, Эд. Лестеръ** (Сынъ). Удивительныя приключенія финикіянина Фра. Съ рис. Спб. 92. г.
8774. III. **Ашкингъ, Р.** Подъ игомъ страстей. Ром. В. Е. 90 г. 7—11.
Базель. Любовь и политика. Ром. Наб. 87 г. 1—2.
440—48. III. **Байронъ.** Сочиненія въ переводѣ русскихъ поэтовъ. 4 т. Изд. подъ ред. Н. Гербеля. Спб. 74 г.
440. III. — Т. I. Лордъ Байронъ. Біограф. очеркъ I. Шерра.—Еврейскія мелодіи.—Часы досуга. — Стихотворенія семейныя. — Мелкія стихотворенія.—Поэмы: Паризина, пер. Н. Гербеля.—Шильонскій узникъ, пер. Жуковскаго.—Мазепа, пер. Д. Михаловскаго.—Осада Коринѳа, пер. Н. Гербеля.—Невѣста Абидосская, пер. И. Козлова.—Беппо, пер. Д. Минаева.—Гяуръ, пер. А. Студитскаго.—Манфредъ, пер. Д. Минаева. Чайльдъ Гарольдъ, пер. Д. Минаева.
441. III. — Т. II. Донъ Жуанъ. Ром. въ 16 пѣсняхъ. Пер. въ прозѣ А. Соколовскаго.
442. III. — Т. III. Корсаръ. (Морской разбойникъ). Поэма, пер. Гербеля. Жалоба Тасса, пер. Н. Гербеля.—Марино Фальери. Траг. въ 5 д., пер. А. Соколовскаго. — Сарданапалъ. Траг., пер. П. Вейнберга.——Англійскіе барды и шотландскіе обозрѣватели. Сатира, пер. Вейнберга. — Сестрѣ Августѣ Лей. Посланіе, пер. Н. Гербеля. Каинъ. Мистерія въ трехъ дѣйствіяхъ.
443. III. — Т. IV. Островъ. Поэма, пер. Н. Гербеля.—Лара, пер. Н. Гербеля.—Двое Фоскари. Траг., пер. А. Соколовскаго.—Вернеръ. Траг., пер. О. Г.—Преображенный уродъ. Др.,

пер. А. Соколовскаго.—Небо и земля. Мисте-
рія, пер. Н. Гербеля и друг.—Проклятіе Ми-
нервы. Сатира, пер. Н. Гербеля.—Мелкія сти-
хотворенія.

6005—9. Ш. — Сочиненія въ перев. рус-
скихъ поэтовъ. Изд. подъ ред. Н. В. Гербеля.
Спб. 66 г.

5197—5202. Ш. — Полное собраніе со-
чиненій въ 6 томахъ. Пер. съ позднѣйшаго
исправл. и дополн. англійскаго изданія К.
Гумберта, А. Богаевской и Стальки. Съ біо-
графическимъ оч. В. Чуйко и примѣчаніями
С. Терновскаго. Изд. С. Добродѣева. Спб. 1894.

5197. Ш. Т. I. Содержаніе: Предисловіе.—Бі-
ографическій очеркъ. — Еврейскія мелодіи.—
Манфредъ, драма.—Беппо, поэма.—Странство-
ванія Чайльда Гарольда, поэма.—Примѣчанія.

5198. Ш. Т. II. Каинъ (мистерія).—Два Фо-
скари, историческая трагедія. — Шильонскій
узникъ.—Корсаръ.—Небо и земля (мистерія).—
Примѣчанія.

5199. Ш. Т. III. Часы досуга. — Паризина.—
Марино Фаліери (историческая трагедія).—
Мазепа.—Примѣчанія.

5200. Ш. Т. IV. Сарданапалъ, траг.—Поэмы
къ Тирзѣ.—Гяуръ.—Жалоба Тасса.—Лара.—
Примѣчанія.

5201. Ш. Т. V. Донъ-Жуанъ.—Примѣчанія.
5202. Ш. Т. VI. Донъ-Жуанъ (окончаніе).—
Абидосская невѣста.—Ода къ Наполеону Бона-
парту.—Преображенный калѣка.—Пророчество
Данте.—Осада Коринеа.—Островъ или Хри-
стіанъ и его товарищи.—Изъ мелкихъ стихо-
твореній.—Примѣчанія.

438—439. Ш. — Донъ-Жуанъ. Ром. Вольн.
пер. В. Любичъ-Романовича. 2 т. Спб. 66—67 г.
3 р.

5982. III.—Донъ-Жуанъ. Пер. П. Козлова.
Изд. 2-е, съ предисл. В. Буренина и примѣч.
П. Вейнберга. 2 т. Спб. 89 г. 4 р.

— Донъ-Жуанъ. Пер. Козлова. (Р. М. 81 г.
1, 2, 6; 82 г. 2, 3; 83 г. 4, 5; 87 г. 1—3; 88 г.
1, 4, 8, 11.

— Донъ-Жуанъ на островѣ пирата. Изъ по-
эмы „Донъ-Жуанъ", пер. Мина. Р. В. 82 г.
3, 4.

О Донъ-Жуанѣ см.
1189. Ш. Пушкинъ. Соч. Т. V, изд. П. В. Анненкова.
Мысли и замѣчанія.
921. Ш. Браунъ, Е. Литературная исторія типа Донъ-
Жуана. Историко-литер. этюдъ. Спб. 89 г. 75 к.
636. II. Веселовскій, Ал. Легенда о Донъ-Жуанѣ.
С. В. 87 г. !

— Странствіе Чайльдъ Гарольда. Романъ
въ стихахъ. (Отрывокъ). Пер. А. Григорьева.
Вр. 62 г. 7.

3940. Ш. — Изъ „Чайльдъ Гарольда". Пер.
М. Михайлова. (Собр. соч. М—ва).

— Чайльдъ Гарольдъ. Три пѣсни. Пер. П.
А. Козлова. Р. М. 90 г. 1, 2, 11; 91 г. 1.
— Чайльдъ Гарольдъ. Пер. Д. Минаева. Р.
С. 64 г. 1, 3, 5.

Б. Н. Байронъ въ своемъ Чайльдъ-Гарольдѣ и Чайльдъ-
Гарольдъ Байрона въ русскомъ переводѣ. О. З. 64 г. 9.

3321. Ш. — Столѣтній юбилей. Біографія.—
Сарданапалъ. — Мелкія стихотворенія. Пер.

П. А. Каншина. Изданіе Добродѣева. Спб. 83 г.
1603. Ш. — Сарданапалъ. Траг. Пер. Е. За-
рина. Б. д. Ч. 60 г. 162.
— Тоже. Изд. Деш. Библ. Суворина. Спб
ц. 20 к.
70. Ш.—Манфредъ. Поэма. Пер. Бородина.
— Тоже. Пер. Козлова. (Р. М. 80 г. 6).
2190. Ш. — Тоже. Пер. Е. Зарина. Б. д. Ч.
58 г. 150.
— Тоже. Пер. Д. Минаева. Р. С. 63 г. 4.
— Еврейскія мелодіи. Пер. К. Иванова. В.
Е. 74 г. 4.
— Тоже. Пер. Н. Гербеля. Совр. 64 г. 1.
— Сцена изъ Каина. Пер. Минаева. Д.
68 г. 6.
— Осада Коринеа. Поэма. Пер. Д. Минае-
ва. (Р. В. 75 г. 3).
— Тоже. Пер. Гербеля. (В. Е. 73 г. 6).
— Беппо. Венеціанск. пов. Пер. Д. Минаева.
(Совр. 63 г. 8).
— Тоже. Пер. Козлова. (Р. Об. 90 г. 10).
— Сцены изъ „Марино Фальери". Пер. Е.
Зарина. Б. д. Ч. 60 г. 158.
— Двое Фоскари. (Траг.) Б. д. Ч. 61 г. 168.
— Невѣста Абидосская. Турецкая повѣсть.
Пер. И. И. Козлова. Изд. 2-е. Деш. Биб. А.
Суворина. Спб. ц. 10 к. См. также собр. со-
чиненій И. Козлова. Ч. I. 2011. III.
— Жалоба Тасса. Пер. Н. Гербеля. (В. Е.
75 г. 2).
— Мазепа. Пер. Д. М—х—л. Совр. 58 г. 69.
— Лара. Пер. Н. Гербеля. (В. Е. 76 г. 4).
— Паризина. Поэма. Пер. Григорьева. (Совр.
59 г. 4).
— Тоже. Пер. Бубнова. Тр. 91 г. 19.
— Стансы къ Августѣ.—Стихи, написанные
при полученіи извѣстія о болѣзни лэди Бай-
ронъ. Пер. А. Дружинина. Соч. Т. III. 6348. III.

Краткій обзоръ произведеній и характеристика Бай-
рона см. 1313. II. Брандесъ. Главныя теченія литера-
туры XIX ст. М. 93 г. 992. II. Брандесъ. Байронъ въ
его произведеніяхъ. Соч. 309. II.—III. Бритн. опыты.
(Байронъ). 306. II. Тэнъ. Развитіе гражданской свободы въ
Англіи. т. II.—Барьеръ. Искусство. Т. V. Готшалъ.
Байронъ. Р. М. 88 г. 11.—733. II. Таве. Историческое
развитіе чувства природы. 218. II. Миллеръ, Ор. Лордъ
Байронъ и его судьба. В. Ев. 78 г. 2, 4.—Лордъ Байронъ
въ итальянскій періодъ его творчества. Вѣкъ 83 г. 1, 2.—
Маколей. Жизнь Байрона (Собр. соч. Т. I). Маколей о
лордѣ Байронѣ. Р. В. 56 г. 5.—А. Кирпичниковъ
Историко-литер. значеніе Байрона. Р. Об. 91 г. 4; Его-же.
Англійская литература въ началѣ XIX вѣка. Всеобщ. ист.
лит. Корша. Т. IV. 1433. II. Спасовичъ. Сочиненія. Т.
II. Байронъ и нѣкоторые его предшественники. Спб. 89 г.
Тоже. Ж. О. 84 г. 3, 4. 1368. II. Шаховъ. Гете и его
время. А. Григорьевъ. О правдѣ и искренности въ
искусствѣ. (Соч. Т. I). Тэнъ. Лордъ Байронъ. З. В. 64
г. 11. Т. В. Байронъ какъ политическій дѣятель. II. В.
92 г. 6. Biогр. Байрона. 4366. III. Гербель. Англ.
поэты. 827. Н. П. Александровъ. Байронъ (изд. Пав-
ленкова). Ц. 25 к. Новыя свѣдѣнія о брачныхъ отношені-
яхъ Байрона. О. З. 70 г. 1. См. также ст. въ Энцикло-
педическомъ словарѣ Брокгауза и Ефрона. Сбоевъ. Новая
біографія Байрона. Р. В. 83 г. 9, 10.

1894. Ш. БАЛЛАНТАЙНЪ, М. Черная
кость или торговля неграми въ Западной Аф-
рикѣ. Ром. Спб. 75 г. 2 р.
2530. Ш. БАРРЕТЪ, Ф. Изобрѣтеніе маіо-
ра Годфри. Ром. Спб. 88 г. 1 р. 25 к.
2074. Ш. — Спрятанное золото. Ром. Спб.
80 г. 1 р. 75 к.
8697. Ш. БАРРЪ, Амелія. Позднее
раскаяніе. Спб. 90 г.
Барри Корнуэль см. Корнуэль, Б

4*

2184. Ш. Безантъ. Добрый человѣкъ. Пов. Спб. 81 г. 1 р. 50 к.

— Скряга Мартибой. Ром. Набл. 85 г. 1—4.

319. Ш.—За вѣру и свободу. Истор. ром. въ 2-хъ частяхъ. В И. Л. 92 г: 1—5.

5289. Ш.—Тайна богатой наслѣдницы. Ром. Пер. С. Майковой. Спб. 1895 г.

— Тоже. М. Б. 93 г. 7—10, 12.

5629. Ш.—Дверь изъ слоновой кости. Ром. Спб. 93 г.

— Тоже. Р. Б. 93 г. 1—9.

— Другъ царя Давида.Разск. М. Б. 92 г. 5.

17. Ш.—Лондонскіе пролетаріи. Ром. Спб. 87 г.

— Тоже. В. Е. 86. 9—12.

8112. Ш.—Идеалистъ. Ром. Спб. 1886 г.

— Джулія. Пов. В. Е. 84 г. 9.

5455. Ш.—Несмѣтныя богатства. Ром. Съ біографич. оч. автора. Спб. 95 г.

— Въ царствѣ „разумнаго". Ром. Р. В. 89 г. 4, 5.

— Прорицатель. Ром. въ 3 ч. Р. В. 88 г. 11, 12; 89 г. 1, 2, 3.

3452. Ш.—Въ убѣжище для образованныхъ труженицъ. Пов. (С. В. 88 г. 1—3).

Біогр. Безанта см. въ приложеніи къ его роману „Несмѣтныя богатства".

Замѣтку о Безантѣ см. у Янжула „Въ поискахъ лучшаго будущаго" (О народномъ дворцѣ въ Лондонѣ).

Безантъ, В. и Райтъ Д. Людсвѣхъ и сортовъ. Ром. (З. В. 82 г. 4—6).

Безпокойная дѣвушка. Разск. Набл 91 г. 7—8.

4821. Ш. Беллами, Э. Черезъ сто лѣтъ. Соціологич. ром. Пер. Ѳ. Зинипъ. Съ прибавленіемъ научно-предсказательнаго очерка Ш. Рише „Куда мы идемъ?" въ переводѣ М. Энгельгардта. Изд. Павленкова. Спб. 93 г. 1 р.

3741. Ш.—Тоже. Изд. 2-е. Спб. 91 г.

О Беллами см. ст. Янжула въ его книгѣ „Въ поискахъ лучшаго будущаго"; см. также Михайловскій, Н. Литер. и жизнь. Р. М. 92 г. 7.

8116 — 17. Ш. Берингъ - Гульдъ. Встрѣчные токи. Ром. Спб. 83 г.

1845—46. Ш. Бернаръ-Деронъ. Замогильная месть. Ром. Спб. 79 г. 2 р.

4366. Ш. Вѣрнсъ, Робертъ. Джону Андерсону.—Къ полевой мыши.—Къ срѣзанной плугомъ маргариткѣ.—Пахарь.—Джонъ Ячменное зерно.—Стихотворенія. Пер. *.*.—Пѣснь бѣдняка. Стих. Пер. В. Курочкина.—Лордъ Грегори. Стих. Пер. II. Вейнберга.—Тэмъ о'Шэнтеръ.—Веселые нищіе. Пер. П. Вейнберга. —Субботній вечеръ поселянина. Стих. Пер. В. Костомарова. См. 4366. Ш. Гербель, Н. Англ. поэты въ біограф. и образцахъ.

— Стихотворенія въ переводѣ А. М. Ѳедорова: Къ Шотландіи.—Джонъ Ячменное зерно.—Джону Андерсону. — Отрывокъ.—Добрые старые годы. — Памяти Мэри. — Мое сердце болитъ. —Среди колосьевъ ячменя.—Къ горной маргариткѣ.—Къ мышкѣ.—В. Е. 96 г. 7.

— Стихотворенія въ переводѣ О. Михайловой: Видѣніе.—Смерть.—Избранники.—Мольба.—Осенній туманъ.—Въ грозу.—Солнце и мѣсяцъ.—Красавицѣ. В. Е. 96 г. 7.

— Стихотворенія. — Довольство судьбою.—

Пѣсня.—На чужбинѣ. Пер. Чюминой. М. Б. 96 г. 7.

Переводы изъ Вернса см. также въ собраніи стихотвореній Михайлова. 3940. Ш, а также 2508. Ш. Пѣсни Англіи и Америки. М. 95 г.

— Веселые нищіе. Пер. П. Вейнберга. О. З. 68 г. 9.

— Лордъ Грегори. Пер. П. В. О. З. 68 г. 12.

О Вернсѣ см. Борисовъ, .Н. Вернсъ. В. д. Ч. 87 г. 24.

306. П. Тэнъ, И. Развитіе политической и гражданской свободы въ Англіи. Т П.

998. П. Карлейль, Т. Историческіе и критическіе опыты. М. 78 г.; Его-же. Герои и героическое въ исторіи. Спб. 91 г.

2308. П. Геттнеръ, Г. Исторія всеобщ. литер. XVIII вѣка. Т. I. Англійская литература.

318. П. Веселовскій, А. Вѣкъ просвѣщенія въ Англіи. Англійская литература XVIII вѣка.

Ивановъ, Ив. Роб. Вѣрнсъ. Р. М. 96 г. 7.

Тернеръ. Робертъ Вѣрнсъ. М. Б. 96 г. 7.

Біографію Вернса см. 225 П. Ал—ева, Н. Д. 76 г. 5—6. 4366. Ш. Гербель. Англійскіе поэты.

См. также ст. въ Энциклопедическомъ словарѣ Брокгауза и Ефрона. Т. III

1889. Ш. Бетманнъ. Кому достанется? Ром. Спб. 79 г. 1 р. 50 к.

394. Ш. Биггъ, С. Альфредъ Стоутонъ. Ром. Спб. 60 г. 1 р. 50 к.

Битва при Доркингѣ. Разск. Пер. съ англ. Вс. 71 г. 9.

4770—71. Ш. Вичеръ Стоу. Хижина дяди Тома. Съ приложеніемъ библіографіи этого произведенія Джоржа Буллена. Изд. Суворина. Спб. 93 г. 1 р. 20 к.

1385. Ш.—Тоже. М. 58 г. 1 р. 50 к.

1886—87. Ш.—Мы и наши сосѣди, или лѣтопись немодной улицы въ Нью-Іоркѣ. Ром. изъ соврем. америк. жизни въ 2 ч. Спб. 75 г. 2 р. 50 к.

2559. Ш.—Жизнь Южныхъ Штатовъ. Ром. Пер. Бутузова. Спб. 72 г. 2 р.

О Вичеръ-Стоу см.

819. П. Коршъ, В. Всеобщ. ист. литер. Т. IV. Спб. 92 г.

Біографію см. 871 VII. Жизнь Вичеръ-Стоу. Сост. Е. Сысоева. Спб. 92 г.

Блакбурнъ, О. Сердце Эрина. Совр. ирландскій ром. (О. З. 83 г. 1—3).

480. Ш. Близнецы. Ром. Спб. 76 г. 1 р. 25 к.

1018—19. Ш. Блэкъ, В. Тулійская принцесса. Ром. 2 т. Спб. 75 г. 3 р.

1017. Ш.—Сорви-голова. Ром. Спб. 77 г. 2 р. 50 к.

1441. Ш.—Пестрые разсказы: Дуэль изъ-за жены. Клубная легенда. Спб. 75 г. 40 к.

2879. Ш.—На встрѣчу счастью. Ром. Спб. 85 г. 1 р. 25 к.

— Тоже. Р. М. 84 г. 7—11.

— Прелестная вольнодумка. Ром. Р. В. 83 г. 10—12.

4366. III. Брайнтъ. Изъ поэмы „Thanatopsis". Пер. А. Плещеева. См. Н. Гербель. Англійскіе поэты.

5251—56. Ш. Бретъ-Гартъ. Собраніе сочиненій въ 6-ти томахъ. Съ портр. и факсимиле автора и статьею В. Чуйко. Спб. 95. 2 руб.

5251. Ш. — Т. I. Фрэнсисъ Бретъ-Гартъ. В. Чуйко. Агэмъ. — Миггльсъ. Разск.—Горная идилія. Пов.—Компаньоны. Разск. — Исторія одной руды. Разск.—Меценатъ. Разск.—Какъ Плункетъ домой съѣздилъ. Разск.

5252. Ш. — Т. II. Млиссъ. Пов.—Женитьба м-ра Тротта. Разск.—Компаньонъ Теннесси. Разск.—Пастухъ изъ Солано. Разск.—Наслѣдница. Разск.—Человѣкъ съ тяжелымъ бременемъ. Разск. — Счастье „Ревущаго Стана“. Разск.—Флипъ.Пов.—Разсказъ безъ развязки.— Дуракъ. Разск. — Случай изъ жизни игрока. Разск.—Милліонеръ. Пов.—Таинственный призывъ. Разсказъ.

5253. Ш. — Т. III. Опекунъ. Ром.—Ночь въ Вингдамѣ. Разск.—Зимородки. Разск.—Судъ Линча. Разск.—Въ погонѣ за мужемъ. Разск.— Кэри. Разсказъ.

5254. Ш.—Т. IV. Въ прiисковой глуши. Ром.— Донъ-Кихотъ. Разск.—Танкфэлла Блоссомъ. Разск.—Томми Ислингтонъ. Пов.—Повѣсть долины Мадроніо.—Изгнанники Покеръ-Флата. Разск.

5255. Ш.—Т. V. Эксцельсіоръ. Ром.—Уличный мальчишка. Очеркъ.—Сафо. Пов.—Занесенные снѣгомъ. Пов.—Покинутые околотки. Очеркъ.—Идилія Редъ-Гога. Разсказъ.

5256. Ш.—Т. VI. Сузи. Ром.—Пародіи: Мукъ-а-Мукъ.—Селина Седилія. — Девяносто-девять тѣлохранителей. — Миссъ Миксъ.—Мичманъ Бризи.—Гай Гевистонъ.—Джонъ Дженкинсъ.— Фантина.—Женщина.

— Собраніе сочиненій. Изд. „В. Ин. Лит.“. Спб. 96 г. Т. I. Габріэль Конрой. (Изданіе продолжается).

5597. Ш.—Опекунъ. Ром.—Сузи. Ром.—Сафо съ Зеленыхъ Ключей. Разск. — Наслѣдникъ Мэкъ-Гулишей. Разск.—Дядя изъ Калифорніи. Пов.

8839. Ш.—Разсказы, очерки и легенды. Пер. подъ редакціей А. Плещеева. Отъ издателя. Предисловіе. Разсказы объ Аргонавтахъ. Очерки и легенды. Спб. 74 г. 1 р. 50 к.

4592. Ш.—Безродный. Пов. Спб. 90 г. 60 к.

482. Ш.—Дуракъ. Разск. изъ жизни въ Калифорніи. О. З. 75 г. 2.

1894. Ш—Габріэль Конрой. Ром. Спб. 76 г. 2 р.

97. Ш.—Жертвы снѣга и голода. Ром. изъ жизни въ Калифорніи. Пер. фонъ-Цапелингъ. М. 77 г. 1 р. 50 к.

35. Ш.—Девяносто восемь лѣтъ тому назадъ. Разск. Д. 77 г. 5.

— Новые разсказы: Калифорискій пастушокъ.—Въ спальномъ вагонѣ. — Человѣкъ съ тяжелымъ бременемъ.—Барабанъ.—Разсказы объ искателяхъ золота. Д. 77 г. 10.

1482. Ш.—Случай изъ жизни мистера Джона Окгёрста. Разск. О. З. 74 г. 12.

90. Ш.—Разсказы. Млиссъ.—Удача шумнаго лагеря.—Идилія краснаго оврага.—Покерфлетскіе изгнанники. — Майгльсъ. — Брауны изъ Кававероса. Замѣтки на сушѣ и на водѣ. — Товарищъ Теннесси.—Ожиданіе корабля. — Мужъ мистрисъ Скаггсъ.—Лишній человѣкъ.— Принцесса Бобъ и ея друзья.—Канунъ Рождества. — Блудный сынъ Бундеръ. — Святые

романы: Фантина. По Виктору Гюго.—Селина Седилья. Безъ названія. Не по хорошу милъ. Спб. 74 г. 1 р. 50 к.

(Кр. Д. 74 г. 3, ст. И. В.).

— Кари. Сцены изъ американской жизни. (Д. 74 г. 3).

1468. Ш.—Исторія одной руды. Ром. Спб. 78 г. 1 р.

1626. Ш.—Какъ старикъ Плункетъ съѣздилъ къ себѣ домой. Разск. Д. 76 г. 2.

— Джентльменъ Лапортской долины. Разск. (Сл. 80 г. 7).

— Природа и люди въ Америкѣ. Карт. и разск. (В. Е. 73 г. 10, 12).

— Флипъ. Пов. (Д. 82 г. 7, 8).

— Находка. Разск. (О. З. 82 г. 5).

— Калифорискіе аргонавты. (Д. 73 г. 10).

3005. Ш. — Маруха. Ром. Перев. Воскресенской. Спб. 86 г. 1 р. 25 к.

— Тоже. Наб. 85 г. 12.

3004. Ш.—Въ Каркинезскомъ лѣсу. Ром. Спб. 85 г. 1 р. 25 к.

— Тоже. Д. 83 г. 9—11.

3829. Ш.—Изъ-за женщинъ. Ром. Спб. 91 г.

3794. Ш.—Кресси. Ром. Набл. 90 г. 5—7.

3512. Ш.—Дженни. Разск. изъ быта въ Калифорніи. М. 75 г.

— Повѣсти и пародіи. В. Е. 82 г. 11; 83 г. 2—4.

— Кліентъ полковника Старботтля. Разск. Р. О. 90 г. 11, 12.

6013. Ш.—Рейнскія легенды.—Цвѣтокъ полей. Стих. См. Иностр. поэты въ пер. Д. Михаловскаго. Также О. З. 74 г. 3.

4132. Ш.—Калифорнійскіе разсказы. Содержаніе: Біогр. очеркъ.—Тайна приговореннаго къ смерти.—Эпизодъ изъ жизни игрока.—Монте-дель-Дьябло (Калиф. легенда).—Святое семейство предгорья.—Законные супруги г-жи Сваггсъ.—Человѣкъ изъ Солоно.—Роквилльская наслѣдница.—Какъ старикъ Плункетъ отправился во свояси. М. 87 г. 1 р.

— Сафо съ „Зеленыхъ Ключей“. Р. О. 90 г. 1, 2.

— Ночь на фермѣ. Разск. Р. О. 91 г. 2.

— Въ прiисковой глуши. Ром. въ 3 ч. Р. В. 89 г. 6.

— Салли Доузъ. Ром. Р. О. 92 г. 1—4.

— Легенда. Тр. 89 г. 2.

— Опекунъ. В. Е. 91 г. 11, 12.

— Сузи. Ром. В. Е. 93 г. 10—12.

— Разсказы объ искателяхъ золота. Пер. А. П. 1) Счастье „Ревущаго стана“.—2) Компаньонъ Тенесси.—3) Млиссъ. О. З. 73 г. 10.— 4) Человѣкъ, который не идетъ въ счетъ.— 5) Миггльсъ.—6) Броунъ изъ Кавалераса.— 7) Рождественская ночь.—8) Блудный сынъ мистера Томпсона. О. З. 75 г. 11.

— Новые разсказы: I. Зимородки. II. Странствующій рыцарь. Р. В. 90 г. 12.

— Горная идилія. Пов. Р. В. 89 г. 1, 2.

3433. Ш.—Похожденія Эксцельсіора. Ром. Наб. 88 г. 4, 11.

1496. Ш. **Бронтѐ, Шарлотта.** (Курреръ Белль). Наставница или пансіонъ въ Брюсселѣ. Пер. Новосильскаго. Спб. 60 г. 1 р.

4292. Ш.—Дженни Эйръ (Ловудская сирота).

Романъ-автобіографія въ двухъ частяхъ. Пер. Владимірова. Спб. 93 г.

О Бронте см. Туръ, Евг. Бронте, ея жизнь и сочиненія. Р. В. 58 г. 12. •.• Жизнь Бронте. Р. В. 57 г. 10.

959. Ш. Петерсонъ, О. Семейство Бронте. Спб. 95 г. 1 р.

672. П. Цебрикова, М. Англичанки-романистки. О. В. 71 г. 8, 9.

6350. Ш. Дружининъ, А. Собр. сочиненій. Т. V.

См. также ст. въ Энциклопедическомъ словарѣ Брокгауза и Ефрона. Т. IV.

4366. **Броунингъ, Е.** Плачъ дѣтей. Стих. Пер. П. Вейнберга. См. Гербель, Н. Англ. поэты въ біогр. и образц.

См. также 2508. Ш. Пѣсни Англіи и Америки. Изд. Сытина. М. 95 г.

О Броунингѣ см. ст. З. Венгерова, В. Е. 93 г. 9.

819. П. Коршъ, В. Всеобщ. ист. литер. Т. IV. Спб. 92 г.

Біогр. свѣд. 4366. Ш. Гербель. Англ. поэты. Спб. 75 г.

1783. Ш. **Броутонъ, Р.** Прости на вѣкъ. Ром. Спб. 79 г. 2 р.

2072. Ш.—Свѣже розы. Ром. Спб. 80 г. 1 р. 50 к.

2389. Ш.—Нэпси. Ром. Спб. 82 г.

— Нашла коса на камень. (Изъ романа). В. Е. 83 г. 1.

5363. Ш.—Не для грѣшной земли. Ром. Спб. 95 г. 60 к.

— Белинда. Ром. (В. Е. 84 г. 3—8).

212. Ш. **Брэддонъ.** Поиски Фентона. Ром. Спб. 71 г. 2 р.

211. Ш.—Моя сестра Каролина. Пов. Изд. Ахматовой.

213. Ш.—Изъ края въ край. Ром. въ 2 ч. Спб. 73 г. 1 р. 50 к.

214. Ш.—Любовь погубила. Ром. Спб. 75 г. 1 р. 50 к.

215—16. Ш.—Слѣдъ змѣи. Ром. въ 2 т. и 3 кн. Спб. 76 г. 2 р.

217. Ш.—Секретъ прекрасной лэди. Ром. М. 76 г. 1 р. 50 к.

— Тайна лэди Одлей. О. З. 63 г. 2—5.

210. Ш.—Уличная пѣвица. Ром. Спб. 74 г. 3 руб.

218. Ш.—Тайна банкира. Ром. Пер. Э. Вороновой. М. 67 г. 1 р.

219. Ш.—Рупертъ Годвинъ. Ром. Спб. 67 г. 1 р. 50 к.

1393. Ш.—Тайна Фернвуда. Разск. Спб. 77 г. 50 к.

1667. Ш.—Арденскіе Ловели. Ром. Спб. 73 г. 1 р. 75 к.

2374. Ш.—Царскія кудри. Ром. Спб. 82 г. 1 р. 50 к.

2482. Ш. — Безплодная жертва. Ром. Спб. 82 г.

3538. Ш.—Роковая тайна. Ром. Спб. 89 г.

3795—96. Ш.—День настанетъ. Ром. (Набл. 90 г. 7—11).

4834. Ш.—Побѣда Элиноръ. Ром. Спб. 63 г.

4835. Ш.—Аврора Флойдъ. Ром. Спб. 63 г.

4974. Ш.—Соблазны міра. Ром. М. 94 г. 1 р.

3317. Ш.—Стелла Бальдвудъ. Ром. В. Е. 87 г. 6—10.

— Тоже. Набл. 87 г. 5—9.

1475. III. — Генри Дэнбэръ. Ром. Спб. 84 г. 1 р. 50 к.

— Генри Дунбаръ. Исторія одного отверженнаго. (О. З. 64 г. 7—10).

— Капитанъ Коршуна. Ром. (О. З. 64 г. 12).

— Дворянинъ-рабочій. (Ismael). Ром. Набл. 86 г. 6—11.

— Она его любила. Ром. Набл. 83 г. 1—6.

— Лужа крови. Ром. Наб. 84 г. 1, 12.

2536. Ш.—Раздвоенное копыто. Ром. Спб. 82 г. 1 р. 25 к.

— Тоже. В. Е. 81 г. 1—6.

2678. Ш.—Золотой телецъ. Ром. Спб. 83 г. 1 р. 25 к.

— До горькаго конца. Ром. Р. В. 72 г. 6—12.

5566. П.—Джерардъ. Ром. въ 2 ч. Пер. А. Э. В. Е. 92 г. 7—12.

— Куй желѣзо, пока горячо. Ром. В. Е. 74 г. 1—3, 5—9.

8399. Ш.—Тяжелые годы. Ром. Набл. 88 г. 1—3.

874. Ш. **Бульверъ-Литтонъ, Э.** Кола-ди Ріензи, послѣдній римскій трибунъ. Ист. ром. Спб. 75 г. 1 р. 50 к.

875—76. Ш.—Послѣдній баронъ. Ист. ром. въ 2 т. Спб. 77 г. 2 р. 50 к.

— Тоже. Б. д. Ч. 43 г. 61.

878. Ш.—Пельгамъ. Ром. Спб. 60 г. 1 р.

877. Ш. — Евгеній Арамъ. Ром. Спб. 60 г. 1 руб.

— Кальдеронъ. Пов. Б. д. Ч. 39 г. 32.

4427. Ш.—Семейство Какстоновъ. Ром. Спб. 50 г.

1847—48. Ш.—Призракъ. Ром. Спб. 79 г. 2 руб.

— Восходъ и закатъ. Б. д. Ч. 44 г. 62.

1942. Ш.—Кенельмъ Чилингли, его приключенія и мнѣнія. М. 73 г. 3 р.

— Тоже. Р. В. 74 г. 1—4.

2976—77. Ш.—Послѣдніе дни Помпеи. Ром. Спб. 85 г. 3 р.

— Странная исторія. Ром. О. З. 61 г. 9, 10.

— Парижане. Ром. Р. В. 74 г. 1—12.

— Свѣтъ, какъ онъ есть. Б. д. Ч. 36 г. 14.

2217. Ш.—Грядущая раса. Полит. ром. Спб. 72 г.

6427. Ш. — Тоже. Изд. Павленкова. Спб. 94 г. 50 к.

— Павзаній Спартанскій. Посмерт. ром. Р. В. 77 г. 4, 5.

О Бульверѣ см. М. Л. Эдуардъ Бульверъ. Біогр. очеркъ по письмамъ и посмертнымъ рукописямъ. В. Е. 85 г. 7. Дружининъ, А. Собр. сочиненій. Т. V. Водянскій, О. Бульверъ. Б. д. Ч. 36 г. 16.

См. также: Всеобщ. ист. литер. Изд. подъ ред. Корша. Т. IV.

5986. Ш. **Буніанъ, Джонъ.** Путешествіе пилигримма въ небесную страну и духовная война. Аллегорич. разск. съ объясненіями и 105 рис. Пер. Ю. Д. З. Изд. 2, испр. Спб. 81 г. 5 р.

О Буніанѣ см. Маколей. Собр. соч. Т. П. и XIV. 318. П. Коршъ. Истор. литературы. Т. Ш.

2962. Ш. **Бѣлая колдунья.** Ром. Спб. 85 г. 1 р. 25 к. Изд. Ахматовой.

8437. Ш. **Бэрингъ-Гульдъ.** Братья. Ром. Спб. 88 г.

Вальтеръ-Скоттъ. См. Скоттъ.

221. Ш. **Вессерель, Е.** Квичи. Нравственный романъ. 2 ч. Спб. 60 г. 2 р. 50 к.

1198—99. VII.—Жизнь прожить—не поле перейти. Спб. 69 г.

4171. Ш. Вестбери, Г. Актея. Ром. въ 2 кн. Спб. 92 г. 1 р.

2812. Ш. Видоль. Элленъ Рэймондъ. Ром. Спб. 61 г. 1 р. 25 к.

4366. Ш. Вильсонъ, Д. Изъ трагедіи „Городъ чумы". Пер. А. Пушкина. См. Гербель, Н. Англ. поэты въ біогр. и образц. и полн. собр. сочин. А. Пушкина.

2680. Ш. Виль, М. Подъ дамокловымъ мечемъ. Ром. Спб. 84 г. 1 р. 25 к.

4366. Ш. Вольфъ, Ч. На погребеніе сэра Джона Мура. См. Гербель, Н. Англ. поэты въ біогр. и образц. См. также собр. сочиненій И. Козлова. Т. II. 2012. Ш.
Біогр. свѣдѣнія тамъ же.

4366. Ш. Вордсвортъ, Вильямъ. Насъ семеро. Стих. Пер. И. Козлова.—Сонетъ. Пер. Д. Мина. См. Гербель, Н. Англ. поэты въ біогр. и образц., а также у Жуковскаго, Михайлова и Михаловскаго и 2508. Ш. Пѣсни Америки и Англіи. Изд. Сытина. М. 95 г.
О Вордсвортѣ см. 1313. II. Г. Брандесъ. Главн. теч. литер. XIX стол. М. 93 г.
319. П. Коршъ, В.. Всеобщ. истор. литер. Т. IV Спб 92 г.
306. П. Тэнъ. Развит. политич. и граждан. своб. въ Англіи. Т. II. Спб. 71 г.
Біогр. свѣд. 4366. П. Гербель. Англ. поэты. Спб. 75 г.

Вудъ, Генри. См. Удъ.

3567. Ш. Вудсъ, М. Деревенская драма. Ром. Кн. „Недѣли". 89 г. 11.

3622. Ш. — Тоже. С. В. 89 г. 12.

8820. Ш. — Тоже. Р. М. 90 г. 1, 2.

5983. Ш. — Тоже. Изд. Спб Ком. Грам. Спб. 96 г.

610. Ш. Въ глухую ночь. Ром. Спб. 75 г. 1 р. 75 к.

3011. Ш. Габбертонъ, Д. Бродяга. Пов. Спб. 86 г.

— Мщеніе Джима Гоксона. Разск. изъ калифорнійской жизни. Р. Б. 81 г. 1.

— Изъ калифорнійской жизни. Д. 82 г. 9.

— Ботльфлетская учительница. Разск. Р. Б. 82 г. 1.

— Жена Блицера. Р. Б. 82 г. 2.

5630. Ш. Гарди, Т. Тессъ, наслѣдница д’Обервилей. Ром. Р. М. 93 г. 3—8.

Гартфильдъ, С. На рубежѣ. Оч. Р. Б. 89 г. 5, 6.

835. Ш. Гаскель. Дѣло темной ночи. Ром. Спб. 63 г. 1 р.

— Руфь. Ром. Вр. 63 г. 4.

— Жены и дочери. Ром. О. З. 67 г. 5—11.

— Разсказы: 1) Что значитъ слово герой? 2) Рождественская буря. 3) Учитель французскаго языка. Совр. 57 г. 61.

— Мери Бартонъ. Ром. Совр. 57 г. 61.
О М. Гаскель см 672. II. Цебрикова, М. Англичанки-романистки. О. З. 71 г. 8—9.

5035. Ш. Гаттонъ, I. Въ большомъ свѣтѣ. (Нравы современнаго Вавилона). Ром. Пер. М. Сароченковой. Спб. 94 г.

2697. Щ. Генлонъ, Э. Дорогое наслѣдство. Ром. Спб. 83 г. 1 р. 25 к.

2577. Ш. Гиллинъ, А. Отголоски Новаго свѣта. Спб. 79 г. 1 р. 50 к.

— Сингъ-Сингъ. Ром. изъ америк. жизни. Р. В. 85 г. 11, 12.

2508. III. Гименсъ, Ф. Стихотворенія: Все, что вольно, снится мнѣ.—На родинѣ.— Убаюкай меня. Въ переводѣ М. М. См. Пѣсни Англіи и Америки. Изд. Сытина. М. 95 г.

3666. Ш. Гиссингъ, Дж. Утро жизни. Ром. Спб. 90 г.

— Демосъ. Ром. В. Е. 91 г. 1—5.

2695. Ш. Говань, Д. Разсказы шотландскаго сыщика. Спб. 83 г. 75 к.

3350. Ш. Гоггартъ, Райдеръ. Она. Разсказъ о невѣроятныхъ приключеніяхъ. Спб. 87 г.

3655. Ш. — Клеопатра. Ром. Спб. 90 г.

3263. Ш. — Дитя природы. Ром. Спб. 87 г.

3904. Ш. — Копи царя Соломона. Пов. Пер. Е. Бекетовой. Изд. Суворина. Спб. 92 г.

Годжсонъ - Бурнеттъ, Ж. Въ Вашингтонѣ. Ром. (О. З. 83 г. 9—11).

2328. Ш. Голландъ, Д. Исторія одного американскаго города. Ром. (О. З. 81 г. 8—10).

2777. Ш. Годфри. Что скрывала мистриссъ Форсьеръ. Спб. 84 г. 1 р. 25 к.

4623. Ш. Гольдсмитъ, О. Векфильдскій священникъ. Ром. Пер. Журавской. Съ предисл. и прим. переводчицы. Изд. Ледерле и К°. Спб. 93 г. 40 к.

5045. Ш. — Тоже. Изд. Суворина. („Дешевая библіотека"). Спб. 25 к.

3224. Ш. — Тоже. Пер. Я. Гердъ. Съ рис. Спб. 46 г.
Кр. см. у Дружинина. Собр. сочин. Т. V, а также у Бѣлинскаго. Изд. Павленкова. Т. IV.

2894. Ш. — Побѣдила. Ком. Пер. Г. Райа. (Из. Лит.).
О Гольдсмитѣ и его романахъ см. Собр. соч. Маколея. Т. XIV.
2308. II. Геттнеръ, Г. Ист. всеобщ. литер. XVIII в. Т. I. Спб. 63 г.
„О. Гольдсмитъ". О. З. 58 г. 4.
920. II. Майковъ, В. Крит. опыты. Спб. 89 г.
306. II. Тэнъ. Разв. полит. и гражд. своб. въ Англіи. Т. II. Спб. 71 г.
Біографія Г.—О. З. 58 г. 4.
Дружининъ, А. Стернъ и Гольдсмитъ. Собр. сочин. Т. V. „Теккерей объ англійскихъ юмористахъ".
Оливеръ Гольдсмитъ, его жизнь, характеръ, сочиненія и переписка. Б. д. Ч. 37 г. 22.

1877. Ш. Гошъ, М. Въ тюрьмѣ. Ром. (О. З. 79 г. 2—5).

4178. Ш. Горнунгъ, Э. Невѣстка изъ Австраліи. Пов. Спб. 91 г.

3328. Ш. Готорнъ, Д. Игралище судьбы. Ром. Р. М. 87 г. 6—12.

— Семеро бродягъ. Разск. Р. В. '57 г. 1.

68. Ш. Готторнъ, Н. Красная буква. Ром. Спб. 56 г. 1 р.

1695. Ш. — Домъ о семи шпиляхъ. Спб. 52 г.

802. Ш. — Монте-Бени. Ром. Спб. 61 г. 1 р.

73. Ш. — Опытъ доктора Гейдеггера. Разск.
О Готторнѣ см. 319. П. Коршъ, В. Всеобщ. истор. литер. Т. IV. Спб. 92 г.

3763. Ш. Гоуэльсъ, I. Новый журналъ. Разск. изъ современной американской жизни. Кн. Нед. 90 г. 6—10.

2795. Ш. — Своимъ трудомъ. Ром. Спб. 84 г. 1 р. 25 к.

3058. Ш. — Невѣдомая страна. Ром. (С. В. 86 г. 11, 12).
О Гоуэльсѣ см. Корончевскій, Д. Современная беллетристика въ Америкѣ. Н. 86 г. 20.

3429. Ш. **Грантъ, Дж.** Докторъ Камеронъ. Ром. Кол. 88 г. 1—6.

2705. Ш. **Грау, А.** Мертвая тайна или опалъ и два рубина. Спб. 70 г.

3598. Ш. **Грей, М.** Въ тенетахъ лжи. Ром. Спб. 89 г.

Гренвилль Мёррей. См. Муррей, Г.

Грентъ Аллэнъ. Изъ „Странныхъ разсказовъ". I. Отступникъ. Наб. 86 г. 1. II. Викарій Черисайдскаго прихода. Наб. 86 г. 5. III. Достопочтенный Джонъ Криди. Наб. 87 г. 2.

3823. Ш. **Грэнъ, Л.** Послѣдніе дни Іерусалима. Ист. ром. Спб. 91 г.

3728. Ш. — Роковая ошибка. Ром. Спб. 90 г.

8559. Ш. — Золотой телецъ. Спб. 89 г.

4380. Ш. **Гринвудъ, Д.** Похожденія Робина Дэвидхера, бывшаго семнадцать лѣтъ въ плѣну у даяковъ на островѣ Борнео. Пер. Е. Сысоевой. Спб. 72 г.

4485. Ш. — Подлинная исторія маленькаго оборвыша. Спб. 69 г.

— Тоже. О. З. 68 г. 1—9.

1474. Ш. — Похожденія Дика Темпля и его товарищей по лондонскимъ трущобамъ. Спб. 78 г. 1 р. 50 к.

— Тоже. (О. З. 78 г. 5—10).

— Семь язвъ Лондона. (О. З. 69 г. 12).

О Гринвудѣ см. ст. „Мрачныя картины". О. З. 69 г. 5

1872. Ш. **Гринъ, Анна.** Дѣло по убійству Ливенворта. Ром. Спб. 79 г. 1 р. 50 к.

2349. Ш. — Тайна мистера Сильвестра. Ром. Спб. 1 р. 25 к.

Гринъ, Робертъ.
О. Роб. Гринѣ см. 1195. Ш. Стороженко, Н. Робертъ Гринъ, его жизнь и произведенія. Крит. изслѣдованіе. 318. П. Коршъ, В. Всеобщая ист. литер. Т. III. Спб. 88 г. 264. П. Веселовскій, А. Робертъ Гринъ и его послѣдователи. В. Е. 79 г. 8.
314. П. Карреръ. Искусство въ связи съ общимъ развитіемъ культуры. Т. IV. Стр. 357 и слѣд.

Гудъ, Т. Пѣсня работника. Пер. В. Буренина. О. З. 69 г. 8.

— Стихотворенія въ переводѣ Д. Михаловскаго: 1) Морской берегъ. О. З. 68 г. 12; 2) Сонъ холостяка. О. З. 69 г. 10.

71. Ш. — Трилистникъ: Пѣсня о рубашкѣ. — Пѣсня работника. — Часы рабочаго дома. Пер. съ англ. Д-ц-каго. Б. д. Ч. 64 г. 4—5.

— Тоже. Пер. Д. Михаловскаго. О.З. 64 г. 5.

— Тоже. Совр. 60 г. 88.

— Тоже. Пер. О. П—ой. Р. С. 60 г. 7.

— Сонъ Евгенія Арама. Пер. В. Костомарова. Р. В. 62 г. 6.

— Мостъ вздоховъ. Пер. В. Костомарова. Совр. 61 г. 88.

— Стихи. Пер. Илецкаго. Совр. 62 г. 92.

См. также 2508. II. Пѣсни Англіи и Америки. Изд. Сытина. Спб. 95 г.

Переводы нѣкоторыхъ стихотвореній Гуда см. 3940. Ш. Собр. сочин. М. Михайлова. 6013. II. Д. Михаловскаго. Собраніе переводовъ Ѳ. Миллера и „Англійскіе поэты", изданіе Гербеля.
О Гудѣ см. 819. П. Коршъ, В. Всеобщ. ист. литер. Т. IV. Спб. 93 г.
6350. Ш. Дружининъ, А. Собр. сочин. Т. V. Михайловъ, М. Юморъ и поэзія въ Англіи. Т. Гудъ. Совр. 61 г. 1, 8.
Біогр. свѣд. 4366. Ш. Гербель. Англійскіе поэты. Спб. 75 г.

Гулла, М. Лондонскій оборванецъ. Разск. С. В. 86 г. 5.

Гумфри, Уордъ. Исторія Дэвида Грива. Ром. Р. Б. 92 г. 3—12.

2508. II. **Гэй.** Стихотворенія: Мудрецъ и фазаны.—Пиѳагоръ и крестьянинъ.—Изъ басни „Овчарка и волкъ".—Овца и кабанъ. Въ пер. А. Барыковой. См. Пѣсни Англіи и Америки. Изд. Сытина. М. 95 г.
О немъ см. 6350. Ш. Дружининъ. Т. V. „Лекціи Теккерея объ англійскихъ юмористахъ".
306. II. Тэнъ. Развитіе гражданской свободы въ Англіи. Т. II. стр. 157 и 381. 309. II. Его же. Критическіе опыты. Глава: „Англія послѣ революціи".

798. Ш. **Дама** въ кисейномъ платьѣ. Ром. Спб. 66 г. 1 р.

2773. Ш. **Дарроль, Д.** Загадочная смерть. Ром. Спб. 84 г. 1 р. 25 к.

3694. Ш. **Дезартъ.** Грѣхи отцовъ. Ром. Спб. 90 г.

Дейзиклифская тайна. Набл. 86 г. 2.

3110. Ш. **Демократія.** Американскій романъ. М. 83 г.

— Тоже. Р. В. 83 г. 6—8.

4888—89. Ш. **Де-Фо, Даніэль.** Жизнь и удивительныя приключенія Робинзона Крузо, іоркскаго моряка, разсказанныя имъ самимъ. Новый полный переводъ съ англ. Петра Канчаловскаго. Съ 100 рис. 2 тома. Изд. И. Н. Кушнерева и К°. М. 88 г. 4 р.

— Радости и горести знаменитой Молль Флендэрсъ. Пер. П. Канчаловскаго. Р. Б. 96 г. 1—4.
О Д. Дефо см. 2308. II. Геттнеръ, Г. Истор. всеобщей лит. XVIII в. Т. I. Спб. 63 г.
306. II. Коршъ, В. Всеобщ. ист. литер. Т. III. Спб. 88 г.
306. II. Тэнъ. Разв. полит. и гражд. своб. въ Англіи. Т. II. Спб. 71 г.
Валушинъ, А. Англійскій публицистъ XVII в. Наб. 92 г. 6.
Лесевичъ, В. Даніэль Дефо, какъ человѣкъ, писатель и общественный дѣятель. Р. Б. 93 г. 5, 7, 8.
317. П. Каменскій, А. Даніэль Дефо, его жизнь и дѣятельность. (Біогр. библ. Павленкова). Спб. 92 г. 25 к.

3577. Ш. **Джемсъ, Г.** Лондонская жизнь. Пов. В. Е. 89 г. 8, 9.

3577. Ш. — Лгунъ. Пов. В. Е. 89 г. 11.

— Осада Лондона. Пов. В. Е. 84 г. 1, 2.

1293. Ш. — Цыганъ. Ром. Спб. 59 г. 1 р. 25 к.

2180. Ш.—Американки. Ром. Еженед. Нов. Вр. 80 г. Т. V.

— Связка писемъ. Разск. В. Е. 82 г. 8.
О Г. Джемсѣ см. Корш-невскій, Д. Н. 86 г. 21.

Джемсъ, Д. Настоящіе господа. В. Е. 93 г. 9.

2714. Ш. **Дженкинсъ.** Враги Джобсона.—Опытъ изслѣдованія политической и общественной жизни въ Великобританской имперіи. Ром. въ 8 ч. Спб. 82 г. 2 р.

— Тоже. (О. З. 80 г. 1—6).

4002. Ш. — Дьявольская цѣпь. Разск. Спб. 76 г.

2701. Ш. — Финансовый дѣлецъ. Ром. Спб. 82 г. 1 р. 50 к.

— Тоже. (О. З. 82 г. 6—9).

1695. Ш. — Капитанская каюта. Святочный разск. Спб. 78 г. 1 р.

130 и 1482. Ш. — Мусковскія легенды. Разск. (О. З. 75 г. 4).

130 и 1482. Ш — Мальчикъ съ пальчикъ. Свят. разск. (О. З. 76 г. 1).

— Тоже подъ названіемъ: Крошка Годжъ. Д. 73 г. 4.

130 и 1482. Ш.—Королева или императрица? Сатира. (О. З. 76 г. 5).

36. III. — Жизнь рабочихъ въ англійской Гвіанѣ. Ром. Спб. 77 г. 1 р.

— Тоже. О. З. 77 г. 3—5.

69. III.—Либеральный аристократъ. Сатир. разск. О. З. 72 г. 7.

— Лизи-Лина. Ром. (Сл. 80 г. 10—12).

1650. III.—Торжество Джинго. Полит. сатира. О. З. 79 г.

2043. III. Джерардъ. Что въ имени тебѣ моемъ? Ром. Спб. 89 г. 1 р. 75 к.

6049. III. Джерольдъ, Д. Моя благовѣрная. (Тридцать шесть ея поученій). Пер. В. Штейна. Изд. М. Ледерле. Спб. 96 г. 1 р. 50 к.

6048. III. Джеромъ, Дж. К. Втроемъ по Темзѣ. Пер. Н. Ж. Изд. М. Ледерле. Спб. 96 г. 1 р.

6392. III. — Праздныя мысли лѣнтяя. Пер. съ 64 англ. изд. Ник. Кина. К. 94 г. ц. 50 к.

3124. III. Джеффрисъ, Р. Куски дубовой коры. Эскизы. 1) Собиратель желудей. 2) Легенда о воротахъ. 3) Римскій ручей. Пер. Майнова. Изящ. Л. 83 г. 10.

2352. III. Джиббонъ, Е. Проблема сердца. Ром. Спб. 82 г.

5. III. Джильбертъ, В. De profundis. Пов. Сов. 66 г. 1, 2, 4.

1928. III. Джиссингъ, Дж. Мученики пера. Ром. Спб. 91 г.

3590. III. Джонсонъ, С. Исторія Расселасса, принца абиссинскаго. Спб. 75 г. 1 р. 50 к.

О С. Джонсонѣ см. Дружининъ, А. Сочиненія. Т. IV. Джонсонъ и Босвелль.
818. II. Коршъ, В. Всеобщ. ист. литер. Т. III. Спб. 88 г. 788. II. Карлейль. Герои и героическое въ исторіи. Гл. Герой, какъ писатель.
306. II. Тэнъ. Разв. полит. и гражд. своб. въ Англіи. Т. II. Спб. 71 г.

5715—24. III. Диккенсъ, Ч. Полное собраніе сочиненій. Изд. Ф. Павленкова. Пер. В. Ранцова. Спб. 92—96 г. ц. кажд. т. 1 р. 50 к.

5715. III.—Т. I. Давидъ Копперфильдъ младшій.

5716. III. — Т. II. Домби и сынъ.

5717. III.—Т. III. Холодный домъ. Пер. подъ ред. М. А. Шишмаревой. — Повѣсть о двухъ городахъ. Пер. подъ ред. А. В. Каменскаго.

5718. III.—Т. IV. Крошка Дорритъ.—Большія ожиданія.

5719. III.—Т. V. Нашъ общій другъ.—Оливеръ Твистъ.

5720. III.—Т. VI. Посмертныя записки Пикквикскаго клуба.—Тяжелыя времена.

5721. III. — Т. VII. Николай Никкльби.—Святочные разсказы: Одержимый.—Битва жизни.—Сверчокъ на печкѣ.

5722. III. — Т. VIII. Жизнь и приключенія Мартина Чеззльвита.—Гимнъ Рождеству (святочный разсказъ).—Затравленъ.

5723. III.—Т. IX. Барнеби Реджъ.—Тайна Эдвина Друда.—Колокола.

(Изданіе продолжается).

— Собраніе сочиненій. Изданіе „Вѣсти. ин. лит.". Спб. 96 г. Т. I. Пикквикскій клубъ. (Изданіе продолжается).

4481—82. III.—Нашъ общій другъ. Ром. въ 4 ч. М. 64 г.

— Тоже. Р. В. 65 г. 1—12; О. З. 64 г. 6, 7, 9, 11; 65 г. 1, 2, 5, 7, 9, 12, 18, 21—24; 66 г. 2 — 4.

5546—47. III.—Жизнь и приключенія Мартина Чоззльвита, его . родныхъ, друзей и враговъ. Т. I и II. Полный переводъ съ англійскаго М. А. Лазаревой. Изд. Маракуева. М. 91 г. Цѣна за 2 тома 3 руб.

2094. III. — Вѣщіе колокола. Разск. Спб. 75 г. 75 к.

2499. III—Тоже.—Итальянскій узникъ. Изд. Кузина. Спб. 95 г.

1695. III.—Очерки англійскихъ нравовъ.—Нашъ приходъ.—Очерки Лондона.—Англійскіе снобсы. Спб. 52 г.

3248—51.—Крошка Дорритъ. Ром. въ 2 кн. и 4 ч. Пер. Любовникова. Съ рис. Спб. 58 г. 5 р.

— Тоже. (О. З. 56 г. 4—12; 57 г. 1—10).

5543. III.—Повѣсти и разсказы (изъ „Лондонскихъ Очерковъ" Боза). Т. I. Полный переводъ съ подлинника И. В. Майнова. — 2-е изданіе В. Н. Маракуева. — М. 89 г. 1 р. 25 к.

5544. III.—(Бозъ) Лондонскіе очерки и картинки. Т. II. Переводъ съ англійскаго И. В. Майнова. Изд. В. Н. Маракуева. М. 86 г. 1 р. 25 к.

1108 — 1111. VII. — Давидъ Копперфильдъ младшій. Его жизнь, приключенія, опыты и наблюденія. Ч. I—IV. Изд. Деш. библ. Суворина. Спб. 91 г.

580—82. III.—Давидъ Копперфильдъ младшій, изъ дома Грачи, что въ Блондерстонѣ. Ром. Пер. И. Введенскаго. 3 т. Спб. 70 г. 4 р.

848 — 50. VII. — Тоже. Изд. Народн. библіотеки В. Маракуева. М. 89 г.

Объ этомъ романѣ см. ст. М. Задача современ. романа. Д. 70 г. 11.

583. III. — Тайна Эдвина Друда. Ром. Спб. 1 р. 50 к.

4504. III.—Тоже. (Вс. Тр. 70 г. 3, 4).

971. III. — Оливеръ Твистъ. Ром. Пер. Цебриковой. Съ очеркомъ жизни Диккенса. Спб. 74.

5985. III. — Тоже. Ром. въ 2-хъ ч. Изд. Деш. библ. Суворина. Спб. 50 к.

585 — 86. III.—Замогильныя записки Пикквикскаго клуба. Ром. 2 т. Спб. 57 г. 3 р.

6069—70. III.—Тоже. Т. I и II. Нов. пер. (Деш. библ. А. Суворина). Спб. Ц. за 2 т. 1 р. 30 к.

2. III.—Пустой домъ. Свят. разск.—Утрата. Свят. разск. Прил. къ Соврем. 59 г.

Бр. Р. В. 70 г. 6.

587—88. III.—Холодный домъ. Ром. въ 2 т. Спб. 55 г. 3 р.

807. III.—Проклятый домъ. Свят. разск. Р. Сл. 63 г. 10.

589. III.—Большія ожиданія. Ром. Спб. 65 г. 1 р. 50 к.

— Тоже. (Р. В. 61 г. 1—8).

53. III.—Объясненія Джорджа Сильвермана. Разск. Прил. къ Совр. Обозр.

5984. III.—Повѣсти и разсказы. Историческіе анекдоты. Физіологическіе очерки. Страшная кровать. Бамбочіо. Литературныя мистификаціи. Путешествіе по улицѣ Кодръ. Какъ открыли островъ Мадеру. Слишкомъ много голубого. Призраки лондонскаго Сити. Старое платье. Минувшее. Спб. 62 г. 2 р.

973. III.—Земля Тома Тиддлера. Рожд. разсказъ.

974. III.—Тяжелыя времена. Ром. М. 56 г. 1 р. 75 к.

5545. III. — Тоже. Полный переводъ съ подлинника И. В. Майнова. Изд. Маракуева. М. 88 г. 1 р. 25 к.

1082—83. III.—Торговый домъ подъ фирмой Домби и сынъ. Спб. 64 г. 4 р.

1596. III. — Скиццы. Гораціо Спаркинсъ. Превосходный случай. Признаніе конторщика. Блюмсбирійскіе крестины. Призракъ покойнаго мистера Джэмса Барбера. Нашъ приходъ. Очерки Лондона. Спб. 51 г. 1 р. 25 к.

— Каторжникъ. Разск. (О. З. 59 г. 2).

— Леди Ледлау. Ром. (О. З. 59 г. 3—5).

2195. III. — Святочные разсказы. Полный переводъ Ф. Резенера. Съ 40 политипаж. и 5 гравюр. Спб. 75 г. 4 р.

2108. III.—Очерки. (О. З. 80 г. 9, 10).

2760. III. — Американскіе очерки. (Р. М. 82 г. 1—5).

О мелкихъ произведеніяхъ Диккенса см. ст. Л. Полонскаго „Сказки Диккенса". В. Е. 73 г. 5 и въ книгѣ „На досугѣ".

2974 — 75. III. — Исторія двухъ городовъ. Ром. въ 3-хъ кн. Пер. подъ ред. А. Лебехева. Спб. 85 г.

— Тоже. (О. 59 г. 6, 89, 11, 12).

4553—54. III.—Лавка древностей. Пер. А. Н. 2 т. Изд. А. Суворина. Спб. 1 р. 20 к.

4153—54. III.—Пожаръ лондонской тюрьмы. Ром. 2 т. Спб. 86 г. 3 р. 50 к.

— Моя слѣпая сестра. Разск. (Р. В. 58 г. 12).

— Воля и неволя. (Р. В. 58 г. 12).

— Покойная миссъ Голлингфордъ. Разск. М. Б. 93 г. 1—4.

О Диккенсѣ см.: Диккенсъ и Теккерей. (Изъ статьи Форга въ „Revue des deux Mondes"). Д. 76 г. 6. У Корша.—Всеоб. истор. лит. Т. IV. — У Тэна—Новая англ. лит., Р. В. 64 г. 7, Сов. 64 г. 11, 12.—Л. П. Дѣтство и молодость Диккенса. В. Е. 72 г. 6.—Форстеръ. Жизнь Ч. Диккенса. Р. В. 72 г. 2, 3. 4.—Полонскій. Сказки Диккенса. В. Е. 73 г. 3, 5 (тоже въ его книгѣ „На досугѣ").—Плещеевъ. Жизнь Диккенса. 685. III.—тоже С. В. 90 г. 1—3, 7, 8, 10.— 829. П. Аннинская. Ч. Диккенсъ, его жизнь и литературная дѣятельность Біогр.очеркъ (Біограф. библ. Павленкова). Реклю. Смерть Диккенса. Д. 70 г. 6. Нелюбовъ. Некрологъ Ч. Диккенса. Р. В. 70 г.
См. также ст. Энциклопедическомъ словарѣ Брокгауза и Ефрона. Т. X. Кириничниковъ, А. Диккенсъ, какъ педагогъ (въ книгу К—а: „Педагогическіе романы, очерки"). Линниченко. Обзоръ полит. дѣятельн. англ. Диккенса. Кіевск. Унив. Изв. 66 г.

2109. III. ДИЛЬВИНЪ, А. Ревекка и ея дочери. Ром. Спб. 81 г.

— Тоже. (О. 80 г. 11, 12).

433. III.—Ложь. Ром. Спб. 82 г.

5461. III. „Для легкаго чтенія". Собраніе юмористическихъ повѣстей и разсказовъ. Спб. 96 г.

2691. III. ДОКАЗАТЕЛЬСТВЪ нѣтъ. Ром. Спб. 83 г. 1 р. 25 к.

ДОРГАНЪ, Дж. „У моря". Стих. Перев. П. И. Вейнберга. О. З. 77 г. 4.

2797. III. ДОЧЬ журналиста. Совр. ирландскій романъ. Спб. 84 г. 1 р. 25 к.

4366. III. ДРАЙДЕНЪ, ДЖОНЪ. Пиршество Александра или сила гармоніи. Стих. Пер. В. Жуковскаго. С. М. Гербель, Н. Англ. поэты въ біогр. и образц. и полн. собран. соч. В. Жуковскаго.

О Драйденѣ см. Маколей. Собр. соч. Т. 5.
2308. П. Геттнеръ, Г. Коршъ, В. Т. Ш и Тэнъ, Ип. Развитіе политической и гражданской свободы въ Англіи. Т. П. 306. П. Шерръ, У. Исторія всеобщ. лит. 381. II.
Біогр. свѣд. 4366. Ш. Гербель. Англ. поэты въ біогр. и образц.

Древне-англійскія и шотландскія стихотворенія въ переводѣ П. И. Вейнберга: 1) Эдвардъ. 2) Вильгельмъ и Маргарита. 3) Джонъ о'Беднинъ. О. З. 68 г. 7.

312. III. ДРЭЙСОНЪ. Начальникъ Кафровъ. Разск. изъ южно-африк. жизни. Спб. 61 г. 1 р.

3777. III. ДУНКЕРЪ. Въ конецъ испорченъ. Ром. С. В. 90 г. 4—7.

ДЭЛЬ, Ф. Мистрисъ Ноллисъ. Разск. Наб. 84 г. 10.

1127. III. ЕЙТЕСЪ. Потерянная надежда. Ром. Спб. 67 г. 1 р. 30 к.

ЕРЕТИКЪ Діего. Эпизоды изъ карлистскаго возстанія. О. З. 73 г. 3.

271—72. III. ЗАМОКЪ Эвонъ. Ром. автора „Ровенскліффа". Спб. 57 г. 1 р. 25 к.

1289. III. ЗАПИСКИ Джони Ледлау. Спб. 75 г. 1 р. 25 к.

1044. III. д'ИЗРАЭЛИ (БИКОНСФИЛЬДЪ). Генріета Темпль. Ром. Спб. 67 г. 1 р. 30 к.

2121—23. III.—Эндиміонъ. Ром. Спб. 81 г. 3 т. 2 р. 50 к.

— Тоже. (Д. 81 г. 1, 2).

О д'Израэли см. Писатели и критики старой Англіи. Сов. 55 г. 7. Біогр. Д. 76 г. 12.

1047. III. Изъ воспоминаній доктора. Спб. 76 г. 1 р.

Изъ записокъ агента лондонской сыскной полиціи. Р. М. 86 г. 9.

368. III. ІОНГЪ (Іонджъ), Ш. Оборотень или двѣсти лѣтъ назадъ. Истор. ром. въ 2-хъ частяхъ. Спб. 93 г.

2902. III. КАВАНЪ, ДЖУЛІЯ. Королева Мэбъ. Ром. Спб. 64 г. 2 р.

891—92. III.—Натали. Ром. Спб. 77 г. 2 р. 50 к.

893. III. — Дези Бернсъ. Ром. Спб. 60 г. 2 р.

894. III. — Беатриса. Ром. Спб. 65 г. 1 р. 75 к.

1949—50. III. — Грація Ли. Ром. въ 2 ч. Спб. 60 г. 2 р. 50 к.

4130. III. — Птичка вылетѣла изъ клѣтки. Ром. Пер. Л. Солодовниковой. Спб. 74 г. 2 р.

299. III. КАТЕРИНА и ея сестры. Ром. Спб. 62 г. 1 р.

КИЛЛИНГЪ,Э.—Волокитство профессора. Сцены изъ жизни туристовъ. В.Е. 87 г. 11, 12.

КИНГСЛИ (Кинглей), Ч. — Два года назадъ. Ром. О. З. 58 г. 1—7.

4283—4. III. — Ипатія или новые враги подъ старой личиной. Ром. Пер. Н. Бѣлозерской. 2 т. Изд. А. Суворина. Спб. 93 г. 1 р. 20 к.
О. Ч. Кингсли см. Гиббинсъ. Англійскіе реформаторы. Спб. 96 г.

5239. III. **Киплингъ, Р.** Избранные разсказы: Призрачная коляска.—Странная поѣздка. — Мое происшествіе съ привидѣніемъ.—Ви Вилли Винки.—Его Величество король.—Въ лѣсу.—Саисъ миссъ Югаль.—Барабанщики.—Исчезнувшій отрядъ.—Безъ благословенія церкви.—Бунтовщикъ Моти Гюй.—Возвращеніе Имрея. — Лизпета. Съ біографическимъ очеркомъ. Спб. 95 г.

— Ворота ста печалей. (Р. Б. 92 г. 10).

— Поправка. (М. Б. 92 г. 6).

5565. III. — Свѣтъ погасъ. Ром. (Р. Б. 92 г. 7—12).

955. III. — Тоже. В. И. Л. 92 г. 6, 9.

— Месть Дѣнгары. Разск. М. Б. 93 г. 7.

— Необыкновенное приключеніе Морробэя Джекса. М. Б. 92 г. 10.

— Безъ церковнаго благословенія.— Бунтъ Моти-Геджа. Разск. Р. Б. 92 г. 1.

— Призракъ. Разск. Р. О. 92 г. 3.

— Маленькіе барабанщики. Разск. Р. О. 92 г. 4.

Китсъ, Джонъ. На русскомъ языкѣ переводовъ Китса не существуетъ.

О Д. Китсѣ см. 669. II. В. Э. Дж. Китсъ и его поэзія. В. Е. 89 г. 10—11.

819. II. Коршъ, В. Всеобщ. ист. литер. Т. IV. Спб. 92 г. 1313. II. Брандесъ. Главныя теченія литературы XIX ст.

Ст. З. Венгеровой. Энциклопедическій словарь Брокгауза и Ефрона. Т. XV.

1117. III. **Коббъ, В.** Ныо-Іоркскія тайны. Ром. въ 2 ч. Спб. 75 г. 1 р

1118. III.—Графиня Листаль. Ром. Спб. 75 г. 1 р. 30 к.

1119—21. III. — Парижскіе волки. Ром. 3 т. Т. I. Клубъ мертвыхъ. Т. II. Кровавый судъ. Т. III. Царь зла. Спб. 78 г. 4 р.

1557. III. **Ковенъ, Г.** Мщеніе факира (Смерть Евы). Ром. Пер. В. Ранцова. Спб. 81 г. 1 р.

3967. III. — Тоже подъ заглавіемъ „Убійца Евы“. Въ 2-хъ ч. Спб. 81 г.

486. III. **Коллинзъ, В.** Двѣ судьбы. Ром. Спб. 76 г. 1 р. 50 к.

— Тоже. (Р. В. 76 г. 1—9).

487. III. — Армадель. Ром. Спб. 71 г. 2 р. 50 к.

— Тоже. Р. В. 65 г. 1—11; 66 г. 1—6.

488. III. — Лунный камень. Ром. Спб. 68 г. 2 р.

489. III. — Безъ заглавія. Ром. Спб. 62 г. 3 р.

490. III. — Бѣдная миссъ Финчъ. Ром. М. 77 г. 2 р.

— Тоже. Р. В. 68 г. 1—9.

491. III. — Новая Магдалина. Ром. Спб. 73 г. 1 р. 50 к.

— Тоже. (Р. В. 72 г. 10—12).

492. III. — Законъ и жена. Ром. М. 75 г. 2 р.

— Тоже. Р. В. 74 г. 10—12.

— Тоже. (Д. 74 г. 11, 12; 75 г. 1—5):

493. III. — Мужъ и жена. Ром. Спб. 70 г. 2 р. (Бр. В. Е. 71 г. Тал.)

— Тоже. (Р. В. 70 г. 1—10).

494. III. — Червонная дама. Ром. Спб. 75 г. 2 р.

495. III. — Тайна. Ром. Спб. 58 г. 2 р.

— Тоже подъ заглав. „Миртовая комната“. Ром. Спб. 57 г. 1 р. 50 к.

496. III. — Деньги миледи. Эпизодъ изъ жизни лондонской дѣвушки. Спб. 78 г. 1 р.

— Тоже. (Р. В. 78 г. 2—4, 6).

497. III. — Замерзшая глубина. Разск. Спб. 73 г. 1 р.

— Ледяная пучина. Драматич. разск. въ 5 сц. (Д. 74 г. 7—9).

64. III. — Мулатка (Изъ записокъ лакея). Разск. (З. В. 64 г. 10).

106. III. — Таинственное происшествіе въ современной Венеціи. Ром. Спб. 78 г. 1 р.

1692. III. — Возмутительная исторія. Ром. Спб. 79 г. 1 р.

2126. III. — Дочь Іезавели. Ром. Спб. 80 г.

— Тоже. (Д. 80 г. 1—5, 7).

2152—53. III. — Черная ряса. Ром. М. 81 г.

2390. III. — Сердце и наука. Совр. разск. Спб. 82 г.

8787. III. — Слѣпая любовь. Ром. Спб. 90 г.

— Тоже. (Набл. 90 г. 1—3).

3387. III. — Злой геній. Ром. Спб. 87 г.

— Тоже. В. Е. 87 г. 1—5.

8512. III. — Привидѣніе Джона Джаго. Ром. М. 75 г.

8634. III. — Не скажу. Ром. Спб. 87 г. 75 к.

— Безъ роду и племени. Ром. (Р. В. 62 г. 7—12).

Объ этомъ романѣ кр. см. у Дружинина. Собр. соч Т. V.

2779. III. — Я говорю—нѣтъ, или отвѣтъ на любовное письмо. Ром. Спб. 84 г. 1 р. 25 к.

О Коллинзѣ см. 819. II. Коршъ, В. Всеобщ. ист. литер. Т. IV. Спб. 92.

Энциклоп. словарь Брокгауза и Ефрона. Т. XV.

587. II. Плисскій, Н. Уилькъ Коллинзъ. Кол. 84 г. 9.

269—70. III. **Кольмингъ.** Фонарщикъ. Америк. ром. Спб. 57 г. 1 р.

4366. III. **Кольриджъ, Сам.** Старый матросъ. Стих. Пер. Ѳ. Миллера.—Изъ поэмы „Кристабель“. Пер. И. Козлова. См. Гербель, Н. Англійскіе поэты въ біограф. и образцахъ.

— Старый матросъ. Стих. Пер. Ѳ. Миллера. Б. ч. Ч. 51 г. 108.

О Кольриджѣ см. 1313. II. Брандесъ. Главн. теч. литер. XIX стол. М. 93 г., 819. II. Коршъ, В., а также Тэнъ. Развитіе политич. и граждан. свободы въ Англіи. Т. II.

Біогр. свѣд. см. 4366. III. Гербель. Англ. поэты. Спб. 76 г.

Конвей, Г. Галлюцинатъ. Пов. Пер. съ англ. Р. В. 93 г. 1, 2.

Конгривъ, Вилліамъ. На русскомъ языкѣ переводовъ его произведеній не существуетъ.

О Конгривѣ см. 2308. II. Геттнеръ, Г. Ист. всеобщ. литер. XVIII вѣка. Т. I. Спб. 63 г.

818. II. Коршъ, В. Всеобщ. ист. литер. Т. III. Спб. 88 г., а также 6350. III. Дружининъ, А. Лекція Теккерея объ англійскихъ юмористахъ. Собр. соч. Др-а. Т. V

5598. III. **Конэнъ-Дайль, А.** Бѣлое братство. Ром. Наб. 93 г. 3.

Корнуэль, Б. На улицѣ и дома. Лондонская идиллія. Пер. М. Шелгунова. (Набл. 93 г. 3).

— Жуанъ. Др. сцены. Пер. М. Н. Д. 74 г. 8. (Тоже. Пер. М. Илецкаго. Вр. 63 г. 4).

— Средство побѣждать. Др. сц. Д. 75 г. 6.

— Жертва. Драм. сц. Пер. Н. М. Д. 74 г. 6.

— Разбитое сердце. Сцены. Р. С. 63 г. 3.

— Смертная казнь. Пер. Д. Михаловскаго. См. 6013. III. Переводы Д. М. (О. З. 72 г. 2), а также 2508. III. Пѣсни Англіи и Америки. М. 95 г.

— Стихотворенія. О. З. 69 г. 10.

Также см. въ собр. соч. А. Михайлова, М. Михайлова, Ө. Миллера и др.

1183. III. **Костеръ, К.** Свадебное путешествіе. Ром. Спб. 73 г. 1 р. 50 к.

Краббъ. Отрывки изъ Крабба. Пер. Мина. Р. В. 57 г. 8; 62 г. 12; Р. В. 62 г. 12.

4366. III. — Изъ поэмы «Приходскіе списки».—Новорожденный. Пер. Д. Мина.—Свадьба.—Ласточки. Стихотворенія. Пер. Н. Гербеля. — Изъ поэмы «Мѣстечко». — Питеръ Граймсъ. Поэма. Пер. Д. Мина. См. Гербель, Н. Англ. поэты въ біогр. и образц.

— Приходскіе списки. (Р. В. 56 г. 6; 57 г. 8).
— Свадьба. Пер. Н. Гербеля. См. 2508 III. Пѣсни Англіи и Америки. М. 95 г.
— Питеръ Граймсъ. Разск. Пер. Минаева. (Р. В. 62 г. 11).

О Г. Краббѣ см. Дружининъ, А. Сочиненія. Т. IV. Борьъ, т. IV.

Біогр. свѣдѣнія см. у Гербеля; Англійскіе поэты. № 4366. III.

4878. III. **Крауфордъ, М.** Зороастръ. Ром. Р. М. 91 г. 9—11.

3469. III. — Наканунѣ переворота. Ром. въ 2 ч. (Р. Б. 86 г. 1—4).

— Тоже. (В. Е. 88 г. 1—6; 90 г. 1—5).

2725. III. — Мистеръ Исаакъ. Ром. Спб. 83 г. 1 р. 25 к.

1105. III. — Судьба двухъ сестеръ. Ром. Спб. 70 г. 1 р. 25 к.

2961. III. — На далекомъ востокѣ. Ром. 1 р. 25 к.

— Тоже. Р. М. 85 г. 1—5.

— Старый замокъ. Ром. въ 3-хъ ч. (Р. В. 89 г. 8—12).

О Крауфордѣ см. Коропчевскій, Д. Н. 86 г. 22.

3635. III. **Крейкъ. Ж. (Крекъ).** Не судьба. Ром. Изд. ред. „Иллюстр. Міръ“. Спб. 86 г. 75 к.

1936. III. — Вѣра Унвинъ. Ром. Спб. 66 г. 1 р. 25 к.

2325. III.—Ѳреда Хастингъ. Ром. М. 82 г.

Криди, Дж., негръ-пасторъ. Раз. В. Е. 84 г. 3.

4702. III. **Крокеръ, Б.** Другой. Ром. въ 6-ти ч. Спб. 92 г.

— Миссъ Невиль. Ром. въ 2-хъ ч. (Р. В. 93 г. 10, 11).

4290. III. **Кракъ, А.** Мученики (Aemilius). Спб. 93 г.

4195. III. — Эмилій (Aemilius). Пов. изъ эпохи гоненій на христіанъ при Деціи и Валеріи. Пер. М. Басанина. Изд. Суворина. Спб. 92 г. 60 к.

4290. III. — Мщеніе (продолж. „Мучениковъ“). Спб. 93 г.

2999. III. **Куда** она дѣвалась? Ром. М. 85 г. 1 р. 25 к.

Куперъ, Ф. Сочиненія въ сокращенныхъ переводахъ. Съ картинами (въ каждомъ томѣ по 4 картины). Изд. Вольфа.

8187. III. — Т. I. Звѣробой. Пов. Спб. 65 г. 1 р. 50 к.

966. III.— Т. II. Послѣдній изъ Могиканъ Ром. Спб. 65 г. 1 р. 50 к.

3188. III.—Т. III. Слѣдопытъ. Пов. Спб. 65 г. 1 р. 50 к.

Объ этомъ романѣ см. В. Бѣлинскаго. Т. XII. Стр. 306 и слѣд.

1755. III.—Т. IV. Поселенцы. Ром. Спб. 67 г. 1 р. 50 к.

3189. III.—Т. V. Американскія степи. Пов. Спб. 66 г. 1 р. 50 к.

965. III. — Т. VI. Красный морской разбойникъ. Ром. Спб. 66 г. 1 р. 50 к.

1754. III.—Т. VII. Колонія на кратерѣ. Пов. Спб. 67 г. 1 р. 50 к.

5899. III. — Т. VIII. Лоцманъ. Пов. Спб. 69 г. 1 р. 50 к.

5900. III.—Т. IX. Морскіе львы. Спб. ц. 1 р. 50 к.

1580. III. — Т. X. Шпіонъ. Ром. Спб. 72 и 73 гг. 1 р. 50 к.

5901. III.—Т. XI. Онтаріо. Ром. Спб. 73 г. 1 р. 50 к.

2001. III. — Т. XII. Браво. Ром. Спб. 73 г. 1 р. 50 к.

Кр. Бѣлинскій. Т. III.

1581. III. — Т. XIII. Сатанстоэ. Ром. Спб. 73 г. 1 р. 50 к.

1583. III.—Т. XIV. Ліонель Линкольнъ или осада Бостона. Ром. Спб. 73 г. 1 р. 50 к.

963. III.—Т. XV. Два адмирала. Ром. Спб. 74 г. 1 р. 50 к.

964. III.—Т. XVI. Мерседесъ или открытіе Америки. Ром. Спб. 74 г. 1 р. 50 к.

1582. III. — Т. XVII. Хижина на холмѣ. Вайандотте. Ром. Спб. 74 г. 1 р. 50 к.

5902. III.—Т. XVIII. Люси Гардингъ. Спб. 1 р. 50 к.

5903. III. — Т. XIX. На сушѣ и на морѣ. Спб. 1 р. 50 к.

1751. III. — Т. XX. Пѣнитель моря, или „Морская волшебница“. Ром. Спб. 75 г. 1 р. 50 к.

967. III.—Т. XXI. Американскій пакетботъ „Монтаукъ“. Спб. 76 г. 1 р. 50 к.

5904. III. — Т. XXII. Предусмотрительность, или выборъ мужа. Спб. 1 р. 50 к.

5905. III. — Т. XXIII. Эвва Эффингамъ. Спб. 1 р. 50 к.

5906. III. — Т. XXIV. Блуждающій огонекъ. Ром. Спб. 79 г. 1 р. 50 к.

5907. III. — Т. XXV. Лагерь язычниковъ. Спб. 1 р. 50 к.

4256. III. — Послѣдній изъ Могиканъ. Полн. пер. съ англ. С. Майковой. Спб. 74 г. 2 р. 75 к.

2972—73 III.—Гроза оленей. (Дирслэйеръ). Ром. въ 3-хъ ч. Полн. пер. И. Введенскаго. Спб. 85 г.

5908. III. — Техасскіе разсказы. Борьба съ дикарями. Спб. 81 г. 2 р.

О Куперѣ см. Булгаковъ, Ѳ. И. В. 84 г. 8. („Историческій романъ на западѣ“).

319. II. Боршъ, В. Т. IV. Спб. 92 г. 306. II. Тэнъ. Развитіе гражд. свободы въ Англіи. II. стр. 415 и слѣд. Спб. 71 г. 381. II. Шерръ, I. Всеобщ. ист. литературы. Стр. 462.

См. также ст. Н. Стороженко въ Энциклопедическомъ словарѣ Брокгауза и Ефрона. Т. XVII. Бѣлинскій, В. Собр. соч. Т. II. Изд. Павленкова, а также его-же статью: „Раздѣленіе поэзіи на роды и виды“. Собр. соч. Т. II. Изд. Павленкова. (Стар. изд. Т. XIV).

Курѳръ-Беллъ см. Бронте.

2892. Ш. Кэбль. Исторія негритянскаго князя Міоко - Коанго. Пер. А. Введенскаго. (Из. Л.)

3621. Ш. — Докторъ Севьеръ. Ром. Спб. 89 г. (Р. М. 89 г. 1—6).

— Жанъ Робеленъ. Разск. изъ жизни Луизіаны. Наб. 84 г. 9.

— Отверженный. Разск. Р. М. 84 г. 3.

О Кэблѣ см. Коропчевскій, Д. Н. 86 г. 22.

4366. Ш. Кэмбелль, Т. Уллинъ и его дочь. Баллада. Перев. В. Жуковскаго.

См. Гербель, Н. Англ. поэты въ біогр. и образ., а также полн. собр. соч. В. Жуковскаго и 2508. Ш. Пѣсни Англіи и Америки. М 95 г.

Біогр. свѣд. 4366. Ш. Гербель, Н. Англ. поэты въ біогр. и образ.

3820. Ш. Кэри, А. Ирландія сорокъ лѣтъ назадъ. Ром. (Р. М. 90 г. 4—8).

1522. Ш. Лауренсъ. Морисъ Дерингъ или четыреугольникъ. Ром. Спб. 65 г. 80 к.

О Лауренсѣ см. Дружининъ, А. Новый талантъ въ современной англійской литературѣ. Р. В. 62 г. 1. Тоже полн. собр. сочин. Др-а. Т. V.

4184. Ш. Лау, Д. Капитанъ арміи спасенія. Ром. Кн. Нед. 91 г. 1—5.

3438. Ш. — Въ рабочемъ кварталѣ. Пов. Кн. Нед. 88 г. 12.

301. Ш. Леверъ. Золотой телецъ Ром. Спб. 63 г. 3 р.

8747. Ш. Леди Гресъ. Ром. Кол. 90 г. 9—12.

4559. Ш. Ле-Фаню. Комната въ гостиницѣ „Летучій драконъ“. Спб. 72 г.

326. Ш. — Дядя Сайласъ. Повѣсть о Бертранѣ-Гаугѣ. Ром. Спб. 65 г. 1 р. 25 к.

1315. Ш. — Шахъ и матъ. Ром. Спб. 73 г. 1 р. 75 к.

1882. Ш. Ливеръ, Ч. Лоттрелли изъ Аррана. Ром. Спб. 66 г.

2539. Ш. Линъ-Линтонъ. Какому господину служишь? Ром. Спб. 82 г. 1 р. 75 к.

— Тоже. (В. Е. 81 г. 8—12).

2826. Ш. — Невмѣняемая. Ром. Спб. 84 г. 1 р. 75 к.

127. Ш. — Meliora latent. Разск. О. З. 75 г. 1.

458. Ш. — Патриція Кембаль. Ром. Спб. 76 г. 1 р. 75 к.

— Непокорная. Ром Сл. 80 г. 4—12.

2774. Ш. Ложное показаніе. Ром. Спб. 84 г. 1 р. 25 к.

5010. Ш. Лонгфелло. Стихотворенія. Подъ ред. Д. Л. Михаловскаго. Изд. М. Ледерле и К°. Спб. 94 г. 40 к.

5007. Ш. — Гайавата. Сказка изъ жизни сѣверо-американскихъ индійцевъ. Съ 30 рис. Н. Н. Каразина. Пер. и предисловіе Д. Л. Михаловскаго. Спб. 90 г. 2 р.—Тоже. О. З. 68 г. 5, 6, 10, 11; 69 г. 6.

8940. Ш. — Стихотворенія, въ переводѣ М. Михайлова. (См. Соб. его сочин.).

6013. Ш. — Стихотворенія, въ переводѣ Д. Михаловскаго. (См. Собр. его сочиненій).

— Эвангелина. (Аркадійское преданіе). Пер. П. Вейнберга. О. З. 69 г. 5.

— Пѣсни о неграхъ. Пер. Михайлова. Совр. 61 г. 86

— Стихотворенія: Золотой закатъ — Духъ

и плоть.—Не плачь, мой другъ. Пер. О. М—вой. В. Е. 89 г. 12.

— Дѣтямъ. Стих. Пер. В. Орлова. В. Е. 82 г. 8.

— Отворенное окно. Пер. В. Костомарова. Совр. 61 г. 86.

— Перелетныя птицы. Пер. Ю. Ивнева. В. Е. 70 г. 10.

— Торквемада. Пер. П. Вейнберга. Р. С. 65 г. 1.

— Великій духъ. Стихотв. (Р. В. 74 г. 5).

— День прошелъ. Пер. Д. Михаловскаго. О. З. 74 г. 1.

— Звѣздный свѣтъ. Стих. Пер. его-же. В. Е. 79 г. 10.

— Пѣвцы. Пер. его-же. О. З. 74 г. 1.

— Въ арсеналѣ. Пер. его-же. О. З. 74 г. 3.

— „Маленькія ножки, рѣзвости въ васъ много“. Пер. его-же. О. З. 76 г. 10.

— Посвященіе. Пер. его-же. О. З. 77 г. 6.

— Кастельмаджіорскій монахъ. Пер. П. Вейнберга. О. З. 74 г. 12.

См. также. 2508. Ш. Пѣсни Англіи и Америки. М. 95 г.

О Лонгфелло см. 319. П. Коршъ, В. Всеобщ. ист. литер. Т. IV. Спб. 92 г.

607. П. Крюковъ, П. Генри Уодсвортъ Лонгфелло. О. З. 82 г. 7.

Ст. З. В. въ Энциклопедическомъ словарѣ Брокгауза и Эфрона. Т. XVII.

Біогр. свѣд. 4866. Ш. Гербель. Англ. поэты. Спб 75 г.

1943. Ш. Лотти. Ром. Спб. 61 г.

2218. Ш. Магвайръ, Д. Будущее поколѣніе женщинъ. Ром. Спб. 72 г. 2 р.

5209—32. Ш. Майнъ-Ридъ, капитанъ. Полное собраніе сочиненій. Изд. Сытина. 24 тома. М. 95—96 гг. (Приложеніе къ журналу „Вокругъ Свѣта“).

5909. Ш.—Т. I. Затерявшаяся гора. Ром. съ 25 иллюстр. худ. Ріу. М. 95 г.

5910. Ш.—Т. II. Островъ діавола. Ром. М. 95 г.

5911. Ш.—Т. III. Квартеронка. Ром. съ портретомъ автора и его автографомъ. М. 95 г.

5912. Ш.—Т. IV. Переселенцы Трансвааля. Ром. съ 24 иллюстр. худ. Ріу. М. 95 г.

5913. Ш.—Т. V. Водяная пустыня или водою по лѣсу. Ром. съ 22 рис. худ. Бенета. М. 95 г.

5914. Ш.—Т. VI. Морской волкъ. Ром. съ рис. худ. Бенета и Ріу. М. 95 г.

5915. Ш.—Т. VII. Охотники за черепами. Ром. съ рис. худ. Ріу. М. 95 г.

5916. Ш.—Т. VIII. Прогулка буеровъ. Ром. съ рис. худ. Ріу. М. 95 г.

5917. Ш.—Т. IX. Дочери сквайтера. Ром. съ рис. худ. Дэвиса. М. 95 г.

5918. Ш.—Т. X. Всадникъ безъ головы. Ром. съ рис. Дэвиса. М. 95 г.

5919. Ш.—Т. XI. Пропавшая сестра. Ром. съ 22 рис. Ріу. М. 95 г.

5920. Ш.—Т. XII. Охотники за жираффами. Ром. съ рис. Ріу. М. 95 г.

5921. Ш.—Т. XIII. Островъ Борнео. Ром. съ рис. худ. Ферд. М. 96 г.

5922. Ш.—Т. XIV. Стрѣлки въ Мексикѣ. Ром. съ рис. Дэвиса. М. 96 г.

5923. Ш.—Т. XV. Приключенія юнги Вильма. Ром. съ рис. худ.Ріу. М. 96 г.

5924. Ш.—Т. XVI. Жилище въ пустынѣ. Ром.—Молодые невольники. Съ рис. Бенета. М. 96 г.

5925. Ш.—Т. XVII. Охотники за растеніями. Ром. съ рис. Эванса. М. 96 г.

5926. Ш. — Т. XVIII. Ползуны по скаламъ. Огненная земля. Съ рис. Эванса. М. 96 г.

5927. Ш. — Т. XIX. Золотой браслетъ. Вождь индѣйцевъ. Ром. съ рис. Бенета. М. 96 г.

Изданіе продолжается. Въ остальныхъ пяти томахъ будутъ помѣщены слѣд. произведенія Майнъ-Рида: Вождь гверильясовъ. Ямайскіе марроны. Мальчики на сѣверѣ. Дѣти лѣсовъ и Молодые путешественники.

— Охотничьи разсказы изъ быта африканскихъ и американскихъ племенъ. Изд. Вольфа.

499. Ш.—Т. I. Дѣти лѣсовъ.—Приключенія молодыхъ боеровъ. Охотн. разск. Спб. 66 г. 2 р.

(Бр. Р. Сл. 60 г. 1).

510. Ш.—Т. II. Жилище въ пустынѣ.—Охотники за растеніями. Охотн. разск. Спб. 64 г. 2 р.

(Бр. Р. Сл. 60 г. 1).

2455. Ш.—Т. III. Охотники за черепами. Съ рис. Спб. 65 г. 2 р.

2009. Ш.—Т. IV. Дѣвственные лѣса. Охотничьи разсказы изъ жизни африканскихъ и американскихъ обитателей. Спб. 69 г. 1 р. 50 к.

508. Ш.—Т. V. Гудсоновъ заливъ. Охотничьи разсказы. Спб. 70 г. 2 р.

509. Ш. — Т. VI. Ползуны по скаламъ.—Стрѣлки въ Мексикѣ. Спб. 66 г. 2 р.

513. Ш. —Т. VII. Ямайскіе марроны. Ром. Спб. 73 г. 2 р.

507. Ш.—Т. VIII. Бѣлый вождь. Ром. Спб. 67 г. 2 р.

4004. Ш.—Т. IX. Американскіе партизаны. Спб. 73 г. 2 р.

506. Ш.—Т. X. Квартеронка. Спб. 67 г. 2 р.

5988. Ш.—Т. XI. Водою по лѣсу.—Молодые невольники. Спб. 69 г. 2 р.

2456. Ш.—Т. XII. Дары океана.—На морѣ. Съ рис. Спб. 69 г. 2 р.

503. Ш.—Т. XIII. Изгнанники въ лѣсу.—Оцеола, вождь Семиноловъ. Охотнич. разск. Спб. 69 г. 2 руб.

5989. Ш.—Т. XIV. Эсперанса. Спб. 72 г. 2 р.

5990. Ш.—Т. XV. Охотники за жирафами.—Мальчики на сѣверѣ. Спб. 72 г. 2 р.

5991. Ш. — Т. XVI. Приключенія Ганса Стерка. Спб. 72 г. 2 руб.

3207. Ш.—Т. XVII. Охотничій праздникъ.—Охотничьи разсказы. Спб. 73 г.

2010. Ш. — Т. XVIII. Перстъ судьбы.—Бѣлая перчатка. Спб. 72 г. 2 р.

502. Ш.—Т. XIX. Жизнь у индѣйцевъ. — Охотники за бобрами. — Охотники за медвѣдями.—Охотничьи разсказы. Спб. 74 г. 2 р.

500. Ш. — Т. XX. Смертельный выстрѣлъ. Ром. Спб. 74 г. 1 р. 50 к.

5986. Ш.—Т. XXI. Дочери сквattera. Спб. 77 г. 2 р.

3190. Ш.—Т. XXII. Приключенія на землѣ и на морѣ.—Пропавшая сестра. Съ рис. Спб. 74 г.

504. Ш.—Т. XXIII. Островъ Борнео. Спб. 74 г. 1 р.

4535. Ш.—Т. XXIV. Всадникъ безъ головы. Ром. Изд. Сытина. М. 90 г. 1 р.

501. Ш.—Тоже. Спб. 68 г. 1 р.

3521. Ш.—Огненная земля. М. 89 г.

3522. Ш.—Золотой браслетъ. М. 89 г.

3531. Ш.—Плантаторы на островѣ Ямайкѣ. М. 89 г.

511—12.—Сигналъ бѣдствія. Ром. Спб. 78 г. 2 руб.

505. Ш.—Степные разбойники въ Техасѣ. Ром. Спб. 74 г. 1 р. 25 к.

О сочиненіяхъ Майнъ-Рида см. ст. Языкова. Д. 74 г. 9.

1417. Ш. **Макдональдъ.** Сенъ-Джоржъ и Сенъ-Майкль. Ист. ром. Иллюстр. изд. Спб. 75 г. 3 р.

2269—70. Ш. — Мери Марстонъ. Ром. М. 81 г.

2741. Ш.—Аѳинская дѣва. Ром. Спб. 83 г. 1 р. 25 к.

3141. Ш. **Мак-Карти** и **Камбэль-Прэдъ.** Радикалъ. Ром. политич. и общественн. С. В. 86 г. 6—9, 11.

3622. Ш. — Въ дамской галлереѣ палаты общинъ. С. В. 89 г. 1—5.

4366. Ш. **Маколей, лордъ.** Виргинія. Стих. Пер. Д. Михаловскаго. См. Гербель, Н. Англійскіе поэты въ біогр. и образцахъ.

1109. Ш.—Тоже. Полн. собр. сочиненій Маколея. Т. XV. Спб. 66 г.

О Маколеѣ см. Благосвѣтловъ. Ораторская дѣятельность Маколея. Р. С. 59 г. 3.

990. П. Тэнъ. Англійская новѣйшая литература. Спб. 76 г.

Маколей—О. З. 60 г. 1; Каченовскій. Воспоминанія о Маколеѣ. Р. С. 60 г. 7; Бызинскій. Р. В. 60 г. 1,2; также въ сочин. Мак. Т. IV. Біогр. Маколея см. въ Біогр. библіот. Павленкова. 1532. П.

Ст. А. П—вой. Маколей. Р. М. 92 г. 1.

3757. Ш. **Макферсонъ,** Дж. Поэмы Оссіана. Изслѣдованія, переводъ и примѣчанія Е. В. Балабановой. Спб. 90 г.

4366. Ш.—Изъ поэмы „Фингалъ".—Эвлега.—Пѣснь Кольмы. — Морни и тѣнь Кормала.—Послѣдняя пѣснь Оссіана. См. „Англійскіе поэты" Н. Гербеля. Спб. 75 г.

Объ Оссіанѣ см. 2308. П. Геттнеръ, Г. Ист. всеобщ. лит. XVIII вѣка. Т. I. Спб. 63 г.

308. П. Тэнъ. Развитіе граждан. свободы въ Англіи. Т. II. Стр. 388.

Біогр. свѣд. 4366. Ш. Гербель. Англ. поэты. Спб. 75 г.

Марло, Крист. Фаустъ. Траг. Пер. Д. Минаева. Д. 71 г. 5.

4366. Ш.—Изъ драмы „Фаустъ".—Изъ трагедіи „Эдуардъ II". См. „Англ. поэты" Н. Гербеля. Спб. 75 г.

3940. Ш.—Изъ „Фауста". Пер. Михайлова. См. его стихотворенія.

2484. Ш.—Мальтійскій жидъ. Траг. Пер. М. Шелгунова. Спб. 82 г.

О Марло см. 1933. П. Стороженко. Предшественники Шекспира. Борнъ. Вс. ист. лит. Т. III.; 381. Н. Шерръ. Историч.общ. литер. Тэнъ Развитіе гражд. своб. въ Англіи. Т. I; Шаховской. Н. Фаустъ на англійской сценѣ. Р. В. 81 г. 2. Кратк. біографія у Гербеля: Англійскіе поэты. 4366. Ш. С. Уваровъ. Марло. Очеркъ изъ исторіи англійской драмы. Р. С. 59 г. 2—3. 314. П. Барьеръ. Искусство въ связи съ общимъ развитіемъ культуры. Т. IV. Стр. 360 и слѣд.

Маррей, Д. См. Мюррей.

658. Ш. **Марріэтъ,** Ф. Спириты и спиритизмъ. Ром. Спб. 75 г. 2 р.

659. III.—Моя дочь. Ром. Спб. 76 г. 2 р.
660. III.—Звѣзда и сердце. Ром. М. 77 г. 1 р. 50 к.
661. III.—Волокита мужъ. Ром. Спб. 78 г. 2 руб.
1968. III.—Наслѣдница. Ром. Спб. 78 г.
2265. III. — Моя сестра актриса. Ром. М. 81 г.
3183. III.—Подъ лиліями и розами. Ром. Спб. 85 г.
3482. III.—Златобудрая Альда. Ром. Спб. 81 г.
8597. III.—Дочь тропиковъ. Ром. Спб. 89 г. 1 руб.
2687. III.—Филлида. Ром. Спб. 83 г. 1 руб. 25 коп.
3149. III. — Наслѣдникъ лорда. Ром. (Р. М. 86 г. 7—12).
— Мать. Разск. Наб. 84 г. 6
1416. III. Марръетъ, капитанъ. Странствованія по луговымъ степямъ и вѣковымъ лѣсамъ Сѣверной Америки. Спб. 60 г. 1 руб.
1514. III. — Маленькій дикарь. Ром. Спб. 68 г. 2 р.
1909. III. — Канадскіе переселенцы. Ром. Спб. 74 г. 2 р.
— Скалозубъ или чортъ-собака. Ром. Б. д. Ч. 89 г. 33.
3668. III.—Приключенія Уильмота или африканскія сцены. Разск. Спб. 69 г. 2 р.
— Персиваль-Кинъ. — Ардентъ Троутонъ. Ром. Б. д. Ч. 39 г. 37.
— Черный кованый сундучокъ. Совр. 69 г. 10.
— Валерія. Автобіографія. Б. д. Ч. 50 г. 99, 100.
— Три яхты. Б. д. Ч. 38 г. 26.
— Трехсказочный паша. Б. д. Ч. 36 г. 14.
Маршаль, Э. Въ скалахъ. Пов. М. Б. 92 г. 7—9.
801. III. Маршъ. Адмиральская дочь. Ром. Спб. 61 г. 1 р. 50 к.
256. III. Матильда. Ром. Спб. 59 г. 1 р.
4929. III. Матюренъ, Ч. Роб. Мельмотъ-скиталецъ. Ром. Съ порт. автора и краткой характеристики его личности и произведеній. Въ 3 томахъ. Прилож. къ жур. „Сѣверъ" за 1894 г. Спб. 94 г.
3369. III. и 4562. III. Мегью, А. Блумсбейская красавица. Ром. Пер. М. Вовчка. (О. З. 68 г. 12).
2491. III.—Мощено золотомъ. Ром. Спб. 71 г. 8 руб.
О Мегью см. ст. „Мрачныя картины" О. З. 69 г. 2.
880. III. Мезерсъ, Э. Грѣшница. Ром. Пер. Лѣтнева. Сиб. 81 г. 1 р. 50 к.
1732. III. Мервель, И. Воспоминанія моего дѣтства и отрочества или мечты холостяка. М. 77 г. 1 р. 50 к.
2339. III. Меридитъ, Д. Карьера Бьючемпа. Ром. Спб. 76 г. 2 р.
4936. III.—Эгоистъ. Ром. Пер. З. Венгеровой. Спб. 94 г. 1 р.
2305. III. Мехала. Ром. Спб. 81 г.
Мечъ и право. Ром. О. З. 61 г. 1—3.
2585. III. Мильтонъ. Потерянный и возвращенный рай. Поэма въ 4 ч. Полный переводъ Н. М. Бородина. М. 82 г. 3 р.

6164. III. — Тоже. Пер. А. Шульгиной. Съ подстрочн. англ. текст. съ 50 картинами Густава Дорэ. Изд. А. Маркса. Спб. 96 г.
О Мильтонѣ: см. Геттнеръ. Т. I. Коршъ. Т. III. Тэнъ. Развитіе гражд. свободы въ Англіи. Т. I. Карреръ. Т. IV.
Гизо. Исторія англ. революціи. Гардинеръ. Пуритане и Стюарты. Штернъ, А. Мильтонъ и Кромвель. М. В. 92 г. 9. Шерръ, I. Ист. всеоб. литер. 381. П.
Біогр. см. Е. Соловьевъ въ біогр. библ. Павленкова. Также соч. Маколея. Т. IV. (Разговоръ между Боули и Мильтономъ о междоусобной войнѣ).
2724. III. Мое замужество. Ром. Спб. 83 г. 1 р. 75 к.
56. III. Моррисъ, Уилльямъ. Человѣкъ, рожденный быть королемъ. Пов. въ стихахъ. Изъ поэмы: „Земной рай". Пер. и предисловіе Мина. Р. В. 69 г. 1.
Моръ, Томасъ. Утопія. Изложеніе см. у Чичерина. Исторія полит. ученій.
О Томасѣ Морѣ см. Гиббинсъ. Англійскіе реформаторы. 2221. П. Чичеринъ въ отд. исторіи.
Асѣенко, В. Томасъ Моръ. Р. С. 60 г. 12.
Випперъ, Р. „Утопія" Томаса Мора. М. В. 96 г. 3.
818. П. Морозовъ. Томасъ Моръ и его Утопія. Всеобщ. ист. литер. Корша. Т. III. Стр. 460.
Яковенко. Біогр. оч. Біогр. Библ. Павленкова.
Морэ, Т. Королевская семья. (Изъ англ. хроники). И. В. 82 г. 7, 8.
642. III. Мостинъ, С. Моя прекрасная сосѣдка. Ром. Спб. 75 г. 1 р.
1701. — Правда или ложь. Ром. Спб. 75 г. 1 руб.
4366. III. Мотервелль, В. Въ послѣдній разъ. Стих. Пер. А. Плещеева. См. Гербель, Н. Англ. поэты въ біогр. и образц., а также см. 2508. III. Пѣсни Англіи и Америки. М. 95 г.
2530. III. Мраморная жизнь. Пов. (Собр. ром.).
1410—11. III. Муррей, Г. Бухарная интрига. Ром. изъ великосвѣтской жизни. 2 т. Спб. 76 г. 3 р.
1524. III.—Жена или вдова? Ром. Спб. 78 г. 1 р. 50 к.
— Тоже. (Д. 78 г. 1, 3, 4).
1692. III.—Французскіе эскизы англійскимъ мѣломъ. (О. З. 78 г. 11, 12).
— Въ ожиданіи земныхъ благъ. Ром. (Д. 74 г. 4, 5, 7, 8).
— Депутатъ города Парижа. Пов. изъ временъ второй имперіи. (О. З. 72 г. 5, 7).
— Сатирическіе очерки англійскаго общества. (О. З. 82 г. 1).
— Милліонеръ. Ром. (Р. Б. 87 г. 4—12).
— Кандидатура мистера Давлина. Разск. Сл. 80 г. 8.
— Лондонцы. Ром. (Р. В. 88 г. 10, 12, 89 г. 1—3).
3477. III. — Съ того свѣта. Поэма. (В. Е. 88 г. 8—10).
— Раскаяніе. В. Е. 89 г. 10.
О Грэнвилѣ Муррѣ см. Д. 72 г. 2.
3292. III. Муръ, Д. Кисейная драма. Ром. въ 3 ч. Спб. 88 г.
— Тоже. С. В. 87 г. 10—12.
4366. III. Муръ, Томасъ. Изъ „Ирландскихъ мелодій": Рожденіе арфы; Въ долинѣ Гангеса. Пер. И. Крешева; Вечерній звонъ; Когда пробьетъ печальный часъ и др. стихотворенія въ переводѣ П. Козлова. Миръ вамъ. Пер. *⁎*. Мелодія. Пер. Н. Гребова. Мелодія.

Пер. А. Б. Къ Ирландіи. Пер. Ю. Доппель-
майеръ. Когда ты рыдаешь. Пер. Д. Минаева.
Изъ поэмы „Лалла Рукъ": 1) Изъ разсказа
„Рай и пери", пер. В. Жуковскаго. 2) Изъ
сказки „Свѣтило гарема", пер. Б. См. Гер-
бель. Англійскіе поэты въ біографіяхъ и образ-
цахъ

— Стихотворенія. Пер. А. Плещеева: 1) Не
называйте его! 2) Впередъ О. З. 75 г.6. 3). Ко
мнѣ иди. О. З. 75 г. 8.

— Стихотворенія въ переводѣ Д. Минаева:
1) Сирена. О. З. 70 г. 7. 2) Въ альбомъ. О.
З 75 г. 3.

3940. III.—Миръ вамъ! Стих. Пер. М. Ми-
хайлова. (См. собр. сочиненій Михайлова).

5171. III. — Стихотворенія въ переводѣ А.
Плещеева. (См. собр. сочиненій А. Плещеева).

См. также 2508. П. Пѣсни Англіи и Аме-
рики. М. 95 г.

О Томасѣ Мурѣ см. 360. П. Тэнъ. Развитіе гражд.
свободы въ Англіи. Т. II. 381. П. Шерръ, I. Исторія
всеобщ. литер. 1313. П. Брандесъ, Г. Главныя теченія
литературы XIX ст.

Мщеніе Ковина. Разск. Пер. съ англій-
скаго. Наб. 83 г. 12.

Мюррей, Д. Приключенія мистера Арту-
ра Лауренса и его Чи-Луига. Пов. Наб. 85 г. 11.

3644. III.—Золотая радуга. Ром. Наб. 84 г.
1—6.

2755. III. — Черезъ морскія ворота. Ром.
Спб. 84 г. 1 р. 25 к.

4366. III. Народная англійская поэзія въ
переводѣ русскихъ писателей. См. Гербель. Ан-
глійскіе поэты.

5540. III. Наслѣдникъ раджи. Романъ
изъ возстанія сипаевъ. М. 96 г. 50 к.

273. III. Невиль. Эксцентрическіе раз-
сказы. Пер. В. Строева. Спб. 57 г. 1 р. 50 к.

1527. III. Невѣста лорда Линна. Ром.
Спб. 65 г. 1 р. 50 к.

2023. III. Недостающее звено. Очерки.
Спб. 70 г.

Николля, Роб. Стихотворенія: Отцов-
скій очагъ.—Всѣ люди—братья. Пер. А. Пле-
щеева. См. 2508. П. Пѣсни Англіи и Амери-
ки. М. 95 г.

См. также собраніе стихотвореній Плещеева.

3670. III. Нортъ, Д. Тайна. Ром. Спо.
61 г. 1 р. 50 к.

Носить съ честью. Ром. Наб. 83 г. 7—9.

2544. III. Нотли, М. Время покажетъ.
Ром. Спб. 82 г. 1 р. 75 к.

Одэнъ, Мэри. Укрощеніе строптивой.
Пов. И. В. 90 г. 12.

1106. III. Оливія Ротсей. Ром. М. 67 г.
2 руб.

1922. III. Олифантъ. Іюньская роза. Ром.
Спб. 75 г. 1 р. 25 к.

2289. III.—Онъ не хотѣлъ. Ром. Спб. 81 г.

— Отъ судьбы не уйдешь. В. Е. 93 г. 7, 8, 9.

1442. III. Олькоттъ, Л. Чѣмъ бы за-
няться? Изъ жизни американскихъ женщинъ.
Спб. 75 г. 25 к.

693. VII.—Американка. Ром. Спб. 75 г.
Тоже. (Д. 74 г. 7—12).

694. VII.—Старосвѣтская дѣвушка. Ром. Спб.
Другія сочиненія Олькоттъ см. дѣт. отд.

Оссіанъ см. Макферсонъ.

3764. III. Отверженный. Ром. Кн.
Нед. 90 г. 12.

436. III. Ошибка. Ром. Спб. 60 г. 1 р.
50 к.

3126. III. Пирсъ, Э. Дочери Капна. Ром.
Спб. 81 г.

— Исторія одного поселянина. Ром. Сбп.
81 г.

1725. III.—Въ двухъ частяхъ свѣта. Ром.
Спб. 79 г.

2253. III.—Не виновенъ. Ром. Спб. 81 г.

2290. III. Поиски въ разныхъ странныхъ
мѣстахъ. Ром. неизв. автора. Спб. 81 г.

1605. III. Поль Ферроль. Ром. автора девя-
ти стихотвореній В**. Пер. съ англ. Ѳ. Не-
нарокомова. Спб. 59 г. 1 р. 50 к.

4366. III. Попъ, Александръ. По-
сланіе къ доктору Арбутноту. Пер. И. Дмит-
ріева.—См. Собр. сочиненій 4768. III. Умира-
ющій христіанинъ. Пер. А. Воейкова. См.
Гербель, Н. Англ. поэты въ біогр. и образ.

О Попѣ см. 6350. III. Дружининъ, Лекція В. Теккерея,
объ англійскихъ юмористахъ. III. (См. Полн. Собр. Сочин.
Д.-а) 2308. II. Геттнеръ, Г. Т. I, а также Тэнъ, И.
Т. II. № 306. II.

5365. III. Похожденія Шарло. Пов. изъ
америк. жизни. Спб. 90 г.

Поэ, Эдгаръ. Полное собраніе сочине-
ній. Изд. В. И. Л. (Изданіе продолжается). Спб.
96 г.

2550. III.—Избранныя сочиненія съ біог. оч.
и портретомъ автора. Приключенія Гордона
Пима.—Убійство въ улицѣ Моргъ. Случай въ
дикихъ горахъ.—Бесѣда съ муміей.—Духъ па-
губы. — Мистеръ Вальдемаръ. — Украденное
письмо. — Бочка Амонтильядо. — Ты убійца.
Спб. 95 г.

5174. III.—Баллады и фантазіи. Предисловіе
переводчика.—Воронъ.—Колокольчики и коло-
кола.—Аннабель Ли.—Къ Еленѣ.—Къ Ф.—Па-
деніе дома Эшеръ. — Тѣнь. — Элеонора.—
Островъ фей.—Овальный портретъ.—Человѣкъ
толпы.—Морэлла. — Манускриптъ, найденный
въ бутылкѣ.—Лигейя.—Молчаніе.

4505. III.—Необыкновенные разсказы. Двой-
ное убійство въ улицѣ Моргъ—Таинственное
убійство.—Бочка Амонтильядо.—Золотой жукъ.
Изд. Суворина. 85 г. 60 к.

957. III.—Таинственные разсказы. Оглавленіе:
Маска красной смерти.— Сердце - изобличи-
тель. — Береника.—Демонъ извращенности.—
Бочка Амонтильядо.—Факты въ дѣлѣ мистера
Вальдемара.—Колодезь и маятникъ.—Черный
котъ.—Вильямъ Вильсонъ. — Нисхожденіе въ
Мальстрёмъ. Пер. К. Д. Бальмонта. М. 95 г.
1 р.

— Разсказы. Двойное убійство въ улицѣ
Моргъ. 2) Золотой жукъ. 3) Маска красной
смерти. 4) Береника. 5) Черная книжка. 6)
Сердце-предатель. 7. Лигея. 8) Тѣнь. (Д. 74 г.
4, 5).

— Воронъ. Поэма. Съ предисловіемъ автора.
Пер. Андреевскаго. В. Е. 78 г. 3.

— Разсказы; Колодезь и маятникъ.—Крас-
ная смерть О. З. 70 г. 1.

— Разсказы Бочка Амонтильядо.—Овальный
портретъ.—Молчаніе. (Р. Б. 81 г. 5).

— Приключенія Артура Гордона Пима. В. Е. 82 г. 6. 7.

— Похожденія А. Пима. Вр. 61 г. 3.

— Полн. собр. соч. Изд. В. И. Л. (Изд. продолжается).

— Сердце обличитель. Разск. Вр. 61 г. 1.

— Чортъ въ ратушѣ. Разск. Вр. 61 г. 1.

— Голландскій воздухоплаватель. Разск. О. З. 53 г. 91.

— Спускъ въ Мельстромъ. Б. д. Ч. 56 г. 139.

— Длинный ящикъ. Б. д. Ч. 57 г. 142.

— Человѣкъ толпы. Б. д. Ч. 57 г. 142.

— Черный котъ. Разск. Вр. 61 г. 1.

— Приключенія Гарри Ричмонда. Ром. Р. В. 71 г. 1—12.

Объ Э. Поэ. См. стр. Н. Ш. Д. 74 г. 7, 8; Ст. Лопушинскаго. Р. В. 61 г. 11, а также 319. II. Коршъ, В. Т. IV.

554. Ш. **Причардъ.** 1857 годъ въ Индіи. Ром. Спб. 67 г. 1 р. 50 к.

4366. Ш. **Проктеръ, В.** Мэри. Стих. Пер. А. Пушкина.—Жена каторжнаго. Стих. Пер. ***.—Смертная казнь. Пер. Д. Михаловскаго.—Всемірный рынокъ. Стих. Пер. Д. Минаева.—Изъ „Людовико Сфорца“. Пер. ***.— Хуанъ. Драм. сцена. Пер. ***. — Разбитое сердце. Драм. сцена. Пер. ***.

Біогр. свѣд. 4766. III. Гербель, Н. Англ. поэты въ біогр. и образц.

2508. Ш. **Пѣсни** Англіи и Америки. Пѣсни, сказанія, басни и притчи. Собраніе стихотвореній англійскихъ и американскихъ стихотворцевъ въ переводѣ русскихъ писателей. Изд. „Посредника“. М. 95 г. 10 к.

Пэджъ, А. Милосердіе инквизиціи. Ист. разск. И. В. 92 г. 12.

1233. Ш. **Пэйнъ, Д.** Въ ея власти. Ром. Спб. 74 г. 1 р. 50 к.

1432. Ш. — Пополамъ. Ром. Спб. 76 г. 1 р. 50 к.

— Конфиденціальный агентъ. Ром. Р. Р. 81 г. 6—8, 10—12.

2407. Ш. — За другого. Ром. Спб. 82 г.

3400. Ш. — Тайна Мирбриджа. Ром. Спб. 88 г.

— Жертва добродѣтели. Разск. Набл. 91 г. 6.

2756. Ш.—Записки Христофора. Спб. 83 г. 1 р. 75 к.

— Я и моя бѣдная жена. Разск. В. Е. 85 г. 12.

— Разсказы: Возмездіе.—Хорошенькаго понемногу.—Судья невпопадъ. — Жертва стойкости. Р. В. 88 г. 5.

— Моя дача и ея арендаторы.—Попугай.— Неудавшійся обѣдъ. Р. В. 89 г. 9.

2176. Ш. **Пэнъ, О.** Безпріютные 2-го декабря. Разск.

1113. Ш. **Ридъ, Ч.** Вельможный бродяга. Быль. Ром. Спб. 75 г. 60 к.

1114. Ш. —Ненавистникъ женщинъ. Ром. Спб. 78 г. 2 р.

264. Ш.—Лучше поздно, чѣмъ никогда. Ром. Спб. 63 г. 1 р. 50 к.

623. Ш. — Страшное искушеніе. Ром. Спб. 73 г. 2 р.

2399. Ш.—Любишь—не любишь. Ром. З. М. 60 г. 2 р.

— Тоже. Р. В. 60 г. 2, 4.

371. Ш.—Приключенія Жерарда. Ром. Спб. 71 г. 2 р.

— Тяжелыя деньги. О. З. 64 г. 1—6.

— Простая исторія В. Е. 84 г. 11, 12.

— Ревность. Ром. (О. З. 66 г. 22—24; 67 г. 1—5).

— Подлогъ. Ром. Д. 68 г. 10—12.

Ричардсонъ, Сам. Кларисса или исторія юной барышни. Б. д. Ч. 48 г. 87—89.

О Ричардсонѣ см. 6350. III. Дружининъ, А. Полное собр. сочиненій. Т. V; 306. II. Тэнъ, И. Т. II; 2308. II. Геттнеръ, Г. Т. I. 318. II. Коршъ, В.

4277. Ш. **Робертсъ.** Жертва предразсудка. Разск.

3160. Ш.—Жизненные диссонансы. Набл.

4266. Ш. **Робинзонъ, Мабель.** Свѣтская женщина. Ром. въ 3-хъ ч. Спб. 91 г.

— Тоже. С. В. 91 г. 1—12.

3452. Ш.—Планъ кампаніи. Ром.

1680. Ш. **Робинсонъ, Ф.** Двоюродная племянница. Ром. Спб. 79 г. 2 р.

2035. Ш.—Намѣренія мистера Стюарта. Ром. Спб. 80 г.

895. Ш. **Роковой** годъ. Ром. Спб. 73 г. 2 р.

2047. Ш. **Россель, Д.** Слѣды на снѣгу. Ром. Спб. 80 г.

983. Ш. —Приключенія доктора Бреди. Ром. М. 68 г.

19. Ш. **Ручка** лэди Летиціи. Разск.

2828—30. Ш. **Рэтклифъ, Дж.** Нена Саибъ или возстаніе въ Индіи. Въ 3-хъ ч. Спб. 84 г. 3 р. 75 к.

Сала, Д. Газовый свѣтъ и дневной свѣтъ. Лондонскія сцены. О. З. 69 г. 1.

О. Д. Сала см. ст. „Мрачныя картины“. О. З. 68 г. 11.

3244. Ш. **Сандвичъ, Д.** Хебимъ-Баши. Приключенія доктора Джузеппе Антонелли въ турецкой службѣ. М. 77 г.

5600. Ш. **Сборникъ** англійскихъ повѣстей и разсказовъ. **Конвей, Г.** Галлюцинатъ. Пов. **Уйда.** На привалѣ. Разск. **Филонъ, О.** Ученица Гаррика. Истор. ром. **Киплингъ.** Въ чужой средѣ. Разск. **Гаррисъ, Фр.** Современная идиллія. Разск.

5599. III. **Сборникъ** англійскихъ повѣстей и разсказовъ. **Уильсъ, Филипсъ.** Красавица. Повѣсть. — Живое привидѣніе. **Джемсъ, Генри.** Настоящіе господа. **Спейтъ, Т.** Мое matinée. **Стоктонъ.** Женщина или тигръ? Новелла. **Твенъ, М.** Банковый билетъ въ сто ф. стерлинг. Разск. — Живъ онъ или умеръ? Разск. **Джеромъ, К.** Дневникъ паломника. **Уордъ. Уэмбрри.** Миссъ Ефэертонъ. Ром.

Свадебный пиръ въ глуши Р. В. 60 г. 6.

106. VII. **Свифтъ, Д.** Путешествіе Гулливера въ Лиллипутъ, Бробдиньягъ и въ страну Гуингмовъ. Сокращен. для юношества переводъ съ англ. Съ 58 политипажами. Изд. Вольфа. Спб. 1 р. 25 к.

6379. III. — Путешествіе Гулливера по многимъ отдаленнымъ и неизвѣстнымъ странамъ свѣта. Съ біографіей и примѣчаніями. Полный пер. П. Канчаловскаго и В. Яковенко. Иллюстр. изд. Кушнерева. М. 89 г. 4 р. 40 к.

6551. Ш. — Памфлеты. Европ. библ. Изд. В. Чуйко. Спб. 75 к.

2896. III. — Сказка о бочкѣ, написанная для вящшаго преуспѣнія рода человѣческаго. Пер. В. Чуйко. Из. Л.

О Свифтѣ, Дж. см. 6350. III. Дружининъ, А. Лекціи Теккерея объ англійскихъ юмористахъ. Т. I. Вступительная лекція и Джонатанъ Свифтъ. 223. II. Веселовскій. А. Джонатанъ Свифтъ, его характеръ и его сатира. 1441. II. Его-же. Этюды и характеристики. М. 94 г. 2308. II. Геттнеръ, Г. Т. I. 318. II Боршъ, В. Т. III. 306. II. Тэнъ, Ип. Т. II. а также 309. II. Тэнъ, Ип. Критическіе опыты. („Свифтъ"). Біографію Свифта см. 866. II. Яковенко, В. Біогр. Библ. Павленкова

2530. III. Секретъ. Пов. Собр. пер. ром. Е. Ахматовой. Спб. 82.

Селеніе на скалѣ. Пов. Р. В. 67 г. 4—7.

Стоддартъ, Г. Въ печальное время. Стих. Пер. П. И. Вейнберга. О. З. 77 г. 4.

Скоттъ, Вальтеръ. Полное собраніе сочиненій. Изд. В. И. Л. Спб. 96 г.
— Т. I. Іоверли. Ром. Пер. Е. Бекетовой. Спб. 96 г.
— Т. II. Гай Маннерингъ или астрологъ. Ром. Пер. В. Тимирязева. Спб. 96 г. (Изданіе продолжается).
— Переводы отдѣльныхъ романовъ:
1934. III. — Айвенго. Ром. Пер. подъ ред. А. Краевскаго. Спб. 45 г.
5097. III. — Тоже. Полный переводъ. Съ двумя картинами и 55 политипажами въ текстѣ. Изд. 2-е, Луковникова. Спб. 1 р.50 к.
4384. III. — Тоже. Изд. Ледерле и К°. Спб. 93 г. 80 к.
— Эме Веръ. Ром. О. З. 43 г. 27—29.
6085. III. — Квентинъ Дорвардъ. Съ послѣдними примѣчаніями и прибавленіями автора. Пер. съ англійск. подъ ред. А. Краевскаго. Изд. М. Д. Ольхина и К. И. Жернокова. Спб 45 г.
4103. III. — То-же М. 85 г.
4689. III. — Пертская красавица или день Святого Валентина. Ист. ром. изъ временъ царствованія короля Шотландскаго Роберта III-го. Съ рисунками. Изд. Губинскаго. Спб. 94 г. 2 р. 50 к.
5458. III. — Вудстокъ. Ром. Пер. Е. Скобельциной. Изд. М. Ледерле и К°. Спб. 95 г. 80 к.
6513. III.— Пуритане. Ист. ром. Съ картинами, гравир. на стали и рис. въ текстѣ. Спб. ц. 3 р. 50 к.
6087. III. — Эдинбургская темница или сердце средняго Лотіана. Съ двумя картинами, гравированными на стали, и 58 политипажами въ текстѣ. Спб. 76 г.
236—39. III. — Тоже. 4 т. М. 25 г. 4 р.
3660. III. — Морской разбойникъ. Пер. съ англійск. И. Д. Владимірова. Спб. 90 г. Изд. Кузина. 2 р.
6512. III. — Кенильвортъ. Ром. Спб. 75 г. 3 р. 50 к.
4102. III. — Карлъ Смѣлый. Ром. Спб. 93 г. 2 р. 25 к.
244—45. III. — Робъ-Рой. Ром. Съ двумя картинами, гравированными на стали и 50 политипажами въ текстѣ. 2 ч. Спб. 74 г. 3 р.50 к.
246. III. — Легенда о Монтрозѣ. Ист. ром. въ 2-хъ ч. Пер. пересм. и свѣр. съ послѣднимъ лондонск. изд. Спб. 68 г.

6086. III. — Вэверлей или 60 лѣтъ тому назадъ. Спб. 74 г. 3 р. 50 к.
6514. III. — Антикварій. Ром. Съ карт. гравир. на стали и рис. въ текстѣ. Спб. ц. 3 р. 50 к.
240—43. III. — То-же. Спб. 25 г. 2 р.
251. III. — Гай-Меннерингъ или астрологъ. Ром. Спб. 79 г. 3 р. 50 к.
4006. III.— Ламермурская невѣста. Съ двумя картинами, гравированными на стали, и 35 политипажами въ текстѣ. Приложеніе. Серъ Вальтеръ Скоттъ, его жизнь и литературные труды. Съ девятнадцатью политипажами въ текстѣ. Спб. 75 г. 3 р. 50 к.
228—30. III.—То-же. 3 т. М. 27 г.
4079. III. — Аббатъ. Ром. Съ двумя картинами и 37 рис. Спб. 90 г. 2 р. 50 к.
233—35. III. — Талисманъ или рыцарь Ричардъ въ Палестинѣ. Ром. изъ временъ крестовыхъ походовъ. 3 т. М. 25 г. 4 р.
— Романы въ сокращенномъ переводѣ. Съ литографированными картинками, въ картонномъ переплетѣ. Изд. Вольфа. Спб. 1868—80 гг. Цѣна каждому тому 1 р. 50 к.
4531. III. — Т. I. Ивангоэ. Обработ. для юношества А. Коковцевымъ. Спб. 66 г. 1 р. 50 к.
231. III. — Т. II. Квентинъ Дурвардъ. Ром. Обработ. для юношества. Съ карт. Спб. 69 г. 2 р. 25 к.
247. III. — Т. III. Пертская красавица. Ром. Обработ. для юношества. Съ карт. Спб. 67 г.
1753. III. — Т. IV. Приключенія Нигеля. Ром. Обраб. для юношества. Съ карт. Спб. 67 г.
250. III. — Т. V. Пуритане. Ром. Обраб. для юношества. Съ карт. Спб. 67 г. 1 р. 50 к.
6515. III.—Т. VI. Вудстокъ. Ром. Обраб. для юношества. Съ карт. Спб. 67 г. 1 р. 50 к.
2008? III. — Т. VII. Монастырь. Ром. Обраб. для юношества. Съ карт. Спб. 68 г. 1 р. 50 к.
114. III. — Т. VIII. Эдинбургская темница. Ром. Обраб. для юношества. Съ карт. Спб. 68 г.
1752. III. — Т. IX. Редгонтлетъ. Ром. Обраб. для юношества. Съ карт. Спб. 73 г. 1 р. 50 к.
6516. III.—Т. X. Робъ-Рой. Ром. Обраб. для юношества. Съ карт. Спб. 73 г. 1 р. 50 к.
232. III.—Т. XI. Кенильвортъ. Ром. Обраб. для юношества. Съ карт. Спб. 72 г. 1 р. 50 к.
6517. III.—Т. XII. Морской разбойникъ. Ром. Обраб. для юношества. Съ карт. Спб. 1 р. 50 к.
— Т. XIII. Антикварій. Ром. Обраб. для юношества. Съ карт. Спб. 73 г. 1 р. 50 к.
1587. III. — Т. XIV. Певериль. Ром. Спб. 74 г. 1 р. 50 к.
1586. III. — Т. XV. Карлъ Смѣлый. Ром. Спб. 74 г. 1 р. 50 к.
249. III. — Т. XVI. Конетабль Честерскій. Ром. 74 г. 1 р. 50 к.
248. III. — Т. XVII. Опасный замокъ. Ром. Обраб. для юношества. Съ карт. Спб. 75 г. 1 р. 50 к.
6555. III.—Т. XVIII. Вэверлей. Ром. Обраб. для юношества. Съ карт. Спб. 75 г. 1 р. 50 к.
6556. III.—Т. XIX. Гай Маннеригъ, или астрологъ. Ром. Обраб. для юношества. Съ карт. Спб. 76 г. 1 р. 50 к.
6519. III. — Т. XX. Ламермурская невѣста.

6520. Ш. — Т. XXI. Легенда о Монтрозѣ. Ист. ром. въ 2 ч. Спб. 68 г. 1 р. 50 к.

6521. Ш. — Т. XXII. Аббатъ.

6522—23. III.—Т. XXIII и XXIV. Графъ Робертъ Парижскій.

1637. III. — Т. XXV. Сенъ-Ронанскія воды. Ром. Спб. 70 г. 1 р. 50 к.

О Вальтеръ Скоттѣ см. Булгаковъ, Ѳ. И. В. 84 г. 8; 276 и 285. II. Бѣлинскій, В. Сочинен. Т. I и X; 1313. II. Брандесъ, Г. Главныя теченія литературы XIX стол. М. 93 г. Дружининъ. Собр. Сочин. Т. IV; „В. Скоттъ".—Тоже. О. З. 54 г. 93, 94—96; 394. II. Гонеггеръ, I. Очеркъ литературы и культуры XIX стол. Спб. 67 г. 683. II. Кирпичниковъ, А. В. Скоттъ и В. Гюго. (Публичная лекція). Спб. 91 г. 998. II. Карлейль. Истор. и крит. опыты. М. 78 г. Его-же. В. Скоттъ. О. З. 57 г. 5. 319. II. Коршъ, В. Всеобщая истор. литер. Т. IV. 920. II. Майковъ, В. Критическіе опыты. Стр. 192 и слѣд. Изд. Пантеона литературы. 306. II. Тэнъ. Развитіе полит. и гражд. своб. въ Англіи. Т. II. Спб 71 г. Языковъ, Д. 74 г. 10.

Біографическія свѣдѣнія см. Біограф. Библ. Ѳ. Павленкова.1322.II. Очеркъ Паевской, А.„Вальтеръ Скоттъ". 2707. II. Эльце, К. Сэръ Вальтеръ Скоттъ. Изд. ж. „Пантеонъ литературы". Спб. 94 г.

811—12. III. Славная женщина. Ром. Спб. 71 г. 1 р. 50 к.

3332. III. Стартъ, Г. Фотографическая карточка. Уголовный ром. Спб. 88 г.

804. III. Смоллеттъ. Похожденія Гемфри Клинкера. Ром. Спб. 61 г.

806. III. — Родерикъ Рендомъ. Ром. Спб. 60 г. 1 р.

О Смолетѣ см. 2308. II. Геттнеръ, Г. Ист. всеобщ. лит. XVIII вѣка. Т. I. Спб. 63 г. „Жизнь и соч. Смоллета". Сов. 55 г. 3. 6350. III. Дружининъ, А. Лекціи Теккерея объ англійскихъ юмористахъ. V. (См. собр. сочиненій Др-а. Т. V). 318. II. Коршъ, В. Всеобщ. ист. литер. Т. III. Спб. 88 г. 306. II. Тэнъ. Разв. полит. и гражд. своб. въ Англіи. Т. II. Спб. 71 г. Біогр. свѣд. 2308. II. Геттнеръ, Г. Ист. всеобщ. лит. XVIII вѣка. Т. I. Спб. 63 г.

Соммервиль и Россъ. Виноградникъ. Навуея. Ром. В. Е. 92 г. 4—6.

4366. Ш. Соути, Роб. Судъ Божій надъ епископомъ.—Королева Урана.—Баллада, въ которой разсказывается, какъ одна старушка ѣхала на черномъ конѣ вдвоемъ и кто сидѣлъ впереди. Пер. В. Жуковскаго.—Бленгейскій бой. Пер. А. Плещеева.—Ингконскій ровъ. Пер. Ѳ. Миллера. См. Гербель, Н. Англійскіе поэты въ біогр. и образцахъ.

См. также: Собраніе сочиненій Плещеева и Жуковскаго.

О Соути см. 1313. II. Брандесъ, Г. Главныя теченія литерат. XIX стол. М. 93 г.; Маколей. Собр. соч. Т. I. 2308. II. Геттнеръ. Ист. англійск. литер. XVIII вѣка. 319. II. Коршъ, В. Всеобщ. истор. лит. Т. IV. Спб. 92 г. Біогр. свѣд. 4366 III. Гербель. Н. Англійскіе поэты.

2473. III. Спейтъ. На днѣ морскомъ. Ром. Спб. 82 г. ц. 2 р.

2095. III. — Загадочныя происшествія въ Геронъ-Дайкскомъ замкѣ. Ром. Спб. 81 г.

4365. III. Спенсеръ, Э. Изъ поэмы „Epithalamium". См. Гербель, Н. Англійскіе поэты. Тамъ-же біографія Э. Спенсера.

О Спенсерѣ см. 305. II. Тэнъ, Ип. Развитіе политической и гражданской свободы въ Англіи. Спб. 71 г. Т. I.

1541. III. Стеніанъ-Бигъ. Альфредъ Стаунтонъ. Ром.

Стерджисъ, Р. Мормон. Ром. Наб. 86 г. 2—4.

4604. III. Стернъ, Л. Жизнь и убѣжденія Тристрама Шенди. Спб. 90 г. ц. 2 р. 50 к.

4168. Ш.—Сантиментальное путешествіе по Франціи и Италіи. Пер. Д. Аверкіева. Спб. 91 г.

6071. Ш. — Тоже. (Дешев. Библ.) Изд. А. Суворина. Спб. 92 г. 20 к.

— Безъ отвѣта. Стих. О. З. 77 г. 4.

О Стернѣ см. 6350. III. Дружининъ, А. Лекціи Теккерея объ англійскихъ юмористахъ. Лек. VI. (См. полн. собр. сочин. Др-а, Т. V). 2308. II. Геттнеръ, Г. Исторія всеобщей литерат. XVIII вѣка, Т. I. Спб. 63 г. 318. II. Коршъ, В. Всеобщая исторія литературы. Т.III.Спб. 88 г. 306. II. Тэнъ, Ип. Развитіе политич. и гражданской свободы въ Англіи. Т. II. Спб. 77 г.

3707. III. Стивенсонъ, Р. Два брата. Истор. ром. Р. В. 90 г. 5—9.

3220. III. — Принцъ Отто. Ром. В. Е. 86 г. 1—3.

3629. III. — Островъ сокровищъ. Ром. М. 89 г. 2 руб.

6511. III.—Тайна корабля. Ром. Съ рис. Дамблана. Изд. И. Сытина. М. 96 г. ц. 50 к.

3577. III. — Черная стрѣла. Ром. В. Е. 89 г. 5—7.

3694. III.—и Осборнъ, Л. Комедія ошибокъ. Ром. Спб. 90 г.

108. III. Стиль, А. Вотъ какъ все идетъ на свѣтѣ. Ром. Спб. 69 г. 2 р.

Стоктонъ. Покойная сестра его жены. Разск. Наб. 84 г. 8.

— Наша повѣсть. Наб. 84 г. 10.

2524. Ш. Стретонъ, Г. Чему быть, того не миновать. Ром. Спб. 83 г. 2 р.

4561. Ш. Стэдъ, В. Въ Чикаго на выставку. Пов. Съ рис. М. 93 г. 75 к.

Сѣверъ и Югъ. Ром. Р. В. 56 г. 5—6.

3684. III. Тасма, И. Дядюшка. Ром. изъ австралійской жизни. Р. В. 90 г. 2—4.

3803. III. — Въ молодые годы. Ром. Р. В. 90 г. 10—12; 91 г. 2—4.

3509. III. Таурджи, Э. Борьба за освобожденіе. Ром. Съ иллюстр. Пер. Каншина Спб. 89 г.

Твэнъ, М. Полное собраніе сочиненій. Изд. В. Н. Л. Спб. 95—96 г.

— Т. I. Американскій претендентъ и другіе разсказы. Спб. 95 г. (Изданіе продолжается).

5460. III. — Очерки и разсказы юмористическіе и сатирическіе. Пер. И. В. Майнова. М. 88 г. Оглавленіе: Леченіе насморка.—Роджерсъ.—Нѣмецкая легенда о Сагенфельдѣ.—Мой первый литературный опытъ.—Похожденія моихъ часовъ.—Средневѣковый романъ: I. Разоблаченіе тайны. II. Ликованіе и слезы. III. Дѣло осложняется. IV. Роковое открытіе. V. Страшная катастрофа.—Замѣтка о парижанахъ.—Каменный гость (Видѣніе). — Автобіографія Марка Твэна.—Ученыя басни для благонравныхъ взрослыхъ дѣтей.—У Ніагары.—Амурныя похожденія Алонзо Фицъ Кларенса и Розанны Этельтонъ.—Кое-что о литературѣ великосвѣтскихъ поступковъ.—Украденный бѣлый слонъ.—Людоѣдство въ вагонахъ.—Новый уголовный терминъ.—Великая революція въ Питкэрнѣ. — Мистрисъ Макъ - Вильямсъ и молнія.—Сказъ объ одномъ дурномъ мальчикѣ.—Сказъ про одномъ хорошемъ мальчикѣ. — Треволненія супруговъ Вильямсъ изъ

5*

за крупа.—О куаферахъ.—Два слова о горничныхъ.—Странный сонъ, съ моральной подкладкой, любопытная экскурсія въ небесное пространство.—Спичъ въ похвалу страхованія отъ несчастныхъ случаевъ.

5008. III. — Американскіе разсказы, собранные Маркомъ Твэномъ. Содержаніе: I. Людоѣды на желѣзной дорогѣ. Разск. М. Твэна. II. Разсказъ о томъ, какъ я убилъ медвѣдя. Чарльза Дедлея Вернера. III. Самый дурной человѣкъ и самый глупый человѣкъ въ Турціи. IV. Замѣчательное крушеніе „Томаса Хайка“. Разск. Ричарда Стоктона. V. Новый родъ крупа. М. Твэна. VI. Рипъ Ванъ-Винкль. Вашингтона Ирвинга. VII. Затеряны въ снѣгу. Марка Твэна. Изд. А. Суворина. Спб. 1889 г. ц. 50 к.

36. III. — Очерки: Контрактъ на поставку мяса.—Процессъ Джорджа Фишера.—Застольная рѣчь.—Письма китайца изъ Америки на родину. О. З. 77 г. 6.

3174. III. — Приключеніе Гольберри Финна. Ром. И. Л. 85 г. 2—5.

— Грандіозный заговоръ. Разск. Р. Б. 86 г. 8.

— Дѣти природы у себя дома. Оч. Р. М. 82 г. 8.

— Удача. Разск. Тр. 91 г. 2—3.

5552. III. — Американскій претендентъ. Ром. Наб. 93 г. 1—4.

— Тоже. Р. О. 92 г. 9—12.

2492. III. — и Уарнеръ, Ч. Мишурный вѣкъ. Ром. въ 3-хъ ч. Спб. 74 г. ц. 1 р. 50 коп.

4109. III. Телетъ, Р. Призраки прошлаго. М. 92 г. ц. 1 р.

5223—34. III. Теккерей, В. Собраніе сочиненій въ 12-ти томахъ. Спб. 1894—95 гг. Изд. В. И. Л.

5223. III. — Т. I. Обыкновенная исторія.— Приключенія Филиппа въ его скитаніяхъ по свѣту. Ч. I.

5224. III. — Т. II. Тоже. Ч. II.

5225. III. — Т. III. Вдовецъ Ловель. Ром.— Книга Снобовъ. Юморист. очерки. — Исторія Титмарша и гоггартовскаго алмаза. Пов. — Духъ Синей бороды. Разсказъ.

5226. III. — Т. IV. Мемуары Барри Линдона, эсквайра.—Четыре Георга.

5227. III. — Т. V. Ньюкомы. Исторія весьма почтеннаго семейства, составленная Артуромъ Пенденнисомъ, эсквайромъ. Пер. Е. Г. Бекетовой. Ром. Ч. I.

5228. III. — Т. VI. Ньюкомы. Ч. II.

5229. III.—Т. VII. Исторія Пенденниса. Ч. I.

5230. III. — Т. VIII. Тоже. Ч. II.

5231. III. — Т. IX. Ярмарка тщеславія. (Романъ безъ героя). Ч. I.

5232. III. — Т. X. Тоже. Ч. II.

5233. III.—Т. XI. Замужнія дамы. Изъ мемуаровъ Д. Фицъ - Будля. — Сатирическіе очерки.—Избранные этюды.

5234. III.— Т. XII. Исторія Генри Эсмонда, эсквайра, полковника на службѣ ея величества королевы Анны. (Написанная имъ самимъ).—Біографическій очеркъ. Съ портр. В. Теккерея.

482. III. — Горасъ Сальтоунъ. Ром. Спб. 62 г. ц. 30 к.

316. III. — Ловель вдовецъ. Ром. Спб. 60 г. ц. 1 р. 25 к.

1544. III. — Записки лакея. Ром. Спб. 60 г. ц. 1 р.

Объ этомъ романѣ см. Дружининъ, А. Коригильскій сборникъ. Пол. Собр. Сочин. Др-а. Т. V.

480. III. — Приключенія Филиппа въ его странствованіяхъ по свѣту. Спб. 71 г. ц. 2 р.

Объ этомъ романѣ см. 6350. III. Дружининъ, А. Полн. Собр. Сочин. Т. V.

256. III. — Записки мистера Желтоплюша. Ром. Спб. 60 г. ц. 1 р.

403. III. — Очерки англійскихъ нравовъ. Приключеніе въ несовсѣмъ порядочномъ обществѣ. Спб. 59 г. ц. 1 р.

1041—42. III. — Исторія Пенденниса, его приключеній и бѣдствій, его друзей и величайшаго врага. Спб. 74 г. ц. 4 р.

— Денисъ Дюваль. Романъ. (Р. В. 64 г. 4—6).

1043. III. — Мужнина жена. Ром. Спб. 78 г. ц. 2 р.

4423.—24. III. — Ньюкомы. Исторія одной весьма достопочтенной фамиліи. 2 ч. Спб. 56 г.

О „Ньюкомахъ“ см. 6350. III. Дружининъ, А. Полн. Собр. Сочин. Т. V.

3211—12. III. — Базаръ житейской суеты. Ром. въ 2-хъ ч. Пер. Введенскаго. Спб. 73 г.

3156. III. — Вдова Синей Бороды. Святочный разсказъ. С. В. 86 г. 1.

— Вороново крыло. Пов. Р. В. 58 г. 9.

— Мистеръ и мистриссъ Франкъ - Берри. Разск. Р. В. 58 г. 10.

— Какъ вѣшаютъ человѣка. Разск. Р. В. 58 г. 11.

— Заговоръ въ Бетфордѣ - Роу. Разск. Р. В. 58 г. 12.

— Жена Дениса Гагорти. Разск. (Р. В. 58 г. 12).

— Виргинцы. Ром. Совр. 58 г. 70, 72; 59 г. 75—78.

О Теккерѣ см. 826. II. Александровъ, Н. Теккерей. Біогр. очеркъ. Біогр. библ. Павленкова. 6350. III. Дружининъ, А. Полное Собр. Сочиненій, Т. V. Теккерей, какъ фотографъ и нувеллистъ (Изъ The Westminster Review) О. З. 61 г. 4. Жизнь и сочиненія В. Теккерея по Троллопу. Вѣстн. Евр. 82 г. 10—12. 990. II. Тэнъ, Ип. Новая англійская литература. Спб. 76 г. Его-же. Теккерей. Оч. О. З. 64 г. 5. *.* Диккенсъ и Теккерей. Р. В. 64 г. 7. Совр. 64 г. 11—12. Жизнь и сочиненія Теккерея. О. З. 55 г. 1. В. Теккерей. Литер. характеристика. Б. д. Ч. 56 г. 3. Черты изъ біографіи Теккерея. Р. С. 64 г. 6. Форгъ. Изъ жизни Теккерея. О. З. 64 г. 8.

5171. III. Теннисонъ, Л. Стихотворенія въ переводѣ Плещеева. О. З. 71 г. 2; 73 г. 1.

3940. III. — Годива. Стих. Пер. М. Михайлова. (См. собр. сочиненій Михайлова).

— Мать преступника. Пер. О. Михайловой. В. Е. 89 г. 8.

— Спасенный. Пер. Барыковой. (См. соч. Барыковой).

4366. III. —Годива. Стих. Пер. *.*—Древнее преданіе. Стих. Пер. Д. Минаева.—Королева Мая. Поэма. Дора. Поэма. Пер. А. Плещеева. См. Гербель, Н. Англійскіе поэты въ біогр. и образцахъ.

— Кубокъ. Тр. въ 3-хъ дѣйств. Пер. Н. Мировича. Театралъ 95 г. 47.

О Теннисонѣ см. 319. II. Коршъ, В. Всеобщая исто-
ріа литерат. Т. IV. Спб. 92 г. 2450. II. Пл. К. Поэзія
Теннисона. Кн. Нед. 92 г. 11. 990. II. Тэнъ, Ип. Новая
англійская литература. Спб. 76 г.' Чуйко, В. „Альфредъ
Теннисонъ". Наб. 92 г. 12. Біограф. свѣдѣнія также у Гер-
беля. Англійскіе поэты. Спб. 75 к. 4366. III. Мильсандъ.
Англійская поэзія послѣ Байрона, „Альфр. Теннисонъ" Б.
д. Ч. 51 г. 109.

552. III. **Томасъ, А.** Вальтеръ Горингъ.
Ром. Спб. 67 г. 1 р. 50 к.

2690. III. — Разбитая страсть. Ром. Спб.
93 г. 1 р. 75 к.

4366. III. **Томсонъ, Дж.** Изъ поэмы
„Времена года". Пер. В. Жуковскаго.—Ужа-
сенъ грома гласъ... Пер. А. Мерзлякова. См.
Гербель, Н. Англ. поэты въ біогр. и образц.
О Томсонѣ см. 2308. II. Геттнеръ, Г. Ист. всеобщ.
лит. XVIII вѣка. Т. I. Спб. 63 г.
381. II. Шерръ. Всеобщ. ист. литер. Спб. 67 г. Біогр.
свѣд. 4366. III. Гербель. Англ. поэты въ біогр и образц.

1844. III. **Томъ, Ф.** Дядюшка-племянникъ.
Ром. Спб. 79.

328. III. **Траффордъ.** Дороже яхонтовъ.
Ром. Спб. 69 г. 1 р. 30 к.

327. III. — Джоржъ Гейсъ. Ром. Спб. 66 г.
1 р. 50 к.

94. III. **Тренчъ.** Очерки ирландской жиз-
ни. Спб. 73 г. 1 р. 25 к.
Кр. О. З. 73 г. 1.

567. III. **Тролоппъ, Э.** Бельтонское по-
мѣстье. Ром. Спб. 71 г. 1 р. 50 к.

568—69. III. — Финіасъ Финнъ, воротившійся
назадъ. Ром. Спб. 75 г. 2 р. 50 к.

481. III. — Орлійская ферма. Ром. 2 ч. Спб.
64 г. 3 р.
Объ этомъ романѣ см. 6350. III. Дружининъ, А.
Полн. собр. соч. Т. V.

571. III. — Наслѣдникъ Ральфъ. Ром. Спб.
71 г. 2 р.

572. III. — Сэръ Герри Готспуръ. Ром. Спб.
71 г. 2 р.
Кр. В. Е. 71 г. 3, ст. Тали.

573—74. III. — Какъ мы теперь живемъ. Ром.
4 ч. Спб. 77 г. 2 р. 50 к.

575—76. III.—Первый министръ. Ром. Спб.
77 г. 4 р.

577. III. — Гэрри Гиткотъ изъ Гренгуаля.
Ром. изъ жизни австралійскихъ поселенцевъ.
Спб. 75 г. 1 р.

1433. III. — Бельгэмптонскій викарій. Ром.
Спб. 70 г. 2 р.

941. III. — Попенджой-ли онъ? Ром. Спб.
78 г. 2 р.

578. III. — Лондонскія тайны. Ром. Спб.
75 г. 2 р.

579. III. — Львиная пасть. Ром. (Продолж.
романа „Лондонскія тайны"). Спб. 75 г. 2 р.

570. III. — Фремлейскій приходъ. Ром. Спб.
61 г.

— Тоже. Р. В. 61 г. 2, 4, 6, 8.

2078. III. — Дѣти герцога. Ром. Спб. 80 г.

1610. III. — Око за око. Ром. Спб. 81 г.

2309. III. — Школа ректора Вортля. Ром.
Спб. 81 г.

2372—73. III. — Ангелъ Аглая. Ром. въ
2 ч. М. 82.

4826. III.—Брилліанты Юстэсовъ. Ром. Спб.
72 г.

— Тоже подъ загл. Брилліантовое ожерелье.
Д. 71 г. 5—7, 12.

4825. III. — Клеверинги. Ром. Спб 67 г.

2891. III. — Любовь стараго человѣка. Ром.
Из. Лит.

3356. III. — Чемоданъ съ деньгами. Разск.
Спб. 88 г.

3504. III. — Неравный бракъ. Ром. Спб.
89 г.

3669. III. — Рэчель Рэй. Ром. Спб. 64 г.
1 р. 50 к.

2834. III. — Маріонъ Фай. Ром. въ 2-хъ ч.
1 р. 75 к.

— Тоже. В. Е. 83 г. 3—9.

— Джонъ Буль на Гвадалквивирѣ. Разск.
Наб. 84 г. 1.

— Десять итальянокъ. О. З. 61 г. 2, 3, 5,
6, 8.

— Викторія Колонна. Р. М. 89 г. 4, 5.

5889. III. — Онъ зналъ, что былъ правъ. Ром.
Спб. 71 г. 3 р.

— Леди Анна. Ром. Р. В. 73 г. 5—9, 11.
12; 74 г. 1—4.
О Тролопѣ см. 319. II. Коршъ В. Всеобщ. ист.
литер. Т. IV. Спб. 92 г.
6350. III. Дружининъ, А. Полн. Собр. Сочин. Т. V.
Ст. Л. Полонскаго. Очерки англ. общества въ рома-
нахъ А. Тролопа. В. Е. 70 г. 8, 10. Его-же. Женскіе
типы въ романахъ Тролопа. В. Е. 71 г. 8.
Зотовъ, В. Представители современнаго реализма во
французской и англійской литературѣ: А. Додэ и Тролопъ.
И. В. 85 г. 1.
Боданскій, О. Мистрисъ Тролопъ. Б. д. В. 36 г. 16.

1431. III. **Уайтъ, Мельвиль.** Вол-
чиха. Истор. ром. временъ фр. революціи.
Спб. 77 г. 1 р.

Уайтъ, Ферси. Абдуллахъ. Разск. Наб.
87 г. 1.

2814. III. **Уардстонъ.** Отравлена .мор-
фіемъ. Разск. М. 80 г.

1924. III. **Уардъ, Г.** Дэвидъ Гривъ. Ром.
Спб. 92 г.

3556—57. III. — Отщепенецъ. Ром. Спб.
89 г. 3 р.

3643. III.—Дождливый іюнь. Пов. Спб. 89 г.

— Миссъ Брэдертонъ. Ром. Пер. А. Весе-
ловской. С. В. 93 г. 2—5.

612. III. **Удъ, Г.** Замокъ Вернеръ. Ром.
Спб. 63 г. 3 р.

613. III. — Исг-Линнъ. Ром. Спб. 70 г.
2 р. 50 к.

614. III. — Анна Гирфордъ. Ром. Спб. 69 г.
2 р.

615. III.—Бесси Рэнъ. Ром. Спб. 73 г. 1 р. 50 к.

1288. III.—Джина Монтани. Пов. Собр. ром.
Ахматовой.

1842. III. — Померойское аббатство. Ром.
Спб. 79 г.

617. III.—Пропалъ безъ вѣсти. Ром. Спб
74 г. 2 р.

618. III.—Элдайна. Ром. Спб. 77 г. 2 р.

619. III. — Эльстерово безуміе. Ром. Спб.
63 г. 1 р. 30 к.

616. III.—Лабиринтъ. Ром. Спб. 73 г. 1 р. 50 к.

2530. III.—Проѣздъ черезъ туннель. Разск.
Спб. 82 г.

1945. III. — Эшлидэйятскій призракъ. Ром.
Спб. 71 г. 2 р.

3978. III.—Присяга лэди Аделанды. Ром.
Спб. 67 г.

921—22. III. **Уйда.** Въ городѣ и въ де-
ревнѣ. Наблюденія непризнаннаго сатирика

Картины англійской жизни. Ром. 2 ч. Спб. 75 г. 3 р.

Кр. В. Е. 74 г. 11, 12; В. Е. 76 г. 5, 6. Ст. Ловцовой.

1792. Ш.—Другъ дома. Ром. Спб. 79 г.

— Тоже. В. Е. 79 г. 8, 9.

— Листъ, унесенный бурей. Разск. Р. Р. 80 г. 10.

2176. Ш.—Пеписстрелло. Разск. Д. 80 г. 4.

— Привязанность собаки. Разск. Р. Р. 80 г. 11.

2360—62. Ш.—Въ мареммахъ. Ром. въ 3-хъ ч. М. 82 г.

— Тоже. О. З. 80 г. 3—8.

2113. Ш.—Моль. Ром. Спб. 80 г.

— Свадебный подносъ. Разск. Св. 79 г. 12.

2558. III. — Сельская община. Ром. Спб. 81 г. 2 р.

— Тоже. Д. 81 г. 3—5.

— Тоже. О. З. 81 г. 2—5.

— Птицы въ снѣгу. Разск. Р. Р. 81 г. 1.

— Послѣдній изъ Кастельменовъ. Новелла. М. 81 г. 10.—Съ волками жить... В. Е. 90 г. 6.

2392. Ш.—Сѣверный орелъ. Ром. Пер. Лѣтнева. Спб. 82 г. 1 р. 30 к.

2646—7. Ш.—Сигаретта, маркитантка зуавовъ. Ром. въ 2-хъ ч. М. 83 г. 2 р. 50 к.

2656. Ш.—Напрасный даръ. Ром. Пер. Лѣтнева. Спб. 83 г. 1 р. 75 к.

2796. Ш.—Ванда. Ром. Спб. 84 г. 1 р. 75 к.

3160. Ш.—Патеръ Джезуальдо. Разск. Набл. 86 г. 6.

3820. Ш.—Вѣтка сирени. Разск. Р. М. 90 г. 4.

— Тоже. Набл. 91 г. 1.

2135. Ш.—Наканунѣ казни. Разск. Спб. 81 г.

4636. Ш.—Тайна. Ром. въ 3-хъ ч. Спб. 71 г.

3643. Ш.—Гильдрой. Ром. Набл. 89 г. 10—12.

— Гости лэди Доротеи. Тр. 89 г. 15—20.

5541. Ш. Уоллесъ, Льюисъ. Бэнъ-Хуръ (Во время оно). Повѣсть изъ римской и восточной жизни въ эпоху возникновенія христианства. Полный переводъ. Изд. В. Н. Маракуева. М. 93 г. 2 р., съ пересылкой ? р. 50 к.

6544 Ш.—Тоже. Изд. Суворина. „Во дни оны". Пер. Е. Бекетовой. Спб. 25 к.

3409. Ш.—Тоже. Изд. „Недѣли". Спб. 88 г.

4169. Ш. Уэйманъ, С. Волчье логово. Эпизодъ изъ Варѳоломеевской ночи. Истор. ром. Спб. 91 г.

Флемингъ. Необыкновенная женщина Ром. Д. 74 г. 2, 3, 5.

3492. Ш. Фонбрекъ, А. Лордъ каторжникъ. Ром. Спб. 89 г.

4278. Ш. Фарраръ. Тьма и разсвѣтъ. Истор. ром. изъ врем. Нерона. Въ 3-хъ ч. Спб. 92 г. 1 р.

— Тоже М. Б. 92 г. 7—9, 11, 12.

4375. Ш.—То-же, подъ заглавіемъ: „На зарѣ христианства" или сцены изъ временъ Нерона. Ист. разск. Пер. А. Лопухина. Съ пояснительными примѣчаніями отъ переводчика. Изд. Гузова. Спб. 90 г. 3 р.

— На разсвѣтѣ христианства. Изд. Суворина. См. отд. для дѣтей.

2175. Ш. Фельпсъ, Е. Сестра милосердія. Американскій разсказъ. О. З. т. CCXIV.

1874. Ш. Феннъ-Мельвилль. Водолазъ. Разсказъ о погибшихъ корабляхъ. Спб.79 г.

1303. Ш. Фильдингъ, Г. Томъ Джонсъ. Ром. Спб. 50 г. 2 р.

6545. III.— Исторія Тома Джонса, найденыша. Ром. въ 3 т. Изд. Суворина. Спб. 1 р. 80 к.

О Фильдингѣ см. „Томъ Джонсъ". 2308. II. Геттнеръ, Г. Ист. всеобщ. лит. XVIII. Т. I. Спб. 63 г.

308. II. Тэнъ. Разв. полит. и гражд. своб. въ Англіи. Т. II. Спб. 71 г.

6350. III. Дружининъ, А. Лекціи Теккерея объ англійскихъ юмористахъ. Лек. V. (См. Полн. Собр. Сочин. Др-а. Т. V).

318. II. Коршъ, В. Всеобщая истор. лит. Т. III. Спб. 88 г.

Фонбланкъ, А. По волѣ судьбы. Ром. Р. В. 71 г. 3—12.

2739. Ш. Форстеръ, мистриссъ. Ложный шагъ. Ром. Спб. 83 г. 1 р. 75 к.

476. Ш. Фортуніо. Герой дня. Ром. Спб. 78 г. 1 р. 30 к.

1802. Ш. Фотергиль, Д. Испытаніе. Ром. Спб. 80 г. 2 р.

— Тоже. О. З. 79 г. 9—12.

— Закаленъ или надломленъ? Разск. В. Е. 82 г. 1—3.

— Одинъ изъ трехъ. Разск. В.Е. 82 г. 4, 5.

127. Ш. Фоусетъ. Дженни Донкастеръ. Ром. О. З. 76 г. 9—10.

О Фоусетъ см. ст. Д. Коропчевскаго „Новь". 86 г. 22.

2654. Ш. Хаджи изъ Гайдъ-парка. Алираби. Ром. О. З.

2192—94. Ш.Чесаръ Борджіа или Италія въ 1500 году. Истор. ром. автора „White riars". Пер. В. Муромскаго. Спб. 63 г. 2 р.

3880. Ш. Христіанскіе мученики. Пов. изъ эпохи гоненія на христіанъ въ III вѣкѣ. (Автора „Откликъ души". „Источникъ жизни" и др.). Пер. Ф. Домбровскаго. Спб. 90 г. 2 р.

4366. Ш. Чоусеръ, Дж. Изъ поэмы „Кентерберійскіе разсказы". Пер. Д. Минаева. См. Гербель, Н. Англ. поэты въ біогр. и образцахъ.

О Чоусерѣ см. 317. II. Коршъ, В. Всеобщая исторія литературы. Т. II. Спб. 85 г.; 305. II. Тэнъ, Ип. Разв. политической и гражданской свободы въ Англіи. Спб. 71 г. Т. I. Гербель. Англійскіе поэты въ біограф. образцахъ. Спб. 75 г.

Шаль, Д. Записки лондонскаго врача для бѣдныхъ. Сл. 78 г. 1, 4, 6, 7.

4056—59. Ш. Шекспиръ, В. Полное собраніе драматическихъ произведеній въ переводѣ русскихъ писателей. Изд. Н. А. Некрасова и Н. В. Гербеля. Спб. 66 г.

4056.III.— Т. I. Предисловіе. Литература и театръ въ Англіи до Шекспира. В. Боткина.— Трагедіи и комедіи: Коріоланъ.—Отелло.—Сонъ въ Иванову ночь.—Юлій Цезарь.—Король Лиръ.—Много шуму изъ ничего. — Макбетъ.—Тимонъ Аѳинскій.—Двѣнадцатая ночь или что угодно.

4057. III.—Т. II.—Трагедіи, комедіи и хроники: Гамлетъ.—Буря.—Троилъ и Крессида.—Ромео и Джульетта.—Усмиреніе своенравной. Историческія драмы: Король Джонъ.—Король Ричардъ II. Король Генрихъ четвертый. Ч. I и II.

4058. III.—Т. III. Король Генрихъ пятый.—Король Генрихъ шестой. Ч. I, II и III.—Король Ричардъ третій.—Король Генрихъ восьмой.—

Венеціанскій купецъ. — Какъ вамъ будетъ угодно.—Антоній и Клеопатра.

4059. III.—Т. IV. Вильямъ Шекспиръ, біограф. очеркъ.—Зимняя сказка.—Конецъ всему дѣлу вѣнецъ.—Цимбелинъ.—Титъ Андроникъ.—Два веронца.—Виндзорскія проказницы.—Мѣра за мѣру.—Комедія ошибокъ.—Периклъ.—Князь Тирскій.—Безплодныя усилія любви.

4859—70. III.—Тоже. Пер. П. А. Каншина. Біогр. оч. В. Шекспира, написанъ проф. Моск. университета Н. И. Стороженко. Примѣчанія П. И. Вейнберга, П. А. Каншина и др. Изд. С. Добродѣева. 12 томовъ. Спб. 93 г.

4859. III — Т. I. Гамлетъ, принцъ датскій.—Ромео и Джульетта. — Отелло. 4860. III. Т. II. Цимбелинъ.—Король Лиръ.—Макбетъ.— Iокширская трагедія и примѣчанія. 4861. III. Т. III. Король Iоаннъ.—Царствованіе Эдуарда III.—Жизнь и смерть короля Ричарда II. 4862. III. Т. IV. Король Генрихъ IV. Ч. I и II. — Король Генрихъ V. 4863. III. Т. V. Мѣра за мѣру. — Тимонъ Аѳинскій.— Зимняя сказка. — Лукреція. 4864. III. Т. VI. Жизнь и смерть короля Ричарда III. — Венеціанскій купецъ.—Троилъ и Крессида. 4865. III. Т. VII. Король Генрихъ VI (I, II и III ч.).—Венера и Адонисъ. 4866. III. Т. VIII. Два Веронца.—Король Генрихъ VIII.—Титъ Андроникъ.—Сонеты. 4867. III. Т. IX. Коріоланъ.—Юлій Цезарь. — Антоній и Клеопатра. — Жалобы влюбленной.—Фениксъ и голубка. 4868. III. Т. X. Веселыя виндзорскія кумушки.—Крещенскій сочельникъ, или что хотите. — Сонъ въ Иванову ночь.—Буря. 4869. III. Т. XI. Много шуму изъ ничего. — Усмиреніе строптивой.—Комедія ошибокъ.—Периклъ.—Принцъ Тирскій.—Страстный пилигримъ. 4870. III. Т. XII. Напрасный трудъ любви.—Все хорошо, что кончается хорошо.—Какъ вамъ угодно.—Два благородныхъ родственника.—Завѣщаніе.

5332—39. III.—Тоже, въ переводѣ и объясненіи А. М. Соколовскаго. 8 томовъ. Спб. 95 г. кажд. т. 1 р. 25 к.

5332.—Т. I. Вступительная статья: Шекспиръ и его значеніе въ литературѣ. Трагедіи: Отелло.—Король Лиръ.—Макбетъ.

5333.—Т. II. Трагедіи: Гамлетъ. — Ромео и Джульетта.—Тимонъ Аѳинскій.

5334.—Т. III. Драмы. Венеціанскій купецъ.—Мѣра за мѣру.—Цимбелинъ.—Зимняя сказка.—Периклъ.

5335.—Т. IV. Трагедіи изъ древняго міра: Коріоланъ.—Юлій Цезарь. — Антоній и Клеопатра.—Троилъ и Крессида.

5336.—Т. V. Драматическія хроники: Король Iоаннъ. — Король Ричардъ II. — Король Генрихъ IV (части I и II).—Король Генрихъ V.

5337.—Т. VI. Драматическія хроники: Король Генрихъ VI (части 1, 2 и 3-я).—Король Ричардъ III.—Король Генрихъ VIII.

5338.—Т. VII. Комедіи: Сонъ въ лѣтнюю ночь.—Виндзорскія проказницы. — Укрощеніе своенравной. — Много шуму изъ пустяковъ.—Двѣнадцатая ночь.—Два веронца.

5339.—Т. VIII. Комедіи: Буря. — Какъ вамъ угодно.—Конецъ вѣнчаетъ дѣло. — Напрасные труды любви.—Комедія ошибокъ.—Сомнительная пьеса: Титъ Андроникъ.

6418—26. III. — Тоже. Полное собраніе драматическихъ сочиненій. Пер. Н. Кетчера, испр. и пополн. по найденному Пэнъ Коллеромъ старому экземпляру in folio 1632 г. Изд. К. Солдатенкова и Щепкина. М. 62—77 г.г.

6418. III.—Ч. I. Король Iоаннъ.—Ричардъ II.—Генрихъ IV, ч. 1 и 2.

6419. III.—Ч. II. Генрихъ V.—Генрихъ VI ч. 1, 2 и 3.

6420. III.—Ч. III. Ричардъ III.—Генрихъ VIII.—Комедія ошибокъ.—Макбетъ.

6421. III.—Ч. IV. Укрощеніе строптивой.—Коріоланъ.—Все хорошо, что хорошо кончается.—Отелло.

6422. III.—Ч. V. Тимонъ Аѳинскій.—Два веронца.—Юлій цезарь.—Антоній и Клеопатра.

6423. III.—Ч. VI. Зимняя сказка.—Троилъ и Крессида.—Виндзорскія проказницы.—Ромео и Джульетта.

6424. III.—Ч. VII. Крещенская ночь.—Гамлетъ.—Тщетный трудъ любви.—Мѣра за мѣру.

6425. III.—Ч. VIII. Король Лиръ.—Много шуму по пустому.—Цимбелинъ.—Какъ вамъ угодно.

123. III. — Юлій Цезарь. Траг. Пер. А. Феат. Б. д. Ч. 59 г. 154.

3607. III. — Тоже. Пер. П. Козлова. Кол. 89 г. 3.

120. III. — Тоже. Пер. Д. Михаловскаго. Совр. 64 г. 4.

— Трагедія въ Iоркширѣ, пьеса (приписываемая Шекспиру). Перев. П. П. Гнѣдича. Театрал. 95 г. 31.

3373. III. — Тоже. Пер. Каншина. Съ предисловіемъ В. Крестовскаго (псевдонимъ), статьей В. Чуйко и И. Дурново. Д. 87 г. 1, 4, 5.

122. III. — Тимонъ Аѳинскій. Траг. въ 5 д. Пер. Вейнберга. Спб. 65 г. 75 к.

— Тоже. Совр. 64 г. 11—12.

122. III. — Жизнь и смерть короля Джона. Драма. Пер. А. Дружинина. С. 65 г. 7.

6348. III. — Тоже. Въ полн. собраніи сочиненій и переводовъ А. Дружинина. Т. III.

121. III. — Ромео и Джульетта. Траг. Пер. Росковшенко (Мейстера). М. 64 г. 1 р.

— Тоже. Б. д. Ч. 39 г. 33.

3903. III. — Тоже. Пер. Кускова. Изд. А. Суворина. 25 к.

— Сцены изъ „Ромео и Джульетты“. Пер. Н. Грекова. Б. д. Ч. 59 г. 153.

— Сцена изъ Ромео и Юліи. Пер. Кускова. Заря. 70 г. 10.

4560. III. — Тоже. Пер. А. Фета. Р. С. 59 г. 2.

6548. III.—Король Лиръ. Траг. въ 5 д. Пер. В. Якимова. Спб. 33 г. 1 р. 50 к.

115.—Тоже. Перев. Лазаревскаго. Спб. 64 г. 1 р. 25 к.

5137. III. — Тоже. Пер. А. Дружинина. Спб. 59 г. 1 р.

— Тоже. С. 56 г. 60.

6348. III. — Тоже. Въ собраніи соч. и пер. А. Дружинина. Т. III.

6546. III. — Тоже. Изд. А. Суворина. (Деш. Библ.). Съ предисловіемъ и замѣчан. о трагедіи и о характ. ея Кольриджа, Шлегеля, Боккилля, Джемисона, Дружинина. Спб. 25 к.

— Тоже. Пер. С. Юрьева. Р. М. 82 г. 6—9.

116. Ш. — Гамлетъ, принцъ датскій. Траг. Пер. А. Л. Соколовскаго. Спб 83 г.

6547. III.— Тоже. Пер. Н. Полевого. Съ дополн. и варіантами по другимъ переводамъ. Изд. 4-е (Деш. Библ. А. Суворина). Спб 25 к.

6549. III.—Тоже. Пер. П. П. Гнѣдича. Съ сокращеніями, согласно требованіямъ сцены. М. 92. 1 р. 50 к.

— Тоже. Артистъ. 92 г. 1—7.

4224. — Тоже. Пер. и примѣненіе къ условіямъ современной сцены. А. Месковскаго. 2-е испр. изд. Спб 92 г. 20 к.

126. Ш. — Макбетъ. Траг. въ 4 д. пер. Элькона. Спб 65 г. 60 к.

2380. Ш. — Тоже. Пер. Кронеберга. Съ предисловіемъ и мнѣніемъ о „Макбетѣ" Кольриджа, Галлама, Найта, Генце, Мезьера, Рюмелина. Изд. 2-е (Деш. Библ. А. Суворина). Спб. 91 г. 25 к.

2938. Ш. — Тоже. Пер. Соколовскаго. Спб. 84 г. 1 р.

2938. Ш. — Тоже. Пер. С. Юрьева. Р. М. 84 г. 1—4.

118. Ш. — Отелло, венеціанскій мавръ. Др. въ 5 д. Пер. П. Вейнберга. Спб 64 г. 75 к.

— Тоже. Б. д. Ч. 64 г. 4—5.

6550. Ш. — Тоже. Съ предисловіемъ и мнѣніемъ о характерахъ трагедіи Ферниваля, Джонсона, Кольриджа, Шлегеля, Крейссига, Рюмелина, Мезьера. Изд. 3-е (Деш. Библ. А Суворина). Спб. 25 к.

— Тоже. Пер. Кускова. Заря. 70 г. 4.

— Король Іоаннъ. Др. Пер. Мина. Р. В. 82 г. 7.

123. Ш. — Король Генрихъ IV. Др. Пер. А. Соколовскаго. Спб. 63 г. ц. 1 р. 50 к.

— Тоже. Б. д. Ч. 60 г. 159.

122. Ш. — Тоже. Пер. П. Вейнберга. Спб 65 г.

124. Ш. — Король Генрихъ VIII. Др. Пер. П. Вейнберга. С. 64 г. 9.

120. Ш. — Король Ричардъ II. Др. хроника. Пер. А. Соколовскаго. Совр. 65 г. 6.

— Тоже. Пер. Гр. Даниловскаго. Б. д. Ч. 50 г. 100—101.

1765. Ш. — Виндзорскія кумушки. Ком. Пер. П. Вейнберга и В. Шульгина. Съ прилож. статьи В. Чуйко и рис. Спб 79 г.

3894. Ш. — Тоже. Пер. О. Мильчевскаго. Р. Сц. 65 г. 4—5.

2020. Ш. — Цимбелинъ. Траг. Пер. Н. Шульгина. Съ прилож. статьи В. Чуйко и рис. Спб 80 г.

3549. Ш. Тоже. Пер. Г. Данилевскаго. Спб 87 г. (Собр. соч. Д—го. Т. VI).

124. Ш.—Король Ричардъ III. Др. Пер. Дружинина. Спб. 62 г. 1 р. 50 к.

6348. Ш. — Тоже. См. собраніе сочиненій и переводовъ А. Дружинина. Т. III.

6551 Ш. — Тоже. Изд. Деш. Биб. А. Суворина 25 к.

3459. Ш. — Тоже. Пер. Г. Данилевскаго. Спб. 87 г. (Собр. сочин. Д—го. Т. VI).

124. Ш. — Тоже. Пер. Н. Островскаго. С· 65 г. 11—12.

5134. Ш. — Тоже. Въ собраніи сочиненій и переводовъ А. Островскаго. Т. II.

118. Ш. — Сонъ въ лѣтнюю ночь. Фант. ком. въ 5 д. Пер. А. Григорьева. Спб 60 г. 50 к.

126. Ш. — Тоже. Пер. Сатина. С. 51 г. 29.

— Тоже. Пер. Ап. Григорьева. Б. д. Ч. 57 г. 144.

— Тоже. Пер. Росковшенко. Б. д. Ч. 41 г. 45.

3541. Ш.—Коріоланъ. Траг. въ 5 д. Пер. Дружинина. Спб. 74 г.

118. Ш.—Тоже. Спб. 58 г.

6552. III.—Тоже. Изд. Деш. Библ. А. Суворина. Спб. 25 к.

6348. III.—Тоже. Въ полномъ собраніи сочиненій и переводовъ Дружинина. Т. III.

121. III.—Мѣра за мѣру. Др. Пер. Альберта. Р. Сп. 65 г. 1.

— Венеціанскій купецъ. Пер. Н. Шепелева. Р. О. 92 г. 8—9.

— Тоже. Пер. Н. Павлова. О. З. 39 г. 5.

— Двѣнадцатая ночь или что угодно. Пер. А. Кронеберга. О. З. 41 г. 17.

— Много шуму изъ ничего. Пер. А. Кронеберга. С. 47 г. 6.

— Сонеты. Пер. Ѳ. Червинскаго. В. Е. 90 г. 9.

О Шекспирѣ см. монографіи: 1008—11. II. Гервинусъ:Шекспиръ.4т.—Т. I. Введеніе.—Шекспиръ въ Страдфордѣ.—Описательныя поэмы Шекспира.—Шекспиръ въ Лондонѣ и на сценѣ.—Драматическая поэзія Шекспира.—Сцена.—Первыя драматическія попытки Шекспира. — Титъ Андроникъ и Периклъ.—Генрихъ VI.—Комедія ошибокъ и Укрощеніе строптивой. — Второй періодъ драматической поэзіи Шекспира: Эротическія пьесы. — Два веронца.—Напрасныя усилія любви и Все хорошо, что хорошо кончилось.—Сонъ въ лѣтнюю ночь. Т. II. Ромео и Джульетта. Венеціанскій купецъ. — Историческія пьесы.—Ричардъ III. — Ричардъ II. — Генрихъ IV (Часть первая).—Генрихъ IV (часть вторая).—Генрихъ V.—Король Іоаннъ.—3 комедіи:Виндзорскія кумушки.—Какъ вамъ угодно.—Много шуму изъ пустого.—Двѣнадцатая ночь, или что хотите. Т. III. Шекспировы сонеты.—Третій періодъ драматической поэзіи Шекспира.—Мѣра за мѣру.—Отелло.—Гамлетъ. — Макбетъ. — Король Лиръ. Т. IV. Цимбелинъ.—Троилъ и Крессида. — Юлій Цезарь.—Антоній и Клеопатра.—Коріоланъ. — Тимонъ Аѳинскій. — Буря.—Зимняя сказка.—Генрихъ VIII. — Шекспиръ. — Чувство изящнаго у Шекспира.—Его такъ называемая неправильность.—Его художественный идеалъ. — Его вѣкъ. — Нравственный духъ его сочиненій. — Драматическіе роды. — Основныя черты его нравственнаго воззрѣнія.

Критика на Гервинуса, см. ст. проф. Н. Стороженко. Шекспировская критика въ Германіи. В. Е. 69 г. 10, 11. Значеніе Шекспира по толкованію Гервинуса. О. З. 62, 6; 64 г. 3.

2783. II. Женэ, Р. Шекспиръ, его жизнь и сочиненія. Вступленіе. Отдѣлъ первый: Жизнь Шекспира и состояніе англійскаго театра въ его время. Развитіе англійской драмы. „Горбодукъ" предшественники Шекспира: Лилли, Кидъ, Гринъ и др. Христофоръ Морло и его значеніе. Труппы актеровъ. — Враги и друзья театра. — Стефанъ Госсонъ и пуритане. — Основаніе блакфрейерскаго театра. — Родина Шекспира.—Его юношескіе годы.—Его женитьба и удаленіе изъ Страдфорда. Шекспиръ въ Лондонѣ.—Анекдоты. — „Слезы музъ" Спенсера. Нападеніе Роберта Грина и оправданіе Четтля. Возрастающая популярность театра. — Устройство театральныхъ вдалій и сцены во время Шекспира. Дружба поэта съ лордомъ Саутгамптономъ. — Глобусъ. — Поэтъ становится собственникомъ. — Шекспиръ на высотѣ славы.—Отзывъ Мпресъ въ его „Palladis Tamio".—Вопросъ о сонетахъ. - Подѣлки и неправильныя изданія.—Отношенія Шекспира къ Бенъ-Джонсону.—Анекдоты. Смерть королевы. — Отношенія Іакова I къ театру.—Макбетъ.—Шекспиръ покидаетъ сцену. — Его послѣднія произведенія. — Возвращеніе въ Страдфордъ. — Смерть и завѣщаніе.—Его потомки.—Страдфордскій монументъ и портреты поэта. — Отдѣлъ второй: Драмы Шекспира. Англійскія изданія и критика текста. Произведенія перваго періода; Титъ Андроникъ.—Периклъ.—Король Генрихъ VI.—Два веронца.—Комедія ошибокъ. — Погерянныя усилія любви. Драматическія хроники изъ англійской исторіи: Общій взглядъ: Ричардъ II. — Генрихъ IV. — Генрихъ V. — Ричардъ III. — Король Іоаннъ. — Генрихъ VIII. Произведенія средняго періода: Ромео и Юлія. — Сонъ въ лѣтнюю ночь.—Венеціанскій купецъ.—Укрощеніе строптивой.—Виндзорскія проказницы. — Много шуму изъ ничего. — Гамлетъ.—Какъ вамъ угодно.—Двѣнадцатая ночь, или что хотите. — Трагикомедіи. — Конецъ вѣнчаетъ дѣло. Мѣра за мѣру.—Зимняя сказка.—Цимбелинъ.—Драмы изъ античной жизни. Римскія трагедіи.—Юлій Цезарь. — Антоній и Клеопатра.—Коріоланъ. — Тимонъ Аѳинянинъ. — Троилъ и Крессида. Три высоко-художественныя трагедіи: Король Ларъ.—Макбетъ.—Отелло. Буря.—Заключеніе.

451. II. Дауденъ, Э. Шекспиръ, критическое изслѣдованіе его мысли и его творчества. Шекспиръ и вѣкъ королевы Елизаветы. — Развитіе мысли и творчества Шекспира. — Первая и вторая трагедіи: Ромео и Джульетта. — Гамлетъ.—Драмы изъ новой исторіи. - Юморъ Шекспира.—Послѣднія пьесы Шекспира.

2026. II. Кохъ, М. Шекспиръ. Жизнь и дѣятельность его; современная ему литература и культурный строй. Съ прилож. библіограф. указателя. Пер. Гулева. Біографія. Итальянское вліяніе въ англійской поэзіи. Вліяніе классич. древности. Англійская драма и театръ до Шекспира. Поэты характера Шекспира. Постановка и дальнѣйшая судьба его драмъ. Съ предисл., примѣч. и съ дополненіями Н. Стороженко. М. 88 г. 2 р.

2786. II. Чуйко, В, Шекспиръ, его жизнь и произведенія. Съ 33 гравюрами. Спб. 89 г. 5 р.

669. II. Стороженко. Дилеттантизмъ въ Шекспировской критикѣ. (Разборъ книги Чуйко о Шекспирѣ.) Р. М. 89 г. 10.

1349. II. Воткинъ, В. Сочиненія. Т. II. Шекспиръ. Литература и театръ въ Англіи до Шекспира. — Первые драматическіе опыты Шекспира. — Генрихъ VI. — Комедія ошибокъ и Укрощеніе строптивой. — Ратмеръ о Ромео и Юлія. — Женщины, созданныя Шекспиромъ: Юлія. — Офелія.—Шекспиръ, какъ человѣкъ и лирикъ. — Театръ новыя драмы, приписываемыя Шекспиру.

1563. II. Гейне. Сочиненія. Т. III. Женщины и дѣвушки Шекспира: Введеніе. Крессида. — Кассандра. — Елена. — Виргилія. — Порція. — Клеопатра. — Лавинія. — Констанца. — Леди Перси. — Принцесса Екатерина. — Жанна д'Аркъ.—Маргарита.—Королева Маргарита.—Лэди Грей.— Лэди Анна. — Королева Екатерина. — Дездемона. — Джессика. — Порція.—Анна Буллонъ.—Лэди Макбетъ.—Офелія. Корделія.—Джулъ.—Заключеніе.

Также см. соч. Тэна. 305. II. Развитіе гражданской свободы въ Англіи. Т. I. 318. II. Корша. Всеобщая исторія литературы.

Разныя статьи о Шекспирѣ:

Обзоръ главнѣйшихъ мнѣній, высказанныхъ о Шекспирѣ европейскими писателями XVIII и XIX ст. О. З. 40 г. т. XII.

309. II. Тэнъ, И. Шекспиръ. (Критическ. опыты).
— Тоже. З. В. 64 г. 4, 5.

Аверкіевъ, Д. Шекспиръ. Эпоха 64 г. 5, 6.

1385. II. Смчевскій. Уильямъ Шекспиръ. Лекціи.

Карамзинъ, Н. Письма русскаго путешественника. 1790 г. (въ особенности письмо XXVIII) и Московскій журналъ 1791—92 г.г.

Бѣлинскій, В. Литературныя мечтанія. (Сравненіе Шекспира съ Шиллеромъ.) См. соч. Бѣл. Т. I. стр. 23—24.

432. II. Куно-Фишеръ. Исторія новой философіи. Спиноза и Шекспиръ.

738. II. Бизе. Историч. развитіе чувства природы.

314. II. Барреръ. Искусство въ связи съ общимъ развитіемъ культуры. Т. IV. М. 74 г.

788. II. Карлейль, Т. Герои и героическое въ исторіи. Гл. Герой, какъ поэтъ.

Воткинъ, В. Героическое значеніе поэта. Шекспиръ. (Изъ Карлейля). (Совр. 56 г. 2).
— Женщины, созданныя Шекспиромъ. О. З. 41 г.
— Первые драматич. опыты Шекспира. (Совр. 55 г. 3).
— Шекспиръ, какъ человѣкъ и лирикъ. О. З. 42 г. 9.

1131. II. Миллеръ, Ор. О нравственной стихіи въ поэзіи.—Первое начало сближенія въ поэзіи идеальнаго съ дѣйствительнымъ. — Соединеніе новыхъ началъ поэзіи и Шекспиръ, какъ лучшимъ представителемъ поэзіи новаго міра. — Шекспиръ, какъ поэтъ свободной воли. — Особый родъ идеализма въ его поэзіи. — Противопоставленіе его Кальдерону. — Начало низкой дѣйствительности у Шекспира и тѣсная связь ея съ началомъ идеальнымъ.—Нравственный идеалъ, указываемый драмами Шекспира. — Соотвѣтствіе его поэзіи истиннымъ началамъ новаго человѣчества.

582. II. Григорьевъ, Ап. О правдѣ и искренности въ искусствѣ. Собр. сочин. Т. I и Рус. Бес. 56 г. 3.

Тихонравовъ, Н Шекспиръ. Р. В. 64 г. 4.

654. II. Дауденъ. Житейская мудрость Шекспира Р. М. 90 г. 1.

Кулишеръ. Просперо и Калибанъ. В. Е. 83 г. 5.

1195. II. Стороженко. Робертъ Гринъ. (Сравненіе Шекспира съ Робертомъ Гриномъ).

1933. II. — Предшественники Шекспира.
— Былъ или не былъ Шекспиръ? Наб. 88 г. 2.
— Кто писалъ драмы Шекспира? И. В. 88 г. 10.
— Портреты Шекспира. Н. 86 г. 24.

Варшеръ. Литературный противникъ Шекспира.(Страница изъ исторіи театра временъ Елизаветы). Р. М. 86 г. 8.
— Драматурги, современные Шекспиру: Бенъ-Джонсонъ и его школа. 318. II. Вс. ист. литер. Корша. Т. III.
— День въ англійскомъ театрѣ временъ Шекспира. Р. М. 87 г. 10.

2787 II. — Англійскій театръ временъ Шекспира. М. 96 г. 25 к.

Лебедевъ. Шекспиръ въ передѣлкахъ Екатерины. Р. В. 78 г. 3.
— Знакомство съ Шекспиромъ въ Россіи до 1812 г. Р. В. 75 г. 12.

Готтаръ. Родина Шекспира и миссъ Бэконъ. О. З. 64 г. 4.

5422. III. Гете, В. Шекспиръ и безъ конца Шекспиръ. (Соч. Т. VII. 2-ое изд. Вейнберга).

6350. III. Дружининъ, А. Пэйнъ Колльеръ, комментаторъ Шекспира и новое важное открытіе, имъ сдѣланное. (См. собр. сочин. Дружинина. Т. V).

Онимусъ. Драма Шекспира и современная психіатрія. Зн. 76 г. 10.

Тургеневъ, И. Рѣчь о Шекспирѣ. См. соч. Тургенева. Т. I. (посмертн. изд.).

Разныя статьи объ отдѣльныхъ произведеніяхъ Шекспира:

1432. III. Спасовичъ. Соч. Т. I. Гамлетъ.

2623. III. Тургеневъ. Гамлетъ и Донъ-Кихотъ. Соч. Т. I. (Совр. 60 г. 1).

284. II. Бѣлинскій. Гамлетъ. Соч. Т. IX и Ш.

Маудсли. Гамлетъ. Психолог. очеркъ. Зн. 74 г. 9.

Воткинъ. Соч. Т. I. Гамлетъ.

Брандесъ, Г. Гамлетъ. Р. М. 95 г. 8, 9.

Берне, Л. Соч. Т. II. Стр. 306.

Восвобойниковъ, А. Гамлетъ. Критич. этюдъ. В. 90 г. 8.

Гнѣдичъ. Гамлетъ, его постановка и переводы. Р. В. 82 г. 4.

Плетневъ, П. Шекспиръ (разборъ Отелло, Макбета, Гамлета). См. собр. сочин. П. Плетнева.

Польнеръ, Т. Гаррикъ въ Гамлетѣ. Р. М. 90 г. 4.

2174. II. Боленъ. Шейлокъ съ точки зрѣнія права. Изд. Я. Канторовича.

Грецъ. Шейлокъ въ легендѣ, драмѣ и исторіи. В. 81 г. 5.

Пушкинъ, А. Шейлокъ, Анжело и Фальстафъ. Соч. Т. V.

Шепелевъ. Шекспиръ по русски (Венеціанскій купецъ). Р. О. 92 г. 8.

Брандесъ, Г. Макбетъ. Р. М. 96 г. 5. (Изъ новой книги Г. Брандеса о Шекспирѣ).

В. Г. Нѣсколько словъ о Макбетѣ. Б. д. Чт. 49 г. 98.

О Макбетѣ. Учитель, 65 г. 7 и 8.

Брандесъ, Г. Отелло. М. Б. 96 г. 2.

Бѣлинскій. Объ Отелло. Собр. соч. Бѣлинск. Т. Ш. Стр. 516—17.

О Макбетѣ. Собр. соч. Б. Т. Ш. Стр. 377—78.
— О Бурѣ. Собр. соч. Б. Т. IV. Стр. 107—110.

6348. III. Дружининъ, А. Король Ларъ. Соч. Т. III.

Брандесъ, Г. Король Ларъ. Р. М. 95 г. 7.

В. Б. Бордели-Замаратка. Литер. - критич. очеркъ. В. Е. 94 г. 11.

Брандесъ, Г. Ричардъ III. Р. М. 95 г. 5.

Дружининъ, А. Характеристика Ричарда III. Въ пред. къ его переводу Ричарда III. См. собр. соч. Др-на.

Бѣлинскій, В. О Ричардѣ III. Собр. соч. Бѣл. Т. III. Стр. 219—21.

Лавренскій. Шекспиръ въ переводѣ Фета (разборъ Юлія Цезара). Совр. 59 г. 6.

Новиковъ, Е. Шекспиръ въ трагедіи его Юлій Цезарь. Ж. М. Н. Пр. 57 г. Ч. XCV и XCVI.

Пушкинъ, А. О Ромео и Джульеттѣ. См. соч. Пушкина. Т. V.

Воткинъ. Разборъ „Ромео и Джульетты". Соч. Т. III.
— Разборъ другихъ произведеній Шекспира см. выше и Гервинуса. Жизнь и др. Біогр. см. 2790. II. Оч. Иванова. (Біогр. библ. Павл.)

4728—31.II—Шелли, П. Сочиненія. Пер. К. Д. Бальмонта. Вып. I. Изд. 2-е. Спб 93 г. 50 к. — Вып. II. Изд. 2-е. 93 г. 50 к. Вып. III. Спб. 95 г. 50 к. Вып. IV. Изд. М. В. Клюкина. М. 96 г. 50 к.

— Освобожденный Прометей. Лирич. др. въ 4 д. Пер. Д. Минаева. Д. 73 г. 1, 4, 6.

— Аласторъ или духъ уединенія. Поэма. Пер. Минскаго. В. Е. 81 г. 12.

5378. Ш.—Ченчи. Траг. въ 5 д. Пер. П. П. Вейнберга. Изд. М. Ледерле. Спб 95 г. 40 к.

— Тоже. Р. С. 64 г. 8, 9.

— Эпипсихидіонъ. Поэма. Пер. К. Д. Бальмонта. Р. М. 95 г. 11.

— Мимоза. Пер. К. Д. Бальмонта. В. Е. 92 г. 12.

— Нѣкотор. стихотворенія переведены В. Марковымъ, Плещеевымъ и др.

О Шелли см. 263. II. Басардинъ, В. П. В. Шелли. Д. 80 г. 4.
М. К. Ц-ва. „Шелли" О. З. 73 г. 1, 5.
И-ва. З. Шелли и столѣтній его юбилей. В. Е. 92 г. 8.
738. II. Бизе. Историческое развитіе чувства природы. Глава XI.
306. II. Тэнъ, И. Развитіе гражданской свободы въ Англіи. Т. II. стр. 49 и слѣд.
1313. II. Брандесъ, Г. Главныя теченія литературы XIX столѣтія. М. 81 г.
Минскій, Н. Перси Биши Шелли. З. В. 82 г. 1.
Чуйко, В. Шелли. Набл. 92 г. 10.
Шелгуновъ, Н. Р. М. 91 г. 2. 672. П. Цебрикова. Шелли. О. З. 73 г. 1—5.
4366. III. Гербель, Н. Англійскіе поэты въ біографіяхъ и образцахъ. (Краткая біографія).

4606. Ш. Шериданъ, Р. Школа злословія (The school for scandal). Ком. въ 5 д. съ біогр. автора, сост. Ч. Вѣтринскимъ. Изд. ж. „Пантеонъ Литературы". Спб 92 г.

3540. Ш.—Тоже. Пер. П. Вейнберга. Спб. 75 г.

5152. Ш.—Тоже. Спб 94 г.

5154. Ш.—Тоже. „Европейскіе классики въ русскомъ переводѣ". Подъ ред. П. Вейнберга. Съ примѣч. и біогр. Вып. VI. (Для учащихся). Спб. 75 г.

Кр. „Школа злословія". 306. II. Тэнъ. Разв. полит. и гражд. своб. въ Англіи. Т. II. Спб 71 г.

4607. Ш.—Соперники. Ком. въ 5 д. Пер. Вѣтринскаго. Изд. ж. „Пантеонъ Литературы". Спб 93 г.

— Тоже. М. Б. 93 г. 8.

О Шериданѣ см. 2308. II. Геттнеръ, Г. Исторія всеобщ. лит. XVIII вѣка. Т. I. Спб. 63 г.
Дружининъ, А. Шериданъ. Кр. Ст. Т. IV.
— Тоже. Совр. 54 г. 43, 47.
Венгерова, З. Шериданъ. Очеркъ. М. Б. 93, 8.
А. В. П—ва. Шериданъ. Р. М. 92 г. 5.

4940—41. Ш. Эвелинъ, Джонъ. Королева инковъ. Ром. въ 2 ч. М. 94 г.

3689. Ш. Эдвардсъ, А. Полмилліона. Спб 74 г.

— Тоже. О. З. 66 г. 5—7, 9—10, 20.

4164. Ш.—Лордъ Бракенбюри. Ром. Пер. съ рукописи О. Изгарской. Съ 30 рисунками. Спб 81 г. 3 р.

1069. Ш.—Бѣдовая падчерица. Спб 77 г. 2 р.

— Два зимнихъ вечера на берегу моря. Пер. Зенкевича. Н. Л. 83 г. 10.

389. Ш. Элліоттъ, Дж. Адамъ Бидъ. Ром. М. 59 г. 2 р.

— Тоже. О. З. 59 г. 8—12.

Кр. М. Л. Новый романъ Дж. Эліота. С. 60 г. 83.

404. Ш.—Исповѣдь Дженетъ. Пов. Спб 60 г. 81.

391. Ш.—Даніэль Деронда. Ром. въ 2 ч. Спб 76 г. 4 р.

— Тоже. Д. 76 г. 1—12.

1684—85. Ш.—Мидльмарчъ. Картины провинціальной жизни. Спб 73 г. 3 р.

— Тоже, подъ названіемъ: „Въ тихомъ омутѣ—буря". Д. 72 г. 1—12; 73 г. 1, 2.

— Тоже. О. З. 72 г. 1—2; 73 г. 1—4, 6—8.

2107. Ш.—Любовь мистера Гильфиля. Пов. М. 59 г. 1 р.

5290. Ш. — Тоже. Пер. С. Майковой. Спб.

— Тоже. Р. В. 60 г. 8.

— 393. Ш.—Мельница на Флосѣ. Ром. Спб 65 г. 1 р. 50 к.

— Тоже. О. З. 60 г. 130—33.

1267. Ш. — Амосъ Бартонъ. Разск. Р. В. 60 г. приложеніе.

64. Ш.—Братецъ Джекъ. Пов. З. В. 64 г. 8.

— Приподнятая завѣса. Разск. О. З. 79 г. 2.

1905. Ш.—Феликсъ Гольтъ, радикалъ. Ром. Спб. 67 г. 1 р. 50 к.

— Тоже. Д. 66 г. 2; 67 г. 3—6.

4251. Ш.—Ромола. Ист. ром. Изд. Суворина. Спб. 92 г.

3827. Ш.—Тоже. Спб. 91 г.

— Тоже. О. З. 63 г. 9—12.

3910. Ш.—Сила Марнеръ, ткачъ изъ Равело. Пов. М. 89 г. 40 к.

— Тоже. М. Б. 92 г. 1—6.

О. Дж. Эліотѣ см. М. Л. Дж. Эліотъ. С. 59 г. 78.
672. П. Цебрикова, М. Англичанки-романистки. О. З. 71 г. 8, 9.
Михайловъ, М. Д. Эліотъ. С. 59 г. 11.
С. А. Д. Эліотъ. В. Е. 84 г. 5—6.
Ивансъ. Дж. Эліотъ. О. З. 69 г. 10. (Здѣсь разбираются романы: Адамъ Бидъ, Ф. Гольтъ, Силасъ Марнеръ и Ромола).
Ткачевъ, П. Ст. въ Д. 68 г. 4—5.
6350. III. Дружининъ, А. Собр. сочиненій. Т. V. (О романѣ Ромола).
607. II. Ковалевская, С. Воспоминанія о Дж. Эліотѣ. Р. М. 86 г. 6.
722. II. Давыдова, Л. Дж. Эліотъ. Біогр. очеркъ. (Біогр. библ. Павленкова).
4366. III. Гербель, Н. Англійскіе поэты въ біографіяхъ и образцахъ.
О стихотвореніяхъ Дж. Эліота см. ст. „Два мотива современной поэзіи". О. З. 76 г. 5.

Эллисъ (лордъ). Шотландское семейство. О. З. 40 г. 8.

3962. Ш. Элькокъ. Два брата или сказаніе о Констанцкомъ соборѣ. Ром. Пер. К. Пеллегрини. Спб 92 г.

Эминъ, д-ръ. Негрскія сказки. Тр. 91 г. 9.

226. Ш. Энсвортъ, У. Старый домъ. Ром. Спб 70 г. 1 р. 30 к.

545. Ш. — Конетабль Бурбонскій. Истор. ром. Спб 40 г. 1 р. 50 к.

1306. Ш. — Окорокъ единодушія. Донмовскій обычай. Ром. (Словесность).

1677—78. Ш. — Заговоръ королевы. Истор. ром. Спб 79 г. 2 р. 25 к.

1897. Ш. Юнгъ. Рибомоны бѣлые и черные или ожерелье. Истор. ром. Съ рис. Спб. 75 г. 2 р.

1946. Ш. — Плѣнный левъ. Истор. ром. Спб 77 г. 1 р. 50 к.

2477. Ш. — Голубица въ гнѣздѣ орлиномъ. Истор. ром. Пер. В. В. Каширева. Спб 76 г.

680. Ш. Ятсъ, Э. (Іетсъ, Ятъ). Дамокловъ мечъ. Ром. Спб 76 г. 1 р. 75 к.

657. Ш. — Безмолвный свидѣтель. Ром. Спб 75 г. 1 р. 50 к.

1122. Ш. — Пасынокъ. Ром. Спб 67 г. 2 р.

1624. Ш. — Волки и овцы. Ром. Спб 67 г. 1 р. 50 к.

ОТДѢЛЪ VI.
Терманскія государства.
Книги и статьи по исторіи нѣмецкой литературы.

2073. II. **Саймъ, Д.** Краткая исторія нѣмецкой литературы. Пер. съ анг·
лійскаго. Спб. 85 г. Ц. 60 к.

1402—403. II. **Шереръ, В.** Исторія нѣмецкой литературы. Перев. съ нѣ-
мецкаго, подъ редакціей А. Н. Пыпина. Часть I и II. Спб. 1893 г. Ц. 5 р. 50 к.

2310—11. II. **Геттнеръ.** Исторія всеобщей литературы. XVIII вѣка. Т. III.
Нѣмецкая литература. Кн. I. (1648—1740 г.) Переводъ А. Пыпина и А. Плещеева. Изд.
К. Солдатенкова. М. 72 г. Ц. 2 р. — Кн. III. Классическій вѣкъ нѣмецкой литера-
туры. Пер. съ нѣм. Павла Барсова. М. 75 г. ц. 2 р. 75 к.

317. II. **Кирпичниковъ, А.** Германскій національный эпосъ.
Беовульфъ.—Миѳическія и героическія пѣсни и саги Скандинавіи.—Пѣснь о Гиль-
дебрандѣ. —Вальтарій.—Нибелунги.—Кудруна.—Циклъ Дитриха Бернскаго. (Всеобщая исто-
рія литературы Корша. Т. II. стр. 146.)

317. II.—Эпоха Гогенштауфеновъ въ Германіи.
Первые минезингеры. — Общій характеръ нѣмецкой рыцарской лирики. — Вельдеке;
его современники и послѣдователи. Вальтеръ ф. д. Фогельвейде. — Ульрихъ ф. Лихтен-
штейнъ. —Нитартъ.—Тангейзеръ.—Паденіе лирики.—Мейстерзингеры.—Рыцарскій эпосъ.—
Гартманъ ф. д. Ауэ.—Переработка легендъ.—Вольфраммъ ф. Эшенбахъ.—Готфридъ Страс-
бургскій. (Всеобщая истор. литер. Корша. Т. II, стр. 417.)

318. II.—Гуманизмъ въ Германіи.
„Братья доброй воли“. — Вліяніе Италіи.—Знаменитѣйшіе гуманисты и ихъ борьба
съ схоластикой.—Рейхлинъ.—Эразмъ Роттердамскій.—Ульрихъ Гуттенъ. — „Похвала глу-
пости“.—„Письма темныхъ людей“. (Всеобщ. ист. литер. Корша. Т. III, стр. 316.)

318. II. **Морозовъ, П.** Нѣмецкая національная литература отъ начала ре-
формаціи до тридцатилѣтней войны.
Лютеръ.—Мурнеръ.—Фишартъ.—Церковная пѣснь.—Гансъ Саксъ.—Хроника. — На-
родныя книжки. (Всеобщ. ист. Лит. Корша. Т. III, стр. 356.)

318. II. **Кирпичниковъ, А.** Нѣмецкая литература въ вѣкъ академизма
и псевдоклассицизма.
Тридцатилѣтняя война.—Опицъ. — Первая Силезская школа.—Флемингъ.—Дахъ.—
Грифіусъ.—Логау.—Романъ (Цезенъ, Гриммельсгаузенъ).—Вторая Силезская школа.—Гоф-
мансвальдау.—Логенштейнъ.—Бухгольцъ. — Антонъ Брауншвейгскій.—Циглеръ.—„Государ-
ственныя дѣйствія“.—Проповѣдь. — Духовная пѣснь. — Вейзе. — Движеніе въ наукѣ. — Гюн-
теръ.—Голлеръ Галлеръ.—Гагедорнъ.—Готшедъ и его школа.—Геллертъ.—Глеймъ. (Всеоб-
щая исторія литературы Корша, Т. III.)

319. II.—Нѣмецкая литература во второй половинѣ XVIII вѣка. Всеобщ. ист. лит.
Корша. Т. IV, стр. 96.

319. II.—Время Гете и Шиллера. Возникновеніе романтической школы въ Германіи.
Всеобщ. Ист. Лит. Корша Т. IV. стр. 178.

319. II.—Нѣмецкая литература въ послѣднія десятилѣтія XIX в. Вс. исторія лит·
Корша. Т. IV. стр. 975.

1368. II. **Шаховъ, А.** Гете и его время. Лекціи по исторіи нѣмецкой литера-
туры XVIII вѣка, читанная на высшихъ женскихъ курсахъ въ Москвѣ. Спб. 91 г.

1634. II. **Гаймъ, Р.** Романтическая школа. Вкладъ въ исторію нѣмецкаго ума.
Пер. В. Невѣдомскаго. Изд. К. Т. Солдатенкова. М. 91 г. ц. 5 р.

1545 II. **Брандесъ, Г.** Главныя теченія литературы девятнадцатаго столѣтія.
Лекціи, читанныя въ копенгагенскомъ университетѣ. Пер. В. Невѣдомскаго. Нѣ·
мецкая литература. М. 81 г. ц. 2 р. 50 к.

575. II. **Шюре, Э.** Исторія нѣмецкой пѣсни. Пер. подъ рел. П. Вейнберга. Спб

1658. Ш. **Адальбертъ, К.** За семью печатями. Ром. М. 78 г. 1 р. 50 к.

4261. Ш. **Альтвассеръ, Т.** Графъ Лейчестеръ. Траг. въ 5-ти д. Пер. М. Коваленскаго. Спб. 91 г.

Американецъ. (Стефи Жирардъ). Этвъ 1 д. изъ романа Сильсфильда. Пер. Ѳ. Куманина. Театралъ 95 г. 35.

4759. Ш. **Аминторъ, Г.** За правду и за честь женщины. Cis-moll соната. Противъ „Крейцеровой сонаты". Л. Толстого. Пер. М. Калмыкова. Спб. 93 г. 50 к.

3121. Ш. **Анценгруберъ, Л.** Товарка. Повесть. Пер. Вильде. Изящ. Лит.

3175. Ш. — Позорное пятно. Ром. Пер. Крылова. Изящн. Лит.

4367. Ш. **Арндтъ, Эрнстъ.** Грёза пловца. Стих. См. Гербель, Н. Нѣм. поэты въ біогр. и образцахъ.
Біограф. свѣдѣнія там-же.
Общ. хар. 319. П. Коршъ, В. Всеобщ. ист. лит. Т. IV. Спб. 92 г.

2167. Ш. **Арторіа, Р.** Несродныя души. Новелла. М. 81 г.

1027. Ш. **Ауэрбахъ, Б.** Новая жизнь. Ром. Спб. 76 г.

4383. Ш. — Шварцвальдскіе разсказы. Т. I. Босопожка. Пер Шелгуновой. Изд. Ледерле. Спб. 93 г. 40 к.

4700. Ш. — Тоже. Т. II. Деревенскій скрипачъ Брози и Мони. Братья враги Пер. Л. Шелгуновой. Спб. 94 г. Изд. Ледерле.

813. Ш.—Босоножка. Повесть. Б. д.Ч.58 г.147.

1028. Ш. — Въ добрый часъ! Національные повести и разсказы. М. 73 г. 2 р. Огл. Сельскій праздникъ. — Послѣднее Рождество. — Какъ философъ пріобрѣлъ себѣ жену.—Одинаковая теплота для всѣхъ. — Дѣтоубійство.— Мачиха.—Тяжелый человѣкъ—Кумовство.—Признанія.—Поѣздка къ невѣстѣ.—Нашла коса на камень.—Покинутая.—Подъ колесомъ.—Все устроено и улажено. — Замкнутость.—Воспитаніе и любовь.—Гуэль и Похель.— Жена присяжнаго. — Дерево передъ моимъ окномъ.—Поступленіе въ школу.—Дурной посѣвъ.—Веніаминъ.
Кр. В. Е. 71 г. 7.

1029—30. III. — Вальфридъ. Ром. Спб. 74 г. 3 р. 50 к.
Кр. О. З. 74 г. 10.

1031—32. III. — На высотѣ. Ром. въ 2-хъ ч. и 8-ми кн. Спб. 67 г. 2 р.

1033—35. III. — Дача на Рейнѣ. Ром. въ 5-ти ч. Съ предисл. И. С. Тургенева. Спб. 76 г. 6 р.
— Тоже. В. Е. 68 г. 9—12; 69 г. 1—12.

318. Ш. — Ландолинъ изъ Рейтерсгофа. Ром. Спб. 79 г. 2 р.
Кр. О. З. 79 г. 5.
— Львиная лапка. Разск. Вр. 62 г. 3, 4.
— Поэтъ и купецъ. Ром. В. 85 г. 6—11.
— Мачиха. Разск. Р. В. 58 г. 11.

2324. Ш. — Три единственныя дочери. Повѣсти: Скала почетнаго легіона.—На караулѣ.—Анюта изъ Майнца. Спб. 75 г. 75 к.

6010—11. Ш.—Повести и деревенскіе разсказы. Пер. Л. Шелгуновой. Т. I.—Босоножка.—Свой домъ.—Бирюкъ.—Трубка.—Тонеле

убушенная щека. — Скрипачъ.—Вефеле. Спб 71 г. 1 р. 25 к. (Тоже Р. С. 60 г. 3, 5.)
— Тоже. Т. II. Брози и Мони.—Флоріанъ и Кременцъ.—Іозефъ въ снѣгу.—Хмѣль и Ячмень.

6557. III.—Братья враги. Пер. Л. Шелгуновой. Спб. 71 г. 1 р. 25 к.
Объ Ауэрбахѣ см.
Арсеньевъ, К. Современный романъ въ его представителяхъ. В. Е. 79 г. 10.
Архангельскій. Ауэрбахъ и его романы. О. З. 58 г. 2.
В. М. Р. Изъ исторіи нѣмецкой литературы въ XIX в. Р. М. 90 г. 8.
Радюкинъ, Н. Новые мотивы нѣмецкаго романа. Д. 74 г. 5.—Современная германская эпопея. Вальдфридъ, р эм. Ауэрбаха. О. З. 74 г. 10.
Ст. Н. Ашарумова. Вс. Тр. 68 г. 5; Н. Страхова Заря. 70 г. 7. „Историческій очеркъ новѣйшаго романа въ Германіи". Бес. 71 г. 3.
Пов. и дерев. разск. Б. Ауэрбаха. В. Е. 71, 7. (Въ хроникѣ).
394. II. Гонеггеръ, I. Очеркъ литературы и культуры XIX столѣтія. Спб. 67 г.
Михайловъ, А. Бертольдъ Ауэрбахъ. Оч. Ж. О. 82 г. 3.

2788. III. **Ауэръ, А.** Воздушные замки. Ром. Спб. 83 г. 1 р. 25 к.

„Беовульфъ" древне-нѣм. поэма. Отрывокъ изъ нея см. 4367. III. Гербель. „Нѣм. поэты".

Берне, Л. См. отд. исторіи литературы.
О соч. Берне. см. Гейне. 1556. Л. Сочиненія Т. VI; „Л. Берне" (изъ Гейне). Сов. 64 г. 1, 2; Шелгуновъ, Н. Первый нѣмецкій публицистъ. Д. 70 г. 8. Утинъ, Е. Политическая литература въ Германіи. Изъ литературы и жизни. Т. I. (В. Е. 70 г. 4, 11, 12). Ст. В. Зайцева. Р. С 63 г. 9; Н. Курочкина. О. З. 69 г. 12: ст. П. Вейнберга. Совр. 64. г. 1 — 2. Біогр. 1094. II. Біогр. Библ. изд. Павленкова.

88. III. **Бернштейнъ.** Повѣсти: Шендель Габборъ.—Фейгль Маггидъ. Спб. 76 г. 1 р. 50 к.

2356. III. **Биръ, Р.** Путь къ счастію. Ром. М. 82 г.
— Депутатъ либеральной партіи. Ром. Д. 82 г. 1—3.

Бертцъ, Э. Хрупкое счастіе. Ром. Р. М. 92 г. 9—12.

2548. III. **Блейбтрей, К.** Какъ про то поется въ пѣснѣ. Разск. М. 82 г.

1726. III. **Блуждающія** звѣзды. Пов. Спб. 79 г. 1 р. 25 к.

4498. III. **Боденштедтъ, Ф.** Пѣсни Мирзы Шаффи. Пер. В. Маркова.

3940. III. — Тоже. Пер. М. Михайлова. (См. соч. Михайлова).

5171. III. — Стихотворенія въ переводѣ Д. Михаловскаго. (См. его „Переводы").

6021. III. — Тоже, въ переводѣ Н. Познякова. (См. собр. стихотв. Познякова); также кн. „Пѣсни Германіи". 2509. III. Изд. Сытина. М. 95 г.
О Боденштедтѣ см. Поэтъ и профессоръ Фридрихъ Боденштедтъ. 1819—87. Р. О. 87 г. 5, 9.
4367. III. Гербель, Н. Нѣмецкіе поэты въ біографіяхъ и образцахъ.
См. также ст. въ Энциклопедическомъ словарѣ Брокгауза и Ефрона. Т. IV.

595—98. Ш. **Борнъ, Г.** Донъ-Карлосъ. Ист. ром. въ 4 ч. Спб. 75 г. 5 р. 50 к.

599—600. III. — Тайны Мадридскаго двора, или Изабелла, бывшая королева Испаніи. 3 т. Спб. 74 г. 3 р. 50 к.

4425—26. III. — Изабелла, бывшая королева Испаніи, или тайны Мадридскаго двора. Ист. ром. изъ новѣйшихъ врем. Испаніи. Пер. и изд. Л. Муратова. М. 75 г.

1454—56. Ш. — Тайны города Мадрида, или грѣшница и кающаяся. Спб. 70 г. 4 р. 50 к.

603—4. III. — Евгенія, или тайны Французскаго двора. Истор. ром. 2 т. Спб. 73 г. 4 р. 50 к.

1631—33. Ш. — Блѣдная графиня. Ром. 3 т. Спб. 78 г. 4 р.

605. Ш. — Желѣзный графъ. Истор. ром. Спб. 72 г. 2 т. 2 р. 50 к.

1457—60. III. — Султанъ и его враги. Истор. ром. 4 т. Спб. 76—77 гг. 5 р.

1776—79. III. — Морской разбойникъ или дочь сенатора. Истор. ром. Спб. 79 г. 3 р. 50 к.

2016—19. III. — Анна Австрійская или три мушкатера королевы. Истор. ром. Спб. 80 г. 4 р.

745. Ш. Брахфогель. Уильямъ Гогартъ. Ром. Спб. 68 г. 1 р. 50 к.

1309. III. — Средніе вѣка. Рыцарь Люпольдъ фонъ-Ведель. Истор. ром. 2 ч. Спб. 75 г. 2 р.

1659. III. — Людовикъ XIV. или комедія жизни. Истор. ром. Спб. 75 г. 1 р. 50 к.

4367. III. Брентано, Клем. Лора Лей. Баллада. Пер.—дтъ. См. Гербель, Н. Нѣм. поэты въ біогр. и образц.

О немъ см. 394. II. Гонэггеръ, I. Очеркъ литературы и культуры XIX стол. Спб. 67.
319. II. Коршъ, В. Всеобщая исторія литературы. Т. IV.
4367. II. Гербель, Н. Нѣмецкіе поэты въ біографіяхъ и образцахъ.

3897. III. Бэръ, М. Струэнзе. Траг. въ 5 д. въ стихахъ и прозою. Пер. А. Плещеева. Спб. 89 г. 1 р.

— Тоже. В. Е. 70 г. 5—6.

4367. III. Бюргеръ, Готфр. Ленора. Баллада. Пер. В. Жуковскаго.—Дочь Таубенгеймскаго пастора. Баллада. Пер. Н. Гербеля.—Пѣснь о вѣрности. Пер. Ѳ. Миллера.—Вейнсбергскія женщины. Пер. Н. Гербеля.—Похищеніе Европы. Пер. Ѳ. Миллера.—Одинокій пѣвецъ.—Труженику. Стих. Пер. Д. Минаева. См. Гербель, Н. Нѣмецкіе поэты въ біографіяхъ и образцахъ. См. также сочиненія Жуковскаго, Познякова и кн. „Пѣсни Германіи" Изд. Сытина. М. 95 г.

О Бюргерѣ см. 1218. II. Штернъ, А. Всеобщая исторія литературы. Спб. 85 г. 2311. II. Геттнеръ, Г. Исторія всеобщей литературы XVIII вѣка. Т. III. М. 75 г. 2788. II. Дюрингъ, Е. Великіе люди въ литературѣ. Гайм. Романтич. школа. Кн. II.—2808. II. Созоновичъ. Ленора и родств. ей сюжеты въ народн. поэзіи. Вар. 93 г. Біограф. свѣдінія см. 4367. III. Гербель, Н. Нѣмецкіе поэты въ біографіяхъ и образцахъ, — а также въ Энциклопедическомъ словарѣ Брокгауза и Ефрона. Т. V.

3144. III. Валлотъ, В. Парисъ. Истор. ром. Спб. 86 г.

— Тоже. Набл. 86 г. 10—12.

Вальдау, М. „Унылодвѣ поблекшихъ розы". Стих. Пер. А. Плещеева. См. „Пѣсни Германіи". Изд. Сытина. М. 95. 2509. II; также собраніе стихотвореній Плещеева.

Вальдъ-Зевицъ, Е. Роза изъ Цетиньи. Ром. Р. О. 92 г. 4—6, 10—12.

2556. Ш. Вахенгаузенъ, Г. Только женщина. Ром. М. 82 г. 1 р. 25 к.

Веберъ, М. Зимняя ночь на паровозѣ. М. Б. 92 г. 3.

168. Ш. Вейсенфельзъ, Г. Въ волнахъ житейскихъ. Пов. М. 76 г.

820. Ш. Вернеръ, Е. Богъ въ помощь! Ром. Спб. 74 г. 1 р.

822. Ш.—Пропавшій братъ. Ром. Пер. Пиге. М. 76 г. 1 р. 50 к.

823. III.—Княгиня Баратовская. Ром. М. 77 г. 2 р.

— Надъ пропастью. Ром. Д. 73 г. 3—5.

2135. Ш.—У алтаря. Ром. Спб. 81 г. 1 р. 25 к.
То-же. 5895. Ш. Изд. 96 г.

2268. Ш.—Предвѣстники весны. Ром. М. 81 г.

3334. Ш.—Голосъ родины. Ром. Спб. 88 г.

4121. Ш.—Блуждающіе огни. Ром. Спб. 91 г. 1 р. 25 к.

4063. III.—У орлиной скалы. Ром. Пер. А. Дубровиной. Спб. 87 г. 1 р. 25 к.

821. III.—Разорванныя цѣпи. Ром. Пер. З. Н. Журавской. Изданіе М. М. Ледерле и К⁰. Спб. 95 г. 60 к.

5098. III.—Свободное поприще. Ром. Пер. Л. Шелгуновой. Спб. 94 г.

— Тоже М. Б. 94 г. 1—9.

2570. III. — Эгоистъ. Ром. Спб. 82 г. 1 р. 25 к.

— Тоже. Набл. 82 г. 1—3.

3225. III.—Цвѣтокъ счастья. Ром. Спб. 86 г.

— Тоже. Р. Б. 86 г. 1—7.

— Заколдованный. Ром. Набл. 83 г. 10—12.

3275. III.—Заговоръ. Разсс. Спб. 87 г. Нех. 86 г. 7.

3417. III.—Освобожденный отъ проклятія. Ром. Кол. 88 г. 7—12.

3416. III.—Святой Михаилъ. Ром. Кол. 87 г. 1—6.

6553. III. — Въ добрый часъ. Ром. Пер. С. Майновой. Спб. 94 г. ц. 1 р. 50 к.

4367. III. Вернеръ, Захарія. Изъ трагедіи „Аттила". Пер. А. Шишкова.—Изъ траг. „Двадцать четвертое февраля". Пер. А. Струговщикова. См. Гербель, Н. Нѣм. поэты въ біогр. и образц.

6183. — Аттила. Романтич. трагедія въ 5 д. Пер. А. Шишкова. (Избранный нѣмецкій театръ, т. IV). М. 31.

О немъ см. 1545. II. Брандесъ, Г. Новыя теченія литературы XIX стол. М. 81 г.
Біогр. свѣд. у Гербеля, Н. Нѣмецкіе поэты въ біографіяхъ и образцахъ.

Веттербергъ, А. Месть и примиреніе. О. З. 59 г. 7.

3383. III. Виземанъ. Фабіола или церковь въ катакомбахъ. Пов. изъ эпохи гоненія на христіанъ. Пер. Ф. Домбровскаго. Спб. 88 г.

4367. III. Виландъ, Крист. Изъ поэмы „Оберонъ". Пер. Д. Минаева. — Изъ поэмы „Вастола". Пер. *.*. См. Гербель, Н. Нѣм. поэты въ біогр. и образц.

6538. III. — Оберонъ, царь волшебниковъ. Поэма. М. 1787 г.

О Виландѣ см. 1368. II. Шаховъ, А. Гёте и его время. Спб. 91 г.
4367. III. Гербель, Н. Нѣмецкіе поэты въ біографіяхъ и образцахъ.
Вейнбергъ, П. Ст. въ Энциклопедическомъ словарѣ Брокгауза и Ефрона. Т. VI.

2396. Ш. **Вильде**. Въ двухъ частяхъ свѣта. Новелла. Спб. 83 г.

3130. Ш. **Вильденбрухъ, Э.** Еще одна. Пов. Из. Лит. 84 г.

3363. III.—Жертва призванія. Пер. Э. Ватсонъ. Спб. 88 г.

— Двѣ розы. Сказка. С. В. 85 г. 4.

2525. III. **Вильдеръ, Г.** Испорченная жизнь. Ром. Спб. 82 г. 4.

Вихеръ, Е. Въ маленькомъ герцогствѣ и империи. Р. В. 80 г 5.

4175. III. **Габихтъ, А.** Сила предразсудка. Истор. ром. Спб. 92 г.

4131. III.—Мать-отравительница.Истор. ром. Спб. 83 г. 1 р. 25 к.

4828. III. **Гаклендеръ.** По слѣдамъ романа. Пов. Спб. 70 г.

611. Ш.—Принцъ и дворянинъ. Ром. Спб 73 г. 1 р. 50 к.

— Профессоръ благополучія. Разск. Театралъ. 95 г. 10.

— Военная жизнь въ Пруссіи. Ром. Р. В. 75 г. 8—12.

— Мадамъ Лоэнгринъ. Р. Р. 79 г. 12.

— Старое кресло. Пов. Р. Р. 80 г. 2.

Общ. хар. 394. II. Гонеггеръ, I. Очеркъ литер. и культ. XIX стол. Спб. 67 г.

4367. III. **Галлеръ, Альбр.** Альпы. Стих. Пер. Ѳ. Миллера. См. Гербель, Н. Нѣм. поэты въ біогр. и образц.

4367. III. Гербель, Н. Нѣмецкіе поэты въ біограф. и образцахъ.

Общ. хар. 1403. II. Шереръ, В. Ист. нѣм. литер. Ч. II. Спб. 93 г.

3603. III. **Гальдклендеръ, Ф.** Опасная игра. Новелла. Спб. 89.

258. III. **Гальмъ.** Философскій камень. Др. въ 5 д.

— Равеннскій боецъ. Траг. въ 5 акт. Пер. В. К—го. Жив. Об. 83 г. 9—10.

4498. III. **Гамерлингъ, Р.** Агасееръ въ Римѣ. Поэма въ 6-ти пѣсняхъ. Пер. О. Миллера. Спб. 72 г.

— Тоже О. З. 72 г. 9, 10.

2805. III.—Аспазія. Ист. ром. Спб 84 г. 2 р.

4615. III.—Homunculus. Современная поэма. Пер. размѣромъ подлинника Ѳ. З. ф. Л. Изд. ж. „Пантеонъ литературы“. Спб 92 г.

— Стихотворенія. О. З. 74 г. 8, 12; 76 г. 8; 72 г. 11, 12; 73 г. 7.

— Тевтъ. Др. сатира. Пер. П. Вейнберга. О. З. 73 г. 10.

— Пророкъ (Король Сіона). Поэма. Пер. Ѳ. Миллера. Р. В. 79 г. 4—6, 8—10.

О Гамерлингѣ см. М. П. Этюды о нѣмецкихъ поэтахъ. С. В. 88 г. 7

Біогр. свѣд. у Гербеля, Н. Нѣмецкіе поэты въ біографіяхъ и образцахъ. 4367. III.—а также см. З. В. Венгеровой въ Энциклопедическомъ словарѣ Брокгауза и Ефрона. Т. VIII.

4181. III. **Гартвигъ, Г.** Anno Domini. Истор. ром. изъ временъ 30 лѣтней войны. Съ нѣм. Спб. 91 г. В. П. Л.

57. Ш. **Гартманъ, М.** Контрасты. Разск. Б. д. Ч.

— Тетя Лена. Разск. изъ чешской народной жизни. Р. В. 75 г. 4.

5171.Ш.—Стихотворенія, въ переводѣ Д. Михаловскаго.

— Стихотворенія: Избушка въ лѣсу. Пер.

II. Вейнберга. О. З. 73 г. 8; Два корабля. О. З. 74 г. 7.

3940. Ш.—Бѣлое покрывало.—Два корабля. Стих. Пер. М. Михайлова. (См. соч. М—ва).

О Гартманѣ см. 4367. III. Гербель, Н. Нѣмецкіе поэты въ біографіяхъ и образцахъ.

3143. Ш. **Гаусратъ.** (Тэйлоръ). Клитія. Ист. пов. изъ временъ реформаціи. Пер. В. М. Р.—Р. М. 86 г. 1—6.

6578. III. **Гауптманъ Г.** Ганнеле. Фантаст. сцены въ 2-хъ ч. Пер. А. Г. Изд. А. Суворина. Спб. 95 г.

—Ткачи. Драма. Н. Вр. 95 г. (Илюстр. прил.)

—Одинокіе люди. Др. въ 5-ти д. С. В. 95 г. 7.

—Желѣзнодорожный сторожъ Тиль. Разск. С. В. 94 г 3.

О Гауптманѣ см. З. В. Гергардтъ Гауптманъ. Критич. оч. В. Е. 96 г. 11.—Шепелевичъ Л. Гергардтъ Гауптманъ. Характеристика. С. В. 95 г. 7.—А. Браунеръ. Современная молодая Германія. С. В. 95 г. 11—12.—Е. Дегенъ. Гергардтъ Гауптманъ. Н. Сл. 95 г. 3.

4367. III. **Геббель, Фридр.** Мотивъ народной пѣсни.—Ребенокъ.—Сонъ.—Драма.— Стихотворенія. Пер. А. Плещеева. Изъ драмы „Магдалина“. Пер. А. Плещеева. См. Гербель, Н. Нѣм. поэты въ біогр. и образц. и полн. собр. соч. А. Плещеева; (также собр. соч. Жуковскаго, Д. Михаловскаго и др.).

— Стихотворенія. О. З. 73 г. 2, 4.

— Магдалина. Драма. Пер.А. Плещеева и Костомарова. Вр. 61 г. 2.

О Геббелѣ см. 394. II. Гонеггеръ, I. Оч. литер. и культ. XIX стол. Спб 67 г.
319. II. Коршъ, В. Всеобщ. ист. литер. Т. IV. Спб 92 г.
1402. II. Шереръ, В. Исторія нѣм. литер. Ч. II.
В. М. Р. Изъ исторіи нѣмецкой литературы XIX в. Р. М. 90 г. 8.

Геггертъ, Р. Мщеніе Мальвы или война маленькой ручки. Тр. 90 г. 16, 17.

— Моя жена. Ром. Тр. 91 г. 11, 12.

4367. Ш. **Гейбель, Эм.** Поклонъ. — Видишь море? — Старая исторія. — Данте. Стих. Пер. П. Вейнберга.—Мать и дочь.—Турецкое ядро. Стих. Пер. Ѳ. Миллера. — Воскресеніе Христово. Стих. Пер. N. См. Гербель, Н. Нѣм. поэты въ біогр. и образц.

— Поклонъ. Стих. Пер. П. Вейнберга. О. З. 76 г. 8.

Кр. Общ. хар. 1218. II. Штернъ, А. Всеобщ. ист. литер. Спб. 85 г.

Виддертъ. Эммануилъ Гейбель. Ат. 58, 18.
В. М. Р. Изъ исторіи нѣмецкой литературы XIX в. Р. М. 90 г. 8.

Біогр. свѣд. 4367. III. Гербель, Н. Нѣм. поэты въ біогр. и образц.

1013—14. Ш. **Гейзе, П.** Въ раю. Ром. Пер. подъ ред. Рапцева. Спб 76 г. 2 т. 3 р.

1015. III. — Дѣти вѣка. Пер. С—вой. 2 т. Спб. 73 г. 3 р. 50 к.

1648. III. — Изъ жизни бѣдняковъ. Д. 78 г. 8.

1926. III. — Антуанъ Матье. Разск. О. З. Т. ССХLII.

—Блажная. Пов. Ат. 58 г. 6.

3314. III. — Жизнь для другихъ. Ром. Набл. 87 г. 3—6.

3160. III. — На жизнь и смерть. Новелла. Набл. 86 г. 1.

3873. III. — Нино и Мазо. Разск. Пер. В. Крылова.

— Утѣшитель въ скорбяхъ. Разск. Набл. 85 г. 8.

— Трепии. Разск. Р. В. 53 г. 10.

5171. Ш. — Богъ сна. Стих. Пер. А. Плещеева. (Собр. стих. А. Плещеева).

— L'arrabbiota. Изъ прежн. новеллъ. В. Е. 92 г. 7.

— Правда. Ком. въ 3 д. Театралъ. 95 г. 2.

2893. Ш. — Чернуха Якова. Новелла. Пер. М. Ватсонъ.

8401. Ш. — Вилла Фальконьери. Новелла. Набл. 88 г. 3.

О Гейзе см. 919. II. Брандесъ, Г. Новыя вѣянія. Спб. 89 г.

В. М. Р. Изъ исторіи нѣмецкой литературы XIX в. Р. М. 90 г. 11; ст. въ Д. 77 г. 2.

Біогр. свѣд. 319. II. Коршъ, В. Всеобщая исторія литер. Т. IV. Спб. 92 г.

1561—72. Ш. **Гейне, Г.** Сочиненія въ переводѣ русскихъ писателей. Изд. подъ ред. П. Вейнберга. 12 т. Т. I. Путевыя критики. Предисловіе Гейне къ французскому изданію „Путевыхъ картинъ". Путешествіе на Гарцъ. Нордернея.—Идеи. Т. II. Путевыя картины. Италія.—Отъ Мюнхена до Генуи.—Луккскія воды.—Городъ Лукка. Т. III. Отрывки объ Англіи.— Женщины и дѣвушки Шекспира. Т. IV. Изъ записокъ г. фонъ Шнабельвопскаго. — Флорентинскія ночи. — Бахаракскій раввинъ. Т. V. О Германіи. Т. VI. О Германіи.—Людвигъ Берне. Т. VII. Французскія дѣла.—Мѣщанская монархія въ 1832 г. Летучія замѣтки.—Изъ Норманди. Т. VIII. Парламентскій періодъ мѣщанской монархіи. Т. IX. Художественныя извѣстія изъ Парижа. Т. X. Смѣсь. Т. XI. Стихотворенія.—Алманзоръ. Траг. — Вильямъ Ратклиффъ. Траг.— Гарцъ.—Сѣверное море. Т. XII. Атта-Троль. Поэма.—Лирическая интермедія.—Германія.— Бимини. Поэма.—Вицли-Пуцли. Поэма.—Разсказы (1842—1856 г.). Спб. 64—74 г. ц. 11 р. 75 к.

6569—72. Ш. — Тоже. Т. 13—16; подъ редакц. Вл. Чуйко. Спб. 81—82 г. ц. за всѣ 16 т. 25 р. (Т. XIII. Германія. Книга пѣсенъ. Т. XIV. Стихотворенія.—Т. XV. Посмертныя стихотворенія и мысли.—Т. XVI. Біографія и переписка.

6568. Ш. — То-же. Изд. подъ редакц. Ѳ. Н. Берга. Т. I. Разсказы и поэмы. Спб. 63 г. ц. 1 р. 50 к. Содержаніе: Генрихъ Гейне. Ст. А. Григорьева.—Флорентинскія ночи.—О доносчикѣ.—Изъ мемуаровъ г. Шнабельвопскаго. Бахарахскій раввинъ. — Германія. — Атта-Троль.

986. Ш. — Отрывки изъ сочиненій.—Стихотворенія.—Аудіенція.—Старинная сказка.— Ратклиффъ.—Филантропъ.—Листки изъ дневника и др. — Романцеро. — Посмертныя стихотворенія.—Италія (изъ путев. карт.)—Гарцъ.— Идеи.—Барабанщикъ.— Le Grand.—Отрывки объ Англіи.—Черты изъ исторіи религіи и философіи въ Германіи.—Людвигъ Берне.

4189. Ш. — Флорентинскія ночи. Пер. О. Хмѣлевой. Изд. М. Ледерле. Спб. 93 г.

4620. Ш. — Книга пѣсенъ въ переводѣ русскихъ писателей, подъ ред. П. Быкова. Иллюстраціи Поля Шумана. Изд. Германа Гоппе. ц. 3 р.

6573. Ш. — Стихотворенія. Пер. Семенова Съ портретомъ и статьей о послѣднихъ годахъ жизни Гейне. Спб. 58 г. ц. 2 р. 50 к.

2220. Ш. Сѣверное море. — Стихотворенія. Пер. Сомова. Спб. 63 г.

То-же. Пер. Михайлова. Р. С. 59 г, 11.

— Стихотворенія. О. З. 71 г. 9; 68 г. 8; 69 г. 12; 70 г. 9; 73 г. 9; 74 г. 2: 71 г. 3, 4, 5, 6, 7; 72 г. 6; 70 г. 10; 74 г. 12; 72 г. 1, 3, 4; 73 г. 11; 74 г. 8; 71 г. 5; 70 г. 3.

6574. Ш. — Стихотворенія. Пер. Грекова. М. 66 г. ц. 1 р.

261. Ш.—Романцеро. Пер. Берга. О. 64г. З. 4.

6537. III. — Романцеро. Исторіи, ламентаціи и еврейскія мелодіи. Пер. подъ ред. Ѳ. Берга и Н. Костомарова. Спб. 61 г. ц. 65 к.

— Бимини. Поэма. Пер. Вейнберга. О. З. 70 г. 1, 3.

5171. Ш. — Вильямъ Ратклиффъ. Драмат. баллада. Пер. А. Плещеева. Совр. 59 г. 78.

12. Ш. — Атта - Троль. Сонъ въ лѣтнюю ночь. Пер. Д. Аверкіева.

То-же. Пер. Писарева. Р. С. 60 г. 12.

85. Ш. — Идеи. Пер. М. Михайлова. Р. В. 60 г. 6.

То-же. Пер. П. Вейнберга. Б. д. Ч. 59 г. 157.

74. Ш. — Предисловіе къ великолѣпному изданію Донъ-Кихота. Пер. Лицкаго. Б. д. Ч. 60 г. 162.

71. Ш. — Алманзоръ. Траг. Пер. Ѳ. Миллера. Б. д. Ч. 64 г. 10—11.

4681. Ш. — Записки Шнабельвопскаго. Пер. О. Н. Хмѣлевой. Изд. М. М. Ледерле. Спб. 93 г. 20 к.

— Германія. (Зимняя сказка). Поэма. Пер. В. И. Водовозова. О. З. 61 г. 10—12.

— Къ дочери моей возлюбленной. (Изъ посмертныхъ стихотвореній). Пер. П. Вейнберга. В. Е. 72 г. 11.

— Италія (изъ путевыхъ картинъ). Пер. М. Л. Михайлова. Совр. 60 г. 83.

— Гарцъ. Пер. Михайлова. Р. С. 59 г. 20.

— Путешествіе на Гарцъ. Пер. Вейнберга. Б. д. Ч. 59 г. 154.

— Вицли-Пуцли. Поэма. Пер. С. Ш. (Б. д. Ч. 64 г. 1).

— Людовикъ Берне. Пер. П. Вейнберга. Совр. 64 г. 1, 2.

— Переводы изъ „Лазаря" В. Е. 75 г. 12.

— Отрывки объ Англіи. Б. д. Ч. 63 г. 8.

— Отжившій міръ. Пер. Рагодина. Р. С. 61 г. 9.

— Первая любовь. Д. 70 г. 8—10.

— Изъ мемуаровъ Г. Гейне. Восх. 84 г 2—5.

О Гейне см. 394. II. Гонеггеръ, І. Очеркъ литер. и культуры XIX стол. Спб. 67 г.

Арсеньевъ, Б. Генрихъ Гейне, его критики и исторіи. В. Е. 91 г. 3.

1403. II. Шереръ, В. Ист. нѣмецк. литер. Ч. II. Спб. 93 г.

Соколовъ, Н. Основные мотивы поэзіи Гейне. Ц. З. 81 г. 4, 6.

Статьи въ Сов. 65 г. 11 — 12. (По поводу изданія сочиненій Гейне.

Фонъ-Виде).т. Гейне. (Пѣсни Гейне въ переводѣ М. А. Михайлова. Ат. 58 г. 29.

2731. Берне). А. Соч. Т. I. „О Германіи", соч. Гейне.

Чуйко, В. Опытъ характеристики Гейне. Наб 92. г. 9

Шелгуновъ, Н. Геній молодой Германіи. (соч. Т. II.)
Д. 70 г. 10.

1278. II. Вейнбергъ. П. Посмертныя сочиненія Генриха Гейне. О. З. 70 г. 1.

Зайцевъ, В. Гейне и Берне. Р. С. 63 г. 9.

Григорьевъ, А. Соч. Т. 1, стр. 85—96; 132—133; 150, 160, 180, 281, 304, 404, 567, 640.

Губицъ, Ф. Первые шаги Генриха Гейне на писательскомъ поприщѣ. Вѣк. 82 г. 11.

Писаревъ, Д. Посмертныя стихотворенія Гейне. Р. С. 61 г. 11.

Марковъ, Е. Мораль поэтовъ. Р. Р. 79 г. 8—9.

Біографическія свѣдѣнія о Гейне:

Вейнбергъ, П. Новые матеріалы для біографіи и характеристики Гейне. Р. С. 63 г. 10.

Его-же. Ст. въ Энциклопедическомъ словарѣ Брокгауза и Ефрона. Т. VIII.

816. II. Его-же. Біогр. очеркъ Гейне. Біогр. юбліот. Павленкова.

1278. II. Бэрту, Ш. Десять лѣтъ жизни Гейне. З. В. 64 г. 12.

Ведекиндъ. Студенческіе годы Гейне. И. В. 80 г. 7.

Грэнье. Изъ литературныхъ воспоминаній. I. Генрихъ Гейне. Р. Б. 93 г. 1.

Воспоминанія г-жи Жобера о Гейне. И. В. 81 г. 8.

Пименова, Э. Гейне въ семейной жизни. М. Б. 93 г. 2.

587. II. Плисскій, Н. Дружескія воспоминанія о Г. Гейне. Кол. 84 г. 9.

Полонскій, Л. Гейне и его жизнь. В. Е. 68 г. 9, 11.

Его-же. Гейне въ Парижѣ. В. Е. 69 г. 11.

4367. III. Геллертъ, Христ. Блаженство.—Благодать Господня. Стих. Пер. Кюхельбекера. — Лжецъ. Басня. Пер. И. Крылова.—Кощей.—Лисица и сорока.—Хитрецъ.— Счастливый мужъ.—Медвѣдь плясунъ.—Домовой.—Зеленый оселъ. Басни. Пер. П. Хемницера.—Кукушка. Басня. Пер. А. Измайлова. См. Гербель, Н. Нѣм. поэты въ біогр. и образц. (См. также соч. Хемницера, Крылова, Измайлова и др.).

Существуютъ кромѣ того переводы XVIII в.

О Геллертѣ см. 2310. II. Геттнеръ. I. Ист. всеобщ. литер. XVIII вѣка. Т. III. М. 72 г.

1403. II. Шереръ, В. Ист. нѣмецк. литературы. Спб. 93 г.

Энциклопедическій словарь Брокгауза и Ефрона. Т. VIII. Біогр. свѣд. 4367. III. Гербель, Н. Нѣм. поэты въ біогр. и образцахъ.

4367. III. Гервэгъ, Георгъ. Разлука съ жизнію. Стих. Пер. И. Крешева,—Сокрыта въ морской глубинѣ. Стих. Пер. А. Плещеева.—Колыбельная пѣсня. Стих. Пер. П. Вейнберга.—Старики и молодые. Стих. Пер. М. М.—Три сына. Стих. Пер. Н. Грекова.

3940. III. —Старики и молодые. Стих. Пер. М. Михайлова. (См. соч. М—ва).

Общ. хар. 394. II. Гонеггеръ, I. Оч. литер. и культ. XIX стол. Спб. 67 г.

63. II. *.* Лирики тридц. и сороков. годовъ. О. З. Т. CCXXXIII. Отд. I.

Біогр. свѣд. 4367. II. Гербель, Н. Нѣм. поэты въ біогр. и образцахъ.

2363—64. III. Гергардтъ, М. Реформаторы. Ром. М. 82 г.

2802. III.—Тоже. Спб. 84 г. 1 р. 25 к.

4367. III. Гердеръ Іог. Не зови судьбы велѣнья. Стих. Пер. А. Григорьева. — Цецилія. Стих. Пер. М. Дмитріева. — Дитя заботы. Стих. Пер. Ө. Миллера. См. Гербель, Н. Нѣм. поэты въ біогр. и образц.

О Гердерѣ см.

1630—31. II. Гаймъ. Гердеръ, его жизнь и сочиненія. 2 т. М. 88 г.

Ишиль, А. Гердеръ. (Гердеръ, его жизнь и сочиненія. г. Гайма.) В. Е. 90 г. 3, 4.

325. II. Стасюлевичъ. Обзоръ системъ философіи исторіи. Сп. 66 г. О философіи Гердера.

2311. II. Геттнеръ, I. Ист. всеобщ. литер. XVIII в. Т. III. М. 75 г.

1368. II. Шаховъ, А. Гете и его время. Спб. 91 г.

1403. II. Шереръ, В. Ист. нѣм. литер. Ч. II. Спб. 93 г.

Біогр. свѣд. 4367. III. Гербель, Н. Нѣм. поэты въ біогр. и образцахъ.

3975. III. Герштеккеръ, Ф. Живая сила. Ром. Изд. Шигина. Спб. 72 г. 2 р.

— Тоже. Д. 71 г. 6—12.

4979. III.—Заря новой жизни. Ром. Изд. ред. ж. „Дѣло“. Спб. 74 г. 1 р. 60 к.

— Тоже Д. 73 г. 7—12.

751. III.—Пираты на Миссисипи. Ром. Спб. 56 г. 1 р. 50 к.

— Тоже. Б. д. Ч. 58 г. 148, 149.

5517. III.—Тоже. Съ біограф. очеркомъ. Спб. 95 г. (прил. къ Ж. О. за 95 г.).

752. III.—Подъ экваторомъ. Ром. Спб. 72 г 1 р. 50 к.

754—55. III.—Луговые разбойники. Ром. въ 2-хъ ч. Спб. 76 г. 2 р. 50 к.

1288. III.—Новый способъ получать долги. Разск.

756. III.—Два каторжника. Ром. Спб. 78 г. 1 р. 50 к.

757. III.—Картины Миссисипи. Свѣтлыя и темныя стороны американской жизни. Совр. 48 г. 12; 49 г. 13, 14, 15.

758. III.—Охотничьи похожденія въ Сѣверной Америкѣ. Совр. 49 г. 16, 17.

3566. III.—Паровой котелъ. Разск. М. 89 г.— Путешествіе къ границамъ Арканзаса. Разск. М. 89 г.

Общ. хар. Герштеккера см. Гонеггеръ, I. Оч. литер. и культ. XIX стол. Спб. 67 г.

2059—63. III. Гете, В. Собраніе сочиненій въ переводахъ русскихъ писателей. Изд. подъ ред. Н. Гербеля. 10 т. Спб. 78 г. 16 р. Т. I. Мелкія стихотворенія и поэмы. Т. II. Фаустъ. Пер. Н. Холодковскаго. Т. III. Драматическія сочиненія въ прозѣ. Т. IV. Драматическія сочиненія въ стихахъ. Т. V. Вильгельмъ Мейстеръ. Т. VI. Разныя сочиненія. Т. VII. Путешествіе въ Италію. Т. VIII. Романы. Т. IX. Разныя сочиненія. Т. X. Поэзія и правда моей жизни.

5436—43. III. — Тоже. Второе изданіе подъ ред. П. Вейнберга. 8 томовъ. Спб. 92 г.

5436. Т. I. Предисловіе.—Гете, его жизнь и литературная дѣятельность. — Лирическія стихотворенія.—Пѣсни.—Смѣшанныя стихотворенія.—Баллады.—Сонеты.—Элегіи.—Посланія.—Венеціанскія эпиграммы.—Искусство.—Въ античной формѣ.—Богъ и міръ.—Западно-восточный диванъ.—Пѣсни въ дружескомъ кругу.—Параболическое и эпиграмматическое.—Драматическія сочиненія: Капризы влюбленнаго. Пастушеская пьеса въ 1 д. Пер. А. Соколовскаго.—Совиновные. Ком. въ 3 д. Пер. А. Соболовскаго.

5437.—Т. II. Гецъ фонъ-Берлихингенъ съ желѣзною рукою. Драма въ 5 д. Пер. Н. Гербеля.—Ярмарка въ Плундерсвейлернѣ. Маскарадное представленіе. Пер. А. Соколовскаго. — Боги, герои и Виландъ. Фарсъ. Пер. Н. Гербеля. — Сатиръ или обоготворенный лѣсной духъ. Драма. Пер. А. Соколовскаго.— Земное странствіе художника. Пер. Д. Веневитинова.—Обоготвореніе художника. Пер. П. Вейнберга.—Апоѳеозъ художника. Пер. Д. Веневитинова.—

Страданія молодого Вертера. Ром. Пер. А. Струговщикова. — Клавиго. Трагедія въ 5 д. Пер. А. Струговщикова.— Прометей. Драмат. отрывокъ. Пер. М. Михайлова.—Стелла. Трагедія въ 5 д. Пер. А. Соколовскаго.—Письма изъ Швейцаріи. Пер. А. Соколовскаго.—Эльпеноръ. Трагедія. — Шутка, коварство и месть. Пьеса съ пѣньемъ. Пер. Н. Холодковскаго.

5438.—Т. III. Ифигенія въ Тавридѣ. Трагедія Пер. А. Яхонтова.—Эгмонтъ. Трагедія. Пер. Н. Гербеля.—Эрвинъ и Эльмира. Пьеса съ пѣніемъ. Пер. Н. Холодковскаго. — Торквато Тассо. Драма. Пер. А. Яхонтова. — Великій Кофта. Ком. Пер. А. Соколовскаго.—Генералъ національной гвардіи. Ком. Пер. Н. Майкова.—Рейнеке-Лисъ. Въ 12-ти пѣсняхъ. Пер. М. Достоевскаго.

5439.—Т. IV. Ученическіе годы Вильгельма Мейстера. Ром. Пер. П. Полевого.— Германъ и Доротея. Пер. А. Фета. — Побочная дочь. Трагедія. Пер. Ѳ. Миллера.—Пандора. Праздничное представленіе. Пер. А. Холодковскаго.

5440.—Т. V. Избирательное сродство. Ром. Пер. А. Кронеберга.—Закладъ. Шутка въ 1 д. Пер. Л. Ш.—Пробужденіе Эпименида. Драма въ 2 д. Пер. Ѳ. Миллера.—Странническіе годы Вильгельма Мейстера или самоотрекающіеся. Ром. въ 3-хъ книгахъ. Пер. П. Полевого.

5441.—Т. VI. Вступленіе.—Путешествіе въ Италію. Пер. З. В. Шидловской.—Второе пребываніе въ Римѣ.—Добрыя женщины. Пер. Н. Гербеля.

5442.—Т. VII. Фаустъ. Драматическая поэма въ двухъ частяхъ. Переводъ Николая Холодковскаго. — Смѣсь: Изреченія въ прозѣ. Пер. А. Ѳ. С. и Соколовскаго. Пер. Н. Гербеля. — Іосифъ Босси. О „Тайной Вечери" Леонардо да-Винчи въ Миланѣ. Пер. Н. Гербеля. — О правдѣ и правдоподобности въ художественныхъ произведеніяхъ. Разговоръ. Пер. В. И. Вейнберга.—Шекспиръ—и безъ конца Шекспиръ! Пер. П. Вейнберга.

5443. — Т. VIII. Изъ моей жизни. Правда и поэзіи. (1809—1831 г.)

3841. III. — Фаустъ. Траг. Ч. I. Въ перев. А. Струговщикова. Спб. 66 г. Изд. П. Вейнберга. Соч. т. III.

— Тоже. Пер. Струговщикова. Совр. 58 г. 69.

— Тоже. Ч. I, сц. 1-я. Пер. Павлова. Р. В. 67 г. 7.

— Тоже. Полн. перев. (I части) Грекова. О. З. 59 г. 10.

6558. III.—Тоже. Драматическая поэма. Пер. Н. Холодковскаго. Изд. исправленное переводчикомъ. Изд. Суворина. 25 к.

2260—61. III.—Тоже. Пер.Фета. съ предисл. и прим. 2 ч. М. 83 г. ц. 2 р.

6131. III. Тоже. Пер. Е. И. Губера; съ изложеніемъ 2-ой части. Собр. соч. Е. Губера. Т. II.

— Тоже. Ч. I. Сц. 3-я. Пер. И. Павлова. Р. В. 74 г. 2.

— Тоже. (Сцены изъ первой части). Пер. Н. Грекова. О. З. 57 г. 7.

— Тоже. (Послѣдняя сцена первой части). Пер. Грекова. О. З. 56 г. 7.

— Тоже. (Изъ первой главы). Пер. Грекова. О. З. 58 г. 7.

— Тоже. Вторая часть. Пер. Губера. Б. д. Ч. 40 г. 38.

— Тюрьма. Сцена изъ Фауста. Пер. Д. Кафтырева. Р. С. 65 г. 4—5.

Критика „Фауста". Корелинъ. Западная идея о докторѣ Фаустѣ. Опытъ критич. изслѣдованія. В. Е. 82 г. 11, 12.

Шаховской, И. Легенда и первая народная книга о Фаустѣ. Ж. М. Н. П. 80 г. 10.

— Фаустъ на англійской сценѣ. Р. В. 81 г. 2.

2175. II. Куно Фишеръ. „Фаустъ" Гете. Возникновеніе и составъ поэмы. Пер. И. Городецкаго. М. 87 г. 50 коп.

Булгаковъ, Ѳ. Іовъ, Прометей и Фаустъ. И. В. 84 г. 4.

620. II. Фришмутъ, М. Типъ Фауста въ міровой литературѣ. В. Е. 87 г. 7—10.

1746. II. Юрьевъ, I. Опытъ объясненія траг. Гете „Фаустъ". I ч. трагедіи. М. 86 г. 75 к.

607. II.—Тоже. Р. М. 84 г. 11—12.

Каро. Разборъ второй части „Фауста" (прил. къ II т. собр. соч. Гете, изд. Гербеля).

1338. II. Шаховъ, А. Гете и его время. Спб. 91 г. См. также книги Льюиса, 439. II; Душкина, 109. II; Шерера, 1403. II; Геттнера, 2311. II.

3542. III. — Ифигенія въ Тавридѣ. Пер. А. Яхонтова. Спб. 74 г.

Кр. см. Бороздовъ, В. Ифигенія Гете. Б. д. Ч. 56 г. 138, 139.

4190. III. — Страданія юнаго Вертера. Съ предисловіемъ Г. Вендта. Пер. О. Хмѣлевой. Изд. М. Ледерле. Спб. 93 г.

1314. III. — Тоже. Съ опытомъ монографіи Струговщикова. Иллюстрир. 3 фотограф. картинками и 2 факсимиле. Спб. 75 г. 2 р.

4637. III. — Тоже. Пер. А. Р. Эйгеса. Со статьей о „Вертерѣ". Изд. Суворина. Спб. 93 г. 60 к.

Кр. Вертера см.

1368. II. Шаховъ. Гете и его время. Лекц. VI и VII.—1545. II. Брандесъ. Главныя теченія литер. XIX в. Ч. 1 Литер. эмигрантовъ.

4385. III. — Тоже. Пер. А. Р. Эйгеса. Со статьей о „Вертерѣ". Изд. Суворина. Спб. 93 г. 60 к.

4385. III. — Гетцъ фонъ-Берлихингенъ. Траг. въ 5 д. Пер. О. Хмѣлевой. Изд. М. Ледерле и К°. Спб. 93 г. 40 к.

Кр. Геца см.

2311. II. Геттнеръ. Ист. всеобщ. лит. XVIII в. Т. III. гл. III. Рец.

1368. II. Шаховъ. Гете и его время. Лекц. V.—2311. II. Геттнеръ. Ист. всеобщ. лит. XVIII в. Т. III. Гл. III. Вертеръ.

5646. III. — Рейнеке-Лисъ. Поэма въ 12 пѣсняхъ. Пер. Бутковской. Спб. 85 г. 1 р.

— Тоже. Пер. М. Достоевскаго. Р. С. 59 г. 3.

— Изъ непереведенныхъ на русскій языкъ стихотвореній Гете. Пер. П. Вейнберга. Р. О. 90 г. 8.

— Стихотворенія. Пер. Д. Цертелева. Р. О. 90 г. 9. См. также собр. стих. Д. Цертелева. 6248 III.

— Земная жизнь и апоѳеозъ художника. Пер. Струговщикова.—Совр. 48 г. 9.

— Боги, герои и Виландъ. Пер. А. Струговщикова. О. З. 39 г. 2.

— Оттилія. Ром. Совр. 47 г. 4.

— Германъ и Доротея. Пер. Фета. Совр. 56 г. 58.

3840. III. — Поэзія и правда моей жизни. Соч. т. X. Изд. Н. Гербеля. Спб. 80 г.

— Тоже. Совр. 49 г. 16, 17.

4510—11. III. — Разговоры Гете, собранные Эккерманомъ. Пер. Д. Аверкіева. 2 ч. Изд. Суворина. Спб. 91 г. ц. 3 р.

6390. III.—Стихотворенія: Миньона. — Передъ судомъ.—Чудная ночь. — Посѣщеніе.—Блуждающій колоколъ.—Амуръ.—Царская молитва.—Купидонъ.—Пѣсня Клары.—Угроза.—Лидѣ.—Десять римскихъ элегій. См. Гербель Собр. соч. Т. II.

Автобіографія Гете „Поэзія и правда моей жизни“. См. собр. соч. Т.X. Также Совр. 49 г. 16, 17.
Біографію и характеристику Гете см.: 822. II. Н. Холодковскій. В. Гете. Біогр. библ. Павленкова.
438-39. II. Льюисъ, Д. Г. Жизнь В. Гете. Спб. 68 г. 4 р.
109. П.Думминъ, Гете, его жизнь и соч. (по Льюису). — Гете его жизнь и произведенія. Б. д. Ч. 57 г. 141—146.
240. II. Шерръ, I. Гете въ молодости. Спб. 76 г.
Гете и Гретхенъ. Изъ записокъ его самого. Совр. 46 г. 43.
Брандесъ. Гете и Шарлотта фонъ Штейнъ. Р. М. 92 г. 12.
1545. II.—Главн. теченія литер. XIX в. Ч. I. Литература эмигрантовъ. Вертеръ.—Женскіе типы у Гете.
Вейнбергъ, I. Паркъ Лили. Къ исторіи любовныхъ увлеченій Гете. С. В. 90 г. 11.
1368. II. Шаховъ, А. Гете и его время. Спб. 91 г.
2311. II. Геттнеръ. Исторія нѣм. литературы XVIII в. Т. III. 1403. II. Шереръ. Т. II. Карьеръ. Т. IV и V.
Ивановъ, И. Гете, какъ человѣкъ. М. Б. 93 г. 11, 12.
433. II. Куно Фишеръ. Ист. новой философіи. Т. II.
Мюллеръ, М. Гете и Карлэйль. Р. М. 87 г. 1.
1051. II. Вирховъ, Р. Гете какъ естествоиспытатель и особенное отношеніе его къ Шиллеру. Спб. 62 г.
Гете какъ директоръ театра. О. З. 56 г. 10.
Гете въ своихъ бесѣдахъ и перепискѣ. Б. д. Ч. 37 г. 20.
Гете и графиня Штольбергъ. О. З. 43 г. 26.
Гете въ посмертныхъ его сочиненіяхъ. Б. д. Ч. 34 г. 6.
Бѣлинскій. „Менцель, критикъ Гете“. Соч. Т. I. Изд. Павленкова. Спб. 96 г. 2304. II.
— Тоже. О. З. 40 г. 8.
Краткіе разборы соч. Гете см. въ книгахъ Льюиса, Шахова, Шерера и др.; у Геттнера, т. III (разборъ „Прометея“, „Магомета“, „Эгмонта“, „Клавиго“, „Стеллы“, „Эрвина и Эльмиры“, „Клавдія фонъ Вилланбелла“); въ соч. Бѣлинскаго, т. IV (разб. „Римскихъ элегій“); у Шерра, Гете въ молодости (разб. „Агасфера“); у А. Григорьева: „О правдѣ и искренности въ искусствѣ“ (собр. соч. Т. I). Тоже Р. Бес. 56 г. 3.

1723. III. Гиллернъ, В. Она придетъ Ром. изъ средне-вѣковой жизни монастырей. Спб. 79 г.

3507. III. Глазеръ, А. Мазаніелло. Историко-бытовой ром. изъ эпохи XVII столѣт. Спб. 89 г.

— Саванаролла. См. отд. исторіи.

2142. III. Глогау. Румянецъ Марги. Пов. М. 81 г.

2819—20. III. Готтшаль. Бумажная принцесса. Ром. въ 6-ти кн. Спб. 84.

Гонфенъ, Г. Робертъ Лейхтфусъ. Ром. Тр. 89 д. 2—4; 8—14.

4367. III. Готтшедъ. Языческій міръ. Стих. Пер. К. Случевскаго. См. Гербель, Н. Нѣм. поэты въ біогр. и образ.

Общ. хар. 2310. II. Геттнеръ, I. Ист. всеобщ. литер. XVIII вѣка. Т. III. М. 72 г.
Кирпичниковъ, А. Бодмеръ и Готтшедъ и ихъ отношеніе къ родной старинѣ. Эпизоды изъ исторіи второго возрожденія. Р. В. 74, 7.
1403. II. Шереръ, В. Ист. нѣм. литер. Спб. 93 г.

Гофманъ, Т. Собраніе сочиненій. Изд. Вѣстн. Иностр. Литер. Спб. 96 г.

— Т. I. Очерки въ манерѣ Калло: Жанъ Калло.—Кавалеръ Глюкъ. — Крейслеріана. — Донъ-Жуанъ.—Фантастическіе разсказы: Золотой горшокъ.—Приключенія наканунѣ Новаго года.—Крейслеріана.—Ночные разсказы: Пе-

сочный человѣкъ.—Sanctus.—Майоратъ. — Каменное сердце. Пер. М. А. Бекетовой. Спб. 96 г.

— Т. II. Серапіоновы братья. Фантастическіе разсказы. Ч. I. Пер. А. Соколовскаго. Спб. 96 г.

— Т. III. Серапіоновы братья. Фантастическіе разсказы. Ч. II. Пер. А. Соколовскаго. Спб. 96 г.

94—97. VII.—Тоже. 4. т. Пер. и изд. подъ ред. Н. Гербеля и А. Соколовскаго. Спб. 73—74 гг.

4680. III.—Разсказы. Т. I. Мартынъ бочаръ и его ученики.—Темныя силы. — Потерянное отраженіе. Пер. С. Брильянта. Изд. Ледерле. Спб. 93 г. 40 к.

5012. III. — Разсказы. Т. II. Золотой горшокъ.—Кремонская скрипка. Пер. З. Н. Журавской. Изд. Ледерле. Спб. 94 г. 40 к.

4805. III. — Необычайныя мученія одного театральнаго директора. Пер. М. Карнѣева. Подъ редакціею артиста Императорскихъ театровъ Я. И. Изд. Ледерле. Спб. 94 г.

4746—47. III.—Житейская философія Кота Мурра. Съ отрывками изъ біографіи Іоганна Крейслера. Пер. К. Д. Бальмонта. 2 т. Изд. А. Суворина. (Деш. Библ.) ц. каждаго томика 20 к.

— Тоже. Пер. М. А. Бекетовой. В. И. Л. 94 г. 1—12. — Проба вина. Наб. 88 г. 12.—Мейстеръ Фло. О. З. 40 г. 13.

Общ. хар. см. 394. II. Гонеггеръ, I. Литер. и культ. XIX стол. Корш. Т. IV; стр. 711—28.—Бѣлинскій, В. Т. III; стр. 528.—Брандесъ. 1545. II.

Граббе. Донъ - Жуанъ и Фаустъ. Траг. Пер. Н. Холодковскаго. Вѣкъ. 82 г.

5299. III. Грильпарцеръ, Францъ. Сафо. Траг. въ 5 д. пер. Н. Ѳ. Арбенина М. 95 г. 75 г.

Общ. хар. см. 319. II. Коршъ, В. Всеобщ. ист. литер. Т. IV. Спб. 92 г. — Шереръ. Т. IV; 1218. II. Штернъ, А. Всеобщ. ист. литер. Спб. 85 г.—Біогр. свѣд. 4367. III. Гербель, Н. Нѣм. поэты въ біогр. и образ.

4944. III. Гриммы, В. и Я. (братья). Сказки иллюстриров. Ф. Гротъ-Іоганномъ и Р. Лейнвеберомъ. Пер. подъ ред. П. Н. Полевого. Роскошное изд. Маркса. Спб. 93 г. 12 р.

Общ. хар. см. 1403. II. Шереръ, В. Ист. нѣмецк. литер. Ч. II. — Коршъ. Т. IV; стр. 735 и слѣд.—Пыпинъ. Ист. русск. этногр. Т. II. „Запад. вліяніе на русск. науку“.

Фелькель, Ю. Братья Гриммы. Ат. 58 г. 47, 49.

3588. III. Гриммъ, Г. Непреодолимыя силы. Ром. Спб. 72 г. 2 р. 50 к.

„Гудрунъ“Древне-нѣмецкая поэма. Отрывокъ изъ нея см. 4367. III. „Нѣм. поэты“ Гербеля.

2817. III. Гунтрамъ, А. Братоубійца. Уголовн. ром. Спб. 82 г. 1 р. 50 к.

223. III. Гуцковъ, К. Дѣти Песталоцци. Ром. Спб. 70 г. 1 р. 50 к. (Д. 70 г. 2—9).

5532. III.—Фрицъ Эльродтъ. Ром. Спб. 72 г. 1 р. 30 к.

17. III.—Неронъ. Трагикомед. Пер. В. Буренина. В. Е. 69 г. 3, 5—7. (См. также Гербель „Нѣм. поэты“).

4498. III. Уріэль Акоста. Пер. П. П. Вейнберга. О. З. 72 г. 2, 11, 12. (См. также Гербель „Нѣм. поэты“).

5374. III.—Тоже. Изд. Ледерле. Спб. 95 г. 40 к.

70. III.—Вернеръ, или сердце и смерть. Др. Пер. Н. II. М. (Отд. оттискъ). Пант. 42 г. 17.

1982—84. III.—Рыцари духа. Соціально-политическій и бытовой ром. въ 3 т. и 9 книг. Спб. 71 г. 5 р. 50 к.

48. III.—Нѣмецкое общество послѣ Франко-Прусской войны. В. Е. 77 г. 8—10.

— Сквозь мракъ къ свѣту. Пов. О. З. 70 г. 9—11.

О Гуцковѣ см. 394. П. Гонеггеръ, I: Оч. литер. и культ. XIX стол. Спб. 67 г.

319. II. Коршъ, В. Всеобщ. ист. литер. Т. IV. Спб. 92 г.

В. М. Р. Изъ исторіи нѣмецкой литературы XIX вѣка. Р. М. 90 г. 8.

Біогр. свѣдѣнія см. у Гербеля. Нѣмецкіе поэты въ біографіяхъ и образцахъ. 4367. III.

4938. III. Гуцлеръ, Сара. Дѣти. Разсказы не для дѣтей. Пер. Шелгуновой. Спб. 94 г. 40 к.

2650—53. III. Данъ, Феликсъ. Борьба за Римъ. Истор. ром. Т. I. Теодорихъ. Аталарихъ. Амоласвинта. Т. II. Теодагадъ. Витихъ. Т. III. Витихъ. Т. IV. Тотила. Спб. 83 г. 5 р.

2679. III.—Фелицита. Истор. ром. изъ временъ переселенія народовъ. (476 г. по Р. Хр.). Спб. 83 г.

3235. III. — Гелимеръ. Ист. ром. изъ эпохи Юстиніана. В. Е. 83 г. 5—8.

3475. III.—Вѣрность до гроба. Пов. изъ временъ Карла Великаго. Р. М. 88 г. 1—5.

3640. III.—Аттила. Истор. ром. изъ эпохи переселенія народовъ. Набл. 89 г. 8, 9.

3798. III.—Свѣтопреставленіе. Истор. ром. изъ эпохи тысячнаго года по Р. Хр. Набл. 90 г. 10, 12.

3694. III.—Передъ кончиной міра. Ист. ром. Спб. 90 г.

25. Ш. Два случая изъ уголовной судебной практики. Разск. Заря. 71 г. 1, 2.

2560. III. Деваль, I. Сверху внизъ. Ром. Спб. 83 г. 2 р. 50 к.

2682. III. — На границѣ. Ром. Спб. 83 г. 1 р. 25 к.

2700. III. — Сѣверное сіяніе или борьба за первенство въ 1866 г. Ром. Пер. М. А. Сороченковой. Спб. 81 г. 1 р. 25 к.

2394. III. —На чужбинѣ. Ром. Пер. Е. Устряловой. Спб. 82 г.

— Дипломатія и любовь. Ром. Набл. 82 г. 7—11.

3395. Ш. Деденротъ. Таинственное убійство. Ром. въ 3-хъ ч. Спб. 74 г.

Дингельштедтъ. Сытая Германія. Сцены и типы изъ ром. „Амазонка“. О. З. 71 г. 2.

О Дингельштедтѣ см. 394. П. Гонеггеръ. Лит. и культура XIX в.

2370—71. Ш. Дорнъ, Г. Принцесса Софья Шарлотта. Ром. изъ временъ курляндскаго герцога Фридриха Казиміра. Спб. 82 г. 2 р. 50 коп.

Дранморъ. Стихотворенія въ переводѣ П. Вейнберга. 1) О, что за время. 2) Обширенъ міръ земной. О. З. 76 г. 2. Здѣсь приложенъ біогр. очеркъ Дранмора.

— Стихотворенія въ переводѣ Д. Михаловскаго: 1) Requiem. О. З. 75 г. 2.—2) За

зло людей, содѣланное намъ. О. З. 75 г. 5.— 3) Дума. О. З. 75 г. 7.—4) Желаніе. О. З. 75 г. 11.—5) Къ смерти. — 6) Кчему слова напрасныя поэта. О. З. 76 г. 2. См. также собр. стих. Д. Михаловскаго.

3777. III. Дункеръ. Въ конецъ испорченъ. Ром. Пер. А. Вес—ой. С. В. 90 г. 4—8.

923. III. Захеръ-Мазохъ. Галиційскія повѣсти: Гайдамакъ. Крестьянскій судъ. Спб. 76 г. 1 р. 50 к.

— Тоже. Д. 76 г. 10, 11.

92. Ш. — Женитьба Валеріана Кошанскаго. Пов. Д. 77 г. 2.

924. III. — Идеалы нашего времени. Ром. Пер. Котельниковой. М. 77 г. 2 р.

Кр. ст. Н. М. О. З. 77 г. 8; ст. Языкова, Д. 77 г. 6.

925. III. — Завѣщаніе Каина. Галиційскіе разск. М. 77 г. 2 р.

Кр. О. З. 77 г. 8; ст. Н. М.

1800—801. III. — Враги женщинъ. Ром. Спб. 79 г.

1859. III. — Странное завѣщаніе. Разск. Спб. 79 г.

2040. III. — Ищутъ человѣка. Ром. Спб. 80 г.

2081. Ш.— Черный кабинетъ. Пов. Спб. 80 г.

— Ночныя отлучки фрау Бабеты Вейнлихъ. Р. Р. 80 г. 10.

— Разсказы: I. Мархеллесъ и Морхеллесъ. II. Глухой Янкель. Наб. 87 г. 1.

— Вѣчный студентъ. Галицкій очеркъ. Наб. 83 г. 2.

— Эгоистъ. Разск. Вѣкъ. 83 г. 2.

— Просвѣщенный. Оч. В. 85 г. 4.

— Разсказы: Битва подъ Гдовомъ. — Ѳеодосья. Наб. 88 г. 12.

— Шма Исроэль. Разск. Наб. 87. 9.

3245. III. — Душегубка. Спб. 86 г.

О Захеръ Мазохѣ см. ст. Н. Михайловскаго. „Палка о двухъ концахъ“. О. З. 77 г. 8. (Собр. соч. Т. VI.); а также ст. въ Энциклопедическомъ словарѣ Брокгауза и Эфрона.

Зейдлицъ, И. Тюрьма и вѣнецъ. Др. въ 5-ти д. Пер. Ѳ. Миллера. Р. В. 70 г. 6.

— Стихотворенія: „Воздушный корабль“. См. соч. Лермонтова. „Ночной смотръ“. См. соч. Жуковскаго. „Ночной ѣздокъ“. См. соч. Розенгейма.

Біогр. свѣд. 4367. III. Нѣм. поэты въ біогр. и образц. Некрологъ. Р. С. 85 г. 4.

4372. Ш. Зудерманъ, Г. Забота. Ром. Изд. Павленкова. Спб. 83 г. 60 к.

5185. III. — Честь. Ком. въ 4-хъ д. Пер. В. Крылова. Спб. 92 г.

— Тоже. С. В. 92 г. 8.

Кр. 2450. II. Поссе, В. Нѣмецкій реалистъ. (О драмахъ „Забота“, „Честь“). Кн. Нед. 92 г. 3.

6373. III. — Свадьба Іоланты и другіе разсказы съ вступительнымъ этюдомъ о Зудерманѣ Георга Брандеса. Пер. А. Веселовской. Изд. Гросманъ и Кнебель. М. 95 г. 40 к.

5046. III. — Былое. Ром. Спб. 94 г.

5364. III. — „Было и прошло“. Ром. Спб. 95 г.

— Недосягаемыя звѣзды. Разск. Р. О. 92 г. 1.

— Бой бабочекъ. Ком. въ 4 д. Театралъ 95 г. 1.

— Родина. Др. въ 4-хъ д. Пер. Куманина. Театралъ. 95 г. 36.

— Гибель Содома. Др. въ 5-ти д. Ар. 92 г. 10.

— Счастье въ уголкѣ. Ком. въ 3-хъ д. Пер. Ѳ. Куманина. Театрал. 95 г. 48.

— Моя первая драма. М. Б. 95 г. 2.

4213. Ш. Зуттнеръ, Берта. Долой оружіе! (Противъ войны). Ром. Спб. 92 г. 3 р.
— Тоже. Набл. 91 г. 5—9.

4822. Ш. — Тоже. Пер. Л. Линдгренъ съ предисл. Р. Сементковскаго. Изд. Павленкова. Спб. 93 г. 80 к.

2814. Ш. Изъ забытыхъ актовъ. Угол. разсказъ. М. 80 г.

2353—54. Ш. Иммерманъ, К. Старостинъ дворъ (der Oberhof). Ром. М. 82.

Кадельбургъ, Г. Въ штатскомъ. Фарсъ въ 1 д. Пер. Н. Арбенина. Театрал. библ. 94 г. 11.

1456. VII.—Эльза. Пов. Пер. А. Погодина. Изд. Ледерле. Спб. 95.

5009. Ш. Келлеръ, Гофрр. Ромео и Джульетта въ деревнѣ. Пов. Спб. 58 г. 50 к.
— Знамя семи. Пов. изъ Швейцарской жизни. Р. Б. 81 г. 2—3.

О Келлерѣ см. 394. II. Гонеггеръ, I. Очеркъ литер. и культуры XIX стол. Спб. 67 г.

3254. Ш. Кёнигъ, Г. Карнавалъ короля Іеронима. Истор. ром. Спб. 87.
— Тоже. П. В. 87 г. 1—12.

О немъ см. В. М. Р. Изъ исторіи нѣмецкой литературы XIX в. Р. М. 90 г. 8.

4890. Ш. Кёнигъ, Эв. Одинъ милліонъ. Угол. ром. Спб. 84.

4367. Ш. Кёрнеръ, Т. Москва. Стих. Пер. А. Фета.—Молитва во время битвы.—Послѣднее утѣшеніе. Стихотвореніе. Пер. Ѳ. Миллера.—Вѣрность до гроба. Стих. Пер. В. Жуковскаго.—Добрый ночи. Стих. Пер. И. Чеха.—Изъ трагедіи „Црини“. Пер. В. Мордвинова.—Изъ драмы „Роковая встрѣча“. Пер. В. Крузе. См. Гербель, Н. Нѣм. поэты въ біогр. и образц. (См. также собр. стих. Познякова).

266. Ш. — Црини. Траг. въ 5-ти д. Пер. въ стихахъ Г. Апельрота. Пант. 51 г. 3.

Объ этой драмѣ см. Бѣлинскаго т. IV. (Изд. Павленкова. Спб. 96 г.).

6183. Ш. — Тони, др. въ 3 д. Пер. А. Шишкова. См. Избранный нѣм. театръ, т. IV.

О Кёрнерѣ см. 1403. II. Шереръ, В. Ист. нѣм. литер. Ч. II. Спб. 93 г.
Н. Варадиновъ, Ф. Кёрнеръ, павшій за независимость Германіи. Вс. Тр. 70 г. 9.
319. II. Коршъ, В. Всеобщ. ист. литер. Т. IV. Спб. 92 г.
Біогр. свѣд. 4367. III. Гербель, Н. Нѣм. поэты въ біогр. и образц.

4367. Ш. Кёрнеръ, Юст. Разлука.—Родина. Стихотворенія. Пер. М. М.—Бѣсъ въ Саламанкѣ. Стих. Пер. В. М—кой. См. Гербель, Н. Нѣм. поэты въ біогр. и образц.

О Ю. Кёрнерѣ см.
319. II. Коршъ, В. Всеобщ. ист. литер. Т. IV. Спб. 92 г.
1403. II. Шереръ, В. Ист. нѣм. литер. Ч. II. Спб. 93 г.
Біогр. свѣд. 4367. III. Гербель, Н. Нѣм. поэты въ біогр. и образц.

5048. Ш. Клейстъ, Г. Въ поискахъ правосудія. (Изъ нѣмецкаго быта XVI века). Истор. пов. Спб. 92 г.

О Г. Блейстѣ см. 1545. II. Брандесъ. Главн. течен. литер. XIX стол. М. 81 г.
394. II. Гонеггеръ, Г. Оч. литер. и культ. XIX ст. Спб. 67 г.
319. II. Коршъ, В. Всеобщ. ист. литер. Т. IV. Спб. 92 г.
1403. II. Шереръ, В. Ист. нѣм. литер. Ч. II. Спб. 93г.

4367. Ш. Клейстъ, Эвальдъ. Изъ поэмы „Весна“. Пер. Ѳ. Миллера. См. Гербель, Н. Нѣм. поэты въ біогр. и образц.

Объ Э. Клейстѣ. 1403. II. Шереръ, В. Ист. нѣм. литер. Ч. II. Спб. 93 г.
319. II. Коршъ, В. Всеобщ. ист. литер. Т. IV. Спб. 92 г.
Біогр. свѣд. 4367. III. Гербель, Н. Нѣм. поэты въ біогр. и образц.

4367. Ш. Клингеръ, М. Изъ драмы „Буря и натискъ“. См. Гербель, Н. Нѣм. поэты въ біогр. и образц.

О Клингерѣ см. 919. II. Брандесъ. Новыя вѣянія.
2311. II. Геттнеръ, Г. Ист. всеобщ. литер. XVIII в. Т. III. М. 75 г.
1403. II. Шереръ, В. Ист. нѣм. литер. Ч. II. Спб. 93 г.
Біогр. свѣд. 4367. III. Гербель, Н. Нѣм. поэты.

Клопштокъ, Фр. Смерть Адама. Трагедія. Перев. В. Филимонов. М. 1807 г.
— Мессіада. Поэма. Пер. стихами С. И. Писарева. Три части. Спб. 68 г.

4367. Ш. — Германъ и Туснельдъ.—Раннія гробницы. Стих. Пер. А. Соколовскаго.—Пѣснь неба (изъ поэмы Мессіада). Пер. П. Шкляревскаго.—Аббадона (изъ поэмы Мессіада). Пер. В. Жуковскаго. См. Гербель, Н. Нѣм. поэты въ біогр. и образц.

О Клопштокѣ см. 1368. II. Шаховъ, А. Гёте и его время. Спб. 91 г. 319. II. Коршъ. Т. IV; стр. 98 и слѣд.
1403. II. Шереръ, В. Ист. нѣм. литер. Ч. II. Спб. 93 г. Карреръ. Искусство. Т. IV.
4367. III. Гербель, Н. Нѣм. поэты въ біогр. и образц. См. также энциклоп. слов. Брокгауза и Ефрона. Т. XIV.

262. Ш. Компертъ, Л. За плугомъ. Ром. Спб. 60 г. 1 р.
— Дѣти Рандора. Пов. В. 84 г. 6, 8, 10—12.

4622. Ш. Консіансъ, Г. Слѣпая роза. Матушка Іовъ. Пов. Пер. съ голланд. О. Петерсонъ. Изд. М. Ледерле и К°. (Моя библіотека) Спб. 93 г., ц. 40.

560. Ш.—Зло вѣка. Ром. М. 75 г., ц. 1 р.
— Сцены изъ фламандской жизни. Разсв. 59 г. 1.

6168—79. Ш. Коцебу, А. Театръ, содержащій въ себѣ собраніе избранныхъ трагедій, комедій, драмъ, оперъ и др. театральн. сочиненій. Въ 12 ч. Втор. дополн. изд. М. 24 г.

6167. Ш. — Опасный закладъ. Спб. 1800 г.

6166. Ш. — Великодушная ложъ. Драма въ 1 д. Пер. А. Б. М. 1795 г.

6165. Ш. — Лейбъ-кучеръ. Драматическій анекдотъ. Спб. 1800 г.

— Старый гофмаршалъ. Разск. Р. Р. 81 г. 1.
— Разговоръ на желѣзной дорогѣ. Разск. Р. Р. 81 г. 3.
— Маленькія исторіи изъ большого свѣта. Р. Р. 80 г. 12.

О Коцебу см. его книгу 485—86. II. „Достопамятный годъ моей жизни“.

2893. Ш. Кристенъ, А. (Христина Фридерихъ). Наши сосѣди. Очерки. Из. Лит. 84 г. 9.
— Въ новомъ домѣ. Разск. Из. Лит. 85 г. 3.
— Мама должна танцовать. Из. Лит. 85 г. 4.

4367. Ш. — Ночная картинка.—Кто это?— Тѣни сѣрыя на небѣ...—Изъ „Праха и Пепла". Стихотворенія. Пер. А. Прахова. См. Гербель, Н. Нѣм. поэты въ біогр. и образц; также пер. Д. Михаловскаго, Н. Познякова, А. Плещеева, Ѳ. Миллера и др.

— Стихотворенія въ переводѣ П. М. О. З. 75 г. 5; 76 г. 8.

2664. Ш. **Кретцеръ, М.** Обманутыя. Ром. Спб. 83 г. 1 р. 25 к.

— То-же. Нед. 83 г. 1—4.

3884. Ш. — Золотой мѣшокъ. Ром. Спб. 91.

3377. Ш. **Крузе, Г.** Графиня. Траг. въ 5-ти д. Пер. Ѳ. Миллера. Р. В. 70 г. 11, 12.

2115. Ш. — Розамунда. Траг. въ 5 д. Пер. Ѳ. Миллера. М. 80 г. Р. В. 80 г. 12. (Прил.).

5377. Ш. **Круммахеръ, Фр.** Притчи. Пер. С. М. Брильянта. Изд. М. Ледерле. Спб. 94 г. 40 к. (Моя библіотека).

См. также 157. V. Притчи, избранныя изъ Круммахера В. Б. Бажановымъ. Изд. 10-е. Спб. 89.

Крюднеръ.

Подробную библіографію ея сочиненій см. Р. Арх. 65 г. 11. О ней см. ст. Пыпина, А. В. Е. 69 г. 8, 9; ст. Т. В. 66 г. 9; ст. Голицына, Н. По поводу статей о г-жѣ Крюднеръ. Р. Ар. 70 г. 4—5.

3088. Ш. **Кюнъ.** Двѣ Флоры. Ром. Спб. 83 г.

— На порогѣ жизни. Пов. Вѣкъ. 82 г. 5, 6.

4367. Ш. **Лаубе. Г.** Изъ драмы „Ученики Карловой школы". Пер. *.* — См. Гербель, Н. Нѣм. поэты въ біогр. и образц.

— Графиня Шатобріанъ. Истор. ром. И. В. 81 г. 1—7.

— Рувимъ. Совр. ром. В. 84 г. 11, 12; 85 г. 1—5.

Біогр. свѣд. 4367. Ш. Гербель, Н. Нѣм. поэты въ біогр. и образц.
Бр. В. М. Р. Изъ исторіи нѣмецкой литературы XIX вѣка. Р. М. 90 г. 8.

4367. Ш. **Лейзевицъ, Іог.** Изъ трагедіи „Юлій Тарентскій". См. Гербель, Н. Нѣм. поэты въ біогр. и образц.

— Юлій Тарентскій. Траг. въ 5-ти д. Б. д. Ч. 40 г. 42.

Общ. свѣд. см. 1218. П. Штернъ, А. Всеобщ. ист. литер. Спб. 85 г.
2311. П. Геттнеръ, Г. Ист. всеобщ. литер. XVIII вѣка. Т. III. М. 75 г.
Біогр. свѣд. 4367. III. Гербель, Н. Нѣм. поэты въ біогр. и образц.

1092—93. Ш. **Левальдъ, Ф.** Искупленіе. Ром. Пер. съ нѣм. Спб. 74 г. 2 р. 75 к.

О немъ см. В. М. Р. Изъ исторіи нѣмецкой литературы XIX в. Р. М. 90 г. 8.

Ленау. Иванъ Жижка. Поэма. Пер. съ нѣм. П. Вейнберга. О. З. 69 г. 9.

— Анна. Шведская легенда. Пер. Д. О. З. 74 г. 5, 6.

— Вѣчный жидъ. Поэма. Пер. Д. Минаева. О. З. 76 г. 6.

— Похороны нищей. Стих. пер. Д. Михаловскаго. О. З. 70 г. 10.

4605. Ш. — Фаустъ. Поэма Пер. въ стихахъ. Съ біографіей автора и предисловіемъ Л. А—нскаго. Изд. ж. „Пантеонъ литературы". Спб. 92 г. (Отд. сп. В. Е. 78 г. 10.)

5171. Ш. — „Весенній привѣтъ" и др.

стих. Пер. А. Плещеева. (См. собр. его стихотвореній; а также переводы Д. Михаловскаго.)

4367. Ш. — Зимняя ночь.—Весеннее утро.— Стихотворенія. Пер. П. Вейнберга.—Вечеръ. Стих. Пер. А. Апухтина.—Свиданіе. Весенній привѣтъ. Стихотворенія. Пер. А. Плещеева.—Трое цыганъ. — Совѣтъ и желаніе. Стихотворенія. Пер. М. М.—Пѣсня португальскаго переселенца. Стих. Пер. И. Гольцъ-Миллера.—Похороны нищей. Стих. Пер. Д. Михаловскаго.—Анна. Бал. Пер. Д. Михаловскаго. — Иванъ Жижка. Поэма. Пер. П. Вейнберга. См. Гербель, Н. Нѣм. поэты въ біогр. и образц.

3940. Ш. — Трое цыганъ. — Совѣтъ и желаніе. Стих. Пер. М. Михайлова. См. собр. его соч.

О Ленау см. 394. П. Гонеггеръ, I. Оч. литер. и культ. XIX стол. Спб. 67 г. Коршъ. Т. IV.
1218. П. Штернъ, А. Всеобщ. ист. литерат. Спб. 85 г.
В. М. Р. Изъ исторіи нѣмецкой литературы XIX в. Р. М. 90 г. 10.
Біогр. свѣд. 4367. III. Гербель, Н. Нѣм. поэты въ біогр. и образц. См. также Энциклоп. слов. Брокгауза и Ефрона. Т. XVII.

5203—7. Ш. **Лессингъ.** Сочиненія. Съ біографіей и портретомъ автора. Пер. подъ редакціею П. Н. Полевого. Спб. 1882—83 г. За 5 томовъ 10 р. 50 к.

5203. Ш. — Т. I. Біографія.—Дамонъ.—Старая дѣва.—Молодой ученый.—Евреи.—Мизогенъ.

5204. Ш. — Т. II. Вольнодумецъ. — Сокровище.—Минна фонъ-Барнгельмъ.

5205. Ш. — Т. III. Миссъ Сара Сампсонъ.—Эмилія Галотти.—Натанъ Мудрый.

5206. Ш. — Т. IV. Лаокоонъ. Пер. Е. Эдельсонъ.

5207. Ш. — Т. V. Стихотворенія. — Басни въ прозѣ.—Гамбургская драматургія.

721. IX.—Гамбургская драматургія. Пер: П. Рассадина съ предисл., примѣч. разныхъ комментаторовъ и алфавитн. указателемъ. Изд. К. Солдатенкова. М. 83 г., ц. 3 р.

4367. Ш. — Волкъ и лисица. Басня. Пер. А. Измайлова. — Орелъ и сова. Басня. Пер. М. Дмитріева.—Изъ трагедіи „Эмилія Галотти". Пер. А. Яхонтова. — Изъ траг. „Натанъ Мудрый". Пер. В. Крылова. См. Гербель, Н. Нѣм. поэты въ біогр. и образц.

4698. Ш. — Эмилія Галотти. Траг. въ 5 д. Пер. В. Д. Владимірова. Изд. Ледерле. Спб. 94 г. 20 к.

Бр. см. ст. 3. Венгеровой. М. Б. 94 г. 9.

4616. Ш. — Натанъ Мудрый. Драматич. стихотвореніе. Пер. В. Крылова. Съ историч. очеркомъ и примѣчаніями къ тексту перевода. Спб. 75 г.

— Тоже. В. Е. 68 г. 11, 12.

— Тоже. Пер. П. Вейнберга. Набл. 84 г. 11, 12.

О Натанѣ Мудромъ см. ст. Лессинга, В. Лессингъ и его „Натанъ Мудрый" О. З. 76 г. 5.
О Лессингѣ см. 439. П. Буно Фишеръ. Ист. нов. философ. Т. П. Спб. 67 г.
2072. П. Буно Фишеръ. Лессингъ, какъ преобразователь нѣмецкой литературы. 2 ч. М. 82 г. 1 р.
1388. П. Шаховъ, А. Гёте и его время. Спб. 91 г.
1403. П. Шереръ, В. Ист. нѣм. литер. Ч. П. Спб. 39 г. 319. П. Коршъ. Т. IV.—1218. П. Штернъ.

1013. П. Лассаль, Ф. Лессингъ (въ изданіи Чуб). Спб. 89 г. ц. 1 р.

624. П. Шереръ. Лессингъ. (Готхольдъ Эфраимъ). Очеркъ. Р. М. 90 г. 2.

З—въ, В. Лессингъ, какъ гуманистъ. П. В. 81 г. 5.

1277. П. Дидро и Лессингъ. О. З. 68 г. 1.

1053. П. Ч—скій. П. Г. Лессингъ, его время, его жизнь и дѣятельность (см. Эстетика и поэзія). Совр. 56 г. 10—12; 57 г. 1, 3, 4, 6.

Лесевичъ. Лессингъ и его "Натанъ Мудрый" О. З. 76 г. 5.

Заслуга Лессинга для нѣмецкой драмы. Пер. съ нѣм. Н. К. Филолог. Зап. 60 г. вып. IV.

Боборыкинъ, П. Эфраимъ Лессингъ и д-ръ Реттеръ, какъ критики сценической игры. П. В. 67 г. 7.

См. также ст. Кирпичникова въ энциклоп. словарѣ Брокгауза и Ефрона. Т. XVII

4367. III. Гербель. Н. Нѣм. поэты въ біогр. и образц.

860. П.Филипповъ, М.Лессингъ. (Біогр. библ. Павленкова).

677—79. **Либбахъ, Г.** Съ брачной постели на эшафотъ. Ром. изъ франко-германской войны въ 3 ч. Спб. 75 г. 4 р.

4072. III. — Искуситель. Иллюстр. ром. изъ жизни червонныхъ валетовъ. Въ 3 ч. Спб. 91 г. 2 р. 50 к.

Линдау, П. Работница. Ром. Р. Б. 88 г. 9—12; 89 г. 1, 2.

885. III. — Робертъ Аштонъ. Ром. Спб. 77 г. 1 р. 25 к.

2165. III. — Неизлѣчимо больной. Разск. М. 81 г.

— Елена Юнгъ. Пов. И. Л. 85 г. 8.

3318. III. — Тоже. Набл. 87 г. 7, 8.

3729. III. — На Западъ. Ром. Спб. 90 г.

2891. III. — Господинъ и госпожа Беверъ. Ром. Из. Лит. 84 г. 10, 11.

3773. III. — Въ бреду. Пов. С. В. 90 г. 3.

3430. III. **Линдау, Р.** Длинный голландецъ. Новелла. Кол. 88 г. 9.

4367. III. **Лингъ, Г.** Передъ разсвѣтомъ.—Вечерній звонъ. Стихотворенія. Пер. А. Михайлова. См. Гербель, Н. Нѣмец. поэты въ біогр. и образц. (Тамъ-же, біогр. свѣд.).

3641—42. III. **Лоде, Кл.** На тронѣ. Ист. ром. изъ царствованія Людовика II Баварскаго. Набл. 89 г. 1—7.

277. III. **Людвигъ.** Между небомъ и землей. Ром. Спб. 61 г. 60 к.

4140. III. **Майеръ, Генр.** Дочь оружейника. Ист. ром. Пер. съ рукописи въ 2-хъ ч. Спб. 73 г. 1 р. 50 к.

536. III. **Марлиттъ, Е.** Въ домѣ коммерціи совѣтника. Ром. М. 77 г. 1 р. 75 к.

537. III. — Степная принцесса. Ром. М. 6 г. 2 р.

538. III. — Вторая жена. Ром. Спб. 74 г. р. 25 к.

— Тоже. Д. 74 г. 1, 5, 6.

539. III. — Имперская графиня Гизела. Ром. Спб. 72 г. 2 р.

540 III. — Эльза. Ром.—Двѣнадцать апостоловъ. Пов. М. 75 г. 1 р. 75 к.

540. III.—Тоже. Аристократы и демократы. Пер. Мерцалова. М. 77 г. 1 р. 75 к.

541. III. — Тайна старой дѣвы. Ром. М. 75 г. 2 р.

1784—85. III. — Два дома. Ром. Спб. 79 г.

— То-же. Нед. 79 г. 11, 12.

1838. III.—Тоже.Въ Шиллингсгофѣ. Ром.Спб. 79 г.

1838. III. — Тоже. Въ домѣ Шиллинга. М. 80 г. 1 р. 50 к.

1696. III. — Служанка судьи. Ром. Спб. 81 г.

— Яхонтовая діадема. Ром. Набл. 85 г. 9—12.

4367. III. **Маттисонъ.** Элизіумъ. Стих. Пер. В. Жуковскаго.—Картина вечера. Стих. Пер. Н. Гербеля. — Весенній вечеръ. Стих. Перев. П. Шкляревскаго. — Младенчество. Пер. П. Шкляревскаго. (См. Гербель „Нѣм. поэты". Тамъ-же біогр. оч.).

4187. III. **Мартенсъ.** Грѣхъ Іоста Эвелинга. Романъ изъ голландской жизни. Пер. съ голланд. В .И. Л. 91 г. 2—6.

4932. III. **Маутнеръ, Г.** Гипатія. Ист. ром. Спб. 93 г.

— Тоже. М. Б. 93 г. 1—6.

2486. III. — Жиды. Ром. Спб. 82 г.

— То-же. Нед. 82 г. 10—12.

5581. III.—Ксантиппа. Ист. ром. Набл. 92 г 1, 2.

4007. III. **Мейеръ, К.** Святой. Пов. „Дорожная библіотека". Изд. А. Суворина. Спб. 91 г. 75 к.

2256. III. **Мейснеръ, А.** Вверхъ и внизъ. Ром. М. 81 к.

— Вавилонское столпотвореніе. Ром. Д. 71 г. 1—5.

О Мейснерѣ см. В. М. Р. Изъ исторіи нѣмецкой литературы XIX в. Р. М. 90 г. 10.

П. М. Этюды о нѣмецкихъ поэтахъ. Альфр. Мейснеръ. С. В. 88, 11.

915—16. III. **Мельсъ, А.** Невидимыя силы XIX вѣка. Ист. ром. М. 77 г. 3 р.

Менцель, В.

Менцель, В. На рус. языкѣ соч. Менцеля не имѣется.

О немъ см. соч. Берне; также Бѣлинскій „Менцель, критикъ Гете". (Т. I, изд. Павленкова). Вейнбергъ, П. Нѣсколько словъ отъ переводчика въ статьѣ Берне: Менцель, француздѣдъ; Р. Сл. 64 г. 4.

394. П. Гонеггеръ, Г. Оч. литер. и культ. XIX ст. Спб. 67 г.

Миндингъ, Ю. Сместь V. Траг. въ 4 д. Р. В. 71 г. 6.

Мюгге, Т. Стрѣлокъ. Пов. Р. В. 58 г. 11.

4367. III.**Мюллеръ,Вильг.** Александръ Ипсиланти. Стих. Пер. А. Сорокина. См. Гербель, Н. Нѣм. поэты въ біогр. и образц.

О В. Мюллерѣ см. 319. П. Коршъ, В. Всеобщ. ист. литер. Т. IV. Спб. 92 г.

1403. П. Шереръ, В. Ист. нѣм. литер. Ч. II. Спб. 93 г.

2722. III. **Мюльбахъ.** Фридрихъ Великій и его дворъ. Ист. ром. Спб. 83 г. 1 р. 50 к.

1429. III. — Карлъ II и его дворъ. Ист. ром. Спб. 59 г. 1 р. 50 к.

6640. III. — Политика и любовь. Ист. пов. XVIII ст. Спб. 60 г. ц. I р.

1427—28. — Наслѣдники Магомета Али или цвѣты и плоды прогресса въ Африкѣ. 4 т. Спб. 72 г. 1 р. 50 к.

1668. III. — Генрихъ VIII и его дворъ. Ром. Спб. 61 г.

— То-же. Совр. 61 г. 11, 12.

2039. III. **Мюльгаузенъ, Б.** Разрѣзанный документъ. Ром. въ 4 ч. Спб. 80 г.

1773—75. **Нентвигъ.** Война полумѣсяца съ крестомъ или Дервишъ-паша. Ром. изъ послѣдней восточной войны. Спб. 79 г. 6 р.

905. II. **Нибелунги**. Пѣснь о Нибелун-
гахъ. Съ введеніемъ и примѣч. Перевелъ раз-
мѣромъ подлинника М. Кудряшевъ. Изд. Панте-
она Литературы. Спб. 89 г.

4367. III.—Отрывокъ. Пер. Д. Минаева. См.
Гербель. Нѣм. поэты.

О Нибелунгахъ см. 114. II. В о д о в о з о в ъ. Древне-
германск. народная поэма, ея содержаніе, объясненіе ея
состава и образованія. Разск. 61 г. 9.
К а р л е й л ь. Пѣснь о Нибелунгахъ. В. д. Ч. 57 г. 2.
Нибелунги. Совр. 41 г. 24; 42 г. 25.
382. II. Ш е р р ъ. Исторія цивилизаціи въ Германіи. 312.
II. К а р р ь е р ъ. Т. III. 1634. II. Г а й м ъ. Романт. школа.
„А. В. Шлегель о пѣсни Нибелунговъ". 2810. II. С о з о-
н о в и ч ъ, И. Очеркъ средне-вѣковой нѣмецкой эпическ.
поэзіи и литер. судьба пѣсни о Нибелунгахъ. Варш. 89 г.
1 р. 25 к.
1403. II. Ш е р е р ъ. Т. I. 1489. II. Т. Г р а н о в с к і й.
Пѣсни Эдды о Нифлунгахъ. (Соч. Т. I.). Б у с л а е в ъ, Ф.
Пѣсни древней Эдды о Зигурдѣ. Ат. 53 г. 4 (30.)

4367. III. **Новалисъ** (Гарденбергъ, Фр.).
Въ грустный часъ. Стих. Пер. К. Случевска-
го. — Гимнъ ночи. Пер. А. Соколовскаго. См.
Гербель. Нѣм. поэты въ біогр. и образц.

О Новалисѣ см. 1545. II. Б р а н д е с ъ, Главн. течен.
литер. XIX стол. М. 81 г.
1634. II. Г а й м ъ, Р. Романтическая школа. Пер. Не-
вѣдомскаго.
394. II. Г о н е г г е р ъ, І. Оч. лит. и культ. XIX стол.
Спб. 67 г.
319. II. К о р ш ъ, В. Всеобщ. ист. литер. Т. IV. Спб.
92 г.
1403. II. Ш е р е р ъ, В. Ист. нѣм. литер. Ч. II. Спб.
93 г.
Біогр. свѣд. 4367. III. Г е р б е л ь, Н. Нѣм. поэты въ
біогр. и образц.

1933. III. **Нордау, М.** Комедія чувства.
Ром. Кн. Нед. 92 г. 1—4.

4960. III. — Тоже. Пер. Е. Мягкова. М. 92 г.
1 р. 25 к.

4802. III. — Болѣзнь вѣка. Ром. Пер. М.
Линдеманъ. М. 93 г. 2 р.

4303. III. — Движеніе человѣческой души.
Психологич. этюды. Пер. М. Линдеманъ. М.
93 г. 1 р.

5581. III.—Святочные разсказы: Встрѣча
Новаго года среди безумныхъ. Рождественская
ночь въ Парижѣ. Кол.

— Изъ Парижской жизни. С. В. 87 г. 10.

— Изъ дѣйствительной страны милліардовъ.
Р. Р. 79 г. 1—12.

— Парижъ въ періодъ третьей республики.
Р. Р. 81 г. 5, 6; 82 г. 1.

— Право любить. Ком. въ 4 д. Пер. В. Пи-
гоцинской. 95 г. 32.

— Кандалы. Ком. въ 5 д. Пер. В. Пигоцин-
ской. Театралъ. 95 г. 34.

4367. III. **Нѣмецкіе** поэты въ біогра-
фіяхъ и образцахъ. Подъ ред. Н. В. Гербеля.
Спб. 77 г.

Ольферсъ, Н. Нафанаилъ. Разск. Р. Р.
80 г. 12.

4670. III. **Перваноглу**, І. Андроникъ
Комненъ. Разск. изъ Византійской исторіи.
Изд. А, Суворина. Спб. 86 г.

— То-же. Н. В. 86 г. 9—11.

4367. III. **Платенъ, К.** Завѣщаніе. Стих.
Пер. Н. Грекова.—Гробница въ Бузенто. Стих.
Пер. А. Шаржинскаго. См. Гербель, Н. Нѣм.
поэты въ біогр. и образц.

Общ. хар. 319. II. К о р ш ъ, В. Всеобщ. ист. литер.
Т. IV. Спб. 92 г.
Біогр. свѣд. 4367. III. Г е р б е л ь, Н. Нѣм. поэты въ
біогр. и образц.

1419. III. **Принцъ**. Судьба Поля Гардинга.
Ром. Спб. 75 г. 80 к.

2509. III. **Пѣсни** Германіи. Пѣсни, стихи,
сказанія, притчи и басни. Собр. стихотвореній
нѣмецкихъ стихотворцевъ въ переводѣ рус-
скихъ писателей. Изд. Посредника. М. 95 г. 10 к.

5171. III. **Прутцъ, Р.** Стихотворенія. См.
стих. А. Плещеева; а также переводы Н. По-
знякова.

2248. III. **Раймундъ, Г.** Маіоратъ. Ром.
Спб. 81 г. 1 р. 75 к.

2326. III. — Изъ мѣщанъ. Ром. М. 81 г.

6181. III. **Раупахъ, Э.** Князья Хован-
скіе. Тр. въ 5 д., въ стихахъ. Пер. А. Шишкова.
См. Избранный нѣмецкій театръ, изд. А. С.
Шишкова. т. II.

4367. III. — Изъ траг. „Князья Хованскіе"
Пер. А. Шишкова. См. Гербель, Н. Нѣм. по-
эты въ біогр. и образц.

Біогр. свѣд. 4367. III. Г е р б е л ь, Н. Нѣм. поэты въ
біогр. и образц.

5171. III. **Редвицъ, О.** Стихотворенія.
См. стих. А. Плещеева.

2200. III. **Редклифъ, Д.** До Седана!
(Біарицъ, Варшава, Гайэта, Дюппель). Истор.
ром. Спб. 71 г. 2 р. 80 к.

1049. III. **Реймаръ.** Темное дѣло. Пов.
Спб. 75 г. 80 к.

359. III. **Рейнольдъ.** Тайны Лондонскаго
двора. Ром. Спб. 74 г. 1 р. 50 к.

5585. III. **Рейтеръ, Г.** Переселенцы. Ром.
изъ аргентинской жизни. (Вс. Библ.).

Рейтеръ, Ф. Разсказы: Сюрпразъ.—
Какъ я женился. Р. В. 82 г. 9.

— Наполеоновское время. Ром. О. З. 75 г. 9.

1693. III. — Разсказы изъ 1813 г. Р. В. 78 г.
5—8.

О Рейтерѣ см. Н. В. Д. 79 г. 6.

2116. III. **Рейхенбахъ, М.** Мадемуа-
зель Діана. Разск. М. 82 г.

4264. III. **Ремеръ, Ан.** Ложь ея жизни.
Ром. Пер. Д. Л. Михаловскаго. Спб. 91 г.

— Тоже. С. В. 91 г. 8—11.

Реммеръ, Э. Сумеркя. Ком. въ 5 д. Пер.
съ нѣм. В. Пигоцинской. Театр. Библ. 94 г. 6.

620—21. III. **Рингъ, М.** Джонъ Миль-
тонъ и его время. (Революція въ Англіи). Ист.
ром. Спб. 72 г. 2 р. 50 к.

622. III. — Лгуны. Ром. изъ современныхъ
нравовъ. Пер. А. Пиге. 3 ч. М. 78 г. 1 р. 50 к.

2606. III. **Риль, В.** То же, что и теперь.
Пов. М. 82 г. 1 р. 75 к.

— Графиня Урсула. Истор. нравоописат.
пов. Р. В. 57 г. 2.

— Амерсонъ. Пов. Р. В. 57 г. 3.

4367. III. **Рихтеръ, Іог.** (Жанъ-Поль).
На смерть королевы Луизы. Пер. В. Жуков-
скаго. См. Гербель, Н. Нѣм. поэты въ біогр.
и образц. См. также собр. соч. В. Жуковскаго.
Т. VI. (Изд. 7-е, подъ ред. П. Ефремова).

— Отрывки изъ его сочиненій. Совр. 38 г.
12; 41 г. 22.

О Жанъ-Полѣ Рихтерѣ см. 1545. II. Б р а н д е с ъ,
Главн. течен. литер. XIX стол. М. 81 г. Также 2307. II.
Б ѣ л и н с к і й. Т. IV. Изд. Павленкова.
1368. II. Ш а х о в ъ, А. Гете и его время. Спб. 91 г.
1403. II. Ш е р е р ъ, В. Ист. нѣм. литер. Ч. II. Спб.
93 г. К о р ш ъ. Т. IV.

4420. Ш. **Роденбергъ, Ю.** Кромвель. Истор. ром. Спб. 83 г.

— Тоже. П. В. 83 г. 1—12.

3816. Ш. — Новый всемірный потопъ. Истор. ром. Спб. 80 г.

— То-же. П. В. 80 г. 1—7.

4550. Ш. **Ротенфельсъ.** На берегу моря и на Рейнѣ. (Изъ совр. жизни Германіи). Ром. въ 2 ч. Спб. 72 г.

3352. Ш. **Руссель, Д.** Послѣ бури. Ром. Пер. М. Сароченковой. Спб. 91 г.

4367. Ш. **Рюккертъ, Фридрихъ.** „Тѣни горъ высокихъ"... Стих. Пер. А. Плещеева. — Похороны. — У дверей. — Хидгеръ. Стихотворенія. Пер. М. М. — Александръ Великій. Пер. В. Жуковскаго. — Кубъ-Алрумія. — Бухарское посольство. Пер. Ѳ. Миллера. См. Гербель, Н. Нѣм. поэты въ біогр. и образц.

3940. Ш. — Стихотворенія. См. соч. М. Михайлова. (Также стих. Н. Познякова, А. Плещеева, Жуковскаго и переводы Д. Михаловскаго.)

О Рюккертѣ см. 394. П. Гонеггеръ, I. Оч. литер. и культ. XIX стол. Спб. 67 г. 319. П. Коршъ. Т. IV. Очеркъ исторіи литер. XIX ст.

4367. Ш. **Саксъ, Гансъ.** Шуточный разсказъ. Пер. Д. Минаева. См. Гербель, Н. Нѣм. поэты въ біогр. и образц..

О Гансѣ Саксѣ см. 1403. П. Шереръ, В. Ист. нѣм. литер. Т. I. Спб. 93 г. Общ. хар. 318. П. Коршъ, В. Всеобщ. ист. литер. Т. Ш. Спб. 88 г. — 4367. Ш. Гербель, Н. Нѣм. поэты.

372—73. Ш. **Самаровъ, Г.** Крестъ и мечъ. Истор. ром. 2 т. Спб. 75 г. 3 р.

374—75. Ш. — Двѣ императорскія короны. Истор. ром. Спб. 74 г. 2 р.

376—77. Ш. — Изъ-за скипетра и короны. Истор. ром. 2 т. Спб. 73 г. 3 р.

378—79. Ш. — Европейскія мины и контрмины. Истор. ром. 2 т. Спб. 73 г. 2 р. 50 к.

380. Ш. — Послѣднее прощаніе легіоновъ. Истор. ром. Спб. 74 г. 2 р.

381—82. Ш. — Съѣздъ Эпигоновъ въ Ремерѣ. Истор. ром. Спб. 74 г. 2 р.

1914. Ш. — Осада Меца и смерть Наполеона III. Истор. ром. М. 77 г. 2 р.

1058. Ш. — Шевалье или дама? Истор. ром. Спб. 77 г. 1 р.

2242—45. Ш. — Императрица Елизавета Петровна. Романъ-хроника изъ исторіи Россіи. Спб. 82 г. 3 р.

2377—78. Ш. — Великая княгиня. Истор. ром. Продолж. ром. „Императрица Елизавета". Спб. 82 г.

— Петръ III. Истор. ром. Вѣкъ. 82 г. 8—11.

4125. Ш. — Безъ вѣсти пропавшій. Ром. въ 4 т. Пер. К. В. Назарьевой. Спб. 80 г. 2 р. 50 к.

3185. Ш. — Плевна. Истор. ром. Пер. съ нѣм. А. Соколовой. Спб. 84 г.

3661. Ш. — Изъ свѣта къ мраку. Истор. ром. Спб. 89 г.

6480. Ш. — У подножія трона. Ром. въ 2-хъ ч. Пер. В. Анчаровой. Спб. 96 г.

О романахъ Самарова см. О. З. 73 г. 6.

1382. Ш. **Санъ-Сальмъ.** Десять лѣтъ изъ моей жизни (1862—72 гг.). Изъ записокъ принцессы Санъ-Сальмъ. Спб. 75 г. 1 р. 25 к.

5581. Ш. **Сборникъ** произведеній нѣмецкихъ авторовъ: **Зутнеръ, Г.** Отходная.

Пов. — **Ея же.** Моя женитьба. Разск. — **Маутнеръ, Фр.** Ксантиппа. Истор. ром. — **Гейзе, П.** L'arrabbiata. (Изъ прежнихъ новеллъ). Пер. Е. — **Нордау, М.** Святочные разсказы. — **Гофманъ, Г.** Партизаны. Пов. изъ временъ наполеоновскаго нашествія.

1644. Ш. **Симонсъ.** Очерки древне-римской жизни. Спб. 78 г. 1 р. 25 к.

444—47. Ш. **Спиндлеръ.** Еврей. Картины германскихъ нравовъ въ первой половинѣ 15-го столѣтія. Спб. 36 г. 4 р.

— Іезуитъ. Ром. 3 ч. Спб. 47 г.

О немъ см. 2307. П. Бѣлинскій. Т. IV. Изд. Павленкова. Спб. 96 г. 394. П. Гонеггеръ. Лит. и культ.

2143. Ш. **Тальмейеръ, М.** Подъ землею и на землѣ. Ром. М. 81 г. 60 к.

3940. Ш. **Таннеръ, К.** Говоръ волнъ. Пер. М. Михайлова. (См. его сочин).

626. Ш. **Темме, І.** Золотое сердце. — Покорность судьбѣ. Разск. изъ уголовной лѣтописи. Спб. 74 г. 1 р. 25 к.

627. Ш. — Поединокъ. Разск. (Отд. отт.).

— Глупости. Разск. О. З. 59 г. 1, 2.

4367. Ш. **Тикъ.** Созерцаніе. — Ночь. Стихотворенія. Пер. К. Случевскаго. — Изъ трагедіи „Императоръ Октавіанъ". Пер. Ѳ. Миллера. — Изъ драмы „Фортунатъ". Пер. А. Шишкова. См. Гербель, Н. Нѣм. поэты въ біогр. и образц.

— Избытокъ жизни. Пов. О. З. 39 г. 2.

— Викторія Аккоромболо. Ром. О. З. 41 г. 15.

— Тоже. Б. д. Ч. 41 г. 46.

6182. Ш. — Фортунатъ. Драмат. сказка. Въ 2 ч. и 10 д. Пер. А. С. Шишкова. См. Избранный нѣмецкій театръ. Т. Ш.

О Тикѣ см. 1545. П. Брандесъ. Главн. течен. литер. XIX стол. М. 81 г.

1634. П. Гаймъ. Р. Романтическая школа. М. 91 г. Ц. 5 р.

Общ. хар. 394. П. Гонеггеръ, I. Оч. литер. и культ. XIX стол. Спб. 67 г.

1403. П. Шереръ, В. Ист. нѣм. литер. Ч. II. Спб. 93 г. 319. П. Коршъ. Т. IV.

Тикъ и Аузербахъ. Б. д. Ч. 57 г. Т. СХѴШ.

4367. Ш. Гербель, Н. Нѣм. поэты въ біогр. и образц.

2308. Ш. **Узникъ.** Разск. М. 76 г.

4367. **Уландъ I.** Сонъ. — Пѣсня бѣдняка. — Три пѣсни. — Мщеніе. — Стихотворенія. — Рыцарь Роллонъ. Баллада. — Нормандскій обычай. — Драмат. пов. Пер. В. Жуковскаго. См. Гербель, Н. Нѣм. поэты въ біогр. и образц., а также полн. собр. соч. В. Жуковскаго. Т. Ш. (Изд. 7-ое, подъ ред. П. Ефремова.)

— Проклятіе пѣвца. Пер. П. Вейнберга. Д. 70 г. 3.

3940. Ш. — Стихотворенія. (См. соч. М. Михайлова; а также переводы Н. Познякова.)

Общ. хар. 319. П. Коршъ, В. Всеобщ. ист. литер. Т. IV. Спб. 92 г.

1403. П. Шереръ, В. Ист. нѣм. литер. Ч. II. Спб. 93 г.

Біогр. свѣд. 4367. Ш. Гербель, Н. Нѣм. поэты въ біогр. и образц.

2112. Ш. **Уль, Фр.** Посланница. Ром. Спб. 80 г. (Нех. 80 г. 12).

Ульрихъ фонъ-Гуттенъ. Erystolae obscurorum virorum. Письма темныхъ людей.

На рус. языкѣ не переведены. Краткое изложеніе ихъ см. у Шашкова. Ульрихъ-фонъ-Гуттенъ и его друзья. Д. 79, 9.

О Гуттенѣ см. 2809. П. Д-ръ Штраусъ. Ульрихъ фонъ Гуттенъ. Спб. 96 г. 3 р.

1277. II. 3. В. Ульрихъ фонъ-Гуттенъ. (Зн. 74, 5, 6). Карръеръ. Т. III.

ФОССЪ, Р. Виновенъ. Др. въ 3 д. Пер. Н. Арбенина. Театр. Библ. 93 г. 10.

2928. Ш. **Франкъ.** Дитя-феноменъ. Пов. Спб. 86 г. 1 р. 75 к.

2255. Ш. **Францозъ, К.** Локонъ святой Агаты. Разск. М. 81 г.
— То-же. Нед. 81 г 1.

2082. Ш.—Мошко изъ Пармы. Исторія еврейскаго солдата. Спб. 80 г.

4391. Ш. — Повѣсти и разсказы. Пер. подъ ред. П. Вейнберга. Спб. 86 г. 1 р. 50 к.
1) Шейлокъ изъ Барнова. 2) Дитя преступленія. 3) Баронъ Шмуль. 4) По закону высшему. 5) Эстерка Регина. 6) Ликъ Христа. 7) Два спасителя. 8) Безъ надписи. 9) Изъ за яйца. 10) Черный Авраамъ. 11) Народный судъ. 12) Шиллеръ въ Барновѣ.

4089. Ш. — Юдиѳь Трахтенбергъ. Пов. Пер. А. Г. Каррикъ. Спб.93 г. 1 р.

2641—42. Ш. — Борьба за право. Ром. М. 83 г. 2 р. 50 к.
— Тоже. 3. В. 81 г. 1—9.
— За правду. Ром. Д. 82 г. 1—7.

2548. Ш. — Въ изгнаніи. Разск. М. 82 г.
— Эстерка Регина. Разск. В. 81 г. 8.

3619. Ш.—Тѣни. Ром. С. В. 89 г. 2—5.
— Базарный день въ Барновѣ. Оч. нравовъ. Р. Р. 79 г. 4, 5.
— Цыганка. Пов. Наб. 88 г. 11.
— Любовь юныхъ лѣтъ.—Смуглянка Роза. Р. Р. 79 г. 11.
— Бунтъ въ деревнѣ Воловцѣ. Р. Р. 79 г. 6.
— Очерки и разсказы. Р. Р. 79 г. 9 — 10; 80 г. 1.
— Ликъ Христа. Р. Р. 80 г. 9.
— Владиславъ и Владислава. Р. Р. 79 г. 7.
— Очерки Восточной Галиціи и Буковины. Р. Р. 79 г. 8.
— Отъ Вѣны до Черновицъ Р. Р. 80 г. 9.

4367. III. **Фрейлигратъ, Ферд.** Люби! Стих. Пер. А. Плещеева. — У гробовщика. Стих. Пер. М. М.—Памяти труженика.—Мщеніе цвѣтовъ.—Разсказъ ласточекъ.—Воздушный караванъ. — Anno Domini. — Мавританскій князь. — Миражъ. Пер. Ѳ. Миллера. — Эмигранты. Стих. Пер. А. Михайлова. — Смерть переселенца. Стих. пер. А. Михайловскаго. См. Гербель, Н. Нѣм. поэты въ біогр. и образц.

3940. Ш. — У гробовщика. Стих. Пер. М. Михайлова. (См. его собр. сочин.).
Обц. хар. См. 394. II. Гонеггеръ, I. Оч. литер я культ. XIX стол. 67 г.
В. М. Р. Изъ исторіи нѣмецкой литературы XIX в. Р. М. 90, 10. Нѣмецкіе политическіе поэты. Б. д. Ч. 60 г. 12.
В. М. Фердинандъ Фрейлигратъ. Его жизнь и политическая дѣятельность. 3. В. 82, 10.
М. П. Этюды о нѣмецкихъ поэтахъ. С. В. 88 г. 7.
Біогр. свѣд. 4367. III. Гербель, Н. Нѣм. поэты въ біогр. и образц.
319. II. Коршъ, В. Всеобщ. ист. литер. Т. IV. Спб. 92 г.

1552. Ш. **Фрейтагъ, Г.** Инго и Инграбанъ. Ист. ром. Спб. 74 г. 2 р.
— Валентина. Др. въ 5-ти д. Р. В. 58 г. 10
— Приходъ и расходъ. Ром. О. 3. 58 г. 8—12.
— Изъ жизни маленькаго города. Ром. (Не оконч.) Р. Р. 81 г. 1—4.
О Фрейтагѣ см. 121. II. Арсеньевъ, К. Современный романъ и его представителяхъ. В. Е. 79 г. 4.
Булгаковъ, Ѳ. Историческій романъ на Западѣ. II. В. 84 г. 8.

В. М. Р. Изъ исторіи нѣмецкой литературы XIX в. Р. М. 90, 11.

4419. Ш. **Френцель. К.** Въ золотомъ вѣкѣ. Ист. ром. Спб. 81 г.
— Тоже. П. В. 81 г. 8—12.
— Нѣмецкая камелія. В. Е. 80 г. 9.
— Любовь и аскетизмъ. Пов. Наб. 87 г 11, 12.

1989. Ш. —Люциферъ. Ист. ром. изъ врем. Наполеона I. Спб. 80 г.
— То-же. И. В. 80 г. 8—12.

4367. Ш. **Фукэ, де-ла-Моттъ.** Ундина. Баллада. Пер. В. Жуковскаго. См. Гербель, Н. Нѣм. поэты въ біогр. и образц.

6261. III. — Тоже. Соч. Жуковскаго. Т. III. (Изд. 7-е, П. Ефремова).
О Фукэ см. 1545. П. Брандесъ. Главн. течен. литер. XIX ст. М. 81 г
319. II. Коршъ, В. Всеобщ. ист. литер. Т. IV. Спб. 92 г.
1403. II. Шереръ, В. Ист. нѣм. литер. Ч. II. Спб. 93 г.
1218. II. Штернъ, А. Всеобщ. ист. литер. Спб. 85 г.
4367. III. Гербель, Н. Нѣм. поэты въ біогр. и образц.

6559. Ш. **Хейденфельсъ.** Х. Изъ женской жизни; по поводу Крейцеровой сонаты. Пер. В. Масловой. Изд. 2-ое, Д. Ефимова. М 97 г. ц. 40 к.

3264. Ш. **Циллеръ. Э.** У рулетки. Ром. Спб. 87 г.

4367. Ш. **Шамиссо, А.** Пѣвецъ.—Іезуиты. — Стихотворенія. Пер. А. Михайлова. — Выборъ креста. Стих. В. Жуковскаго. — Подмастерье мельника. Стих. Пер. П. Вейнберга. —Старая прачка.—Блудящій огонь. — Стихотворенія. Пер. А. Михайлова. См. Гербель. Н. Нѣм. поэты въ біогр. и образц.

3940. Ш. —Стихотворенія. (См. переводы М. Михайлова).
— Современный рыцарь. Стих. Пер. Ф. О. 3. 72 г. 4.

3847. Ш.—Чудесная исторія Петра Шлемиля. Изд. „Сем. Библ.“ Спб. 91 г. 25 к.
— Тоже. Пант. Лит. 89 г.
О Шамиссо см. 4367. III. Гербель, Н. Нѣм. поэты въ біогр. и образц. 1403. II. Шереръ. Ч. II.

4280. Ш. **Шерръ. I.** Замокъ крови и счастья. Ром. Въ 4-хъ ч. М. 93 г. 4 р.

6641. III.—Михель. Исторія нѣмца нашего времени. Шесть писемъ изъ деревни. Пер. Алабовой и Воиновой. М. 73 г.

282. Ш.—Дочь воздуха. Ром. М. 76 г. 2 р.

169. Ш.—Дитя луной. Пов. М. 76 г.

1245—46. Ш. **Шиллеръ, Ф.** Полное собраніе сочиненій въ переводѣ русскихъ писателей. Изд. подъ редакц. Н. В. Гербеля. 2 т. Изд. 5. Спб. 75—76 гг. ц. 9 р.

1245. Ш. — Т. I. Мелкія стихотворенія. Драмат. сочиненія: Марія Стюартъ.—Орлеанская Дѣва.—Мессинская невѣста.—Семела.—Донъ Карлосъ. — Вильгельмъ Телль.—Валенштейнъ.

1246. Ш. — Т. II. Драмат. сочиненія: Разбойники.—Заговоръ Фіеско въ Генуѣ.—Коварство и любовь.—Мизантропъ. — Беллетристика: Духовидецъ. Ром.—Ожесточенный.—Игра судьбы.—Прогулка подъ липами.—Великодушный поступокъ изъ новѣйшей исторіи.—Истор. сочиненія: Исторія отпаденія Нидерландовъ отъ испанскаго владычества. Пер. Н. Полевого.—Исторія 30-ти лѣтней войны. Пер. Н.

Гербеля.—Философія и эстетика.—Критика.—
Библіографія: Списокъ русскихъ переводовъ
прозаическихъ сочиненій Шиллера. Н. Гербеля.
6580—82. Ш. — Тоже. 6-ое изд. Н. В.
Гербеля. 3 т. Спб. 84 г. ц.7 р. Содержаніе: Т.
I. Фридрихъ фонъ Шиллеръ. Біогр. оч. Н. Гербеля.—Лир. стихотв.—Драматич. произв.: Семела. — Привѣтствіе искусствъ.—Донъ Карлосъ.—Валенштейнъ.—Т. II. Марія Стюартъ.—
Орлеанская дѣва. — Мессинская невѣста.—
Вильгельмъ Телль.—Димитрій самозванецъ.—
Разбойники.—Заговоръ Фіеско. — Коварство и
любовь.—Мизантропъ.—Проза: Духовидецъ.—
Ожесточенный.—Игра судьбы.—Прогулка подъ
липами.—Великодушный поступокъ изъ новѣйшей исторіи. Т. Ш. Истор. сочин: Исторія отпаденія Нидерландовъ отъ Испаніи.—Исторія
тридцатилѣтней войны.—Философія и эстетика.—Критика.

4773—80. Ш. — Тоже. 8 ч. Изд. подъ ред.
Н. Гербеля. Спб. 57—59 гг. Содержаніе: Ч.
I и II. Лирическія стихотворенія.—Семела.—
Ч. Ш. Драматическія произведенія: Разбойники.
—Донъ Карлосъ.—Ч. IV. Вильгельмъ Телль.—
Мессинская невѣста.—Ч. V. Заговоръ Фіеско
въ Генуѣ.—Марія Стюартъ.—Ч. VI. Валленштейнъ.—Ч. VII. Орлеанская дѣва.—Коварство
и любовь.—Планы и отрывки.—Ч. VIII. Димитрій самозванецъ. — Духовидецъ. — Мизантропъ.—Ожесточенный.—Игра судьбы.—Сцена
изъ неоконч. трагедіи „Димитрій самозванецъ". Лирическ. стихотворенія.

6376. Ш. — Разбойники. Тр. Изд. 2, испр.
Ф. А. Іогансона. Кіевъ. 96 г. 15 к.

6375. Ш. — Вильгельмъ Телль. Пер. Гомберга. Изд. Ф. Іогансона. Кіевъ. 25 к.
— Тоже. Ар. 92 г. 9—12.

5147. Ш. — Орлеанская дѣва. Тр. въ 5 д.
.ъ прологомъ. Пер. В А. Жуковскаго съ прим.
Н. Я. Максимова. Изд. И. Глазунова. Спб 78 г.
60 к.

6260. Ш.—Тоже. См. сочин. В. Жуковскаго.
Т. II. (Изд. 7, подъ ред. П. Ефимова).

4139. Ш. — Тоже. Пер. Шернищинскаго.
Кіевъ. 92 г. 25 к.

3243. Ш. — Марія Стюартъ. Тр. въ 5 д.
Пер. А. Элькана. Спб. 61 г.

6374. Ш. — Тоже. Изд. П. Ф. Яковлева.
Кіевъ. 87 г. 30 к.

6181. Ш. — Тоже. Пер. А. Шишкова. См.
„Избран. нѣмец. театръ". Т. II. М. 31 г.

6597. Ш. — Тоже. Пер. А. Шишкова. Изд.
2-ое, А. С. Суворина. (Деш. Библ.) Спб. 25 к.
— Сцена изъ трагедіи „Марія Стюартъ".
Р. М. 89 г. 9.

659с. Ш. — Коварство и любовь. Мѣщанск.
тр. въ 5 д. Кіевъ. 25 к.

6599. Ш.—Заговоръ Фіеско въ Генуѣ. Тр. въ
5 д. Кіевъ. 25 к.

6180. Ш. — Пикколомини. Тр. въ 5 д.—
Смерть Валленштейна. Тр. въ 5 д. Пер. А.
Шишкова. См. „Избран. нѣмец. театръ". Т I.
М. 31 г.
— Смерть Валленштейна. Пер. Павловой.
В. Е. 68 г. 7, 8.
— Донъ Карлосъ. Пер. М. Достоевскаго.
Б. л. Ч. 48 г. 86—88.

— Тоже. Ар. 89 г. 1—4.

6072. Ш. — Духовидецъ. Пер. М. Корша.
„Дешев. Библ.". А. Суворина. Спб 87 г. 15 к.

2586. Ш. — Звѣзда восточная. Траги-комическая сказка въ 5 д. въ стих. Пер. Н.
Голубева. Спб. 65 г. 1 р.

347. IX. —Пѣснь о колоколѣ. Пер. Д. Мина.
Роскошн. иллюстр. изд. журн. „Стрекоза" 93 г.

3940. Ш. — Стихотворенія, въ пер. М. Михайлова. См. собр. его стихотвореній.

4367. Ш. — Лирическія стихотв. въ пер.
русск. писател. и отрывки изъ трагедій: Разбойники". Пер. М. Достоевскаго;—„Заговоръ
Фіеско въ Генуѣ". Пер. Н. Гербеля;—„Донъ
Карлосъ". Пер. М. Достоевскаго;— „Лагерь
Валленштейна". Пер. Л. Мея;—„Смерть Валленштейна". Пер. А. Шишкова;—„Марія Стюартъ". Пер. его-же.—„Орлеанская дѣва". Пер.
В. Жуковскаго; — „Вильгельмъ Телль". Пер.
Ѳ. Миллера. См. Н. Гербель. Нѣм. поэты въ
біогр. и образц.

См. кромѣ того переводы отдѣльныхъ стихотв. у Жуковскаго, Мея, Фета, Н. Гербеля,
Ѳ. Миллера, Э. Губера въ ихъ собраніяхъ сочиненій.

О Шиллерѣ см. 2055. II. Шерръ. Шиллеръ и его
время. М. 75 г. 841. II. Ватсонъ. М. Шиллеръ. Біогр.
библ. Павленкова. 1368. II. Шаховъ. Гетё и его время.—
2069. II. Буно Фишеръ. Публичныя лекціи о Шиллерѣ.
М. 90 г. 1 р.—Его-же. Самопризнанія Шиллера. Эп. 64 г.
11.—Его-же. Ист. нов. философіи. Т. II. 2311. II. Гет. тнеръ. Ист. нѣм. литературы XVIII в. 1403. II. Шереръ.
Т. II.—Корш. Т. IV.—Жизнь и соч. Шиллера (по книгѣ
Паллеска.) О. З. 58 г. Т. CXXI.—Нѣчто о Шиллерѣ. Вр.
61 г. 2.—Баррьеръ. Т. V

Также см. 2735. II. книгу Чешихина. „Жуковскій,
какъ переводчикъ Шиллера". Каленовъ, П. Ученіе Шиллера о красотѣ и эстетич. наслажденіи. Вопр. Ф. и Пс.
91 г. 7. Стоюнинъ, В. Баллады Шиллера въ объясненіяхъ Д. Цвѣткова. Набл. 82 г. 12. Дружининъ, А.
Шиллеръ подъ ред. Н. Гербеля.(См. соч. Дружинина. Т.VII).
Миллеръ, Ф. Шиллеръ и его время. Лекціи. Ж. М. Н.
Пр. 61 г. 2, 4. Крат. біогр. свѣд. см. также 4367. Ш.
Гербель, Н. Нѣмец. поэты въ біогр. и образц.

1707. Ш. **Шлегель, М.** Неравная борьба. Ром. Спб 77 г. 1 р. 50 к.

1554. Ш.—Новый Леандръ. Ром. Спб. 77 г. 1 р.

4367. Ш. **Шлегель, Авг.** Римъ. Элегія. Пер. Ѳ. Миллера. См. Гербель. Н. Нѣм.
поэты въ біогр. и образц.

О Шлегелѣ, Ав. см. 2310. II. Геттнеръ, I. Ист.
Всеобщ. литер. XVIII вѣка. Т. III. М. 72 г. Ч.
1403. II. Шереръ, В. Ист. нѣм. литер. Ч. II. Спб. 93 г.
1634. II. Гаймъ, Р. Романтич. школа въ Германіи.
Біогр. свѣд. 4367. III. Гербель, Н. Нѣм. поэты въ
біогр. и образц.

4367. Ш. **Шлегель, Фридр.** Потонувшій замокъ. Баллада. Пер. Ѳ. Миллера.—Гармонія жизни. Стих. См. Гербель, Н. Нѣм. поэты
въ біогр. и образцахъ.

О немъ см. 1545. II. Брандесъ. Главн. течен. литер.
XIX стол. М. 81 г.
1634. II. Гаймъ, Р. Романтич. школа. Пер. Невѣдомскаго. Коршъ. Т. IV. Братья Шлегели.
Общ. хар. 2310. II. Геттнеръ, I. Ист. всеобщ. литер.
XVIII вѣка. Т. III. М. 72 г.

770—71. Ш. **Шмелингъ. К.** Воспитанникъ Іезуитовъ. Истор. ром. 2 ч. Спб. 76 г.
2 р. 50 к.

Шмидтъ, Г. Пѣшій конному не товарищъ. Ром. Д. 69 г. 10—12.

Шнеегансъ. Сперанца. Истор. легенда.
Набл. 89 г. 10.

Шолль, А. Моавъ. Разск. Набл. 91 г. 7.

5480—87. Ш. **Шпильгагенъ, Фр.** Собраніе сочиненій въ 8 томахъ. (Первая серія.) Изд. т-ва «Обществ. Польза». Спб. 95 г. 3 р.

5480. Ш.—Т. I. Загадочныя натуры. Ром.

5481. Ш.—Т. II. Тоже (оконч.).—Изъ мрака къ свѣту Ром. (продолж. ром. „Загадочныя натуры“).

5482. Ш.—Т. III. Тоже (оконч.).—Одинъ въ полѣ не воинъ. Ром.

5483. Ш.—Т. IV. Тоже (продолж.).

5484. Ш.—Т. V. Тоже (продолж.).

5485. Ш.—Т. VI. Тоже (оконч.).

5486. Ш.—Т. VII. Баловень счастья. Ром.

5487. Ш.—Т. VIII. Тоже (оконч.) Сузи. Пов.

6584—91. Ш.—Собраніе сочиненій въ 8 т. (Вторая серія.) Изд. Т-ва «Общ. Польза» подъ ред. С. Бриліанта. Спб. 96 г.

6584. Ш.—Т. I. Между молотомъ и наковальней. Ром.

6585. Ш.—Т. II. То-же. (Продолж.)

6586. Ш.—Т. III. То-же. (Оконч.)—О чемъ пѣла ласточка. Ром.

6587. Ш.—Т. IV. То-же. (Оконч.) Соровъ восьмой годъ. Ром.

6588. Ш.—Т. V. (Оконч.).

Изданіе продолжается.

— Собраніе сочиненій. Изд. В. И. Л.

Т. I. Сомкнутыми рядами. Ром.—Т. II. То-же. (Прод.)—Т. III. О чемъ пѣла ласточка. Ром.—Скелетъ въ домѣ. Пов.—Т. IV. Тамъ исцѣляются. Пов.—Прекрасныя американки. Пов. Т. V. Загадочныя натуры. Ром. Ч. I.—Т. VI. То-же. Ч. II.

Изданіе продолжается.

463. Ш.—Загадочныя натуры. Ром. Спб. 70 г. 2 р.

— Тоже. Эп. 64 г. 1—4.

Кр. ст. 156. IX. Э-нъ. Полит. романъ въ Германіи. В. д. Ч. 63 г. 10.

464. Ш.—Изъ мрака къ свѣту. Ром. (Продолж.ром. „Загадочныя натуры“). Спб. 71 г. 2 р.

— Тоже. Эп. 64 г. 8—12.

Кр. Э—нъ, Е. Политическій романъ въ Германіи В. д. Ч. 63 г. 10.

2605. Ш.—Между молотомъ и наковальней. Ром. Пер. А. Шелгуновой. Спб. 71 г. 2 р 50 к.

— Тоже. Д. 68 г. 10, 11; 69 г. 1—9.

2605. Ш.—То-же. Молотъ и наковальня. Ром. Пер. Л. Шелгуновой. Спб. 71 г. 2 р. 50 к.

Кр. 672. II. Цебрикова, М. Герои молодой Германіи. О. З. 68 г. 3.

3524. Ш.—Новый фараонъ. Ром. Спб. 89 г.

— Тоже. В. Е. 89 г. 1 2, 4—5.

169—70. Ш.—Одинъ въ полѣ не воинъ. Ром. Спб. 74 г. 3 р.

— То-же, подъ назв. „Семейство лѣсничаго“. Д. 66 г. 1, 2; 67 г. 4—12.

Кр. см. соч. Скабичевскаго. Т. I. Теорія Лассаля и пониманіе ея прусскими прогрессистами. (О. З. 68, 3).

672. II. Цебрикова, М. Герои молодой Германіи. О. З. 68 г. 3.

2584. Ш.—Про что пѣла ласточка. Ром. Пер. безъ пропусковъ. Съ портретомъ автора. Спб. 73 г. 2 р. 75 к.

— Тоже. Д. 72 г. 8—12; 73 г. 1.

471. Ш.—Бурный приливъ. Ром. Спб. 78 г. 2 р. 50 к.

472.—7? Ш.—Фонъ-Гогенштейны (Два поко-

лѣнія). Ром. въ 4 ч. и 2 томахъ. Пер. Дебагорія-Мокріевича. Спб. 72 г. 2 р.

— То-же. Б. д. Ч. 64 г. 8—11; 65 г. 5, 6. (неоконченъ.)

— То-же, подъ назв. „Два поколѣнія“. Р. С. 64 г. 2, 11, 12.

53. Ш.—Деревенская кокетка. Разск. Прил. къ Совр. Обозр.

— Тоже. Вс. Тр. 69 г. 9.

2024. Ш.—Нѣмецкіе піонеры. Романъ изъ временъ прошедшаго столѣтія. Спб. 71 г.

— То-же. Д. 70 г. 10, 11; О. З. 70 г. 10—12.

Кр. Д. 71 г. 1.

1797. Ш.—Квисисана (Qui si sana). Ром. Спб. 80 г. 1 р.

— Впередъ! Ром. Д. 71 г. 6—12.

— Все впередъ. Пов. В. Е. 71 г. 6—11.

465. Ш. — Прекрасныя американки. Ром. Спб. 74 г. 1 р. 50 к.

Кр. Д. 74 г., 7, 8, ст. Н. Ш.

466. Ш.—Въ двѣнадцатомъ часу. Ром. Спб. 73 г. 1 р.

1642. Ш.—Любовь за любовь. Др. Пер. П. Вейнберга. О. З. 75 г. 10.

467. Ш.—Гансъ и Грета. Деревенская исторія. М. 71 г. 75 к.

99. Ш. — Избранныя повѣсти и разсказы: Гансъ и Гретхенъ.—Деревенская кокетка.—Роза. Спб. 71 г. 1 р.

1694. Ш.—Волны жизни. Ром. Пер. Никулиной. Спб. 79 г. 2 р. 50 г.

2459. Ш.—То-же, подъ назв. „Равнина“. Ром. въ 2 ч. М. 79 г. 2 р.

— То-же, подъ назв. „Низины“. Нед. 78 г. 8—12.

1599. Ш.—Роза. Ром. Спб. 65 г. 1 р. (Библ. ром. и пов. за 65 г.)

— То-же. Резхенъ. З. В. 55 г. 2, 3.

1836. Ш.—Старая пословица: The skeeton in the house. Пов. Спб. 79 г. В. Е. 78 г. 1—2.

2279. Ш.—Анджела. шов. Спб. 81 г. 1 р.

Кр. В. Е. 81 г. 12.

2955. Ш.—У цѣлебнаго источника. Ром. М. 86 г. 2 р.

— Тоже. Р. М. 85 г. 11, 12.

3388. Ш. — Noblesse oblige. Ром. въ 3 ч. Спб. 88 г.

— Тоже. Д. 86 г. 1—3.

3524. Ш.—Новый фараонъ. Ром. Спб. 89 г.

— То-же. В. Е. 89 г. 1, 2, 4, 5.

2878. Ш. Филинъ. Ром. въ 2 ч. Р. М. 84 г. 1—6; Из. Лит. 84 г.

— Гансъ-Филинъ. Наб. 84 г. 1—5.

5605. Ш.—Счастливчикъ. Ром. Спб. 93 г.(Пр. къ В. И. Л. за 93 г. 1—6).

5605. Ш. — Тоже. (Въ сорочкѣ родился). В. Е. 93 г. 1—6.

Кр. см. 2450. П. Оболенскій, Л. Новый ром. Шпильгагена. «Sonntagskind». Кн. Нед. 93 г. 11.

— Ultimo. Пов. В. Е. 73 г. 4, 5.

— Какъ возникли загадочныя натуры. (Наши первенцы). М. Б. 95 г. 2.

— Изъ моей записной книжки. В. Е. 74 г. 4, 5; 77 г. 7, 8.

6467. Ш.—Самъ себѣ судья. Ром. Пер. А. Линдегренъ. Изд. Гоппе. Спб. 96 г.

О Шпильгагенѣ см. 121. П. Арсеньевъ. Современный романъ въ его представителяхъ. В. Е. 79 г. 7.

Морозовъ, П. Шпильгагенъ и его теорія романа. В. Е. 83 г. 4.

Языковъ, Н. Фр. Шпильгагенъ. Д. 74 г. 8.

672. П. Цебрикова, М. Герои молодой Германіи. О. З. 70 г. 6—8.

672. П. и 636. П. Цебрикова, М. Женскіе типы Шпильгагена. О. З. 69 г. 6, 11, 12.

П. Ткачевъ. Люди будущаго и герои мѣщанства. Д. 68 г. 4, 5.—Эдельсонъ, Е. Романы Шпильгагена. Б. д. Ч. 63 г. 10.

Біогр. свѣд. 319 П. Коршъ, В. Всеобщ. ист. литер. Т. IV. Спб. 92 г.

3528. Ш. Шрадеръ, А. Подъ-звѣздное знамя. (Переселенцы). Бытовой ром. изъ новѣйшей германской жизни. Въ 2-хъ ч. Спб. 74 г.

918—20. Ш. Штернбергъ, Г. Борьба на жизнь и смерть. Ром. изъ новѣйшихъ событій на Востокѣ. 3 т. Спб. 77 г. 4 р. 50 к.

2319. Ш. Штернъ, А. Послѣдніе гуманисты. Истор. ром. Пер. съ нѣм. М. 81 г.

— Тоже. Д. 82 г. 8, 9.

6377. Ш. Штинде. Ю. Семейство Бухгольцъ. Ром. М. 87 г.

— То-же. Р. В. 86 г. 4—9.

6378. Ш.—Бухгольцы въ Италіи. М. 87 г.

— То-же. Р. В. 87 г. 1—4.

110. Ш. Штурмъ, Т. Лѣсной уголокъ. Пов.

3401. Ш. Шубинъ, О. (Лола Киршнеръ). Этикетъ.—Арабески. Разск. Наб. 88 г. 4.

Шульце-Деличъ. Филистеры. Ром. Наб. 85 г. 4—6.

4367. Ш. Шульце, А. Радботъ. — Изъ „Пѣсенъ о природѣ". Стих. Пер. А. Плещеева.—Сонъ. Стих. Пер. Ѳ. Берга.—Корабль съ невольниками. Пер. Ѳ. Миллера. См. Гербель, Н. Нѣм. поэты въ біогр. и образц.

Біогр. свѣд. 4367. III. Гербель, Н. Нѣм. поэты въ біогр. и образц.

Обш. хар. 1218. II. Штернъ, А. Всеобщ. ист. литер. Спб. 85 г.

Эберсъ. Г. Собраніе сочиненій. Изд. „Вѣст. Ин. Лит." Спб. 96 г.

Т. I. Дочь египетскаго царя. Ром.—Т. II. Сераписъ. Ром.—Т. III. Слово. Ром.

(Изданіе продолжается).

933. Ш. — Дочь египетскаго царя. Истор. ром. Спб. 75 г. 3 р.

4160. Ш.—Тоже. Пер. В. Вольфсона. Спб. 92 г. 2 р. 25 к..

— Тоже. О. З. 73 г. 6—9.

934. Ш.—Уарда. Ром. изъ временъ древняго Египта. Спб. 77 г. 3 р.

— Тоже. О. З. 77 г. 6—9, 11.

1716. Ш.—Homo sum. Ром. Спб. 78 г. 2 р.

— То-же. Нед. 78 г. 2, 3, 4.

1940. Ш.—Сестры. Истор. ром. Спб. 80 г.

— То-же. В. Е. 80 г. 5.

2137—39. — Императоръ. Истор. ром. Спб. 81 г. 2 р.

— То-же. Кесарь. Ром. Р. М. 81 г. 3, 5, 7—12.

2142. Ш.—Вопросъ. Идиллія. М. 81 г.

2321. Ш.—Жена бургомистра. Ром. М. 82 г. 60 к. (З. В. 82 г. 1—3).

3652. Ш.—Іисусъ Навинъ. Разск. изъ библейскаго времени. Спб. 90 г.

— Тоже. Тр. 90 г. 6, 9, 14.

2890. Ш.—Сѣдой лобовъ. Легенда. Пер. Булгаковой. Из. Лит. 84 г. 1.

3322. Ш.—Невѣста Нила. Истор. ром. Спб. 87.

— Тоже. Набл. 87 г. 3 8; 10—12.

3505. Ш.—Исторія моей жизни. Ром. въ 2 ч. Спб. 89 г.

5260. Ш. — Въ горнѣ жизни. Ром. Съ біограф. очерк. Спб. 95 г.

4110. Ш. — Кремнистый путь. (Per aspera). Истор. ром. М. 92 г. 1 р.

5555. Ш.—То-же. По тернистой дорогѣ. Ром. Набл. 92 г. 2—12.

5555. Ш. — Тоже. Мелисса. (Вс. Библ.).

3109. Ш. — Слово. Пер. Э. Ватсонъ. Спб. 83 г. Из. Лит. 83 г. 1—4.

3826. Ш.—Сераписъ. Ром. Наб. 85 г. 8—12.
Бр. Набл. 86 г. 6; Р. М. 85 г. 9.

— Моя гробница въ Ѳивахъ. Разск. Пом. Сам. 89 г. Вып. I.

— Наши первенцы. Исторія возникновенія „Дочери египетскаго царя". М. Б. 95 г. 2.
Объ Эберсѣ см. 319. П. Коршъ, В. Всеобщ. ист. литер. Т. IV. Спб. 92 г.

399. Ш. Эбнеръ-Эшенбахъ, М. Питомецъ общины. Ром. В. И. 92 г. 10—12.

4367. Ш. Эйхендорфъ, Іос. Лунная ночь.—Зимній сонъ.—Умирающій.—Ночные голоса.—Ахъ, не та ужъ эта липа. — Стихотворенія. А. Плещеева. См. Гербель, Н. Нѣм. поэты въ біогр. и образц., и полн. собр. соч. А. Плещеева.

3940. Ш.—Тоска по родинѣ. Стих. М. Михайлова. Также см. „Переводы" Д. Михаловскаго.
Бр. 1545. II. Брандесъ. Главн. течен. литер. XIX стол. М. 81 г.
Виддертъ. Эйхендорфъ. Послѣдній рыцарь романтизма. Ат. 58 г. 39.
Обш. хар. 394. II. Гонеггеръ, I. Оч. литер. и культ. XIX стол. Спб. 67 г.
1403. II. Шереръ, В. Ист. нѣм. литер. Ч. II. Спб. 93 г.
4367. III. Гербель, Н. Нѣм. поэты въ біогр. и образц.

3129. Ш. Экштейнъ, Э. Завѣщаніе. Ром. И. Л. 85 г. 1—4.

3152. Ш.—Старыя письма. Ром. Пер. В. М. Р. Р. М. 86 г. 7—12.

— Сальваторъ. (Картины неаполитанской жизни). Набл. 90 г. 5, 6.

Эленшлегеръ, А. Корреджіо. Траг. Вѣкъ. 83 г. 2.

— Тоже. Пер. Петровскаго. Б. д. Ч. 40 г. 39.

— Горбартъ и Сигма. Трагедія. Пер. В. Дерикера. Б. х. Ч. 39 г. 36.
Обш. хар. 1403. II. Шереръ, В. Ист. нѣм. литер. Ч. II. Спб. 93 г.—Коршъ. Т. IV. Брандесъ. Главн. теч. лит. XIX в.

968. Ш. Эльстеръ, О. Современная ловля невольниковъ. Пер. М. Сароченковой. Спб. 95 г.

6662. III. Эразмъ Роттердамскій. Похвала глупости. Сатира. Предисловіе и перев. проф. А. Кирпичникова. М. 84 г. 60 к.
Объ Эразмѣ см. Карръеръ. Искусство. Т. III.
318. II. Коршъ, В. Всеобщ. ист. литер. Т. III. Спб. 88 г. Фойгтъ. Возрожденіе классич. древности. Т. II. Проф. Петровъ.Очеркъ изъ всеобщей ист. т. III. 448. II. Преображенскій, А. Эразмъ Роттердамскій, какъ сатирикъ. О. З. т. ССХLVIII.—П. Роль науки въ эпоху возрожденія и реформаціи. О. З. 68 г. 12.

2662. Ш. Эрнстъ. Стихійныя силы. Ром. Спб. 83 г. 1 р. 75 к.

ОТДѢЛЪ VII.

Литература Даніи, Швеціи, Норвегіи и Финляндіи.

Книги и статьи по исторіи литературы этихъ странъ.

1629. II. Горнъ, Ф. В. Исторія скандинавской литературы отъ древнѣйшихъ временъ до нашихъ дней. Съ приложеніемъ этюда Ф. Швейцера „Скандинавское творчество новѣйшаго времени". Пер. К. Бальмонта. Изд. Солдатенкова. М. 94 г., ц. 2 р. 50 к.

Содержаніе: Отъ переводчика.—Введеніе. Отд. I. Древнескандинавско-исландская литература.—Древнескандинавская литература.—Новоисландская литература.—Отд. II. Данія и Норвегія: Средніе вѣка.—Реформаціонная эпоха.—Ученый вѣкъ (1560—1700)—Гольбергъ и его время (1700—1750).—Эпоха просвѣщенія (1750—1800).—Новѣйшая датская литература (послѣ 1800-го года.).—Норвежская литература послѣ 1814 г.—Отд. III. Швеція: Средніе вѣка (до 1520 г.).—Эпоха реформаціи (1520—1640).—Вѣкъ Шернъельма (1640—1740).—Вѣкъ Далина (1740—80).—Эпоха Густава (1780—1809).—Девятнадцатый вѣкъ.

317. II. Кирпичниковъ, А. Средневѣковая литература Западной Европы: Минческія и героическія пѣсни и саги Скандинавіи. (Вс. ист. литер. Корша. Т. IV; стр. 150—165).

319. II.—Очеркъ исторіи литературы XIX ст. Гл. VII. Скандинавскія страны. (Всеоб. ист. литер. В. Корша. Т. IV; стр. 901).

319. II. Дилленъ, Э. М. Скандинавская литература. (Вс. ист. лит. В. Корша. Т. IV, стр. 317).

919. II. Брандесъ, Г. Новыя вѣянія. Литературные портреты и критическіе очерки. Съ приложеніемъ автобіографіи Г. Брандеса и его характеристики. Пер. Э. К. Ватсона. Изд. ж. „Пант. Литер." Спб. 89 г.

Гротъ, Я. Поэзія и миѳологія Скандинавовъ. О. З. 39 г. 4.

— О финнахъ и ихъ народной поэзіи. Совр. 40 г. 19.

Батюшковъ, Ѳ. Д. Сага о Финнбогѣ Сильномъ. Ж. М. Н. Пр. 85 г. 2, 7.

347. II. Буслаевъ, Ѳ. Древне-сѣверная жизнь. („Истор. оч. народн. словесности и искусства". См. также Р. В. 57 г. 4.).

4873. Ш. **Альгренъ, Эрнстъ.** Деньги. Ром. Пер. со шведск. Р. М. 93 г. 3—6.

4306. III.—Тоже. Пер. В. С. Изд. „Посредника". М. 93 г. 60 к.

5384. Ш.—Маріанна. Ром. Пер. В. Фирсова. Изд. М. Ледерле. Спб. 95 г. 60 к.

— Тоже. М. Б. 94 г. 1—7.

Бр. Р. М. 96 г. 10.

5568. Ш. — Къ чему жить? Разск. Р. М. 93 г. 5.

5590. Ш.—Изъ мрака. Посм. разск. Р. М. 92 г. 5.

Объ Альгренѣ см. 1629. II. Горнъ. Исторія скандинавской литературы; стр. 400 и слѣд.

АЛЬМКВИСТЪ. Дворецъ. Фант. ром. Совр. 45 г. 1.

— Ночь поэта.—Болонка баронессы. Разск. Совр. 46 г. 44.

О немъ см. „Листы изъ скандинавскаго міра. Совр. 43 г. 29, 30; 44 г. 33.

5247—50. III. **Андерсенъ.** Собраніе сочиненій въ 4-хъ томахъ. Пер. съ датскаго подлинника. А. и П. Ганзенъ. Спб. 94 г. 8 р.

Т. I—II. Полное собраніе сказокъ, разсказовъ и повѣстей въ хронологич. порядкѣ и съ примѣчаніями относительно ихъ происхожденія.

Т. Ш. Импровизаторъ. Ром.—Петька счастливецъ.—Грезы поэта въ лунныя ночи.—Путевые очерки. — Драматическія произведенія: „Первенецъ". „Грезы короля". „Дороже жемчуга и золота".—45 стихотвореній въ переводахъ русскихъ поэтовъ.

Т. IV. Сказка моей жизни.—Изъ переписки Андерсена съ друзьями и выдающимися современниками. — Воспоминанія о немъ Эдварда Коллина.—Библіографическія свѣдѣнія по даннымъ, доставл. Клаусеномъ и Уманскимъ.— Два портрета Андерсена.

— Еще одна сказка Р. О. 91 г. 5.

4122. III. — Двѣ баронессы. Ром. Спб. 85 г. 2 руб.

6642. III. — Импровизаторъ или молодость и мечты итальянскаго поэта. Ром. въ 2-хъ т. Спб. 44 г. 3 р.

— То-же. Совр. 44 г. 1 — 8, 10—12; Б. д. Ч. 48 г. 91, 92; 49 г. 95.

Объ этомъ ром. см. Бѣлинскій. Соч. Т. X. (стар. изд.).

— О чемъ разсказывалъ мѣсяцъ. Спб. 90 г. 1 р.

— Сказка моей жизни. Перев. Грекова. Пант. 51 г. 4.

— Сказки, еще не бывшія въ русскомъ переводѣ. Р. В. 88 г. 12.

— Листъ. Разск. Совр. 45 г. 40.

— Бронзовый вепрь. Совр. 45 г. 40.

— Союзъ дружбы.—Роза съ могилы Гомера. — Праздникъ свободы.—Мои сапоги. Совр. 46 г. 12.

258. III.—Дочь короля Рене. Др. Пер. В. Зотова. Пант. 50 г. 2.

112. VII.—Послѣднія сказки съ приложеніемъ объясненій о происхожденіи ихъ и описанія послѣднихъ дней жизни автора. Пер. Е. Сысоевой. Спб. 77 г. 1 р. 50 к.

754. VII.—Исторія въ дюнахъ. Сказка въ стихахъ. М. 76 г.

Остальныя изданія сочиненій Андерсена см. дѣт. отд.
Объ Андерсенѣ см. 919. П. Брандесъ. Новыя вѣянія. Спб. 89 г.

— Тоже. Р. М. 88 г. 3.

П. Красновъ. Датскій сказочникъ. Нед. 95 г. 9.—Датскій поэтъ Андерсенъ. Б. д. Ч. 38 г. 3.—319. П. Боршъ. Т. IV. Очеркъ литературы XIX ст.

Біогр. см. 1077. П. Андерсенъ, его жизнь и литературная дѣятельность. Біогр. оч. М. Бекетовой. (Біогр. библ. Ф. Павленкова); а также энциклоп. словарь Брокгауза и Ефрона. Т. I.

5593. III. АХО, У. Въ глуши Финляндіи. Ром. въ 2-хъ ч. Пер. съ финск. В. Фирсова. Спб. 95 г.

1448. VII.— Выселокъ. Изъ страны тысячи озеръ. Пер. Аргамаковой. Изд. М. Ледерле. Спб. 96 г.

— Отверженный. Разск. М. Б. 96 г. 6, 7.

— Изъ фипскаго быта. Женитьба. Разск.—Отецъ въ Америкѣ. Разск. — Изъ-за короба. Разск. Пер. В. Фирсова. М. Б. 96 г. 2.

4225. III. Брандесъ, Эд. Гость. Др. въ 2 д. Пер. съ датск. П. Ганзена. М. 93 г. 15 к.

— Тоже. Арт. 92 г. 1.

Брандесъ, Г. См. отд. ист. литературы.

О Г. Брандесѣ см. 1629. П. Горнъ. Исторія скандинавской литературы. Также ст. Акселя Гутмана „Характеристика Г. Брандеса; и Автобіографическій очеркъ". (919. П. Новыя вѣянія).

Трельсъ, I. Георгъ Брандесъ и его сочиненія. Набл. 83 г. 12.

6643. III. Бремеръ. Домашній очагъ или семейныя радости и горе. Ром. Пер. со шведскаго Строева. Спб. 56 г. 1 р. 50 к. (Есть еще изд. 1842 г.).

— Суженая. Пов. Совр. 46 г. 42.

О ней см. 319. П. Боршъ. Т. IV. Очеркъ исторіи литер. XIX ст.

6361—72. III. Бьернстьерне-Бьернсонъ. Собраніе сочиненій. 12 т. Пер. М. В. Лучицкой. Изд. Ф. А. Іогансона. Кіевъ. 93—96 г. ц. каждаго тома 35 к.

6361. III.—Т. I. Опасное сватовство. Тронды. Среди битвъ, др. Охотникъ за медвѣдями. Сюнневе Сольбаккенъ. Отецъ.

6362. III.—Т. II. Орлиное гнѣздо. Веселый малый. Арне. Буланый. Вѣрность. Загадка жизни.

6363. III.—Т. III. Гульда, др. Сверре, др. Желѣзная дорога. Поѣздка. Свадебный маршъ.

6364. III.—Т. IV. Сигурдъ Слембе, др. Марія Стюартъ, др.

6365. III.—Т. V. Новобрачные, др. Рыбачка. Іорсальфаръ. др.

6366. III.—Т. VI. Редакторъ, др. Банкротство, др. Капитанъ Мансана.

6367. III.—Т. VII. Король, др. Магнгильдъ.

6368. III. — Т. VIII. Леонарда, др. Новая система, др.

6369. III.—Т. IX. Пыль. Перчатка, др. Географія и любовь.

6370—71. III. — Т. X. и XI. Новыя вѣянія. Ром.

6372. III.—Т. XII. По Божьему пути. Ром.

2317. III. — Рыбачка. Ром. Пер. М. Шелгунова. Спб. 82 г. 1 р. 50 к.

— То-же. Из. Лит. 83 г. 7.

3108. III.—Дочь рыбачки. Ром. Пер. Зенкевичъ. (Из. Лит. 83 г. 7.)

3891. III. — Марія Шотландская. Драма въ 5 д. Пер. П. Ганзена. Изд. М. Ледерле. Спб. 92 г. 40 к.

4258. III. — То-же. Пер. П. Ганзена. Спб. 91 г.

— То-же. С. В. 91 г. 12.

3891. III.—Новобрачные. Ком. въ 2 д. Пер. П. Ганзена. Изд. М. Ледерле. Спб. 92 г. 25 к.

5004. III. — Разсказы. Ч. I. Содержаніе: Опасное сватовство.—Сюннева Сольбаккенъ.—Тронды.—Свадебный маршъ. Изд. М. Ледерле. и К°. Спб. 94 г. 60 к.

4167. III.—Перчатка. Ком. Пер. Кузьминской. Спб. 92 г.

3924. III. — Тоже. Пер. Ганзена. Спб. 92 г. 30 к.

— Географія и любовь. Ком. въ 3-хъ д. В. И. Л. 92 г. 11.

4029. III. — Капитанъ Мансана. Пов. (Прил. къ Р. В. 92 г. 1, 2).

4054. III.—Торговая несостоятельность. Ком. въ 4-хъ д. Изд. „Пант. Лит." Спб. 89 г.

4263. III. — Новыя вѣянія. Ром. Пер. М. В. Лучицкой. С. В. 91 г. 1—6.

3315. III. — Славный парень. Пов. Набл. 87 г. 12.

6533. III.—По Божьему пути. Ром. Пер. М. Чинаева. Спб. 95 г. (Прил. къ ж. „Звѣзда").

— Тоже. Тр. 91 г. 13—19.

Объ этомъ романѣ см. 2450. П. Оболенскій, Л. Проповѣдникъ человѣчности. Нед. 93 г. 12.

4293. III.—Леонарда. Ком. въ 4-хъ д. Изд. Ледерле. Спб. 93 г. 40 к.

6486. III.—Свадебный маршъ. Пов. Изд. Спб. Ком. грам. Спб. 96 г. 6 к.

— То-же М. Б. 92 г. 9.

6486. III.—Два дѣятеля. Разск. Изд. Спб. Ком. грам. Спб. 96 г. 5 к.

— Новая система. Ком. въ 5-ти д. Пер. Паульсона. Набл. 93 г. 1.

5590. III.—Пыль. Пов. Р. Б. 92 г. 4, 5.

— Общ. хар. и біогр. Бьернсона см. 919. II. Брандесъ. Новыя вѣянія. Спб. 89 г.

— Тоже Р. М. 87 г. 12.

— Бьернстьерне-Бьернсонъ. (По Брандесу). М. Б. 92 г.

9. Лучицкая. М. Бьернсонъ, какъ писатель. М. Б. 94 г. 7. 1629. II. Швейиеръ, Ф. Скандинавское творчество новѣйшаго времени. Стр. 339 и сл. (Прил. къ „Ист. сканд. лит." Ф. Горна).

Гнѣдичъ, П. Единобрачіе и многобрачіе. - Бьернстьерне-Бьернсонъ, — его этическія лекціи.—Призывъ къ сѣверной молодежи и его этическія комедіи. Р. В. 93 г. 1. См. также ст. П. Ганзена въ Энциклоп. слов. Брокгауза и Ефрона. Т. V.

6482. III. **Валенбергъ, Анна.** Великій человѣкъ. Ром. въ 2-хъ ч. Пер. со шведск. В. Фирсова. Спб. 96 г.

— Тоже. М. Б. 95 г. 1—8.

Вексель, I. Даніель Йуртъ. Траг. Пер. со шведск. Р. Б. 93 г. 5, 6.

3952. III. **Гамсунъ, К.** Голодъ. Ром. Пер. съ норвежск. В. Чешихина. Изд. Ф. Павленкова. Спб. 92 г.

О Гамсунѣ см. ст. Льдова: „Лѣсной человѣкъ". Ром· Канута Гамсуна. С. В. 96 г. 3.

Гарборгъ, Арнэ. Усталые люди. Ром. Пер. съ датск. О. М. Петерсонъ. С. В. 95 г. 3—8.

5490. III.—Подвигъ. Разск. Пер. М. Лучицкой (Сборн. въ пользу недост. студ. универ. св. Владиміра, изд. 96 г.).

Братскую характеристику Арнэ Гарборга см. там-же; ст. М. Лучицкой. См. также 1629. II. Горнъ. Ист. -канд. литер.

5568. III. **Гедбергъ. Торъ.** Усадьба Торпа. Пов. Пер. со шведск. Р. М. 93 г. 10—12.

5590. III. **Гейерстамъ, Г.** Недоразумѣнія въ жизни. Разск. Пер. со шведскаго М. Лучицкой. Р. Б. 93 г. 5.

— Снѣжная зима. Разск. М. Б. 93 г. 4.

— На шхерахъ. Разск. Р. М. 90 г. 11.

— На хлѣбахъ. Разск. (Изъ сборника „Разсказы кронфогта") Пер. М. Лучицкой). М. Б. 95 г. 6.

— Карино. Разск. (Изъ сборника „Бѣдные люди". Пер. М. Лучицкой.) М. Б. 93 г. 11.

Гернефельдъ (Іернефельдъ). Родина. Ром. Пер. съ финск. проф. П. О. Морозова. М. Б. 94 г. 8—12.

Гертцъ, Г. Дочь короля Репе. Лирич. драма. Пер. съ датск. Ѳ. Миллера. Р. В. 83 г. 2.

Герои Алгарда. Изъ скандинавской миѳологіи. „Сем. Вечера". Отд. для юношества. 75 г. 7; 76 г. 3—4.

1480. III. **Датскіе** повѣсти и разсказы изъ лучшихъ писателей. Спб. 63 г. 1 р. Содержаніе: Кузенъ Карлъ, **Карла Бернгарда.** Дамонъ и Пиѳіасъ, его-же. Тетка Францсска, его-же.—Проклятый домъ, **В. С. Ингеманна.**—Старый раввинъ, его-же.—Кладъ, **Карита Этлара.**—Слишкомъ старъ, его-же.—Исповѣдальня. **Христіана Винтера.**—Предки, **бар. Кноррингъ.**—Эсбенъ, Бличера.

Едгренъ-Леффлеръ. См. Эдгренъ.

6355—60. III. **ИБСЕНЪ, Г.** Собраніе сочиненій съ портретомъ Ибсена и вступительной статьей, составленной проф. Ал. Веселовскимъ. 6 т. Изд. I. Юровскаго. Спб. 96 г.

6355. III. — Т. I. Нора. Пер. П. И. Вейнберга. Столпы общества. Пер. І. Юровскаго.— Привидѣнія. Пер. К. Бальмонта.

6356. III.— Т. II. Союзъ молодежи. Пер. I. Юровскаго.—Дикая утка. Пер. О. Наумова.—Комедія любви. Пер. подъ ред. I. Юровскаго.

6357. III.—Т. III. Сѣверные богатыри. Пер. Н. Мировичъ.—Праздникъ въ Солгаутѣ.—Ингеръ изъ Эстрота.—Претенденты на корону.

Изданіе продолжается.

4259. III. — Гедда Габлеръ. Др. въ 4-хъ д. Спб. 91 г. С. В. 91 г. 7.

4166. III. — Призраки. Семейная драма въ 3-хъ д. Спб. 91 г.

6592. III.—Маленькій Эйольфъ. Ком. въ 3 д. Изд. А. Суворина. Спб. 15 к.

О немъ см. Прозоръ, М. Характеръ Ибсеновскихъ драмъ. (По поводу маленькаго Эйольфа) С. В. 95 г. 6.

— Сѣверные богатыри. Др. въ 4-хъ д. Ар. 92 г. 2.

6593. III.—То-же, подъ назв.: Воители на Гельголандѣ. Пер. С. Степановой. М. 92 г.

— Столпы общества. Др. въ 4-хъ д. Пер. З. И—ва. В. Е. 92 г. 7.

6594. III.—То-же, подъ назв.: „Устои общества". М. 82 г.

— Госпожа съ моря.—Эллида. Ар. 91 г. 14.

6595. III. — Счастливецъ (Строитель Сольнесъ). Спб. 40 к.

6596. III.—Дикая утка. Др. въ 5 д. М. 92 г. 60 к.

О драмахъ Ибсена и общ. характеристику его см. 919. II. Брандесъ, Г. Новыя вѣянія.—То-же, Р. М. 87 г. 9.—1629. II. Швейиеръ. Скандинавское творчество новѣйшаго времени. (Въ прил. къ „Ист. Сканд. лит. Ф. Горна). Стр. 321 и слѣд.—Ст. Минскаго, Н. „Генрихъ Ибсенъ и его пьесы изъ современной жизни". С. В. 92 г. 6, 9, 10.—Ст. Морозова, П. „Генрихъ Ибсенъ и его драма". Набл. 84 г. 10—11.

Біогр. см. 919. II. Брандесъ, Г. Новыя вѣянія.— 1344. II. Мировичъ, Н. „Генрихъ Ибсенъ". Біогр. оч. Изд. ред. ж. „Пант. Лит." Спб. 92 г.—2789. II. Минскій, Н. Ибсенъ, его жизнь и литературная дѣятельность. Очеркъ. Съ портретомъ Ибсена. Спб. 96 г. 25 к. (Біогр. библ. Ф. Павленкова).—А. И. „Г. Ибсенъ". Литер. біогр. очеркъ. Р. Б. 92 г. 8—9.—См. также ст. въ Энциклоп. слов. Брокгауза и Ефрона. Т. XII.

1452. III. **Извлеченіе изъ саги Олава,** сына Триггвіева, короля Норвежскаго. Пребываніе Олава Триггвіевича при дворѣ Владиміра Великаго. Пер. съ исланд. С. Сабинина. (Библіогр. рѣдк.).

2149. III. **Іенсенъ.** Карина шведская. Пов. М. 81 г.

3059. III.—Разгромъ. Ист. ром. изъ временъ франц. революціи. Спб. 86 г.

4953. III. **Калевала.** Финская народная эпопея. Полн. стихот. пер. съ предисл. и прим. Л. П. Бѣльскаго. Спб. 88 г. 3 р.

6256. III. — Тоже. Три первыя пѣсни. Пер. С. В. Гельгрень. Гельсингф. 85 г.

2022. III.—Тоже. Сокр. пер. Гранстрема. Съ рис. Спб. 81 г. 2 р.

Объ этомъ переводѣ см. крат. замѣтку: В. Е. 81 г. 5; Р. В. 81 г. 7.

Кр. см. Бѣлинскій, В. Главныя черты древней финской эпопеи „Калевала". Соч. Т. IV. Изд. Павленкова. Спб. 96 г. Полевой, П. Женскіе типы Калевалы. Разсказъ 61 г. 8; т. II; стр. 163—181.—Гротъ, Я. О финнахъ и ихъ народной поэзіи. Совр. 40 г. 19.

5121. III. **Карленъ, Эм. Фл.** Капризная женщина. Ром. Пер. со шведск. З. К. Пелисской. Изд. М. Ледерле и К°. Спб. 94 г. ц. 1 р.

702. III. — Шведскіе контрабандисты. Ром. Спб. 46 г. 1 р. 50 к.

— Героиня романа. Пер. Шпилевской. Разсв. 59 г. 1.

— Блестящій бракъ. Разс. 61 г. 12.

2500. III.—Два брака. Ром. Спб. 82 г. 1 р. 25 к.

6644. III. — Обернская невѣста. Ром. Спб. 75 г. 1 р. 50 к.

О ней см. кратк. замѣт. въ Энциклоп. слов. Брокгауза и Ефрона. Т. XIV.

5291. III. **Киландъ (Кьелландъ), А.** Ядъ.—Фортуна. Два ром. Пер. съ норвежск. Э. А. Русаковой. Изд. „Посредника“. М. 95 г. 1 р.

3121. III. — Ядъ. Ром. Пер. Крылова. Из. Лит. 83 г. 11, 12.

— Тоже. Р. М. 92 г. 1—4.

— Тоже. Набл. 89 г. 7.

3128. III. — Фортуна. Ром. Пер. Крылова. Из. Лит. 85 г. 1, 2.

5567. III.—Тоже. Изъ ж. „Всемірн. Библіотека“.

— Тоже. Р. М. 92 г. 5—7.

2890. III. — Эльза. Ром. Пер. Л. Шелгуновой. Из. Лит. 84 г. 1.

5898. III. — Торговый домъ „Гарманъ и Ворзе“. Ром. М. 93 г.

3123. III. — Шкиперъ Ворзье. Разск. Пер. П. Морозова. Из. Лит. 83 г. 7, 8.

Об щ. хар. Киланда см. у Корша. „Всеобщ. ист. лит.“. Т. IV. Спб. 92 г.; и у Горна „Ист. сканд. лит.“.

Лагерлевъ, Сельма. Развѣнчанный король. Разск. Пер. съ шведск. О. Петерсонъ. С. В. 95 г. 2.

Леффлеръ. См. Эдгренъ-Леффлеръ.

5344. III. **Ли, Іонасъ.** Избранныя произведенія: Отверженный. — Семья Копстапа Егера. Пер. съ норвежск. Н. Фирсова. Спб. 95 г.

6535. III.—Отверженникъ. Пер. В. Форселеса-Фирсова. Спб. 95 г. 15 к.

5119. III.—Осужденный на вѣкъ. Ром. Пер. Мосоловой. М. 94 г. 40 к.

— Тоже. Тр. 90 г. 2—4.

5568. III.—Лоцманъ. Р. В. 93 г. 5—7.

5497. III. — Ніобея. Ром. Пер. О. Н. Поповой. Спб. 96 г. 60 к.

— Тоже. Н. Сл. 95 г. 7—9.

6534. III. — Современная Ніобея. Пер. В. Фирсова. Спб. 95 г. (Прил. въ ж. „Звѣзда“).

— Тоже. С. В. 94 г. 6—9.

5457. III. — Дочери командора. Ром. Пер. В. Мосоловой. М. 96 г. 75 к.

Объ I. Ли см. у Горна „Ист. сканд. лит.“ и въ Энциклоп. словарѣ Брокгауза и Ефрона. Т. XVII.

Народныя пѣсни: шведскія, норвежскія, датскія. См. 2743. П. Бергъ, Н. Пѣсни разныхъ народовъ.

6648. III. **Образцы** скандинавской поэзіи. Сборникъ А. Н. Чудинова. Воронежъ. 75 г.

Пейверинтъ, Піетари. Картины жизни. Разск. Пер. съ финск. В. Е. 84 г. 10.

6645. III. — Деревенскіе разсказы. Очерки изъ быта Финляндіи. М. 86 г.

— Старая нищенка. Разск. М. Б. 92 г. 10.

Понтоппиданъ, Г. Молодая любовь. Пер. съ датск. Р. М. 95 г. 1—2.

Пѣснь о кузнецѣ Волунда. Пер. Ѳ. Миллера. См. „Стихотворенія“ Ѳ. Миллера. М. 73 г.

Рунебергъ. Вечеръ на Рождество въ лоцманской избѣ. Пер. съ финск. Совр. 44 г. 34.

— Тоже. В. И. Л. 95 г. 12.

— Стрѣлки оленей. (Изложеніе и разборъ поэмы Я. Гротомъ. Совр. 41 г. 22.

О Рунебергѣ см. 1629. П. Горнъ, Ф. Ист. сканд. лит. стр. 303 и слѣд. Гротъ Я. Знакомство съ Рунеберго мъ. Совр. 39 г. 13.

319. П. Коршъ. Т. IV. Очеркъ ист. лит. XIX ст.

Сага о Фритіофѣ.

Переложена финляндскимъ поэтомъ Рунебергомъ. Рус. пер. см. ниже, Тегнеръ. Популярное переложеніе см. дѣт. отд.

2834. II. **Сага объ Эрикѣ Красномъ.** Пер. и прим. Сыромятникова. Спб. 90 г. 1 р.

5568. III. **Сборникъ** повѣстей и разсказовъ съ норвежск. и шведск. Оглавленіе: Усадьба Торпа. Ром. **Тора Гедберга.**—Къ чему жить? Разск. **Эр. Альгренъ.** — Лоцманъ. Ром. **Іонаса Ли.**

5590. III. **Сборникъ** произведеній шведскихъ и датскихъ авторовъ. Оглавленіе: Гертруда Кольбьернсенъ. Ром. **Эр. Скрама.**—Въ гору. Пов. **Стриндберга, А.**—Недоразумѣнія въ жизни. Разск. **Г. Гейерстама.** — Изъ мрака. Разск. **Эрн. Альгренъ.**—Пыль. Разск. **Бьернсона.**

5590. III. **Скрамъ Э.** Гертруда Кольбьерисенъ. Ром. Пер. съ датск. Р. М. 92 г. 6—9.

6583. III. **Стагнеліусъ, І. Э.** Владиміръ Великій. Поэма въ трехъ пѣсняхъ. Пер. со шведск. В. Головина. Съ предисл. перев., очеркомъ жизни І. Стагнеліуса и объяснительными прим. къ поэмѣ. Спб. 88 г. 1 р.

О Стагнеліусѣ см. Горнъ. Исторія сканд. литерат.

5220. III. **Стриндбергъ, А.** Скандинавскія повѣсти и разсказы. Содержаніе: Обитатели Гемсэ.—Надъ тучами. — Таможенный надсмотрщикъ.—Борьба за самостоятельность. —Бракъ и средства. Пер. В. Фирсова. М. 94 г. 75 к.

5590. III. — Въ гору. Пов. Р. В. 93 г. 2, 3 (Прил.).

— Мученія совѣсти. Разск. Р. М. 94 г. 5.

Общ. хар. см. 1629. II. Горнъ. Ист. сканд. литер. стр. 392 и слѣд.

3709. III. **Тегнеръ, И.** Первое причащеніе. Стихотвореніе. Пер. со шведск. В. Головина. Спб. 62 г. 25 к.

6646. III.—Фритіофъ. Поэма. Пер. Я. Грота. Гельсингфорсъ. 41 г. 1 р. 50.

О ней см. Бѣлинскій. Фритіофъ, скандинавскій богатырь. Поэма Тегнера. (Соч. Т. IV. Изд. Павленкова. Спб. 96 г.)

6647. III. — Аксель. Пов. Пер. Д. Ознобишина. Спб. 61 г. 1 р.

Общ. хар. и біогр. свѣд. см. 919. II. Брандесъ, II. Новыя вѣянія.—1629. II. Горнъ. Ист. сканд. лит. стр. 290—91.—Шведскій поэтъ Тегнеръ. Б. д. Ч. 39 г. 3.—319. II. Коршъ. Т. IV.

1470. VII. **Топеліусъ.** Сказки. Пер. М. Гранстремъ и А. Гурьевой. Спб. 93 г. 2 р.

2895. III. **Шандорфъ, Софусъ.** Безъ устоя. Ром. Пер. съ датск. Л. Мурахиной. Из. Лит. 84 г. 4—6.

Эдда.

Полнаго перевода на русскомъ языкѣ не существуетъ Отрывокъ изъ Эдды „Бальдуръ“, пѣснь о солнцѣ, перев ден Ап. Майковымъ. См. собр. соч. А. Майкова. Т. III. Объ Эддѣ см. отд. германской литературы „Пѣснь о Нибелунгахъ". Также краткое изложеніе Скандинавской минологіи у Шерра „Исторія цивилизаціи въ Германіи", Петискуса „Олимпъ"; Шерера „Исторія нѣмецкой литературы"; Буслаева „Древне-сѣверная жизнь"; Грановскаго „Пѣсни Эдды о Нифлунгахъ" (Соч. Т. I.); Каррьера, Т. III.

Эдгренъ-Леффлеръ. Лѣтняя идиллія. Ром. въ 2-хъ ч. Пер. съ шведск. С. В. 90 г. 1—4.

3477. III.—Сомнѣніе. В. Е. 88 г. 9.

— Кусокъ хлѣба. Разск. Р. Б. 93 г. 10.

— Алія. Ром. С. В. 92 г. 3—6.

— Изъ сборника разсказовъ „Изъ жизни"; Великій человѣкъ.—Сезамъ отворись.—Густенъ получитъ пасторатъ. Пер. М. Лучицкой. С. В. 93 г. 1.

3616. III.— Въ борьбѣ съ обществомъ. Ром. Спб. 89 г.

5550. III.—Повѣсти и разсказы: Кусокъ хлѣба. Разск. Р. Б. 93 г. 10.—Алія. Ром. С. В. 92 г. 3—6. Изъ сборника разсказовъ „Изъ жизни". С. В. 93 г. 1.

5898. III.—Званый вечеръ. Разск. М. 93 г.

— Софія Ковалевская. Что я пережила съ ней, и что она разсказывала мнѣ о себѣ. С. В. 93 г. 9.

4062. III.—и **Ковалевская, С.** Борьба за счастье. Кіевъ. 92 г. 1 р.

Эйленшлегеръ. Гагбартъ и Сигна, скандинавская трагедія. Пер. съ датск. Дерикера. Б. д. Ч. 39 г. 36.

— Корреджіо. Тр. Вѣкъ. 83 г. 2.

— Тоже. Пер. Петровскаго. Б. д. Ч. 40 г. 39.

О немъ см. 319. II. Коршъ. Т. IV. Очеркъ литературы XIX ст. Шереръ. Ист. нѣм. лит. Ч. II.

Эймундова сага. Пер. и прим. Сенковскаго. Б. д. Ч. 34 г. 2.

О ней см. ст. Сенковскаго „Сканданавскія сага" Б. д. Ч. 34 г. 1. (Соч. С—го. Т. V.).

Эльстеръ, Х. Опасные люди. Ром. Пер. съ норвежск. Д. 82 г. 11—12.

Общ. хар. Эльстера см. там-же.

4227. **Якобсенъ, И. П.** Марія Груббе. Ром. изъ жизни датск. общ. XVII вѣка. Съ предисл. Г. Брандеса. Пер. съ датск. П. Ганзена. Спб. 93 г. 80 к.

ОТДѢЛ VIII.

Литература Польши.

Общія обозрѣнія исторіи польской литературы.

2046—47. II. **Пыпинъ, А. и Спасовичъ, В.** Исторія славянскихъ литературъ. 2 тома. Спб. 79—81 г., ц. 8 р.

1453. VI. **Спасовичъ, В.** Очеркъ исторіи польской литературы. (См. сборн. «За много лѣтъ». Статьи, отрывки, исторія, критика и проч. Спб. 72 г.).

Періодъ съ древнѣйшихъ временъ до XVI ст. Золотой вѣкъ Сигизмундовъ.—Періодъ іезуитско-макароническій.—Періодъ Станислава Августа Понятовскаго.—Періодъ Лелевеля и Мицкевича.

318. II. **Морозовъ, П.** Польская литература XIV—XVII столѣтій. Новая польская литература (XVIII и XIX). Всеобщ. ист. литер. Корша, т. III.

1216—17. II. **Кондратовичъ, Л.** (Сырокомля). Исторія польской литературы отъ начала ея до настоящаго времени. Пер. съ польск. О. Кузьминскаго. 2 т. М. 61—62 г., ц. 3 р.

2241. II. **Гильфердингъ, А.** Статьи по современнымъ славянскимъ вопросамъ. (Собр. соч. Т. II.) Спб. 68 г.

Глава XIV. «Польскій вопросъ».—Литература польская, туземная и эмиграціонная и характеръ ихъ участія въ разрѣшеніи польскаго вопроса.—Поляки и панславизмъ.—Глава XV. Литва и Жмудь: Литература Литовская.

347. II.—**Буслаевъ, Ф.** Историческіе очерки русской народной словесности и искусства. Т. I. Изд. Д. Е. Кожанчикова. Спб. 61 г.

Въ книгу вошла ст. „Древнѣйшія эпическія преданія славянскихъ племенъ". (Тоже, Р. С. 60 г. 10).

2124—25. II. **Пыпинъ, А.** Исторія руской этнографіи. Т. III и IV. Спб. 91—92 г.

Т. III. Глава II. Зоріанъ Доленга Ходаковскій.—Историческое значеніе трудовъ Ходаковскаго.—Его двойственная біографія и разрѣшеніе этой двойственности.—Учено-литературные труды Ходаковскаго.—Вновь отысканный сборникъ пѣсенъ Ходаковскаго.—Глава IV. Польскіе и галицко-русскіе этнографическіе сборники тридцатыхъ годовъ: періодъ взаимныхъ связей между литературой русской и польской.—Вацлавъ изъ Олеска (Залѣскій).— Глава VIII. Польско-украинская школа: Историческія причины особенной силы польскаго вліянія въ Галиціи.—Южно-русскіе интересы въ польской литературѣ.—Источники этихъ интересовъ.—Украинская школа.—Польскіе славянофилы.—Глава IX. Позднѣйшія отношенія малорусско-польскія.—Польскіе работыю южно-русской этнографіи.—Т. IV. Бѣлорус- сія. Глава II. Труды польскихъ ученыхъ.—Глава III. Пѣсенные сборники Чечота, Зенке- вича; книга графа Евстафія Тышкевича.—Пробы бѣлорусской литературы.—Литературное движеніе въ Вильнѣ съ тридцатыхъ до шестидесятыхъ годовъ.—Маньковскій и его „Эне- ида“; Янъ Барщевскій.—Дунинъ-Марцинкевичъ.

612. II.—Эпизодъ изъ литературныхъ отношеній малорусско-польскихъ. В. Е. 86 г. 2, 3.

157. II.—Панславизмъ въ его прошломъ и настоящемъ. В. Е. 78 г. 9—12; 79 г. 6, 8, 9.

2286. II. **Макушевъ, В.** Общественные и государственные вопросы въ польской литературѣ XVI вѣка. (Славянскій Сборникъ. Т. III. Спб. 76 г.).

2284. II. **Ламанскій, В. И.** Видные дѣятели Западно-Славянской образо- ванности въ XV, XVI и XVII вѣкахъ. Историко-литературные и культурные очерки. (Сла- вянскій Сборн. Т. I. Спб. 75 г.).

1856. III. **Будиловичъ, А.** Польская литература. (См. „Поэзія Славянъ“. Сборникъ лучшихъ поэтическихъ произведеній славянскихъ народовъ въ переводахъ рус- скихъ писателей, изданныхъ подъ редакц. Н. В. Гербеля. Спб. 71 г.).

1384. II. **Урсинъ, М.** Очерки изъ психологіи Славянскаго племени. Славяно- филы. Спб. 87 г., ц. 1 р. 50 к.

Предисловіе.—Адамъ Мицкевичъ.—Юлій Словацкій.—Мицкевичъ и Словацкій подъ вліяніемъ Товянскаго.—А. С. Хомяковъ и славянофильство.—Графъ Сигизмундъ Красин- скій.—Шевченко и Гоголь.—Петръ Прерадовичъ.—Заключеніе.

2320. III. **Балуцкій, М.** Безъ вины ви- новатые. Ром. М. 62 г.

3964. III.—Изъ за клочка земли. Пов. Спб. 88 г.

6465. III.—Бѣлый негръ. Пов. 2-ое изд. Е. Гербекъ. М. 94 г. 2 р.

— Старая Машкова. Очеркъ. Пер. А. Онуф- ріева. В. 88 г. 8.

— Краковскіе типы. Разск. Вѣкъ 83 г. 2.

3334. **Бейеръ, К.** Пребыславъ. Истор. ром. изъ послѣдней борьбы Мекленбургскихъ Вендовъ за свободу. Спб. 88.

1856. III. **Бродзинскій, К.** Заславъ. Пер. В. Бенедиктова. См. „Поэзію Славянъ“ подъ ред. Н. Гербеля.

Кр. біогр. тамъ-же.

О Бродзинскомъ см. 773. II. Арабажинъ, Б. Кази- міръ Бродзинскій и его литературная дѣятельность. (1791—1835). Кіевъ. 91 г. 3 р.

Витязь Бова. (Древн. лит.). Совр. 41 г. 21.

Венгерскій, К. Философъ. Пер. В. Бе- недиктова. См. „Поэзія Славянъ“ подъ ред. Н. Гербеля.

Тамъ-же біогр. свѣд.

Водзинскій. Изъ любви. Разск. Вѣкъ. 83 г. 1.

1856. III. **Головинскій, И.** Легенда. Пер. В. Бенедиктова. См. „Поэзія Славянъ“, подъ ред. Н. Гербеля.

Кр. біогр. тамъ-же.

4758. III. **Домбровскій, И.** Смерть (Smierc). Этюдъ. Пер. Л. Горбачевской. Изд. С. Корнатовскаго. Спб. 94 г. 1 р.

3005. III. **Дыгасинскій, А.** Незаконно- рожденный. Ром. Спб. 86 г. 1 р. 25 к.

1126. III. **Ежъ, І.** Зарница. Современная болгарская повѣсть. Пер. Корвинъ-Круковской. Спб. 77 г. 2 р.

3575. III.—На разсвѣтѣ. Пов. В. Е. 89 г. 8—12.

1485. III.—Ускоки. Истор. ром. Спб. 71 г. 2 р.

— Тоже. Вс. Тр. 70 г. 8—10.

2097. III.—Корона Пяста. Воевода Дерславъ. Истор. ром. въ 2-хъ ч. Спб. 75 г. 2 р. 50 к.

3238. III.—Бурное время. Ист. ром. Спб. 83 г. 1 р. 50 к.

3013. III.—Безпомощные. Ром. Кол. 85 г. 6—9.

— Черногорка. Оч. Из. Л. 83 г. 10.

— Гандзя Загорницкая. Р. Б. 84 г. 5—12.

6649. III. — Невѣста Гарамбаши. Ист. пов. Спб. 74 г.

1856. III. **Желиговскій, Э.** „Друзьямъ Славянамъ“. Пер. М. Петровскаго. См. „Поэзія Славянъ“, подъ ред. Н. Гербеля.

Кр. біогр. свѣд. тамъ-же.

Жеромскій, Ст. Докторъ химіи. Разск. Пер. В. М. Л. Р. М. 96 г. 9.

Запольская, Г. Поминальный день Бѣ- лаго Жана. Новелла. Пер. В. Лаврова М. Б. 94 г. 9.

1856. III. **Залѣскій, Б.** Ледащая.— Двѣ смерти. Пер. Л. Мея.—Степь. Пер. В. Бе- недиктова.—Къ дѣвницѣ. Пер. Е. Шаховой.— Люборъ. Пер. П. Козлова. См. „Поэзія Сла- вянъ“ подъ ред. Н. Гербеля. (См. также 276. III. Собр. сочин. Л. Мея. Т. III.).

Кр. біогр. въ сборн. Гербеля.

71. Ш. **Качковскій, С.** Мурделіо. Пов. Спб. 64 г. 1 р. 50 к.

О немъ см. 318. П. Коршъ, В. Всеобщ. ист. литер. Т. III. Спб. 88 г.

Козѣбродскій, В. Передъ зеркаломъ. Шутка въ 1 д. Пер. Н. И. Уварова. „Театралъ". 95 г. 26.

— Представитель фирмы Мюллеръ и К°. Ком. въ 1 д. Пер. И. А. Грипевской. М. Б. 93 г. 6.

Кондратовичъ. См. Сырокомля.

Конопницкая, М. Ганка. Пов. Р. Б. 91 г. 4—7.

— Ультимусъ. Разск. Р. Б. 89 г. 9.

— Прометей и Сизифъ. Р. М. 92 г., 9.

— Nature morte. Разск. Пер. Н. А—ной. С. В. 95 г. 3.

— Море. Разск. Р. Б. 95 г. 1.

— Изъ сельской школы. Стих. Пер. А. Колтановскаго. Н. Сл. 96 г. 4 (январь).

— Изъ книги „Мои знакомые" I. Ануся.—II. Женя.—III. Похороны. Разсказы. Р. В. 91 г. 8.

О Конопницкой см. Мякотинъ, В. „М. Конопницкая". Очеркъ. Р. М. 92 г. 4.

255. Ш. **Корженевскій, I.** Андрей Баторій. Истор. др. М. 61 г. 1 р.

— Тоже. Р. В. 60 г. 9.

929. Ш.—Спекулянтъ. Пов. Спб. 59 г. 1 р.

1503. Ш.—Тадеушъ Безымянный. Ром. Спб. 59 г. 75 к.

— Тоже. Б. д. Ч. 59 г. 6.

— Замужняя невѣста. Ком. Пант. Лит. 52 г. 6.

74. Ш.—Старая щеголиха. Ком. въ 1 д. Б. д. Ч. 58 г. 147.

— Кася. Ром. Разсв. 61 г. 10, 11.

37. Ш.—Выборъ невѣсты. Спб. 60 г. 75 к.

6650. III. — Двѣ жертвы. Ром. М. 80 г.

6651. III. — Жертва и совѣсть. Др. пов. въ 2-хъ ч. Спб. 61 г. 60 к.

6652. III.—Заслуженный учитель. Ром. Пер. А. Чужбинскаго. Спб. 57 г.

6653. III. — Коллокація. Пов. Кіевъ. 52 г. 1 р. 50 к.

6654. III. — Нареченные. Ком. въ 2-хъ д. Спб. 59 г. 40 к.

1972. III.—Родственники. Ром. Спб. 58.

О Корженевскомъ см. 318. П. Коршъ, В. Всеобщ. ист. литер. Т. III. Спб. 88 г.

797. Ш. **Косинскій, А.** Раковецкій замокъ. Пов. изъ временъ Яна III Собѣсскаго. Спб. 62 г. 1 р.

— Ядвига Шренская. Пов. Разсв. 60 г. 11, 12.

— Староста Ольштынскій. Разсв. 59 г. 1.

3617. Ш. **Косякевичъ, В.** Разсказы: Миражи.—Среда.—Голубой кафтанъ.—Литература моей жены.—Кладъ. Р. М. 89 г. 11.

1856. III. **Кохановскій, Я.** Не теряй надежды. Пер. В. Бенедиктова.—Изъ Бездѣловъ. Пер. Н. Берга. См. „Поэзія Славянъ", под. ред. Н. Гербеля.

Красинскій, С. Небожественная комедія. Пер. П. Лебедева. Р. В. 74 г. 6.

3940. Ш.—„Отъ слезъ и крови мутинъ и черни". Стих. Пер. М. Михайлова. (См. собр. его переводовъ).

1856. III.—Передъ разсвѣтомъ. Пер. П. Берга.—Отъ слезъ и крови мутны и черны. Пер.

М. Михайлова. См. „Поэзія славянъ" подъ ред. Н. Гербеля.

Бр. біогр. свѣд. там-же.

Общ. хар. и біогр. см. 318. П. Коршъ, В. Всеобщ. ист. лит. Т. III. Спб. 88 г. 1384. П. Урсинъ, М. Очерки изъ психологіи славянскаго племени. Гл. V. Графъ Сигизмундъ Красинскій.

1856. Ш. **Красицкій, Игн.** Къ Григорію. Пер. В. Бенедиктова. См. „Поэзія Славянъ", подъ ред. Н. Гербеля.

Бр. біогр. см. там-же.

4532. Ш. **Крашевскій, I.** Остапъ Бондарчукъ. Ром. въ 2-хъ ч. Пер. Ф. Домбровскаго. Изд. 2-е, М. Ледерле. („Моя библіотека"). Спб. 93 г. 80 к.

330. III.—Тоже. Спб. 58 г. 75 к. (Тоже. Б. д. Ч. 58 г. 7).

Бр. разборъ „Остапа Бондарчука" см. у Д. Писарева. Соч. Т. I. Спб. 94 г.

4142. Ш.—Павъ Твардовскій. Пов., основанная на народныхъ преданіяхъ, въ 2 ч. Спб. 84 г. 1 р. 50 к.

329. Ш.—Комедіантъ. Пов. Спб. 57 г. 2 р. 50 к.

— Тоже. Б. д. Ч. 57 г. 141, 142, 143, 144.

331—32. Ш.—Фаворитки Короля Августа II. Пер. Лѣскова-Стебницкаго. Спб. 77 г. 1 р. 50 к.

— **257.** Ш.—Два свѣта. Ром. Спб. 59 г. 2 р.

— Тоже. Пов. Б. д. Ч. 59 г. 153.

1700. Ш.—Дѣти вѣка. Ром. въ 2 ч. Спб. 70 г. 2 р.

— Тоже. Вс. Тр. 70 г. 1—7.

2205. Ш.—Безумная. Пов. Спб 81 г 1 р. 25 к.

2316. Ш.—Сумасбродка. Пов. М. 82 г.

2227. Ш.—Древнее сказаніе. Жизнь и нравы Славянъ въ IX в. Ром. Съ рис. Андріолли. Спб. 81 г. 4 р. 50 к.

2580. Ш.—Братья Рамульты. Совр. пов. Пер. Ф. Домбровскаго. Спб. 83 г. 80 к.

— Тоже. Вѣкъ. 82 г. 7—10.

— Тоже. Набл. 82 г. 7—8.

2590. Ш.—Гетманскіе грѣхи. Ром. Спб. 83 г. 1 р. 25 к.

2731. Ш.—Кунигасъ. Ром. изъ литовской старины. Спб. 83 г. 1 р. 25 к.

6655. III. — Два пути. Ром. въ 2-хъ ч. Иллюстр. Н. Каразина. Спб. 82 г. 1 р. 25 к.

5144. Ш.—Интриги министерства короля польскаго Августа II. Истор. ром. М. 80. 1 р. 50 к.

6656. III. — Софія, послѣдняя изъ княженъ Слуцкихъ. Пов. М. 45 г. 1 р. 50 к.

3857. Ш.—Чудаки. Ром. Спб. 74 г. 2 р.

6657. III. — Осторожнѣй съ огнемъ. Пов. Кіевъ. 51 г. 75 к.

3778. Ш.—Черный день. Пов. Пер. Н. Гросса. Спб. 91 г.

6658. III. — Ермола. Деревенск. оч. Спб. 61 г. 50 к.

674—75. II. — Разсказы о польской старинѣ. Записки XVII в. Яна Дуклана Охотскаго, съ рукописей, пocлѣ него оставшихся. 2 т. 74 г. 4 р.

4035. III.—Король Хлоповъ. Ист. пов. Спб. 81 г.

6659. III. — Задворскій. Разск. изъ конца XVIII ст. М. 81 г. 75 к.

4220. III.—Промыслъ Божій. Пов. Спб. 92 г.

318. Ш.—Хата за околицей. Пов. Спб. 56 г. 1 р. 50 к.

— Тоже. Б. д. Ч. 56 г. 9—11.

4012. Ш.—Сиротская доля. Ром. Пер. Ф. Домбровскаго. Спб. 82 г. 1 р. 50 к.

— Ульяна. Пов. Б. д. Ч. 58 г. 10.

3353. Ш. — Гнѣвъ Божій. Истор. ром. Спб. 87 г.

2981. Ш.—Двѣ невѣсты. Ром. Спб. 86 г. 1 р. 50 к.

3299. Ш.—Мученица на тронѣ. Ист. ром. Спб. 87 г.

— Послѣдній изъ Сѣкиринскихъ. О. З. 51 г. 8, 9.

4143. Ш.— Янъ Собѣсскій. Ром. Спб. 84 г.

6660. Ш.—Семилѣтняя война. Ист. ром. Спб. 83 г. 2 р.

3647. Ш.—Князь Михаилъ Вишневецкій. Ист. ром. 2 т. Спб. 89 г. 1 р. 50 к.

— Князь и кметы. Ист. ром. Пер. Л. В—скаго. М. Б. 95 г. 1—6.

6661. Ш. — Князь Соломорѣцкій. Ром. въ 2-хъ ч. Спб. 88 г.

1856. Ш.—Стихотворенія: Славянскій поэтъ русскому. Пер. М. Петровскаго.—Неустрашимый. Пер. В. Бенедиктова.—Пѣсни Маруси. Пер. Н. Берга. См. „Поэзія Славянъ“, подъ ред. Н. Гербеля.

Общ. хар. произвед. Крашевскаго см. 318. П. Коршъ, В. Всеобщ. ист. литер. Т. III. Спб. 88 г.
Біогр. свѣд. см. О. З. 56 г. 6; а также 1856. III. Поэзія Славянъ“. Изд. подъ ред. Н. Гербеля.

Лада, Янъ. Пастели. Р. М. 96 г. 6, 7.

Ламъ, Янъ. См. Янъ Ламъ.

1856. Ш. Ленартовичъ, Т. Пѣсня. Пер. П. Козлова.—Ласточка. Пер. Н. Гербеля. См. „Поэзія Славянъ“, подъ ред. Н. Гербеля.
Кр. біогр. см. тамъ-же.

Литвосъ. Изъ дневника познанскаго учителя. В. Е. 80 г. 3.

3940. Ш. Литовскія пѣсни, въ переводѣ М. Михайлова. См. соч. М. Михайлова.

1488. II. Литовскія народныя пѣсни съ переводомъ на русскій яз. И. Юшкевича. Изд. Имп. Акад. Наукъ. Спб. 67 г. 25 к.

Литовскія свадебныя народныя пѣсни, записанныя Антономъ Юшкевичемъ, а изданная Иваномъ Юшкевичемъ. Спб. 83 г. 2 р.
См. также. 2743. II. „Пѣсни разныхъ народовъ“ въ переводѣ Н. Берга. М. 54 г.

Любовь возвращается съ деньгами. Новелла. Наб. 87 г. 8.

1108. III. Любомірскій. Разнузданныя страсти. Ром. М. 76 г. 1 р. 50 к.

1856. III. Мальчевскій, А. Изъ поэмы „Марія“. Пер. П. Козлова. См. „Поэзія славянъ“ подъ ред. Н. Гербеля.
Кр. біогр. тамъ-же.

Маньковскій, А. Графъ Августъ. Пов. Пер. А. Сахаровой. Р. Б. 91 г. 1—7.

6672—76. Ш. Мицкевичъ, А. Сочиненія въ переводѣ Б. Бенедиктова, Н. Семенова и друг., подъ редакц. П. П. Полеваго. Спб. 82—83 г. ц. 12 р. 50 к.

6672. Ш. — Т. I. Баллады и романсы.—Сонеты.—Повѣсти и сказки.—Мелкія стихотворенія.

6673. Ш. — Т. II. Гражина.—Конрадъ Валленродъ. — Крымскіе сонеты. — Крит. статьи (Гете и Байронъ, о поэзіи романтической, о критикахъ и рецензентахъ Варшавскихъ).—Избранная корреспонденція.

6674. Ш.—Т. Ш. Поминки.—Изъ курса славянской литературы.

6675. Ш. — Т. IV. Панъ Тадеушъ.

6676. Ш. — Т. V.—Тоже (продолженіе).

1546. Ш. — Панъ Тадеушъ. Поэма. Пер. Берга. Варшава. 75 г. 2 р.

— Тоже. О. З. 62 г. 141—43; 70 г. 6; 72 г. 3; 73 г. 2, 4.

— Тоже. Пер. Пальмина. Р. М. 81 г. 1, 3, 9; 82 г. 6.

— Римъ. Неизданные очерки. Р. М. 84 г. 10.

85. Ш. — Дѣды. Поэма. Пер. А. С. Р. С. 60 г. 10; 61 г. 4.

4518. Ш.—Тоже. (Поминки). Пер. В. Бенедиктова. (Отдѣльный оттискъ).

— Сонеты. Пер. Н. Берга. Совр. 62 г. 93.

4021. Ш. — Тоже. Пер. Омулевскаго. См. Стихотв. Омулевскаго „Пѣсни жизни“.

5275. Ш. — Крымскіе сонеты. Пер. Л. М. Медвѣдева. Изд. ред. ж. „Русская Мысль“. 95 г.

— Тоже. Заря. 69 г. 7, 12; 70 г. 3, 11. А также см. 5704. III. Собр. соч. П. А. Вяземскаго. Т. I.

6677. Ш.—Тоже. Пер. Н. Луговскаго. Одесса. 58 г. 50 к.

4329. Ш. — Тоже. Пер. И. Козлова. См. собр. соч. Козлова. Ч. I.

1856. Ш. — Тоже. Сборн. Н. Гербеля „Поэзія Славянъ“.

О сонетахъ Мицкевича см. А. Чужбинскій. Крымскіе сонеты А. Мицкевича. Пер. Н. Луговскаго. Ат. 58 г. 39. 5704. Ш. Вяземскій, П. Собр. сочин. Т. I.

1985. Ш.—Конрадъ Валленродъ. Пер. I. Шершеневича. Совр. 58 г. 69.

85. Ш. — Тоже. Пер. Ѳ. Миллера. Р. С. 60 г. 7.

6678. Ш. — Тоже. Пер. А. Шпигоцкаго. М. 32 г. 75 к.

1856. Ш.—Воевода.—Будрысъ и его сыновья. Пер. А. Пушкина.—Свитезянка. — Ренегатъ. Пер. Л. Мея.— Крымскіе сонеты: Аккерманскія степи. Пер. А. Майкова.—Морская тишь.—Плаваніе.—Буря. Пер. Н. С-ва. — Видъ горъ изъ степей Козлова. Пер. М. Лермонтова.—Бахчисарайскій дворецъ. Пер. Н. Гербеля.—Могила Потоцкой. — Дорога надъ пропастью въ Чуфутъ Кале. — Гора Кикинеисъ. Пер. Н. Берга.—Байдарская долина. — Алушта днемъ. Пер. А. Майкова.—Алушта ночью. — Чадырдагъ.—Развалины замка въ Балаклавѣ. Пер. Н. Луговскаго.—Агодагъ. Пер. С. Дурова.—Разговоръ. Пер. Н. Огарева.—Сонеты въ переводахъ Фета, Луговскаго, Берга и Гербеля. — Изъ поэмы „Конрадъ Валленродъ“: 1) Вступленіе. Пер. А. Пушкина.—2) Вилія. Пер. Л. Мея.—3) Пѣснь Вайделота. Пер. Н. Берга.—4) Альпухара. Пер. Н. Гербеля.—Панъ Тадеушъ. Пер. Н. Берга. См. „Поэзія Славянъ“ подъ ред. Н. Гербеля.

— Замокъ стольника Горилки. Отрывокъ изъ поэмы „Панъ Тадеушъ“. Пер. Н. Берга. Р. В. 58 г. 11.

— Альпухара. Пер. Ѳ. Миллера. Р. В. 57 г. 2.

— Ода къ юности. Пер. Л. Пальмина. Р. М. 88 г. 1.

— Воевода.—Будрысъ и его сыновья. Пер. А. Пушкина. (См. собр. сочин. П—на. Т. III).

— Фарисъ. Поэма. Пер. Н. Семенова. Наб. 83 г. 6

3460. III. — Тоже. Пер. Г. П. Данилевскаго. См. собр. соч. Д—го. Т. VII.

6679. III. — Корчма въ Упитѣ и Гражина. Двѣ повѣсти въ стихахъ. Пер. В. Любичъ-Романовича. Спб. 62 г. 1 р.

Переводы отдѣльныхъ стихотвореній см. у Л. Мея. (Собр. соч. Т. III.).

О Мицкевичѣ см.

318. II. Коршъ, В. Всеобщая истор. литер. т. III. Спб. 88 г.

1433. II. Спасовичъ. Сочиненія. Т. II. „Мицкевичъ въ раннемъ періодѣ его жизни, какъ байронистъ".—Тамъ же; „Пушкинъ и Мицкевичъ у памятника Петра Великаго".

1453. VI.—Періодъ Лелевеля и Мицкевича. См. сборн. „За много лѣтъ", гл., „Очеркъ исторіи польской литературы".

1384. II. Урсинъ, М. Очерки изъ психологіи славянскаго племени. Гл. I. Адамъ Мицкевичъ.—Гл. III. Мицкевичъ и Словацкій подъ вліяніемъ Товянскаго.

607. II.—Тоже. (Славянскій мессіанизмъ). С. В. 86 г. 2, 6.

Уманьскій. Адамъ Мицкевичъ. Историко-литерат. этюдъ. Р. Б. 95 г. 7.

— Адамъ Мицкевичъ, его жизнь и произведенія до выѣзда за границу. Р. М. 91 г. 8.

— Мицкевичъ и Пушкинъ. (По поводу сорокалѣтія со дня смерти Мицкевича). Нед. 95 г. 11.

Боборыкинъ, П. Двѣ славянскія повѣсти. „Панъ Тадеушъ" и „Евгеній Онѣгинъ". С. В. 94 г. 3.

2241. II. Гильфердингъ. Взглядъ Мицкевича на Славянскій міръ и задачу Польши въ ряду цивилизованныхъ народовъ. (Собр. соч. Т. II. стр. 62); тамъ же, стр. 272 и слѣд. „Мицкевичъ и его изображеніе русскаго народа".

Августиновичъ, Ѳ.„Адамъ Мицкевичъ". Вѣкъ 83 г. 1—3.

Арепьевъ, Н. Мицкевичъ, какъ первый профессоръ славянскихъ литературъ. Набл. 91 г. 7. Бутейниковъ, Мицкевичъ и виленскіе филареты. И. В. 84 г. 12.

821. II. В. Мякотинъ. Біогр. очеркъ. (Біогр. библ. Павленкова).

Вержбовскій, Ѳ. Адамъ Мицкевичъ въ Вильнѣ и Ковнѣ. 1815—1824 гг. Новыя данныя для біографіи поэта. В. Е. 88 г. 9.

Крат. біогр. свѣд. см. также 1856. III. „Поэзія Славянъ", подъ ред. Н. Гербеля.

Неслуховскій, Ф. Адамъ Мицкевичъ въ Россіи. И. В. 80 г. 4—5.

Дубровскій, П. Новые матеріалы для біогр. Мицкевича. О. З. 59 г. 4.

— Адамъ Мицкевичъ. О. З. 58 г. 9—12.

1856. III. **Нарушевичъ, А.** Изъ поэмы „Голосъ мертвецовъ". Пер. Н. Гербеля.—Совѣтъ звѣрей. Пер. Н. Берга. См. „Поэзія Славянъ", подъ ред. Н. Гербеля.

1856. III. **Нѣмцевичъ, Ю.** Лешекъ Бѣлый. Пер. В. Бенедиктова.—Дума о Стефанѣ Потоцкомъ. Пер. его-же. См. Гербель „Поэзія Славянъ".

Оконьскій. Климентъ Борута. Разск. Д. 81 г. 2.

— Карлъ Кругъ. Разск. Д. 82 г. 3.

5178. III. **Оржешко, Э.** Повѣсти и разсказы: Сѣренькая идиллія. — Сильный Самсонъ.—Хамъ.—Подвижница. Пер. В. М. Лаврова. Изд. ред. ж. „Р. Мысль". М. 95 г. 1 р. 50 к.

5177. III. — Меньшая братія. Пов. Изд. П. Завадской. Спб. 89 г. 1 р.

3127. III.—Тоже, подъ наз. „Низины". Пер. Гарднеръ. Из. Л. 85 г. 5, 6.

3636. III.—Изъ жизни реалиста. Пов. Наб. 89 г. 10.

4875. III.—Аскетка. Пов. Пер. В. Л. Р. М. 91 г. 1.

6498. III.—Тоже. Пер. Н. Гросса. Спб. 91 г.

4049. III.—Призраки (Widma). Пов. Пер. Ѳ. Домбровскаго. Спб. 92 г. 75 к.

6564. III. — Колдунья. Разск. (Слав. Библ. № 3). Спб. 20 к.

— Вѣдьма. Ж. Об. 83 г. 7, 9, 12.

6564. III. — Деревенскій адвокатъ. Разск. (Слав. Биб. № 4). Спб. 20 к.

3294. III.—Б-а-ба. Разск. С. В. 87 г. 8.

3260. III.— Разсказы: Сапожникъ Флорентій.—Съ Виленской мостовой. — Павлюкъ. Д. 87 г. 2.

6680. III.—Поселянка. Пов. Спб. 83 г. 40 к.

3133. III.—Новички. Пов. Набл. 86 г. 11, 12.

3205. III. — Разоренное гнѣздо. Пов. В. И. Л. 92 г. 4.

— Гедали. Разск. Восх. 85 г. 1, 2.

— Погибшій. Разск. О. З. 83 г. 10.

— Добрая барыня. Ж. Об. 90 г.

— Золотая нитка. Пов. Вѣкъ, 82 г. 8.

— Учительница. Разск. Нед. 84 г. 6.

— Дай цвѣтокъ. Разск. Вѣкъ, 82 г. 12.

— Торгашъ. Разск. Р. Б. 88 г. 11.

— Одна сотня. Р. Б. 89 г. 12.

— Четырнадцатая часть. Разск. В. Е. 83 г. 9.

— Юліанка. Очеркъ. Д. 81 г. 9—10.

1368. VII. — Тоже. (Сокращ.) Спб. 94 г.

3159. III. — Сильный Самсонъ. Городск. картинка. Р. М. 86 г. 10.

2108. III. — Могучій Самсонъ. Разск. О. З. 81 г. 12.

2175. III. — Милордъ. Разск. О. З. 81 г. 2.

2497. III. — Чудакъ. Разск. Д. 84 г. 6.

— Тоже. О. З. 81 г. 12.

— Романиха. Пов. Ж. Об. 85 г.

— Два брата. Разск. М. Б. 95 г. 9—10.

— Непонятая. Пов. М. Б. 92 г. 1—4.

— Сильфида. Разск. О. З. 82 г. 8.

1460. VII.—Приключеніе Яся. Разск. Изд. Станевичъ. Спб. 96 г.

6018. III. — Милордъ. — Бабушка. Пер. В. Лаврова. Изд. ж. „Р. Мысль". М. 96 г. 50 к.

— Миртала. Ист. пов. Восх. 88 г. 1—5. 7. Есть отд. изд. того-же года.

— Золотая графинюшка. Ром. Ж. Об. 84 г.

5617. III.—Bene nati. Ром. Вс. Библ. 92 г. 9.

3623. III. — Хамъ. Пов. Р. М. 89 г. 3—7.

4234. III.—Тоже. М. 92 г.

— Тоже. Р. Б. 89 г. 3—7.

2659. III.—Мейръ Езофовичъ. Ром. Съ рис. Спб. 82 г. 1 р. 25 к.

4883. III.—Дикарка. Пов. Пер. Г. С. Глинскаго. М. 94 г. 75 к.

5617. III. — Тоже. В. Е. 93 г. 1—5.

— Искра Божія. Ром. В. Е. 95 г. 1—5.

6681. III. — Надъ Нѣманомъ. Ром. Пер. В. М. Лаврова. М. 1 р. 50 к.

3478. III.—Тоже. Р. М. 89 г. 4—12.

2882. III.—Сильвекъ съ погоста. Ром. Р. М. 84 г. 1, 2, 4—6.

—Тоже. Пер. Сахаровой. Ж. Об. 83 г. 1—5.

3677. III.—Дзюрди. Пов. Пер. Н. Гросса. Спб. 90 г.

— Отрывки изъ автобіографіи Элизы Ожешковой. М. Б. 92 г. 12.

О ней см. Бодуэнъ де Буртенэ. Элиза Оржешко. Итоги 25-ти лѣтней дѣятельности. С. В. 92 г. 12; Гольцевъ, В. О повѣстяхъ Элизы Ожешковой. Р. М. 91 г. 9.

Основскій, Н. Порода хищниковъ. Р. В. 57 г. 1, 6.

— Федулычъ. Разск. Совр. 54 г. 46.

— Петровъ день. Совр. 54 г. 48.

— Неистовый Орландъ. Совр. 55 г. 50.

3356. Ш. **Остои**. Карьера. Ром. Спб. 83 г. 50 к.

— Изъ крестьянскаго быта. Очерки. Из. Л. 84 г. 12.

— Безвозвратно. Набл. 87 г. 3.

3313. Ш. — Въ глуши. Разск. Набл. 87 г. 11.

3205. Ш. — Чужое счастье. Разск. В. И. Л. 92 г.

3205. Ш. — Вѣеръ. Разск. В. И. Л. 92 г. 2.

2743. П. **Польскія** народныя пѣсни. См.: „Пѣсни разныхъ народовъ" въ переводѣ Н. Берга. М. 54 г.; а также 1856. Ш. „Поэзія славянъ". Сборникъ лучшихъ поэт. произв. славянск. нар., подъ ред. Н. Гербеля.

Падура, Ѳ.
— О немъ см. 612. II. Пыпинъ, А. Эпизодъ изъ литературныхъ отношеній малорусско-польскихъ. Глава II. Южно-русскіе интересы въ польской литературѣ. В. Е. 86 г. 2.

3255. Ш. **Прусъ**, Б. Форпостъ. Ром. Пер. А. Сахаровой. Спб. 87 г. 1 р. 50 к.

3294. Ш. — Слимакъ и нѣмцы. С. В. 87 г. 4, 5.

— Кукла. Ром. Р. Б. 90 г. 1—12.

— Недоразумѣніе. Разск. Р. Б. 85 г. 3, 4.

6682. Ш. — Простая душа. Изд. „Посредника". М. 20 к.

— Души въ неволѣ. Ром. Р. Б. 86 г. 5—9.

— Поэтъ и жизнь. Разск. В. Е. 82 г. 7.

— Эмансипированная. Ром. Р. Б. 91 г. 9—12.

— Дворецъ и развалина. Пов. В. Е. 83 г. 11.

2497. Ш. — Сиротская доля. Разск. О. З. 81 г. 8.

— Умирающее эхо. Разск. Д. 86 г. 5.

— Два разсказа. 1. Михалко. 2. Приключенія Стася. О. З. 81 г. 7.

— Шпіонъ. Разск. Д. 86 г. 3.

1155. VII. — Антекъ. Разск. Спб. 92 г. 15 к.

— Тоже. Д. 81 г. 12.

Пшиборовскій, Н. Королевскій соколъ. Истор. пов. Р. Р. 81 г. 8—12.

761. II. **Пѣсни латышей**: праздничныя и семейныя. См. «Матеріалы для этнографіи латышскаго племени Витебской губерніи». I. I. Собр. и объясн. Э. Вольтеръ. Спб. 90 г.

Ратаци, М. Прекрасная еврейка. Эпизодъ изъ осады Іерусалима. Истор. ром. Восх. 4 г. 1—10.

1420. Ш. **Ржевусскій**. Краковскій замокъ. Истор. ром. XVI вѣка. Спб. 60 г. 1 р.

— Памятные дни. Р. В. 81 г. 6.

2516—17. Ш. — Листопадъ. Ист. ром. втор. полов. XVIII вѣка, въ 2-хъ ч. Пер. подъ ред. А. Чужбинскаго. Спб. 73 г. 3 р.
О немъ см. ст. Берга, Н. „Ржевусскій". П. В. 80 г. 11.

2984 Ш. **Рогошъ**, У. Отступникъ. Ром. Спб. 85 г. 1 р. 75 к.

4143. Ш. **Рудницкая, С.** Два мужа. Ром. Изд. Комарова. Спб. 84 г.

5617. Ш. **СБОРНИКЪ** романовъ, повѣстей и разсказовъ: „Bene nati". Ром. Э. Оржешко.—Дикарка. Ром. Ея-же.—Пойдемъ за нимъ! Разск. Генр. Сенкевича.—У источника. Новелла, его же.—Хайлакъ. Разск. Зацлава Сирко.

3012. Ш. **Сѣверъ**. Франусь Вальчакъ. Пер. А. Михневича. Спб. 86 г. (Прил. къ Ж. Об.).

2935. Ш. — На биржѣ. Ром. въ 3-хъ ч. Спб. 85 г. 1 р. 25 к.

5444—53. Ш. **Сенкевичъ, Г.** Собраніе сочиненій. 10 томовъ. Полный пер. Ф. В. Домбровскаго. Изд. Ф. Іогансона. Кіевъ. 93—95 г. Цѣна за 10 т. 10 р.

5444. Ш. — Т. I. Безъ догмата.

5445. Ш. — Т. II. Повѣсти и разсказы: Напрасно.—Старый слуга. — Ганя. — Очерки углемъ.—Янко музыкантъ.—Пойдемъ за нимъ.—Фонарщикъ.

5446. Ш. — Т. III. Побѣдитель.—Та третья.—Татарская неволя.—На одну карту.—Ангелъ.—Сахемъ.—Поселянка.—Бой быковъ въ Испаніи.—Бѣловѣжская пуща. — Поѣздка въ Аѳины.

5447. Ш. — Т. IV. Огнемъ и мечемъ. Истор. ром. въ 4-хъ ч. Ч. I—II.

5448. Ш. — Т. V. Тоже. Ч. III—IV.

5449. Ш. — Т. VI. Потопъ. Истор. ром. въ 6-ти ч. (Прод. ром. „Огнемъ и мечомъ") Ч. I—III.

5450. Ш. — Т. VII. Тоже. Ч. IV—VI.

5451. Ш. — Т. VIII. Панъ Володыевскій. Продолженіе „Потопа". Ром. въ 3-хъ ч.

5452. Ш. — Т. IX. Письма изъ путешествій: Пребываніе въ Лондонѣ и поѣздка въ Ливерпуль.—Съ океана. — Пребываніе въ Нью-Іоркѣ.—Чрезъ два океана.—Американскіе очерки.—Письма изъ Рима, Венеціи и Парижа.—За хлѣбомъ.—Чрезъ степи.—Орсо. — Комедія изъ за ошибки.

5453. Ш. — Т. X. Семья Поланецкихъ. Ром.

4595. Ш. — Повѣсти и разсказы: Та третья.—Поѣздка въ Аѳины.—Янко музыкантъ.—Старый слуга. — Ганя.—Фонарщикъ на маякѣ.—Бартекъ побѣдитель.—Пойдемъ за нимъ! Пер. В. М. Лаврова, съ предисловіемъ В. А. Гольцева. Изд. ред. ж. „Русская Мысль". М. 93 г. 1 р. 50 к.

1697. Ш. — Ганя. Пов. Спб. 81 г.

2108. Ш. — Эскизы углемъ. О. З. 80 г. 6.

3617. Ш. — Та третья. Изъ дневника художника. Разск. Р. М. 89 г. 1.

5617. Ш. — Пойдемъ за нимъ! Разск. Р. М. 93 г. 1, 2.

— Будь благословенна. Р. М. 93 г. 6.

3873. Ш. — Комедія ошибокъ. Американск. эскизъ. Пер. В. И. Веселовскаго. Из. Лит. 83 г. 5.

— Ошибка. Р. М. 81 г. 12.

2893. Ш. — Миша. Разск. Пер. Жуковскаго. Из. Лит. 84 г. 7.

3820. Ш.—Идилія. Лѣсная картинка. Р. М. 90 г. 12.

— „Lux in tenebris lucet". (Свѣтъ во тьмѣ свѣтитъ). Разск. М. Б. 94. 11.

3205. Ш.—Сахемъ. Разск. В. И. Л. 92 г. 4.

— Тоже. „Ж. Об.". 83 г. 14. (I полугод.).

5508. Ш. — Черезъ степи. Разск. капитана Ральфа. Пер. В. М. Лаврова. (Библ. „Р. М."). М. 96 г. 40 к.

— Тоже. Р. М. 82 г. 5.

— Янко музыкантъ.—Письма съ дороги. Р. М. 82 г. 3.

— Старый слуга. Разск. Д. 81 г. 11.
— Вождь. Разск. Д. 84 г. 1.
— На малкѣ. Разск. Д. 82 г. 2.
2175. Ш. — За хлѣбомъ. Пов. Д. 81 г. 5.
— Изъ дновника познанскаго учителя. В. Е.
80 г. 3.
6683—84. Ш. — Американскіе очерки и
разсказы. 2 т. М. 83 г. 2 р.
483. I. — Путевые очерки: Письма изъ
Африки.—Письмо изъ Венеціи.—Письмо изъ
Рима.—Нервы. Пер. В. М. Лаврова. М. 94 г.
1 р. 50 к.
526. I. — Письма изъ Африки. Пер. М.
Круковскаго. Съ 26-ю рис. Спб. 95 г. (Прил.
къ ж. „Природа и люди").
— Тоже. Р. М. 91 г. 10—12; 92 г. 1—3.
— Поѣздка въ Аѳины. М. Б. 92 г. 6.
5281. Ш.—Безъ догмата. Ром. Пер. В. Лав-
рова. М. 93 г. 1 р. 50 к.
3804. Ш.—Тоже. Р. М. 90 г. 1—3; 5—10.

Объ этомъ ром. см. Каренинъ, В. Послѣдній ром.
Генриха Сенкевича. В. Е. 91 г. 7; Протопоповъ. Вина
или несчастье? Р. М. 93 г. 3; Волынскій. Литературныя
замѣтки. С. В. 90 г. 12; Николаева, М. Поиски спаса-
ющаго догмата. („Безъ догмата" и „Семья Поланецкихъ").
Н. Сл. 95 г. 3 (декабрь).

5280. Ш.—Семейство Поланецкихъ. Ром. въ
2-хъ ч. Пер. М. Кривошеева. Изд. ж. „С. В."
Спб. 95 г. 2 р.
— Тоже. С. В. 93 г. 8—12; 94 г. 1—12.
— Тоже. Р. М. 93 г. 8—12; 94 г. 1—8,
9—12.

Объ этомъ ром. см. ст. И. Иванова. „Подозрительная
слава". М. Б. 95 г. 11; Л. Е. Оболенскаго. „Въ тепли-
цѣ". (Семья Поланецкихъ). Нед. 95 г. 3; Николаева, М.
Поиски спасающаго догмата. Н. Сл. 95 г. 3 (дек.).

6451. Ш.—Камо грядеши. (Quo vadis). Ром.
изъ временъ Нерона. Пер. В. М. Лаврова. М.
96 г. 1 р. 50 к.
— Тоже. Р. М. 95 г. 4—12; 96 г. 1—3.
— Тоже. С. В. 95 г. 5—12; 96 г. 1—5.
6604. Ш. — Тоже. Спб. 96 г. (Прилож. къ
Свѣту.
2959—60. Ш.—Огнемъ и мечомъ. Ист. ром.
Р. М. 85 г. 1—6, 8—10.
— Тоже. Ж. Об. 83 г. 7—12, 84 г. 1—12.
— Тоже. Пер. Келша. Пз. Лит. 83 г. 7—
9, 12.
2933—34. Ш.—Потопъ. Ист. ром. въ 6-ти ч.
Р. М. 87 г. 1—12.
2933—34. Ш.—Тоже. Ж. Об. 85 г. 1—12.
5284. Ш.—Тоже. Пер. Ф. Домбровскаго. Спб.
90 г.

Объ этихъ ром. см. Пыпинъ, А. Новые ром. Сенке-
вича. В. Е. 88 г. 2.

3343—44.—Послѣ потопа. (Панъ Володыев-
скій). Спб. 88 г.

О Сенкевичѣ см. 2845. II. Гофштеттеръ, И. Генрихъ
Сенкевичъ какъ психологъ современности. Спб. 96 г. ц. 30 к.

1642. Ш. Словацкій, Ю. Мазепа. Тр.
Пер. Н. Пушкарева. О. З. 74 г. 7.
— Ренегатъ. (Восточная повѣсть). Пер. П.
А. Козлова. Р. М. 80 г. 3.
— Отецъ зачумленныхъ. Пер. Селиванова.
В. Е. 88 г. 10.
1856. Ш.— Изъ поэмы „Янъ Бѣлецкій".—
Изъ поэмы „Монахъ": 1. Исповѣдь. 2. Тѣнь
Зары. Пер. П. Козлова. См. „Поэзія Славянъ".
подъ ред. Н. Гербеля.

О Словацкомъ см. Коршъ, В. Всеобщ. ист. лит. Т.
III;—624. II. Полонскій, Л. Юлій Словацкій. Р. М. 89 г.
2; Кр. біогр. см. 1856. III. „Поэзія Славянъ", подъ ред.
Н. Гербеля. 1384. II. Урсинъ, М. Очерки изъ психологіи
славянскаго племени. Гл. II. „Юлій Словацкій". Гл. III.
Мицкевичъ и Словацкій подъ вліяніемъ Товянскаго; а также
607. II.—Тоже. С. В. 86 г. 4. 6.

Смоленскій, П. Завываніе вѣтра. Разск.
И. Л. 83 г. 8
4469. Ш. Сырокомля, В. (Кондрато-
вичъ, Л.) Избранныя стихотворенія. Т. I. Хо-
дыка. Поэма.—Янъ Денборогъ, поэма.—Янко
кладбищенскій, поэма:—Филиппъ изъ Коноп-
лей, разск.—Три литвинки, поэма.—Староста
Капоницкій, поэма и др. стих. въ переводахъ Д.
Минаева, Л. Пальмина, М. Петровскаго. Л.
Мея и П. Вейнберга. Изд. В. Лаврова и В.
Минаева. Спб. 79 г. 2 р.
— Власъ. Поэма изъ эпохи наполеоновскихъ
войнъ. Пер. Л. И. Пальмина. Р. М. 83 г. 9.
— Три зятя. Пер. И. П. И. В. Е. 83 г. 1.
— Документы. Разск. Пер. Омулевскаго
Вѣкъ. 82 г. 11.
— Моргеръ. Поэма. Пер. Л. И. Пальмина.
Р. М. 80 г. 1—2.
— Филиппъ изъ Коноплей. Разск. въ сти-
хахъ. Пер. М. П-скаго: В. Е. 73 г. 7.
— Воскресенье. Поэма. Пер. Омулевскаго.
Д. 81 г. 11.
— Въ старой школѣ. Р. Б. 80 г. 2.
— Пилигримъ. Р. Б. 80 г. 4.
— Деревенская школа. Стихотв. Пер. Л.
Трефолева. О. З. 69 г. 4.
— Исповѣдь Казиміра Корсака. Поэма.
Р. Б. 80 г. 1.
1856. Ш.—Кукла. Пер. А. С.—Прежде было
лучше.—Капралъ Терефера и Капитанъ Шер-
петыня. Пер. Л. Мея.—Дума. Пер. А. Плеще-
ева. См. „Поэзія Славянъ", подъ ред. Н. Гер-
беля.

См. также 4021. III. Собраніе стихотвор.
Омулевскаго „Пѣсни жизни" и 276. III. Сочин.
Л. Мея. Т. III.

О Кондратовичѣ см. 318. II. Коршъ, В. Всеобщ.
ист. лит. Т. III;—Спасовичъ, В. „Владиславъ Сырокомля-
". Соч. Т. I;—Шашковъ. „В. Сырокомля". Д. 83 г.
3;—Аксаковъ, И. Опытъ характеристики С—ли. Р. М.80 г.
1. Кр. біогр. свѣд. см. 1856. III. „Поэзія славянъ" подъ
ред. Н. Гербеля.

Сѣрошевскій, Вацлавъ (Сирко.)
На краю лѣсовъ. Пов. Пер. съ польск. сдѣл.
авторомъ. Р. Б. 95 г. 6—9.
5617. Ш.—Хайлакъ. Разск. Пер. Л. В. Ва-
силевскаго. Р. Б. 93 г. 10.

См. также отд. русской литературы.

1856. Ш. Трембецкій, С. Воздушный
шаръ. Изъ поэмы „Софіевка". Пер. В. Бене-
диктова. См. „Поэзія Славянъ", подъ ред. Н.
Гербеля.

Кр. біогр. свѣд. там-же.

3352. Ш. Урбановская, С. (Княжна).
Трудъ и изнѣженность. Пов. Спб. 87.
4066. Ш.—Тоже. Пер. Ф. Домбровскаго. Спб.
92 г. 1 р.
4667. Ш. Ціолковскій, К. На лунѣ.
Фантастическая пов., съ оригинальными рис.
худож. А. Гофмана. М. 93 г.

Хайотъ. Подкидышъ. Разск. Р. Б. 85 г. 4.
Ходзько. Записки квестора. И. В. 80 г.
5—6.

1856. III. — Стихотворенія: Молодецъ. Пер. Л. Мея.—Пѣсня. Пер. С. Дурова. См. „Поэзію Славянъ" Н. Гербеля. Переводы отд. стихотвореній см. также у Мея. (Собр. соч. Т. III).

Кр. біогр. см. у Гербеля „Поэзія Славянъ".

Шайноха, К. См. отд. ист.

О немъ см. Коршъ. Вс. ист. лит. Т. III. „Новая польская литература". Неслуховскій, Ф. „Шайноха". И. В. 80 г. 10.

Шиманьскій, А. Мацѣй Мазуръ. (Изъ сибирскихъ разсказовъ). Пер. В. М. Л. Р. М. 88 г. 3.

— Тоска по родинѣ. Разск. М. Б. 93 г. 3.

1856. III. **Шимоновичъ, С.** Жницы.

Пер. Н. Берга. См. „Поэзія Славянъ", подъ ред. Н. Гербеля.

4095. III. **Юноша, Клемансъ.** Сизифъ. Картинки деревенской жизни. Пер. В. М. Лаврова. М. 92 г. 50 к.

— Тоже. Р. М. 91 г. 5—7.

3205. III. — Заяцъ. Разск. В. И. Л. 92 г. 12.

Янъ-Ламъ. Эмигрантъ. Сатирич. ром. В. Е. 76 г. 7, 8.

— Курьезное приключеніе. Разск. Р. Б. 89 г. 8.

— Большой свѣтъ въ Козловицахъ. Пов. С. В. 88 г. 7—9.

ОТДѢЛЪ IX.

Литература западно и южно-славянскихъ земель, Венгріи и Румыніи.

Общія обозрѣнія исторіи литературы этихъ странъ.

2046—47. II. **Пыпинъ, А.** и **Спасовичъ, В.** Исторія славянскихъ литературъ. 2 т. Изд. 2-е, вновь переработанное и дополненное. Спб. 79—81 гг. ц. 8 р.

Т. I. Введеніе.—Болгары.—Юго-Славяне.—Русское племя.—Т. II. Предисловіе А. Пыпина.—Предисловіе В. Спасовича.—Польское племя.—Чешское племя.—Балтійское славянство.—Сербы Лужицкіе.—Возрожденіе.—Указатель къ обоимъ томамъ.

318. II. **Морозовъ, П.** Новая литература славянскихъ народовъ. (См. Вс. ист. лит. В. Корша. Т. III).

Литература болгаръ и сербовъ послѣ паденія независимости.—Итальянское возрожденіе на славянской почвѣ.—Дубровницко-далматинская литература XV—XVII ст. Чешская литература въ эпоху гуситскаго движенія.—Дальнѣйшая судьба чешской литературы въ XV ст.—Золотой вѣкъ чешской литературы и періодъ ея упадка.—Южно-славянское возрожденіе.—Западно-славянское возрожденіе.

2241. II. **Гильфердингъ, А.** Статьи по современнымъ вопросамъ славянскимъ. (Собр. сочин. Т. II. Спб. 68 г.)

Народное возрожденіе Сербовъ—Лужичанъ въ Саксоніи: „Сербское общество при будышинской гимназіи. „Матица", общество для развитія между Сербо-Лужичанами народнаго просвѣщенія и словесности.—Образцы Сербо-Лужицкой поэзіи.—Развитіе народности у Западныхъ славянъ: Чехи первые провозвѣстники славянской народности.—Чешская литература и наука въ послѣдніе двадцать пять лѣтъ.—Штуръ и его сторонники, представители словацкой народности.—Колларъ.—Вукъ Караджичъ, его собраніе народныхъ сербскихъ пѣсенъ и азбука, имъ изобрѣтенная.—Литература Словенцевъ.—Поэтъ Прешеринъ.—Гоненіе на Чешскую литература.—Ссылка Гавличка.—Упадокъ литературы.—Чешскій театръ.—Положеніе Моравской литературы.—Подавленіе Словацкой литературы.—Трагическая судьба Штура; гоненіе прочихъ словацкихъ писателей.—Духъ народа сербскаго: Характеръ и направленіе литературы Западныхъ славянъ.—Хаджичъ и его книга.—Гавличекъ. Нѣсколько словъ о его жизни.—Образцы его поэзіи: „тирольскія элегіи".

347. II. **Буслаевъ, Ѳ.** Древнѣйшія эпическія преданія славянскихъ племенъ.—Славянскія сказки. (Истор. очерки русск. народн. словесности и искусства. Т. I).

2296. II. **Ламанскій, В.** Объ историческомъ изученіи Греко-Славянскаго міра въ Европѣ. Изслѣдованіе. Спб. 71 г. ц. 1 р. 50 к.

2284. II. — Видные дѣятели Западно-Славянской образованности въ XV, XVI и XVII вѣкахъ. Историко-литературные и культурные очерки. (Славянск. Сборн. Т. I. Спб. 75 г.).

1722. II.—Исторія Славянскихъ литературъ. Лекціи 1880—81 г.г. (Литограф.).

2581. II. **Халанскій, М.** Южно-славянскія сказанія о кралевичѣ Маркѣ въ связи съ произведеніями русскаго былезого эпоса. Сравнительныя наблюденія въ области героическаго эпоса южныхъ славянъ и русскаго народа. (Оттискъ изъ Русск. Филол. Вѣст.) Варшава. 93 к.

157. II. **Пыпинъ, А.** Панславизмъ въ прошломъ и настоящемъ. В. Е. 78 г. 9—12; 79 г. 6, 8, 9.

— Русское славяновѣдѣніе въ XIX столѣтіи. В. Е. 89 г. 7, 8, 9.

— Литературный панславизмъ. В. Е. 79 г. 6, 8, 9.

Вопросъ о всеславянскомъ литературномъ языкѣ.—Въ старину.—Юнгманнъ и Шафарикъ.—Янъ Колларъ.—Послѣ Коллара.—Поворотъ.—Славянскій съѣздъ въ Москвѣ 1867 года.—Общеславянская азбука.—Настоящее положеніе вопроса.—Заключеніе.

— Первые слухи о сербской народной поэзіи. В. Е. 76 г. 12.

2846. II. **Снегиревъ, И.** Іосифъ Добровскій. Опытъ подробной монографіи по исторіи славяновѣдѣнія. Казань. 84 г. ц. 2 р. 50 к.

2847. II. **Смирновъ, А.** Обзоръ славянскихъ литературъ. Воронежъ. 80 г. ц. 35 к.

2285. II. **Будиловичъ, А.** О литературномъ единствѣ народовъ славянскаго племени. (Слав. сб. Т. II.).

2284—85. II. **Пичъ, О.** Очеркъ политической и литературной исторіи Словаковъ за послѣднія сто лѣтъ. (Славянск. Сборн. Т. I. Спб. 75 г.; Т. II. Спб. 77 г.).

2828. II. **Волчокъ, Яр.** Исторія словацкой литературы. Кіевъ. 89 г.

2286. II. **Качановскій, В.** Сербскія житія и лѣтописи, какъ источникъ для исторіи южныхъ Славянъ въ XIV и XV вѣкахъ. (Славянск. Сборн. Т. III. Спб. 76 г.).

2848. II. — Памятники болгарскаго народнаго творчества. Вып. I. (См. отд. русск. яз. и слов. И. А. Н. Т. 30-й). Спб. ц. 1 р. 50 к.

2827. II. **Степовичъ, Л.** Очерки исторіи чешской литературы съ фотографическимъ снимкомъ краледворской рукописи. Кіевъ 86г. ц. 1 р. 50 к.

1856 III. **«Поэзія славянъ».** Сборникъ лучшихъ поэтическихъ произведеній славянскихъ народовъ въ переводахъ русскихъ писателей, подъ ред. Н. Гербеля. Въ эту книгу вошли:

Ст. Головацкаго, Я. Червоннорусская литература.—Будиловича, А. Сербохорватская литература.—Его-же. Хорутанская литература.—Жинзифова, К. Болгарская литература.—Гильфердинга, А. Чешская литература. Будиловича, А. Словацкая литература.—Его-же. Лужицкая литература.

246. I. **Ровинскій, П.** Черногорія въ ея прошломъ и настоящемъ. Географія. Исторія. Этнографія. Археологія. Современное положеніе. Спб. 88 г.

— Народные чешскіе поэты. Р. В. 61 г. 9, 11.

2849. II. **Макушевъ, В.** Задунайскіе и адріатическіе славяне. Очеркъ статист., этногр. и истор. Спб. 67 г. ц. 1 р. 50 к.

Содержаніе: Пробужденіе литературной дѣятельности въ Черногоріи.—О литературномъ возрожденіи Дубровника.

— Письма о литерат. и политич. состояніи Хорватскаго королевства. Ж. М. Н. Пр. 68 г. 9—10.

4051. III. **Бадаличъ, Гуго.** Panem et circenses (Хлѣба и зрѣлищъ). Пер. съ хорватск. См. Умановъ-Каплуновскій, „Баянъ". Сборникъ произв. совр. славянск. поэтовъ.

3961. III.—Тоже. См. „Славянская муза". Пер. Уманова-Каплуновскаго. Спб. 92 г.

Къ біогр. свѣд. тамъ же.

Банъ, М. Мейрима или босняки. Др. Пер. съ сербск. II. А. К. Р. В. 76 г. 6.

1856. III.—Письмо. Пер. Н. Гербеля. См. „Поэзія Славянъ". Сборн. подъ ред. Н. Гербеля.

4051. III. **Баянъ.** Сборникъ произведеній

современныхъ славянскихъ поэтовъ и народной поэзіи. Пер. В. В. Уманова-Каплуновскаго. Изд. ж. „Пантеона Литературы". Спб. 88 г.

Бёнешъ Германычъ. Изъ Краледворской рукописи. Поэма. Пер. Н. Берга. Совр. 62 г. т.173.

4051. III. **Ботевъ, Христо.** Хаджій Димитръ. Баллада.—Элегія. Пер. съ болгарск. См. Умановъ-Каплуновскій, „Баянъ". Сборн. произв. слав. поэтовъ.

3961. III.—Тоже. См. Умановъ-Каплуновскій, „Славянская муза". Переводы и подражанія.

Крат. біогр. свѣд. см. тамъ-же.

Вазовъ, И. Подъ игомъ. Ром. изъ жизни болгаръ наканунѣ освобожденія. Пер. съ болгарск. М. Б. 96 г. 1—10.

— Одинъ изъ современныхъ болгарскихъ дѣятелей. Разск. Сл. Об. 92 г. 5. 6.

4051. Ш.—Громада. Поэма.—Памяти Раковскаго.—Къ орлу.—Не хочу я злого ликованія.—Въ окопахъ. См. Умановъ-Каплуновскій. „Баянъ“, сборн. произв. совр. славян. поэт.

3961. Ш.—Громада. Поэма.—Памяти Раковскаго.—Природа.—Къ орлу.—Не хочу я видѣть ликованья.—Въ окопахъ.—Въ Помпеѣ.—Какъ божественно, плѣнительно. См. Умановъ-Каплуновскій, „Славянская Муза“. Переводы и подражанія.

Крат. біогр. свѣд. тамъ-же; см. также Энцикл. слов. Брокгауза и Ефрона. Т. V.

Вукъ Караджичъ, см. **Караджичъ.**

1856. Ш. **Гавличекъ, К.** Тирольскія элегіи. Пер. съ чешск. Н. Берга. См. Н. Гербель „Поэзія Славянъ“.

85. Ш.—Тоже. Р. Сл. 60 г. 4.

Крат. біогр. свѣд. см. тамъ-же.
О Гавличкѣ см. 2241. II. Гильфердингъ, А. Статья по соврем. слав. вопросамъ: (Собр. соч. Т. II) „Развитіе народности у западныхъ славянъ“ (гл. II); и тамъ-же, гл. X. „Гавличекъ. Нѣсколько словъ о его жизни. Образцы его поэзіи: Тирольскія элегіи“.— 46. II. Карлъ Гавличекъ Боровскій. Пер. изъ чешск. ж. „Часъ“ А. Троянскаго. Р. В. 61 г. 7;—Сухомлиновъ, М. Изъ Праги. Р. В. 59 г. 18. 318. II. Коршъ. Ист. всеобщ. лит. Т. Ш; стр. 140.

1856. Ш. **Ганка, В.** Краледворъ.—Фіалка.—Ожиданіе.—Себѣ.—Цвѣты.—Лаба.— Очи. Пер. съ чешск. См. Н. Гербель. „Поэзія Славянъ“.

Тамъ-же. Крат. біогр. свѣд.
О Ганкѣ см. ст. В. П. Безобразова. Вѣкъ. 61 г. 2.—А. Пыпина. „Вячеславъ Ганка“. Совр. 61 г. 3. Коршъ. Вс. ист. лит. Т. III. стр. 129 и слѣд.
И. И. Срезневскаго. Обозрѣніе филолого-археолог. трудовъ В. Ганки. Изв. Акад. Наукъ по отд. Русск. яз. и слов. 60 г. IX. вып. IV. стр. 265—272. Его-же. Воспоминанія о Ганкѣ. Изв. Акад. Наукъ по отд. Русск. яз. и слов. 60 г. Т. IX. Вып. IV. стр. 214—229.—Ст. И. Дубровскаго. Воспоминанія о В. Ганкѣ. О 3. 61 г. 2. Сухомлинова, М. „О сношеніяхъ В. Ганки съ росс. акад. и о вызовѣ его въ Россію (сборн. „Братская помощь“. Сиб. 76 г.); — Ламанскаго. „Новѣйшіе памятники древне-чешскаго яз. Ж. М. Н. Пр. за 80 г.; также см. въ Энцикл. словарѣ Брокгауза и Ефрона. Т. VIII.

3351. Ш. **Георгіевичъ, В.** Стефанъ Душанъ, король сербскій. Перев. съ сербск. С. В. Чурсина. Спб. 88 г.

Германъ, И. Чешскіе разсказы. Р. В. 93 г. 9.

1856. Ш. **Головацкій, Я.** Тоска по родинѣ.— Рѣчка. Пер. съ червопорусск. Н. Гербеля. См. Н. Гербель „Поэзія Славянъ“.

— Народныя пѣсни Галицкой и Угорской Руси. Съ пред. и разн. объясн. О. М. Бодянскаго. См. Чт. Моск. общ. ист. и древн. за 63 г. 3, 4; 64 г. 1, 3, 4; 65 г. 4; 66 г. 1, 3; 67 г. 2; 70 г. 3 и 4.

Объ этихъ пѣсняхъ см. ст. Ор. Миллера. Ж. М. Н. Пр. 67 г. 3.
Кр. біогр. свѣд. о Головацкомъ см. 1856. Ш. Гербель, Н. „Поэзія Славянъ“ и Энцикл. слов. Брокгауза и Ефрона. Т. IX. Ст. Н. Сумцова.

3961. Ш. **Грегорчичъ, С.** Сила любви.—Все—кромѣ человѣка.—На берегу.—Въ разлукѣ.—Подъ грозой.—Три липы. См. Умановъ-Каплуновскій „Славянская Муза“.

1856. Ш. **Гундуличъ, И.** Изъ поэмы „Османъ“. См. „Поэзія Славянъ“. Сборн. подъ ред. Н. Гербеля.

Бр. біогр. свѣд. тамъ же. Коршъ. Вс. ист. лит. Т. Ш. стр. 12.

Гурбанъ-Ваянскій, I. М. Весенній морозъ. Новелла. Пер. со словенск. Сл. Об. 92 г. 1.

1856. Ш.—Нитра.—Поважье. Пер. Н. Берга. См. „Поэзія Славянъ“. Сборн. подъ ред. Н. Гербеля.

Бр. біогр. свѣд. тамъ-же.

1856. Ш. **Деметеръ, Д.** Царь Матіасъ. Пер. съ хорватск. Н. Гербеля.—Изъ поэмы „Гробницкое поле“. Пер. М. Петровскаго. См. „Поэзія Славянъ“. Сборн. подъ ред. Н. Гербеля.

Бр. біогр. свѣд. тамъ-же.

1856. Ш. **Дѣдицкій, Б.** Русскому пѣвцу.—Утро.—На стражѣ. Пер. съ червопорусск. Н. Гербеля. См. „Поэзія Славянъ“. Сборн. подъ ред. Н. Гербеля, а также собр. соч. Н. Гербеля. Т. II.

Бр. біогр. свѣд. въ сборн. Гербеля.

1856. Ш. **Жинзифовъ, К.** На смерть юноши.—Изъ поэмы „Кровавая рубашка“. Пер. съ болгарск. Н. Гербеля. См. „Поэзія Славянъ“. Сборн. подъ ред. Н. Гербеля. а также собр. соч. Н. Гербеля. Т. II.

О немъ см. Коршъ. Всеоб. ист. лит. Т. Ш. стр. 94.

4051. Ш. **Змай-Ивановичъ.** Два отрывка изъ лирической поэмы: „Увянувшія розы.—Горемычная мать.—Три гайдука. Баллада.—Къ ней.— Сумасшедшій. Монологъ. Пер. съ сербск. См. Умановъ-Каплуновскій „Баянъ“. Сборн. произв. славян. поэтовъ.

3961. Ш.—Тоже. См. Умановъ-Каплуновскій „Славянская Муза“. Пер. и подраж.

3205. Ш.—Видосава Бранковичъ. Разск. В. И. Л. 92 г. 2.

— Изъ пѣсенъ Змай-Іовановича. Вѣкъ. 82 г. 5.

1856. Ш.—Крестъ. Пер. Н. Берга.—Дѣвавоинъ. Пер. В. Бенедиктова. См. „Поэзія Славянъ“. Сборн. подъ ред. Н. Гербеля.

Бр. біогр. свѣд. см. тамъ-же; а также 4051. Ш. Умановъ-Каплуновскій. „Баянъ“.

Зейеръ, Ю. Инультусъ. Пражская легенда. Пер. съ чешск. Сл. Об. 92 г. 5, 6.

1304. Ш. **Іокай.** Новый землевладѣлецъ. Ром. въ 2 ч. Пер. съ венгерск. Спб. 89 г. 1 р. 50 к.

— Новый помѣщикъ. Ром. В. Е. 80 г. 2—4.

— Въ странѣ снѣговъ. Ром. П. 3. 81 г. 1—6.

2258—59. Ш.—Двойная смерть. Пов. М. 31 г.

2383—84. Ш.—Золотой человѣкъ. Ром. Спб. 82 г. 2 р.

2366. Ш.—Черные брилліанты. Спб. 82 г. 2 р. 5538. Ш.—20000 лѣтъ подо льдомъ. Ром. М. 95 г. 50 к.

2794. Ш.—Другое время—другіе нравы. Ром. Спб. 84 г. 1 р. 25 к.

3083—84. Ш.—Любовь до эшафота. Ист. ром. Спб. 83 г.

3315. Ш.—Изъ мести. Пов. Наб. 87 г. 6.

3745. Ш.—Живой залогъ. Разск. Кол. 90 г. 1.

3851. Ш.—Божья воля. Ром. въ 4-хъ ч. Спб. 91 г.

6532. Ш.—Тоже. Пер. Н. Максимова. Спб. 95 г. Прил. къ ж. «Звѣзда».

— Тоже. Р. В. 91 г. 5—11.

6017. Ш.—Мечта и жизнь. Пер. А. Перелыгиной. М. 96 г. 40 к.

О немъ см. Коршъ. Вс. ист. лит. Т. IV; стр. 927; и Энциклопедич. слов. Брокгауза и Ефрона. Т. XIII.

Іошикъ, Н. Абафи. Истор. ром. Пер. М. Шелгунова. Спб. 82 г. 1 р. 25 к.

Ираска, Алоизъ. Совѣсть. Разск. Пер. съ чешск. М. Б. 92 г. 11.

1856. Ш. Казали, А. Изъ поэмы „Златка". См. „Поэзія Славянъ". Сборн. подъ ред. Н. Гербеля.

Кр. біогр. свѣд. тамъ-же.

2266. Ш. **Кантакузенъ-Альтери.** Ложь Сабины. Ром. Пер. съ румынск. М. 81 г.

Каравеловъ, Л. Бошко. Разск. изъ болгарской жизни. Пер. съ болгарск. Р. В. 66 г. 8.

— Страницы изъ книги страданій болгарскаго народа. Пов. и разск. М. 68 г. 1 р.

— Болгары стараго времени. Разск. О. 3. 67 г. 16, 17.

— Кому онъ служилъ. Разск. изъ болгарской жизни. Вѣк. 82 г. 5.

— Неда. Разск. Р. В. 61 г. 6.

3961. Ш. — Царю-Освободителю. См. Умановъ-Каплуновскій, „Славянская Муза". Пер. и подраж.

1856. Ш.—Дума. Пер. Н. Гербеля. См. „Поэзія Славянъ". Сборн. подъ ред. Н. Гербеля.

Кр. біогр. свѣд. см. тамъ-же; а также въ сборникѣ Уманова-Каплуновскаго „Славянская муза"; и въ ст. У. „Любень Каравеловъ" Вѣкъ. 82 г. 5.

Караджичъ, Вукъ. Сербскія пѣсни. Пер. И. Ваненко. Развлеченіе. 60 г. 30; 61 г. 36, 40—43.

О немъ см. 2851. П. Булаковскій, П. Вукъ Караджичъ, его дѣятельность и значеніе въ сербской литературѣ. М. 82 г. 1 р. 50 к.

Л. Каравеловъ. В. С. Караджичъ. Филолог. Зап. 67 г. 1. Жинзифовъ, Р. В. С. Караджичъ. Р. Ар. 64 г. 3.

157. П. Пыпинъ, А. Панславизмъ; Его же. Первые слухи о сербской народной поэзіи. В. Е. 76 г. 12. 2241. П. Гильфердингъ, А. Собр. соч. Т. II. ст. „Западные славяне"; 318. П. Коршъ. Вс. ист. лит. Т. III. стр. 100 и слѣд. а также Энциклопедич. словарь Брокгауза и Ефрона. Т. XIV.

Карменъ Сильва. См. **Сильва.**

1856. Ш. **Качичъ-Міошичъ.** Милошъ Обиличъ и Вукъ Бранковичъ. Пер. съ сербск. Н. Гербеля. См. сб. Н. Гербеля. „Поэзія славянъ".

О немъ см. Пыпинъ. Первые слухи о сербской народной поэзіи. В. Е. 76 г. 12.

Козмакъ, Венцеславъ. Разсказы изъ бытовой жизни западныхъ славянъ: Нище.—Браконьеръ. — Старый словакъ. — Поправка калитки у избушки пастуха, припадлежащей славной общинѣ Круналова. Пер. съ чешск. М. Бауеръ. Вѣкъ. 82 г. 4.

Колларъ, И. Въ Герцеговинѣ. Отголоски сербскихъ пѣсенъ. Пер. съ чешск. В. Е. 76 г. 6.

1856. Ш.—Изъ поэмы „Дочь Славы": Вступленіе.—Пѣснь I и II. Пер. Н. Берга.—Пѣснь III. Пер. В. Бенедиктова. См. „Поэзія Славянъ", сборн. подъ ред. Н. Гербеля.

Кр. біогр. свѣд. тамъ-же.

О немъ см. 2241. П. Гильфердингъ, А. Статьи по совр. слав. вопр. (соч. Т. II): „Народное возрожденіе сербовъ-Лужичанъ въ Саксоніи"; и дальше въ глав. „О развитіи народности у западныхъ Славянъ" (IX): 157. П. Пыпинъ, А. Панславизмъ въ прошломъ и настоящемъ—его же: „Литературный панславизмъ". В. Е. 79 г. 6. Сухомлиновъ, М. Изъ Праги. Р. В. 59 г. 18. 2255. П. Пичъ, О. Очеркъ политической и литературной исторіи Словаковъ за послѣдніе сто лѣтъ. (Славян. сб. Т. II). Будиловичъ, А. Янъ Колларъ и западное славянофильство. Сл. Об. 94 г. 1—14. Коршъ. Вс. ист. лит. Т. III; стр. 123 и слѣд. Энцикл. слов. Брокгауза и Ефрона. Т. XV.

2598. П. **Краледворская** рукопись въ двухъ транскрипціяхъ текста. Съ предисловіемъ, словарями, частью грамматическою, примѣчаніями и приложеніями. Трудъ Н. Некрасова. Изд. Истор. филолог. инстит. Спб. 72 г.

2852. П. — Тоже. См. собраніе древнихъ чешскихъ эпическихъ и лирическихъ пѣсень. Н. В. Берга. М. 46 г.

1856. Ш.—Тоже. (Отрывки). Пер. Н. Берга. См. „Поэзія Славянъ". Сборн. поэтич. произв. славянск. народ., подъ ред. Н. Гербеля.

Содержаніе: 1. Ольдрихъ и Болеславъ.— 2. Бенешъ Германычъ.—3. Ярославъ.—4. Честмѣръ и Влаславъ.—5. Людиша и Люборъ.— 6. Забой и Славой.—7. Збигонь.—8. Олень.— 9. Вѣнокъ.—10. Ягоды.—11. Роза.—12. Кукушка.—13. Сирота.—14. Жаворонокъ.

Кр. см. 2853. П. А. Стороженко. „Очеркъ литературной исторіи рукописей Зеленогорской и Краледворской. Кіевъ. 80 г. Кунинъ. Споръ о подлинности суда Любуши и Краледворской рукописи. (Зап. Имп. Акад. Наукъ 1862 г.) Мацушевъ. В. Изъ чтеній о старочешской письменности. Фил. Зап. 77—78 г. —Ламанскій. В. Новѣйшіе памятники древне-чешск. языка. Ж. М. Н. Пр. 79 г. Срезневскій, И. Былина о судѣ Любуши. Р. Ф. В. 79 г. 318. П. Коршъ. Вс. ист. лит. Т. III. стр. 123 и слѣд.

Лазаревичъ, М. Школьная икона. Разск. Пер. съ сербск. А. I. Степовича. Р. М. 87 г. 4.

— Разсказы изъ сербской жизни: I. За народомъ не пропадетъ. II. У колодца. Р. В. 90 г. 12.

— Мой отецъ. Разск. Пер. Л. Василевскаго. М. Б. 94 г. 2.

— Въ первый разъ у заутрени. В. Е. 88 г. 7.

Лазарица, народныя пѣсни, преданія и разсказы сербовъ о паденіи ихъ древняго царства. П. А. Безсоновъ. Р. Бес. 57 г. кн. 6 (2).

4051. Ш. **Левстикъ, Францъ.** Мартинъ Керпанъ. Народн. разск. Пер. со словенск. М. Хостника. См. сб. Уманова-Каплуновскаго, „Баянъ".

1856. Ш. — Дѣвушка и птица. Пер. Н. Берга. См. сб. Н. Гербеля „Поэзія Славянъ".

Кр. біогр. свѣд. тамъ-же; а также у Уманова-Каплуновскаго въ сб. „Баянъ".

Легенды сербовъ. Вр. 61 г. 10.

1856. Ш. **Любушинъ** судъ. Пер. съ чешск. Н. Берга. См. „Поэзія Славянъ". Сборн. лучшихъ поэт. произв. славян. народовъ подъ ред. Н. Гербеля.

О немъ см. ст. и Энциклопед. словарь Брокгауза и Ефрона. Т. XVIII; ст. Срезневскаго, И. Былина о судѣ Любуши. Р. Ф. В. 79 г. 318. П. Коршъ. Вс. ист. лит. Т. III; стр. 123 и слѣд.; Ламанскаго „Новѣйшіе памятники древне-чешскаго языка". Ж. М. Н. П. 79 г.

Мажуваничъ, И. Черногорцы. Поэма. Пер. съ сербо-хорватск. В. В. 66 г. 12.

1856. Ш. — Смерть Измаила-Аги Ченгича. Пер. М. Петровскаго. См. „Поэзія Славянъ". Сборн. подъ ред. Н. Гербеля.

Кр. біогр. свѣд. тамъ-же: см. также Энциклоп. слов. Брокгауза и Ефрона. Т. XVIII.

3636. III. **Максата, К.** Бурбушъ. Разск. Пер. съ венгерск. Набл. 89 г. 11.

Матавуля, С. Черногорскіе разсказы: 1. Медаль. — 2. Ягода. Р. В. 91 г. 10;—3. Ларниче и его женитьба.—4. Святая месть.—5. Наканунѣ Рождества. Р. В. 91 г. 12.

Миксаръ, К. Изъ венгерскихъ разсказовъ.—Р. В. 91 г. 1.

— Въ горной глуши. Разск. Р. В. 91 г. 4.

Милитьевичъ, М. Гайдуки. Путевыя записки по Руйну. Пер. съ сербск. Вѣкъ. 82 г. 3.

Милечевичъ, М. Юрмуса и Фатима. Ист. пов. Пер. съ сербск. Р. В. 80 г. 7.

3961. III. **Московъ, М.** Птичкѣ.—Странникъ птичкѣ. См. „Славянская Муза". Пер. съ болгарск. Уманова Каплуновскаго.

4051. III. **Народныя** славянскія пѣсни. Пѣсни боснійскихъ мухамеданъ.—Пѣсни словацкія, русинскія (угро-галицко-русскія). См. Умановъ-Каплуновскій „Баянъ", сбори. произв. совр. слав. поэтовъ и народной поэзіи. Спб. 88 г.

3961. III.—Тоже. См. „Славянская Муза". Переводы и подражанія Уманова-Каплуновскаго. Спб. 92 г.

2743. II.—Тоже. См. „Пѣсни разныхъ народовъ". Пер. Н. Берга. М. 54 г.
Объ этой книгѣ см. 1053. II. Чернышевскій, Н. „Эстетика и поэзія".

276. III. — Тоже. См. собр соч. Л. Мея. Т. III.

1856. III. — Тоже. Пѣсни юго-славянскія (сербскія, болгарскія, хорутанскія) и пѣсни западныхъ славянъ (чешскія, моравскія, словацкія, лужицкія). См. „Поэзія Славянъ". Сборникъ лучшихъ поэтическихъ произведеній славянскихъ народовъ, подъ ред. Н. Гербеля. Спб. 71 г.
О нихъ см. тамъ-же, ст. Ор. Миллера. „О славянскихъ народныхъ пѣсняхъ"; а также ст. Аксакова, К. Замѣчанія по поводу Лужицкихъ пѣсенъ. (См. собр. сочин. Т. I). Бодянскаго. О народной поэзіи славянскихъ племенъ". М.37 г. Пыпина, А. „Первые слухи о сербской народной поэзіи". В. Е. 76 г. 12. П. М. „Народная пѣсни македонскихъ болгаръ". Сл. Об. 92 г. 4, 9. Безсонова, П. О славянскомъ народномъ пѣснотворчествѣ". Ж. М. Н. П. 67 г. 6.

1702. III. (а). **Народныя** сказанія болгаръ. (Изъ собранія Миладиновыхъ). „Исповѣдь Марко Кралевича". Заря 70 г. 7.

1856. III. **Наумовичъ, И.** Возвращеніе на родину. Пер. съ червонорусск. Н. Гербеля. См. „Поэзія Славянъ", сборн. подъ ред. Н. Гербеля.

5038. III. — Четыре путеводителя доброй жизни: страхъ Божій, мудрость, трезвость, трудъ. Разск. Переложилъ съ Галицко-русск. нарѣчія А. Давидовичъ. Ред. В. И. Шемякина. М. 94 г. ц. 20 к.
Кр. см. Н. Р. Вост. 89 г. 3.

3696. III.—Какъ въ простотѣ живутъ люди. Разск. изъ галицко-русской жизни. Спб. 90 г.

6686. III. — Сироты. Разск. Изд. И. Сытина. М. ц. 20 к.

6686. III. — Завѣтныя три липы. Разск. Изд. И. Сытина. М. ц. 20 к.
О немъ см. ст. М. Т—ова. Литературное движеніе въ Галиціи. В. Е. 73 г. 9—10.

Неруда, Я. Пришла бѣда на бѣдняка. Изъ „Малостранскихъ разсказовъ". Пер. съ чешск. Сл. Об. 92 г. 2.

— Обѣдня Св. Вацлава. Изъ Малостранскихъ рассказовъ. Сл. Об. 92 г. 3.

Новакъ, В. Въ гостяхъ у нищаго. Пер. съ хорватск. М. Б. 93 г. 2.

6564. III.—Соломонъ. Разск. Пер. Н. Филипова. Изд. М. Ледерле. Спб. 92 г. (Слав. Библ. № 1).

Нѣмцова, Б. „Бабушка". Картины деревенской жизни въ Чехіи. Пер. съ чешск. Р. В. 66 г. 3, 4, 5, 6.

— Въ Шумавскихъ горахъ. Пов. Р. В. 66 г. 9—12.

— Добрый человѣкъ. Разск. Р. В. 67 г. 5.

— Въ замкѣ и возлѣ замка. Разск. Р. В. 67 г. 8.

— Горная идилія. Изъ быта словаковъ. Р. В. 67 г. 11.

1702. III. (в.)—Карла. Разск. Заря. 70 г. 8.

— У подошвы Керконошскихъ горъ. Р. В 68 г. 12.

1558. III. **Отголоски** славянъ. Сборникъ стихотвореній сербскихъ, болгарскихъ, чешскихъ и червоннорусскихъ въ переводѣ русскихъ писателей. Спб. 76 г.

4051. III. **Пальмовичъ, Андрей.** Бальша, зетскій господарь. Пер. съ сербо-хорватск. См. Умановъ-Каплуновскій „Баянъ" Сбор. произв. совр. слав. поэтовъ.

3961. III.—Тоже и „Привѣтъ коню Меркодину". См. Умановъ-Каплуновскій „Славянская Муза".
Кр. біогр. свѣд. тамъ-же.

2850. II. **Памятники** народнаго быта болгаръ, изд. Любеномъ Каравеловымъ. Кн. I. М. 1 р. 50 к.
Содержаніе: 1. Пословицы и поговорки; примѣчанія къ пословицамъ.—2. Народный дневникъ. — 3. Народныя болгарскія имена. — 4. Легенды.—5. Словарь.

3940. III. **Петефи.** Проснувшись плачетъ дитя больное. — Въ кабакѣ. Стихотв. Пер. съ венгерск. М. Михайлова.

— Стихотворенія. Пер. А. Михайлова. См. собр. сочин. Изд. 1-ое. Т. I. Тамъ же біогр. очеркъ Петефи.
Крат. свѣд. см. у Корша. Вс. ист. лиг. Т. IV; стр. 926.

3306. III. **Петковичъ, Божидаръ.** Кольцо. Черногорская легенда. Кол. 84 г. 10.

1856. III. **Петръ II Негошъ.** Изъ поэмы „Горскій вѣнецъ". Пер съ сербск. Н. Гербеля. См. сб. Н. Гербеля. „Поэзія славянъ".

1184. III. **Поллакъ, М.** Боснякъ Вуссовичъ. Пов. изъ герцеговинскаго возстанія. Пер. съ чешск. Спб. 76 г. 90 к.

1856. III. — Соловьиная пѣснь подъ вечеръ. Пер. Н. Берга. См. „Поэзія Славянъ", сбор. подъ рех. Н. Гербеля.

1856. III. **Поэзія** славянъ. Сборникъ лучшихъ поэтическихъ произведеній славянскихъ народовъ въ переводахъ русскихъ писателей, изданный подъ редакц. Н. В. Гербеля. Спб. 71 г.

1856. III. **Прерадовичъ, Петръ.** Заря.—Пѣла пташечка на вѣткѣ.—Братъ далеко въ морѣ... — Въ морѣ дѣвушка смотрѣла.—Въ небѣ солнышко сіяло. — Мать будила Радована.—Вѣтеръ ходитъ сизымъ моремъ.—Частый дождичекъ идетъ по полю. — Звѣзды яркія хороводъ ведутъ. Пер. съ хорватск. М.

Петровскаго. См. Гербель, Н. „Поэзія Славянъ“, 4051. Ш.—Змѣя. Пер. Уманова-Каплуновска-го. См. Умановъ-Каплуновскій. „Баянъ“. Сборникъ произв. совр. слав. поэтовъ.

3961. Ш. — Змѣя.—Совѣтъ рыбкамъ.—Гдѣ вы, думы, затерялись?—Стихни, стихни, ретивое. См. „Славянская Муза“. Пер. и подража-нія Уманова-Каплуновскаго.

О Прерадовичѣ см. 2046—47. II. Пыпинъ и Спасо-вичъ. Исторія славянскихъ литературъ. 1384. II. Ур-синъ, М. Очерки изъ психологіи Славянскаго племени. Гл. VII; а также ст. И. Сазоновича въ „Извѣстіяхъ“ слав. благ. общ. за 84 г.

Прешернъ, Ф. Сонетный вѣнокъ. Пер. съ словенск. Р. М. 89 г. 7.

3961. Ш.—Неповѣнчанная. См. „Славянская Муза“. Пер. и подраж. Уманова-Каплуновскаго.

1856. Ш.—Розамунда. — Поминки юности. Пер. М. Петровскаго. См. „Поэзія Славянъ“. Соб. подъ ред. Н. Гербеля.

Кр. біогр. свѣд. тамъ же.

3030. Ш. **Пѣсни западныхъ славянъ.** См. собр. сочин. А. Пушкина. Т. Ш. Изд. 3-ье, Ефремова и изданія.

1856. Ш. **Пѣсни о Маркѣ-Крале-вичѣ.** См. Юго-Славянскія пѣсни—сербскія и болгарскія—въ сборникѣ Н. Гербеля „Поэзія Славянъ.

Объ нихъ см. 2581. II. Халанскій, М. Южно-славян-скія сказанія о Кралевичѣ Маркѣ въ связи съ произв. русск. былевого эпоса.

23 и 1702. (в). Ш. **Свѣтлая, К.** Ден-ница. Разск. Пер. съ чешск. Заря. 71 г. 9.

3940. Ш. **Сербскія** пѣсни въ переводѣ М. Михайлова. (См. собр. стих. М. Михай-лова).

Сербская сказка. Б. д. Ч. 62 г. 12.

3139. Ш. **Сильва, Карменъ.** Изъ двухъ міровъ. Ром. Пер. съ румынск. С. В. 86 г. 2, 4, 5.

2892. Ш.—Наброски карандашомъ. Пер. А. Г. Каррикъ. Из. Лит. 84 г. 12.

3745. Ш.—Изъ пережитого. Разск. Пер. Ек. Уманецъ. Колосья. 90 г. 10.

6685. Ш. — Царство сказокъ. Спб. 83 г.

3961. Ш. **Славейковъ, П.** Страстное сердце.—Нынче строгій вѣкъ прогресса. Пер. съ болгарск. См. Умановъ-Каплуновскій. „Сла-вянская Муза“.

1856. Ш. — Не поется мнѣ. — Голосъ изъ тюрьмы.—Найденъ-Герову. — Пѣсня. Пер. Н. Берга. См. Гербель, Н. „Поэзія Славянъ“.

Кр. біогр. свѣд. тамъ-же.

3961. Ш. **Славянская Муза.** Переводы и подражанія. В. В. Уманова-Каплуновскаго. Спб. 92 г.

1702. (а). Ш. **Утѣшеновичъ.** Половъ. Стих. къ картинѣ Яр. Чермака. „Половъ“. Герцоговина въ 1863 г. Пер. съ сербск. Заря. 70 г. 5.

Фришъ. Болгарки. Поэма. Пер. съ чешск. А. Абсакова. Р. М. 81 г. 5.

1856. Ш. **Хаджичъ, И. (Свѣтичъ).** Страданія Сербіи. См. Гербель. „ПоэзіяСла-вянъ“.

Кр. біогр. свѣд. тамъ-же.

О нем. см. также 2241. II. Гильфердингъ, А. Статьи по совр. слав. вопр. (Соч. Т. II. Гл. „Духъ народа серб-скаго: Хаджичъ и его книга“).

4051. III. **Харамбашичъ, А.** Утѣше-ніе. — Есть минуты… — Отвѣтъ критикамъ.

Пер. съ хорватск. См. Умановъ-Каплуновскій. „Баянъ“.

3961. III. — Тоже. См. сборн. Уманова-Ка-плуновскаго, „Славянская Муза“.

Кр. біогр. свѣд. тамъ-же.

2285. II. **Хитовъ, Панайотъ.** Стран-ствованіе гайдука по Балканамъ и жизнеопи-саніе нѣкоторыхъ старыхъ и новыхъ воеводъ. Издано подъ редакц. Л. Каравелова. (См. Слав. Сб. Т. II).

Объ этой книгѣ см. 267. II. ст. П. Ровинскаго „Бол-гарскій хайдукъ Панайотъ и его записки“. О. З. 73 г. 8.

1856. III. **Челяковскій, Ф.** Великая панихида. — Узникъ. Пер. съ чешск. Н. Бер-га.—Зима. Пер. М. Петровскаго. — Всякому свое. Пер. Н. Берга.—Илья Волжанинъ. Пер. Ѳ. Миллера. См. Н. Гербель. „Поэзія Славянъ“.

Кр. біогр. свѣд. тамъ-же.

О немъ см. 318. II. Коршъ. Вс. ист. лит. Т. Ш; стр. 137 и слѣд.

4679. Ш. **Чехъ, Святополкъ.** Раз-сказы. Пер. съ чешск. А. Сахаровой. Съ пор-третомъ автора. Изд. М. Ледерле и К°. Спб. 93 г. 40 к.

Содержаніе: Біографическія свѣдѣнія о Свя-тополкѣ Чехѣ. — Мистеръ Плумпудингъ въ Прагѣ.—Графиня Божена.—Чтецъ.—Заложен-ная воля. — Волшебное зеркало. — Послѣдній день мая.—Маскарадъ. — Искъ Ястреба про-тивъ Горлички.—Облака.—Дядюшка.—Доброе дѣло.—Послѣдній Рождественскій разсказъ.

— Каллобіотика въ дорогѣ. Разск. Вѣкъ 83 г. 4.

— Облака. Разск. Р. Б. 91 г. 8.

3205. Ш. — Мистеръ Плумпудингъ въ Пра-гѣ.—Графиня Божена. В. И. Л. 92 г. 3.

— Сумасшедшій. Разск. В. Е. 86 г. 9.

3205. Ш. — Заложенная воля. Этюдъ. В. И. Л. 92 г. 9.

3961. Ш. **Шандоръ-Джальскій, Кс.** Старая церковь. Новелла. См. сб. Уманова-Ка-плуновскаго „Славянская Муза“.

Кр. біогр. свѣд. тамъ-же.

1856. III. **Шафарикъ, П.** Сонетъ. Пер. съ чешск. Н. Берга. См. Н. Гербель. „Поэзія Славянъ“.

Кр. біогр. свѣд. тамъ-же.

О немъ см. 157. II. Пыпинъ, А. Панславизмъ въ прошломъ и настоящемъ. В. Е. 78 г. 9—12; 79 г. 6, 8, 9. Его-же. Литературный панславизмъ. Гл. Ш. Юнгманъ и Шафарикъ. В. Е. 79 г. 6.

Коршъ. Вс. Ист. лит. Т. Ш: стр. 130 и слѣд.

4051. Ш. **Шеноа, Авг.** Смерть Петра Свачича, послѣдняго короля хорватскаго. Бал-лада. — Возрожденной Болгаріи. — Къ тума-намъ. — Три слова. Пер. съ серб-хорватск. См. сборн. Уманова-Каплуновскаго. „Баянъ“.

3961. III. — Тоже. См. Умановъ-Каплунов-скій „Славянская Муза“.

1856. III. **Штуръ, Л.** Пѣснь Святобоя.— Пѣснь Овгара. Пер. съ словенск. Н. Берга. См. Н. Гербель. „Поэзія Славянъ“.

О немъ см. 2241. II. Гильфердингъ, А. Статьи по современ. слав. вопросамъ: Народное возрожденіе серб-бовъ-лужичанъ и Саксоніи; Штуръ и его сторонники, представители Словацкой народности. Трагическая судьба Штура.—157. II. Пыпинъ, А. Панславизмъ, стр. 334 и слѣд. Д. Д. Панславизмъ и Штуръ. О. З. 67 г. 11, 12.

2284—85. II. Пичъ, О. Очеркъ политической и лите-ратурной исторіи Словаковъ до ихъ лѣтъ. Слав. Сб. Т. I и Ш. Коршъ. Вс. ист. лит. Т. Ш: стр. 146.

6564. Ш. **Якшичъ, Юр.** На мертвой стражѣ. Разск. Пер. съ сербск. Изд. М. Ледерле. Спб. 20 к. (Слав. Библ. № 2).

ПРИЛОЖЕНІЕ.

Книги и статьи по исторіи иностранной литературы, публицистикѣ и критикѣ *).

18. IX. Авсѣенко, В. Томасъ Моръ. Біографич. оч. Р. С. 60 г. 11.

— Происхожденіе романа. Литературно-историческіе очерки. Сервантесъ и Рабле. Р. В. 77 г. 6, 9, 12.

— Публицисты новаго времени. Мишле. О. З. 63 г. 10.

— Публицисты новаго времени. Ройе-Колляръ. О. З. 63 г. 1.

827. II. Александровъ, Н. Н. Лордъ Байронъ. Его жизнь и литературная дѣятельность. Біогр. оч. Изд. Ф. Павленкова. Спб. 91 г. 25 к.

826. II.—Теккерей. Его жизнь и литературная дѣятельность. Біогр. оч. Изд. Ф. Павленкова. Спб. 91 г. 25 к.

2083—84. II. Алексѣевъ, А. С. Этюды о Ж. Ж. Руссо. Т. I. Руссо во Франціи (41—62 г.) М. 87 г. Т. II. Связь политической доктрины Руссо съ государственнымъ бытомъ Женевы. М. 87 г. Ц. каждому тому 2 р. 50 к. Кр. Звѣревъ, Н. Юр. Вѣст. 84 г. 4.

2157. II. Алексѣевъ, В. Древне-греческіе поэты въ біографіяхъ и образцахъ. Спб. 95 г. 3 р.

2729. II. — Разборъ Гипполита. Воронежъ. 91 г. ц. 10 к.

2730. II.—Разборъ трагедіи Эврипида «Медея». Спб. 96 г. ц. 15 к.

Алфіери. Записки. Б. д. Ч. 41 г. 46.

А—Н. Страница изъ исторіи католицизма и свободной мысли. (Е. Renan, Souvenirs d'enfance et de jeunesse). В. Е. 83 г. 9.

94. II. Анакреонъ. Историко-литературный очеркъ. Совр. 57 г. 64.

Андерсенъ, Ѳ. Эстетическія теоріи Гюйо. Р. Б. 88 г. 10.

Англійская журналистика (по поводу книги Newspaper Press.) О. З. 73 г. 6.

1535. II. Анненская, А. Жоржъ-Зандъ, ея жизнь и литературная дѣятельность. Біогр. оч. Изд. Ф. Павленкова. Спб. 94 г. 25 к.

829. II.—Диккенсъ, его жизнь и литературная дѣятельность. Біогр. оч. Изд. Ф. Павленкова. Спб. 92 г. 25.

1075. II. — Франсуа Рабле, его жизнь и литер. дѣят. Біогр. оч. Изд. Ф. Павленкова. Спб. 92 г. ц. 25 к.

1891. II.—Бальзакъ, его жизнь и литерат. дѣятельн. Біогр. оч. Изд. Ф. Павленкова. Спб. 95 г. ц. 25 к.

773. II. Арабажинъ, К. Казиміръ Бродзинскій и его литературная дѣятельность. (1791—1835). Изслѣдованіе. Кіевъ. 91 г. 3 р. Кр. см. ст. А. Пыпина. В. Е. 91 г. 10.

576. II. Арсеньевъ, К. Новѣйшая литература мемуаровъ во Франціи. (Фаллу, Низаръ, Легуве). В. Е. 89 г. 2.

121. II.—Современный романъ въ его представителяхъ. Ст. I. Густавъ Фрейтагъ. В. Е. 79 г. 4.—II. Ф. Шпильгагенъ. В. Е. 79 г. 7—III. Ауэрбахъ. В. Е. 79 г. 10.—IV. В. Гюго. В. Е. 82 г. 2, 3, 9.—V. Г. Флоберъ. В. Е. 80 г. 8.—VI. Братья Гонкуры. В. Е. 80 г. 10.

— Новый законъ о печати во Франціи. В. Е. 68 г. 4.

— Янъ Гусъ и чешская національность. В. Е. 68 г. 9.

— Движеніе умовъ въ Римской имперіи при Флавіѣ, Траянѣ и Адріанѣ. В. Е. 75 г. 12.

— Новости исторической литературы: Исторія Флоренціи Ф. Перранса и католическая лига и кальвинисты во Франціи. В. Е. 77 г. 10, 11.

— Новый историкъ германской имперіи: Зибель. В. Е. 90 г. 4.

654. II.—Новый опытъ исторіи французской критики (Brunetière). В. Е. 90 г. 12.

— Новая французская критика. (Поль Бурже, Ж. Леметръ, Брюнетьеръ). В. Е. 87 г. 6.

— Новыя теченія во французской критикѣ. (Леметръ, Бурже, Анатоль Франсъ). В. Е. 89 г. 11.

— Французскій романъ въ 1884 г. („Sapho", Додэ; Гонкура „Chérie", Зола „La joie de vivre"). В. Е. 84 г. 11.

— Новости французской литературы. (Мишле, Ренанъ и Сорель). В. Е. 88 г. 6.

Б. Столѣтіе газеты Таймсъ. В. Е. 85 г. 3.

832. II. Барро, М. В. Мольеръ, его жизнь и литературная дѣятельность. Біографическій очеркъ. Изд. Ф. Павленкова. Спб. 91 г. 25 к.

934. II. — Беранже, его жизнь и литерат. дѣятельность. Изд. Ф. Павленкова. Спб. 91 г. ц. 25 к.

933. II. — Бомарше, его жизнь и литерат. дѣят. Біогр. оч. Изд. Ф. Павленкова. Спб. 92 г. 25 к.

1532. II. — Маколей, его жизнь и литер. дѣят. Біогр. оч. Изд. Ф. Павленкова. Спб. 94 г. 25 к.

---

*) Въ этотъ отдѣлъ внесены статьи, не вошедшія въ предыдущіе отдѣлы, а также книги по исторіи иностранной литературы.

2182. II.—Э. Зола, его жизнь и литературная дѣятельность. Біогр. оч. Спб. 95 г. 25 к.

2458. II. Барсовъ, Н. Къ литературной исторіи Вольтера. Вольтеръ и «Римскія дѣянія». Спб. 92 г.

263. II. Басардинъ, Ф. Перси Биши Шелли. Біогр. оч. Д. 80 г. 8, 9.

246. II.—Юбилей. Ж. Ж. Руссо. Д. 78 г. 7.

246. II.—Джемсъ Фази. Біогр. оч. Д. 78 г. 12.

Батюшковъ, Ѳ. Сага о Финнбогѣ Сильномъ. Ж. М. Н. П. 85 г. 2, 7.

— Французская гадальная книга. Ж. М. Н. П. 86 г. 4.

— Пѣсня о дѣвушкѣ-воинѣ и былина о Ставрѣ Годиновичѣ. Ж. М. Н. П. 87 г. 3.

1806. II. — Сказаніе о спорѣ души съ тѣломъ въ памятникахъ средневѣковой литературы. Спб. 91 г. 2 р.

— Тоже. Ж. М. Н. П. 90 г. 9, 11.

815. II. Бахтіаровъ, А. Гутенбергъ, его жизнь въ связи съ исторіей книгопечатанія. Спб. 92 г. 25 к.

Б—въ. Д. Къ вопросу о міровоззрѣніи Эврипида. Ж. М. Н. П. 77 г. 4.

2326. II. Безобразовъ, П. Византійскій писатель и государственный дѣятель Михаилъ Пселлъ. Ч. I. Біографія Михаила Пселла. Изслѣдованіе. М. 90 г.

1077. II. Бекетова, М. Г. Х. Андерсонъ, его жизнь и литературная дѣятельность. Біогр. оч. Спб. 92 г. 25 к.

2731. II. Берне, Л. Сочиненія. Въ перев. П. Вейнберга. 2 т. Со статьею о жизни и литературной дѣятельности автора и его портретомъ. Изд. 2-ое „Книгоир. Складчины“. Спб. 96 г. 3 р.

Содержаніе: Т. I. Жизнь и литературная дѣятельность Л. Берне (ст. П. Вейнберга).—Объявленіе автора объ изданіи избранныхъ сочиненій его.—Менцель Французоѣдъ.—Сумасшедшій въ гостинницѣ Бѣлаго Лебедя или нѣмецкія газеты.—Изъ моего дневника.—Романъ.—Въ защиту евреевъ.—Достопримѣчательности франкфуртской цензуры.—Критическія статьи: 1. Исторія французской революціи, Тьера. 2. Крестьянская война въ Германіи во время Реформаціи, Вахсмута. 3. О Германіи, Г. Гейне.—Т. II. Парижскія письма.—Афоризмы и отрывочныя замѣтки.—Смѣсь: Надгробное слово Ж. П. Рихтеру.—Объявленіе объ изданіи журнала Вѣсы.—Гамлетъ.—Къ нѣмецкимъ ученымъ.—Искусство въ три дня сдѣлаться оригинальнымъ писателемъ.

Бибиковъ, П. Какъ рѣшаются нравственные вопросы современной французской драмой. (Nos intimes, ком. Сарду). Вр. 62 г. 2.

2746. II.—Три портрета: Стендаль, Флоберъ и Бодлэръ. Спб. 90 г. ц. 1 р.

2889. II. — Критическіе этюды. 1859—65 гг. Спб. 65 г.

2890. II. — Фурье. Крит. этюдъ. Спб. 65 г.

738. II. Биза, А. Историческое развитіе чувства природы. Пер. съ нѣм. Д. Коропчевскаго. Изд. ж. Р. Б. Спб. 90 г.

2891 II. Бильбасовъ, В. Дидро въ Петербургѣ. Спб. 84 г.

Бино, Луи. Эсхилъ и историческая трагедія въ Греціи. О. З. 34 г. 93.

1679. II. Благовѣщенскій, Н. М. Горацій и его время. 2-ое изд. Варш. 78 г. 2 р.

— То-же. О. З. 57 г. 3, 4. 6, 10. 12.

— О характерѣ и значеніи римской литературы. (Изъ лекцій, читанныхъ въ Имп. Спб. Унив.) Ж. М. Н. П. 67 г. 4.

— О началѣ римской комедіи. Пропилеи. кн. 2.

— Исторія римской литературы д-ра Эд. Мунка. Ж. М. Н. П. 62 г. 2.

— Сабинское помѣстье Горація. Р. В. 57 г. 7.

— Пермскіе сказочники и Петроній. Р. С. 60 г. 9.

2883. II. — Римскіе кліенты Доміціанова вѣка. Бытовой очеркъ. Р. М. 90 г. 4.

424. VI. Благосвѣтловъ, Г. Сочиненія. Съ портретомъ и факсимиле автора и предисловіемъ Н. В. Шелгунова. Спб. 82 г. 3 р. 50 к.

См. статьи: Г. Е. Благосвѣтловъ (Біогр. оч.). Токвиль и его политическая доктрина.—Историческая школа Бокля.—Ораторская дѣятельность Маколея.—Маколей—историкъ.—Гарибальди. (Очеркъ).

— Ораторская дѣятельность Маколея. Р. С. 59 г. 20.

Боборыкинъ, П. Анализъ и система тика Тэна. Вс. Тр. 67 г. 11, 12.

— Этюды по психологіи творчества. В. Е. 85 г. 5, 6.

— Свобода и внучка писателя. Р. Б. 83 г. 1.

— На нѣмецкомъ захватѣ и въ гостяхъ у пруссаковъ. (E. About: Alsas.—J. Claretie: Les prussiens chez eux). О. З. 73 г. 6.

Бобринскій, А. Романъ о Фовелѣ. Ж. М. Н. П. 87 г. 7.

Бобровскій, П. Судьба Супральской рукописи. Ж. М. Н. П. 87 г. 10, 11, 12.

— Еще замѣтка о Супральской рукописи. Ж. М. Н. П. 88 г. 4.

Боденштедтъ, Фридрихъ,—поэтъ и профессоръ. (1819—87.) Р. С. 87 г. 5, 9.

Бокль. Исторія системы литературной опеки и сравненіе въ этомъ отношеніи между Англіей и Франціей. О. З. 61. 12.

— Начало исторической литературы и ея состояніе въ средніе вѣка. О. З. 61 г. 6.

Бонмеръ. Французская литература. Р. В. 61 г. 5.

741 II. Борхсеніусъ. Е. Представители реальнаго романа во Франціи въ XVII столѣтіи. Спб. 89 г. 60 к.

1349. II. Боткинъ. В. Сочиненія. Т. II. Статьи по литературѣ. Изд. Ж. „Пант. Литер.“ Спб. 91 г.

Содержаніе: О герояхъ и героическомъ въ исторіи Т. Карлейля.—Шекспиръ.—Германская литература въ 1843 г.

473—75. VI. Брайсъ, Дж. Американская республика. Пер. съ англ. В. Невѣдомскаго. 3 ч. Изд. К. Солдатенкова. М. 89—90 гг. Въ 3-й томъ вошла гл. „Органы общественнаго мнѣнія“.

1313. II. Брандесъ, Г. Главныя теченія литературы девятнадцатаго столѣтія. Лекціи, чит. въ Копенгагенскомъ Университетѣ. Пер. В. Невѣдомскаго. Англійская литература. М. 1893 г. 2 р. 50 к.

Кр. Д. 81 г. 8; Н. В. 81 г. 10: Цебрикова. Литературные профили XIX вѣка. Д. 77 г. 10, 12.

2150. II.—Литература XIX вѣка въ ея главныхъ теченіяхъ. Пер. съ нѣм. Эл. Зауэръ. Съ 13-ью портретами и вступит. статьею Е. А. Соловьева. Изд. Ф. Павленкова. Спб. 95 г. 2 р.

Французская литература: Литература эмигрантовъ.—Реакція во Франціи.—Романтическая школа.

Кр. см. 607. II. А. Н. Новый историкъ французскаго романтизма.

1545. II.—Главныя теченія литературы XIX вѣка. Лекціи, читанныя въ Копенгагенск. унив. Пер. А. Шродтмана. Изд. В. Невѣдомскаго. М. 81 г. 2 р. 50 к.

Введеніе.—Литература эмигрантовъ.—Романтическая школа въ Германіи.

919. II.—Новыя вѣянія. Литературные портреты и критическіе очерки съ прилож. автобіографіи Г. Брандеса и его характеристики. Пер. Э. К. Ватсона. Изд. „Пантеона Литературы“. Спб. 89 г. 2 р.

Павелъ Гейзе.—Максъ Клингеръ.—Эрнестъ Ренанъ.—Густавъ Флоберъ. — Эдмондъ и Жюль Гонкуры. — Джонъ Стюартъ Милль.— Гансъ Христіанъ Андерсенъ.—Исаія Тегнеръ.—Бьернстьерне-Бьернсонъ.—Генрихъ Ибсенъ.

902. II.—Байронъ и его произведенія. Изд 2-ое, пересм.; съ предисловіемъ проф. Н. Стороженко: „О вліяніи Байрона на европейскія литературы“. М. 89 г. 75 к.

636. II.—Лекціи, читанныя въ Пет. и Москвѣ: I. Художественный реализмъ Зола. II. О литературной критикѣ. В. Е. 87 г. 10, 11.

— Викторъ Гюго. Оч. М. Б. 92 г. 11.

— Ипполитъ Тэнъ. Р. М. 93 г. 5.

1455. VI.—Звѣрь въ человѣкѣ. (Международная Библ.) Изд. Г. Бейленсона и I. Юровскаго. Одесса. 93—94 г. ц. 15 к.

— Джонъ Стюартъ Милль. С. В. 87 г. 8.

— Джонъ Стюартъ Милль и Эрнестъ Ренанъ. Д. 82 г. 3.

Кр. см. ст. 607. II. П. Вейнберга. Милль и Ренанъ въ характеристикѣ Брандеса. О. 3. Т. CCLXI.

— Людвигъ Гольбергъ. Пер. А. Т—ва. В. Е. 88 г. 7.

— Меримэ. Р. М. 88 г. 12.

— Исаія Тегнеръ. Р. М. 88 г. 9, 10.

— Сентъ-Бёвъ и новѣйшая критика. Р. М. 87 г. 5.

921. II. Браунъ, Е. Литературная исторія типа Донъ-Жуана. Историко-литературный этюдъ. Изд. „Пантеона литературы“. Спб. 89 г.

Брикнеръ, А. Юрій Крижаничъ. Р. В. 87 г. 6, 7.

— Патрикъ Гордонъ и его дневникъ. Ж. М. Н. П. 77 г. 10—12.

Бронте. Дженни Эйръ. Автобіографія. Б. д. Ч. 49 г. 94.

1454. VI. Брюнетьеръ, Ф. Источники пессимизма. Пер. I. Юровскаго. ц. 15 к.—Отличительный характеръ французской литературы. ц. 15 к. (Международная библ.) Изд. Г. Бейленсона и I. Юровскаго. Одесса. 93—94 г. г.

443. II. Буасье, Г. Цицеронъ и его друзья. Очеркъ римскаго общества во времена Цезаря. Пер. съ 2-го франц. изд. М. Корсакъ. Изд. Солдатенкова. М. 80 г. 2 р.

Кр. см. ст. Лебедева. И. В. 81 г. 4.

2620. II.—Картины древне-римской жизни. Очерки общественнаго настроенія временъ цезарей. Пер. съ франц. Е. Дегена. Изд. О. Н. Поповой. Спб. 96 г.

2469. II. Будиловичъ, А. Нѣсколько замѣчаній объ изученіи славянскаго міра. Спб. 78 г.

—Тоже. Слав. Сборн. Т. II. Спб. 77 г.

2285. II. — О литературномъ единствѣ народовъ славянскаго племени. Слав. Сборн. Т. II. Спб. 77 г.

Бузескулъ, В. Къ вопросу о политическомъ демократизмѣ Ѳукидида. Ж. М. Н. П. 90 г. 12.

Булгаковъ, Ѳ. Душа и любовь. Изъ классическихъ мотивовъ. Н. 85 г. 20.

— Соціализмъ въ романѣ. Ист. оч. (Платонъ, Т. Моръ, Кампанелла, Кабэ). И. В. 83 г. 1.

— Передовой человѣкъ древности (имп. Адріанъ). И. В. 84 г. 5.

— Гриммъ, Фридрихъ Мельхіоръ—отецъ новѣйшей критики. И. В. 83 г. 10.

— Томасъ Карлейль. И. В. 81 г. 3.

— Ж. Ж. Руссо по новымъ даннымъ. Н. 85 г. 24.

— Тэнъ. Р. М. 87 г. 7.

— Іовъ, Прометей и Фаустъ. Опытъ этико-исторической параллели. И. В. 84 г. 4.

— Историческій романъ на Западѣ. И. В. 84 г. 8.

2888. II.— Исторія книгопечатанія и типогр. искусства. Т. I. (по XVIII в.). Съ рис. Спб. 96 г. 3 р. 50 к.

897. II. Бурже, П. Очерки современной психологіи. Этюды о выдающихся писателяхъ нашего времени, съ приложеніемъ статьи Жюля Леметра о П. Бурже. Пер. Э. К. Ватсонъ. Спб. 88 г. 2 р.

Содержаніе: Шарль Бодлеръ.—Эрнестъ Ренанъ.—Густавъ Флоберъ.—Ипполитъ Тэнъ.—Стендаль.—А. Дюма-сынъ.—Леконтъ-де-Лиль. — Эдмондъ и Жюль Гонкуры.—Ив. Тургеневъ.—Анри Фридрихъ Аміель.

— Тоже. Пант. Лит. 88 г. 1—8.

Кр. см. ст. 624. II. А. Андреева. Поль Бурже и его пессимизмъ. С. В. 90 г. 2, 4, 10, 11.

4412. III.—Очерки парижскихъ нравовъ. Отрывки изъ сочиненія Клода Ларше. Пер. С. Спб. 91 г.

636. II. — Тэнъ. Характеристика. Р. М. 87 г. 7.

396. II. Бургхардъ, Я. Культура Италіи въ эпоху возрожденія. Пер. со 2-го нѣм. изд. Спб. 76 г.

347. II. Буслаевъ, Ѳ. Историческіе очерки народн. словесности и исскуства. 2 т. Спб. 61 г. (См. Т. I. ст.: Древне - сѣверная жизнь.—Древнѣйшія эпическія сказанія славянскихъ племенъ.—Славянскія сказки).

— Тоже. См. Р. В. 57 г. 7; Р. Сл. 60 г. 10; О. 3. 60 г. 130.

— Новѣйшіе нѣмецкіе журналы по средневѣковой старинѣ. Р. В. 57 г. 8.

2066.—II.—Мои досуги. Собранныя изъ періодическихъ изданій мелкія сочиненія. 2 ч. М. 86 г. 4 руб.

Женскіе типы въ изваяніи греческихъ богинь.—Христіанскій музей при берлинскомъ университетѣ. Римскія письма. Регенсбургъ. — Бамбергъ. Шартрскій соборъ.—Флоренція въ 1864 г.—Шестисотлѣтній юбилей дня рожденія Данте Аллигіери. — Изъ Бургдорфа.—Итальянскія картинки во время франко-прусской войны 1870 г.—Задачи эстетической критики. (См. Ч. I.)—Значеніе романа въ наше время. (См. ч. II).

— Пѣсни о Роландѣ. О. 3. 64 г. 9.

Быковъ, А. Силій Италикъ. Ж. М. Н. П. 86 г. 4, 5.

2304—07. II. Бѣлинскій, В. Сочиненія. 4 т. Изд. Ф. Павленкова. Спб. 96 г.

Литературныя мечтанія. (Сравненіе Шекспира съ Шиллеромъ).—Гамлетъ. Пер. Н. Полевого. — Менцель, критикъ Гете. — „Подарокъ на новый годъ“ Гофмана. „Сынъ жены моей“.—„Сестра Анна“.—„Турнуръ“, Поль де Кока.—Рейнскіе пилигримы, Бульвера. — О жизни и произведеніяхъ сира Вальтеръ Скотта, А. Каннингама. - О характерѣ народныхъ пѣсень у славянъ задупайскихъ.—Исторія Франціи, Мишле.—Браво, Купера.—Гамлетъ, драма Шекспира и Мочалова въ роли Гамлета. (См. Т. I).—Римскія элегіи Гете.—Путеводитель въ пустыни Купера. — Мопра Ж. Занда.—Фритіофъ, Тегнера. — Братья враги или Мессинская невѣста, тр. Шиллера.—Ифигенія въ Авлидѣ, тр. Расина.—Школа женщинъ и критика на школу женщинъ Мольера. (См. Т. II). Парижскія тайны Эж. Сю.—„Адъ" Данте. Пер. Ѳ. Фанъ-Дима.—Тысяча и одна ночь, арабскія сказки.—Сочиненія Платона. (См. Т. III).—Гамлетъ, Пер. Бронеберга.—Парижскія тайны, Эж. Сю.—Антологія изъ Ж. П. Рихтера.—Векфильдскій священникъ, Гольдсмита. Семейство, Фр. Бремеръ.—Импровизаторъ или молодость и мечты итальянскаго поэта.—Исторія консульства и имперіи, Тьера.—Изъ очень короткой рецензіи о романахъ А. Дюма.—Мельникъ, Ж. Занда.—Тереза Дюпойе, Сю; Матильда, Сю.—Сынъ тайны, П. Феваля; Іезуитъ Шпиндлера.—Главныя черты древней финской эпопеи Калевалы.—Цинна, тр. Корнера.—Предокъ и потомки, В. Гюго. (См. Т. IV).

Бѣляевъ, Д. Воззрѣнія Еврипида на сословія и состоянія и внутреннюю и внѣшнюю политику Аѳинъ. Ж. М. Н. П. 82 г. 9, 10; 85 г. 9.

В. А. Дневникъ Фердинанда Лассаля. Р. М. 91 г. 4.

Васильевскій, В. Одинъ изъ греческихъ сборниковъ Московской синодальной библіотеки. Ж. М. Н. П. 86 г. 11.

841. II. **Ватсонъ, М. В.** Шиллеръ. Его жизнь и литературная дѣятельность. Біограф. оч. Спб. 92 г. 25 к.

840. II. — Данте. Его жизнь и литературная дѣятельность. Біограф. оч. Спб. 91 г. 25 к.

— Эспронседа. Р. М. 81 г. 2.

— Португалія и ея литература. Р. М. 90 г. 8, 9.

— Джозуэ Кардуччи. Р. М. 93 г. 10.

— Ада Негри. Итальянская поэтесса. М. Б. 93 г. 12.

— Ларра, испанскій сатирикъ. В. Е. 77 г. 7.

370. VI. **Ватсонъ, Э. К.** Этюды и очерки по общественнымъ вопросамъ. Съ портретомъ и біографіей автора. Спб. 92 г.

Содержаніе: Памяти Э. Ватсона. — Прусское Правительство и прусская конституція.—Вопросъ объ улучшеніи быта рабочихъ въ Германіи.—Рабочіе классы въ Англіи и манчестерская школа. — Что такое великіе люди въ исторіи? (по поводу предисловія къ „исторіи Юлія Цезаря" Наполеона III).—Авраамъ Линкольнъ.—Стачки рабочихъ во Франціи и въ Англіи.—Огюстъ Контъ и позитивная философія.—Жизнь Дж. Стюарта Милля.

1194. II. **Вегеле, Ф.** Дантъ Алигьери, его жизнь и сочиненія. Алексѣй Веселовскій. Изд. К. Солдатенкова. М. 81 г. 3 р.

816. II. **Вейнбергъ, П. И.** Генрихъ Гейне. Его жизнь и литературная дѣятельность. Біограф. очеркъ. Спб. 91 г. 25 к.

— Римская комедія. Р. О. 92 г. 9.

— Прометей въ поэзіи. О. З. 81 г. 6.

— Сервантесъ. Біограф. эскизъ. М. Б. 92 г. 10.

Венгерова, З. Поэты символисты во Франціи: Верлэнъ, Маллармэ, Рембо, Лафоргъ, Мореасъ. В. Е. 92 г. 9.

— Новыя теченія въ англійскомъ искусствѣ. (Дж. Мередитъ, Сандро Боттичелли). В. Е. 95 г. 9.

Вержбовскій, О Адамъ Мицкевичъ. В. Е. 88 г. 9.

Вермель, С. Нападенія новѣйшихъ беллетристовъ на науку. („Ученикъ" П. Бурже. „Борьба за существованіе" драма, А. Додэ.) Критическій этюдъ. Р. Б. 91 г. 9.

2147. II. **Верморель.** Дѣятели 1848—51 гг. Пер. съ 3-го франц. изд. подъ ред. Рождественскаго и Мишеля. 2 т. Спб. 70 г.

Одилонъ Барро. - Ламартинъ.—Луи Бланъ.—Рэклю.—Роллэнъ. - Гарнье Пажэ. - Бэрко. — Арманъ.—Марра.—Ж. Фавръ. — Мари. — Ген. Кавеньякъ.—Сенаръ. - Греви. Бастидъ.—Дюфоръ.

2227 — 28. II. **Веселовскій, Александръ.** Боккаччіо, его среда и сверстники. 2 т. Спб. 93—95 г. 6 р.

— Учители Боккаччіо. Очеркъ. В. Е. 91 г. 11.

1193. II.—Вилла Альберти. Новые матеріалы для характеристики литературнаго и общественнаго перелома въ итальянской жизни XIV—XV ст. Критич. изслѣд. М. 70.

1724. II.—Исторія эпоса. Лекціи. Спб. 81—82 г. (литограф.).

— Славяно-романскія повѣсти. Изслѣд.,,Пант. Лит". 88 г. 1.

— Беллетристика у древнихъ грековъ. Греческіе эротическіе романы. В. Е. 76 г. 12.

— О методѣ и задачѣ исторіи литературы. Ж. М. Н. П. 70 г. 10.

2077—78. II.—Изъ исторіи романа и повѣсти. Матеріалы и изслѣдованія. 2 т. Спб. 86—88 гг.

Кр. ст. А. Пыпина. „Новыя розысканія въ народно-поэтической старинѣ". В. Е. 86 г. 12.

1721. II.—Лекціи по исторіи итальянской литературы, читан. въ 1880—81 гг. Спб. 81 г.

2882. II.—Изъ исторіи литературнаго общенія Востока и Запада. Славянскія сказанія о Соломонѣ и Китоврасѣ и западныя легенды о Мерольфѣ и Мерлинѣ. Спб. 72 г. 2 р. 25 к.

— Новыя отношенія муромской легенды о Петрѣ и Февроніи и сага о Рагнарѣ Лодброкѣ. Ж. М. Н. П. 71 г. 4.

— Отрывки византійскаго эпоса въ русскомъ. (Поэма о Дигенисѣ и „старшіе богатыри"). В. Е. 75 г. 4.

2286. II — То-же. (Повѣсть о Вавилонскомъ царствѣ). Слав. Сборн. 76 г. т. III.

— Опыты по исторіи развитія христіанской легенды: I. Откровеніе Меѳодія и византійско-германская императорская сага. — Легенда о возвращающемся императорѣ. — Легенда о скрывающемся императорѣ. Ж. М. Н. П. 75 г. II. „Берта; Анастасія и Пятница". Ж. М. Н. П. 76 г. 6, 77 г. 2, 5.

— Хорватская пѣсня о Радославѣ Павловичѣ и итальянскія пѣсни о гнѣвномъ Радо. Ж. М. Н. П. 79 г. 1.

— Замѣтки и сомнѣнія о сравнительномъ изученіи средневѣкового эпоса. Ж. М. Н. П.68 г.

— Сравнительная миѳологія и ея методъ. По поводу труда г. Де-Губернатисъ. В. Е. 73 г. 10.

— Византійскія повѣсти и Варлаамъ и Іоасафъ. Ж. М. Н. П. 77 г. 7.

— Легенда о вѣчномъ жидѣ и объ императорѣ Траянѣ. Ж. М. Н. П. 80 г. 7.

— Талмудическій источникъ одной Соломоновской легенды въ русской Палеѣ. Ж. М. Н. П. 70 г.

— Исполинъ Илья Муромецъ у Лунса де-Кастильо. Ж. М. Н. П. 83 г. 5.

— Народныя пѣсни (греч.) съ Олимпа. Ж. М. Н. П. 83 г. 12.

— Новыя изслѣдованія о французскомъ эпосѣ (Ниропъ, Райна). Ж. М. Н. П. 85 г. 4.

— Къ вопросу объ образованіи мѣстныхъ легендъ въ Палестинѣ. Ж. М. Н. П. 85 г. 5.

— Андрей Критскій въ легендѣ о кровосмѣситель и сказаніе объ Апостолѣ Андреѣ. Ж. М. Н. П. 85 г. 6.

— Гельвирскія русаліи и готскія лиры въ Византіи. Ж. М. Н. П. 85 г. 9.

— Двѣ замѣтки къ вопросу объ источникѣ сербской Александріи. Ж. М. Н. П. 85 г. 10.

— Къ народнымъ мотивамъ легенды о Леонорѣ. Ж. М. Н. П. 85 г. 11.

— Наблюденія надъ исторіей нѣкоторыхъ романтическихъ сюжетовъ средневѣковой литературы. Ж. М. Н. П. 73 г. 2 и слѣд.

— Индійскія сказки. В. Е. 77 г. 3.

1277. II.—Джордано Бруно, біограф. очеркъ. В. Е. 71 г. 12.

218. II.—Рабле и его романъ. Опытъ генетическаго объясненія. В. Е. 78 г. 3.

264. II.—Робертъ Гринъ и его послѣдователи. В. Е. 79 г. 8.

— Дантъ и символическая поэзія католичества. В. Е. 66 г. 12.

— Нерѣшеные, нерѣшительные и безразличные Дантовскаго ада. Ж. М. Н. П. 88 г. 11.

— Историческая литература во Франціи. (Э. Лабулэ.) Р. В. 67 г. 4.

О В—омъ см. Пыпинъ Исторія русск. Этнограф. Т.II. и его-же ст. В. Е. 77 г. 4.

1441. II. Веселовскій, Алексѣй. Этюды и характеристики. М. 94 г. 2 р. 75 к.

Содержаніе: Джордано Бруно. — Послѣдній рыцарь. Эпизодъ изъ литературной и общественной исторіи Франціи XVI—XVII вѣковъ. —Легенда о Донъ Жуанѣ. —Мольеръ. —Альцестъ и Чацкій. —Вольтеръ. —Дидро. —Бомарше. —Свифтъ. — Гюго.

636. II. — Легенда о Донъ Жуанѣ С. В. 87 г. 1.

— Послѣдній рыцарь. С. В. 89 г. 6.

1930. II. — Старинный театръ въ Европѣ. Ист. оч. М. 70 г. 2 р.

621. II. — Бомарше и его судьба. Опытъ характеристики. В. Е. 87 г. 2, 3.

— Дидро. Опытъ характ. В. Е. 84 г. 10, 11.

2080. II. — Этюды о Мольерѣ. Мизантропъ. Опыты новаго анализа пьесы и обзоръ созданій его школы. Монографія. М. 81 г. 2 р.

Кр. В. Е. 79 г. 6; О. З. 79 г. 5; Р. В. 79 г. 5; Р. Вѣд 79 г. 12 (См. ст. П. Боборыкина „Книга русскаго Мольериста"). С. 79 г. 12. (Кр. ст. А. С—каго. „Исторія творчества Мольера").

2079. II. — Этюды о Мольерѣ. Тартюфъ. Исторія типа и пьесы. Монографія. М. 79 г. 2 р.

218. II. — Мольеръ, сатирикъ и человѣкъ. Литературный портретъ. В. Е. 78 г. 5.

223. II. — Джонатанъ Свифтъ, его характеръ и сатира. В. Е. 77 г. 1.

— Беранже и его пѣсни. В. Е. 95 г. 1.

В. З. Т. Представители современнаго реализма во французской и англійской литературѣ. (Додэ, Троллопъ). И. В. 85 г. 1.

Виноградовъ, П. Ранке и его школа. (Научный обзоръ). Р. М. 88 г. 4.

941. II. — Фюстель-де-Куланжъ. (Итоги и пріемы его ученой работы). Р. М. 90 г. 1.

1051. II. Вирховъ, Р. Гете, какъ естествоиспытатель, и особенное отношеніе его къ Шиллеру. Съ 3 рис. Пер. А. Вяреніуса. Спб. 62 г.

Висковатовъ, П. Эпоха гуманизма въ Германіи. Вліяніе возрожденія классической литературы на паденіе средне-вѣковой и на-

чало новой цивилизаціи. Ж. М. Н. П. 72 г. 6.

607. II. В. Л. Пересъ Гальдосъ. В. Е. 82 г. 2, 3.

2379. II. Владиміровъ, П. В. Докторъ Францискъ Скорина, его переводы, печатныя изданія и языкъ. Изд. Имп. Ак. Наукъ. Спб. 88 г.

Кр. см. ст. Соболевскаго. Ж. М. Н. П. 88 г. 10.

6212. III. Властовъ, Г. Гезіодъ. Вступленіе, переводъ и примѣчанія. Спб. 85 г. 2 р. 50 к.

В. М. Джузеппе Джусти, итальянскій сатирикъ. В. Е. 82 г. 10.

В. М. Р. Изъ исторіи нѣмецкой литературы XIX вѣка. Р. М. 90 г. 8, 10, 11.

Водовозовъ, В. Женскіе типы въ греческой поэзіи. (Навзикая. Пенелопа). Разсв. 61 г. 10.

— Антигона Софокла. Б. д. Ч. 57 г. 142, 145.

2671. II. Воеводскій, Л. Введеніе въ миѳологію Одиссеи. Ч. I. Одесса. 81 г. 2 р. 50 к.

2275. II. — Каннибализмъ въ греческихъ миѳахъ. Опытъ по исторіи развитія нравственности. Спб. 74 г.

Волконскій, С. Вопросъ о свободѣ журналистики во Франціи. Совр. 59 г. 77.

— О „Божественной комедіи" Данта. Совр. 37 г. 5, 6.

— Художественное наслажденіе и художественное творчество. В. Е. 92 г. 6.

— Искусство и нравственность. В. Е. 93 г. 4.

2828. II. Волчокъ, Яр. Исторія словацкой литературы. Кіевъ. 89 г. 1 р.

Вольтеръ. Неизданныя письма его къ д'Аламберу. И. В. 86 г. 10.

761. II. Вольтеръ, Э. Матеріалы для этнографіи латышскаго племени Витебской губерніи. Съ объясненіями. Ч. I. Праздники и семейныя пѣсни латышей. Спб. 90 г.

2883. II. — Литовскія легенды. (Этнограф. Обозр. кн. VI.)

Волынскій, А. Новый романъ Поля Бурже (Paul Bourget „Cosmopolis", roman. Paris 1893. Ed. du Figaro). С. В. 93 г. 6.

Вороновъ, А. Донъ-Жуанъ въ испанской литературѣ. Совр. 46 г. 42.

Воскресенская, С. Генри Томасъ Бокль. Ж. О. 84 г. 1.

В. П. Г. Новости французской исторической литературы. Р. М. 87 г. 9.

315—19. II. Всеобщая исторія литературы, состав. по источникамъ и новѣйшимъ изслѣдованіямъ при участіи русскихъ ученыхъ и литераторовъ подъ редакціей В. Ѳ. Корша, окончена подъ ред. проф. А. Кирпичникова. 4 т. Спб. 88 г. 30 р.

Содержаніе: Т. I. Ч. I. Коршъ, В. Введеніе. Языкъ какъ явленіе природы и орудіе литературы. Письменность. Общіе законы историческаго движенія литературы. Минаевъ, И. Очеркъ важнѣйшихъ памятниковъ санскритской литературы. Залеманъ, К. Очеркъ исторіи древне-персидской, или иранской литературы. Мейэръ, Э. д-ръ. Исторія древне-египетской литературы. Исторія ассирійско-вавилонской литературы. Коршъ, В. Нѣсколько словъ о финикійцахъ. Якимовъ, И. Очеркъ исторіи древне-еврейской литературы. Васильевъ, В. Очеркъ исторіи китайской литературы. Патканонъ, К. Очеркъ исторіи древне-армянской литературы. —Т. I. Ч. II. Коршъ, В. Исторія греческой литературы. Модестовъ, В. Исторія римской литературы. —Т. П. Кирпичниковъ, А. Средне-вѣковыя литературы Западной Европы. Холмогоровъ, И., и Муркосъ, Г. Очеркъ исторіи арабской литературы.

Болдаковъ, И. Символическая и дидактическая поэзія среднихъ вѣковъ. Болдаковъ, И. Нидерландская литература въ средніе вѣка. Морозовъ, И. Очеркъ исторіи славянскихъ литературъ. Болдаковъ, И. Итальянская литература въ средніе вѣка. Кирпичниковъ, А. Англійская литература въ концѣ среднихъ вѣковъ. Средневѣковая драма. Французская исторіографія въ средніе вѣка. Западная Европа наканунѣ Возрожденія.—Т. III. Морозовъ, И. Новая литература славянскихъ народовъ. Перваногласъ. Краткій очеркъ исторіи новогреческой литературы. Кирпичниковъ, А. Возрожденіе. Начало гуманизма въ Италіи. Вѣкъ Возрожденія въ Италіи. Итальянская литература XV вѣка. Гуманизмъ въ Германіи. Морозовъ, П. Нѣмецкая національная литература отъ начала реформаціи до тридцатилѣтней войны. Кирпичниковъ, А. Испанія и Португалія въ эпоху Возрожденія. Стороженко, Н. Англійская драма до смерти Шекспира. Варшеръ, С. Драматурги, современные Шекспиру. Веселовскій, А. Англійская литература въ періодъ республики и реставрація. Кирпичниковъ, А. Французская литература въ эпоху псевдоклассицизма. Варшеръ, С. Школа Шекспира. Кирпичниковъ, А. Нѣмецкая литература въ вѣкъ академизма и псевдоклассицизма. Вѣкъ ложнаго классицизма въ Италіи и на Пиренейскомъ полуостровѣ. Веселовскій, А. Англійская литература XVIII столѣтія.— Т. IV. Веселовскій, А. Французская литература XVIII вѣка. Кирпичниковъ, А. Нѣмецкая литература въ второй половинѣ XVIII вѣка. Вѣкъ просвѣщенія въ Италіи. Время Гете и Шиллера. Возникновеніе романтической школы въ Германіи. Очеркъ исторіи нидерландской литературы. Дилленъ, Э. Скандинавская литература. Смирновъ, В. Очеркъ исторіи турецкой литературы. Кирпичниковъ, А. Очеркъ исторіи литературы XIX столѣтія.
Бр. Р. М. 80 г. 8; 85 г. 3; 87 г. 1; И. В. 80 г. 9; 85 г. 4; Ж. Обр. 80 г. 4, 5; Р. Р. 80 г. 4; В. Е. 80 г. 5.

Вызинскій, Г. Лордъ Маколей. Біогр. оч. Р. В. 60 г. 1.

1197. II. — Лордъ Маколей, его жизнь и сочиненія. Спб. 60 г. 60 к.

Вѣховъ, С. Латинская комедія Querolus и новѣйшая обработка ея текста. Ж. М. Н. П. 81 г. 5.

— Сочиненіе Цицерона о государствѣ. Опытъ историко-литературнаго анализа. Ж. М. Н. П. 81 г. 9, 10, 11.

5704. III. **Вяземскій, П.** Литературно-критическіе и біографическіе очерки. См. собр. соч. Т. I. Спб. 78 г. 2 р.
Содержаніе: О новыхъ письмахъ Вольтера.—О біографическомъ похвальномъ словѣ г-жѣ Сталь-Гольстейнъ.— Записки графини Жанлисъ.—Письма изъ Парижа. - Сонеты Мицкевича.

Г. Очерки новѣйшей итальянской поэзіи. (Джозуэ Кардуччи, Кавалотти, Стеккетти, антипапистская поэзія, Арнабольди и Фонтеба, К. Баравалле). В. Е. 83 г. 5, 6.

1630—31. II. **Гаймъ, Р.** Гердеръ, его жизнь и сочиненія. 2 т. М. 88 г. 10 р.
Кр. см. ст. А. Пыпина. В. Е. 90 г. 3. 4.

1634. II. —Романтическая школа въ Германіи. Пер. Невѣдомскаго. М. 91 г. 5 р.

Гарднеръ. Историческій очеркъ американской журналистики. Д. 77 г. 4, 5.

Гаркави, Р. Іегуда Галеви. Восх. 81 г. 4.

1734. II. **Гарусовъ.** Очерки литературы древнихъ и новыхъ народовъ. Пособіе при изуч. словесности въ ср. уч. зав. В. I. Драматическая поэзія въ связи. Съ 52 рис. М. 62 г.
Бр. см. О. З. 62 г. 10; И. Вр. 63 г. 7, 8.

2885—86. II.—То-же. Изд. 2-ое, исправл. и значит. дополн. въ 2 кн. Спб. 90 г. 3 р.

Гаршинъ. Е. Старо-французскій романъ объ Окассинѣ и Николетѣ. Ж. М. Н. П. 84 г. 8.

2118. II. **Гаспари, А.** Исторія итальянской литературы. Т. I. Итальянская литература среднихъ вѣковъ. Пер. К. Бальмонта. Изд. К. Солдатенкова. М. 95 г. 3 р.

1024. II. **Гау, Дж.** Минерва. Введеніе при изученіи читаемыхъ въ классѣ писателей греческихъ и латинскихъ. Пер. В. Алексѣева съ примѣчаніями и рисунками. Спб. 93 г. 1 р. 50 к.

1456. VI. **Гацфельдъ, Ад.** Основы литературной критики. Пер. Діонео. (Международн. Библ.) Изд. Г. Бейленсона и I. Юровскаго. Одесса. 93—94 г. Ц. 15 к.

1563. Ш. **Гейне, Г.** Женщины и дѣвушки Шекспира. См. собр. соч. Т. Ш.

1565—66.—О Германіи. — Людвигъ Берне. См. собр. соч. Т. V и VI.

1569. Ш.—Художественные извѣстія изъ Парижа. См. собр. соч. Т. IX.
Письма о франц. сцен.—Нѣмецкая и франц. комедія.—Страстность во франц. трагедіи.—Вліяніе политическаго положенія на драматическое искусство во Франціи.— Значеніе Наполеона для французской сцены.—Ал. Дюма и В. Гюго.—Сценическое искусство въ Англіи, Франціи и Германіи.—Сценическіе писатели бульварныхъ театровъ.— Ж. Зандъ.

737. II. **Геннекенъ, Э.** Опытъ построенія научной критики (Эстопсихологія). Пер. съ фр. Д. Струнина. Спб. 92 г.

— То-же. Р. Б. 91 г. 9, 10, 11.
О немъ см. Арсеньевъ, К. Научная критика и ея примѣненіе. В. Е. 89 г. 5.

1008—11. II. **Гервинусъ.** Шекспиръ. Пер. съ нѣм. К. Тимофеева. 4 т. Спб. 77 г. 8 р.
Подробное оглавленіе см. стр. 72.
Кр. см. у Стороженко. Шекспировская критика въ Германіи. В. Е. 69 г. 10, 11.—Значеніе Шекспира по толкованію Гервинуса. О. З. 62 г. 6; 64 г. 3.

458. II.—То-же. Вып. I. Спб. 62 г.—Содержаніе: Введеніе. Шекспиръ въ Стратфордѣ.— Описательныя поэмы.—Шекс. въ Лондонѣ и на сценѣ.—Драматическая поэзія до Шекспира.—Сцена. — Первыя драматич. попытки.— Титъ, Андроникъ и Периклъ.—Генрихъ VI.— Комедія ошибокъ.—Укрощеніе строптивой.— Второй періодъ драматической поэзіи Шекспира. — Эротическія пьесы.—Два Веронца.— Напрасныя усилія любви.—Все хорошо, что хорошо кончается.—Сонъ въ лѣтнюю ночь.— Историч. пьесы.—Ричардъ III.—Ричардъ II.

1986. II.—Автобіографія. Съ 4 портр. Пер. Эд. Циммермана. М. 95 г. 1 р. 50 к.

2884. II.—Некрологъ Шлоссера. Спб. 62 г.50 к.

746. II. **Герои** и героини греческихъ трагедій въ разсказахъ для всѣхъ возрастовъ. Изд. Суворина. Спб. 91 г. 15 к.

Герцъ, К. Обзоръ иностранной литературы за первую половину 1846 г. Совр. 46 г. 44.

941. II. **Герье, В.** Ипполитъ Тэнъ и его значеніе въ исторической наукѣ. В. Е. 90 г. 1, 2.

— Ип. Тэнъ, какъ историкъ Франціи. В. Е. 78 г. 4, 5, 9, 12.—И. Тэнъ въ исторіи Якобинцевъ. В. Е. 94 г. 9—12.

— Методъ Тэна въ литературной и художественной критикѣ. В. Е. 89 г. 9.

— Средневѣковое міросозерцаніе, его возникновеніе и идеалъ. В. Е. 91 г. 1—4.

2308—311. II. **Геттнеръ, Г.** Исторія всеобщей литературы XVIII вѣка. 3 т.
Т. I. Англійская литература (1660—1770). Пер. А. Пыпина. Изд. II. Таблица. Спб. 63 г. ц. 2 р.—Т. II. Французская литература XVIII в. Пер. А. Пыпина. Спб. 66 г. ц. 2 р.—Т. Ш. Нѣмецкая литература. Кн. I. (1648—1740). Пер. А. Пыпина и А. Плещеева. Изд. Солдатенкова. М. 72 г. ц. 2 р.—Кн. II. Классическій вѣкъ нѣмецкой литературы. Пер. В. Барсова. М. 75 г. ц. 2 р 75 к.

С*

II-й части нѣмецкой литературы на русскомъ языкѣ не имѣется.

Бр. см. О. З. 63 г. 6; Р. С. 63 г. 6; С. 65 г. 11, 12.

2823—26. II.—То-же. Изд. О. Н. Поповой. Спб. 96—97 г.

2221. II. **Гиббинсъ.** Англійскіе реформаторы. Пер. А. А. Санина. М. 96 г.

Содержаніе: Предисловіе къ русскому изданію.—Гл. I. Реформаторы XIV вѣка.—Гл. II. Томасъ Моръ.—Гл. III. Реформаторы XVIII вѣка: Джонъ Уэсли.—Уильямъ Вильберфорсъ.- Гл. IV. Фабричные реформаторы: Ричардъ Остлеръ.—Лордъ Шэфтсбери.—Робертъ Оуэнъ.—Гл. V. Чарльзъ Кингсли и христіанская соціальная школа.—Гл. VI. Карлейль и Рескинъ.—Заключеніе.

2241. II. **Гильфердингъ, А.** Статьи по современнымъ вопросамъ славянскимъ. (Соч. т. II). Спб. 68 г.

Народное возрожденіе Сербовъ-Лужичанъ въ Саксоніи: Труды Лубенскаго, Зейлера, Клина и Смоляра о дѣлѣ возрожденія этой народности.—Штуръ.— Поэтъ Колларъ. Исторія изданія сербо-лужицкихъ народныхъ пѣсенъ.—„Матица“, общество для развитія между серебо-лужичанами народнаго просвѣщенія и словесности.— Образцы серебо-лужицкой поэзіи.—Развитіе народности у западныхъ славянъ: Взглядъ Мицкевича на славянскій міръ и задачу Польши въ ряду цивилизованныхъ народовъ.—Панславизмъ и его настоящее значеніе.—Колларъ.—Чешская литература и наука въ послѣдніе двадцать пять лѣтъ.—Штуръ и его сторонники, представители Словацкой народности.—Смѣшеніе нарѣчій въ Словацкой литературѣ.—Досифей Обрадовичъ, основатель новой сербской словесности; его собраніе народныхъ пѣсенъ.—Д-ръ Гай, основатель особой литературной школы въ Загребѣ.—Литература Словенцевъ.—Поэтъ Прешеринъ.—Общая идея въ литературѣ всѣхъ западно-славянскихъ племенъ. Гонепіе на чешскую литературу.— Ссылка Гавличка.—Цензура и денежные залоги.—Упадокъ литературы.—Положеніе Моравской литературы.—Подавленіе Словацкой литературы.—Трагическая судьба Штура; гоненіе прочихъ Словацкихъ писателей.—Давленіе правительства надъ литературами Хорватскою, Словенскою и Сербскою.—Духъ народа Сербскаго: Характеръ и направленіе литературы западныхъ славянъ.—Хаджичъ и его книга.—Гавличекъ. Нѣсколько словъ о его жизни.—Образцы его поэзіи. Польскій вопросъ: Литература польская, туземная и эмиграціонная и характеръ ихъ участія въ разрѣшеніи польскаго вопроса.—Поляки и панславизмъ.—Панъ Тадеушъ.—Лелевель и его сравненіе Польши съ Испаніей.—Литва и Жмудь: Литература Литовская.

2792. II. **Гиляровъ, А.** Греческіе софисты, ихъ міровоззрѣніе и дѣятельность въ связи съ общей политической и культурной исторіей Греціи. Критич. изслѣдованіе. М. 88 г. 2 р.

2173. II. **Годлевскій, С.** Ренанъ, какъ человѣкъ и писатель. Критико-біографическій этюдъ. Съ портретомъ Ренана. Спб. 95 г. 1 р.

2226. II.—То-же. Спб. 95 г. ц. 1 р.

1962. II. **Гольцевъ, В. А.** Литературные очерки. М. 95 г.

Въ поискахъ идеала.—Нѣсколько замѣчаній о натурализмѣ въ искусствѣ.—О пессимизмѣ въ современной литературѣ.—Объ основныхъ идеяхъ нашего вѣка.

394. II. **Гонеггеръ, I.** Очеркъ литературы и культуры XIX столѣтія. Пер. съ нѣм. Зайцева. Спб. 67 г. 1 р. 50 к.

Кр. см. ст. П. Т. Д. 67 г. 6.

2706. II. **Горасіевы** возлюбленныя. Б. д. Ч. 50 г. 99.

Горковенко, А. Томасъ Муръ. Пант. 52 г. 2.

1629. II. **Горнъ, Фредерикъ Винкель.** Исторія скандинавской литературы отъ древнѣйшихъ временъ до нашихъ дней, съ приложеніемъ этюда Ф. Швейцера „Скандинавское творчество новѣйшаго времени“. Пер. К. Бальмонта. Изд. К. Т. Солдатенкова. М. 94 г. 2 р. 50 к.

1489—90. II. **Грановскій, Т.** Сочиненія, съ портретомъ автора. 2 т. Изд. 3-е, дополн. М. 92 г. 4 р.

См. ст.: Бэконъ.—Пѣсни Эдды о Нифлунгахъ. (Т. I).— Испанскій эпосъ.—Историческая литература во Франціи и Германіи въ 1847 г. (Т. II).

1757. II. — Пѣсни Эдды о Нифлунгахъ. См. сборн. „Комета“, изд. Щепкинымъ. М. 51 г.

1991. II. **Грэхэмъ, Г.** Руссо, его жизнь, произведенія и окружающая среда. Изд. Маракуева. М. 90 г. 1 р.

582. II. **Григорьевъ, А.** О правдѣ и искренности въ искусствѣ. Собр. соч. т. I и Рус. Бес. 56 г. 3.

Гротъ, Я. О финнахъ и ихъ народной поэзіи. Совр. 40 г. 19.

2883. II. — Изъ міра шведской и финской поэзіи. Отд. отт.

— Поэзія и миѳологія Скандинавовъ. О. З. 39 г. 4.

— „Стрѣлки оленей“ Рунеберга. Совр. 41 г. 22.

— „Надежда“ поэма Рунеберга. Совр. 41 г. 24.

— Знакомство съ Рунебергомъ. Совр. 39 г. 13.

— Литва и Скандинавія. О. З. 60 г. 129.

Губернатисъ, А. Эскизы итальянскаго общества. В. Е. 73 г. 1, 9; 74 г. 6.

1779. II. **Гуэцій, Г.** Историческое разсужденіе о началѣ романовъ. Съ прибавленіемъ Беллегардова разговора о томъ, какую можно получить пользу отъ чтенія романовъ. Пер. съ франц. И. Крюковымъ. Иждивеніемъ Н. Новикова и компаніи. М. 1783 г. (библ. рѣдк.).

1540. II. **Гюббаръ, Г.** Исторія современной литературы въ Испаніи. Пер. Ю. В. Доппельмайеръ. Изд. К. Солдатенкова. М. 92 г. 2 р.

5645. III. **Гюго, В.** Встрѣчи и впечатлѣнія. Посмертныя Записки (Choses vues). Съ предисловіемъ б. проф. В. А. Гольцева. Пер. Ю. Доппельмайеръ. М. 87 г. 1 р. 50 к.

609. II.—Что я видѣлъ. Воспоминанія. С. В. 87 г. 7, 9.

Гюго, В., какъ путешественникъ. Вс. Тр. 69 г. 1.

2054. II. **Гюго, Викторъ,** и его время; по его запискамъ, впечатлѣніямъ и разборамъ близкихъ свидѣтелей его жизни. Пер. съ франц. Доппельмайеръ, съ предисловіемъ проф. Н. Стороженко. М. 87 г. 2 р. 25 к.

Кр. С. В. 87 г. 5; Н. В. 87 г. 9.

1843. VI. **Гюйо.** Искусство съ точки зрѣнія соціологіи. Съ пред. Альф. Фулье. Пер. подъ ред. А. Н. Пыпина. Спб. 91 г. 2 р. 50 к.

Кр. см. 654. II. В. Г. „Искусство съ соціологической точки зрѣнія“. Р. М. 91 г. 10.

— Современная эстетика. Пант. Лит. 89 г. 10—12; 90 г. 1, 4, 5, 8, 9, 11, 12.

Кр. см. Андерсенъ, Ѳ. Эстетическія теоріи Гюйо. Р. Б. 88 г. 10.

Давидъ-Соважо. Реализмъ и натурализмъ въ литературѣ и искусствѣ. Пер. А. Серебряковой. М. 91 г. 2 р.

Давидъ Сасунскій (Армянскій народный эпосъ). Ж. М. Н. П. 81 г. 11.

722. II. **Давыдова, Л.** Джорджъ Элліотъ, ея жизнь и литературная дѣятельность. Біогр. очеркъ. Спб. 91 г. 25 к.

2887. II. **Дашкевичъ, Н.** Романтика Круг-

лаго Стола въ литературахъ и жизни Запада.
Историко-литературные очерки. Кіевъ. 90 г. 2 р.

451. II. **Дауденъ, Э.** Шекспиръ. Критическое изслѣдованіе его мысли и его творчества. Пер. Л. Черновой. Спб. 80 г. 2 р.

Подр. оглавл. см. стр. 73.

Бр. см. ст. К. Б. В. Е. 80 г. 3; Д. 80 г. 5; О. З. 80 г. 2; Ж. О. 80 г. 4, 5.

Д—въ. Признанія литературныхъ отцовъ. Теофиль Готье и Шамфлери. В. Е. 75 г. 1, 2.

— Пьеръ Жозефъ Прудонъ. В. Е. 75 г. 3, 5, 7—12.

— Послѣдніе девять лѣтъ жизни Прудона. В. Е. 78 г. 6—9.

Дельбрюкъ. О происхожденіи миѳа у народовъ Индо-Европейскихъ. З. В. 65 г. 2.

Денегри, Э. Политическая литература въ Италіи: I. Періодъ независимости. „Ocubus pastoralis“. Св. Ѳома Аквинскій. Данте. Колонна. Петрарка и классическая школа. Джина Капони. Савонаролла. II. Періодъ независимаго владычества: Джіанотти и венеціанская школа. Гвичіардини и индивидуалисты. Саломоніа, итальянскій предшественникъ Вольтера, и кардиналъ Вида, предшественникъ Руссо. Д. 72 г. 5, 6.

— Литература итальянскаго объединенія. Д. 72 г. 12.

— Очерки новой испанской литературы: Харценбушъ, Фернандъ Кавальеро, Месонеро Романосъ, Труэба. Д. 73 г. 9 и 74 г. 2.

2883. II. **Дестунисъ, Г.** О покореніи и плѣненіи, произведенномъ персами въ Аттической Аѳинѣ. Греческое стихотвореніе. Съ объясненіями. Спб. 81 г. Отд. отт.

2883. II.—О Ксанѳинѣ. Греческая Трапезундская былина Византійской эпохи. (Прил. къ XXXIX тому Запис. Им. А. Н. № 6). Спб. 81 г.

2883. II. — Объ Армурѣ. Греческая былина Византійской эпохи. Съ объясненіями. Спб. 77 г. Отд. отт.

2168. II. **Десять** чтеній по литературѣ. (Алферовъ, Грузинскій, Нелидовъ, Смирновъ). Изд. Мамонтова. М. 95 г.

См. ст. Сервантесъ.—Дефоэ.

910. II. **Джеббъ, Р.** Гомеръ. Введеніе къ Иліадѣ и Одиссеѣ. Съ англ. перевелъ А. Ѳ. Семеновъ. Изд. Л. Пантелѣева. Спб. 92 г. 1 р. 50 к.

2164. II.—Краткая исторія греческой литературы. Пер. Мазурина. М. 91 г. ц. 1 р. 50 к.

Дигье, Ш. Беатриче Ченчи. И. В. 85 г. 8.

2297. II. **Драгомановъ, М.** Вопросъ объ историческомъ значеніи римской имперіи и Тацитъ. Ч. I. Кіевъ. 69 г. 1 р. 50 к.

Древніе классики для русскихъ читателей. Изд. В. Ковалевскаго:

1390. II. **Гомеръ.** Иліада, въ изложеніи Лукаса Коллинза. Пер. съ англ. Ф. Резенера. Спб. 76 г.

1391. II.—**Софоклъ,** въ изложеніи Лукаса Коллинза. Пер. П. П. Вейнберга. Спб. 77 г.

1392. II.—**Геродотъ,** въ изложеніи Георга Суэна. Пер. съ англ. А. Пыпина. Спб. 77 г.

1393. II.—**Ксенофонтъ,** въ изложеніи Александра Гранта. Пер. съ англ. подъ ред. М. Прахова. Спб. 76 г.

1394. II.—**Эсхилъ,** въ изложеніи Лукаса Коллинза. Пер. П. Вейнберга. Спб. 77 г.

1395. II.—**Плавтъ и Теренцій,** въ изложеніи Лукаса Коллинза. Пер. П. Вейнберга, подъ ред. проф. И. Помяловскаго. Спб. 77 г.

1396. II.—**Ювеналъ,** въ изложеніи Теодора Мартина. Пер. съ англ. П. Вейнберга. Спб. 77 г.

1397. II.—**Овидій,** въ изложеніи Альфреда Черча. Пер. съ англ. подъ ред. проф. И. Помяловскаго. Спб. 77 г.

1398. II.—**Лукіанъ,** въ изложеніи Лукаса Коллинза. Спб. 76 г.

1399. II.—**Юлій Цезарь.** Комментаріи, въ изложеніи Ант. Троллопа. Пер. съ англ. С. Брюлловой (Кавелиной.) Спб. 76 г.

1400. II.—**Тацитъ,** въ изложеніи В. Б. Донна. Пер. съ англ. С. К. Брюлловой. Спб. 76 г.

1401. II.—**Цицеронъ,** въ изложеніи Лукаса Коллинза. Пер. съ англ. Ф. Резенера. Спб. 76 г.

2750. II.—**Демосѳенъ,** въ изложеніи Лукаса Коллинза. Спб. 77 г.

2751. II.—**Платонъ,** въ изложеніи Лукаса Коллинза. Спб. 76 г.

2752. II.—**Титъ Ливій,** въ изложеніи Лукаса Коллинза. Спб. 77 г.

2753. II.—**Плиній.** Письма, въ изложеніи А. Черча и У. Бродрибпа. Спб. 76 г.

2754. II.—**Горацій,** въ изложеніи Теодора Мартина. Пер. съ англ. подъ ред. проф. И. Помяловскаго. Спб. 76 г.

2755. II.—**Виргилій,** въ изложеніи Лукаса Коллинза. Спб. 76 г.

2756. II.—**Аристофанъ,** въ изложеніи Лукаса Коллинза. Пер. съ англ. П. Вейнберга. Спб. 76 г.

2757. II.—**Эврипидъ,** въ изложеніи Лукаса Коллинза. Пер. П. Вейнберга. Спб. 77 г.

6346—53. III. **Дружининъ, А.** Сочиненія. 8 т. Спб. 65—67 г.г.

6349. III.—Т. IV. Этюды объ англійскихъ писателяхъ: Джонсонъ и Босвелль. Картина британскихъ литературныхъ нравовъ во второй половинѣ XVIII ст.—Жизнь и драматическія произведенія Ричарда Шеридана. — Георгъ Краббъ и его произведенія.—Вальтеръ Скоттъ и его современники.

6350. III.—Т. V. Галлерея замѣчательныхъ романовъ: „Кларисса Гарловъ“ Самуила Ричардсона.—„Векфильдскій священникъ“ Оливера Гольдсмита.—„Исторія маленькаго Жана де Сентрэ и дамы его сердца“, графа де Трессана.—„Лѣсъ или Сенъ-Клерское аббатство“ Анны Радклиффъ. — „Одинъ изъ тринадцати“ Бальзака.—„Вильетъ“ Корреръ-Белля.—„Ньюкомы“ Вильяма Теккерея.—„Гей-Ливингстонъ“ Лауренса.—Письма объ англійской литературѣ.—Новости англійской литературы: „Корнгильскій сборникъ“ В. Теккерея.—„Молодая мачиха“. Ром. Іонджъ. — „Безъ роду и племени“. Ром. Вильки Коллинза.—„Приключенія Филиппа“. Ром. Теккерея.—„Честь и одна честь“. Ром. Лауренса. — „Необычайная повѣсть“. Ром. Бульвера.—„Орли-Фармская мыза“. Ром. Ан. Троллопа.—„Неоткрытыя пре ступленія". Соч. Ватерса.—Записки леди Морганъ.—„Ромола". Ром. Дж. Элліота.—Фельетонъ и шуточныя стихотворенія Теккерея.—Томасъ Гудъ.—Этюды: Лекціи Теккерея объ англійскихъ юмористахъ.—Пейнъ Коллеръ, комментаторъ Шекспира.

93. II.—Георгъ Краббъ и его произведенія. Совр. 55 г. Т. LIV; 56 г. 1, 3, 5.

— О послѣднемъ романѣ Коррегъ Белла. Б. д. Ч. 56 г. 140.

— Новый талантъ въ англійской литературѣ. (Лауренсъ, авторъ „Гей-Ливингстона" и „Мечъ и право".) Р. В. 62 г. 37.

— Галлерея замечательнѣйшихъ романовъ: Кларисса Гарловъ. Совр. 50 г. 19.

— Жанъ де Сентре и Сенклерское аббатство, Радклиффъ. Совр. 50 г. 20, 21.

— Жизнь и драматическія произведенія Шеридана. Совр. 54 г. 43, 47.

— Джонсонъ и Босвелль. Картина британскихъ литературныхъ нравовъ во второй половинѣ XVIII ст. Б. д. Ч. 51 г. 110; 52 г. 111, 112, 115, 116.

— Вальтеръ Скоттъ и его современники. О. 3. 54 г. 93, 94, 96.

Дубровскій, П. Новости польской литературы. Р. В. 56 г. 6. (11).

— Іоакимъ Лелевель и его ученая дѣятельность. О. 3. 59 г. 2.

— Воспоминанія о В. В. Ганкѣ. О. 3. 61 г. 134.

1454. VI. **Думикъ, Р.** Литература и вырожденіе. (Международн. библ.) Изд. Г. Бейленсона и І. Юровскаго. Одесса 93—94 гг. 15 к.

2788. II. **Дюрингъ.** Великіе люди въ литературѣ. Пер. Ю. Антоновскаго (печатается).

Европейскіе писатели и мыслители. Изд. В. Чуйко. 1-я серія. Спб 82 г. Ц. каждому выпуску 75 к., кромѣ IV, который стоитъ 1 р.

6554. III. Вып. I. С в и ф т ъ. (Памфлеты).
4313. III. Вып. II. Б о к к а ч ч і о. (Новеллы изъ Декамерона).
996. II. Вып. III. Р е н а н ъ. (Истор. этюды).
2897. II. Вып. IV. В о л ь т е р ъ и Е к а т е р и н а II. (Переписка).
2162. VI. Вып. V. Р у с с о. (Изъ исповѣди).
6062. III. Вып. VI. В. Гюго. (Торквемада).
1003. II. Вып. VII. Л а с с а л ь. (Лит. и философскіе этюды).
2898. II. Вып. VIII. К о н д о р с э. (Жизнь Вольтера).
4501. III. Вып. IX. П е т р о н і й. (Сатириконъ).
6690. III. Вып. X. А р и с т о ф а н ъ. (Комедіи).
2-я серія. Спб 83 г.
6061. III. Вып. XI. Д и д р о. (Племянникъ Дамо).
2163. VI. Вып. XII. Ф и х т е. (Соціальная политика).
4503. III. Вып. XIII. Э в и п и р д ъ. (Трагедіи).
4502. III. Вып. XIV. С т е н д а л ь. (Итальянскія хроники).
4500. III. Вып. XV. У г о Ф о с к о л о. (Письма Ортиса).
4499. III. Вып. XVI. К а л ь д е р о н ъ. (Драм. произведенія).
2164. VI. Вып. XVII. Ш о п е н г а у э р ъ. Теорія творчества. Метафизика любви.
6691. III. Вып. XVIII. М о н т е с к ь е. (Персидскія письма. Ч. I.).
6692. III. Вып. XIX.—Персидскія письма. Ч. II.
Кр. В. Е. 82 г. 3, 12. Д. 82 г. 7. З. В. 82 г. 2. И. В. 82 г. 12. Р. М. 82 г. 5, 6, 7, 9, 12, 1, 2, 3, 4, 5.
Въ слѣдующихъ выпускахъ помѣщены: Спасовичъ, В. Байронъ и нѣкоторые изъ его предшественниковъ. Казанова. Мемуары. Спб 87 г. 1 р. 75 к.

2883. II. **Ернштедтъ, В.** Объ основахъ

текста Андокида, Исея, Динарха, Антифонта и Ликурга. Спб. 79 г.

2883. II.—Забытыя греческія пословицы. (отд. отт.).

1662. II. **Ешевскій, В.** Аполлинарій Сидоній. Эпизодъ изъ литерат. и политич. исторіи Галліи V в. (См. Т. III его сочин.).

Жаненъ, Ж. Послѣдній романъ Бальзака. Б. д. Ч. 35 г. 10.

2783. II. **Женэ, Р.** Шекспиръ, его жизнь и сочиненія. Пер. съ нѣм. А. Веселовскаго. М. 77 г. 2 р. 50 к.

Житецкій, П. Діалогъ Платона „Кратилъ". Ж. М. Н. П. 90 г. 12.

211. VI. **Жуковскій, Ю.** Матеріалы для общественной науки. Прудонъ и Луи Бланъ. (Система экономическихъ противорѣчій. Споры съ Бастіа. Система Луи Блана. Спб. 66 г.

357. II. Исторія политической литературы XIX ст. Т. I. Изд. Н. П. Полякова). Спб. 73 г.

Жюссеранъ. Исторія англійскаго народа въ его литературѣ (печатается).

654. II. **Задуновскій, А.** О поэзіи символистовъ. (Кол.).

— Юлій Словацкій и его драмы. Кол. 87 г. 11.

— О современномъ реализмѣ во Франціи. Кол. 89 г. 12.

Зайцевъ, В. Гейне и Берне. Р. С. 63 г. 9.

94. II. З. В. Цезарь и его творенія. Д. 7, 10.

Залшупинъ, А. Англійскій публицистъ XVII в. (Даніэль Дефоэ). Наб. 92 г. 6.

Замѣтки о современной англійской литературѣ. Б. д. Ч. 57 г. 142, 143.

Замѣтки объ англійской исторической литературѣ. Р. С. 59 г. 1.

Замѣтки о современной итальянской литературѣ. Романисты. Совр. 63 г. 99.

Зандъ, Ж. Исторія моей жизни. М. Б. 93 г. 10—12.

2711—13. II. **Западно-европейскій** эпосъ и средневѣковый романъ въ пересказахъ и сокращенныхъ переводахъ съ подлинныхъ текстовъ О. Петерсонъ и Е. Балабановой. 3 т. Спб. 96 г.

Т. I. Романскіе народы: Франція. Испанія. Т. II. Скандинавскій эпосъ. — Т. III. Германскій эпосъ.

94. II. **Зедергольмъ, К.** Катонъ старшій. Р. В. 57 г. 11, 12.

Зетъ (Z). Новѣйшіе публицисты. Монталамберъ объ Англіи. Р. В. 56 г. 4.

Зола, Э. Наши современные поэты. (К. Мендесъ, Верленъ, Маллармэ, Коппе, Ришпенъ и др.). В. Е. 78 г. 2.

— Вознагражденіе литературнаго труда во Франціи. В. Е. 80 г. 3.

— Современная драматическая сцена. (В. Сарду, А. Дюма, Э. Ожье). В. Е. 79 г. 1.

— Французская революція въ книгѣ Тэна. В. Е. 78 г. 5.

— Два литературныя торжества: В. Гюго и Ренанъ. В. Е. 79 г. 5.

— Сенъ-Бевъ и его критическая школа. В. Е. 79 г. 10.

— Характеристика современнаго французскаго романа. В. Е. 78 г. 9.

— Экспериментальный романъ. В. Е. 79 г. 9.

979. III. — Парижскія письма. Спб 78 г. 2 р.

1645. III. — Тоже. Спб. 79 г. 2 р.
— Тоже. В. Е. 75 г. 3, 5—10; 76 г. 1—11;
77 г. 1—12; 78 г. 1—12.
Кр. см. стр. 30.
Знаменскій, И. Овидій и его произве-
денія. Б. д. Ч. 56 г. 135.
2085—88. П. **Зотовъ, В. Р.** Исторія
всемірной литературы въ общихъ очеркахъ,
біографіяхъ, характеристикахъ и образцахъ.
Изд. Вольфа. Спб. 76 г. 20 р.
Въ книгу вошло много отрывковъ изъ сочиненій класси-
ческ. авторовъ.
— Лессингъ, какъ гуманистъ. Ст. по поводу
столѣтней годовщины со дня его смерти. И.
В. 81 г. 5.
— Борьба за существованіе мысли. (Исто-
рико-литер. очерки.). И. В. 83 г. 1, 5, 8, 10.
— Энциклопедизмъ и журнализмъ. И. В.
83 г. 3.
— Представители современнаго реализма
во французской и англійской литературѣ А.
Додэ и Троллоп. И. В. 85 г. 1.
— Литературная прогулка по Темзѣ. И. В.
87 г. 12.
— Греческая трагедія (Аристофанъ и Со-
фоклъ) на англійской сценѣ. И. В. 85 г. 1.
— Подлинные портреты Данте. И. В. 85 г. 10.
— Леопольдъ Ранке и его значеніе въ исто-
рической литературѣ. И. В. 86 г. 7.
— Культурная исторія директоріи. И. В.
85 г. 1—4.
— Очеркъ исторіи англійскихъ иллюстрацій.
И. В. 87 г. 1.
2672. П. **Зѣлинскій, Ѳ.** О синтаг-
махъ въ древней греческой комедіи. Спб. 83 г.
2534. П. — Кипръ и его богиня. Крит. оч.
По поводу кн. Ал. Энмана „Kypros und der
Ursprung des Aphrodite Kultus“. Спб. 88 г.
2892. П.—Сочиненія Корнелія Тацита. (Рус-
скій переводъ съ примѣчаніями и со статьей
о Тацитѣ и его сочиненіяхъ В. И. Модесто-
ва). Рецензія. Отд. оттиски изъ Фил. Зап.
Воронежъ. 90 г.
2883. П.—Геродъ и его бытовыя сцены.
Публ. лекція. М. 92 г.
2883. II.—Культъ Кабировъ въ древней Гре-
ціи. (Изслѣдованіе Новосадскаго). Отд. отт.
1985. П. **Ивановъ, И.** Политическая
роль французскаго театра въ связи съ фило-
софіей XVIII вѣка. М. 95 г. 3 р. 50 к.
Содержаніе: Философія XVIII вѣка. Театръ.—Драма.—
Публика.—Театральная цензура.—Актеры.—Сатиры.—Ре-
форма семьи.—Реформа общественныхъ отношеній.—Ре-
форма религіи и церкви.—Реформа государства.
2790. П. — Шекспиръ, его жизнь и лите-
ратурная дѣятельность. Очеркъ. Спб. 96 г.
(Біогр. библ. Ф. Павленкова).
Игрекъ (Y. Y.) Нравы и литература
во Франціи. Р. В. 74 г. 8, 9.
д'Израэли (Бисонсфильдъ). Литератур-
ный характеръ или исторія генія, заимство-
ванная изъ его собственныхъ чувствъ и приз-
наній. Совр. 53 г. 39—42.
— Писатели и критики старой Англіи.
Совр. 55 г. 52.
Изъ исторіи французской печати. О. З.
83 г. 8.
Искусства и литература въ С. Амери-
канскихъ Соединенныхъ Штатахъ. Пант. 50 г. 6.

Испанская драматическая литература.
Совр. 48 г. 8, 9.
2628. II. **Историческія** записки о досто-
памятныхъ и важнѣйшихъ происшествіяхъ,
касающихся до жизни Г. Вольтера, пи-
санныя имъ самимъ. Пер. съ фран. Левицкимъ.
М. 1808 г.
2725—27. П. **Исторія** литературы древ-
няго и новаго міра, составленная по Шерру,
Шлоссеру, Геттнеру, Шлегелю, Шмидту, Готт-
шалю и др. подъ редакц. А. Милюкова и В.
Костомарова. 3 вып. Спб. 62—64 гг. 3 р. 25 к.
Т. I. Эллада и Римъ. Т. II. кн. 1. Романскія земли.
Франція. Т. II, кн. 2. Италія.
2899. II. **Исторія** французской литера-
туры. Вып. I. Средніе вѣка. Переходное время
IX—XV столѣтій. Составлено по Demogeot и
др. Спб. 87 г. 1 р. 50 к.
Исторія введенія книгопечатанія во
Франціи. О. З. 39 г. 2.
Итальянскіе поэты среднихъ вѣковъ.
Б. д. Ч. 51 г. 107.
Итальянскіе поэты прошлаго и начала
нынѣшняго вѣка. Б. д. Ч. 51 г. 109.
817. П. **Каменскій, А.** Даніель Дефо.
Его жизнь и литературная дѣятельность.
Біогр. оч. Изд. Ф. Павленкова. Спб. 92 г.
25 к.
— Гриммъ и г-жа д'Эпине. Кол. 87 г. 11.
1531. П. — Робертъ Оуэнъ, его жизнь и
общественная дѣятельность. Біогр. оч. Изд.
Ф. Павленкова. Спб. 92 г. 25 к.
533. П. **Карелинъ, В.** Донъ - Кихо-
тизмъ и демонизмъ. Критич. изслѣдованіе.
Спб. 66 г.
1533. П. **Каренинъ, А.** Вольтеръ.
Его жизнь и литературная дѣятельность.
Біогр. оч. Спб. 93 г. 25 к.
Кардуччи, Джозуэ. Біогр. и кр. О. З.
63 г.; Загр. В. 82 г. 1; В. Е. 83 г. 5—6.
998. П. **Карлейль, Т.** Историческіе
и критическіе опыты. М. 78 г. 3 р.
Содержаніе: Графъ Каліостро. — Бриліантовое оже-
релье.—Вольтеръ.—Дидро. — Мирабо.—Робертъ Борнсъ.—
Вальтеръ Скоттъ.
— О герояхъ. Совр. 55 г. 53.
— Дантъ. Совр. 56 г. 55.
— Пѣснь о Нибелунгахъ. Б. д. Ч. 57 г. 141.
788. II. — Герои и героическое въ исторіи.
Публичныя бесѣды. Пер. съ англ. В. И. Яковенко.
Съ приложеніемъ статьи переводчика о Кар-
лейлѣ. Изд. Ф. Павленкова. Спб. 91 г. 1 р. 50 к.
Гл. III. Герой какъ поэтъ: Данте, Шекспиръ. Гл. V.
Герой, какъ писатель: Джонсонъ, Руссо, Борнсъ.
2188. П. **Каро, Э.** Современная кри-
тика и причины ея упадка. М. 83 г. 30 к.
2900. П. — Пессимизмъ въ XIX вѣкѣ. Изд.
2-е М. 93 г. ц. 1 р.
310—14. П. **Каррьеръ, М.** Искус-
ство въ связи съ общимъ развитіемъ культуры
и идеалы человѣчества. Пер. Е. Корша. 5 т.
Изд. К. Солдатенкова. М. 70—75 гг. 17 р. 50 к.
Т. I. Зачатки культуры и восточная древность.—Т. II.
Эллада и Римъ.— Т. III. Средніе вѣка.—Т. IV. Возрож-
деніе и реформація въ образованіи, искусствѣ и лите-
ратурѣ.—Т. V. Пора духовнаго разсвѣта.
2161. П. **Карпелесъ, Г.** Исторія еврей-
ской литературы. Пер. подъ ред. и съ при-
мѣчаніями доктора восточныхъ языковъ А.
Я. Гаркави. Спб. 90 г.

1415. П. **Каръевъ, Н.** Литературная эволюція на Западъ. Очерки и наброски изъ теоріи и исторіи литературы съ точки зрѣнія не спеціалиста. Ворон. 86 г.

— Родригъ Діазъ, Сидъ-побѣдитель. Новь. 91 г. 23, 24.

Качановскій, В. Хорватскія лѣтописи XV—XVI в. Ж. М. Н. П. 81 г. 9.

— Антонъ Марннъ Глегевичъ, неизданный дубровницкій поэтъ. (XVII—XVIII в.) Ж. М. Н. П. 82 г. 3, 4, 5.

2848. П. — Памятники болгарскаго народнаго творчества. Вып. I. (Сб. отд. русск. языка и слов. Т. 30-й). Спб. 1 р. 50 к.

2286. П.—Сербскія житія и лѣтописи, какъ источникъ для исторіи южныхъ Славянъ въ XIV и XV вѣкахъ. Слав. Сборн. Т. III. Спб. 76.

Каченовскій, Д. Жизнь и сочиненія Даніеля Вебстера. Р. В. 56. 3 4.

1. II.—Воспоминанія о Маколеѣ. Р. С. 60 г.

К-въ, Н. Современная испанская литература. „Вчера, сегодня и завтра“, романъ Антонія Флореса. О. З. 67 г. 10, 11, 12.

1278. П. **Кинъ, И.** Анри Рошфоръ и его „Фонарь“. О. З. 68 г. 10.

1278. П. — Годы развитія Прудона. О. З. 68 г. 12.

2286. П. **Киркоръ, А.** Краковская академія наукъ. Историко-библіографич. очеркъ. Слав. Сборн. Т. III. Сб. 77 г.

922. П. **Кирпичниковъ, А.** проф. Очеркъ исторіи книги. Двѣ публичныя лекціи, читанныя въ Одессѣ проф. А. И. Кирпичниковымъ. Изд. „Пантеона Литературы“. Спб. 88 г. Пант. Лит. 88 г. 10, 12.

— Всеобщая литература въ нашихъ университетахъ. И. В. 86 г. 2.

— Бодмеръ и Готтшедъ и ихъ отношеніе къ родной старинѣ. Эпизодъ изъ исторіи второго возрожденія. Р. В. 74 г. 7.

683. II.—Вальтеръ Скоттъ и Викторъ Гюго. Двѣ публичныя лекціи, читанныя въ Одессѣ въ 1890 году. Спб. 1891 г.

2692. П. **Кирѣевскій, И.** Сочиненія 2 т. М. 61 г.

Въ I томъ вошли ст.: Нѣсколько словъ о слогѣ Вильмена. Во II: Жизнь Стефенса. — Сочиненія Паскаля, изданныя Кузеномъ.

Ковалевскій, М. Обзоръ важнѣйшихъ явленій въ области политической литературы въ Англіи, Соедин. Штат. Франціи и Германіи. С. В. 86 г. 11.

— Молодость Бенжамена Констана. В. Е. 95 г. 4, 5.

1964. II. — Происхожденіе демократіи. Т. I. М. 95 г.

Въ книгу вошли: Общественныя и политическія доктрины Франціи прошлаго столѣтія. (См. Ч. III и IV.)

Колмачевскій, Л. Развитіе исторіи литературы какъ науки. Ея методы и задачи. Ж. М. Н. П. 84 г. 6.

2583. II.—Животный эпосъ на западѣ и у славянъ. Казань. 82 г. 2 р. 50 к.

Колларъ, I. О литературной взаимности между племенами и нарѣчіями. О. З. 40 г. 8.

2174. II. **Колеръ, I.** Шекспиръ съ точки зрѣнія права. (Шейлокъ и Гамлетъ). Изд. Я. Канторовича. Спб. 95 г. 1 р.

Колосовъ, Н. Александръ Манцони. Историко-литературный этюдъ. Р. М. 84 г. 8. 9.

2901. II. **Комаровъ, М.** Экскурсы въ сказочный міръ. Этюды въ области миѳовъ и народныхъ преданій. М. 86 г. ц. 1 р.

1216—17. II. **Кондратовичъ, Л.** (Сырокомля). Исторія польской литературы отъ начала ея до настоящаго времени. Пер. съ польск. О. Кузьминскаго. 2 т. М. 61—62 гг. 3 р.

1271. II. **Кондыревъ, И.** Возникновеніе и исторія письменности. Зн. 73 г. 11, 12.

Конради, Е. Теорія и практика литературнаго натурализма. З. В. 82 г. 1, 2.

Копыловъ, А. Новая книга о Мицкевичѣ (I томъ составл. сыномъ поэта). Р. В. 90 г. 9, 10.

— Боденштедтъ и Катковъ. Р. В. 89 г. 8.

Корелинъ, М. Западная легенда о д-рѣ Фаустѣ, опытъ историч. изслѣдованія. В. Е. 82 г. 11—12.

— Торквато Тассо и его вѣкъ. И. В. 83 г. 7—9.

— Эпоха возрожденія и германофилы. В. Е. 85 г. 12.

— Петрарка, какъ политикъ. Р. М. 88 г. 7—8.

2152—53. II.—Ранній итальянскій гуманизмъ и его исторіографія. Критическое изслѣдованіе. 2 вып. М. 92 г. (Учен. Зап. Имп. Моск. унив. Вып. XIV и XV).

Кр. см. Каръевъ, Н. Итальянскій гуманизмъ и новый его изслѣдователь. В. Е. 93 г. 8, 9, 10.

2902. II. — Очерки итальянскаго возрожденія. М. 96 г. ц. 1 р.

2208. II.—Паденіе античнаго міросозерцанія. (Культурный кризисъ въ Римской имперіи). Лекціи, читанныя въ Московскомъ политехническомъ музеѣ въ 1891—92 гг. Изд. О. Н. Поповой. Спб. 95 г. 75 к.

— Тоже Р. М. 92 г. 6, 7, 9—12.

Корніевскій, В. Легенда о Велизаріи, И. В. 80 г. 10.

Коробчевскій, Д. Современная беллетристика въ Америкѣ. (Гоуэльсъ, Г.Джемсъ, Кебль, Броуфордъ и др.). Кр. очеркъ. Н. 86 г. 20—22.

Корсаковъ, П. Голландская литература, ея начало, ходъ и состояніе. Б. д. Ч. 38 г. 27.

1. II. **Коссовичъ, К.** Двѣ публичныя лекціи о санскритскомъ эпосѣ. Р. С.

735. II. **Коршъ, В.** Этюды. Т. I. съ біографіей автора. Изд. Д. А. Коршъ. Спб. 85 г. ц. 3.

Содержаніе: В. Ѳ. Коршъ. Біогр. оч. П. Морозова. Послѣдній ром. въ жизни Лассаля.—Судьбы прусской монархіи отъ Фридриха Великаго до Іенскаго погрома.— Родъ Мирабо.—Вольтеръ, его жизнь и сочиненія.—Нѣмецкая камелія.—Восточная война въ пятидесятыхъ годахъ.— Ремесленные союзы въ Англіи.

1565. II. **Костомаровъ, Н.** Литовская народная поэзія. См. истор. моногр. и изслѣдованія Т. III.

2723. II. **Котеловъ, Н.** Эврипидъ и значеніе его драмы въ исторіи литературы. Этюдъ. Изд. ред. ж. „Пант. Лит.“. Спб. 94 г.

2026. II. **Кохъ, Максъ** (Профессоръ). Шекспиръ. Переводъ съ нѣмецкаго, Гуляева, съ предисловіемъ, примѣчаніями и дополненіями Н. И. Стороженко. Изд. Маракуева. М. 88 г. 2 р.

485—486. II. **Коцебу, А.** Достопамятный годъ моей жизни. Воспоминанія. Спб. 79 г.

Кояловичъ, М. Прежнія воззрѣнія польскаго писателя Крашевскаго на бывшее Литовское княжество, т. е. Западную Россію. Ж. М. Н. П. 83 г. 1.

Краузе, В. Иліада и Одиссея. (Замѣтки по поводу 400 лѣтія перваго печатнаго изданія твореній Гомера). Р. В. 88 г. 10.

Кронебергъ, А. Драматическая литература въ Германіи. Совр. 48 г. 8.

607. II. **Крюковъ, П.** Генри Уодсвортъ Лонгфелло. О. З. 82 г. 7.

Кудрявцевъ, А. Средневѣковое міровоззрѣніе. Р. М. 91 г. 3. 4.

2906—07. II. **Кудрявцевъ, П.** Сочиненія. 2 т. М. 87 г. 6 р.

См. ст.: Данте, его вѣкъ и жизнь.—Объ „Эдипѣ царѣ" Софокла.—Венера Милосская. (Соч. Т. I.)

2851. II. **Кулаковскій, И.** Вукъ Караджичъ, его дѣятельность и значеніе въ сербской литературѣ. М. 82 г. 1 р. 50 к.

2176. II. **Лависсъ, Е. и Рамбо, А.** Культура и цивилизація Западной Европы въ эпоху крестовыхъ походовъ. Пер. съ франц. съ предисл. В. Михайловскаго. М. 95 г.

См. гл. V. Западно-европейская цивилизація: народная литература. (Стр. 304 и слѣд.)

Лавровскій, П. Итальянская легенда. (Vita cum translatione S. Clementis). Ж. М. Н. П. 86 г. 7, 8.

Ламанскій, В. Національности итальянская и славянская въ политическомъ и литературномъ отношеніи. О. З. 64 г. 11. 12

2284. II.—Видные дѣятели западно-славянской образованности въ XV, XVI и XVII вѣкахъ. Историко-литературные и культурные очерки. Слав. Сборн. Т. I. Спб. 75 г.

2296. II.—Объ историческомъ изученіи греко-славянскаго міра въ Европѣ. Изслѣдованіе. Спб. 71 г. 1 р. 50 к.

Ламби, I. Трагедія Шекспира на сценѣ и въ чтеніи. Пант. 52 г. 6.

Лансонъ. Исторія французской литературы. Изд. К. Солдатенкова. М. (печатается).

Ланфрэ. Арманъ Каррель. З. В. 65 г. 10, 11.

1013. II. **Лассаль, Ф.** Лессингъ. Автобіографія. Итальянская война и задачи Пруссіи. Пер. Чуйко, съ прилож. новѣйшихъ матеріаловъ къ біографіи Лассаля и біографіи его. (Библ. европ. писат. и мысл.). Спб. 89 г. ц. 1 р.

Латинскіе литераторы I вѣка. Б. д. Ч. 34 г. 5.

2778—79. II. **Латышевъ, В.** Очеркъ греческихъ древностей. Пособіе для гимназистовъ старш. класса и для начинающихъ филологовъ. Ч. I. Государственныя и военныя древности. Изд. 2-е перераб. Спб. 88 г.—Ч. II. Богослужебныя и сценическія древности. Спб. 89 г. 1 р. 25 к.

Лебедевъ, Д. Цензура и свобода печати въ Западной Европѣ. Набл. 82 г. 3, 4.

Легенды Сербовъ. Вр. 61 г. 10.

Лейстъ. Грузинская литература. Ж. О. 84 г. 3.

Леметръ, Ж. Эрнестъ Ренанъ. Р. М. 88 г. 4.

Лерхъ, П. Семизвѣздіе въ персидской поэзіи. Б. д. Ч. 51 г. 105.

2903. II. **Лесевичъ, В.** Этюды и очерки. Спб. 89 г.

Содержаніе: Данте, какъ мыслитель.—Лессингъ и его Натанъ Мудрый.—Пересъ Гальдосъ, современный испанскій моралистъ.—Романы Гальдоса.

— Классики XIV и XV столѣтія. О. З. 74 г. 12.

— Даніэль Дефо, какъ человѣкъ, писатель и общественный дѣятель. Р. Б. 93 г. 5, 7, 8.

721. IX. **Лессингъ.** Гамбургская драматургія. Пер. Рассадина, съ предисловіемъ, примѣчаніями разныхъ коментаторовъ и алфавитн. указателемъ. М. 83 г. 3 р.

5207. III.—То-же. См. собр. соч. Лессинга. Т. V.

5206. III. — Лаокоонъ или о границахъ живописи и поэзіи. См. собр. соч. Лессинга. Т. IV.

2188. II. **Летурно. Ш.** Литературное развитіе различныхъ племенъ и народовъ. Пер. съ фр. В. В. Святловскаго. Спб. 95 г. ц. 1 р. 50 к.

Л—й, П. О литературномъ языкѣ у славянъ. Р. В. 63 г. 45.

270. II. **Линниченко, А.** Курсъ исторіи поэзіи для воспитанницъ женскихъ институтовъ и воспитанниковъ гимназій. Изд. 2-ое. К. 61 г.

844. II. **Литвинова, Е. Ѳ.** Даламберъ. Его жизнь и ученая дѣятельность. Біогр. оч. Изд. Ф. Павленкова. Спб. 91 г. 25 к.

872. II. — Аристотель, его жизнь и значеніе въ исторіи науки. Біогр. оч. Изд. Ф. Павленкова. Спб. 92 г. 25 к.

1894. II. — Кондорсе, его жизнь и научно-политическая дѣятельность. Біогр. оч. Изд. Ф. Павленкова. Спб. 94 г. 25 к.

607. II. **Л. М.** Эдуардъ Бульверъ. В. Е. 85 г. 1.

Л—ртъ, К. Гете. О. З. 42 г. 20, 21, 22.

1030. II. **Луи-Бланъ.** Исторія Великой французской революціи. Т. I. Пер. М. А. Антоновича. Изд. Н. П. Полякова. Спб. 71 г.

Въ книгу вошли ст.: Сужденіе Ж. Занда объ „Исторіи французской революціи" Луи Блана.—Протестанскіе публицисты. (Гл. IV).—Монтень. (Гл. V).—Янсенизмъ. Политическій и революціонный характеръ „Provinciales". (Кн. II. Гл. IV).—Вольтеръ. Дидро. Д'Аламберъ. Ж. Ж. Руссо. (Кн. III. Гл. I).—Монтескье. (Кн. III. Гл. II).

Лунинъ, Р. Блезъ Паскаль. В. Е. 92 г. 1.

438—39. II. **Льюисъ, Д. Г.** Жизнь I. Вольфанга Гете. Пер. со 2-го англ. изд. подъ ред. А. Невѣдомскаго. 2 т. Спб. 68 г. 4 р.

175 и 168. II. **Льюисъ и Милль, Д. С.** Огюстъ Контъ и положительная философія. Изложеніе и изслѣдованіе. Пер. подъ ред. Н. Неклюдова и Н. Тиблена. Спб. 67 г.

655. II. **Любкеръ.** Реальный словарь классическихъ древностей. Спб. 83—85 гг.

1639—40. II. **Магаффи, Д.** Исторія классическаго періода греческой литературы. Пер. съ англ. А. Веселовскаго. Изд. Солдатенкова. М. 82—83 г. 6 р.

8½

Т. I. Поэзія. Съ приложеніемъ статьи проф. Сэйса о поэмахъ Гомера.—Т. II. Проза.

920. -II. МАЙКОВЪ, Вал. Критическія статьи (1845—47). Изд. „Пант. Литер.“ Спб. 89 г.

Содержаніе: Вальтеръ Скоттъ.—Шекспиръ въ переводѣ Кетчера.—Гольдсмитъ въ переводѣ Я. Герда.—Байронъ въ переводахъ Фандра и Любича-Романовича. — Евгеній Сю.—А. Тьеръ.

— Пиндаръ. Ж. М. Н. П. 87 г. 10.

1095—110. II. МАКОЛЕЙ. Полное собраніе сочиненій. 19 т. Изд. Н. Тиблена. Спб. 60—66 г. 25 р.

Критическіе опыты: Т. I. Ст. Вызинскаго о Маколеѣ.—Мильтонъ.—Жизнь лорда Байрона.—С. Джонсонъ.—Т. III. Лордъ Бэконъ.—Отрывки изъ римской повѣсти.—О королевскомъ литературномъ обществѣ. — Сцены изъ „Аѳинскихъ пировъ“. Разборъ важнѣйшихъ итальянскихъ писателей: Данте, Петрарка.—Т. IV. Комическіе драматурги временъ реставраціи.—Разговоръ между Коули и Мильтономъ о междоусобной войнѣ.—Т. XIV. О Гольдсмитѣ.—С. Джонсонъ.—Т. XV. Избранныя рѣчи: О литературной собственности.—Объ англійской литературѣ.—Т. XVI. Портретная галлерея.

— Аддисонъ, жизнь его и сочиненія. О. З. 56 г. 5, 6.

2286. II. МАКУШЕВЪ, В. Слѣды русскаго вліянія на старо-польскую письменность. Слав. сборн. Т. III. Спб. 79 г.

2286. II. — Общественные и государственные вопросы въ польской литературѣ XVI вѣка. Слав. сборн. Т. III. Спб. 76 г.

265. II. — Андрей Товіанскій, его жизнь, ученіе и послѣдователи. Р. В. 79 г. 2, 5, 10.

МАРКОВЪ, Е. Романтизмъ и научная формула. Р. Р. 81 г. 1, 2

— Этюды о французскомъ романѣ. 1) Культъ плоти. Р. Р. 81 г. 6. 2) Альфонсъ Додэ. Р. Р. 81 г. 10.

2031. VI. МАРТА, К. Философы и поэты моралисты во времена Римской Имперіи. Пер. М. Корсакъ. М. 79.

Кр. В. Е. 79 г. 10; Д. 80 г. 5. (Кр. ст. Шелгунова, Н. „Классическое наслѣдство“).

М. W. Сатира во Франціи въ XVI в. Сл. 80 г. 11.

172. II. МЕЧНИКОВЪ, Л. Культурное значеніе демонизма. Д. 79 г. 1, 2, 3. 4.

МИЛЛЕРЪ, Вс. Пѣсни македонскихъ болгаръ, собран. и издан. Верковичемъ. В. Е. 77 г. 7.

Кр. см. ст. А. Пыпина. Замѣтка къ ст. г. Миллера о пѣсняхъ македонскихъ болгаръ. В. Е. 77 г. 7.

— Народныя пѣсни македонскихъ болгаръ. Сл. Об. 92 г. 4, 5.

— Поэзія древней Индіи. Ж. М. Н. П. 56 г. 8.

МИЛЛЕРЪ, Л. Жизнь и сочиненія Гораціи. Изд. Риккера. Спб. 80 г. 75 к.

— Тоже. Ж. М. Н. П. 80 г. 3.

— Фридрихъ Ритчль. Ж. М. Н. П. 77 г. 4.

— Петренда голландскаго поэта Гадзо Копманзіи. Ж. М. Н. П. 80 г. 12.

МИЛЛЕРЪ, Ор. Монталь и его взглядъ на народную словесность. О. З. 64 г. 7.

1131. II. — О нравственной стихіи въ поэзіи на основаніи историческихъ данныхъ. Спб. 58 г.

Содержаніе: 1) Присутствіе въ поэзіи нравственнаго начала.—2) Поэзія древней Индіи, какъ поэзія благородныхъ инстинктовъ и поэзія мысли по преимуществу.—3) Поэзія гречес-

ская, какъ поэзія силы человѣческой личности.— 4) Начало „низкой дѣйствительности“ въ поэзіи грековъ.—Взглядъ на комизмъ римлянъ и на ихъ поэзію вообще.—5) Вліяніе христіанской нравственности на поэзію. Средневѣковой романтизмъ.—6) Восточный и классическій элементъ романтизма.—7) Средневѣковой христіанскій элементъ романтизма. — 8) Рыцарскій идеалъ романтизма.—9) Начало „низкой дѣйствительности“ въ поэзіи среднихъ вѣковъ. — 10) Саморазрушеніе романтической поэзіи и реакція противъ нея.—Послѣдній ударъ, нанесенный рыцарской поэзіи Сервантесомъ. — „Донъ-Кихотъ“ какъ капитальное произведеніе новаго комизма.—11) Первое начало сближенія въ поэзіи идеальнаго съ дѣйствительнымъ.—Шекспиръ—Противопоставленіе его Кальдерону.—12) Начало „низкой дѣйствительности“, у Шекспира.—Нравственный идеалъ, указываемый драмами Шекспира.

1196. II. МИЛЛЬ, Д. С. Автобіографія. Пер. съ англ. подъ ред. Г. Благосвѣтлаго. Спб. 74 г. 1 р. 20 к.

2737. II.—Автобіографія. (Исторія моей жизни и убѣжденій). Изд. магазина „Книжное Дѣло“. М. 96 г. 75 к.

6004. III. МИНАЕВЪ, И. Индійскія сказки и легенды, собранныя въ Камаонѣ въ 1875 г. Спб. 77 г.

2789. II. МИНСКІЙ, Н. Ибсенъ, его жизнь и литературная дѣятельность. Очеркъ. Спб. 96 г. (Біогр. библ. Ф. Павленкова).

1344. II. МИРОВИЧЪ, Н. Генрихъ Ибсенъ. Біогр. оч. Изд. ред. ж. „Пантеонъ Литературы“. Спб. 92 г.

684. II.—Г-жа Роланъ. Истор. литер. оч. Изд. ж. «Пант. Лит.“. Спб. 90. („Пант. Лит.“ 90 г. 3—12).

540—45 VI. МИХАЙЛОВСКІЙ, Н. К. Сочиненія. 6 т. Спб. 79—81 г. 83—85 г.

См. статьи: (Т. I. Изд. 3-е. Спб. 94 г.) Вольтеръ человѣкъ и Вольтеръ мыслитель.—Суздальцы и суздальская критика. (Отецъ Бонтъ и Гексли). Тамъ-же.—Очерки Ирландской жизни" Тренча. (Т. II. Изд. 2-е. А. Папафидина).—Щупинъ и Бѣлинскій. (Т. III. Вып. II). - О Шиллерѣ и о многомъ другомъ. (Тамъ-же).—Экспериментальный романъ: „Парижскія письма" Э. Золя; Братья Земганно" Эд. Гонкура.—Палка о двухъ концахъ. (Соч. Захеръ-Мазоха). Т. VI.—Дамскія воспоминанія о великихъ людяхъ. (Лассаль). Тамъ-же.

2938—43. II. — Тоже. Новое удешевленное изд. большого формата въ два столбца. Съ портретомъ автора. 6 т. Изд. ж. „Рус. Бог.“. Спб. 96 г. (печатается).

871. II. — Литература и жизнь. Письма о разныхъ разностяхъ. Спб. 92 г. 1 р.

Сюда вошли ст.: „О храмѣ Додо, о романѣ Бурже и о томъ кто виноватъ". О нѣкоторыхъ явленіяхъ французской жизни.

Очерки изъ исторіи политической литературы. Вико и его новая наука. О. З. 72 г. 12

302. II. МИХАЙЛОВЪ, А. Пролетаріатъ во Франціи 1789—1852 г. Ист. очерки. Спб. Изд 70 и 72 г.г. (См. также собр. соч. Т. XV).

Въ книгу вошло „Путешествіе въ Икарію" Кабэ.

МИХАЙЛОВЪ, М. Современники Шекспира. Р. С. 60 г. 8.

— Новый романъ Дж. Элліота. „Мельница на Флосѣ“. Совр. 60 г. 83.

— Джоржъ Элліотъ. Совр. 59 г. 78.

2893. II. — Юморъ и поэзія въ Англіи. То-
масъ Гудъ. Совр. 61 г. 85, 88.
— Біографическія замѣтки о Гейне. Б. д. Ч.
58 г. 149, 150.

6673. III. **Мицкевичъ, А.** Критическія
статьи: Гёте и Байронъ; о поэзіи романти-
ческой, о критикахъ и рецензентахъ Варшав-
скихъ. (См. собр. соч. Т. II).

6674. III.—Изъ курса славянской литера-
туры. (См. собр. соч. Т. III).

624. II. **Мищенко, Ө.** Въ чемъ источ-
никъ непреходящихъ достоинствъ древне-эл-
линскихъ классиковъ. Р. М. 90 г. 7.
— Миѳъ о Прометеѣ въ трагедіи Эсхила.
Историко-литер. изслѣдованіе. (Сл. 79 г. 2).
— Ѳукидидъ и его сочиненіе. (Послѣсловіе
къ переводу его исторіи. (См. 1882—83. II.
Сочиненія Ѳукидида въ переводѣ Мищенко).
— Къ вопросу о времени и порядкѣ со-
ставленія Ѳукидидомъ исторіи Пелопонесской
войны. Ж. М. Н. П. 87 г. 5.
— Къ біографіи Ѳукидида. Ж. М. Н. П.
87 г. 6.
— Женскіе типы античной трагедіи. Р. М.
93 г. 4.

1523. III.—Успѣхи раціонализма въ древней
Греціи. Истор. очерки. (См. сборн. „Откликъ“
въ пользу студ. и слушат. В. ж. Курс. Спб. 81 г.).

607. II. **М. Л.** Эдуардъ Бульверъ. В. Е.
85 г. 7.

М. М. Дѣтство и молодость Шлейермахе-
ра. В. Е. 71 г. 1.

2706. II. **Мнѣніе** извѣстнаго англійскаго
журнала „Edinburgh Review“ о французской
словесности.

491—92. II. **Модестовъ, В.** Лекціи по
исторіи римской литературы, читанныя въ
университетѣ св. Владиміра. Курсъ I. Отъ на-
чала римской литературы до эпохи Августа.
Изд. 2-ое, исправл. и дополн. Спб. 76 г. 3 р.
Курсъ II. Вѣкъ Августа. Кіевъ, 75 г. 3 р.

2167. II.—Тоже. Изд. Л. Пантелѣева. Спб.
90 г. 5 р.
— Также см. „Всеобщ. ист. литературы В.
Корша“.

Бр. см. 2533. II. **Зѣлинскій, Ө.** Отзывъ о сочиненіи
В. И. Модестова. „Лекціи по римской литературѣ“. Спб.
89 г.

— Страница изъ Тацита. Н. 85 г. 24.
— Вступительная лекція по исторіи рим-
ской литературы. Ж. М. Н. П. 86 г. 10.

2883. II.—Литература при Калигулѣ, Клав-
діи и Неронѣ. Ж. М. Н. П. 88 г. 4.
— Провансальская поэзія. Б. д. Ч. 58 г. 10, 11.

367. I. — О Франціи. Статьи. Спб. 89 г.
1 р. 75 к.

Сюда вошли ст.: Изъ заграничныхъ воспоминаній.—Ренанъ
и его рѣчь во Франц. Акад.—Грустная нота во франц. пуб-
лицистикѣ.—Воспоминанія Ренана.—Новые мемуары.—По-
слѣдній салонъ во Франціи.—Тьеръ, какъ предметъ изу-
ченія.—Жюль Симонъ о государственныхъ людяхъ Фран-
ціи.—Славянскій вопросъ на французской почвѣ.—Франц.
вамысловатость.

810. I.—О Германіи. Наука, школа, парла-
ментъ, люди, стремленія. Спб. 88 г. 1 р. 50 к.

2933. II.—Тацитъ и его сочиненія. Историко-
литературное изслѣдованіе. Спб. 64 г. 1 р.

Бр. см. 2892. II. **Зѣлинскій, Ө.** „Сочиненія Корне-
лія Тацита“. Отд. отт. изъ Фил. Зап. Воронежъ. 90 г.

Молинари, Г. Императоръ Наполе-
онъ III, какъ писатель. Р. В. 59 г. 11, 12.

2696. II. **Монастыревъ, Н.** Замѣтки
о Конфуціевой лѣтописи Чунь-цю и ея древ-
нихъ комментаторахъ. Спб. 76 г.

1625. II. **Морлей, Дж.** Вольтеръ. Пер.
съ 4-го англійскаго изданія подъ ред. профес-
сора А. И. Кирпичникова. М. 89 г. 3 р.

1963. II.—Воспитательное значеніе литера-
туры. Рѣчь. Изд. „Народной библіотеки“, В.
Маракуева. М. 94 г. 10 к.

1192. II.—Руссо. Перев. съ послѣдн. англ.
изд. В. Невѣдомскаго. Изд. К. Солдатенкова
М. 81 г. 2 р. 50 к.

974. II.—Дидро и энциклопедисты. Пер. съ
послѣдн. англ. изданія В. Н. Невѣдомскаго.
Изд. Солдатенкова. М. 82 г. 2 р. 50 к.

Морозовъ, П. Испанскій Вол
В. Е. 83 г. 12.

2579. II. **Мочульскій, В.** Слѣды на-
родной Библіи въ славянской и въ древне-рус-
ской письменности. Изслѣдованіе. Одесса. 93 г.

78. II. **Мункъ, Э.** Исторія греческой
поэзіи. Пер. съ нѣм. Н. Соколова. М. 63 г.
1 р. 25 к.

2937. II. **Мусинъ-Пушкинъ.** Эразмъ
Роттердамскій, какъ сатирикъ, и значеніе его
сатиры для современнаго общества. Спб. 86 г.
80 к.

821. II. **Мякотинъ, В. А.** Мицке-
вичъ. Его жизнь и литературная дѣятельность.
Біогр. оч. Изд. Ф. Павленкова. Спб. 91 г. 25 к.

Н. Изъ мемуаровъ Генриха Гейне. Восх.
84 г. 2—5.

338. IX. **Нагуевскій. Д.** Библіографія по
исторіи римской литературы въ Россіи съ
1709 по 1889 годъ съ введеніемъ и указанія-
ми Казань. 89 г.
— О жизнеописаніи Ювенала. Ж. М. Н.
П. 80 г. 5.

2903. II.—Римская сатира и Ювеналъ. Ли-
тературно-критич. изслѣдованіе. Митава. 79 г.
3 р. 60 к.

Н. В. Юмористъ Фрицъ Рейтеръ. Біогр.
оч. Д. 79 г. 6.

2883. II. **Некрасовъ, И.** Новѣйшія из-
данія памятниковъ древней итальянской лите-
ратуры. (Отт. изъ Ж. М. Н. П.).

2588. II. **Некрасовъ, Н.** Краледворская
рукопись въ двухъ транскрипціяхъ текста съ
предисловіемъ, словарями, частью граммати-
ческою, примѣчаніями и приложеніями. (Изд.
Имп. историко-филолог. института). Спб. 72 г.

Неслуховскій. Ф. Адамъ Мицкевичъ
въ Россіи. П. В. 80 г. 4, 5.
— Карлъ Шайноха. П. В. 80 г. 10

2758. II. **Никитинъ, П.** Лекціи по исто-
ріи греческой литературы. Спб. 93 г.

2673. II.—Къ исторіи Аѳинскихъ драмати-
ческихъ состязаній. Спб. 82 г.

2230. II. **Никифоровъ. Л. П.** Джонъ
Рескинъ. Его жизнь, идеи и дѣятельность.
Біогр. оч. Съ портретомъ Рескина. Изд. По-
средника. М. 96 г. 15 к.

1079. II. **Никоновъ, А.** Монтескье, его
жизнь и учено-литературная дѣятельность.
Біогр. очеркъ. Изд. Ф. Павленкова. Спб
93 г. 25 к.

Н. Н. Нынѣшняя любовь во Франціи. (Разборъ соч. Мишле, Стендаля, Сталь, Бальзака, Флобера, Фейдо, Фелье). О. З. 59 г. 3.

— Новая поэма Гюго „La légende des siécles“. Р. В. 60 г. 13.

Никольскій, И. Очерки халдейской культуры. Р. В. 74 г. 11, 12.

Новоселовъ, К. Саллюстій Криспъ. Критич. изслѣд. Ж. М. Н. П. 62 г. 8, 9.

О греческой эпиграммѣ. Совр. 38 г. 12.

101. **V. Ольденбергъ, Г.** Будда. Его жизнь, ученіе и община. Пер. П. Николаева. Изд. Солдатенкова. М. 91 г.

1068. II. **Ольденбургъ, С.** Буддійскій сборникъ „Гирлянда Джатакъ“ и замѣтки о джатакахъ. Спб. 92 г.

2782. II.—Буддійскія легенды. Ч. I. Спб. 94 г.

2629. II. **Оракулы** новыхъ философовъ или кто таковъ г. Вольтеръ. Крит. замѣчанія. М. 1803 г.

94. II. **Ордынскій, Б.** Лукіанъ. Совр. 51 г. 30; 52 г. 32.

— Аристофанъ. О. З. 49 г. 62; 50 г. 70, 73.

О. С. Бретъ-Гартъ. Р В. 73 г. 9.

Остряковъ, П. Народная литература кабардинцевъ и ея образцы. В. Е. 79 г. 8.

Очеркъ исторіи журналистики въ Англіи. О. З. 58 г. 1.

Очерки Германіи. Анекдоты по поводу „Вертера“. Бенедиктъ Францъ Лео Вальдезъ. Изъ посмертныхъ бумагъ Варнгагена. З. В. 65 г. 10.

1278. II. **Очерки** французской журналистики. Камиль-Демуленъ. О. З. Т. CXCVII. То же см. 22. VI.

Очерки послѣдняго литературнаго движенія во Франціи. (Изъ публ. лекц. Уильяма Реймонда „Etudes sur la littérature du second Empire français depuis le coup d'Etat du deux décembre“). Вр. 62 г. 3.

Очерки литературы второй французской имперіи Уильяма Реймонда. Р. С. 61 г. 12.

Очерки новѣйшей итальянской литературы. Бс. 71 г. 11; 72 г. 9, 10, 11.

847. II. **Паевская, А.** Вальтеръ-Скоттъ, его жизнь и литературная дѣятельность. Біогр. оч. Спб. 91 г. 25 к.

720. II.—Викторъ Гюго, его жизнь и литературная дѣятельность. Изд. Павленкова. Спб. 91 г. 25 к.

2850. II. **Памятники** народнаго быта Изд. Любеномъ Каравеловымъ. Кн. I. М. 61 г. болгаръ. 1 р. 50 к.

1278. II. **Памфлеты** Курье. О. З. 70 г. 5.

Паскій-Шараповъ, А. Гюлистанъ. сочиненіе персидскаго поэта Саади. О. З.51г. 78.

Паулинскій, П. Эдгаръ Кинэ, его жизнь и труды. Р. Сл. 60 г. 2, 4.

1456. VI. **Паульсенъ, Ф.** Гамлетъ, какъ трагедія пессимизма. (Международная библ.). Изд. Г. Бейленсона и I. Юровскаго. Одесса. 93—94 гг. ц. 15 к.

П—ва, А. Рабле, его жизнь и произведенія. (по Paul Hapfer'y). Р. М. 90 г. 7.

Пекарскій, П. Журналистика во

Франціи до 1-й революціи, консульства и имперіи. Совр. 61 г. 3. 5; 62 г. 3.

1984. II. **Пелисье, Ж.** Французская литература XIX вѣка. Очерки современной литературы. Пер. подъ ред. Н. Мировичъ. Изд. П. К. Прянишникова. М. 95 г. 1 р.
Шекспировская драма во Франціи.—О. Фелье.—Э. Зола.—П. Бурже.—М. Прево.—Пессимизмъ въ современной франц. литературѣ.

2194. II.—Литературное движеніе въ XIX столѣтіи. Пер. Ю. В. Доппельмайеръ. Изд. К. Т. Солдатенкова. М. 95 г. 2 р.
Ч. I. Классицизмъ; Провозвѣстники XIX вѣка.—М-ме де Сталь и Шатобріанъ.—Псевдо-классики.—Ч. II. Романтизмъ: Обновленіе литературнаго языка.—Романтическій лиризмъ.—Драма.—Исторія.—Критика.—Романъ.—Ч. III. Новое реалистическое направленіе:Поэзія.—Критика.—Романъ.—Сцена.—Заключеніе.

Періодическая литература Франціи. (Histoire politique et littéraire de la presse en France, par Hatin.). Р. Р. 61 г. 32, 33, 38. О. З. 60 г. 7.

2883. II. **Перетцъ, Вл.** Русскій Соловей-народная лира или собраніе народныхъ пѣсенъ на разныхъ угро-русскихъ нарѣчіяхъ. Собралъ и издалъ М. Вробель. Ж. М. Н. П. 92 г. 2.

2816. II. **Петрушевскій, Д.** Общество и государство у Гомера. Опытъ историч. характеристики. Изд. Гросманъ и Кнебель. М. 96 г. 20 к. (Вопросы науки, искусства, литературы и жизни. № 6).

673. II. **Пинто, М.** Историческіе очерки итальанской литературы. Данте. Его поэма и его вѣкъ. Спб. 66. г.

— О Данте. О. З. 65 г. 10, 11.

2915—20. II. **Писаревъ, Д. И.** Сочиненія. 6 т. Изд. Ф. Павленкова. Спб. 94 г. цѣна каждаго тома 1 р.
Портретъ автора и статьи о его литературной дѣятельности помѣщены при шестомъ томѣ.
Т. I. Первые литературные опыты. — (Босоножка Мачихъ, Аузрбахъ; Осанъ Бондарчукъ, Брашевскаго).—Идеализмъ Платона.—Физіологическіе эскизы Молешотта.—Процессъ жизни (по Фохту). Схоластика XIX вѣка.—Библіографическія замѣтки. („Осенняя сказка" и „Посмертныя стихотворенія" Генр. Гейне). Меттернихъ.—Т. II. Аполлоній Тіанскій.—Генрихъ Гейне.—Физіологическія картины.—Очерки изъ исторіи печати во Франціи.—Зарожденіе культуры.—Т. III. Историческіе эскизы.—Историческое развитіе европейской мысли.—Т. IV. Переломъ въ умственной жизни средневѣковой Европы.—Мысли Вирхова о воспитаніи женщинъ.—Разрушеніе эстетики.—Т. V. Подвиги европейскихъ авторитетовъ. — Историческія идеи Огюста Конта.—Взгляды англійскихъ мыслителей на умственныя потребности современнаго общества.—Льюисъ и Гексли.—Т. VI. Очерки изъ исторіи европейскихъ народовъ.—Образованная толпа.—Романы Андре Лео.—Французскій крестьянинъ 1789 г.

2921—30. II. — Тоже. 10 ч. Спб. 66—69 г. ц. 10 р.

1462. II. **Письма** Гримма къ императрицѣ Екатеринѣ II, изданныя по порученію Имп. Рус. Историч. Общества. Спб. 80 г.

2706. II. **Писатели** и ученые предыдущаго пятидесятилѣтія. Сочиненіе Лорда Брума. Вольтеръ и Руссо. (Б. д. Ч.).

2284. 85. II. **Пичъ, О.** Очеркъ политической и литературной исторіи Словаковъ за послѣднія сто лѣтъ. Слав. Сборн. т. I и II. Спб. 75 и 77 г.

Планшъ, Г. Комедіи Эм. Ожье. Пант. 51 г. 3.

— Кузенъ, Викторъ, и его литературныя произведенія. О. З. 54 г. 95.

— Драмы Скриба и критика. Совр. 49 г. 15.

Плетневъ, П. Епископъ Францевъ, шведскій поэтъ. Совр. 45 г. 40.

606. II. **Плещеевъ, А.** Публика и писатели въ Англіи въ XVIII вѣкѣ. С. В. 86 г. 8—10.

54. VI.—Поль-Луи Курье, его жизнь и сочиненія. Р. В.

— Жизнь и переписка Прудона. О. З. Т. CCXI.

2934. II. — Женщина въ XVIII в. (по Гонкуру). Спб. 88 г. 80 к.

685. II.—Жизнь Диккенса. С. В. 90 г. 1, 3, 7, 8, 10.

Плисскій, Н. О письменности до изобрѣтенія книгопечатанія. Кол. 84 г. 10.

— Томасъ Карлейль. Критико-біогр. оч. Кол. 84 г. 11.

2883. II. **Погодинъ, А.** Жмудскія пѣсни изъ Полангепа, записанныя Мечиславомъ Довойна-Сильвестровичемъ. Отд. отт.

1121—27. II. **Покровскій, В.** Историческая хрестоматія. Пособіе при изученіи русской словесности. 7 вып. М. 87—91 г. (до 94 г. вышло ея 4 вып.).

Въ книгу вошли ст.: Вып. V. Французскій классицизмъ, Шерра.—Корнель, Расинъ и Мольеръ, какъ представители вѣка Людовика XIV, Геттнера.—Людовикъ XIV, Каррьера. Дворъ Людовика XIV и покровительство его наукамъ и искусствамъ, Мартена.—Французская цивилизація XVII ст. и классическая трагедія, Тэна.—Поэтика Аристотеля, Ордынскаго. Разсужденіе о трагедіи, Корнеля.—Трагедіи Корнеля и ихъ отличительный характеръ, Каррьера. — Разборъ трагедіи Корнеля „Сидъ“, Сентъ-Бева. — Аристотель въ произведеніяхъ Корнеля, Лессинга.—Ложно-классическая теорія въ произведеніяхъ Расина, Тулова.—Теорія драмы Расина, Фаге.—Трагедія Расина „Гооолія“, Фаге.—Корнель и Расинъ, Низара.—Драма Вольтера, Морлея.—„Мероца“ Вольтера, Лессинга.—Мольеръ, Ожэ.—Ложноклассическое направленіе въ произведеніяхъ Мольера, Тулова.—Французское общество въ половинѣ XVII ст., Веселовскаго.—Французское общество въ комедіяхъ Мольера, Лотейсена.—Тартюфъ Мольера, его-же.—Мѣсто Мольера въ исторіи комедіи, его-же.—Буало, Бирпичникова.—Характеръ кодекса Буало въ связи съ мѣстными условіями литературнаго развитія во Франціи, Шевырева.—Литературное значеніе Буало, Фаге.—Поэтика Аристотеля въ объясненіяхъ Ордынскаго.—Анализъ Аристотелева опредѣленія трагедіи, Сентинга.—Правила для трагедіи, узаконенныя „Гамбургской Драматургіей“, Андерсона.—Единство дѣйствія, мѣста и времени, Аверкіева. Развитіе дѣйствія, характера и положенія въ драмѣ, его-же.—Ронсаръ, Жиделя. „Освобожденный Іерусалимъ“ Тасса и „Лузіада Камоэнса, Каррьера.—Мальэрб, Низара.—Ложно-классическая ода, Галахова. Вып. VI. Характеристика научнаго и литературнаго движенія Англіи и Франціи въ XVIII ст.

Полевой, П. Легенды о феяхъ и эльфахъ. Разсв. 60 г. 6, 7.

— Женскіе типы Калевалы. Разсв. 61 г. 11.

2909. II. — Историческіе очерки средневѣковой храмы. Начальный періодъ. Изслѣдованіе, писанное на полученіе степени доктора русск. словесности. Спб. 65 г. 1 р. 50 к.

624. II. **Полонскій, Л.** Юлій Словацкій. Р. М. 89 г. 2.

— Литературный конгрессъ въ Парижѣ. В. Е. 78 г. 8, 9.

— Современный романъ въ Англіи. В. Е. 75 г. 11.

3. Ш.—Ламартинъ. Біографич. очеркъ. В. Е. 69 г. 4.

Полуденскій, М. Русская исторія Миль-тона. Р. В. 60 г. 4.

3951. Ш. **Помощь** голодающимъ. Научно-литер. сборникъ. „Изд. Русск. Вѣд.“. М. 92 г.

Сюда вошли ст.: Деламорѣ, Михайловскаго.—Юношеская любовь Гете, Н. Стороженко.—Бретонская легенда, Ж. Лемэтръ.

2670. Ш. **Помяловскій, И.** Эпиграфическіе этюды. 1. Древніе наговоры. 2. Римскіе колумбаріи. Спб. 73 г.

1278. II. **Поповскій, Н.** Жизнь и политическія идеи Гервинуса. О. З. Т. CCVII.

Поповъ, В. Г. Эмаръ и его романы. Р. С. 61 г. 8.

— «La sorcière» par Michelet. Вр. 63 г. 2.

2580. II. **Попруженко, М.** Изъ исторіи литературной дѣятельности въ Сербіи XV вѣка. „Книга царствъ“ въ собраніи рукописей библіотеки Имп. Новор. универс. Одесса. 94 г

1094. II. **Порозовская, Б.** Берне, Людвигъ. Его жизнь и литературная дѣятельность. Біогр. оч. Спб. 92 г. 25 к.

Послѣдніе дни Фердинанда Лассаля. Р. М. 88 г. 10.

Потанинъ, Г. Монгольское сказаніе о Гессеръ-ханѣ, по вопросу о происхожденіи русскихъ былинъ. В. Е. 90 г. 9.

5277—78. Ш. **Починъ.** Сборникъ общ. любит. Росс. слов. Т I. на 1895 г. М. 95 г 2 р. Т. II. На 1896 г. ц. 2 р. 50 к.

Въ I томъ вошли статьи: „Изъ исторіи французской публицистики. Прево Парадоль“. М. Ковалевскаго. Во II томѣ: Н. С. Тихонравова. Общій взглядъ на древнюю литературу. М. Сперанскаго. Памятники древне-христіанской легенды въ нашей словесности.

Прельсъ, I. Георгъ Брандесъ и его сочиненія. Наб. 83 г. 12.

2811—15. II. **Пропилеи.** Сборникъ статей по классической древности, издаваемый П. Леонтьевымъ. 5 книгъ. М. 51—57 гг. 17 р. 50 к.

Кн. I. О гіератикѣ въ древнемъ греческомъ искусствѣ. Н. М. Благовѣщенскаго.—О различіи стилей въ греческомъ ваяніи. П. М. Леонтьева.—Эгинскіе мраморы Мюнхенской глиптотеки. Его-же.—Женскіе типы въ изваяніи греческихъ богинь. Ѳ. И. Буслаева.—Венера Таврическая. П. М. Леонтьева.—Бахическій праздникъ гр. С. С. Уварова. Его-же.—Занятія молодого ленянтина. В.И. Ордынскаго. О роли паразитовъ въ древней комедіи. С. Д. Шестакова.—О Саллюстіи и его сочиненіяхъ. П. К. Бабста.—Римскія женщины по Тациту. П. Н. Будравцева.— Очеркъ древнѣйшаго періода греческой философіи. М. Н. Каткова.—Винкельманъ. А. И. Георгіевскаго.—О новой теоріи греческой архитектуры. П. М. Леонтьева.— Обзоръ изслѣдованій о классическихъ древностяхъ сѣвернаго берега Чернаго моря. Его-же.—Кн. II. Царь Эдипъ, траг. Софокла. Пер. С. Д. Шестакова.—Объ Эдипъ-царѣ Софокла. Опытъ анализа П. Н. Будравцева.—Софоклъ и его значеніе въ древней трагедіи. С. Д. Шестакова.—О началѣ римской комедіи. П. М. Благовѣщенскаго.—Римскія женщины по Тациту. П. Н. Будравцева.—Древнія римлянки. П. В. Тихоновича.—Миѳическая Греція и Италія.—Послѣднее время греческой независимости. — Готфридъ Германъ. Отто Яна.—Кн. III. Хвалебный вопль, соч. Платта. Пер. С. Д. Шестакова.—Очерки древнѣйшаго періода греч. философіи. М. Н. Каткова.— Британскія разысканія о законодательствѣ Клисѳена. М. М. Бутоrга.—О древне-классическомъ памятникѣ, перевезенномъ изъ Рима въ Порѣчье. Гр. С. С. Уварова.—Римъ. Его-же.—Письма изъ Рима и Италіи. А. А. Авдѣева. — День въ римскомъ циркѣ. Авг. Данца.—Римскія женщины по Тациту. П. Н. Будравцева. — Баія. Его-же.—Родословіе дома Цезарей. — Берчъ и Тамань въ іюлѣ 18.2 года. П. В. Беккера.—Собраніе древностей г. Монферрана. П. В. Беккера.—Исторія Греціи до персидскихъ войнъ. П. М. Леонтьева.—Августъ Бекъ. Его-же.—Чтенія Нибура о древней исторіи. Т. Н. Грановскаго. — Кн. IV. Иліда. Пѣснь I и пѣснь II-ой. Пер. В. А. Жуковскаго.—Мысли о первоначальномъ различіи римскихъ патриціевъ и плебеевъ въ религіозн. отношеніи. Д. Л. Крюкова.— Фасты Овидія. П. А. Бевсонова.—Антоній и Клеопатра.

И. Б. Бабста.—Бракъ и свадебные обряды древнихъ рим-
лянъ. П. В. Тихоновича.—Древности Томи. П. В. Бек-
кера.—Филебъ. Діалогъ Платона. А. И. Менщикова.—
Діогенъ Циникъ. Геттлинга.—Древняя Синопа. П. М.
Леонтьева.—Два письма Стемповскаго о мѣстоположе-
ніи древняго Танаиса. Разысканія на мѣстѣ древняго Та-
наиса и въ его окрестностяхъ. П. М. Леонтьева.—
Разысканія въ окрестностяхъ Симферополя и Севастопо-
ля. Гр. С. С. Уварова.—О керченскихъ гробницахъ. А.
С. Линевича.—Нѣсколько словъ о попыткахъ перево-
дить Гомера на простонародный русскій яз. М. Н. Кат-
кова.—Римскія пантомимы. Н. М. Благовѣщенска-
го.—Воспоминаніе о Шеллингѣ.—Объяснительныя замѣча-
нія къ письмамъ А. А. Авдѣева.—Кн. V. Ѳедоръ, раз-
говоръ Платона. Пер. В. Н. Карпова.—Римскія жен-
щины по Тациту. П. Н. Будривцева.—Плиній Млад-
шій. К.Б.Зедергольма.—Литература и публика въ Римѣ.
М. Герца.—О портретномъ искусствѣ у древнихъ. Рауль
Рошетта. О положеніи художниковъ въ женскомъ обще-
ствѣ. Ад. Штара. — Международное право у древнихъ
грековъ. Лоранса.—Путеводитель по античному отдѣленію
Эрмитажа. Акад. Стефани.—Новѣйшія изслѣдованія о
древней Индіи. А. Вебера.—Карлъ Лахманъ. Біогр. А.
Н. Костылева.—Чтенія Нибура о древней исторіи. Т. Н.
Грановскаго.

Пфлейдереръ. Миѳъ о Прометеѣ. И.
В. 82 г. 6.
562. VI. Пыпинъ, А. Новыя изслѣдова-
нія о франц. литературѣ XVIII в. (Бобль,
Геттнеръ). Совр. 61 г. 9, 12.
157. II.— Панславизмъ въ прошломъ и на-
стоящемъ. В. Е. 78 г. 9—12.
— Литературный панславизмъ. В. Е. 79 г.
6, 8, 9.
— Эпизоды изъ литературныхъ отношеній
малорусско-польскихъ. В. Е. 86 г. 2, 3.
— Обзоръ русскихъ изученій славянства.
В. Е. 89 г. 4—6.
— Первые слухи о сербской народной поэ-
зіи. В. Е. 76 г. 12.
— Русское славяновѣдѣніе въ XIX ст. В. Е.
89 г. 7—9.
— Гердеръ. В. Е. 90 г. 3- 4.
— Новая книга о Болгаріи. (Иречка.) В. Е.
91 г. 11.
— Теорія общеславянскаго языка. В. Е. 92 г. 3.
— Новыя славянскія изслѣдованія. Совр.
60 г. 80.
— Вячеславъ Ганка. Совр. 61 г. 86.
— Малорусско-Галицкія отношенія. В. Е.
81 г. 1.
— Новыя открытія въ поэтической старинѣ.
(Изъ исторіи романы и повѣсти. Веселовскаго).
В. Е. 88 г. 12.
— Зоріанъ Доленга Ходаковскій. В. Е.
86 г. 11.
— Польскій вопросъ въ русской литературѣ.
В. Е. 80 г. 2, 4, 5, 10, 11.
2046—47. II. Пыпинъ, А. и Спасо-
вичъ, В. Исторія славянскихъ литературъ.
2 т. Изд. 2-е, вновь переработ. и дополн. Спб.
79—81 г. 8 р.
Т. I. Введеніе. — Болгары. — Юго-славяне. — Русское
племя.—Т. II. Предисловіе А. Пыпина.—Предисловіе В.
Спасовича.—Польское племя. Чешское племя. Балтійское
славянство. — Сербы лужицкіе. — Возрожденіе.—Указатель
въ обоихъ томахъ.

Пьемонтскіе разсказы и разсказчики
О. З. 58 г. 3.
П. Э. Изъ исторіи французской журнали-
стики. Р. Б. 93 г. 11, 12.
798. VIII. Раблэ и Монтэнь. Мысли о
воспитаніи и обученіи. Избранныя мѣста изъ
„Гаргантюа и Пантагрюэля“ Раблэ и „Опы-

товъ“ Монтэня. Пер. съ франц. В. Смирнова
Съ порт. и біогр. Раблэ и Монтэня. М.
95 г. 1 р.
Рагодинъ, И. Очерки изъ исторіи пе-
чати во Франціи Р. С. 62 г. 3, 4, 5.
Реалистическій романъ во Франціи.
(Д. Фейдо). О. З. 59 г. 9.
2894. II. Регель, В. О хроникѣ Козьмы
Пражскаго. Критич. изслѣдованіе. Спб. 90 г.
297. II. Реклю, Э. (Жика). Современные
политическіе дѣятели. Біогр. очерки и харак-
теристики. Спб. 76 г.
Содержаніе: Маршалъ Макъ-Магонъ.—Ад. Тьеръ.—
Герцогъ де Брольи.—Л. Ж. Бюффе.—Г. А. Валлонъ.—Ф.
Гизо.—Эд. Кине.—Бильэ.—Маршалъ Серрано.—Уильямъ
Гладстонъ.
— Фр. Гизо. Ист. біогр. оч. Д. 74 г. 9.
— Мерлинъ волшебникъ. Соч. Эд. Кинэ. Р.
С. 60 г. 12.
— Луи Бланъ. Д. 83 г. 1.
Реньяръ. Наука и литература въ совре-
менной Англіи. Письма изъ Англіи. В. Е. 75 г.
1—7; 76 г. 1; 77 г. 2, 7; 78 г. 3, 7; 79 г. 1.
7; 80 г. 1, 7; 81 г. 1, 10; 83 г. 9.
Ренанъ. Древняя египетская цивилиза-
ція. З. В. 65 г. 7.
Ретшеръ. Четыре новыя драмы, припи-
сываемыя Шекспиру. О. З. 40 г. 13.
Ричардсонъ, Самуилъ, и его эпоха. Б.
х. Ч. 48 г. 91.
Р—нъ, Л. Поль Дерулэдъ и его поэзія.
З. В. 82 г. 10.
Ровинскій, П. О современномъ состоя-
ніи письменныхъ памятниковъ въ Черногоріи.
Ж. М. Н. П. 83 г. 9.
— Народные чешскіе поэты. Р. В. 72 г. 3.
Родиславскій. Мольеръ въ Россіи. Р.
В. 72 г. 3.
493. VI. Роберти (де-), Е. Политико-
экономическіе этюды. Спб. 69 г.
Въ эту книгу вошла: критика на книгу Кэри, Маркса,
Рикардо, Милля и др.
595—96. VI. — Философія наукъ и научно-
философскія системы. Прошедшее философіи.
Т. I и II. М. 86 г.
Роберти, (де-), Л. Англійская журнали-
стика. Р. В. 62 г. 38, 39.
Родъ, Э. Идеалистическая реакція во
Франціи. Р. В. 93 г. 1.
— Русскій романъ и французская литера-
тура. Р. В. 93 г. 8.
2065. II. Роланъ. Личные мемуары г-жи
Роланъ. Спб. 93 г. 1 р.
Роланъ, г-жа (по Шарлю Мазаду). З. В.
65 г. 3.
Р. Р. Воспоминанія о Ганкѣ. Р. С. 61 г. 8.
Россель, Юр. Дж. Стюартъ Милль и его
школа. В. Е. 74 г. 5—8, 10, 12.
Рускинъ, Л. Идеалы современныхъ
итальянскихъ романистовъ. (Серао, Верга,
д'Анунціо и др.). С. В. 93 г. 2.
С. Жизнь и сочиненія Тобіаса Смоллета.
Совр. 55 г. 50.
С. А. Томасъ Карлейль. Оч. его жизни и
произведеній. В. Е. ˃1 г. 5, 6.
— Новая біографія Байрона. В. Е. 81 г. 2.
2073. II. Саймъ, Джемсъ. Краткая
исторія нѣмецкой литературы. Перев. съ англ.
Спб. 85 г. 60 к.

924. II. **Сборникъ** статей по литературѣ изъ „Пантеона Литературы“. Спб. 89—90 гг.

Содержаніе: Спасовичъ, В. Столѣтній юбилей Байрона.—Веселовскій, А. Байронъ, какъ поэтъ и человѣкъ.—Сыромятниковъ, С. Очерки датской литературы.—(Краткій обзоръ исторіи датской литературы В. Андерсена).—Батюшковъ, Ө. Кто виноватъ въ проступкѣ Грелу?—Его-же. О Рюи Блазѣ В. Гюго.

Сейсъ, А. Исторія письма. Сл. 80 г. 7.

1222. II.—Ассиро-Вавилонская литература. Съ библіогр. указателемъ отъ перевод. Спб. 79 г. 50 к.

2738. II. **Сементковскій, Р.** Денисъ Дидро, его жизнь и литературная дѣятельность. Біогр. оч. Спб. 96 г. (Біогр. библ. Ф. Павленкова).

4995. III. **Сенковскій, О.** Поэзія пустыни или поэзія аравитянъ до Магомета. См. собр. соч. Т. VII.

— Тоже. Б. д. Ч. 38 г. 31.

4996. III.—Состояніе литературной критики въ Англіи, Франціи и Германіи.—Вальтеръ Скоттъ и его подражатели.—Сократъ и Платонъ.—Декартъ и картезіанизмъ. (См. собр. соч. Т. VIII.)

4993. III.—Эймундова Сага. Б. д. Ч. 34 г., 2. (Собр. соч. Т. V.).

4995. III.—Одиссея и ея переводы. (Соч. Т. VII).

2076. II. **Сентсбери, Д.** Краткая исторія французской литературы. Спб. 84 г. 40 к.

2735. II. **Симондсъ, Дж. Аддингтонъ.** Данте, его время, его произведенія, его геній. Пер. съ англ. М. Коршъ. Изд. А. С. Суворина. Спб. 93 г.

С—й, А. Александръ фонъ Гумбольдтъ въ Россіи и послѣдніе его труды. В. Е. 71 г. 7.

— Александръ фонъ Гумбольдтъ. В. Е. 70 г. 9, 10, 12.

263. II. **С. К.** Генри Томасъ Бокль, его жизнь и значеніе. Біографич. очеркъ. Д. 80 г. 3, 4.

304. II. **Скабичевскій, А.** Французскіе романтики. Историко-литературные оч. I. Викторъ Гюго. II. Жоржъ Зандъ. О. З. 80 г. 1, 2, 5, 7, 11, 12; О. З. 81 г. 3, 4, 7, 10, 12.

789—90. II.—Сочиненія. Критическіе этюды, публицистич. очерки, литературныя характеристики. 2 т. Спб. 90 г. 3 р.

Въ I-й т. вошли ст.: Прудонъ объ искусствѣ.—Теорія Лассаля и пониманіе ея прусскими прогрессистами (Одинъ въ полѣ не воинъ, Шпильгагена). Во II-й т. вошла ст.: „Женскій вопросъ съ точки зрѣнія парижскаго бульварнаго публициста (А. Дюма—сынъ).

Скальковскій, К. Женщины писательницы временъ республики, первой имперіи и реставраціи. Разсв. 62 г. 14.

Скворцовъ, Н. „Протагоръ“ діалогъ Платона. Ж. М. Н. П. 66 г. 9.

С. Л. Генералъ Буланже и Дерулэдъ. В. Е. 88 г. 6.

2896. II. **Смирновъ, С.** Гамбургская драматургія Лессинга. Крит. оч. Вып. II. Воронежъ. 83 г. 60 к.

Слонимскій, Л. Новый историкъ второй имперіи. (Gorce) В. Е. 95 г. 12.

2816. II. **Снегиревъ И.** Іосифъ Добровскій. Опытъ подробной монографіи по исторіи славяновѣдѣнія. Казань. 84 г. 2 р. 50 к.

С. Н. О современной итальянской литературѣ. О. З. 64 г. 7.

Собко, Д. Янъ Галлеръ, краковскій типографщикъ XVI в. Ж. М. Н. П. 83 г. 11.

2803. II. **Созоновичъ.** Ленора Бюргера и родственные ей сюжеты въ народной поэзіи европейской и русской. Варш. 93 г.

2810. II.—Очеркъ средне-вѣковой нѣмецкой эпической поэзіи и литературная судьба пѣсни о Нибелунгахъ. Варшава. 89 г.

2576—77. II. **Соколовъ, М.** Матеріалы и замѣтки по старинной славянской литературѣ. 2 вып. Вып. I. М. 88 г. ц. 2 р. Вып. II. Спб. 91 г.

I. Сербскій пергаментный сборникъ Срезковича. - Сисиніевы молитвы отъ трясавицъ.—Откровеніе св. апостоламъ.—Компиляція апокрифовъ болгарскаго попа Іереміи.—II. Новооткрытое сочиненіе Юрія Крижанича о соединеніи церквей.

Бр. см. ст. А. Веселовскаго. Ж. М. Н. П. 88 г. 8.

Соколовъ, Н. Основные мотивы поэзіи Гейне. П. З. 81 г. 4, 6.

1896. II. **Соловьевъ, Е.** Мильтонъ, его жизнь и литературная дѣятельность. Біогр. оч. Изд. Ф. Павленкова. Спб. 94 г. 25 к.

1529. II. — Оливеръ Кромвель. Его жизнь и общественная дѣятельность. Біогр оч. Спб. 93 г.

Въ книгу вошелъ очеркъ литературы голландцевъ.

Сочиненіе Наполеона III о Юліи Цезарѣ. (Histoire de Jules César par Napoleon III, avec une préface) О. З. 65 г. 6.

1062—65. II. **Сорель, А.** Европа и французская революція. Пер. съ франц. съ предисл. проф. Н. Карѣева. 4 т. Т. I. Политическіе нравы и традиціи. Т. II. Паденіе монархіи. Т. III. Война съ монархами. Т. IV. Естественныя границы. Изд. Пантелѣева. Спб. 92 г.

Въ I-й т. вошелъ очеркъ французскихъ писателей XVIII в.

1345. II. — Г-жа Сталь. Изд. р. ж. Пант. Лит. Спб. 92 г

— Тоже. Пант. Лит. 92 г. 1—3.

1432—35. II. **Спасовичъ, В.** Сочиненія. Съ портретомъ автора. 8 т. Спб. 89—91 гг.

Т. I. Литературные очерки и портреты: Предисловіе.—Владиславъ Сырокомля.—Шекспировскій Гамлетъ.—Мартынъ Матушевичъ и его мемуары.—Винцентій Поль и его поэзія.—Т. II. Литерат. очерки и портреты: Байронъ и нѣкоторые изъ его предшественниковъ.—Мицкевичъ въ раннемъ періодѣ его жизни, какъ байронистъ.—Пушкинъ и Мицкевичъ у памятника Петра Великаго.—Т. IV. По поводу брошюры Ор. Миллера „Славянскій вопросъ о наукѣ и въ жизни“. Польская фантазія на славянофильскую тему.—Письмо изъ Кракова.—Поѣздка въ Брюссель.—Поѣздка въ Болгарію.—Поѣздка въ Далмацію, Боснію и Герцоговину въ 1882 году.

— Байронъ и нѣкоторые изъ его предшественниковъ. Ж. О. 84 г. 3, 4.

1453. VI.—За много лѣтъ. Статьи, отрывки, исторія, критика, полемика и пр. Спб. 72 г.

Въ книгу вошла ст.: „Очеркъ исторіи польской литературы“.

Срезневскій, И. Литературное оживленіе западныхъ славянъ. Совр. 46 г. 42.

С. С. Романическій эпизодъ изъ жизни Фердинанда Лассаля. В. Е. 77 г. 11.

Стадлинъ. Историческая теорія Бокля. Р. В. 74 г. 7.

Станкевичъ, А. В. Классическій періодъ нѣмецкой литературы. Ат. 58 г. 7. 8. 9.

Стасовъ, В. В. Древнѣйшая повѣсть въ мірѣ.—Древне-египетскій папирусъ.—Романъ двухъ братьевъ. В. Е. 68 г. 10.

2827. II. **Степовичъ, А.** Очерки исторіи чешской литературы, съ фотографіч. снимкомъ краледворской рукописи. Кіевъ. 86 г. 1 р. 50 к.

1347. II. **Стонскій, П.** Сильвіо Пеллико. Біогр. оч. Изд. ж. „Пантеонъ литературы“. Спб. 92 г.

— То-же. Пант. Лит. 92 г. 2. 3.

607. II. **Стороженко, Н.** Философія Донъ-Кихота. В. Е. 85 г. 9.

— Новая книга о Маккіавелли. („Маккіавели, какъ политическій мыслитель“, А. Алексѣева). В. Е. 80 г. 6.

— Г-жа Сталь и ея друзья. В. Е. 79 г. 7.

— Возникновеніе реальнаго романа. С. В. 91 г. 12.

1195. II.—Робертъ Гринъ, его жизнь и произведенія. Критич. изслѣдованіе. М. 73 г. 1 р. 50 к.

Кр. В. Е. 79 г. 2.

1933. II.—Предшественники Шекспира. Эпизодъ изъ исторіи англійской драмы въ эпоху Елизаветы. Т. I. Лилли и Марло. Спб. 1872 г. 2 р.

2. II.—Шекспировская критика въ Германіи. В. Е. 69 г. 10, 11.

669. II.—Диллетантизмъ въ шекспировской критикѣ. Р. М. 89 г. 10.

2190. II.—Поэзія міровой скорби. Изд. Бейленсона и Юровскаго. (Русск. Библ.) Одесса. 15 к.

— Тоже. Р. М. 89 г. 3.

1245. II. **Страховъ, Н.** Борьба съ западомъ въ нашей литературѣ. Историч. и крит. очерки. Кн. I. Спб. 82 г. 1 р.

Въ книгу вошли ст.: Милль.—Ренанъ.—Штрауссъ.—

1246. II.—То-же. Кн. 2-я. Спб. 83 г. 1 р.

Сюда вошли ст.: Фейербахъ.—Дарвинъ.—Целлеръ.

2201. II.—То-же. Кн. 3-я. Спб. 96 г. 1 р. 50 к.

Сюда вошли ст.: Ренанъ.—Тэнъ.

— Замѣтки о Тэнѣ. Р. В. 93 г. 4.

Струговщиковъ, А. Два фазиса мыслящаго Гёте. Вс. Тр. 68 г. 9, 10, 11.

2584. II. **Сырку, Полихроній.** Византійская повѣсть объ убіеніи императора Никифора Фоки въ старинномъ болгарскомъ пересказѣ. (Исторія свѣтскихъ сказаній, повѣстей и разсказовъ въ старинной болгарской литературѣ. Т. II). Спб. 92 г.

— Николай Спаѳарій. Ж. М. Н. П. 85 г. 6.

— Къ вопросу объ исправленіи книгъ въ Болгаріи въ XIV в. Ж. М. Н. П. 86 г. 6, 9.

— Славяно-румынскіе отрывки. Ж. М. Н. П. 87 г. 5.

Сырокомля. См. Кондратовичъ.

1385 II. **Сычевскій, С.** Уилльямъ Шекспиръ. Лекціи. Съ портр. С. Сычевскаго, предисловіемъ С. Сычевской и біографіей С. Сычевскаго, сост. П. Черно-Виноградскимъ. Одесса. 92 г.

С. Э. Мистеріософія Бардовъ Бретани. Р. В. 57 г. 18.

Таль, Н. Англійскія семейныя хроники. В. Е. 71 г. 3.

— Деревенское большинство во Франціи. (Histoire d'un Sousmaitre par Erckmann-Chatrian). В. Е. 71 г. 8.

Толычова, Т. Беранже и его переводчикъ. О. 3. 62 г. 144.

2936. II. **Тардифъ, А.** Основы исторической критики. Пер. съ фр. Воронежъ. 93 г. 30 к.

1261. II. **Темлинскій, С.** Золаизмъ. Критическій этюдъ. Изд. 2-е, испр. и доп. М. 81 г.

772. II. **Тикноръ.** Исторія испанской литературы. Пер. съ 4-го анг. изд. Подъ ред. Н. И. Стороженка. 3 т. М. 91 г. 9 р. 50 к.

Бр. И. В. 87 г. 8. Гольцевъ, В. Р. М. 83 г. 11; 83 г. 12.

— То-же. О. 3. 52 г. 80, 81, 82, 83, 85.

857. II. **Тихоновъ, А. А.** Д. Боккаччіо. Его жизнь и литературная дѣятельность. Біогр. оч. Спб. 91 г. 25 к.

Тихонравовъ, Н. Шекспиръ. Р. В. 64 г. 4.

1275. II. **Т—овъ, М.** Литературное движеніе въ Галиціи. В. Е. 73 г. 9, 10.

Туръ, Е. Женщина и любовь по понятіямъ г. Мишле. Р. В. 59 г. 11.

— „Paris en Amérique“ Лабулэ. Б. х. Ч. 63 г. 4, 5, 6, 7.

— Два свѣта, ром. Крашевскаго. Р. С. 60 г. 5, 6.

— Ньюкомы, Теккерея. Совр. 57 г. 61.

305—6. II. **Тэнъ, И.** Развитіе политической и гражданской свободы въ Англіи въ связи съ развитіемъ литературы (Histoire de la littérature anglaise). 2 т. Пер. съ фр. подъ ред. А. Рябинина и М. Головина. Спб. 71 г. 6 р.

Т. I. Введеніе.—Кн. I. Начала.—Саксы.—Нормáны.—Новый языкъ.—Кн. II. Возрожденіе.—Языческое возрожденіе.—Нравы.—Поэзія.—Проза.—Театръ.—Бенъ Джонсонъ. — Шекспиръ. — Христіанское возрожденіе. — Мильтонъ.—Т. II. Кн. III. Классическій вѣкъ.—Реставрація.—Нравы.—Свѣтское общество и свѣтская литература.—Драйденъ. — Революція. — Аддисонъ. — Свифтъ.—Романисты.—Поэты.—Кн. IV. Новый вѣкъ.—Идеи и произведенія.—Лордъ Байронъ.—Заключеніе.—Прошедшее и настоящее.

990. II.—Новѣйшая англійская литература въ ея современныхъ представителяхъ. (Служитъ продолженіемъ соч. „Развитіе политич. и граж. свободы въ Англіи въ связи съ развитіемъ литературы“). Пер. Д. С. Ивашинцева. Спб. 76 г. 2 р.

Содержаніе: Современники. Романъ: Диккенсъ.—Теккерей.—Критика и исторія: Маколей.—Философія и исторія: Карлейль.—Философія: Стюартъ Милль.—Поэзія: Теннисонъ.

Бр. см. О. 3. 64 г. 6.

309. II.—Критическіе опыты: Буддизмъ.—Бальзакъ. — Мормоны. — Гизо.—Англія послѣ революціи. — Свифтъ. — Байронъ.—Бетховенъ. Пер. подъ ред. В. Чуйко. Спб. 69 г. 1 р. 75 к.

1454. VI.—В. Шекспиръ. Введеніе.—Біографія Шекспира.—Его стиль. (Международная Библ.). Изд. Г. Бейленсона и I. Юровскаго. Одесса. 93—94 гг. и 15 к.

307. II.—Чтенія объ искусствѣ. Пер. съ фр. А. Чудинова. М. 74 г. 2. (См. отд. искусствъ).

2025. II.—Титъ Ливій. Критическое изслѣдованіе. М. 85 г. 1 р. 50 к.

1546. II.—Бальзакъ. Этюдъ. Пер. С. Шклявера. Изд. Бергмана. Спб. 94 г. 30 к.

— Теккерей. О. 3. 64 г. 5.

527. II.—Происхожденіе общественнаго строя современной Франціи. Спб. 80 г.

См. гл. „Духъ вѣка и его ученіе“, и слѣдующую „Распространеніе ученія“.

сборн. „Откликъ" въ пользу студентовъ и слушательницъ. В. Ж. Кур. Спб. 81 г.

— Англійскіе романисты (по Тэну). Ж. В. 66 г. 2

— Общественные идеалы Фридриха Ницше. Наб. 93 г. 2.

Чумаковъ. О руссофильствѣ Мицкевича. Р. Ар. 72 г. 2.

Шавровъ, М. Романъ въ Англіи. Р. В. 62 г. 7.

Шау, О. Чосеръ. Б. д. Ч 58 г. 153, 154, 156.

2910. II. **Шаффъ и Горрманъ.** Очеркъ исторіи римской литературы. Пер. съ нѣм. Н. Соколова. М. 56 г. 75 к.

Шаховской, И. Фаустъ на англійской сценѣ. Марло. Р. В. 81 г. 2.

— Легенда и первая народная книга о Фаустѣ. Ж. М. Н. П. 80 г. 10.

1368. II. **Шаховъ, А.** Гете и его время. Лекціи по исторіи нѣмецкой литературы XVIII вѣка, читанныя на высшихъ женскихъ курсахъ въ Москвѣ. Спб. 91 г. 1 р. 25 к.

1369. II.—Очерки литературнаго движенія въ первую половину XIX вѣка. Лекціи по исторіи французской литературы, чит. на высш. жен. курсахъ въ Москвѣ. Спб. 94 г. 1 р. 50 к.

Шашковъ, С. Денисъ Дидро. Д. 77 г. 11, 12.

1617. II.—Историческіе очерки. Спб.75 г.2 р Сюда вошла ст. „Газетная пресса въ Англіи"

266. II.—Вольтеръ. Д. 79 г. 11, 12.

— Ульрихъ фонъ-Гуттенъ и его друзья. Д. 79 г. 9.

— Романтизмъ и реакція. Д. 82 г. 3.

2883. II. **Шеборъ, О.** Нѣсколько критическихъ замѣтокъ къ Плавту. (Отд. отт.).

971—72. II. **Шевыревъ, Ст.** Исторія поэзіи. Чтенія въ Московскомъ университетѣ. Спб. 82—87 г. 4 р.

Т. I. Исторія поэзіи индійцевъ и евреевъ, съ приложеніемъ двухъ вступительныхъ чтеній о характерѣ образованія и поэзіи главныхъ народовъ Западной Европы.—Т. II. Исторія поэзіи грековъ и краткое обозрѣніе поэзіи римлянъ.

Шекспиръ. (Очеркъ по Тэну). З. В. 64 г. 4, 5.

288—89. VI. **Шелгуновъ, Н. В.** Сочиненія. 2 т. Изд. Павленкова. Спб. 91 г. 3 р.

Во 2-й томъ вошли ст.: Право и свобода. (Комедія всемірной исторіи I. Шерра).—Первый нѣмецкій публицистъ (Л. Бёрне).—Геній молодой Германіи (Г. Гейне).—Нѣмцы мысли и нѣмцы дѣла. (Исторія цивилизаціи въ Германіи I. Шерра)

2170—71. VI.—Тоже. Новое изданіе О. Н. Поповой. Спб. 96 г.

125—27. VI.—Тоже. Изд. I. Спб. 71—73 г. 4 р. 50 к.

2911. II. **Шепелевичъ, Л.** Этюды о Дантѣ. 1. Апокрифическое видѣніе св. Павла. Ч. I. Харьковъ. 91 г. 2 р.

1402—3. II. **Шереръ, В.** Исторія нѣмецкой литературы. Пер. съ нѣм., подъ ред. А. Н. Пыпина. 2 т. Изд. Пантелѣева. Спб. 93 г. 5 р. 50 к.

Т. I. Древніе германцы.—Готы и Франки.—Возобновленіе имперіи.—Рыцарство и церковь.—Средне-верхне-нѣмецкій эпосъ.—Придворныя эпопеи.—Пѣвцы и проповѣдники.—Конецъ среднихъ вѣковъ.—Реформація и Возрожденіе.—Лютеръ.—Начала новѣйшей литературы.—Т. II. В. Шереръ. А. П.—Вѣкъ Фридриха Великаго.—Лессингъ.—Гердеръ.—Веймаръ.—Гете.—Шиллеръ.—Романтики.—На-

уза.—Лирика.—Повѣсти.—Драма. — Примѣчанія.—Указатель.

381. II. **Шерръ, I.** Всеобщая исторія литературы. Пер. съ нѣм. А. Пыпина. Изд. 2-е. Спб. 67 г. 3 р.

2162—63. II.—Тоже, новое изд. Пер. подъ ред. и съ прим. П. Вейнберга, съ рис. Изд. Байкова и К°. М. 95 г. 8 р.

240. II.—Гете въ молодости и его поэтическія произведенія. Спб. 76 г. 1 р. 25 к.

Кр. Д. 75 г. 12.

— Вліяніе женщинъ на нѣмецкихъ писателей прошлаго и нынѣшняго столѣтій. Разсв. 60 г. 8.

2055. II.—Шиллеръ и его время. Въ 3-хъ кн. М. 75 г. 2 р.

382. II. — Исторія цивилизаціи Германіи. Пер. А. Невѣдомскаго и Д. Писарева. Спб. 61 г. 3 р.

Сюда вошли: Пѣсни и саги.—Національные циклы героическихъ сагъ.—Духовная поэзія.—Рыцарски-романтическая поэзія.—Время реформаціи.—Гуманисты. — Народная сатира.—Письма темныхъ людей.—Искусство и литература.—Заря нѣмецкой поэзіи.—Геллертъ.—Клопштокъ.—Классическій вѣкъ нѣмецкой науки и искусства.—Новая романтика и либерализмъ.

Шершеневичъ, Г. Исторія авторскаго права на Западѣ. Уч. Зап. Каз. Унив. 91 г.5—6.

Шестаковъ, С. Религіозно-нравственныя воззрѣнія Эсхила. Вступ. лекціи. Уч. Зап. Каз. У. 90 г. VI.

— Менандръ, основатель новой комедіи. О. З. 57 г. 40—42.

2811. II. — О роли паразитовъ въ древней комедіи. Проп., кн. I.

— Еще о переводѣ Гораціевыхъ одъ. Р. В. 56 г. 6.

— Объ Антигонѣ, тр. Софокла. О. З. 54 г. 9б.

— Оды Горація въ переводѣ Фета. Р. В. 56 г. 1.

2327. II. **Шлецеръ.** Общественная и частная жизнь Августа Людвига Шлецера, имъ-самимъ описанная. Пер. съ нѣм. съ примѣч. и прилож. В. Кеневича. Спб. 75 г.

2895. II. **Шляпкинъ, И. А.** Георгій Писидійскій и его поэма о міротвореніи въ славяно-русскомъ переводѣ 1385 г. Спб. 90 г.

1015—16. II. **Шмидтъ, Ю.** Исторія французской литературы со временъ революціи 1789 года. 2 т. Редакція перевода Ивана Долгомостьева. Изд. Тиблена. Спб. 63 г. 4 р.

Кр. Р. С. 63 г. 7.

Штахель, К. Новѣйшая поэзія во Франціи и Англіи. О. З. 56 г. 2, 3, 4.

— Les Contemplations. В. Гюго. О. З. 56 г .8.

2809. II. **Штрауссъ, Дав.** Ульрихъ фонъ-Гуттенъ. Изд. Л. Пантелѣева. Спб. 96 г. 3 р.

1947. II. **Штейнъ, В.** Графъ Джіакомо Леопарди и теорія infelicita. Литер. оч. Спб. 91 г. 1 р. 50 к.

1218. II. **Штернъ.** Всеобщая исторія литературы. Пер. съ нѣм., дополненный библіографич. указаніями. Изд. А. Суворина. Спб. 85 г. 2 р.

Кр. В. Е. 85 г. 2; Ж. М. Н. П. 85 г. 4.

— Мильтонъ и Кромвель. М. Б. 92 г. 9.

2165. II. **Штолль, Г.** Великіе греческіе писатели. Очеркъ классической литературы грековъ въ біографіяхъ. Пер. съ нѣм. П. Морозова. Спб. 80 г. 2 р.

2166. II.—Великіе римскіе писатели. Очеркъ классической литер. римлянъ въ біогр. Спб. 89 г. 2 р.

575. II. **Шюрэ, Э.** Исторія нѣмецкой пѣсни. Перев. слушательницъ женскихъ педагогическихъ курсовъ, подъ ред. П. Вейнберга. Спб. 82 г.

6567. III.—Сакія Муни, древній мудрецъ. (Легенды о Буддѣ). М. 86 г. Попул.-научн. библ. **Щепкинъ, Е.** Автобіографія Л. Ранке. Р. М. 93 г. 8.

2674. II. **Щукаревъ, А.** Изслѣдованіе въ области каталога Аѳинскихъ архонтовъ III в. до Р. Хр. Спб. 89 г.

2913. II. **Эггеръ, Э.** Исторія книги отъ ея появленія до нашихъ дней. Спб. 82 г. 80 к. **Эдельсонъ, Э.** О поэзіи. Б. д. Ч. 60 г. 161.
— О значеніи искусства въ жизни. Вс. Тр. 67 г. 7.

617. II. **Элліотъ, Джоржъ.** Жен. Обр. 81 г. 4.

2707. II. **Эльце, К.** Вальтеръ Скоттъ. Изъ ж. „Пант. Литер.“ Спб. 94 г.

Эмерсонъ, Р. Представители человѣчества. З. В. 65 г. 1, 3.

Эрнуфъ. Нѣмецкій Жиль Блазъ XVII в. З. В. 65 г. 1.

1900. II. **Южаковъ, С.** Жанъ Жакъ Руссо, его жизнь и литературная дѣятельность. Біографич. оч. Изд. Ф. Павленкова. Спб. 94 г. 25 к.

241. VI. **Юмансъ, Эд.** Новѣйшее образованіе, его истинныя цѣли и требованія. Сборн. статей въ защиту научнаго воспитанія. Съ прилож. рѣчи объ университетскомъ воспитаніи Д. Ст. Милля. Пер. съ англ., съ предисл. М. Антоновича. Спб. 67 г.

1746. II. **Юрьевъ, С.** Опытъ объясненія трагедіи Гете „Фаустъ“. 1 часть трагедіи. М. 86 г. 75 к.

607. II.—Тоже. Р. М. 84 г. 11, 12.

2914. II. **Ягичъ, И. В.** Исторія сербо-хорватской литературы. Казань. 72 г. 1 р. 50 к.

Языковъ, Н. Идеалы литературной Европы XIX в. Д. 77 г. 10, 11.

823. II. **Яковенко, В.** Карлейль. Его жизнь и литературная дѣятельность. Біограф. оч. Изд. Ф. Павленкова. Спб. 91 г. 25 к.

866. II.—Дж. Свифтъ, его жизнь и литературная дѣятельность. Біогр. оч. Изд. Ф. Павленкова. Спб. 91 г. 25 к.

723. II.—Томасъ Моръ, его жизнь и общественная дѣятельность. Біогр. оч. Изд. Ф. Павленкова. Спб. 91 г. 25 к.

2912. II. **Яковлевскій, Н.** Французскій театръ отъ XIV до XIX в. Спб. 40 г.

Якубовъ, К. Э. Ленротъ, основатель національной литературы въ Финляндіи. В. Е. 82 г. 8.

Янжулъ, И. Американская ежедневная пресса, ея обычаи и нравы. В. Е. 94 г. 2.

560. II. **Ясинскій, І. У.** К. Клиффоръ и его мораль. Оч. Д. 81 г. 6.

Ѳ. Е. Изящная литература древнихъ египтянъ. Р. О. 91 г. 8.

Ѳедоровъ, М. Изъ жизни В. Гюго, какъ драматическаго писателя. Р. Сп. 64 г. 1, 3, 5.

ДОПОЛНЕНІЕ.

Книги, по ошибкѣ пропущенныя въ предыдущихъ отдѣлахъ.

6393. III. **Анакреонтъ.** Первое полное собраніе его сочиненій въ переводахъ русскихъ писателей. Составилъ А. Тамбовскій. Изд. М. Ледерле. Спб. 96 г. 60 к.

2931. II. **Благовѣщенскій, Н.** Ювеналъ. Двѣ публичныя лекціи. Спб. 60 г.

Бланъ, Луи, см. Луи Бланъ.

2084. III. **Бобчевъ, С.** Бабушка Рада. Изъ воспоминаній болгарина-ополченца. Р. В. 79 г. 1.
— Дѣвичья скала. Разск. изъ болгарск. жизни. Р. В. 80 г. 8.

2747. III. **Брэддонъ.** Скользкій путь. Ром. Пер. съ англ. Спб. 83 г. 1 р. 50 к.

2790-91. III.—Странный міръ. Ром. въ 2-хъ ч. Спб. 84 г. 1 р. 50 к.

2892. III. **Бурже, П.** Вторая любовь. Разск. Пер. В. Гаршина. Изв. Лит. 84 г. 12.

3764. III. — Укоры совѣсти. Разск. Нед. 90 г. 8.

3402. III. **Вильчинскій, П.** Владѣлецъ Орлова. Пов. Пер. съ польск. Набл. 88 г. 2.

6605. III. **Вольтеръ, Г.** Вавилонская принцесса. Пер. съ франц. С. М—ва. Изд. С. Бриліанта. „Летучая Библ“. Спб. 96 г. 35 к.

6536. III. **Гаггардъ, Ф.** Клеопатра. Ром. Пер. съ англ. Л. Фейгина. М. 96 г. 1 р.

6670. III. **Гауптманъ, Г.** Два разсказа: Стрѣлочникъ Тиль.—Апостолъ. Пер. съ нѣм. З. Ж. „Лет. Библ.“ С. Бриліанта. Спб. 96 г. 30 к.

6487. III. **Гюго, В.** Послѣдній день приговореннаго къ смерти. Разск. Пер. М. Шишкина. Изд. Спб. Ком. Грам. Спб. 95 г. 10 к.

6466. III. — Труженики моря. Ром. Пер. В. Владимірова, съ портр. автора и 16 рис. Спб. 89 г. 1 р. 50 к.

6485. III. **Додэ, А.** Разсказы: Послѣдній урокъ.—Партія на билліардѣ.—На паромѣ. Пер. съ франц. П. Кудели. Изд. Спб. Ком. Грам. Спб. 95 г. 15 к.

6701. III. — Маленькій приходъ. Ром. Пер. Е. Полиивановой. М. 95 г. 1 р.

Дюма, А. (сынъ). Маргарита Готье. Пер. съ франц. К. Назарьевой. Набл. 96 г. 5, 6.

2223. III. **Жиро, Джованни.** Дядька въ затруднительномъ положеніи. Ком. въ 3-хъ д. Пер. съ итальянск. Н. В. Гоголя. Кіевъ. 82 г. 1.

6484. III. **Зандъ, Ж.** Великанъ Іесусъ. Сказка.—Крылья мужества. Сказка. — Чародѣйка. Пов.—Чортово болото. Поэз. Пер. съ франц. М. Шишмаревой. Изд. Спб. Ком. Грам. Спб. 95 г.

6488. Ш. **Золя, Э.** Какъ умираютъ. Разск. Пер. М. Шишмаревой.—Наводненіе. Разск. Пер. Л. Хавкиной. Изд. Спб. Ком. Грам. Спб. 95 г.

6669. Ш. **Зудерманъ, Г.** Разсказы кстати: Исповѣдь друга дома.—Знакомство на водахъ.—Пріятельница.—La donna é mobile.— Она улыбается. Пер. съ нѣм. Изд. С. Бриліанта. „Летуч. библ.“ Спб. 96 г. 25 к.

3125. Ш. **Ибсенъ, Г.** Нора. Др. Пер. П. Вейнберга. Из. Лит. 83 г. 3, 4.

д'Израэли. (Биконсфильдъ.) Танкредъ. Нед. 78 г. 8—10.

6703. Ш. **Кольриджъ, С.** Старый морякъ. Поэма. Пер. съ англ. Ап. Коринфскаго. Иллюстр. Г. Дорэ. Изд. бр. Ѳедоровыхъ. Спб. 97 г.

Лафанъ, М. На улицахъ Дублина. Пер. съ англ. О. З. 80 г. 5.

2175. Ш. — Дублинскія трущобы. О. З. Т. CCLVI.

2497. Ш. — Ирландская месть. Разск. О. З. 81 г. 10.

5523. Ш. **Легенды** о старинныхъ замкахъ Бретани, собр. Е. Балабановой. Спб. 96 г. 1 р.

Содержаніе: Рождественская лодка. — Бабушкинъ домъ. — Царица бурь.—Движущіяся развалины. — Замокъ Корьеннекъ. — Ло-Кристъ.—Сросшіяся деревья.—Замковый островъ. — Кровавый баронъ. — Соколъ.—Кипарисъ.—Два брата. — Таинственный замокъ.—Колоколъ.—Старикъ.—Красная принцесса.—Гугенотъ.—Хромой пѣвецъ.—Вѣтка Гіацинта.—Старый дѣдушка.—Голубой цвѣтокъ надежды.

6700. Ш. **Линдау, П.** Теченіе на Западъ. Ром. Пер. съ нѣм. В. Владиміроза. Спб. 89 г. 1 р. 25 к.

Лукрецій, Кар. Отрывокъ изъ пятой книги „De rerum natura“. Пер. О. Базинера. В. Е. 93 г. 2.

6695. Ш. **Маргеритъ, П.** Новая жизнь (Avril.) Пер. П. Ильиной. Съ рис. М. 96 г.

5581. Ш. **Метерлинкъ, М.** Семь принцессъ. Сказка. Пер. Г. Ж. (С. В. 93 г. 4.).

4311. Ш. **Народные** славянскіе разсказы, изд. И. Боричевскимъ. Спб. 44 г.

6699. III. **Оржешко, Э.** Миртала. Ист. пов. Пер. съ польск. А. Онуфровича. Спб. 88 г. 1 р. 25 к.

311. III. **Сильсфильдъ, Ч.** Бобъ Рокъ. Эпизодъ изъ временъ освобожденія Техаса въ 1832 году. Пер. съ англ. М. 60 г. 1 р. 50 к.

13. III.—Кишотъ или отказъ отъ прощальнаго кубка. Разск. (Б. д. Ч.)

1473. III.—Токеа или бѣлая Роза. Пов. изъ послѣдней англо-американской войны. Спб. 65 г. 2 р.

— То-же. Эп. 64 г. 5—7.

6566. III. **Софоклъ.** Антигона. Траг. Пер. съ греч. С. Шестакова. Съ прилож. критич. этюда. (Отд. отт.)

6648. Ш. **Тегнеръ, И.** Фритіофъ.—Аксель.—Первое причащеніе. (См. сборн. Чудинова „Образцы скандинавской поэзіи“, куда кромѣ произведеній Тегнера, вошли: Семундова Эдда, пѣсни скальдовъ, древне-исландскія саги и народныя пѣсни. Изд. ред. Фил. Зап. Ч. I. Воронежъ. 75 г.).

6726. Ш. **Теккерей, В.** Книга мишуры. Пер. съ англ. А. Голенищева - Кутузова. М. 59 г.

6702. III.—Жизнь и приключенія маіора Гагагана. (Отд. отт.)

6698. Ш. **Тёрье, А.** Сокрушенныя сердца. Пер. съ франц. К. Карелина. Спб. 96

6481. III. — Цвѣтокъ полудня. Ром. Спб. 96 г.

4851—54. III. **Тушаръ Лафоссъ.** Лѣтописи круглаго окна (L'oeil de boeuf) часныхъ аппартаментовъ двора и гостиныхъ Парижа при Людовикѣ XIII, Людовикѣ XIV, Регентствѣ, Людовикѣ XV и Людовикѣ XVI. 4 т. Спб. 73 г.

6479. III. **Уоллэсъ, Л.** Паденіе Царьграда. Ист. ром. Пер. съ англ. Спб. 96 г.

АЛФАВИТНЫЙ УКАЗАТЕЛЬ.
АВТОРОВЪ БЕЛЛЕТРИСТИЧЕСКАГО ОТДѢЛА.

АЛФАВИТНЫЙ УКАЗАТЕЛЬ

АВТОРОВЪ КРИТИЧЕСКАГО и ПУБЛИЦИСТИЧЕСКАГО ОТДѢЛА.

ЗАМѢЧЕННЫЯ ПОГРѢШНОСТИ.

Стр. 15. Драма **Пароди, А.** „Побѣжденный Римъ" должна быть перенесена въ отдѣлъ литературы французской.

Стр. 32. Романъ голландскаго автора **Г. Консьянса** „Зло вѣка" долженъ быть перенесенъ въ отдѣлъ литературы германскихъ народовъ.

Стр. 34. Поэма **Ламоттъ Фуке** „Ундина" должна быть перенесена въ отдѣлъ германской литературы.

Стр. 48. **Юная** новобрачная. Романъ неизвѣстнаго автора ошибочно помѣщенъ въ число произведеній Юисмана (Гюисманса).

Стр. 74. Критич. статья **М. Л.** „Новый романъ Джорджа Элліота" должна относиться къ роману этого автора „Мельница на Флосѣ".

ОГЛАВЛЕНІЕ

БИБЛІОГРАФИЧЕСКІЙ

УКАЗАТЕЛЬ

ПЕРЕВОДНОЙ БЕЛЛЕТРИСТИКИ ВЪ РУССКИХЪ ЖУРНАЛАХЪ

ЗА ПЯТЬ ЛѢТЪ
1897 г.—1901 г.

Составилъ и издалъ Д. БРАГИНСКІЙ.

С.-ПЕТЕРБУРГЪ.
Типографія Н. Н. Клобукова, Пряжка, д. № 3—1.
1902.

СОКРАЩЕНІЯ:

В. Е.—Вѣстникъ Европы.

В. И. Л.—Вѣстникъ иностранной литературы.

Ж.—Жизнь.

Ж. О.—Живописное Обозрѣніе.

М. Б.—Міръ Божій.

Наблюд.—Наблюдатель.

Н. С.—Новое Слово.

Н. М.—Новый Міръ.

Н. И. Л.—Новый Журналъ иностранной литературы.

Р. М.—Русская Мысль.

Р. В.—Русскій Вѣстникъ.

Р'. Б.—Русское Богатство.

С. В.—Сѣверный Вѣстникъ.

Сѣв.—Сѣверъ.

Дозволено цензурою. С-.Петербургъ, 26 Іюля 1902 г.

Библіографическій указатель переводной беллетристики въ русскихъ журналахъ за пять лѣтъ

1897 г.—1901 г.

Абрамовичъ.—Симъ и Яфетъ въ вагонѣ. Пер. съ еврейск. Жизнь 1900 г. 4.

Агаронянъ, А. — Новорожденный. Изъ разск. переселенца. Перев. съ арм. М. Б. 99 г. 3.

Агліу — Мстительница. Разск. Ж. О. 1898 г. 34.

Адамъ, Поль. Глюкъ и Вестрисъ. Перев. съ франц. В. И. Л. 1901 г. 8.

Адлерсфельдъ - Баллерстремъ. Графиня Кэтъ. Любимое имя Кларка. Р. В. 1901 г. 7, 8, 9, 10.

Албалъ, А. Кладбищенскій цвѣтокъ. Разск. Книжки Нивы 1899 г. 7.

Альгренъ, Эристъ.—Ссора. Очеркъ. Перев. со швед. Ж. О. 1897 г. 26.

Альдричъ. Мерджори Дау. Разск. Перев. съ англ. Н. Ж. И. Л. 1897 г. 9.

Альпернцъ. Забытыя тѣни Истор. разск. Нива 1901 г. 37, 38.

Альтенбергъ, П. Перспективы. Н. Ж. И. Л. 1900 г. 7.

де-Амичисъ, Эдмондъ. Ноябрь. Очеркъ. Пер. съ итал. Ж. 1899 г. 7.

— Образцовый учитель. Перев. съ итал. Журн. для всѣхъ 1897 г. 10.

— Въ бухтѣ Ріо-Жанейро. Разск. Перев. съ итал. Журн. для всѣхъ 1901 г. 4.

— Экипажъ для всѣхъ. Перев. съ итальян. М. Б. 1899 г. 7, 8, 9, 10, 11, 12.

Амзенъ, Е. Сила призванія. Разск. Перев. со швед. Сѣв. 1901 г. 35, 36, 37, 38, 39.

Андреа, Антонъ. Горбунъ. Разск. изъ римск. жизни. Р. В. 1901 г. 1.

Антоніоли, Маріо. Послѣ фіаско. Разск. Нива 1900 г. 28.

д’Анунціо, Габріэль. Сонъ въ весеннее утро. Драматич. поэма. Перев. съ итал. В. И. Л. 1897 г. 7, 8.

— Притча о богатомъ и бѣдномъ Лазарѣ. Перев. съ итальянск. Ж. О. 1898 г. 15.

Анценгруберъ, Людвигъ. Деревенскіе разсказы. Перев. съ нѣм. Р. М. 1898 г. 6, 7.

— Штернштейнгофъ. Деревенск. повѣсть. Перев. съ нѣм. 1901 г. 1, 2, 3, 4, 5.

Арэнъ. Послѣдній бандитъ. Нива 1898 г. 34.

Аттертонъ, Г.—Жена американка и англичанинъ мужъ. Перев. съ англ. В. Е. 1900 г. 4, 5, 6.

Ахо, Іохани. Не измѣнилъ. Новелла. Р. М. 1900 г. 11.

— Мать. Финляндск. новелла Р. М. 1901 г. 12.

— Можжевельникъ. Перев. съ финск. Ж. О. 1899 г. 28.

1*

— На берегу скорби. Картинка. Перев. съ финск. Ж. О. 1899 г. 49.

— Совѣтъ шута. Картинка. Перев. съ финск. Ж. О. 1899 г. 31.

— Старое воспоминаніе. Разск. Перев. съ финск. Ж. О. 1899 г. 11.

— Тревожныя вѣсти. Очеркъ. Перев. съ финск. Ж. О. 1899 г. 38.

— Мечты юности. Разск. Перев. съ финск. Ж. О. 1900 г. 10.

— Морозъ лѣтомъ. Разск. Перев. съ финск. Ж. О. 1900 г. 8.

— Нагая модель. Разск. Перев. съ финск. Ж. О. 1900 г. 12.

Ашкерцъ, Ант. Прешнрнъ въ гостиницѣ „Золотого Грозда", драмат. сц. Перев. съ славянск. В. И. Л. 1901 г. 3.

Базанъ, Падро. Красный крестъ. Разск. Перев. съ испанск. В. И. Л. 1899 г. 10.

Базенъ, Рене. Въ провинціи. Разск. Перев. съ франц. Р. В. 1897 г. 3, 4, 5.

— Умирающая земля. Ром. Перев. съ франц. Ж. 1899 г. 7, 8, 9.

— Вернулся. Разск. Перев. съ франц. Нива 1897 г. 51.

Бальзакъ. Среди ученыхъ. Перев. съ франц. В. И. Л. 1901 г. 8.

Балькомбъ, Бетси. Наполеонъ на островѣ св. Елены. В. И. Л. 1898 г. 3, 4.

Бандъ. Два соціалъ - демократа. Разск. Ж. О. 1899 г. 37.

— Безъ мужчины. Разск. Ж. О. 1900. 3.

Барнеттъ. Дикая. Ром. Перев. съ англ. Н. Ж. И. Л. 1899 г. 2, 3.

Барресъ, Морисъ. Безпочвенники. Ром. Перев. съ франц. В. Е. 1898 г. 1, 2, 3.

Барръ, Робертъ. Неустойчивая толпа— The mutable many. Ром. Перев. съ англ.

Книжки Недѣли. 1898 г. 1, 2, 3, 4, 5, 6, 7, 8, 9, 10, 11, 12.

— Въ Канадѣ. Новелла. Перев. съ англ. Книжки Нивы. 1897 г. 3, 4, 5.

Баумбахъ, Рудольфъ. Живая вода. Сказка. Перев. съ нѣм. Журн. для всѣхъ. 1900 г. 1.

Безансонъ. Какъ выходятъ замужъ. Разск. Перев. съ франц. Сѣверъ 1901 г. 38.

Безантъ, Вальтеръ. Невѣста короля. Ром. Перев. съ англ. И. В. 1898 г. 4, 5, 6.

— Четвертое поколѣніе. Ром. Перев. съ англ. Р. Б. 1901 г. 7, 8, 9, 10, 11.

Белингъ, Гуго. Тоже работа. Новелла. Перев. съ нѣм. Ж. 1899 г. 1.

де-Бенгоа, Ричардо Бечеро. Таинственное письмо. Разск. Перев. съ испанск. Сѣв. 1898 г. 15, 17.

Бенсонъ, Е. На зарѣ. Изъ исторіи борьбы грековъ за независимость. Ром. Пер. съ англ. И. В. 1898 г. 7, 8, 9, 10, 11, 12.

Бенссинъ, Жюль. Двѣ смерти. Разск. изъ древне-греческ. жизни. Ж. О. 1897 г. 9.

Бентзонъ, Т. Человѣкъ. Ром. Перев. съ франц. В. Е. 1900 г. 10.

Бергзе, Вильг. Ночь въ амфитеатрѣ Флавіевъ. Разск. Перев. съ датск. Книжки Нивы 1897 г. 5.

— Счастливая семья. Ром. Перев. съ датск. Книжки Нивы 1898 г. 6.

Бергъ. Сельская честь. Разск. Перев. съ итал. Сѣверъ 1900 г. 35.

Бергъ, Завалевскій. Чекъ. Разск. Перев. съ франц. Сѣверъ 1900 г. 50, 51.

Бернакъ, Жанъ. Дачники. В. И. Л. 1899 г. 8.

Бернандъ. Съ ночнымъ поѣздомъ. Иллюстр. разск. Н. Ж. И. Л. 1897 г. 8

— Мои литературныя занятія. Разск. Н. Ж. И. Л. 1897 г. 11.

Бернардъ, Тристанъ. Мужъ миролюбецъ. Эскизъ по роману Un mari parcifique. В. Е. 1901 г. 12.

Бернаръ, Дессау. Электрическія колебанія и телеграфія безъ проволоки. Очеркъ. Пер. съ нѣм. М. Б. 1901 г. 11.

Бернгардтъ, Марія. Дымъ отечества. Перев. съ нѣм. Наблюдат. 1901 г 9, 10.

Берръ де Тюрикъ, Ж. Черновыя письма. Разск. Перев. съ франц. В И. Л. 1899 г. 6.

— Госпожа де Компадасъ. Комед. въ 1 д. Перев. съ франц. В. И. Л. 1901 г. 8.

Бертольдъ, Фредерикъ. Соперники. Ром. Р. М. 1899 г. 7, 8.

Бертранъ. Въ морскихъ глубинахъ. Очеркъ. Новь 1898 г. 5.

Бирбаумъ, Юлій. Антисемитъ. Разск. Перев. съ нѣм. Р. М. 1901 г. 11.

Бланке, Торе. Товарищи. Нива 1899 г. 28.

Блекъ, Люси. Кружево Кросифиссы. Разск. Ж. 0. 1899 г. 3.

Блондель, Огюстъ. Мечтатель. Перев. съ франц. Нива, 1897 г. 9, 10.

Блютгенъ, В. Въ послѣдній часъ. Новелла. Перев. съ нѣм. Сѣверъ 1897 г. 34.

Боа, Жюль. Новыя страданія. Р. М. 1900 г. 4.

де-Бове, Мари. Бекасы Теодора. Разск. Перев. съ франц. В. И. Л. 1899 г. 6.

Изъ гордости. Эскизъ изъ романа „Par orgueil“. В. Е. 1898 г. 12.

Бовье, Элоиза. Утро передъ свадьбой. Нива 1899 г. 18.

Бодлеръ, Ш. Поэмы въ прозѣ. Н. Ж. И. Л. 1900 г. 6, 10.

Бой-Эдъ, Н. Въ долгу. Ром. Перев. съ нѣм. В. Е. 1899 г. 7, 8, 9.

Бой-Эдъ, Ида. Послѣднее слово. Разск. Перев. съ нѣм. Новый Міръ, 1899 г. 3.

— Грубость. Перев. съ нѣм. Нива 1899 г. 3.

Больё, Э. Въ ожиданіи поѣзда. Разск. Нива 1900 г. 43.

Бонги, Руджеро. Норманы въ Южной Италіи. Очеркъ. Перев. съ итал. Сѣверъ 1898 г. 38, 39, 40, 41.

Бонне, Батистъ. Ивановы огни. Изъ провансальскихъ разсказ. Перев. съ франц. Журн. для всѣхъ 1901 г. 6.

— Дѣтство крестьянина. Провансальск. очер. Перев. съ франц. Н. Ж. И. Л. 1897 г. 7, 8, 9.

Боннетенъ. Депеша. Разск. Нива 1898 г. 6.

Бордо, Г. Родина. В. Е. 1901 г. 9, 10. 11.

— Впечатлѣнія дѣтства. Перев. съ франц. Р. В. 1901 г. 2.

Бордо, Анри. На родинѣ. Ром. Перев. съ франц. Р. М. 1901 г. 6, 7, 8.

Бори, Рафаэль. Поздняя женитьба. Ром. Перев. съ франц. Р. М. 1899 г. 9, 10, 11, 12.

Борнетъ, Ходжсонъ. Тайна преданной души. Ром. Перев. съ англ. Наблюдат. 1898 г. 11, 12.

Борумъ, А. Сраженіе 2000-го года. Разск. съ нѣм. Книжки Нивы 1898 г. 1.

— Золото. Разск. съ нѣм. Сѣверъ 1898 г. 18, 19, 20, 21.

— Женщина курьеръ. Историч. разск. Перев. съ нѣм. Сѣверъ 1900 г. 42, 43, 44, 45.

Тенъ Бозръ, Г. Игроки. Разск. Перев. съ нѣм. Сѣверъ. 1901 г. 16, 17.

— Тайна. Разск. Перев. съ нѣм. Сѣверъ 1901 г. 42, 43, 44.

— Корреспонденты. Очерк. Перев. съ нѣм. Книжки Нивы 1899 г. 1.

де-Бради, Лоренцо. Искушеніе. Перев. съ франц. В. И. Л. 1901 г. 3.

— Легенда. Перев. съ франц. В. И. Л. 1901 г. 8.

Брадъ. Малые и большіе. Перев. съ франц. Р. В. 1899 г. 1. 2.

Брандесъ, Георгъ. Анни Виванти. Перев. съ датск. Р. М. 1900 г. 5.

Браутонъ, Рода. Ревность матери. Ром. Наблюд. 1899 г. 12.

Брахфогель. Моя сосѣдка за столомъ. Разск. Перев. съ нѣм. Нива 1897 г. 16.

Бретъ-Гартъ. Три друга. Разск. Перев. съ англ. В. И. Л. 1897 г. 2, 3, 4, 5, 6, 7.

— Американцы въ Парижѣ. Разск. Перев. съ англ. В. И. Л. 1897 г. 11.

— Нашъ Карлъ. Разск. Перев. съ англ. В. И. Л. 1898 г. 1.

— Си-Юпъ. Разск. Перев. съ англ. В. И. Л. 1898 г. 2.

— Поцѣлуй Саломи Джэнъ. Разск. Пер. съ англ. В. И. Л. 1898 г. 9.

— Долгъ платежомъ красенъ. Разск. Пер. съ англ. В И. Л. 1900 г. 1.

— Старшій братъ. Разск. Перев. съ англ. В. И. Л. 1900 г. 5, 6.

— На семафорѣ песчанной косы. Разск. Перев. съ англ. В. И. Л. 1900 г. 5, 6.

— Семейный праздникъ Дика Спиндлера. Святочный разсказъ Пер. съ англ. В. И. Л. 1901 г. 1.

— Странное приключеніе Алькали Дика. Разск. Перев. съ англ. Н. Ж. И. Л. 1897 г. 8.

— Двое американцевъ. Разск. Пер. съ англ. Н. Ж. И. Л. 1897 г. 10.

— Родственники Десбора. Разск. Перев. съ англ. Н. Ж. И. Л. 1899 г. 1.

— Кэніонская Эсмеральда. Разск. Перев. съ англ. Н. Ж. И. Л. 1899 г. 2.

— Ключница мистера Бильсона. Разск. Пер. съ англ. Н. Ж. И. Л. 1899 г. 10.

— Племянница продувного Гарри. Разск. Перев. съ англ. Н. Ж. И. Л. 1900 г. 5, 6.

— Вдова изъ долины Санто-Ана. Разск. Перев. съ англ. Н. Ж. И. Л. 1900 г. 6, 7.

— Джэкъ и Джиль въ Сіэррахъ. Разск. Перев. съ англ. Н. Ж. И. Л. 1900 г. 7.

— Старшій братъ Джими. Разск. Перев. съ англ. Н. Ж. И. Л. 1900 г. 8.

— Сокровище хвойныхъ травъ. Разск. Пер. съ англ. Н. Ж. И. Л. 1900 г. 11.

— Сирена маячнаго мыса. Разск. Пер. съ англ. Н. Ж. И. Л. 1900 г. 11.

— Полковникъ Старботль. Разск. Перев. съ англ. М. Б. 1901 г. 10.

— Обращенный. Разск. Перев. съ англ. Р. Б. 1899 г. 5 (8).

— Мать пятерыхъ дѣтей. Разск. Пер. съ англ. Р. В. 1899 г. 2.

— Unser Karl—нашъ Карлъ. Разск. Пер. съ англ. Р. В 1899 г. 4.

— Китаецъ Си-Юбъ. Разск. Перев. съ англ. Р. В. 1900 г. 6.

— Три пріятеля. Разск. Перев. съ англ. Новь. 1897 г. 5, 6, 7, 8, 9, 10, 11, 12, 13, 14, 15, 16, 17, 18, 19.

— Счастье изъ за медвѣдя. Разск. Перев. съ англ. Ж. О. 1897 г. 1.

— Нравственное мужество. Разск. Пер. съ англ. Ж. О. 1897 г. 36, 37, 38.

— Американскій гражданинъ. Разск. Перев. съ англ. Ж. О. 1898 г. 6.

— Золотоискатели. Разск. Перев. съ англ. Ж. О. 1898 г. 43, 44, 45, 46.

— Самый молодой изъ золотоискателей въ Калаверѣ. Разск. Перев. съ англ. Ж. О. 1899 г. 12.

— Встрѣча на краю пропасти. Разск. Перев. съ англ. Ж. О. 1900 г. 1.

Бренкендорфъ. Таинственный домъ. Разск. Перев. съ нѣм. Книжки Нивы 1898 г. 8.

Брентано, Ф. Марія Антуанета. Историч.

очеркъ. Перев. съ нѣм. Книжки Нивы. 1901 г. 10, 11.

Брикнеръ, А. Война и миръ. Перев. съ нѣм. Р. М. 1899 г. 9.

де-Бріе, Эжень. Школа тещъ. Комед. въ 1 д. Пер. съ фр. В. И. Л. 1901 г. 7.

— Дневникъ вора. Перев. съ франц. В. И. Л. 1901 г. 8.

Брукъ, Эмма. Переломъ. Ром. Перев. съ англ. М. Б. 1897 г. 1, 2, 3, 4, 5, 6.

Брюнетьеръ, Ферд. Европейская литература въ XIX вѣкѣ. Оч. съ фр. Н. Ж. И. Л. 1900 г. 1, 2, 3.

— Литература въ XIX вѣкѣ. Очеркъ. Перев. съ фр. М. Б. 1901 г. 8.

Брэдонъ. Имя призрака. Разск. Перев. съ англ. Наблюдат. 1897 г. 2.

Брэмъ, А. Путешествіе по пустынѣ Караваны. Очеркъ. Перев. съ нѣм. Книжки Нивы 1897 г. 2, 3.

— Остяки идолопоклонники. Перев. съ нѣм. Книжки Нивы 1897 г. 6.

— Обезьяны. Очеркъ. Перев. съ нѣм. Книжки Нивы. 1897 г. 8.

Бургонь, сержантъ. Отступленіе Наполеон. арміи. Перев. съ франц. Р. В. 1898 г. 7.

Бурже, Поль. Антигона. Перев. съ франц. В. И. Л. 1897 г. 1.

— Напрасный опытъ. Пов. Пер. съ фр. В. И. Л. 1897 г. 2, 3, 4.

— Весь въ отца. Разск. Перев. съ франц. В. И. Л. 1897 г. 7.

— Свѣтскія ширмы. Разск. Пер. съ франц. В. И. Л. 1898 г. 8, 9.

— Голубая герцогиня. Ром. Перев. съ франц. В. И. Л. 1898 г. 10, 11, 12.

— Симона. Рождеств. разск. Перев. съ франц. В. И. Л. 1900 г. 1.

— Въ погонѣ за роскошью. Ром. Перев. съ франц. В. И. Л. 1900 г. 1, 2, 3, 4.

— Воскресенье. Разск. Перев. съ франц. В. И. Л. 1900 г. 5.

— Дѣлецъ. Пов. Перев. съ фр. В. И. Л. 1901 г. 1.

— Призракъ. Ром. Перев. съ фр. В. И. Л. 1901 г. 2, 3, 4, 5.

— Хамелеонъ. Разск. Перев. съ франц. В. И. Л. 1901 г. 8.

— Давидъ. Разск. Перев. съ фр. Ж. 1897 г. 12.

— Давидъ. Разск. Перев. съ фр. Нива 1897 г. 6.

— Подруга дома. Пов. Перев. съ франц. Наблюдат. 1899 г. 1.

— Актриса. Ром. Перев. съ фр. Наблюдат. 1899 г. 3, 4.

— На краю пропасти. Пов. Перев. съ фр. Наблюдат. 1899 г. 9.

— Сложныя чувства. Разск. Перев. съ фр. Наблюдат. 1900 г. 3, 4.

— Труженикъ. Ром. Перев. съ фр. Наблюдат. 1901 г. 1, 2.

— Сапда. Разск. Перев. съ франц. Книжки Нивы 1898 г. 3.

— Въ пылу битвы. Очеркъ. Пер. съ фр. Н. Ж. И. Л. 1897 г. 7.

— Житейскій путь. Разск. Перев. съ фр. Ж. О. 1897 г. 18.

— Одиль. Новелла. Перев. съ фр. Сѣверъ 1898 г. 4, 5, 6, 7.

— Исповѣдь. Разск. Перев. съ фр. Сѣверъ 1898 г. 23.

Бьернстьерне Бьернсонъ. Одинъ день. Разск. съ норвежск. Книжки Нивы. 1901 г. 2.

— Отецъ. Разск. Перев. съ норвежск. Нива 1901 г. 41.

— Отецъ. Разск. Перев. съ норвежск. Журн. для всѣхъ 1897 г. 11, 12.

Тенъ-Бьеръ, Ричардъ. Черные ангелы. Разск. Перев. съ англ. Сѣверъ 1898 г. 31.

Бэлль, Лиліанъ. Равныя силы, Нива 1899 г. 23.

Бэръ, Герардъ. Черные ангелы. Разск. Перев. съ нѣм. Нива 1898 г. 16.

Бюхнеръ. Неоламаркизмъ. Перев. съ нѣм. Н. С. 1897 г. 7.

Вазовъ, Ив. Теорія Братакова. Разск. Перев. съ болгарск. Ж. О. 1898 г. 29.

— Саво. Разск. Перев. съ болгарск. Ж. О. 1898 г. 30.

— Младенъ. Разск. Перев. съ болгарск. Р. Б. 1900 г. 9.

— Навожденіе. Разск. Перев. съ болг. Р. Б. 1900 г. 9.

— Будущій литературный кружокъ. Разск. Перев. съ болгарск. Р. Б. 1900 г. 9.

— Травіата. Разск. Перев. съ болг. Р. Б. 1900 г. 9.

— Потерянный вечеръ. Разск. Перев. съ болг. Р. Б. 1900 г. 9.

— Единственный исходъ. Разск. Перев. съ болг. Р. Б. 1900 г. 9.

— Эпитронъ. Разск. Перев. съ болг. Р. Б. 1900 г. 9.

Валенбергъ, Анна. Давъ слово. Разск. Перев. со шведск. Сѣверъ 1897 г. 37.

— Что такое любовь. Разск. Перев. со шведск. Сѣверъ 1897 г. 41.

Вандеремъ, Ф. Два берега. Ром. Перев. съ нѣм. В. Е. 1897 г. 10, 11, 12.

— Два берега. Ром. Перев. съ нѣм. В. И. Л. 1897 г. 7, 8, 9, 10, 11, 12.

— Два берега. Ром. съ нѣм. Книжки Недѣли. 1897 г. 6, 7, 8, 9. 10, 11, 12.

де-Вариньи, Г. Модъ Бюртонъ. Разск. Перев. съ фр. Сѣверъ 1897 г. 9.

Варрэнъ. Изъ лжи. Разск. Сѣверъ 1901 г. 44, 45.

Вели, Андріенъ. Укоры совѣсти г-жи Дюранъ. Драма въ 5. д., юмористич. оч. Книжки Нивы 1897 г. 2.

Венера и Амуръ. Юмористич. разск. Перев. съ англ. Н. Ж. И. Л. 1900 г. 1, 2, 3, 4, 5, 6.

Верніоль, К. Провинціальная тина. Ром. Перев. съ франц. Р. М. 1897 г. 6, 7, 8, 10, 11, 12.

Вернъ, Жюль. Пушки въ отставкѣ. Ром. Перев. съ фр. Н. Ж. И. Л. 1899 г. 3.

Веселеновичъ, М. Адамово колѣно. Разск. Перев. съ сербс. Р. В. 1901 г. 1.

— Дядя Петро. Разск. Перев. съ сербск. Р. В. 1901 г. 3.

Вибигъ, К. Кого боги возлюбятъ. Пов. Перев. съ нѣм. Ж. О. 1900 г. 2, 4, 5, 6, 7.

Видманъ. Горилла. Разск. Н. М. 1898 г. 1.

Видъ, Густавъ. Изъ современной хроники. Ром. Перев. съ датск. Р. М. 1901 г. 1, 2, 3, 4.

— Злобы жизни. Перев. съ датск. Р. М. 1901 г. 10, 11, 12.

Виллеръ, Веньяминъ. Александръ Великій. Историко-біографич. оч. Перев. съ англ. Книжки Нивы 1900 г. 5, 6, 7, 8, 9.

— Тоже. Н. Ж. И. Л. 1899 г. 1, 2, 3, 4, 5, 6, 7, 8, 9, 10, 11.

Вилле. Заколдованный принцъ. Историч. разск. Перев. съ нѣм. Сѣверъ 1900 г. 3, 4, 5.

де-Виллебуа, Анри. Однофамильцы. Разск. Перев. съ франц. В. И. Л. 1899 г. 6.

Виллингеръ, Эрм. Фоны. Пов. Перев. съ нѣм. Ж. О. 1899 г. 40, 41, 42, 43.

Вильде, Эд. Задатокъ жениха. Пов. Перев. съ эстонск. Н. С. 1897 г. 3.

фонъ-Вильденбрухъ, Эр. Данаиды. Новелла. Пер. съ нѣм. М. Б. 1897 г. 5.

Зависть. Разск. Перев. съ нѣм. Р. М. 1901 г. 5, 6.

— Въ лѣсу. Разск. Перев. съ нѣм. Нива 1897 г. 31.

— Въ саду Клавдія. Легенда. Перев. съ нѣм. Журн. для всѣхъ 1897 г. 11, 12.

— Дѣтскія слезы. Разск. Перев. съ нѣм. Журн. для всѣхъ 1900 г. 4, 5.

— Сила любви. Пов. изъ жизни древней Эллады. Перев. съ нѣм. Книжки Нивы 1897 г. 8, 9.

Вильденштейнъ. Буридановъ оселъ. Перев. съ нѣм. Нива. 1899 г. 7.

Вильдъ. О чемъ звонилъ колоколъ. Разск. Книжки Нивы 1899 г. 10.

Вилькомскій, Авг. Ramoti i Ramotki. —Моя надгробная рѣчь. Происшествіе. Перев. съ польскаго Сѣверъ 1897 г. 35, 36.

де-Виньи, А. Гнѣвъ Самсона. Поэма. Перев. съ фр. В. И. Л. 1897 г. 5.

Віола, Максъ. Мой фракъ. Разск. Перев. съ нѣм. Сѣверъ 1900 г. 25.

Влахуцы, Ал. Безутѣшные. Перев. съ рум. Журн. для всѣхъ 1900 г. 2.

Войничъ. Оводъ. Ром. изъ итальянск. жизни. Перев. съ англ. М. В. 1898 г. 1, 2, 3, 4, 5, 6.

Вольтеръ. Философскіе романы. Перев. съ фр. Н. Ж. И. Л. 1900 г. 1, 2, 3, 4, 5, 6, 7, 8, 9, 10, 11.

фонъ-Вольцогенъ, Эр. Ecce Ego! Ром. Перев. съ нѣм. В. Е. 1898 г. 5, 6.

— Третій полъ. Перев. съ нѣм. Н. Ж. И. Л. 1900 г. 3, 4, 6, 7, 8, 9.

Воспоминаніе о войнѣ. Перев. съ нѣм. Журн. для всѣхъ. 1897 г. 10.

Вотье-Моро. Ищутъ кривого. Разск. Перев. съ фр. В. И. Л. 1899 г. 6.

— Въ черномъ сундукѣ. Ром. Перев. съ англ. Н. Ж. И. Л. 1900 г. 7, 8, 9, 10.

— Высшее благовысшее счастье. Иллюстр. разск. Перев. съ нѣм. Н. Ж. И. Л. 1897 г. 10.

де-Вогюэ, Е. М. Голоса мертвыхъ. Ром. Перев. съ фр. Р. В. 1899 г. 7, 8, 9, 10, 11, 12.

Габильонъ, Люд. Полп. Разск. Перев. съ нѣм. Ж. 1898 г. 8.

Гавалевичъ, М. Безсмертные. Разск. Перев. съ польск. Сѣверъ 1900 г. 4, 5.

— Какъ аукнется, такъ и откликнется. Эскизъ. Перев. съ польск. Сѣверъ 1901 г. 50.

Гайнъ. Первая ссора. Разск. Нива. 1899 г. 41.

Гаіота. Немезида. Фантазія. Перев. съ польск. Сѣверъ 1901 г. 10.

— Сѣрое божество. Фанта.ія. Перев. съ польск. Сѣверъ 1901 г. 28.

Галуппъ-Пайнъ, Генри. Укротитель звѣрей. Разск. Ж. 0. 1897 г. 19.

Гальбе, Максъ. Система. Разск. Журн. для всѣхъ. 1900 г. 3.

Гальдемаръ, Анжъ. Робеспьеръ. Ром. Перев. съ англ. И. В. 1901 г. 1, 2, 3, 4.

Гальдосъ, Пересъ. Желанный король. Истор. ром. Перев. съ испанск. И. В. 1900 г. 6, 7, 8. 9, 10, 11, 12.

— Милосердіе. Ром. Перев. съ испанск. Наблюдат. 1901 г. 10, 11.

Гальстремъ, Перъ и его разсказы. Перев. съ швед. В. И. Л. 1898 г. 2.

— Бриліантовая брошь. Перев. со шведск. М. В. 1897 г. 4.

— Отецъ маленькаго Олле. Разск. Перев. со шведск. Сѣверъ 1898 г. 5.

— Въ лѣсу. Разск. Перев. со швед. Сѣверъ 1897 г. 29.

— Двѣ жизни. Разск. со швед. Сѣверъ 1898 г. 35, 36.

— Весна. Ром. Перев. со шведск. Р. М. 1900 г. 5, 6.

Гамсунъ, К. Совершенно обыкновенная муха средней величины. Разск. Перев. съ норвеж. Ж. 1899 г. 3.

— На улицѣ. Разск. Перев. съ норвежск. Ж. 1899 г. 3.

— На отмели. Разск. Перев. съ норв. Ж. 1899 г. 3.

— Кольцо. Разск. Перев. съ норв. Ж. 1899 г. 3.

Ганзенъ Золотой рогъ. Разсказъ. Нива 1898 г. 19.

— Модель. Разск. Нива. 1900 г. 7.

Гансонъ, Олъ. Чувствительныя души. Разск. В. И. Л. 1900 г. 7.

Гарбертсъ, Г. Панталоны господина казначея. Нива 1897 г. 27.

Гарди, Томасъ. Джудъ неудачникъ. Ром. Перев. съ англ. С. В. 1897 г. 4, 5, 6, 7, 8, 9.

Гардтъ, Г. Адскій замыселъ. Разск. Перев. съ англ. Сѣверъ 1901 г. 4.

Гардъ, Максъ. Носильщикъ. Разск. Нива 1898 г. 27.

— Старый капитанъ. Эскизъ. Нива. 1898 г. 28.

Гарисонъ, Бейфордъ. Контрабандистки. Перев. съ англ. Нива 1897 г. 14.

Гарлендъ, Гэмлинсъ. Третья палата. Ром. Перев. съ англ. Р. М. 1897 г. 10, 11, 12.

Гарляндъ. Во имя долга. Ром. Перев. съ англ. М. Б. 1901 г. 4, 5, 6, 7, 8.

Гарраденъ, Беатриси. Гильда Страффордъ. Перев. съ англ. М. Б. 1898 г. 8.

— У порога счастья. Ром. Перев. съ англ. Наблюдат. 1901 г. 3, 4.

Гартонъ. Затѣя профессора Лемарка. Американскій разск. Новь 1898 г. 1.

Гартъ, Фебъ. Чародѣйка. Перев. съ англ. Н. Ж. И. Л. 1900 г. 11.

Гатти, Э. Алмазныя яйца. Разск. Перев. съ нѣм. Сѣверъ. 1901 г. 7, 8, 9.

Гауторнъ. Мать и дочь. Разсказъ. Ж. О. 1897 г. 15.

Гверленъ, Анри. Голуби. Новелла. Перев. съ фр. Сѣверъ 1901 г. 48.

— Человѣкъ изъ золота. Новелла. Перев. съ фр. Сѣверъ 1901 г. 51.

Гебгартъ, Эмиль. Послѣдняя ночь Іуды Искаріота. Истор. легенда. Перев. съ фр. В. И. Л. 1899 г. 4.

Гедбергъ, Францъ. Отчего Олле сталъ лодочникомъ. Разск. Книжки Нивы 1899 г. 6.

Гедбергъ, Торъ. Гергардъ Гримъ. Драмат. поэма въ 5-ти д. Перев. со швед. Начало 1899 г. 3.

— Утѣшеніе въ горѣ. Разск. Перев. со шведск. Журн. для всѣхъ 1899 г. 10.

— Поединокъ. Разск. Перев. со шведск. Журн. для всѣхъ 1899 г. 11.

— Пряникъ. Разск. Перев. со швед. Журн. для всѣхъ. 1900 г. 12.

Геденстіэрнъ, Альф. Цѣль жизни. Разск. В. И. Л. 1900 г. 7.

— Лишенный правъ. Очеркъ. Ж. О. 1897 г. 7.

Гееръ, А. Завоевалъ. Разск. Перев. съ итал. Сѣверъ 1901 г. 41.

фонъ-Гейденстамъ, Вернеръ. Изъ разсказовъ о Карлѣ XII. Перев. со шведск. В. И. Л. 1899 г. 5.

— Старая колдунья. Очеркъ. Перев. со шведск. Ж. О. 1899 г. 13.

де-Гейерстамъ, Густавъ. Голова медузы. Перев. со швед. В. И. Л. 1898 г. 1, 2, 3, 4, 5.

— Борьба за любовь. Перев. со швед. В. И. Л. 1897 г. 5, 6.

— Погибшая жизнь. Пов. Перев. со шведск. Р. М. 1898 г. 4.

— Прочь. Разск. Перев. со швед. М. Б. 1899 г. 9.

Гейзе, Пауль. Медея. Разск. Перев. съ нѣм. Ж. 1897 г. 3.

— Власть минуты. Пов. Перев. съ нѣм. Книжки Нивы 1898 г. 11, 12.

— Старая сказка. Сцена въ 1 д. Книжки Нивы 1899 г. 10.

— Сказка о Нильсѣ — Щедрой Рукѣ. Перев. съ нѣм. Книжки Нивы 1900 г. 2.

Гейне, Ансельмъ. На перегонки. Разск. Перев. съ нѣм. Р. М. 1901 г. 4.

— Взапуски. Разск. Перев. съ нѣм. Книжки Нивы 1900 г. 4.

Геніальный художникъ. Разск. Перев. съ нѣм. Книжки Нивы 1898 г. 7.

Гейстерманъ, Г. Комедія брака. Ром. Перев. со швед. Р. М. 1900 г. 8, 9.

Гейтмюллеръ, Ф. Красавица. Разск. Перев. съ нѣм. Р. В. 1901 г. 6.

— Ледъ растаялъ. Разск. Перев. съ нѣм. Р. М. 1900 г. 12.

Геккеръ, Карлъ. Воспоминанія поручика. Перев. съ нѣм. Р. В. 1898 г. 7, 8, 9, 10, 12.

Генгерфордъ. Тайна краснаго дома. Ром. Перев. съ англ. Наблюдат. 1897 г. 11.

— Раздоръ. Ром. Перев. съ англ. Наблюдат. 1900 г. 11, 12.

Германъ, Абель. Въ безвѣстную даль. Новелла. Перев. съ фр. Ж. 1897 г. 5.

Герцегъ, Ференцъ. Сиріусъ. Разск. Перев. съ венгер. Р. В. 1897 г. 5.

— Болотный цвѣтокъ. Разск. Перев. съ венг. Р. В. 1897 г. 7, 8.

— Первая ласточка. Разск. Перев. съ венгер. Р. В. 1899 г. 4.

— Лягушки. Очеркъ. Перев. съ венгерск. Р. В. 1900 г. 12.

— Лейтенантша. Очеркъ. Перев. съ венгер. Р. В. 1900 г. 12.

— Мелина на гастроляхъ. Очеркъ. Перев. съ венгерск. Р. В. 1900 г. 12.

— Бальное платье. Очеркъ. Перев. съ венг. Р. В. 1900 г. 12.

— Секретарь. Очеркъ. Перев. съ венгерск. Р. В. 1900 г. 12.

— Бѣдняжка Иза. Очеркъ. Перев. съ венг. Р. В 1900 г. 12.

— Мальчишка. Очеркъ. Перев. съ венг. Р. В. 1900 г. 12.

— Душевный анализъ. Очеркъ. Перев. венг. Р. В. 1901 г. 5.

— Пиратъ. Очеркъ. Перев. съ венгер. Р. В. 1901 г. 5.

— У крестьянъ. Очеркъ. Перев. съ венгер. Р. В. 1901 г. 5.

— Волосяной воинъ. Очеркъ. Перев. съ венгер. Р. В. 1901 г. 5.

Геръ, У. Святыя воды. Ром. Перев. съ нѣм. Книжки Недѣли 1899 г. 1, 2, 3, 4, 5, 6, 7, 8.

Гессе - Вартегъ, Эр. Сказочный городъ въ Инто-Китаѣ. Новь 1897 г.

— На Сандвичевыхъ островахъ. Очеркъ. Книжки Нивы 1899 г. 6.

Гете. Природа. Перев. съ нѣм. Жизнь 1899 г. 9.

— Сцены изъ 1-й части Фауста. Перев. съ нѣм. Ж. 1899 г. 9.

Гешовъ, И. Е. Лила. Разск. Перев. съ болг. Р. Б. 1900 г. 10.

— Разрывъ трава. Разск. Перев. съ болг. Р. Б. 1900 г. 10.

— Солдатъ. Разск. Перев. съ болгарск. Р. Б. 1900 г. 10.

Гильберъ, Ивета. Ея волосы. Перев. съ фр. В. И. Л. 1901 г. 3.

Гильдекъ, Лео. Поздняя исповѣдь. Ром. Перев. съ нѣм. Наблюд. 1900 г. 8, 9, 10.

Гимо, Фр. Убійство сэра Даудинга. Разск. Перев. съ фр. Сѣв. 1900 г. 32, 33, 34.

Гиссингъ, Дж. Меньшая братія. Перев. съ англ. В. Е. 1898 г. 7, 8, 9, 10.

Гиченсъ, Робертъ. Рабыня. Перев. съ англ. В. Е. 1901 г. 4, 5, 6, 7, 8.

— Эхо. Разск. Перев. съ англ. Книжки Нивы 1898 г. 9.

Гіелепуртъ, К. Послѣ праздника. Разск. В. И. Л. 1900 г. 12.

Глинскій, Каз. Въ безмолвную ночь. Разск. Пер. съ польск. Журн. для всѣхъ 1899 г. 12.

Голлендеръ, Фел. Послѣднее счастье. Ром. Перев. съ нѣм. Наблюд. 1900 г. 5. 6.

Гольти, Людв. Адельстанъ и Роза. Баллада. Перев. съ нѣм. В. И. Л. 1899 г. 4.

Гомулицкій, Викт. Лѣсные цвѣты. Наброски. Перев. съ польск. Сѣв. 1897 г. 9, 21, 31.

— Эхо. Разск. Перев. съ пол. Ж. 1898, 9.

— По ступенямъ земныхъ тревогъ. Перев. съ польск. В. И. Л. 1898 г. 7.

Гонъ, Антони. На скользкомъ пути. Ром. Перев. съ англ. Р. В. 1899 г. 1, 2, 3, 4, 5, 6, 7, 8, 9.

— Сердце принцессы Озры. Ром. Пер. съ англ. Р. В. 1897 г. 1, 2, 3.

Гордонъ, Самуэль. Обездоленные. Ром. Перев. съ анг. М. Б. 1901 г. 1, 2, 3, 4

Горонъ. Тайны судебной палаты. Полицейскіе этюды. В. И. Л. 1901 г., 2, 3, 4, 5, 6.

— Любовь въ Парижѣ. Неизданныя записки. В. И. Л. 1899 г. 2, 3, 4, 5, 6, 7, 8, 9, 10, 11, 12.

— Отверженцы человѣчества. Воспомин. В. И. Л. 1900 г. 1, 2, 3, 4, 5, 6, 7, 8, 9.

Готторнъ, Н. Пророческіе портреты. Разск. Перев. съ англ. Ж. О 1897 г. 3.

— Чудакъ. Разск. Перев. съ англ. Ж. О. 1897 г. 6.

Готье, Юд. Сестра солнца. Ром. Перев. съ фр. Р. В. 1900 г. 1, 2, 3, 4, 5, 6.

де-Гоуэльсъ, Уильямъ. Милосердіе. Ром. Перев. съ англ. М. Б. 1900 г. 1, 2, 3, 4, 5, 6, 7, 8.

— Въ мірѣ случайностей. Ром. Перев. съ англ. Р. Б. 1898 г. 7, 8, 9, 10, 11.

Гофманъ, Г. Брутъ. Изъ школьн. воспом. Перев. съ нѣм. Книжки Нивы 1897 г. 11.

— Тетушка Фрицхенъ. Очеркъ. Перев. съ нѣм. Книжки Нивы 1899 г. 4.

Гра, Феликсъ. Марсельцы. Пов. Перев. съ фр. И. В. 1897 г. 1, 2, 3.

Грандъ, Сарра. Когда отворилась дверь. Разск. Перев. съ англ. Р. В. 1898 г. 8.

— Невозможная Бабсъ. Ром. Пер. съ англ. Р. В. 1901 г. 8, 9, 10, 11, 12.

Грантъ, Ч. Пеппиньелло. Разск. Перев. съ англ. М. Б. 1898 г. 9.

— Донъ-Антоніо. Разск. Перев. съ англ. М. Б. 1898 г. 11.

Гранъ, Картре. Дачная жизнь прежде и теперь. Н. Ж. И. Л. 1897 г. 7.

Гревилль, Анна. Провинціальный уголокъ. Ром. Перев. съ фр. Наблюд. 1901 г. 5, 6, 7, 8.

Грегъ, Ф. Рыбаки. Пер. съ фр. В. И. Л. 1900 г. 7.

Грезакъ, Ф. Лугано. Эскизъ. Пер. съ фр. Сѣв. 1900 г. 11.

Грей, Вильрайтъ. Профессоръ философіи. Ром. съ XI главы. Н. С. 1897 г. 1, 2.

Гренвиль, Морей. Женская война. — Немолодая свадьба. Гордецъ. Стран. разсказы. Пер. съ англ. Н. Ж. И. Л. 1899 г. 9.

Грентъ, Алленъ. Его преподобіе Джонъ Криди. Разск. Перев. съ англ. В. И. Л. 1901 г. 2.

— Война и свадьба. Истор. оч. Ж. О. 1897 г. 4.

— Сама природа. Бытовой очеркъ. Перев. съ англ. В. Е. 1898 г. 4.

Грушецкій. Углекопы. Ром. Перев. съ пол. Р. Б. 1900 г. 1, 2, 3, 4, 5, 6.

— Побѣжденные. Ром. Перев. съ польск. М. Б. 1901 г. 5, 6, 7, 8, 9, 10, 11.

— Гутникъ. Пов. Перев. съ польск. Ж. 1899 г. 10, 11.

Грэхамъ. Сокровище въ тарелкахъ. Разск. Перев. съ англ. Р. В. 1901 г. 4.

Гунтъ, В. Изъ дѣвичьяго міра. „The Maiden's Progress". В. Е. 1898 г. 11, 12.

Гурбанъ (Ваяновскій) Сампсонъ. Лирич. поэма. Перев. съ словацк. Ж. 1898 г., 1.

Гуцлеръ, С. Изъ жизни женщины. Разск. Перев. съ нѣм. Ж. О. 1898 г. 47.

Гюго, В. Тамъ вѣчно Богъ. Поэма. Перев. съ фр. В. И. Л. 1897 г. 1.

Дальскій, Шандоръ. Любовь къ родинѣ. Разск. Перев. съ хорв. Р. В. 1901 г. 3.

Данилевскій. Легенда. Разск. Перев. съ пол. Сѣв. 1901 г. 8.

— Поѣздъ. Разск. Перев. съ пол. Сѣв. 1901 г. 50.

Даниловичъ. Плутоны. Наброски. Перев. съ польск. Сѣв. 1901 г. 44.

Даниловскій, Г. „Nego". Разск. Перев. съ пол. Р. М. 1897 г. 7.

Дантревиль. Плакучая ива. Легенда. Перев. съ фр. Сѣв. 1901 г. 47.

Дарьенъ, Ж. Патріоты. Перев. съ франц. Р. Б. 1899 г. 6 (9), 7 (10). 8 (11).

Декавъ, Люсьенъ. Возмездіе.—Учительница. — Гадкій человѣкъ. Н. Ж. П. Л. 1897 г. 11.

Деледдъ, Грацій. Въ царствѣ камня. Разск. Перев. съ итал. Сѣв. 1901 г. 51.

— Искушеніе. Сардинская быль. Перев. съ итал. Р. М. 1899 г. 3.

Делендъ, Маргарита. Во спасеніе души. Разск. Перев. съ англ. В. И. Л. 1901 г. 2.

Денгль. Подарокъ пруссака. Разск. Перев. съ англ. Р. Б. 1898 г. 12.

— Парижскія развлеченія. Разск. Перев. съ англ. Р. Б. 1898 г. 12.

Детлевъ, К. Таинственная пѣвица. Разск. Перев. съ нѣм. Книжки Нивы 1897 г. 7.

Детчи, Серафима. Первое представленіе. Нива 1899 г. 17.

Джакобсъ, В. Романъ на шкунѣ. Разск. Перев. съ англ. Сѣв. 1898 г. 46, 47.

Джекоксъ, Фр. Косвенное участіе въ преступленіи. Ж. О. 1898 г. 7.

Джемсъ, Г. Дэзи Миллеръ. Повѣсть. Ж. О. 1898 г. 20, 21, 22, 23, 24, 25.

Джерардъ, Доротея. Поспѣшный бракъ. Разск. Перев. съ англ. Р. В. 1900 г. 7.

Джеромъ-Джеромъ, К. Реджинальдъ Блекъ. Разск. Перев. съ англ. В. И. Л. 1897 г. 11.

— О женщинахъ. Перев. съ англ. В. И. Л. 1897 г. 12.

— Изъ размышленій досужаго человѣка. Перев. съ англ. В. И. Л. 1898 г. 10, 11, 12.

— Варвара. Комед. къ 1 д. Перев. съ англ. В. И. Л. 1899 г. 4.

— Какъ мы слонялисьвтроемъ. Пов. Перев. съ анг. В. И. Л. 1900 г. 7, 8, 9, 10, 11, 12.

— Житейскія наблюденія Генри. Перев. съ англ. В. И. Л. 1901 г. 7.

— Непрошенный руководитель. Очеркъ. Перев. съ англ. Р. В. 1897 г. 8.

— Человѣкъ привычки. Очеркъ. Перев. съ англ. Р. В. 1897 г. 8.

— Пресыщенный Вилли. Очеркъ. Перев. съ англ. Р. В. 1897 г. 9.

— Человѣкъ, не вѣрившій въ счастье. Очеркъ. Перев. съ англ. Р. В. 1897 г. 9.

— Вырожденіе Томаса Генри. Очеркъ. Перев. съ англ. Р. В. 1897 г. 9.

— Выборъ Сайриля Гарджона. Очеркъ. Р. В. 1897 г. 9.

— Воплощеніе Чарльза Майвенвей. Очеркъ. Перев. съ англ. Р. В. 1898 г. 1.

— Разсказъ маленькаго поэта. Очеркъ. Перев. съ англ. Р. В. 1898 г. 1.

— Чувствительная повѣсть. Разск. Перев. съ англ. Р. В. 1898 г. 3.

— Женскій портретъ. Разск. Перев. съ англ. Р. В. 1889 г. 4.

— Спиритскiй духъ. Разск. Перев. съ англ. Р. В. 1898 г. 7.

— Страничка изъ свѣтской жизни. Разск. Перев. съ англ. Р. В. 1898 г. 8.

— Очаровательная женщина. Очеркъ. Перев. съ англ. Р. В. 1898 г. 11.

— Увлекающiйся диллетантъ. Очеркъ. Перев. съ англ. Р. В. 1898 г. 11.

— О неудобствахъ неполученiя желаемаго. Очеркъ. Перев. съ англ. Р. В. 1898 г. 12.

— Джонъ Ингерфильдъ. Разск. Перев. съ англ. Сѣв. 1897 г. 6.

— Котъ Дика Донкермана. Очеркъ. Перев. съ англ. Р. В. 1898 г. 12.

— Разсѣянный человѣкъ. Очеркъ. Перев. съ англ. Р. В. 1898 г. 12.

— Объ искусствѣ принимать рѣшенiе. Пер. съ англ. Очеркъ. Р. В. 1898 г. 12.

— Новая утопiя. Разск. Перев. съ англ. Книжки Нивы 1897 г. 6.

— Сюрпризъ. Разск. Перев. съ англ. Н. Ж. И. Л. 1899 г. 2.

— Чувствительный разсказъ. Перев. съ англ. Нива 1899 г. 51.

— Чарльзъ Майвенвей. Разск. Перев. съ англ. Новь 1898 г. 6.

— О любовныхъ зельяхъ. Разск. Перев. съ англ. Н. М. 1901 г. 17, 18.

— О любителяхъ. Разск. Перев. съ англ. Н. М. 1901 г. 20, 21.

— Превращенiе. Разск. Перев. съ англ. Ж. О. 1898 г. 12.

— Горная женщина. Разск. Перев. съ англ. Ж. О. 1899 г. 6.

Ди-Джiакомо, Сальваторъ. Слишкомъ поздно. Разск. Нива 1897 г. 28.

Дидрингъ. Заблудились. Нива. 1899 г. 33.

Дидро. Не сказка, а быль. Очеркъ и парадоксъ. Перев. съ фр. Н. Ж. И. Л. 1897 г. 7.

— Два друга. Оч. и парад. Перев. съ фр. Н. Ж. И. Л. 1897 г. 7.

— Бесѣда отца съ дѣтьми или объ опасности ставить свое сужденiе выше закона. Оч. и парад. Перев. съ фр. Н. Ж. И. Л. 1897 г. 7.

— Сѣтованiе о старомъ халатѣ. Оч. и парад. Перев. съ фр. Н. Ж. И. Л. 1897 г. 7.

— Монтескье и Честерфильдъ. Оч. и парад. Перев. съ фр. Н. Ж. И. Л. 1897 г. 7.

— Польза путешествiй. Оч. и парад. Перев. съ фр. Н. Ж. И. Л. 1897 г. 7.

— Секретъ марсельца. Оч. и парад. Перев. съ фр. Н. Ж. И. Л. 1897 г. 7.

— Портретъ Дидро Мишеля Вангоо. Оч. и пар. Перев. съ фр. Н. Ж. И. Л. 1897 г. 7.

— Уважаемые люди. Оч. и парадоксъ. Перев. съ фр. Н. Ж И. Л. 1897 г. 7.

Диккенсъ, Ч. Неизданныя произведенiя. Перев. съ англ. Н. Ж. И. Л. 1899 г. 3, 4, 5, 6.

Дилендъ, Маргар. Кто мать? Разск. Перев. съ англ. Р. В 1900 г. 5.

— Салли. Разск. Перев. съ англ. Р. В. 1900 г. 10.

— Старый судья. Разск. Перев. съ англ. Р. М. 1901 г. 7.

— Миссъ Марiя. Разск. Перев. съ англ. Р. В. 1901 г. 12.

Дневникъ маленькаго проказника. Разск. Перев. съ англ. В. И. Л. 1897 г. 1, 2, 3, 4.

Додэ, Альфонсъ. Опора семьи. Ром. Перев. съ фр. В. И. Л. 1898 г. 1, 2, 3, 4, 5, 6, 7.

— Опора семьи. Ром. Перев. съ фр. Новь 1898 г. 1, 2, 3, 4, 5, 6, 7, 8, 9, 10, 11, 12, 13, 14, 15, 16, 17, 18, 19, 20, 21, 22, 23, 24.

— Шапатенъ—убiйца львовъ. Разск. Перев. съ фр. В. И. Л. 1898 г. 9.

— Изъ замѣтокъ о жизни. Перев. съ фр. В. И. Л. 1899 г. 5.

— Тоска по казармѣ. Посмерт. разск. Перев. съ фр В. И. Л. 1899 г. 8.

— Первое путешествіе—первая ложь. Неиздан. воспомин. Перев. съ фр. В. И. Л. 1900 г. 9, 10.

— Первое путешествіе и первая ложь. Перев. съ фр. Р. М. 1900 г. 11, 12.

— Праздникъ на крышахъ. Иллюстр. разск. Перев. съ фр. Н. Ж. И. Л. 1897 г. 9.

— Фотографъ. Разск. Перев. съ фр. Н. Ж. И. Л. 1897 г. 11.

— Дядя Ахиллъ. Разск. Перев. съ фр. Н. Ж. И. Л. 1897 г. 11.

— Замѣтки о жизни. Посмертн. произв. Перев. съ фр. Н. Ж. И. Л. 1899 г. 4, 5.

— Приключеніе мотылька и божьей коровки. Перев. съ фр. Н. Ж. И. Л. 1899 г. 7.

— Опора семьи. Ром. Перев. съ фр. Ж. 1898 г. 3, 4, 5, 6, 7, 8, 9, 10.

— Разбойникъ Каустана. Разск. Перев. съ фр. Ж. О. 1898 г. 30.

— Проходъ въ слѣдственную камеру. Разск. Перев. съ фр. Ж. О. 1898 г. 36.

— Старый Ашилъ. Разск. Перев. съ фр. Ж. О. 1898 г. 37.

Доде, Леонъ. Альфонсъ Доде. Воспомин. сына покойнаго романиста. Перев. съ фр. В. И. Л. 1898 г. 4, 5, 6, 7.

Доде, Эрнестъ. Трагическая ночь. Историч. разск. Перев. съ фр. Нива 1898 г. 29.

— Роланда и Андрэ. Ром. Перев. съ фр. Р. В. 1897 г. 6, 7, 8, 9, 10.

Докторъ Карль. Разск. Перев. съ англ. Сѣв. 1897 г. 25, 26, 27.

Домбровскій. Слеза матери. Разск. Перев. съ польск. Сѣв. 1901 г. 32.

Домъ продается. Разск. Перев. съ фр. Сѣв. 1900 г. 24.

Дозъ, Карльтонъ. Китайскіе разсказы. Перев. съ англ. В. И. Л. 1900 г. 9.

Драхманъ, Гольгеръ. Тысяча одна ночь. Драма-сказка. Перев. съ датск. Н. С. 1897 г. 10.

Дріо, Эдуардъ. Исторія Европы въ концѣ XIX вѣка. Ром. Перев. съ фр. М. Б. 1901 г. 8, 9, 10, 11, 12.

Дунканъ, Сарра. Дочь своего вѣка. Ром. Перев. съ англ. В. Е. 1897 г. 5, 6.

Дурліакъ, Артуръ. Хорошенькая дурнушка. Разск. Перев. съ фр. Книжки Нивы 1897 г. 4.

Дэвисъ, Р. Г. Ея первый дебютъ. Разск. Перев. съ англ. Р. Б. 1898 г. 6.

— Около тюрьмы. Разск. Перев. съ англ. Р. Б. 1898 г. 6.

Дэвисъ, Гардингъ. Охотникъ. Разск. Перев. съ англ. Ж. О. 1897 г. 20.

— Судьба охотника. Разск. Перев. съ англ. Ж. О. 1897 г. 22.

— Новый Леандръ. Разск. Перев. съ англ. Ж. О. 1897 г. 42.

— Рождественскій сочельникъ. Разск. Перев. съ англ. Ж. О. 1897 г. 51.

Дэвисъ, Ньюгемъ. Весьма секретно. Разск. Перев. съ англ. Ж. О. 1899 г. 11.

Ейкампъ. Точьвъ точь. Разск. Перев. съ англ. Сѣв. 1900 г. 1.

Елинекъ, Эд. Стоны сердца. Миніатюры Перев. съ чешск. Сѣв. 1897 г. 33.

д' Еспанья, Пьеръ. Негритянка. Разск. изъ жизни въ Африкѣ. Ж. О. 1897 г. 16.

Естонье, Эд. На всю жизнь. Ром. Перев. съ фр. Р. Б. 1898 г. 2, 3, 4, 5.

Жакобсъ, В. Въ океанѣ. Разск. Пер. съ англ. Ж. О. 1898 г. 8.

— Дружеская услуга. Разск. Перев. съ англ. Ж. О. 1898 г. 9.

— Въ перегонку. Разск. Перев. съ англ. Ж. О. 1898 г. 13.

16 БИБЛІОГРАФИЧЕСКІЙ УКАЗАТЕЛЬ ПЕРЕВОДНОЙ БЕЛЛЕТРИСТИКИ.

— Похищеніе. Разск. Перев. съ англ. Ж. О. 1898 г. 16.

— Промахнулся. Разск. Перев. съ англ. Ж. О. 1898 г. 18.

— Кто кого? Разск. Перев. съ англ. Ж. О. 1898 г. 29.

Жебаръ, Эмиль. Искушеніе Саварнароллы. В. И. Л. 1897 г. 1.

— Жена Лота. Романъ. Перев. съ англ. Ж. 1897 г. 3, 4, 5.

— Женихъ. Разсказъ. Перев. съ англ. Ж. О. 1898 г. 37, 38, 39, 40, 41.

Жеромскій, Стеф. Сильный духомъ. Разск. Перев. съ польск. В. И. Л. 1898 г. 8.

— Забвеніе. Разск. Перев. съ пол. В. И. Л. 1901 г. 5.

— Забвеніе. Разск. Перев. съ польск. Н. М. 1901 г. 18, 19.

— Легенда о лѣсномъ братѣ. Разск. Перев. съ польск. В. И. Л. 1901 г. 5.

— Искушеніе. Разск. Перев. съ пол. В. И. Л. 1901 г. 5.

— Табу. Разск. Перев. съ польск. В. И. Л. 1901 г. 5.

— Бездомные. Пов. Перев. съ пол. М. Б. 1900 г. 5, 6, 7, 8, 9, 10, 11, 12.

— Бездомные. Пов. Перев. съ польск. Ж. 1900 г. 9, 10, 11, 12.

Живой телеграфъ. Разск. Перев. съ польск. Журн. для всѣхъ 1899 г. 2.

Жипъ. Неудавшійся обѣдъ. Разск. Перев. съ фр. В. И. Л. 1899 г. 2.

— Свѣтская блажь. Ром. Перев. съ фр. Наблюдат. 1898 г. 3, 4.

— Сюрпризикъ. Разск. Перев. съ фр. Нива 1901 г. 6.

Жуссе. Прогулка по Сербіи. Оч. Нива 48, 49.

Жюссеранъ. Исторія англійскаго народа въ его литературѣ, Н. С. 1897 г. 1, 2, 3, 4, 6, 7.

Заколдованный замокъ. Пов. Перев. съ англ. Наблюд. 1901 г. 7.

Зангевилль. Мечтатель Іосифъ. Перев. съ англ. Р. Б. 1899 г. 2.

— Мессія турокъ. Перев. съ англ. Р. Б. 1899 г. 3, 4.

Запольская, Г. Сестренка. Разск. Перев. съ польск. Нива 1898 г. 25.

фонъ-деръ-Зафтъ. „И остави намъ долги наши". Разск. Перев. съ нѣм. Сѣв. 1897 г. 22, 26.

Захеръ-Мазохъ. Безумецъ изъ Фирленовки. Разск. Перев. съ нѣм. Новь 1898 г. 3.

Зибрандъ. Трагедія жизни. Очеркъ. Перев. съ нѣм. М. Б. 1897 г. 12.

Зейтцъ, А. Альбатросъ. Очеркъ. Перев. съ нѣм. Нива 1897 г. 19.

Зелинскій, Густ. Антрактъ. Восточн. легенда. Разск. Перев. съ польск. Сѣв. 20, 21, 22.

Зола, Эмиль. Парижъ. Ром. Перев. съ фр. В. И. Л. 1897 г. 11, 12. 1898 г. 1, 2, 3, 4, 5, 6, 7, 8.

— Ракушки г-на Шабръ. Разск. Перев. съ фр. В. И. Л. 1899 г. 1.

— Анжелика. Разск. Перев. съ фр. В. И. Л. 1899 г. 2.

— Голубоглазая старушка. Очеркъ. Перев. съ фр. В. И. Л. 1899 г. 4.

— Трудъ. Ром. Перев. съ фр. В. И. Л. 1901 г. 1, 2, 3, 4, 5, 6, 7.

— Парижъ. Ром. Перев. съ фр. Книжки Недѣли 1897 г. 11, 12. 1898 г. 1, 2, 3, 4, 5, 6, 7, 8, 9, 10, 11, 12.

— Парижъ. Ром. Перев. съ фр. Н. С. 1897 г. 11, 12.

— Парижъ. Ром. Перев. съ фр. Н. Ж. И. Л. 1897 г. 11, 12.

— Плодовитость. Ром. Перев. съ фр. В. И. Л. 1899 г. 6, 7, 8, 9, 10, 11, 12.

— Размноженіе. Ром. Перев. съ фр. Н. Ж. И. Л. 1899 г. 6, 7, 8, 9, 10, 11, 12.

— Фея влюбленныхъ. Разск. Перев. съ фр. Сѣв. 1897 г. 33.

— Смерть крестьянина. Разск. Перев. съ фр. Нива. 1898 г. 42.

— Силачъ Мишу. Разск. Перев. съ фр. Н. Ж. И. Л. 1897 г. 9.

— Мадамъ Сурди. Ром. Перев. съ фр. Н. Ж. И. Л. 1900 г. 6.

— Кровь. Сказка. Перев. съ фр. Журн. для всѣхъ 1901 г. 2.

Записки сержанта Бургоня. Перев. съ франц. В. И. Л. 1898 г. 5, 6, 7.

Зоричъ, Винко. Нищая. Разск. изъ недавняго прошлаго Боснiи. Кн. Нивы 1898 г. 4.

—Королевскій гайдукъ. Разск. Сѣв. 1900 г.

Зудерманъ. Кошачья дорога. Ром. Перев. съ нѣм. Р. Б. 1897 г. 7, 8, 9, 10.

— Безполезныя силы. Разск. Перев. съ нѣм. Наблюд. 1899 г. 10.

Иверъ, Колетта. Три Гораціи. Разск. Нива 1901 г. 15.

д'Иврэ, Ж. Принцъ Муратъ. Ром. изъ египетск. жизни. Наблюд. 1900 г. 6, 7.

Извецкій, С. Почему? Разск. Перев. съ польск. Сѣв. 1900 г. 47.

Импортированный женихъ. Разск. Перев. съ англ. Ж. 1900 г. 8, 9.

Исторія одной любви. Перев. съ англ. Ж. О. 1898 г. 10, 11.

Иштванъ, Баршони. Пріятели. Разск. Перев. съ венгер. Р. В. 1899 г. 1.

— Баролья стрѣляетъ утокъ. Разск. Перев. съ венг. Р. В. 1898 г. 1.

Кабсъ, Морисъ. Женщина чернаго труда. Разск. Перев. съ фр. Сѣв. 1901 г. 25.

Казъ, Жюль. Оливье Датанъ. Изъ политич. нравовъ современной Франціи. Ром. Перев. съ фр. Р. Б. 1897 г. 2, 3, 4, 5, 6.

Капюсъ, Альфр. Преступленіе въ улицѣ X. Разск. Перев. съ фр. В. И. Л. 1899 г. 6.

— Маска. Разск. Перев. съ фр. В. И. Л. 1901 г. 8.

M-me Каро. Накипѣло. Эскизъ изъ романа «Pas à pas». Перев. съ фр. В. Е. 1898 г. 5.

Каролатъ, Е. Баронъ. Пов. Перев. съ нѣм. Р. Б. 1898 г. 1.

Карпентеръ, Эд. Буръ и Британецъ. Перев. съ англ. Журн. для всѣхъ 1900 г. 2.

Каръ, Альфонсъ. Сплетни и гласность. Н. Ж. И. 1897 г. 9

— Мысли, шутки и стихотворенія въ прозѣ. Н. Ж. И. Л. 1897 г. 8, 10, 11, 12.

Кассанъ, Лео. Отвѣтъ мудреца. Разск. Перев. съ фр. Сѣв. 1897 г. 30.

Кастельнуово, Энрико. Письмо. Разск. Перев. съ итал. В. И. Л. 1899 г. 10.

— Рыцари непорочной Эдиты. Юмор. разск. Перев. съ итал. В. И. Л. 1900 г. 1.

— Письмо. Разск. Перев. съ итал. Ж. О 1899 г. 36.

— Семейная драма. Разск. Перев. съ итал. Ж. О. 1899 г. 50, 51.

— Поздняя весна. Ром. Перев. съ итал. Наблюд. 1898 г. 12.

— Джакомо. Новелла. Перев. съ итал. Р. Б. 1900 г. 10.

— Воспоминанія молодости. Разск. Перев. съ итал. Сѣв. 1898 г. 13

Кельстъ, Жюль. Удачникъ. Разск. Перев. съ фр. Сѣв. 1898 г. 13.

Кингъ, Грэсъ. Судьба. Очеркъ. Ж. О. 1898 г. 19.

Киплингъ, Р. Мой воскресный день на родинѣ. Разск. Перев. съ англ. В. И. Л. 1899 г. 1.

— Рики-тики-тави. Разск. Перев. съ англ. В. И. Л. 1899 г. 7. ·

— Вильгельмъ завоеватель. Разск. Перев. съ англ. В. И. Л. 1900 г. 3.

— Кимъ. Пов. Перев. съ англ. В. И. .л. 1901 г. 6, 7, 8, 9, 10, 11, 12.

— Чудо. Пуранъ богата. Разск. Перев. съ англ. М. Б. 1897 г. 6.

— Какъ явился страхъ. Разск. Перев. съ англ. Сѣв. 1897 г. 21, 22.

— Морскія акулы. Перев. съ англ. Ж. 0. 1897 г. 2.

— Послѣдняя встрѣча. Разск. Перев. съ англ. Ж. 0. 1897 г. 40.

— Рекомендательное письмо. Разск. Перев. съ англ. Ж. 0. 1897 г. 42.

— Птенецъ. Разск. Перев. съ англ. Ж. 0. 1898 г. 15.

— На голодѣ. Разск. Перев. съ англ. М. Б. 1899 г. 1.

— На городской стѣнѣ. Разск. Перев. съ англ. М. Б. 1901 г. 1.

— Новый мостъ. Разск. Перев. съ англ. Р. Б. 1899 г. 1.

— Человѣкъ, который хотѣлъ стать королемъ. Разск. Перев. съ англ. Р. Б. 1899 г. 1.

— Исторія капитана Гедсби. Разск. Перев. съ англ. Р. М. 1898 г. 7, 8.

— Тотъ другой. Разск. Перев. съ англ. Ж. 1897 г. 2.

Смѣлые мореплаватели. Пов. Перев. съ англ. Кн. Нед. 1897 г. 1, 2, 3, 4, 5, 6.

-- Могила его предковъ. Разск. Перев съ англ. Ж. 1900 г. 1.

Кирхнеръ. За счастье. Разск. Перев. съ нѣм. Ж. 1897 г. 6.

— Счастье. Сказка. Перев. съ нѣм. Сѣв. 1897 г. 25.

Кларети, Жюль. Глазъ убитаго. В. И. Л. 1898 г. 6, 7, 8, 9, 10, 11.

Клаузенъ. Честь отца. Разск. Перев. съ нѣм. Сѣв. 1901 г. 35, 36, 37.

Кобылянская, О. Vals mélancolique. Перев. съ укранск. Ж. 1900 г. 12.

Козарцъ, Іосифъ. Посѣщеніе родителей. Разск. Перев. съ хорватск. Р. В. 1901 г. 1.

Колоніусъ, Д. Сокровище морского короля. Разск. Перев. со шведск. Сѣв. 1901 г. 18, 19, 20.

Конанъ, Дойль. Корона съ бериллами. Разск. Перев. съ англ. Нива 1897 г. 19, 20.

— Союзъ рыжеволосыхъ. Перев. съ англ. Нива 1897 г. 33, 35.

— Профессоръ Маріарти. Разск. Перев. съ англ. Нива 1898 г. 5.

— Нищій уродъ. Изъ приключ. Шерлока Холмса. Перев. съ англ. Кн. Нив. 1897 г. 1.

— Опаловая діадема. Изъ приключ. Шерлока Холмса. Разск. Перев. съ англ. Сѣв. 1897 г. 30, 31, 32.

— Скаковая лошадь. Разск. Перев. съ англ. Сѣв. 1898 г. 35, 36, 37.

— Гробъ. Разск. Перев. съ англ. Сѣв. 1900 г. 7.

— Искушеніе. Разск. Перев. съ англ. В И. Л. 1898 г. 1.

— Пропавшій экстренный поѣздъ. Разск. Перев. съ англ. В. И. Л. 1899 г. 2.

— Полосатый ящикъ. Разск. Перев. съ англ. В. И. Л. 1901 г. 2.

— Загадка. Разск. Перев. съ англ. В. И. Л. англ. 1901 г. 2.

— Бимбаши Джонсъ. Разск. Перев. съ англ. В. И. Л. 1901 г. 2.

— Въ Булонскомъ лагерѣ. Пов. временъ Напол. Перев. съ англ. И. В. 1898 г. 1, 2, 3.

— Отсталый. Разск. Перев. съ англ. Р. В. 1897 г.

Конильяни, Эмма. Гордость артиста. Новелла. Перев. съ итальян. Кн. Нив. 1897 г. 3.

О᾽ Конноръ. Пѣснь про бѣдную Моодъ. Изъ ирландскихъ мелодій. Наблюд. 1897 г. 7.

Конопницкая, М. Маріана въ Бразиліи. Перев. съ польск. Ж. 1898 г. 6.

— Со взломомъ. Разск. Перев. съ польск М. Б. 1898 г. 1.

— Картинки изъ тюремной жизни. Перев. съ польск. М. Б. 1898 г. 7.

— Криста. Разск. Перев. съ польск. Журн. для всѣхъ 1897 г. 11, 12.

— Колокольный звонъ. Разск. Перев. съ польск. Журн. для всѣхъ 1900 г. 9.

Конрадъ, Джое. Караинъ. Разск. Перев. съ англ. Р. В. 1898 г. 10.

— Лагуна. Разск. Перев. съ англ. Р. В. 1898 г. 11.

— Юность. Очеркъ. Перев. съ англ. Р. В. 1901 г. 4.

Константиновъ, Алеко. Тьма. Разск. Перев. съ болгарск. В. И. Л. 1897 г. 7.

— Вотъ не ожидали. Перев. съ болг. Ж. О. 1898 г. 35.

Коппе, Франсуа. Ревность. Разск. Перев. съ фр. В. И. Л. 1900 г. 4.

— Пріемышъ. Разск. Перев. съ фр. Сѣв. 1897 г. 1.

— Привидѣніе. Разск. Перев. съ фр. Сѣв. 1900 г. 15, 16.

— Ребенокъ бездѣлушка. Разск. Перев. съ фр. Сѣв. 1901 г. 51.

— Серебряный наперстокъ. Разск. Перев. съ фр. Сѣв. 1901 г. 3.

— Сюжетъ для пьесы. Разск. Перев. съ фр. Сѣв. 1901г. 3.

— Палата. Разск. Перев. съ фр. Новь 1898 г. 14.

Корелли, Марія. Удивительная жена. Пов. Перев. съ англ. В. И. Л. 1898 г. 1.

— Исторія забытаго человѣка. Ром. Перев.

съ англ. Р. В. 1897 г. 2, 3, 4, 5, 6, 7, 8, 9, 10, 11, 12.

— Джэнъ. Пов. Перев. съ англ. Р. В. 1898 г. 6.

— Новая женщина. Пов. Перев. съ англ. Р. В. 1898 г. 11, 12.

Ребенокъ, взятый на прокатъ. Разск. Перев. съ англ. Ж. О. 1899 г. 1.

Косслетъ-Смитъ, Артуръ. Весенняя пора. Ж. 1897 г. 12.

Костъ, Энрикъ. Джіовани Толу. Историч. сардинск. быль. В. И. Л. 1899 г. 1, 2, 3, 7, 8.

Коцюбинскій, М. Ради общей пользы. Перев. съ малор. Ж. 1899 г. 12.

Коэнъ-Стюартъ, Анна. Парусъ. Перев. съ голландск. М. Б. 1898 г. 2.

Крауфордъ, Маріонъ. Исторія одного дня. Ром. Перев. съ англ. Наблюд. 1897 г. 9, 10.

— Парижская колдунья. Ром. Перев. съ англ. Н. Ж. И. Л. 1897 г. 7, 8, 9, 10, 11, 12.

Крафтъ, Робертъ. Англійское пари. Разск. Перев. съ нѣм. Сѣв. 1898 г. 10, 11, 12.

— Въ бѣломъ полѣ. Разск. Перев. съ нѣм. Сѣв. 1900 г. 29, 30.

— Путеводная звѣзда. Разск. Перев. съ нѣм. Нива 1900 г. 12.

Кремеръ. Провинціальный братецъ. Повѣсть. Ж. О. 1897 г. 39.

Крокусъ. Весенній эскизъ изъ жизни на горахъ. Перев. съ нѣм. В. И. Л. 1899 г. 5.

Кроссъ, М. Свадебное приключеніе. Разск. Перев. съ англ. Сѣв. 1900 г. 46.

Крэнэ, Жакъ. Искупленіе. Плакучая ива. В. И. Л. 1901 г. 10.

Куртеленъ, Ж. Маріонетки. Фарсъ. Перев. съ фр. В. И. Л. 1901 г. 6.

де-Куртене, Янъ-Бодуэнъ. Побѣдитель. Древне-греческое преданіе. Перев. съ польск. В. Е. 1900 г. 3.

2*

— Изъ - за любви. Перев. съ польск. В. Е. 1900 г. 11.

— Измаэль. Психологическ. эскизъ. Перев. съ польск. Сѣв. 1901 г. 29, 30, 31, 32, 33, 34.

Курцъ, Изольда. Зиновія. Разск. Перев. съ нѣм. Р. В. 1901 г. 6.

Кутарель, А. Невѣста Трубадура. Новелла. Перев. съ фр. Сѣв. 1897 г. 20, 21.

Кьелландъ, А. Столпы общества. Ром. Перев. съ норвежск. Р. М. 1898 г. 8, 9, 10, 12.

— Каренъ. Разск. Перев. съ норвежск. Ж. О. 1899 г. 9.

Кюрнбергеръ. Смерть изъ за любви. Книжки Нивы 1898 г. 10.

Лаведанъ, А. Еще пять минутъ. Разск. Перев. съ фр. Н. Ж. И. Л. 1899 г. 3.

— Старый слуга. Разск. Перев. съ фр. Р. В. 1901 г. 1.

— Когда онъ былъ маленькій. Разск. Перев. съ фр. Р. В. 1901 г. 1.

— У кормилицы. Разск. Перев. съ фр. В. И. Л. 1901 г. 8.

— Въ ожиданіи поѣзда. Разск. Перев. съ В. И. Л. 1901 г. 12.

Лагерлевъ, Сельма. Сказаніе о птичьемъ гнѣздѣ. Разск. Перев. со шведск. В. И. Л. фр. 1900 г. 12.

де-Лагиръ, Жанъ. Дюбарри на купаньи. Перев. съ фр. В. И. Л. 1901 г. 3.

— Процвѣтающій Тріанонъ. Перев. съ фр. В. И. Л. 1901 г. 12.

Лангманъ, Ф. Цѣль достигнута. Разск. Перев. съ нѣм. Н. С. 1897 г. 9.

Ландъ, Гансъ. Минута счастья. Разск. Перев. съ нѣм. Сѣв. 1897 г. 6, 7.

Лара, графиня. Наканунѣ вечеромъ. Наброски. В. И. Л. 1897 г. 1.

де-Лаунай, М. Пасха у малоазіятскихъ грековъ. Перев. съ фр. Р. В. 1897 г. 6.

Лафаргъ, П. Колоніи іезуитовъ въ Парагваѣ. Очеркъ. Перев. съ фр. Р. Б. 1897 г. 7.

— Карлъ Марксъ. Перев. съ фр. Н. С. 1897 г. 8.

Лебланъ, Морисъ. Ожиданіе. Набросокъ. Перев. съ фр. Сѣв. 1898 г. 27.

Легъ, Корнуэль. Крутой подъемъ. Пов. Перев. съ англ. М. Б. 1899 г. 11, 12.

Леконтъ, Жоржъ. Чиновный міръ. Ром. Перев. съ фр. В. И. Л. 1901 г. 10, 11, 12.

Лемерсье, Морисъ. Аббатъ герой. Разск. Перев. съ фр. Сѣв. 1897 г. 29.

Леметръ, Ж. Мирра. Пов. Перев. съ фр. Сѣв. 1901 г. 39, 40, 41.

Лемонье. Раба. Н. Ж. И. Л. 1897 г. 11.

Ленау, Ник. Чума во Флоренціи. Изъ поэмы «Саванарола». Перев. съ нѣм. В. И. Л. 1898 г.

Ленбахъ, Э. Математикъ. Разск. Перев. съ нѣм. Сѣв. 1898 г. 25, 26.

Лепелетье, Луи. По дорогѣ. Новелла. Перев. съ фр. Ж. 1898 г. 11.

Lesueur, Daniel. Женское правосудіе. Эскизъ. Перев. съ фр. В. Е. 1899 г. 12.

— Тиранія любви. Эскизъ изъ романа «Haine d'amour». Пер. съ фр. В. Е. 1899 г. 4.

Лёуэль. Жизнь на Марсѣ. Н. Ж. И. Л. 1897 г. 11.

Ли, Іонасъ. Чашка съ Утиной косы. Перев. съ норвежск. В. И. Л. 1900 г. 11.

— На закатѣ. Ром. Перев. съ норвежск. Ж. 1897 г. 9, 10, 11, 12.

— Злой духъ. Ром. Перев. съ норвеж. М. Б. 1897 г. 7, 8, 9, 10, 11, 12.

— Неудачникъ. Ром. Перев. съ норвежск. М. Б. 1901 г. 1, 2, 3, 4.

— Звѣрь-человѣкъ. (Дюре Рейнъ). Ром. Перев. съ датск. Р. М. 1997 г. 1, 2, 3, 4.

Лизеруа, Ренъ. Самая идиллическая изъ идиллій. Разск. Перев. съ франц. Сѣв. 1900 г. 27.

Лилли, Вил. Самуэль. Этика искусства. Перев. съ англ. Р. В. 1898 г. 10.
— Прогрессъ. Перев. съ англ. Р. В. 1897 г. 12.
— Свобода. Перев. съ англ. Р. В. 1898 г. 1.
— Народъ. Перев. съ англ. Р. В. 1898 г. 2.
— Общественное мнѣніе. Перев. съ англ. Р. В. 1898 г. 3.
— Народное образованіе. Перев. съ англ. Р. В. 1898 г. 4.
— Права женщинъ. Перев. съ англ. Р. В. 1898 г. 5.
— Торжество матеріализма. Разск. Перев. съ англ. Р. В. 1898 г. 7.
— Бальзакъ и его время. Перев. съ англ. Р. В. 1898 г. 9.
— Спросъ и предложеніе. Перев. съ англ. Р. В. 1899 г. 1.
Лилль, Феликсъ. Таинственная зелень. Разск. Перев. съ фр. Сѣв. 1897 г. 11.
— Предсказательница. Разск. Перев. съ фр. Сѣв. 1900 г. 26, 27.
— Записка короля. Историч. разск. Перев. съ фр. Нива 1900 г. 18.
Линдау, Рудольфъ. Потерянный трудъ. Разск. изъ турецкой жизни. Перев. съ нѣм. Книжки Нивы 1898 г. 1.
де-Лисъ, Жоржъ. На рельсахъ. Разск. Нива 1899 г. 27.
Лихтенбергеръ. Андре. Портреты молодыхъ дѣвушекъ. Р. В. 1901 г. 1.
Лихтенберже, Анри. Пессимизмъ Ибсена. Очеркъ. Перев. съ фр. М. Б. 1901 г. 10.
Лійвъ, Іоганесъ. Раздраженные сосѣди. Разск. Перев. съ эстонск. Ж. О. 1898 г. 5.
Ло, Эрнестъ. Неожиданное счастье. Разск. Перев. съ фр. Сѣв. 1901 г. 30.
Лозанкъ. Грабежи въ Китаѣ. Разск. Перев. съ фр. Сѣв. 1901 г. 13.

Ломброзо, Чезаре. Успѣхи психіатріи. Ж. О. 1897 г. 45, 46.
Лоранъ, Шарль. Сынъ Наполеона. Истор. пов. Перев. съ фр. И. В. 1900 г. 1, 2, 3, 4.
— Шпіонъ Наполеона. Пов. Перев. съ фр. И. В. 1901 г. 5, 6, 7, 8, 9, 10.
Лоренценъ. Дамскій портной. Разск. Нива 1899 г. 8.
де-Лорибаръ, Поль. Слѣпой. Разск. Перев. съ фр. Сѣв. 1901 г. 42, 43.
Лорэнъ, Жанъ. Царь-градъ. Фантазія. Перев. съ фр. Сѣв. 1898 г. 11.
Лоти, Пьеръ. Рамунчо. Ром. Перев. съ фр. В. И. Л. 1897 г. 1, 2, 3, 4.
— Островъ Пасхи. Путев. замѣтки. Перев. съ фр. В. И. Л. 1899 г. 4.
— Ненужныя сожалѣнія. Разск. Перев. съ фр. В. И. Л. 1898 г. 8.
— Моя сенегальская родственница. Перев. съ фр. В. И. Л. 1899 г. 8.
— Кошки. Разск. Перев. съ фр. В. И. Л. 1899 г. 8.
— Смерть ребенка. Разск. Перев. съ фр. Р. В. 1898 г. 3.
— Пасхальныя каникулы. Разск. Перев. съ фр. Р. В. 1898 г. 4.
— Стѣна передъ окномъ. Разск. Перев. съ фр. Р. В. 1898 г. 6.
— Розовый городъ. Разск. Перев. съ фр. М. Б. 1901 г. 12.
— Воспоминаніе о ребенкѣ. Разск. Перев. съ фр. Ж. О. 1898 г. 7.
— Карменсита. Очеркъ. Перев. съ фр. Ж. О. 1898 г. 13.
— Пасхальная вакація. Очеркъ. Перев. съ фр. Ж. О. 1898 г. 14.
— Моль. Очеркъ. Перев. съ фр. Ж. О. 1898 г. 17.
— Процессія. Очеркъ. Перев. съ фр. Ж. О. 1898 г. 26.

Лундегордъ, А. Новый Тангейзеръ. Ром. Перев. со шведск. М. Б. 1899 г. 7, 8, 9, 10, 11.

— **Любовь** мой грѣхъ. Этюдъ изъ романа «L'amour est mon pêcher par l'auteur d'Amitié amoureuse». В. Е. 1899 г. 10.

Люкъ, Ипполитъ. Любовь поэтовъ. Истор. разск. Перев. съ фр. В. И. Л. 1900 г. 10.

Легувэ, Эрн. Три должности слѣпого Якова. Разск. Перев. съ фр. Ж. О. 1899 г. 47.

Маартенс, Маартенъ. Тяжелая уступка. Разск. Ж. О. 1900 г. 16.

— **Пѣснь** любви. Разск. Перев. съ нѣм. Н. Ж. И. Л. 1900 г. 5.

Магали. Вотъ что согрѣваетъ. Разск. Перев. съ фр. Сѣв. 1901 г. 48.

Мажураничъ, Франъ. Словакъ. Миньятюры. Перев. съ хорватск. Сѣв. 1897 г. 32.

— **Ужинъ.** Миньят. Перев. съ хорватск. Сѣв. 1897 г. 32.

— **Возвращеніе.** Миньят. Перев. съ хорват. Сѣв. 1897 г. 32.

— **Дитя.** Миньят. Перев. съ хорватск. Сѣв. 1897 г. 32.

— **Еще** дитя. Миньят. Перев. съ хорват. Сѣв. 1897 г. 32.

— **Женскія** слезы. Перев. съ хорватск. Сѣв. 1897 г. 32.

— **Гнѣздо.** Перев. съ хорватск. Сѣв. 1897 г. 32.

— **Мужскія** слезы. Перев. съ хорв. Сѣв. 1897 г. 32.

Майерсъ, У. 230 верстъ въ часъ. Кн. Нивы 1901 г. 4.

Маклеръ, Ф. Дурной глазъ. Разск. Ж. О. 1900 г. 11.

Мантикъ, Джузепе. Не рой ямы ближнему. Разск. Ж. О. 1897 г. 17.

Маргеритъ, П. и В. Бѣда. Ром. Перев. съ фр. Р. В. 1897 г. 10, 11, 12.

— **Новыя** женщины. Ром. Перев. съ фр. Кн. Недѣл. 1899 г. 9, 10, 11, 12.

— **Голубь.** Разск. Перев. съ фр. Сѣв. 1901 г. 10.

— **Два** торга. Разск. Перев. съ фр. Сѣв. 1901 г. 25.

Маргеритъ, П. Послѣ развода. Разск. Перев. съ фр. Н. М. 1899 г. 12.

— **Портфель.** Разск. Перев. съ фр. Ж. О. 1900 г. 12, 13, 14.

де-Марки, Эм. Холостяки. Разск. Перев. съ итал. Сѣв. 1897 г. 42, 43, 44.

Марковичъ, Д. Въ наймы. Авторскій перев. съ украинск. Н. С. 1897 г. 2.

Марло, Крист. Трагическая исторія доктора Фауста. Драма. Перев. съ англ. Ж. 1899 г. 7, 8.

Мармонтель, Ж. Будуаръ маркизы Помпадуръ. Перев. съ фр. В. И. Л. 1901 г. 6.

Марни, Ж. За столомъ. Сценка. В. И. Л. 1901 г. 6.

Марріэтъ, Флор. Психопаты. Ром. Перев. съ англ. Наблюдат. 1900 г. 3, 4.

Марти, Фрицъ. Мать. Разск. Перев. съ нѣм. Книжки Нивы 1897 г. 9.

— **Въ** городѣ. Очеркъ. Перев. съ нѣм. Ж. О. 1897 г. 32, 33.

Мартэнъ, Ант. Въ царствѣ рулетки. Воспомпнанія. В. И. Л. 1899 г. 3, 4, 5, 6.

Мархъ, Рихардъ. Хорошій призъ. Историч. разск. Нива 1898 г. 31.

ди-Марчи, Эмиліо. Посовѣтуйтесь съ тетушкой. В. И. Л. 1901 г. 12.

Массонъ, Розалина. Новая Алькеста. Разск. Перев. съ англ. Р. В. 1899 г. 3.

Массонъ, Арманъ. Гамма траура. Перев. съ нѣм. В. И. Л. 1899 г. 9.

Матвуль, Симъ. Сотникъ. Перев. съ сербск. Ж. 1900 г. 9.

Матушевскій, Игн. Дьяволъ въ поэзіи,

Перев. съ польск. Р. М. 1901 г. 6, 7, 8, 9, 10, 11.

Mauclair, Camille. Горсть избранниковъ. Эскизъ изъ романа «Le soleil des morts». Перев. съ фр. В. Е. 1898 г. 9, 10.

Мауктоморресъ. Мальчики. Разск. Перев. съ англ. Сѣв. 1900 г. 46.

Маутнеръ, Францъ Подражаніе знаменитымъ образамъ. В. И. Л. 1898 г. 8, 9.

Мевленъ. Аозора. Разск. Перев. съ фр. Р. В. 1899 г. 5.

Мегедэ, Іог. Рих. Среди скитальцевъ. Ром. Наблюдат. 1898 г. 8, 9, 10, 11, 12.

Мезеруа, Рене. Липовый цвѣтокъ. Разск. Перев. съ фр. Сѣв. 1901 г. 23.

Мейерсъ. Желѣзнодорожные спекулянты. Разск. Нива 1900 г. 36.

Мейснеръ, А. Дитя природы. Разск. Перев. съ нѣм. Сѣв. 1897 г. 17, 18.

Мемини. Безъ вины виноватый. Ром. Перев. съ итал. Наблюд. 1897 г. 8, 9, 10, 11, 12.

Мемуары кн. Бисмарка. Пер. съ нѣм. Н. Ж. И. Л. 1899 г. 1, 2, 3, 4, 5, 6, 7, 8.

— Тоже. — В. И. Л. 1899 г. 1, 2, 3, 4, 5, 6, 7, 8, 9, 10, 11, 12.

Мендесъ, Катуллъ. Атлетъ. Разск. Перев. съ фр. Ж. О. 1899 г. 5.

Мериманъ, Сетонъ. Красавица. Эскизъ. Перев. съ англ. Р. В. 1898 г. 9.

— Блудный сынъ. Разск. Перев. съ англ. Ж. О. 1898 г. 7.

— Практичная женщина. Эскизъ. Перев. съ англ. Р. В. 1898 г. 9.

— Милордъ. Эскизъ. Перев. съ англ. Р. В. 1898 г. 10.

— Ученый. Эскизъ. Перев. съ англ. Р. В. 1898 г. 10

— Дитя. Эскизъ. Перев. съ англ. Р. В. 1898 г. 10.

— Между двухъ огней. Романъ. Перев. съ англ. Наблюд. 1898 г. 3, 4.

Метерлинкъ, М. Аглавэна и Селизета. Пьеса. Перев. съ фр. С. В. 1897 г. 1.

— Эгоизмъ. Перев. съ фр. Ж. 1899 г. 1.
Синяя борода и Аріана, или напрасное освобожденіе. Драма въ 3-хъ дѣйств. Перев. съ фр. Ж. 1900 г. 9.

— Жизнь пчелъ. Очеркъ. Перев. съ фр. В. И. Л. 1901 г. 9, 10.

Метцгеръ, Э. Борьба будущаго между бѣлой и желтой расами. Перев. съ нѣм. М. Б. 1898 г. 7.

Мидъ и Юстесъ. Синяя лабораторія. Разск. Перев. съ англ. Новь 1897 г. 11, 12.

— Месть муэзина. Разск. Перев. съ англ. В. И. Л. 1900 г. 7.

— Преслѣдованіе. Разск. Перев. съ англ. Р. В. 1901 г. 4.

— Человѣкъ съ фальшивымъ носомъ. Разск. Перев. съ англ. Сѣв. 1901 г. 5, 6.

Мизази. Месть. Разск. Перев. съ итал. Сѣв. 1898 г. 24.

— Донна Габріэлла. Разск. Перев. съ итал. Сѣв. 1898 г. 28, 29, 30.

Миксати, Кальманъ Голубка въ клѣткѣ. Разск. съ венгер. Р. В. 1900 г. 9.

— Волшебная трава. Разск. Перев. съ венгерск. Р. В. 1901 г. 2.

— Вдовство Софіи Тимаръ. Перев. съ венг. Р. В. 1901 г. 6.

— Арестъ Анны Вэдэ. Перев. съ венгерск. Р. В. 1901 г. 6.

— Негодяй Фильчикъ. Перев. съ венгерск. Р. В. 1901 г. 6.

— Счастье Павла Сичъ. Перев. съ венгерск. Р. В. 1901 г. 6.

Микчатъ. Муха укусила. Очеркъ. Ж. О. 1898 г. 33.

Митчель, Вэръ. При Вашингтонѣ. Истор

ром. Перев. съ англ. И. В. 1897 г. 4, 5, 6, 7, 8, 9, 10, 11.

Мицкевичъ. Конрадъ Валенродъ. Поэма. Перев. съ польск. В. Е. 1899 г. 3.

— О Пушкинѣ. Перев. съ польск. М. Б. 1899 г. 5.

Мишъ, Мери. Обыскъ. Разск. Перев. съ нѣм. Сѣв. 1900 г. 11, 12.

Можетъ-ли ожить замерзшее животное? Перев. съ нѣм. Нива 1897 г.

Мольменти, Помпео. Венеціанское искусство въ эпоху возрожденія. Очеркъ. Перев. съ итал. Сѣв. 1898 г. 25, 26.

О'Монруа, Ришаръ. Любопытное любопытство. Разск. Перев. съ фр. В. И. Л. 1901 г. 9.

— Императоръ. Разск. Перев. съ фр. Сѣв. 1901 г. 1.

— Находчивость. Разск. Перев. съ фр. Сѣв. 1901 г. 2.

— Проводы. Разск. Перев. съ фр. Сѣв. 1901 г. 10.

Монтанусъ, Эр. Принцъ каменщикъ. Истор. очеркъ. Книжки Нивы 1898 г. 10.

Монтель, Альб. Северскій заводъ. Очеркъ. Н. М. 1901 г. 14, 15.

Монтрезоръ. По полямъ и дорогамъ. Ром. Перев. съ англ. Р. В. 1900 г. 7, 8, 9, 10, 11, 12.

— На перекресткѣ. Ром. Перев. съ англ. Р. В. 1901 г. 2, 3, 4, 5, 6, 7.

Монье, Марсель. Отъ Тянъ-Дзиня до Пекина. Очеркъ. Перев. съ фр. Сѣв. 1900 г. 40.

Мопассанъ, Г. Старикъ Милонъ. Разск. Перев. съ фр. В. И. Л. 1899 г. 9.

— Тоже. Н. Ж. И. Л. 1899 г. 9.

— Тоже. Ж. 1899 г. 11.

— Весенній вечеръ. Разск. Перев. съ фр. В. И. Л. 1899 г. 9.

— Тоже, Н. Ж. И. Л. 1899 г. 9.

— Слѣпой. Разск. Перев. съ фр. В. И. Л. 1899 г. 9.

— Тоже. Н. Ж. И. Л. 1899 г. 9.

— Пирогъ. Разск. Перев. съ фр. В. И. Л. 1899 г. 9.

— Тоже. Н. Ж. И. Л. 1899. 9.

— Прыжокъ пастуха. Разск. Перев. съ фр. В. И. Л. 1899 9.

— Тоже. Н. Ж. И. Л. 1899 г. 9.

— Старыя вещи. Разск. Перев. съ фр. В. И. Л. 1899 г. 9.

— Изъ сборника неизданныхъ разсказовъ «Le père Milon». Перев. съ фр. М. Б. 1899 г. 10.

— Ожиданіе. Разск. Перев. съ фр. З. И. Л. 1900 г. 4.

— Тоже. Журн. для всѣхъ. 1900. 7.

— Коробейникъ. Разск. Перев. съ фр. В. И. Л. 1900 г. 4.

— Ожиданіе. Разск. Перев. съ фр. Н. Ж. И. Л. 1900 г. 5.

— Тоже. Н. Ж. И. Л. 1900 г. 4.

— Возлѣ умершаго. Разск. Перев. съ фр. В. И. Л. 1900 г. 4.

— Оранжерея. Разск. Перев. съ фр. В. И. Л. 1900 г. 4.

— Дуэль. Разск. Перев. съ фр. В. И. Л. 1900 г. 4.

— Тоже. Н. Ж. И. Л. 1900 г. 4.

— Вечеринка. Разск. Перев. съ фр. В. И. Л. 1900 г. 4.

— Возлѣ покойника. Разск. Перев. съ фр. Н. Ж. И. Л. 1900 г. 4.

— Вечеръ въ Парижѣ. Разск. Перев. съ фр. Н. Ж. И. Л. 1900 г. 4.

— Возлѣ умершей. Разск. Перев. съ фр. Н. Ж. И. Л. 1899 г. 10.

— Былое. Разск. Перев. съ фр. В. И. Л. 1900 г. 4.

— Былое. Разск. Перев. съ фр. Н. Ж. И. Л. 1900 г. 5.

— Мститель. Разск. Перев. съ фр. В. И. Л. 1900 г. 4.

— Мститель. Разск. Перев. съ фр. Н. Ж. И. Л. 1900 г. 5.

— Первый снѣгъ. Разск. Перев. съ фр. В. И. Л. 1900 г. 4.

— Первый снѣгъ. Разск. Перев. съ фр. Н. Ж. И. Л. 1900 г. 5.

— Шутка. Разск. Перев. Перев. съ фр. В. И. Л. 1900 г. 4.

— Шутка. Разск. Перев. съ фр. Н. Ж. И. Л. 1900 г. 5.

— Письмо, найденное на утопленникѣ, Разск. Перев. съ фр. В. И. Л. 1900 г. 5.

— Письмо, найденное у утопленника. Разск. Перев. съ фр. Н. Ж. И. Л. 1900 г. 5.

— Ужасъ. Разск. Перев. съ фр. В. И. Л. 1900 г. 5.

— Ужасное. Разск. Перев. съ фр. Н. Ж. И. Л. 1900 г. 5.

— Судорога. Разск. Перев. съ фр. Н. Ж. И. Л. 1900 г. 5.

— Судорога. Разск. Перев. съ фр. В. И. Л. 1900 г. 5.

— Конецъ. Разск. Перев. съ фр. В. И. Л. 1900 г. 5.

— Конецъ. Разск. Перев. съ фр. Н. Ж. И. Л. 1900 г. 5.

— Мои 25 дней. Разск. Перев. съ фр. В И. Л. 1900 г. 5.

— Мои двадцать пять дней. Разск. Перев. съ фр. Н. Ж. И. Л. 1900 г. 5.

— Классный наставникъ. Разск. Перев. съ фр. Н. Ж. И. Л. 1900 г. 7.

— Мученикъ латыни. Разск. Перев. съ фр. В. И. Л. 1900 г. 5.

— Латинистъ. Разск. Перев. съ фр. Наблюдат. 1901 г. 2.

— Сильна какъ смерть. Романъ. Перев. фр. Наблюд. 1901 г. 11, 12.

— Страсть. Разск. Перев. съ фр. Н. Ж. И. Л. 1899 г. 8.

— Два письма. Разск. Перев. съ фр. Н. Ж. И. Л. 1899 г. 8.

— Хитрость. Разск. Перев. съ фр. Н. Ж. И. Л. 1899 г. 8.

— Ивелина Самори. Разск. Перев. съ фр. Н. Ж. И. Л. 1899 г. 8.

— Другъ Жозефъ. Разск. Перев. съ фр. Н. Ж. И. Л. 1899 г. 8.

— Лунный свѣтъ. Разск. Перев. съ фр. Н. Ж. И. Л. 1899 г. 8.

— Старые предметы. Разск. Перев. съ фр. Н. Ж. И. Л. 1899 г. 10.

— Магнетизмъ. Разск. Перев. съ фр. Н. Ж. И. Л. 1899 г. 10.

— Корсиканскій бандитъ. Разск. Перев. съ фр. Н. Ж. И. Л. 1899 г. 10.

— Фермеръ. Разск. Перев. съ фр. В. И. Л. 1900 г. 5.

— Фермеръ. Разск. Перев. съ фр. Нов. Ж. И. Л. 1900 г. 7.

— Предостереженіе. Разск. Перев. съ фр. В. И. Л. 1900 г. 5.

— Предостереженіе. Разсказъ. Перев. съ франц. Н. Ж. И. Л. 1900 г. 7.

— Новогодній подарокъ. Разск. Перев. съ фр. В. И. Л. 1900 г. 5.

— Новогодній подарокъ. Разск. Перев. съ франц. Н. Ж. И. Л. 1900 г. 7.

— Послѣдствія. Разск. Перев. съ фр. В. И. Л. 1900 г. 5.

— Воскресный отдыхъ парижскаго буржуа. Нов. Перев. съ фр. В. И. Л. 1901 г. 1.

— Слѣпой. Разск. Перев. съ фр. Ж. 1899 г. 9.

— Послѣдствія. Разск. Перев. съ фр. Н. Ж. И. Л. 1900 г. 7.

— Веревочка. Разсказъ. Перев. съ франц. Журн. для всѣхъ 1900 г. 6.

— Исповѣдь женщины. Разск. Перев. съ фр. Ж. 1899 г. 9.

— Исповѣдь женщины. Разск. Перев. съ фр. Н. Ж. И. Л. 1899 г. 10.

— Сирота. Разск. Перев. съ фр. Н. Ж. И. Л. 1899 г. 10.

Моравскій. Жена фабриканта. Пов. Перев. съ чешск. Наблюд. 1901 г. 4, 5.

Морель, Андре. Основательный бракъ. — Les justes Noces. Ром. Перев. съ фр. Р. М. 1897 г. 7, 8.

Мёрингъ, Элиза. Бѣлый макъ. Новелла. Перев. съ нѣм. Р. М. 1901 г. 9.

Морлей, Джонъ. Новое жизнеописаніе Оливера Кромвеля. Историч. монографія. Перев. съ англ. Н. Ж. И. Л. 1900 г. 1, 2, 3, 4, 5, 6, 7, 8, 9, 10, 11, 12.

Моррисонъ, Арт. Изъ жизни глухихъ улицъ. Разск. Перев. съ англ. М. Б. 1897 г. 8.

— Дитя Яго. Ром. Перев. съ англ. Р. М. 1898 г. 2, 3, 4, 5.

Мошковскій, А. Популярная химія. Юмор. разск. Перев. съ нѣм. В. И. Л. 1899 г. 5.

— Жертва телеграфа. Юмор. разск. Перев. съ нѣм. В. И. Л. 1899 г. 5.

— Дешевыя новости. Юмор. разск. Перев. съ нѣм. В. И. Л. 1899 г. 5.

Мундтъ, Т. Графъ Мирабо. Истор. ром. Перев. съ нѣм. И. В. 1899 г. 2, 3, 4, 5, 6, 7, 8, 9, 10, 11, 12.

Муръ, Джорджъ. Мильдредъ Лоосонъ. Ром. Перев. съ англ. Наблюд. 1897 г. 4, 5, 6, 7.

Муръ, Ф. Милліонеры. Ром. Перев. съ англ. Р. В. 1899 г. 1, 2, 3, 4, 5.

Мюлленбахъ, Эр. Пегія таксы и мирная революція. Листки изъ хроники одного маленькаго государства. Перев. съ нѣм. И. В. 1897 г. 9.

Мюллеръ. Венды нижней Лузаціи. Перев. съ нѣм. Ж. 1898 г. 9.

Мюльфельдъ, Люсьенъ. Злая страсть. Ром. Перев. съ фр. В. И. Л. 1899 г. 2, 3, 4, 5, 6, 7.

— Карьера Андрэ Туретъ. Ром. Перев. съ фр. В. И. Л. 1900 г. 10, 11, 12.

де-Мюссе, Альфредъ. Исповѣдь сына вѣка. Перев. съ фр. Н. Ж. И. Л. 1897 г. 9, 10, 11, 12.

— Майская ночь. Перев. съ фр. Р. В. 1899 г. 1.

— Люси. Элегія. Пер. съ фр. Р. В. 1899 г. 8.

де-Навери, Рауль. Скрипачъ. Легенда. Перев. съ фр. Сѣв. 1898 г. 31.

Нансенъ, П. Освѣщенное окно. Разск. Перев. съ норвеж. В. И. Л. 1900 г. 11.

Нансенъ, Фрит. Среди ночи и льда. Перев. съ норвежск. Р. Б. 1897 г. 1, 2, 3, 4, 5, 6, 7, 8, 9, 10, 11, 12.

— Тоже. В. И. Л. 1897 г. 1, 2, 3, 4, 5, 6, 7, 8, 9, 10, 11, 12.; 1898 г. — 1, 2, 3, 4, 5, 6, 7, 8, 9, 10, 11, 12.

Нееръ. Правда въ искусствѣ. Очеркъ. Н. М. 1899 г. 16.

— Приключеніе двухъ философовъ. Юмор. разск. Новь 1897 г. 23.

О'Нейль-Латамъ. Сказка объ одной колдуньѣ и нѣсколькихъ заколдованныхъ. Перев. съ англ. Н. Ж. И. Л. 1899 г. 1.

Нейманъ, Л. Въ пустынѣ. Восточн. легенда. Перев. въ польск. Сѣв. 1900 г. 42.

Ніонъ, Франсуа. Отъ Брива до Кагора. Разск. Перев. съ фр. Сѣв. 1900 г. 28.

— Секретарь. Разск. Перев. съ фр. Сѣв. 1901 г. 23.

Нодъ, Эдме. Обѣщаніе. Разск. Перев. съ фр. Сѣв. 1901 г. 6.

Нордау, Максъ. Какая разница между англичаниномъ и американцемъ. Перев. съ нѣм. В. И. Л. 1899 г. 9.

— Новые парадоксы. Нравственно-общественные- этюды. О бракѣ. Н. Ж. И. Л. 1900 г. 6, 7, 8, 9.

— Безъ счастья. Разск. Перев. съ нѣм. Новь 1897 г. 22.

де-Норъ, А. Воровка. Разск. Перев. съ нѣм. Нива 1897 г. 17.

Ньюменъ, Е. Урокъ реализма. Набросокъ. Перев. съ англ. Сѣв. 1897 г. 23.

Нѣмоевскій. Старушка. Разск. Перев. съ польск. Ж. 1898 г. 2.

— Разсчетъ. Разск. Перев. съ польск. Ж. 1898 г. 2.

— Машинистъ. Разск. Перев. съ польск. Ж. 1898 г. 5.

— Машинистъ. Перев. съ польск. Н. С. 1897 г. 11.

— Характеристика поэзіи Адама Мицкевича. Перев. съ польск. Ж, 1899 г. 4.

Праздникъ подъ землей. Стихотв. въ прозѣ. Перев. съ польск. Ж. 1899 г. 6.

— Подземный праздникъ. Эск. Перев. съ польск. Н. М. 1901 г. 10.

-- Письма ненормальнаго человѣка. Перев. съ польск. М. Б. 1900 г. 1, 2, 3.

— Листопадъ. Пер. съ пол. Н. С. 1897 г. 11.

Вверху. Эскизъ. Перев. съ польск. Н. С. 1897 г. 11.

-- Дѣти улицы. Эскизъ. Перев. съ польск. Н. С. 1897 г. 11.

— На службѣ. Перев. съ польск. Н. С. 1897 г. 11.

— Прометей. Фантазія. Перев. съ польск. Сѣв. 1901 г. 7.

— Горная повозка. Эскизъ. Перев. съ польск. Н. М. 1901 г, 1.

— Визитъ. Эск. Перев. съ польск. Н. М. 1901 г. 1.

— Въ ссорѣ. Эск. Перев. съ польск. Н. М. 1901 г. 4.

-- Уличные мальчишки. Эск. Перев. съ польск. Н. М. 1901 г. 6.

— Два призрака. Эск. Перев. съ польск. Н. М. 1901 г. 6.

— Лампа. Эск. Перев. съ польск. Н. М. 1901 г. 10.

— Трагедія. Эск. Перев. съ польск. Н. М. 1901 г. 15.

— Лотъ. Эск. Перев. съ польск. Н. М. 1901 г. 16.

— На морѣ. Эск. Перев. съ польск. Н. М. 1901 г. 22.

— Корабль ночи. Эск. Перев. съ польск. Н. М. 1901 г. 22.

Оестергаардъ. Упрямецъ. Разск. Перев. съ датск. Сѣв. 1901 г. 15, 16.

Ожешко, Эл. Помнишь ли? Разск. Перев. съ польск. Ж. 1898 г. 6.

— Эхо. Разск. Перев. съ польск. книжки Недѣли 1900 г. 1.

— Моментъ. Разск. Перев. съ польск. Р. Б. 1901 г. 6.

— Моментъ. Разск. Перев. съ польск. Р. М. 1899 г. 1.

— Узы. Новелла. Перев. съ польск. М. Б. 1897 г. 1.

— Разными путями. Разск. Перев. съ польск. М. Б. 1901 г. 3.

— Бѣлый цвѣтокъ. Новелла. Перев. съ польск. В. И. Л. 1899 г. 3.

— Съ разныхъ дорогъ. Разск. Перев. съ польск. В. И. Л. 1901 г. 3.

— Тоже. Р. М. 1901 г. 3.

— Дымъ. Разск. Перев. съ польск. В. И. Л. 1901 г. 12.

— Загадка. Разск. Перев. съ польск. Р. Б. 1901 г. 5.

— Тоже. Книжки Нивы 1901 г. 8.

— Полька. Истор. оч. Перев. съ польск. Р. М. 1897 г. 11.

— Тоже. Ж. О. 1899 г. 29, 30, 31, 32.

— Панна Роза. Разск. Перев. съ польск. Р. М. 1898 г. 1.

— Съ пожара. Перев. съ польск. Р. М. 1898 г. 8, 9.

— Братья. Новелла. Перев. съ польск. Р. М. 1899 г. 7, 8.

— Одна сотая. Новелла. Перев. съ польск. Р. М. 1899 г. 6.

— Excelsior. Очеркъ. Перев. съ польск. Сѣв. 1898 г. 8, 9.

— Нума Помпилій. Легенда. Перев. съ польск. Сѣв. 1900 г. 48.

— Лозунгъ. Разск. Перев. съ польск. Сѣв. 1900 г. 50, 51.

— Морскія мыши. Разск. Перев. съ польск. Сѣв. 1901 г. 1, 2.

— Зимній вечеръ. Разск. Перев. съ польск. Ж. О. 1897 г. 7.

— Аргонавты. Пов. Перев. съ польск. В. Е. 1899 г. 1, 2, 3, 4.

— Тразей. Разск. Перев. съ польск. Ж. 1900 г. 11.

Озіа-Тюреннъ, Р. Король Клондайка. Ром. Перев. съ фр Р. Б. 1901 г. 1, 2, 3.

— Тоже. В. И. Л. 1901 г. 12.

Олифантъ. Жизненные пути. Перев. съ англ В. Е. 1899 г. 5, 6.

Ольдворсъ, Анни. Вернулся. Перев. съ англ. М. Б. 1899 г. 3.

Ольденъ. Клубъ разведенныхъ. Юмор. разск. Перев. съ англ. В. И. Л. 1899 г. 5.

Ольтрофъ, А. Супруга маіора. Разск. Перев. съ нѣм. Сѣв. 1897 г. 45, 46, 47.

фонъ-Омптедъ, Г. Далила. Ром. Перев. съ нѣм. В. Е. 1900 г. 2, 3.

— И всетаки. Эскизъ. Перев. съ нѣм. Р. М. 1900 г. 11.

— Это война. Разск. Перев. съ нѣм. Сѣв. 1897 г. 19.

— Маленькая танцовщица. Разск. Перев. съ нѣм. Нива 1899 г. 42.

Онз, Жоржъ. Кутящій Парижъ. Ром. Перев. съ фр. В. И. Л. 1900 г. 8, 9, 10, 11, 12.

Орканъ, В. Юзына. Изъ жизни татарск. горцевъ. Перев. съ польск. Р. Б. 1900 г. 12.

— Краткій сонъ. Разск. Перев. съ польск Сѣв. 1900 г. 18.

Орлокъ, Вл. Бездомные. Этюдъ. Перев. съ польск. Сѣв. 1900 г. 28.

Ортманъ. Жена ближняго. Разск. Нива 1901 г. 52.

Ортъ, К. Сыщица. Разск. Книжки Нивы 1899 г. 8.

Остой. Органистъ. Разск. Ж. О. 1899 г. 2.

— Отецъ. Разск. Перев. съ франц. Журн. для всѣхъ 1899 г. 8.

Отравительницы и чародѣйки. Очерки придворныхъ нравовъ временъ Людовика XIV. В. И. Л. 1900 г. 1, 2, 3.

Падро-Базанъ, Эм. Моя первая любовь. Разск. Перев. съ испанск. В. И. Л. 1901 г. 12.

— Седано. Разск. Перев. съ испанск. Сѣв. 1898 г. 24.

— Сокровище. Разск. Перев. съ исп. Сѣв. 1898 г. 27.

Пайкель, Фр. Мастерской выстрѣлъ. Разск. Перев. съ англ. Сѣв. 1900 г. 2.

Паленцъ, Вил. Хозяинъ. Пов. Перев. съ нѣм. В. Е. 1899 г. 1, 2, 3, 4.

— Помѣщики (Der Grabenhäger). Ром. Перев. съ нѣм. Начало. 1899 г. 1-2, 3.

Пасха въ Нью-Іоркѣ. Ж. О. 1899 г. 18.

Пауль, Ад. Одинъ изъ новыхъ. Разск. Перев. со шведск. Сѣв. 1897 г. 26.

Петровичъ-Бралъ. Городской. Разск. Перев. съ сербск. Р. В. 1898 г. 3.

Пешкау, Е. Романъ королевы. Историч. новелла. Книжки Нивы 1898 г. 5.

Пирсъ, Эдуардъ. Скарронъ. Комич. ром. съ иллюстраціями. В. И. Л. 1901 г. 1, 2, 3, 4, 5, 6, 7, 8, 9, 10, 11.

Пометти. Stabat Mater Dolorosa. Разск. Перев. съ итал. Сѣв. 1897 г. 14.

Понтопиданъ, Г. Любовь Пов. Перев. съ датск. Наблюд. 1898 г. 4.

— Обѣтованная земля. Ром. Перев. съ датск. Н. С. 1897 г. 1, 2, 3, 4.

Посидѣлки. Румынскія сказки. Перев. съ фр. Р. М. 1900 г. 11.

Потоцкій, Ан. Будничный день. Новелла. Перев. съ польск. Р. М. 1900 г. 12.

Прагъ, Марко. Блондиночка. Пов. Перев. съ итальян. В. И. Л. 1901 г. 8, 9.

Прево, Марсель. Завѣтный садъ. Ром. Перев. съ фр. В. И. Л. 1897 г. 6, 7, 8, 9.

— Запечатлѣнный садъ. Ром. Перев. съ фр. Ж. 1897 г. 9, 10, 11, 12.

— Счастливый бракъ. Пов. Перев. съ фр. В. И. Л. 1899 г. 4, 5, 7.

— Молодыя силы. Ром. Перев. съ фр. В. И. Л. 1899 г. 7, 8, 9. 10, 11, 12.

— Леа. Ром. Перев. съ фр. В. И. Л. 1900 г. 2, 3, 4, 5, 6, 7, 8, 9, 10.

— Изъ женскихъ писемъ. Перев. съ фр. В. И. Л. 1898 г. 8.

— Тоже. В. И. Л. 1898 г. 10.

— Тоже. В. И. Л. 1899 г. 1.

— Тоже. В. И. Л. 1900 г. 2.

— Вяхири. Разск. Перев. съ фр. В. И. Л. 1901 г. 9.

Желтое домино. Пов. Перев. съ фр. В. И. Л. 1901 г. 11.

— Глаза. Разск. Перев. съ фр. Ж. 1897 г. 6.

— Соланжъ — волчиха. Разск. Перев. съ фр. Книжки Нивы 1897 г. 5.

— Піонерки. Ром. Перев. съ фр. Наблюд. 1900 г. 8, 9, 10.

Пресбергъ. Руд. Sancta simplicitas. Разск. Перев. съ нѣм. Сѣв. 1900 г. 24.

Преступленіе дѣдушки Власа. Журн. для всѣхъ 1897 г. 10, 11, 12.

Провансъ. Мишель. До и по . . . Перев. съ фр. В. И. Л. 1899 г. 8.

Провэнъ, Миш. Сцены изъ супружеской жизни. Перев. съ фр. В. И. Л. 1901 г. 4.

— Психологъ. Перев. съ фр. В. И. Л. 1901 г. 10.

Прозенъ. Пепелъ. Очеркъ. Нива 1899 г. 38.

Прусъ, Болеславъ. Фараонъ. Истор. ром. Перев. съ польск. М. Б. 1897 г. 1, 2, 3, 4, 5, 6, 7, 8, 9, 10, 11, 12.

— Грѣхи дѣтства. Пов. Перев. съ польск. Книжки Нивы 1897 г. 1, 2, 3.

При лунномъ свѣтѣ. Перев. съ польск. Книжки Нивы 1899 г. 5.

— Новообращенный. Разск. Перев. съ польск. В. И. Л. 1898 г. 2.

— Примиреніе. Разск. Перев. съ польск. Н. Ж. И. Л. 1897 г. 12.

— Видѣніе Якова. Перев. съ польск. Сѣв. 1900 г. 3.

— Кольцо Горуса. Древне-египетск. легенда. Перев. съ польск. Сѣв. 1900 г. 13.

Прюдомъ, Сюлли. Сонъ. Перев. съ фр. В. И. Л. 1897 г. 4.

Пшибышевскій, Ст. Гости. Драматич. эпилогъ въ 1-мъ д. Перев. съ польск. В. И. Л. 1901 г. 10.

Рабле, Франсуа. Пантагрюэль. Перев. съ фр. Н. Ж. И. Л. 1899 г. 1, 2, 3, 4, 5. 1900 г. 7, 8, 9, 10, 11, 12.

Радичъ. Пушечное мясо. Разск. Нива 1900 г. 8.

Разочарованiе Разск. Перев. съ фр. Наблюд. 1900 г. 5.

Раисъ, К. В Одинъ изъ многихъ. Разск. Перев. съ чешск. Р. М. 1901 г. 12.

Рамо, Жанъ. Декаденты. Ром. Перев. съ фр. Книжки Нивы 1901 г. 4, 5, 6, 7.

Раудонъ, Горасъ. Предложенiе. Разск. Ж. О. 1899 г. 46.

Раффи. Шарабани. Изъ жизни огнепоклонниковъ въ Персiи. Разск. Пер. съ арм. Сѣв. 1898 г. 2.

Револьонъ. Штормъ. Разск. Перев. съ фр. Сѣв. 1901 г. 49.

Редзинъ, Вальтеръ. Мученики наживы. Разск. Перев. съ англ. Сѣв. 1900 г. 39.

Рейбрахъ, Жанъ. Въ пещерѣ. Н. Ж. И. Л. 1897 г. 11.

Реймонтъ, Владиславъ Ст. Передъ разсвѣтомъ. Новелла. Перев. съ польск. М. Б. 1901 г. 12.

Рейнеръ, Марiа Рильке. Всѣ въ одной. Разск. Перев. съ нѣм. С. В. 1897 г. 10.

Рейтеръ, Габрiэль. Перемудрилъ. Пов. Переводъ съ нѣм. М. Б. 1898 г. 6.

— Тонкiй знатокъ жизни. Перев. съ нѣм. Р. М. 1898 г. 11.

— Противъ устава. Разск. Перев. съ нѣм. Нива 1899 г. 46.

Ремеръ, А. Тревога. Юморист. разск. Переводъ. съ нѣм. Сѣв. 1901 г. 47, 48.

Ренадэнъ. Поль. Имянины. Перев. съ фр М. Б. 1899 г. 5.

Ренье, Густавъ. Послѣдняя любовь Лопе де Вега. Очеркъ. В. И. Л. 1897 г. 8.

— Тоже. Новь. 1897 г. 19.

Рескинъ, Джонъ. Антверпенскiй ковачъ. Ист. разск. Перев. съ англ. И. В. 1901 г. 11.

Ритеръ, Анна. Немезида. Новелла. Перев. съ нѣм. Наблюд. 1901 г, 3.

Рихтеръ, Iог. П Цвѣты, плоды, шипы или брачная жизнь. смерть и свадьба адвоката бѣдныхъ Зибенкейза. Ром. Перев. съ нѣм. Н. Ж. И. Л. 1899 г. 5, 6, 7, 8, 9, 10, 11.

Ришпенъ. Образцовое преступленiе. Разск. Перев. съ фр. Ж. О. 1899 г. 24.

Ришъ, Данiэль. Роза съ красными цвѣтами. Разск. Перев. съ фр. Сѣв. 1901 г. 21.

Робинсъ. Истинные друзья. Разск. Нива 1900 г. 25.

Роветта, Джероламо. Разбитая жизнь. — Mater Dolorosa. Ром Перев. съ итал. Наблюд. 1899 г. 7, 8, 9, 10, 11, 12.

— Синьорина. Ром. Перев. съ итал. В. И. Л. 1900 г. 9, 10, 11.

Роденбахъ, Ж. Любовь и смерть. В. И. Л. 1901 г. 5.

— Городъ. В. И. Л. 1901 г. 5.

— Въ коллежѣ. В. И. Л. 1901 г. 5.

— Колоколъ. В. И. Л. 1901 г 5.

— Переѣздъ съ квартиры. В. И. Л. 1901 г. 5.

Родзевичъ, Марiя. Первая пуля. Разск. Перев. съ польск. Жур. для всѣхъ 1900 г. 7, 8.

— Огоньки. Картинка. Перев. съ польск. Сѣв. 1900 г. 6, 7.

Родъ, Эд. На высяхъ горъ. Перев. съ фр. В. И. Л. 1897 г 1 1 2, 3, 4, 5, 6.

— На полпут .. Перев. съ фр. В. Е. 1900 г. 4.

— Огонь и вода. Новелла. Перев. съ фр. Ж. О. 1899 г. 29, 30.

Родъ, М. Ожиданiе. Разск. Перев. съ фр. Нива 1901 г. 7.

Роззенгеръ, П. Какъ крестьяне занимаются политикой. Изъ жизни штирiйск. крестьянъ. Разск. Перев. съ нѣм. Р. М. 1898 г. 3.

— Табачекъ стараго Андрея. Изъ жизни штир. крестьян. Разск. Перев. съ нѣм. Р. М. 1898 г. 3.

— Пріятели. Изъ жизни штирійск. крест. Разск. Перев. съ нѣм. Р. М. 1898 г. 3.

— Игра въ орѣхи. Изъ жизни штир. крест. Разск. Перев. съ нѣм. Р. М. 1898 г. 3.

— Троицкій поклонникъ. Изъ жизни штир. крест. Разск. Перев. съ нѣм. Р. М. 1898 г. 7.

— Яковъ послѣдній. Ром. изъ быта австрійскихъ крестьянъ. Перев съ нѣм Нов. Слов. 1897 г. 5, 6, 7, 8, 9.

— Комедія смерти. Разск. Перев. съ нѣм. Сѣв. 1900 г. 22, 23, 24.

Рокхиль. Въ страну ламъ. Путешествіе по Китаю и Тибету. Перев. съ англ. М. Б. 1901 г. 1, 2, 3, 4, 5, 6, 7, 8.

Роланъ, Шарль. Романъ герцога Рейхштадтскаго. Пов. Перев. съ франц. В. И. Л. 1900 г. 6, 7, 8, 9.

Ромеръ, Альванъ. На поклонъ. Очеркъ. Ж. О. 1897 г. 34.

Рони, Ж. Тигръ. Разск. Перев. съ франц. В. И. Л. 1897 г. 4.

— Тоже. Жизнь. 3. (I).

— Соблазнительница. Перев. съ фр. Р. М. 1897 г. 6.

— Завоеванная любовь. Пов. Пер. съ фр. Ж. О. 1897 г. 5.

— Искупительница. Очеркъ. Перев. съ фр. Ж. О. 1897 г. 24.

Росмеръ, Э. Въ заборной улицѣ. Разск. Пер. съ нѣм. Сѣв. 1900 г. 10.

— Платонически. Разск. Перев. съ нѣм. Сѣв. 1900 г. 23, 24.

Rosny, Y. H. Золотая стрѣлка. Ром. Пер. съ фр. В. Е. 1900 г. 12.

— Новые срубы. Ром. Пер. съ фр. В. Е. 1901 г. 1, 2. 3.

Россъ, Клинтонъ. Заговоръ. Изъ воспоминаній Ферфаска Мильдтона о генералѣ Вашингтонѣ. Разск. И. В. 1900 г. 3.

Рошанъ, Ж. Кузина Марта. Разск. Пер. съ фр. Сѣв. 1901 г. 20.

Рутеленъ Ж. На рынкѣ. Пер. съ нѣм. В. И. Л. 1899 г. 9.

Рэминъ, Эрнестъ. Расплата. Ром. Пер. съ нѣм. Наблюд. 1899 г. 5, 6.

Сабо-Ногаль, Янко. Счастье. Очеркъ. Пер. съ венгерск. Р. В. 1899 г. 5.

—· Туфля. Очеркъ. Пер. съ венгерск. Р. В. 1899 г. 5.

·— Зубъ мудрости. Очеркъ. Пер. съ венгерск. Р. В. 1899 г. 7.

— Письма. Очеркъ. Пер. съ венгерск. Р. В. 1899 г. 7.

— Настоящій. Очеркъ. Пер. съ венгерск. Р. В. 1899 г. 9.

—— Метелка изъ перьевъ. Очеркъ. Пер. съ венгерск. Р. В. 1899 г. 9.

——— Сѣдой волосъ. Очеркъ. Пер. съ венг Р. В. 1899 г. 9.

— Имущество. Очеркъ. Пер. съ венг. Р. В. 1901 г. 7.

— Зачѣмъ, зачѣмъ? Очеркъ. Пер. съ венг. Р. В. 1901 г. 7.

— Медвѣдь. Очеркъ. Пер. съ венг. Р. В. 1901 г. 7.

— Габришъ. Очеркъ. Пер. съ венгерск. Р. В. 1901 г. 7.

—— Лона. Очеркъ. Пер. съ венгерск. Р. В. 1901 г. 7.

— Киска и спица. Очеркъ. Пер. съ венг. Р. В. 1901 г. 10.

Савонъ, Мишманъ. Хорошій день. Разск. Пер. съ фр. Сѣв. 1900 г. 31, 32.

Саккардо. Ф. Младенецъ Іисусъ. Разск. Пер. съ итал. В. И. Л. 1898 г. 1.

Салентинъ-Веверъ. Двойникъ. Ист. разск. Нива. 1899 г. 48, 49.

— Счастливая Тоня. Нива. 1901 г. 49.

— Опальная принцесса. Историч. разск. Книжки Нивы 1900 г. 10.

Сантери, Ингманъ. Безхвостый теленокъ. Пер. съ финск. М. Б. 1901 г. 11.

— Ржаной кофе. Пер. съ финск. М. Б. 1901 г. 11.

Свѣнтоховскій. Два философа. Разсказъ. Пер. съ польск. Сѣв. 1901 г. 41.

Сейкенъ. Будущій министръ. Разск. Пер. съ японск. Ж. 1898 г. 11.

Сельгасъ, Хозе. Число тринадцать. Разск. Пер. съ исп. В. И. Л. 1899 г. 1.

Сенкевичъ, Г. Меченосцы. Ром. Перев. съ польск. В. И. Л. 1897 г. 3, 4, 5, 6, 7, 8, 9, 10, 11; 1898 г. 1, 2, 3, 4, 5, 6, 7, 9, 11, 12; 1899 г. 1, 3, 5, 6, 8, 9, 11; 1900 г. 1, 2, 3, 4, 5, 6, 7, 8, 9, 10.

— Крестоносцы. Историч. ром. Пер. съ польск. Р. М. 1897 г. 2, 3, 5, 6, 7, 8, 9; 1898 г. 1, 2, 5, 6, 10, 11, 12; 1899 г. 1, 2, 3, 4, 5, 9, 10, 12; 1900 г. 1, 2, 6, 7.

— Тоже. С. В. 1897 г. 2, 3, 4, 5, 6, 10, 11, 12.

— На свѣтломъ берегу. Пов. Перев. съ польск. Сѣв. 1897 г. 10, 11, 12, 13, 14, 15, 16, 17, 18, 19, 20.

— Тоже. В. И. Л. 1897 г. 2, 3, 4, 5.

— Тоже. Р. М. 1897 г. 1, 2, 3, 5.

— На Олимпѣ. Легенда. Пер. съ польск. В. И. Л. 1900 г. 4.

— Тоже. М. Б. 1900 г. 10.

— Судъ Зевеса. Пер. съ польск. Новь 1898 г. 18.

Сентъ-Бэвъ. Изъ записокъ герцога Сенъ-Симона. Пер. съ франц. М. Б. 1899 г. 9, 10, 11, 12.

Сенъ-Янтъ-Сенъ Невѣроятныя сказки. Пер. съ англ. Р. Б. 1897 г. 12.

Серао, Матильда. Ожиданіе. Разск. Пер. съ итал. М. Б. 1898 г. 3.

— Разладъ. Разск. Пер. съ итал. М. Б. 1898 г. 3.

— Земля обѣтованная. Изъ неаполитанскихъ нравовъ съ предисловіемъ Поля Бурже. Перев. съ итал. В. И. Л. 1898 г. 5, 6, 7, 8, 9, 10, 11, 12.

— Лавина. Разск. Пер. съ итал. В. Е. 1900 г. 1.

— На ѣаткѣ. Перев. съ итал. Наблюд. 1901 г. 6.

— Джемма. Разск. Перев. съ итал. Ж. 1897 г. 3 (2).

— Зигзаги. Разск. Перев. съ итал. Ж. 1898 г. 6.

— Мѣщане въ театрѣ. Очеркъ. Пер. съ итал. Ж. О. 1897 г. 26.

— Народная пѣснь. Очеркъ. Пер. съ итал. Ж. О. 1897 г. 27.

Слуша-а-а-й! Пов. Пер. съ итал. Ж. О. 1899 г. 14, 15, 17, 18, 19, 20, 22, 23.

— Честь. Разск. Пер. съ итал. Новь. 1898 г. 7.

— На гнилой почвѣ. Эскизъ. Перев. съ итал. Новь. 1898 г. 22.

— Задушевная бесѣда. Разск. Перев. съ итал. Сѣв. 1898 г. 7.

Сеше, Леонъ. Полевой цвѣтокъ. Разск. Ж. О. 1898 г. 38.

Сигурдъ. Лѣтняя сказка. Разск. Пер. со швед. Ж. О. 1898 г. 32.

— Собака господина Бламберга. Юмор. разск. Пер. со швед. Ж. О. 1899 г. 7.

— Ревизія. Разск. Пер. со швед. Сѣв. 1898 г. 33.

Сикра. Пришлыя. Пов. Пер. съ венгерск. Р. В. 1900 г. 1, 2, 3.

Сильва, Карменъ. Месть. Разск. Пер. съ румынск. Книжки Нивы 1897 г. 6.

— Мысли королевы. Перев. съ румынск. В. И. Л. 1899 г. 4.

— Скала желанія. Румынское преданіе. Перев. съ рум. Новь 1898 г. 5.

— Драгомира. Разск. Перев. съ рум. Н. М. 1901 г. 19.

Сильвестръ, Арманъ. Хамза. Разск. Перев. съ фр. Сѣв. 1900 г. 48.

— Te Deum. Разск. Перев. съ фр. Сѣв. 1900 г. 49.

— По совѣсти. Разск. Перев. съ фр. Сѣв. 1900 г. 49.

— Рождественское чудо. Разск. Перев. съ фр. Сѣв. 1901 г. 52.

Симонъ, Ж. Литературный успѣхъ. Разск. Перев. съ фр. Р. В. 1898 г. 5.

Скотъ, Кингъ В. Искупленіе. Ром. Перев. съ англ. Книжки Недѣли 1900 г. 1, 2, 3, 4, 5, 6, 7.

Скрамъ, Амалія. Нѣтъ пощады. Ром. Перев. съ датск. В. И. Л. 1897 г. 8, 9, 10.

— Люція. Ром. Перев. съ датск. В. И. Л. 1898 г. 9, 10, 11, 12.

— Сіюръ Габріэль. Разск. Перев. съ норв. Р. М. 1897 г. 9.

— Профессоръ Іеронимусъ. Пов. Перев. съ норв. С. В. 1897 г. 2, 3.

— Разрывъ. Этюдъ. Н. М. 1899 г. 24.

Сперани, Бруно. Три женскихъ характера. Ром. пер. съ итал. М. Б. 1901 г. 9, 10, 11.

Спонтъ, Анри. Поздно. Разск. Перев. съ фр. Журналъ для всѣхъ 1899 г. 3.

Спонтъ, Генрихъ. Счастье. Очеркъ. Перев. съ фр. Ж. О. 1900 г. 8.

Стааль, Марія. Удачное паденіе. Юмор. Разск. Ж. О. 1897 г. 17.

Стенакеръ, Фр. Три сестры. Японская повѣсть. Кн. Недѣл. 1900 г. 8, 9.

Стенли, Д. Вейманъ. Человѣкъ въ черномъ. Ром. Перев. съ англ. Наблюд. 1898 г. 1, 2.

Стефаникъ. Изъ крестьянскаго быта. Перев. съ малорос. Ж. 1900 г. 1.

Стивенсонъ, Р. Сентъ Ивъ. — Приключенія плѣннаго француза въ Англіи. Перев. съ англ. В. И. Л. 1898 г. 2, 3, 4, 5, 6, 7, 8, 9, 10, 11, 12.

Стоктонъ, Фр. Р. — Увеселительная яхта. Разск. Перев. съ англ. В. И. Л. 1897 г. 1, 2, 3, 4, 5, 6, 7.

— Договоръ Буллера съ Подингтономъ. Разск. Перев. съ англ. В. И. Л. 1897 г. 9.

— Договоръ двухъ пріятелей. Разск. Перев. съ англ. Н. Ж. И. Л. 1897 г. 9.

— Заштатная тѣнь. Разск. Перев. съ англ. Ж. О. 1897 г. 46.

Страшевичъ. Непримиримые. Фантазія. Перев. съ польск. Сѣв. 1901 г. 13.

Стриндбергъ. Двѣ жены. Разск. Перев. со шведск. Ж. О. 1897 г. 14.

— Единственныя препятствія. Перев. со шведск. Ж. 1898 г. 7.

Струпежницкій, Францъ. Охота на браконьера. Разск. Перев. съ чешск. Сѣв. 1897 г. 27.

Стурдъ. Не берись никогда исполнять порученій. Перев. со швед. Ж. О. 1897 г. 49.

Стэдъ. Генри Джорджъ. Перев. съ англ. Ж. 1898 г. 2.

Стэнтонъ. Три главы. Разск. Перев. съ англ. Нива 1898 г. 40.

Стюартъ, Вальт. По телефону. Разск. Перев. съ англ. В. И. Л. 1899 г. 10.

Судъ Божій. Разск. Перев. съ англ. Нива 1897 г. 36.

Суттенеръ, Берта. Травіата. Ром. Перев. съ нѣм. Наблюд. 1898 г. 8, 9, 10.

Сѣрошевскій, В. Предѣлъ скорби. Перев. съ польск. М. Б. 1900 г. 45.

Сю. Эжень. Жертва судебной ошибки. Ром. Перев. съ фр. Н. Ж. И. Л. 1899 г. 4, 5, 6, 7, 8, 9, 10, 11, 12.

Тавастьернъ, К. Гаси свѣтъ, гаси, а я снова стану зажигать его. Финляндск. новелла. Р. М. 1901 г. 12.

Тальнэй, I. Ж. Умайта. Разск. Перев. съ фр. Ж. 1899 г. 2.

Тассо, Торквато. Джильдине и Одоардо. Изъ «Освобожденнаго Іерусалима». Перев. съ итал. В. И. Л. 1898 г. 7.

Твэнъ, Маркъ. Томъ Сойеръ-сыщикъ. Ром. Перев. съ англ. Наблюд. 1897 г. 8.

— Тоже. Новь 1897 г. 2, 3, 4.

— Изъ новыхъ странствованій вокругъ свѣта. Перев. съ англ. В. И. Л. 1898 г. 3, 4, 5, 6, 7, 8.

— Человѣкъ, испортившій Гедлейбергъ. Разск. Перев. съ англ. В. И. Л. 1900 г. 2.

— Моя первая ложь и какъ я изъ нея выпутался. Разск. Перев. съ англ. В. И. Л. 1901 г. 1.

— Романъ эскимоски. Разск. Перев. съ англ. В. И. Л. 1901 г. 1.

— Живъ или умеръ? Разск. Перев. съ англ. В. И. Л. 1901 г. 1.

— Жестокая болѣзнь. Разск. Перев. съ англ. Н. М. 1899 г. 3.

Тейлоръ, Бенжаменъ. Предстоящая борьба на Тихомъ океанѣ. Перев. съ англ. Ж. 1898 г. 11.

Тейнертъ. Комната нумеръ первый. Разск. Перев. съ нѣм. Сѣв. 1897 г. 28, 29.

— Заживо погребенный. Разск. Перев. съ нѣм. Нива 1898 г. 25.

Тельманъ, К. Гласъ народа. Ром. Перев. съ нѣм. В. Е. 1897 г. 7, 8, 9.

Теннисонъ, А. Странствіе Мальдуна. Ирланд. легенда. Перев. съ англ. В. Е. 1897 г. 8.

не-Теофрастъ. Портреты безъ рамъ. Перев. съ галицк. Ж. 1898 г. 12.

Терье, Андре. Разбитыя сердца. Ром. Перев. съ фр. Наблюд. 1897 г. 1, 2, 3, 4, 5.

— Убѣжище. Ром. Перев. съ фр. Наблюд. 1898 г. 4, 5.

— Самая младшая. Ром. Перев. съ фр. В. Е. 1900 г. 7.

— Горбунья. Пов. Перев. съ фр. Книжки Нивы 1899 г. 1, 2, 3, 4.

— Жанъ Мари. Драма въ 1. д. Перев. съ фр. Книжки Нивы 1899 г. 11.

— Фея. Разск. Перев. съ фр. Ж. 1897 г. 6.

— Тоже. Новь 1897 г. 6.

— Жульета. Разск. Перев. съ фр. Сѣв. 1897 г. 26.

— Магазинъ «Радуга». Разск. Перев. съ фр. Сѣв. 1897 г. 28.

— Старыя письма. Разск. Перев. съ фр. Сѣв. 1897 г. 41.

— Хризантемы. Разск. Перев. съ фр. Сѣв. 1897 г. 50.

— Два поцѣлуя. Разск. Перев. съ фр. Сѣв. 1901 г. 28, 29.

— Паукъ. Очеркъ. Перев. съ фр. Ж. О. 1897 г. 47.

— Гдѣздышко. Очеркъ. Перев. съ фр. Ж. О. 1897 г. 48.

— Сомнительное путешествіе. Разск. Перев. съ фр. Ж. О. 1898 г. 5.

— Воръ. Разск. Перев. съ фр. Журн. для всѣхъ 1900 г. 9.

Тетмайеръ, К. Горе одинокому. Эскизъ. Перев. съ польск. Н. М. 1901 г. 24.

— Сфинксъ. Драмат. фантазія. Перев. съ польск. Сѣв. 1900 г. 44, 45.

— Колоколъ утопленниковъ. Разск. Перев. съ польск. Сѣв. 1901 г. 26.

Юбиляръ. Разск. Перев. съ польск. Сѣв. 1901 г. 27.

Тиме, Фридрихъ. Разсѣянность. Юмор. разск. Перев. съ нѣм. Сѣв. 1898 г. 2.

— Отгадчикъ мыслей. Перев. съ нѣм. Сѣв. 1900 г. 41, 42.

Тинсо, Л. Уродъ. Разск. Перев. съ фр. Нива 1897 г. 32, 33.

— Чужіе грѣхи. Пов. Перев. съ фр. Наблюд. 1899 г. 6. 7.

Печать молчанія. Эскизъ изъ ром. «Bouche close». Перев. съ франц. В. Е. 1899 г. 5.

Товоте, Гейнцъ. Убей меня. Разск. Новь 1898 г. 9.

— Посѣщеніе. Разск. Ж. О. 1899 г. 8.

Топеліусъ. Исторія и сказка. Перев. съ финск. Ж. О. 1898 г. 11.

— Слово. Разск. Перев. съ финск. Сѣв. 1898 г. 27.

Трей, Ева. Дождь обличитель. Юмор. разск. Перев. съ нѣм. Сѣв. 1900 г. 29.

Триніусъ, А. Завѣтный цвѣтокъ. Разск. Перев. съ нѣм. Сѣв. 1901 г. 15.

Троллопъ. Романъ. Разск. Перев. съ англ. Н. Ж. И. Л. 1897 г. 11.

Треверсъ, Грэхэмъ. Студентка. Ром. Перев. съ англ. М. Б. 1899 г. 1. 2, 3, 4, 5, 6, 7, 8.

Тудузъ, Густавъ. Кровавая роза. Новелла. Перев. съ фр. Сѣв. 1900 г. 31.

Тужима, Марія. Раздвоеніе. Разск. Перев. съ польск. Ж. 1899 г. 10.

Туръ, Евдокія. Бефана. Рождеств. разск. Перев. съ итал. Р. В. 1900 г. 1.

Тэльманъ, К. Непосильное бремя. Ром. Перев. съ нѣм. М. Б. 1900 г. 1, 2.

Тэнетъ, Ок. Велосипедъ помогъ. Разск. Ж. О. 1897 г. 8.

Уайльдъ, Оскаръ. Упадокъ лжи. Перев. съ англ. Н. Ж. И. Л. 1899 г. 4, 5.

Уайтингъ, Р. Контрасты. Ром. Перев. съ англ. Ж. 1900 г. 1, 2. 3, 4, 5, 6, 7, 9.

— Современный Парижъ. Очеркъ. Перев. съ англ. Н. Ж. И. Л. 1900 г. 4, 6, 7, 8, 9.

— Островъ. Ром. Перев. съ англ. Р. Б. 1901 г. 1. 2. 3.

Уайтъ, Алленъ. Возвращеніе домой. Разск. Перев. съ англ. М. Б. 1899 г. 2.

Исторія одной могилы. Разск. Перев. съ англ. М. Б. 1899 г. 2.

Грѣшная дочь. Разск. Перев. съ англ. М. Б. 1899 г. 2.

— Исторія одного города. Разск. Перев. съ англ. М. Б 1899 г. 7.

Уайтъ, Ф. М. Красные пауки. Разск. Перев. съ англ. Сѣв. 1900 г. 27, 28.

Уартонъ, Эдита. Что сильнѣе. Разск. Перев. съ англ. В. И. Л. 1901 г. 10.

Уилькинсъ. Бѣднякъ Джеромъ. Разск. Перев. съ англ. Р. Б. 1899 г. 2, 3, 4, 5 (8), 6 (9), 7 (10), 8 (11).

— Сестра Лидія. Разск. Перев. съ англ. Книжки Нивы 1901 г. 10.

— Гаданіе. Разск. Перев. съ англ. Книжки Нивы 1901 г. 11.

Уинтсонъ, Черчиль. Ричардъ Кервель. Ром. Перев. съ англ. В. И. Л. 1900 г. 3, 4, 5, 6, 7, 8, 9, 10, 11, 12.

Уйда. Массарины. Ром. Перев. съ англ. Р. В. 1898 г. 1. 2, 3, 4, 5, 6, 7, 8, 9, 10.

— Воды Эдеры. Ром. Перев. съ англ. Р. Б. 1900 г. 5, 6, 7. 8.

— Дитя природы. Пов. Перев. съ англ. Наблюд. 1901 г. 8, 9.

— Уличная пыль. Разсказъ Перев. съ англ. Р. М. 1901 г. 6.

3

— Желтый шарфъ. Разск. Перев. съ англ. Ж. О. 1897 г. 45.

— Римини. Очеркъ. Перев. съ англ. Ж. О. 1898 г. 4.

д'Уміакъ, Мишо. Сказка о двухъ братьяхъ. В. И. Л. 1899 г. 8.

Уордъ, Гемфри. Гельбекъ изъ Банизделя. Ром. Перев. съ англ. В. И. Л. 1899 г. 1, 2, 3, 4, 5, 6, 7, 8.

— Элиноръ. Ром. Перев. съ англ. Р. Б. 1900 г. 2, 3, 4, 5, 6, 7, 8, 9, 10, 11, 12.

— Элеонора. Ром. Перев. съ англ. В. И. Л. 1900 г. 4, 5, 6, 7, 8, 9, 10, 11, 12.

— Тоже. Ром. Перев. съ англ. М. Б. 1900 г. 3, 4, 5, 6, 7, 8, 9, 10, 11, 12.

Уоренъ. Какъ мы вновь выбрали Макъ Кинлея. Разск. Перев. съ англ. Книжки Нивы 1901 г. 9.

— Съ барьера лжи. Перев. съ англ. Нива 1900 г. 40.

Урбанъ. Чучело. Разск. Книжки Нивы 1897 г. 12.

— За свою плоть и кровь. Разск. Книжки Нивы 1899 г. 6.

— Искатель коралловъ. Нива 1897 г. 39.

— Слѣпая. Разск. Нива 1899 г. 30, 31.

— Воскресшій. Разск. Нива 1901 г. 12, 13.

Узйманъ, С. Д. Красная мантія. Истор. пов. Перев. съ англ. В. И. Л. 1897 г. 2, 3, 4, 5, 6, 7.

— Домъ у городской стѣны. Разск. Перев. съ англ. Ж. О. 1897 г. 10.

Уэльсъ, Д. Замѣчательный случай. Перев. съ англ. Ж. О. 1899 г. 38.

— Островъ Эпіорниса. Разск. Перев. съ англ. В. И. Л. 1899 г. 7.

— Украденное тѣло. Разск. Перев. съ англ. В. И. Л. 1900 г. 3.

— Похищенное тѣло. Разск. Перев. съ англ. Н. Ж. И. Л. 1899 г. 7.

Звѣзда. Разск. Перев. съ англ. В. И. Л. 1900 г. 6.

— Первые люди на лунѣ. Пов. Перев. съ англ. В. И. Л. 1901 г. 8, 9, 10, 11, 12.

— Борьба міровъ. Ром. Перев. съ англ. М. Б. 1898 г. 10, 11, 12.

— Любовь и мистеръ Льюисгэмъ. Ром. Перев. съ англ. Р. Б. 1901 г. 4, 5, 6, 7, 8.

— Послѣ дождика въ четвергъ. Фант. ром. Перев. съ англ. Н. Ж. И. Л. 1900 г. 1, 2, 3, 4, 5.

Какъ мистеръ Ледбеттеръ провелъ однажды каникулы. Разск. Перев. съ англ. Н. Ж. И. Л. 1899 г. 5.

— Лекарство отъ любви. Разск. Перев. съ англ. Н. Ж. И. Л. 1899 г. 8.

— Катастрофа. Разск. Перев. съ англ. Н. Ж. И. Л. 1899 г. 1.

— Печальная исторія театральнаго критика. Разск. Перев. съ англ. Н. Ж. И. Л. 1899 г. 1.

— Случай съ Плэттнеромъ. Разск. Перев. съ англ. Н. Ж. И. Л. 1899 г. 1.

— Воздухоплаватели. Разск. Перев. съ англ. Н. Ж. И. Л. 1899 г. 2.

— Подъ ножемъ. Разск. Перев. съ англ. Н. Ж. И. Л. 1899 г. 2.

— Плодъ съ дерева познанія добра и зла. Разск. Перев. съ англ. Н. Ж. И. Л. 1899 г. 2.

— Въ безднѣ. Разск. Перев. съ англ. Н. Ж. И. Л. 1899 г. 2.

— Человѣкъ, который могъ бы творить чудеса. Разск. Перев. съ англ. Н. Ж. И. Л. 1899 г. 3.

— Сердечное броженіе Джэн. Разск. Перев. съ англ. Н. Ж. И. Л. 1899 г. 3.

— Мухоморъ. Разск. Перев. съ англ. Н. Ж. И. Л. 1899 г. 4.

— Морскіе разбойники. Разск. Перев. съ англ. Н. Ж. И. Л. 1899 г. 4.

— Конусъ. Разск. Перев. съ англ. Н. Ж. И. Л. 1899 г. 4.

— Сдвинутый препаратъ. Разск. Перев. съ англ. Н. Ж И. Л. 1899 г. 6.

— Кладъ мистера Бишера. Разск. Перев. съ англ. Н. Ж. И. Л. 1899 г. 6.

— Джими Джогльсъ въ роли божества. Разск. Перев. съ англ. Н. Ж. И. Л. 1899 г. 7.

Уэскоттъ. Американецъ. Перев. съ англ. В. Е. 1899 г. 10, 11, 12.

Фарманъ, Морицъ. Чудеса воздушнаго океана. Перев. съ фр. М. Б. 1898 г. 8, 9, 10, 11, 12.

Февръ, Фредерикъ. Человѣкъ. Арабск. легенда. Перев. съ фр. Сѣв. 1897 г. 16.

Фейдо, Ж. Парижское приключеніе провинціалки. В. И. Л. 1901 г. 10.

Феррари. Поздно. Эскизъ. Перев. съ итал. Сѣв. 1898 г. 45.

Ферри, Э. Послѣдній день осужденнаго. Перев. съ фр. Ж. 1899 г. 3.

Ферфорнъ. Витализмъ. Перев. съ рукописи. Н. С. 1897 г. 3.

Феттеръ, В. Отъ Коперника до Дарвина. Перев. съ нѣм. Ж. 1899 г. 1.

— Единство природы. Перев. съ нѣм. Ж. 1899 г. 2.

— **Фибигъ, Клара.** Часы. Перев. съ нѣм. В. И. Л. 1901 г. 3.

Филипсъ, Ф. Какъ въ зеркалѣ. Ром. Перев. съ англ. В. И. Л. 1901 г. 1, 2, 3, 4, 5.

— Не такъ страшно. Перев. съ англ. Нива 1897 г. 4.

— Самая дурная женщина Лондона. Перев. съ англ. Нива 1897 г. 25.

Филлингеръ, Гермина. „№ 10“. Разсказъ. Нива. 1899 г. 36, 37.

Фламаріонъ, К Психологическія загадки и область невѣдомаго. Очерки. Перев. съ фр. В. И. Л. 1899 г. 3, 4, 5, 6, 7, 8; 1900 г. 6, 7, 8, 9, 10, 11, 12.

— Атмосфера. Популярная метеорологія. Перев. съ фр. Н. Ж. И. Л. 1900 г. 1, 2, 3, 4, 5, 6, 7, 8, 9. 10, 11, 12.

де-Флерсъ, Робертъ. Между духомъ и плотью. Разск. Перев. съ фр. В. И. Л. 1900 г. 1, 2.

Флоберъ, Густавъ. Записки безумца. Посмертный ром. Перев. съ фр. В. И. Л. 1901 г. 4.

Фогаццаро, А. Изъ-за лепестка розы. Разск. Перев. съ итал. Ж. 1898 г. 8.

Фолей, Ш. Маленькій барабанщикъ синихъ. Разск. изъ вандейской войны. Ж. О. 1900 г. 2.

— Два гостя. Перев. съ фр. Ж. О. 1900 г. 5.

— Осенняя мелодія. Эскизъ. Перев. съ фр. Сѣв. 1900 г. 35.

Фонтанъ, Т. Эффи Брисъ. Ром. Перев. съ нѣм. В. И. Л. 1899 г. 5, 6, 7, 8, 9, 10, 11, 12.

— Женни Трейбель. Ром. Перев. съ нѣм. Р. М. 1899 г. 1, 2, 3, 4, 5.

Форестье, Масонъ. Прерванное завѣщаніе. Разск. Перев. съ фр. Р. В. 1901 г. 6.

— Быстрое обогащеніе. Разск. Перев. съ фр. Новь 1897 г. 4.

Формонъ, М. Тѣ, которыхъ мы любимъ. В. И. Л. 1901 г. 12.

Франке. Бонна. Разск. Нива 1900 г. 45.

Франкъ, Ив. Каменщикъ. Перев. съ украинск. Ж. 1900 г. 2.

— Домашній промыселъ. Перев. съ украинск. Ж. 1900 г. 9.

— Къ свѣту. Разск. Перев. съ галицк. В. Е. 1897 г. 9.

— Цыгане. Разск. Перев. съ галицк. Н. С. 1897 г. 4.

— Самъ виноватъ. Разск. Перев. съ румынск. Журн. для всѣхъ 1901 г. 5.

Франсъ, Анатоль. Фрегатъ «Мюпронъ». Перев. съ фр. В. И. Л. 1900 г. 2.

Чернѣе хлѣба. Перев. съ фр. М. Б. 1899 г. 3.

— Красная лилія. Ром. Перев. съ фр. С. В. 1897 г. 7, 8, 9, 10, 11, 12.

— О книгахъ для дѣтей. Очеркъ. Перев. съ фр. Н. Ж. И. Л. 1899 г. 1.

— Преступленіе Сильвестра Бонара, члена института. Ром. пер. съ фран. Н. Ж. И. Л. 1899 г. 1, 2, 3.

— Пьеръ Нозьеръ. Новелла. Перев. съ фр. Н. Ж. И. Л. 1900 г. 1, 2, 3.

— Амикъ и Целестинъ. Разск. Перев. съ фр. Ж. 1899 г. 6.

Французъ, Карлъ-Эмиль. Сильные и слабые. Разск. Перев. съ нѣм. Кн. Нивы 1899 г. 9.

Фрейдорфъ. Въ оазисѣ мертвыхъ. Разск. Нива 1898 г. 43.

Фронтауръ, Карлосъ. Анжелла. Пов. Перев. съ исп. Сѣв. 1898 г. 42, 43, 44, 45, 46, 47, 48, 49 50, 51.

Фурньеръ, Ев. У нашихъ правнуковъ. Разск. Перев. съ фр. М. Б. 1901 г. 2.

— Награда за кротость. Разск. Перев. съ фр. Сѣв. 1899 г. 8.

Хеденстьернъ. Сватовство Пелле Штремлингъ. Разск. Перев. со шведскаго. Ж. О. 1900 г. 2.

Херритъ-Янъ-Гонихъ. Петръ Михайловъ. Драма. Перев. съ галицк. Н. Ж. И. Л. 1897 г. 11.

Хетчинсонъ. Очерки первобытнаго міра.

Перев. съ англ. М. Б. 1897 г. 3, 4, 5, 6, 7, 8, 9, 10, 11, 12.

Хитчинсъ, Р. Зеленая гвоздика. Ром. Перев. съ англ. Р. М. 1899 г. 2, 3, 4, 5.

Холь, Кэнъ. Въ поискахъ свѣта. Перев. съ англ. М. Б. 1898 г. 1, 2, 3, 4, 5, 6, 7, 8, 9, 10, 11, 12.

— Христіанинъ. Ром. Перев. съ англ. Ж. 1898 г. 1, 2, 3, 4, 5, 6, 7, 8, 9, 10, 11, 12.

Хорватъ, Янки. Рокъ. Ром. Перев. съ венгер. Р. В. 1898 г. 1, 2, 3, 4, 5.

Хорнунгъ, Э. В. Воръ любитель. Пов. Перев. съ англ. В. И. Л. 1901 г. 6, 7, 8, 9.

— Согрѣших. Ром. Перев. съ англ. Р. Б. 1901 г. 9, 10, 11, 12.

Цвѣтокъ алоэ. Разск. Перев. съ польск. Книжки Нивы 1900 г. 6.

Цшоке. Кто же правитъ? Истор. пов. Перев. съ нѣм. Н. Ж. И. Л. 1897 г. 1.

— Безумецъ XIX вѣка. Перев. съ нѣм. Н. Ж. И. Л. 1897 г. 10.

Чаусеръ, Джефри. Кентерберійскіе разсказы. Перев. съ англ. В. И. Л. 1898 г. 11, 12.

Чехъ, С. По изданію стихотвореній. Юморист. разск. Перев. съ чешск. Р. В. 1901 г. 1.

— Какъ читаются стихи. Разск. Перев. съ чешск. Р. В. 1901 г. 3.

— Лили. Разск. Перев. съ чешск. Ж. О. 1899 г. 26.

Чіамполи, Д. Черныя косы. Разск. Перев. съ итал. Сѣв. 1900 г. 28, 29, 30, 31.

Шальберъ, Ш. Гугусъ. Разск. Перев. съ франц. Сѣв. 1901 г. 14.

Шанцъ, Фриди. Въ больницѣ. Разск. Перев. съ нѣм. Нива 1897 г. 23.

Шарпантье, Л. Залогъ любви. В. И. Л. 1901 г. 10.

Шварцкопфъ,Г. Неказистыя исторіи.Разск. Перев. съ нѣм. Н. Ж. И. Л. 1898 г. 7, 8.

Шекспиръ, В. Макбетъ. Трагедія въ 5-ти д. Перев. съ англ. Р. В. 1901 г. 6, 7, 8.

Шелли, Перси. Ченчи, драма. Перев. съ англ. Ж. 1899 г. 10, 11.

— Освобожденный Прометей. Лир. драма. въ 4 акт. Перев. съ англ. Р. М. 1897 г. 1, 3, 6, 9.

Шельдонъ, Кларкъ. Бриджетъ. Разск. Ж. 1897 г. 1 (2).

фонъ Шенаихъ-Каролатъ, Эмиль. Свѣчка. Разск. Перев. съ нѣм. С. В. 1897 г. 11.

— Ночная бабочка. Разск. Перев. съ нѣм. С. В. 1897 г. 11.

Шентанъ, Поль. Крестникъ. Юмор. разск. Перев. съ нѣм. В. И. Л. 1899 г. 5.

Шефферъ, Карлъ. Какимъ образомъ надо учиться думать и говорить. Перев. съ нѣм. Нива 1897 г. 2.

Шиворотъ на выворотъ. Иллюстр. разск. изъ области декадентства. Перев. съ нѣм. Н. Ж. И. Л. 1897 г. 9.

Шифъ, Гарри. Для рекламы. Разск. Нива 1898 г. 36.

— Какъ началъ Вандербильтъ. Разск. Нива 1898 г. 46.

Шлафъ, Іоганнъ. Испорченный обѣдъ. Разск. Перев. съ нѣм. Р. М. 1900 г. 2.

— Любовь во всѣхъ ея видахъ. Разск. Перев. съ нѣм. Р. М. 1900 г. 2.

За жизнь. Разск. Перев. съ нѣм. Р. М. 1900 г. 2.

Шницеръ. Франя. Разск. Перев. съ нѣм. Нива 1900 г. 1.

Шнитцлеръ, А. Мертвые молчатъ. Разск. Перев. съ нѣм. Ж. 1897 г. 11.

— Тоже. М. Б. 1898 г. 12.

— Тоже. Ж. О. 1899 г. 4.

— Прощаніе. Разск. Перев. съ нѣм. В. И. Л. 1899 г. 2.

— Изъ за одного часа. Разск. Перев. съ нѣм. В. И. Л. 1900 г. 4.

— Зеленый какаду. Гротескъ въ 1 д. Перев. съ нѣм. В. И. Л. 1900 г. 6.

— Анатоль. Драм. набросокъ. Перев. съ нѣм. В. И. Л. 1901 г. 3.

— Поручикъ Густль. Разск. Перев. съ нѣм. В. И. Л. 1901 г. 9.

— Тоже. М. Б. 1901 г. 8.

— Тоже. Сѣв. 1901 г. 44, 45, 46. 47.

— Бенефисъ. Разск. Перев. съ нѣм. Книжки Нивы 1898 г. 3.

— На прощаніе. Разск. Перев. съ нѣм. М. Б. 1898 г. 10.

— Фрау Берта Гарланъ. Ром. Перев. съ нѣм. М. Б. 1901 г. 5, 6, 7.

— Дикій. Драма въ 3-хъ л. Перев. съ нѣм. М. Б. 1901 г. 12.

— Жена мудреца. Разск. Перев. съ нѣм. Ж. О. 1899 г. 18.

— Измѣна. Разск. Перев. съ нѣм. Ж. О. 1899 г. 37.

фонъ Шпильбергъ-Фогель. Раба мертвеца. Новелла. Перев. съ нѣм. Сѣв. 1898. г. 38, 39.

— Благодать свыше. Разск. Перев. съ нѣм. Сѣв. 1901 г. 40, 41.

Шпильгагенъ, Ф. Фаустулусъ. Ром. Перев. съ нѣм. В. Е. 1897 г. 1, 2, 3, 4.

— Маленькій Фаустъ. Ром. Перев. съ нѣм. В. И. Л. 1897 г. 2, 3, 4, 5, 6, 7.

— Царица Савская. Нов. Перев. съ нѣм. В. И. Л. 1899 г. 1, 2, 3, 4, 5, 6.

— Жертва. Ром. Перев. съ нѣм. В. И. Л. 1899 г. 8, 9, 10, 11, 12.

— Благородная женщина. Ром. Перев. съ нѣм. В. И. Л. 1901 г. 1, 2, 3, 4, 5, 6, 7.

фонъ Шрейберсгофёнъ. Похищеніе. Историч. разск. Перев. съ нѣм. Ж. О. 1897 г. 43.

Шрейнеръ, Олива. Рядовой Петръ Холькетъ. Разск. Перев. съ англ. В. И. Л. 1897 г. 10.

— Въ развалинахъ часовни. Очеркъ. Перев. съ англ. М. Б. 1898 г. 5.

— Дары жизни. Очеркъ. Перев. съ англ. М. Б. 1898 г. 5.

— Сонъ въ темную ночь. Очеркъ. Пер. съ англ. М. Б. 1898 г. 5.

— Хорошо она сдѣлала или дурно. Разск. Перев. съ англ. Р. Б. 1901 г. 1.

— Политика въ пользу протекціонизма (хорошо она сдѣлала или дурно). Перев. съ англ. Р. М. 1901 г. 12.

Шталь, Марія. На балконѣ. Разск. Нива 1901 г. 43.

Штетенгеймъ. Помогъ. Разск. Ж. О. 1899 г. 26.

— Между двумя. Разск. Ж. О. 1899 г. 27.

Штинде, Юліусъ. Гостиница Бухгольцъ. Перев. съ нѣм. Р. В. 1901 г. 2, 3, 4, 5.

— Война грозитъ. Разск. Перев. съ нѣм. Ж. О. 1898 г. 27, 28, 29.

Штрацъ, Р. Бѣлая смерть. Ром. Перев. съ нѣм. Ж. 1897 г. 7, 8, 9.

— Послѣдній выборъ. Перев. съ нѣм. Р. Б. 1899 г. (Сборникъ).

— Подъ липами. Перев. съ нѣм. Р. М. 1900 г. 4, 5, 6.

— Въ старинномъ замкѣ. Ром. Перев. съ нѣм. Кн. Недѣли 1900 г. 10, 11, 12.

Шумахеръ. Вероника. Истор. ром. Перев. съ нѣм. М. Б. 1899 г. 1, 2, 3, 4, 5, 6.

Эберсъ, Георгъ. Барбара Блюмбергъ. Перев. съ нѣм. В. И. Л. 1897 г. 1, 2, 3 4, 5, 6, 7, 8, 9, 10, 11, 12.

— Арахнея. Истор. ром. Перев. съ нѣм.

В. И. Л. 1898 г. 1, 2, 3, 4, 5, 6, 7, 8, 9, 10, 11, 12.

— Какъ я завоевалъ себѣ жену. Рождеств. разск. Перев. съ нѣм. Кн. Нивы 1898 г. 12.

— Моя гробница въ Ѳивахъ. Посмертн. очеркъ. Перев. съ нѣм. Кн. Нивы 1899 г. 3.

Эбнеръ-Эшенбахъ, М. Примѣрный ученикъ. Перев. съ нѣм. Кн. Нивы 1899 г. 5.

— Ученикъ перваго разряда. Разск. Перев. съ нѣм. Р. М. 1900 г. 10.

— Съ отличіемъ. Разск. Перев. съ нѣм. Р. В. 1901 г. 9.

— Мірское дитя. Разск. Перев. съ нѣм. Р. М. 1897 г. 1, 2, 4, 5.

— Клятва. Разск. Перев. съ нѣм. Ж. О. 1898 г. 3.

— Сжечь, не распечатывая. Разск. Перев. съ нѣм. Р. В. 1901 г. 11.

— Старая собака. Разск. Перев. съ нѣм. Р. В. 1901 г. 11.

— Первенецъ. Разск. Перев. съ нѣм. Р. В. 1901 г. 11, 12.

ванъ-Ээденъ, Фредерикъ. Маленькій Іоганесъ. Разск. Перев. съ голландск. В. Е. 1897 г. 10, 11.

Эгге, Петеръ. Не досмотрѣла. Очеркъ. Ж. О. 1897 г. 23.

фонъ Эгидъ, Л. Моя Маріанна. Новелла. Перев. съ нѣм. Сѣв. 1897 г. 38, 39, 40.

Экаръ, Жанъ. Шапка Ивона. Разск. Перев. съ фр. В. И. Л. 1897 г. 5.

— Тоже. Нива 1897 г. 18.

Экенштейнъ, Лина. Женщина монахиня въ средніе вѣка. Перев. съ англ. Р. М. 1900 г. 7, 9.

Эленшлегеръ, А. Ярлъ Гаконъ. Трагедія въ 5-ти д. Перев. съ датск. В. Е. 1897 г. 7, 8.

Эльканъ, Софія. Повѣсть безъ названія. Разск. В. И. Л. 1900 г. 7.

Энгельсъ, Фр. Нѣмецкiй крестьянинъ. Перев. съ нѣм. Р. Б. 1900 г. 1.

Эрвье, Поль. Арматура. Ром. Перев. съ фр. (продолж.) Р. М. 1897 г. 1, 2.

— Какъ они сами себя изображаютъ. Ром. Перев. съ фр. В. И. Л. 1900 г. 1, 2, 3, 4, 5.

Эрихъ, Отто. Гостепрiимный пасторъ. Разск. Перев. съ нѣм. В. И. Л. 1901 г. 5.

Аптекарь единорогъ. Разск. Перев. съ нѣм. В. И. Л. 1901 г. 5.

Эстонье. Пропавшiй. Разск. Новь 1897 г. 20.

Юде, **Робертъ.** Ревнивая. Разск. Перев. съ фр. Сѣв. 1901 г. 49.

Юнôша, Клеменсъ. Спецiалистъ. Монологъ. Перев. съ польск. Ж. 1898 г. 4.

-- Честь заслугамъ. Монологъ. Перев. съ польск. Ж. 1898 г. 4.

— Капризы. Монологъ. Перев. съ польск. Ж. 1898 г. 4.

- Вечернимъ поѣздомъ. Монологъ. Перев. съ польск. Ж. 1898 г. 4.

— Тишина. Разск. Перев. съ польск. Ж. 1898 г. 5.

— Фельдшеръ Ицекъ у адвоката. Разск. Перев. съ польск. Ж. 1899 г. 4.

— Комната въ семействѣ. Разск. Перев. съ польск. В. И. Л. 1898 г. 5.

Учитель. Разск. Перев. съ польск. В. И. Л. 1898 г. 5.

— Сонъ въ цвѣтахъ. Перев. съ польск. Н. Ж. И. Л. 1897 г. 10.

— Сонъ на цвѣтахъ. Разск. Перев. съ польск. Сѣв. 1901 г. 18.

— Фальшивый пятачокъ. Эскизъ. Перев. съ польск. Н. Ж. И. Л. 1897 г. 11.

— Тоже. Сѣв. 1898 г. 3.

— Тоже. Сѣв. 1900 г. 2.

— Музыканты. Набросокъ съ натуры. Перев. съ польск. Набл. 1898 г. 12.

— Крокодилъ. Разск. Перев. съ польск. Н. С. 1897 г. 4.

— Первый день медоваго мѣсяца. Разск. Перев. съ польск. Сѣв. 1898 г. 14, 15.

— Волки. Разск. Перев. съ польск. Сѣв. 1900 г. 8, 9.

— Мечта исполнилась. Разск. Перев. съ польск. Сѣв. 1900 г. 13.

— Среднее помѣстье. Очеркъ. Перев. съ польск. Сѣв. 1900 г. 15, 16, 17, 18, 19, 20, 21, 22.

— Бѣглецъ. Разск. Перев. съ польск. Сѣв. 1901 г. 20, 21.

— Зильбербаумъ въ театрѣ. Разск. Перев. съ польск. Сѣв. 1901 г. 23, 24, 25.

Юстинiусъ, О. Больная мамаша. Разск. Перев. съ нѣм. Р. В. 1899 г. 2.

Юстэсъ, Мэдъ и Робертъ. Жертва. Разск. Ж. О. 1897 г. 21, 22,

Якобсенъ. Два мiра. Разск. Перев. съ датск. Сѣв. 1897 г. 49.

Яничекъ, Марiя. Учительница. Разск. Перев. съ нѣм. Н. Ж. И. Л. 1897 г. 9.

— Гастрея. Разск. Перев. съ нѣм. Р. М. 1899 г. 6.

— Работа. Разск. Перев. съ нѣм.

Янъ-Замараевъ. Урсынъ. На палитрѣ. Очеркъ. Перев. съ польск. Ж. 1898 г. 7, 8.

ПЕРЕЧЕНЬ

ПЕРЕВОДНОЙ БЕЛЛЕТРИСТИКИ,

ВЫШЕДШЕЙ ОТДѢЛЬНЫМИ ИЗДАНІЯМИ

1897 г.—1901 г.

Перечень переводной беллетристики, вышедшей отдѣльными изданіями.

1897—1901 г.

Адамъ, Поль. Торжество силы. Истор. ром. изъ временъ консульства и имперіи. Перев. граф. А. Муравьевой. Изд. Журн. Всем. Истор. Спб. 901 г. Ц. 1 р.

де-Амичисъ, Эдм. Новеллы (Итал. литер.) Перев. съ итал. Тарасовой. Изд. Никитина. Москва. 900 г. Ц. 50 к.

— Отцовская сидѣлка. Разск. для дѣтей. Перев. съ итал. Н. Пер-на. Изд. 2-ое. М. Клюкина. Москва. 99 г. Ц. 4 к.

— Школьные товарищи. Изъ дневника городской школы. Перев. съ итал. А. Ульяновой. Москва. 97 г.

— Отъ Аппенинъ до Андовъ. (Въ попскахъ за матерью. Добрыя души.) Разск. для дѣтей. Перев. съ итал. Н. Перелыгина. Изд. книгопрод. М. Клюкина. Москва. 99 г. Ц. 15 к.

— Записки школьника. Съ предисловіемъ Песковской. Изд. 2-ое М. О. Вольфа. Спб. 99 г.

— Тоже. Редакція, перев. и предислов. В. Крестовскаго. Изд. 4-ое В. Губинскаго. Спб. 99 г. Ц. 1 р.

Англійскія сказки. Маленькій графъ. — Сказка о томъ какъ дуракъ ума себѣ добылъ. Перев. Шишмаревой (съ рисунк.). Иллюстр. сказочная библіотека Ф. Павленкова. Спб. 98 г. Ц. 15 к.

— Принцесса Киска. — Зѣвака.—Умники изъ Готама. - Кошачья шкурка. Перев. Шишмаревой. Иллюстр. сказочная библіотека Ф. Павленкова. Спб. 98 г. Ц. 15 к.

Андерсенъ. Полное собраніе сочиненій въ 4-хъ томахъ. Перев. съ датскаго подлинника А. и П. Ганзенъ. Томъ I и 2-ой, 3 и 4-ый. Собраніе сказокъ, разсказовъ и повѣстей. Изд. 2-ое. Спб. 1899 г. Цѣна за всѣ 4 тома 5 р.

— Избранныя сказки. Перев. М. Лялиной. съ 40 рисунк. франц. художн. Берталя и съ біографическимъ очеркомъ Андерсена. Изд. В. Губинскаго. Спб. 97 г.

— Избранныя сказки. Изд. Маракуева. Москва. 97 г.

— Тоже.—Изд. 3-ье Тов. М. О. Вольфъ. Спб. 98.

— Повѣсти и сказки. Новый и полный перев. съ датск. подлинника подъ редакц. В. Ганщукъ. Содержаніе: Русалочка. Сказка съ 19-ю рисунк. Изд. 2-ое книгопрод. А. Ступина. Москва. 97 г.

— Избранныя сказки: Ель; Дюймовка; Ромашка; Дѣвочка со спичками. Перев. Перелыгина. Москва. 900 г. Ц. 40 к.

— Четыре разсказа: Еврейка. На могилѣ

ребенка.—Сонъ.—Сидень. Изд. М. Клюкина. Москва. 900 г. Ц. 20 к.

—· Золотой кладъ. Сказка. Перев. Н. Перелыгина. Изд. книгопрод. М.Клюкина. Москва. 99 г. Ц. 5 к.

— Камень мудрости. Сказка. Перев. Н. Перелыгина. Изд. книгопрод. М. Клюкина. Москва. 99 г. Ц. 5 к.

— Садовникъ и его господинъ. Сказка. Перев. Н. Перелыгина. Изд. книгопрод. М. Клюкина. Москва. 99 г. Ц. 5 к.

— Золотой кладъ. Сказка изъ полн. собр. соч. Томъ 3. Перев. С. Майковой. Изд. книж. магазина Луковникова. Спб. 99 г. Ц. 10 к

— Книга картинъ безъ картинъ. Переводъ Галанова. Москва. 99 г. Ц. 50 к.

— Послѣдняя жемчужина и др. сказки. Перев. съ датск А. и П. Ганзенъ. Москва 97 г.

— Гадкій утенокъ.—Соловей и др. сказки. Перев. съ датск .Москва. 99 г.

— Импровизаторъ.—Петька счастливецъ. Картинки невидимки.—Путевые очерки.— Первенецъ и др. Изд. 3-го тома полн. собр. сочин. Спб. 99 г.

— Сказка о моей жизни. Изъ переписки Андерсена съ его друзьями и выдающимися современниками и проч. Изъ 4-го тома полн. собр. соч. Спб. 99 г.

— Дикіе лебеди. Сказка. Перев. Перелыгина. Изд. Клюкина. Москва. 99 г.

Анджедъ. Мишель Гобіанъ. Москва. 96 г. **д'Анунціо, Габр.** Невинная жертва. Перев. М. Ивановой. Изд. А. Суворина. Спб. 98 г. Ц. 60 к.

Арабскія сказки: Волшебный конь. - Исторія Суманскаго султана и врача Дубана.— Завистливыя сестры. Исторія принца Ахмета и феи Пари Бану. Рыбакъ и заколдованное царство. Перев. Прозоровской. Сказочная библіотека Ф. Павленкова. Спб. 901 г.

— Приключенія калифа Гаруна-аль-Рашида. Перев. съ фр. Изд. Сказочн. библіот. Ф. Павленкова. Спб. 901 г. Ц. 10 к.

— Живая статуя. Перев. съ фр. Б. Прозоровской. Изд. Иллюстр. сказочн. библіотеки Ф. Павленкова. Спб. 901 г. Ц. 10 к.

— Алладинъ и волшебная лампа. Перев. съ фр. Б. Прозоровской. Изд. Ф. Павленкова. Спб. 99 г. Ц. 20 к.

— Исторія Али-Бабы и сорока разбойниковъ. Перев. съ фр. Б. Прозоровской. Изд. Ф. Павленкова. Спб. 99 г.

— Маленькій Кади. Перев. съ фр. Б. Прозоровской. Изд. Ф. Павленкова. Спб. 99 г.

Аскоттъ, Р. Семь мудрыхъ школяровъ. Перев. съ англ. М. Гранстремъ. Съ рисунк. Спб. 98 г.

Асбьернсонъ. Норвежскія сказки. Перев. А. и П. Ганзенъ. Изд. О. Поповой. Спб. 99 г. Ц. 1 р. 25 к.

Ауэрбахъ. Дача на .на Рейнѣ. Ром. въ 3-хъ частяхъ. Перев. А. Перелыгиной. Т. 1-ый. Изд. Ефимова. Москва. 97 г. (Съ нѣм).

— Три единственныя дочери. Перев. съ нѣм. Е. Б. Изд. Д. Ефимова и М. Клюкина. Москва. 99 г. Ц. 1 р.

— Деревенскіе разсказы. Перев. съ нѣм. Л. Шелгуновой. Изд. 3-ее Губинскаго. Спб. 99 г. Ц. 1 р.

— Какъ у насъ громоотводъ ставили. Разск. Перев. съ нѣм. (Книжка за Книжкой № 19). Изд. М. Слѣпцовой. Спб. 900 г. Ц. 8. к.

— Собраніе сочиненій. Томъ 4-ый. Отечественная семейная хроника. Ром. въ 6-ти частяхъ. Перев. съ нѣм. Изд. книгопродав. М. Клюкина. Спб. 99 г. Ц. 1 р. 50 к.

Ахадъ-Гаамъ. Рабство въ свободѣ. Перев. съ еврейск. Н. Василевскаго. Изд. Товарищ. Ахіасафъ. Спб. 98 г. Ц. 10 к.

Баденъ. Маленькіе путешественники.— Приключеніе трехъ дѣтей въ Алжирѣ. Перев. съ фр. Л. Черскаго. Изд. В. Губинскаго.

Базенъ. Умирающая земля. Ром. Перев. съ фр. Подъ редакц. Е. Смирнова. Спб. 900 г. Ц. 50 к.

Бальзакъ-де, Оноре. Женщина тридцати лѣтъ. Ром. Перев. съ фр. Изд. 2-ое А. Суворина. Спб. 99 г. Ц. 60 к.

— Отецъ семейства. Ром. Перев. съ фр. Изд. 2-ое. А. Суворина. Спб. 900 г. Ц. 35 к.

Барнетъ. Дикая. Ром. Перев. съ англ. Соловьевой. Изд. ред. Н. Ж. И. Л. Спб. 99 г.

Беллами. Черезъ сто лѣтъ. (Будущій вѣкъ). Соціологическій ром. Перев. съ англ. Изд. книжн склада. Д. Ефимова. Москва 900 г. Ц. 1 р.

— Тоже. Изд. 4-ое Ф. Павленкова, съ прибавленіемъ научно предсказательнаго очерка Ш. Рише. «Куда мы ѣдемъ». Спб. 901 т. Ц. 75 к.

Бенкенъ, Фр. Бесѣда бухгалтера. Перев. съ нѣм. Изд. Чернышевскаго. Москва 98 г.

Берте, Э. Маленькія школьницы пяти частей свѣта. Перев. съ фр. М. Гранстремъ. Спб. 98 г.

Бертеруа, Жанъ. Танцовщица Помпеи. Истор. ром. Перев. Н. А. Лухмановой. Харьковъ. 900 г. Ц. 75 коп.

Беръ, Поль. Охотничьи разсказы, для дѣтей средн. возраста. Перев. М. Мижуевой. Изд. книжн. маг. Ледерле. Спб. 97 г. Ц. 1 р. 25 к.

Бичеръ-Стоу. Хижина дяди Тома. Пов. для дѣтей. Перев. съ англ. Изд. 3-е. Москва. 97 г.

— Хижина дяди Тома или бѣлые и черные. Перев. съ англ. Изд. 7-е Высоч. Утв. Южн. Русск. Общ. Печ. Дѣла. Одесса 97 г.

— Хижина дяди Тома или жизнь среди рабовъ. Ром. Перев. съ англ. Е. Ладыженскаго. Изд. Губинскаго. Спб. 97 г. Ц. 1 р. 75 к.

Біаръ, Люсьенъ. Невольное путешествіе.— Господинъ Пинсонъ. Перев. съ фр. Изд. Спб. Акц. Общ. «Издатель». Спб. 98 г. Ц. 1 р. 50 к.

Боккачіо, Джіовани. Декамеронъ. Избранныя новеллы въ перев. рус. писателей подъ ред. П. Быкова. Съ портретомъ и рисунк. Спб. 98 г.

Бретъ-Гартъ. Рождественская ночь.—Счастье „Ревущаго стана“. Разсказы Перев. съ англ. Москва. 97 г.

— Тоже. Москва. 901 г.

— Двѣ матери. Пов. Перев. съ англ. Изд. К. Цвѣткова. Москва. 901 г. Ц. 75 к.

— Калифорнійскіе разсказы. Изд. 4. Москва. 99 г. Ц. 1 р.

— Китаецъ Си-Юбъ. Разск. Перев. съ англ. Москва, 901 г. Ц. 30 к.

Буа, Жюль. Женщина будущаго. Перев. съ фр. Кіевъ. 97 г. Ц. 60 к.

Буль, Генрихъ. Борьба за землей въ древнемъ Римѣ. Перев. съ нѣм. С. Сергѣева. Библ. Общественныхъ Знаній. Подъ ред. Л. Зака. Сер. 2. Вып. 2. Изд. Южн. Рус Общ. Печ. Дѣла. Одесса. 97 г.

Бульверъ - Литонъ. Кола - ди - Ріенци, послѣдній изъ римскихъ трибуновъ. Истор. ром. Перев. съ англ. Н. Перелыгина. Изд. М. Клюкина. Москва. 99 г. Ц. 1 р.

— Тоже. — Перев. Гулишамбаровой. Изд. О. Поповой. Спб. 98 г. Ц. 1 р.

Бургонь, сержантъ. Пожаръ Москвы и отступленіе французовъ въ 1812 году. Перев. съ фр. Изд. А. Суворина. Спб. 98 г.

Бурже, Поль. Голубая герцогиня. Ром. Перев. съ фр. Москва. 99 г. Ц. 1 р.

— Экранъ. Ром. Перев. съ фр. Москва. 900 г. Ц. 60 к.

— Изъ-за любви. Ром. Перев. съ фр. Изд. Книж. скл. Д. Ефимова. Москва. 900 г. Ц. 50 к.

— Три новеллы. Перев. съ фр. А. Перелыгиной. Москва. 99 г. Ц. 1 р.

— Десять нов. разсказовъ «Recommencements». Перев. съ фр. А. Перелыгиной. Изд. Д. Ефимова. Москва. 98 г. Ц. 1 р. 25 к.

— Путешественницы. Перев. съ фр. А. Перелыгиной. Москва. 98 г. Ц. 1 р.

— О возрастахъ любви. Пер. съ фр. Спб. 98 г. Ц. 20 к.

— Ревность. Психологич. этюдъ. Перевелъ съ 26-го изданія В. В—скій. Изд. В. Губинскаго. Спб. 99 г. Ц. 15 к.

— Вторая любовь. Псих. этюдъ. Перев. съ фр. А. Перелыгиной. Изд. Д. Ефимова и М. Клюкина. Москва. 98 г. Ц. 50 к.

— Мучительная загадка. Перев. съ фр. (Съ иллюстр. и портрет. автора.) Спб. 98 г. Ц. 1 р.

— Дѣловой человѣкъ.—Парижанка 19-го вѣка и другіе разсказы. Пер. съ фр. А. Перелыгиной. Изд. Д. Ефимова. Москва. 901 г. Ц. 75.

Буржуа, Леонъ. Солидарность. Пер. съ фр. Б. Никитина. Москва. 99 г. Ц. 40 к.

Бутру, Эмиль. Паскаль. Пер. съ фр. Е. Лавровой. Изд. Л. Пантелѣева. Спб. 901 г. Ц 80 к.

Былое. Дѣдъ Евменъ.—Не молоть лѣнь учить, а голодъ. Пер. съ малорос. Перелыгина. Изд. Д. Ефимова. Москва. 900 г. Ц. 30 к.

Бьернстьерне-Бьернсонъ. Полное собраніе сочиненій, исправленное и дополненное новыми произведеніями автора, въ 2-хъ томахъ. Перев. съ норвежск. Томъ 1 и 2-ой. Изд. Южн. Рус. Книгоизд. Ф. Іогансонъ. Кіевъ. 900 г. Ц. за 2 тома 3 р.

Вагнеръ, Гер. Въ лѣсной глуши. Разсказы о лѣсныхъ растеніяхъ и животныхъ. Перев. съ нѣм. Москва. 99 г.

— Первые разсказы изъ естественной исторіи для семьи, дѣтскаго сада, пріютовъ, народныхъ школъ. Перев. съ нѣм. В. Висковатаго. Кн. 1-ая. Изд. 8-ое. Книж. маг. Луковникова. Спб. 97. г. Ц. 1 р.

Вальтеръ-Скоттъ. Иллюстриров. романы. Робъ-Рой. Полн. переводъ съ 2 картинк. Изд. 2-ое книж. магаз. Луковникова. Спб. 900 г. Ц. 1 р. 50 к.

— Айвенго. Перев. съ англ. В. Владимирова. Изд. 2-ое Губинскаго. Спб. 99. Ц. 1 р.

Ванъ-Дейкъ. Нашелъ, гдѣ искалъ. Разск. Перев. съ англ. Изд. 2-ое. М. Круковскаго. Спб. 96 г.

— Тоже.—Изд. 2-ое. Т. Кузина. Спб. 98 г.

Верга, Д. Мужъ Елены. Ром. Перев. съ итальян. А. Никитина. Москва. 900 г. Ц. 75 к.

— Ева. Разск. Перев. съ итал. Е. Тарасовой. Москва. 900 г. Ц. 50 к.

Вернеръ. Собран. сочиненій. Томъ I. Разорванныя цѣпи. Заговоръ. Переводъ съ нѣм. Изд. Д. Ефимова. Москва. 99 г.

— Собр. сочиненій. Томъ 7. Въ добрый часъ. Перев. съ нѣм. Изд. Д. Ефимова. Москва. 99 г. Ц. 1 р. 50 к.

— Собр. сочиненій. Томъ 8. Горная Фея. Перев. съ нѣм. Изд. Д. Ефимова. Москва. 99 г.

— Собр. сочиненій. Томъ 9. Освобожденный отъ проклятія. Перев. съ нѣм. А. Перелыгиной. Изд. Д. Ефимова. Москва. 99 г.

— Собр. сочиненій. Томъ 10. Герой пера. Голоса родины. Перев. съ нѣм. А. Заблоцкой. Изд. Д. Ефимова. Москва. 99 г. Ц. 1 р. 25 к.

— Блуждающіе огни. Перев. съ нѣм. Перелыгиной. Изд. Д. Ефимова. Москва. 900 г. Ц. 1 р. 25 к.

— Смѣлымъ Богъ владѣетъ. Пов. и разсказы. Перев. съ нѣм. Изд. Д. Ефимова. Москва. 900 г. Ц. 1 р.

Вернъ-Жюль. Родное знамя. Ром. Пер. съ фр. Москва. 96 г.

— Тайна Карпатскаго замка. Перев. съ фр. Изд. Русск. Т-ва Печатн. и Издат. Дѣла. Москва. 97 г. Ц. 1 р.

— Герой уродъ. Десять часовъ на охотѣ. Полн. собр. соч. Т. 8. Вып. 23, 24, 25. Разсказы, съ 3 рисунк. Спб. 97 г.

— Михаилъ Строговъ. Ром. въ 2 част. Перев. съ фр. Москва. 900 г.

— Пятнадцатилѣтній капитанъ. Ром. въ 2-хъ ч. Перев. съ фр. Москва. 99 г.

— Приключеніе трехъ русскихъ и трехъ англичанъ въ Ю. Африкѣ. Романъ. Перев. съ фр. Москва. 900 г.

— Гекторъ Сервадакъ. Ром. въ 2-хъ ч. Перев. съ фр. Москва. 900 г.

— Плавающій городъ. Ром. Перев. съ фр. Москва. 900 г.

— Ченслеръ. Р. Пер. съ фр. Москва. 900 г.

— Дневникъ пассажира. Ром. Перев. съ фр. Москва. 900 г.

— Восемьдесятъ тысячъ верстъ подъ водой. Путешествіе подъ волнами океана. Въ 2-хъ част. Изд. А. Суворина. Спб. 900 г.

— Приключеніе капитана Гаттераса. Необыкновенное путешествіе въ 2-хъ част. Изд. 3-е А. Суворина. Спб. 99 г.

— Дѣти капитана Гранта. Путешествіе вокругъ свѣта. Изд. 4 А. Суворина. Спб. 99 г.

— Полн. собр. сочиненій. Т. 8. Отъ земли до луны.—Вотъ такъ лѣшій не нашего лѣса или черть вѣдьму искалъ сто паръ лаптей стопталъ. Изд. Книгопрод. Холмушина. Спб. 97.

— Полн. собр. соч. Отъ земли до луны. Ром. Пер. съ фр. Т. 8. Изд. М. Вольфа. Спб. 97 г.

— Полн. собр. соч. Т. 8. Пять недѣль на аэростатѣ. Ром. Пер. съ фр. Вып. 11— 22. Изд. М. О. Вольфъ. Спб. 97 г.

— Пять недѣль на аэростатѣ. Путешествія и открытія, совершенныя тремя англичанами. Изданы по замѣткамъ д-ра Фергюссона. Изд. М. О. Вольфъ. Спб. 97 г.

Виньи-де, Альф. Графъ Сенъ-Морсъ или заговоръ въ царствованіе Людовика XIII. Ром. Пер. О. Соловьевой. Изд. ред. Нов. Ж. Ин. Лит. Спб. 99 г.

Вольтеръ. Вавилонская принцесса. Перев. съ фр. С. М—ва. Изд. С. Бриліанта. Спб. 96 г. Ц. 15 к.

Волшебный ручеекъ. Сказка. Пер. съ англ. Изд. книгопрод. А. Сазонова. Москва. 99 г.

Гаггаръ, Ридер. Открытіе клада короля Соломона. Сцены изъ жизни Ю. Африки. Перев. съ англ. Изд. Аскарханова. Спб. 97 г.

Галеви. Семья Кардиналь. Пер. съ фр. В. Свѣтлова. Спб. 98 г. Ц. 50 к.

Гамсунъ, Кнутъ. Панъ. Изъ записокъ лейтенанта Томаса-Глана. Съ предисл. К. Бальмонта. Перев. съ норвежск. С. Полякова. Книгоизд. «Скорпіонъ». Москва. 901 г. 1 р.

Гартвигъ. Чудеса подземнаго міра. Перев. съ нѣм. Изд. 3-е М. Клюкина. Москва. 98 г. Ц. 2 р. 50 к.

Гауптманъ. Торжество примиренія. Семейная драма. Перев. съ нѣм. С. Чашкиной. Спб. 98 г.

— Стрѣлочникъ Тиль. — Апостолъ. Разсказы. Перев. съ нѣм. З. Ж. Летучая библіотека. Спб. 96 г. Ц. 30 к.

Гауфъ, Вильг. Маленькій Мукъ. Сказка. Перев. В. Версилова. Спб. 97 г.

Гегардъ, Рейдеръ. Клеопатра, египетская царица, или повѣствованіе о мщеніи Гармагиза, наслѣдника престола фараоновъ, на-

4

писанное его собственной рукой. Ром. Перев.
съ англ. А. Фейгина. Изд. 2-е И. Морозова.
Москва. 97 г. Ц. 1 р.

Гейгеръ. Открытіе огня. Перев. съ нѣм.
Л. Зака. Изд. Тип. Южн. Рус. Общ. Печ.
Дѣла. Одесса. 97 г. Ц. 15 к.

Гейерстамъ. Веселое лѣто. Перев. со
шведск. З. Зенковичъ. Изд. Спб. Общ. Печ.
Дѣла «Издатель». Спб. 900 г.

Гете. Ученическіе годы Вильгельма Мей-
стера. Ром. въ 8-ми книгахъ. Кн. 1—5.
Перев. А. Сахаровой. Изд. Ледерле. «Моя
биб.» Спб. 97 г. Ц. 1 р.

Гольдсмитъ. Векфильдскій священникъ.
Ром. Перев. съ англ. Изд. 3-е иллюстр.
Спб. 99 г. Ц. 60 к.

Гоопъ, А. Забытые разсказы пѣвца, шута
и странника. Перев. съ англ. М. Гранстремъ.
Спб. 99 г.

Горнъ, В. Д. (Ортель). Жизнь и подвиги
знаменитаго кругосвѣтнаго путешественника
Джемса Кука. Разсказы для юношества и
народа. Перев. съ 3-го нѣм. изд. Москва.
99 г.

— То-же. Москва. 901 г.

Горронъ. Любовь въ Парижѣ (Воспоми-
нанія нач. париж. сыскн. полиціи). Перев.
съ фр. Москва. 900 г. Ц. 1 р.

— Убійцы (Воспоминаніе нач. париж.
сыскн. полиціи). Перев. съ франц. съ рис.
Изд. книж. маг. «Новости». Спб. 97 г.
Ц. 1 р.

— Тоже. Перев. К. П. Русановой. Изд.
2-е. Спб. 98 г.

Гофманъ. Лазутчикъ. Перев. съ нѣм.
С. Майковой. Съ рис. Изд. Губинскаго. Спб.
97 г. Ц. 1 р. 25 к.

Гриммъ, братья. Дѣтскія сказки. Перев.
съ нѣм. Андреевской. Изд. Ветипажа. Спб.
98 г.

— Библіотека сказокъ. Перев. подъ ред.
А. Шерешкевичъ. Кн. 2-я младш. возр.
(5—8 л.). Изд. книжн. магаз. Кольчугина.
Москва. 97 г.

— Тоже. Кн. 5. Сред. возр. (8—10 л.).
Москва. 98 г. Ц. 20 к.

— Тоже. Изд. М. Клюкина. Москва. 99 г.
Ц. 20 к.

— Золушка.—Король Дроздова борода.—
Счастливецъ Гансъ. – Желѣзный Иванъ. Перев.
съ нѣм. Б. Прозоровской. Спб. 98 г. Ц.
10 к.

— Сказка о добромъ молодцѣ, не знав-
шемъ страху. —Вѣрный Иванъ. — Три лѣс-
ныхъ человѣка.—Старый султанъ. Перев. съ
нѣм. Б. Прозоровской. Спб. 98 г. Ц. 10 к.

— Три брата.—Мальчикъ съ пальчикъ.—
Заяцъ и ежъ.—Гусятница у колодца.—Духъ
въ бутылкѣ. Перев. съ нѣм. Б. Прозоров-
ской. Спб. 98 г. Ц. 10 к.

— Барабанщикъ.—Молодой великанъ. –
Могильный холмъ.—Семь швабовъ. Перев. съ
нѣм. Б. Прозоровской. «Сказочная библ.».
Ф. Павленкова. Спб. 98 г. Ц. 10 к.

— Два брата. — Докторъ Всезнайка.
Перев. съ нѣм. Б. Прозоровской. «Сказоч.
библ.» Ф. Павленкова. Спб. 98 г.

— Незабудочка.—Умники. — Четыре ма-
стера своего дѣла. — Мудрая королева. —
Одноглазка, двухглазка, трехглазка. Перев.
съ нѣм. Б. Прозоровской. «Сказоч. библ.»
Ф. Павленкова. Спб. 98 г.

— Ослиный салатъ.—Гвоздика. — Золо-
той гусь. — Женихъ разбойникъ. — Три
счастливчика. Перев. съ нѣм. «Сказоч.
библ». Ф. Павленкова. Спб. 98 г. Ц. 10 к.

— Шестеро товарищей.—Ранецъ.—Шап-
ка и рожокъ. Перев. съ нѣм. «Сказоч.
библ». Ф. Павленкова. Спб. 98 г.

— Волкъ и козлята. - Бѣляночка и Розочка.—Умный портняжка. Перев. съ нѣм. Б. Прозоровской. «Сказоч. библ.». Ф. Павленкова. Спб. 98 г.

— Три золотыхъ волоса.—Царевичъ-лягушка.—Братецъ и сестрица. — Бременскіе музыканты. — Умница Эльза. — Двѣнадцать братьевъ. — Ваня и Маша.—Три пряхи. — Перев. съ нѣм. Б. Прозоровской. «Сказоч. библ.» Ф. Павленкова. Спб. 98 г.

Грээмъ. Дни грезъ. Перев. съ англ. А. Баудлеръ. Изд. Л. Пантелѣева. Спб. 900 г. Ц. 75 к.

— Золотой возрастъ. Пер. съ англ. Изд. Л. Пантелѣева. Спб. 98 г. Ц. 75 к.

Гюго, В. Девяносто третій годъ. Ром. въ 4-хъ част. Ч. 1—4. Перев. съ фр. Спб. 900 г. Ц. 1 р. 50 к.

— Человѣкъ, который смѣется. Въ изложеніи А. Суворина. Изд. А. Суворина. Спб. 900 г. Ц. 20 к.

— Послѣдній день приговореннаго къ смерти.

— Соборъ Парижской Богоматери (Notre Dame de Paris). Изд. 2-ое А. Суворина Спб. 901 г. Ц. за 3 тома 3 р. 60 к.

— Мои сыновья. Изд. П. Ковалева и Н. Осипова. Кременчугъ. 900 г. Ц. 10 к.

— Отверженные. Ром. въ 2-хъ т. (Les miserables). Перев. съ фр. Изд. А. Суворина. Спб. 97 г. Ц. 3 р. 50 к.

— Тоже въ 5 ч. Часть 1-ая. Фантина. Изд. книжн. магаз. М. Ледерле. Спб. 97 г. Ц. 1 р.

— Тоже. Часть 2-ая. Козета. Ч. 3-ья Маріусъ. Изд. М. Ледерле. Спб. 97 г. Ц. 1 р.

— Тоже. Ч. 4-ая. Идиллія въ улицѣ Плюше и эпопея улицы Сенъ-Дени. Изд. М. Ледерле. Спб. 98 г. Ц. 1 р.

— Тоже. Часть 5-ая. Жанъ-Вальжанъ. Изд. книж. магаз. М. Ледерле. Спб. 98 г. Ц. 1 р.

Данъ, Феликсъ. Атилла. Ром. изъ эпохи переселенія народовъ (453 г. по Р. Х.). Перев. съ послѣдняго нѣмецк. изд. С. Крылова. Изд. К. Тихомирова. Москва. 99 г. Ц. 1 р.

де-Фо. Жизнь и удивительныя приключенія Робинзона Крузоэ, разсказанныя имъ самимъ. Перев. съ англ. П. Кончаловскаго. Съ рисунк. Москва. 97 г. Ц. 1 р. 50 к.

— Тоже. Изд. Вятск. Губернск. Земства. Вятка. 97 г.

— Тоже. Перев. съ фр. съ жизнеописаніемъ и портретомъ автора, и предисловіемъ переводчика Владимірова. Изд. В. Губинскаго. Спб. 98 г.

— Тоже. Изд. 3-е. Спб. 99 г.

— Тоже. Изд. Вольфа. Спб. 900 г.

Джемсонъ. Дѣвочка сирота леди Джэнъ. Пов. для юнош. Перев. съ англ. Изд. Аскарханова. Спб. 900 г. Ц. 1 р.

— Тоже. Изд. 2-ое А. Девріена. Спб. 99 г.

— Тоже. Изд. М. Клюкина. Москва. 99 г. Ц. 80 к.

Джемсъ, В. Стоитъ ли жить. Перев. съ англ. Изд. магаз. «Книжное Дѣло». Москва. 98 г. Ц. 20 к.

Джеромъ, Дж. К. Шесть разсказовъ: Елки.—Часы. — Чайники. — Патетическій разсказъ.—Новая утопія. — Сны. Перев. съ англ. С. Займовскаго. Изд. Южно-Русск. книгоизд. Ф. Іогансонъ. Кіевъ. 98 г. 50 к.

— Веселыя картинки:—За злую жену.—Самодѣльная графиня. — Blassé.—Звѣрь въ человѣкѣ и др. Перев. съ англ. Спб. 98 г. Ц. 1 р.

4*

— Синіе и зеленые наброски. Перев. съ англ. Изд. Южн. Русск. книгоизд. Ф. Іогансонъ. Кіевъ. 900 г. Ц. 1 р.

— Медовый мѣсяцъ. Перев. съ англ. Н. д'А. Изд. Ѳ. Митюрникова. Спб. 99 г. Ц. 20 к.

— Трагикомедія въ жизни и на сценѣ.— Забавные нравы и обычаи жителей сцены. Перев. съ англ. Н. Андре. Спб. 900 г.

— Искусство нравиться женщинамъ. Пер. съ англ. Спб. 900 г. Ц. 20 к.

— Новыя мысли праздного человѣка. Перев. съ англ. Л. Хавкиной. Изд. Южно-Русск. книгоизд. Ф. Іогансонъ. Кіевъ 900 г. Ц. 1 р.

— Втроемъ на четырехъ колесахъ. Перев. съ англ. Изд. А. Суворина. Спб. 900 г. Ц. 1 р. 25 к.

— Впечатлѣнія странника и др. разсказы. Полн. собр. соч. Перев. съ англ. Изд. книгопрод. М. Клюкина. Москва. 901 г. Ц. 85 к.

— Изъ пустого въ порожнее. Записная книжка романиста съ портрет. автора. Перев. съ англ. Изд. книгопрод. М. Клюкина. Москва. 901 г.

— Втроемъ на велосипедахъ. Перев. съ англ. Л. Хавкиной. Изд. Южн. Русск. книгоизд. Ф. Іогансонъ. Кіевъ 900 г. Ц. 1 р.

— Праздныя мысли лѣнтяя. Перев. съ англ. Н. Жаринцевой. Изд. А. Суворина. Спб. 99 г. Ц. 1 р. 50 к.

— Мужъ, жена и другъ дома. Семейная исторія. Спб. 901 г. Ц. 20 к.

— Любовь и жизнь. Перев. съ англ. Б. Л. М. Спб. 900 г. Ц. 40 к.

— Любовный напитокъ. Перев. съ англ. Москва. 901 г. Ц. 20 к.

— Памяти Джона Ингерфильда и его супруги Анны. Пер. съ англ. Москва. 901 г. Ц. 15 к.

— Романъ хорошенькой продавщицы. Исторія, разсказанная лакеемъ. Спб. 901 г. Ц. 40 к.

— Какъ обращаться съ женщинами. Новые разсказы. Перев. съ англ. А. Френа. Изд. М. Козмана. Одесса. 901 г. Ц. 15 к.

— Театръ. Пер. съ англ. Н. д'А. подъ ред. Львовича. Изд. М. Клюкина. Москва. 901 г. Ц. 1 р.

— Всеобщее равенство. (Новая утопія). Перев. съ англ. Изд. К. Цвѣткова. Москва. 901 г. Ц. 50 к.

— Дневникъ путешественника и др. разсказы. Перев. съ англ. Соколовой. Изд. Д. Ефимова. Москва. 901 г. Ц. 1 р.

— Исторія моей любви. Перев. съ англ. Спб. 901 г. Ц. 20 к.

— Разсужденія досужаго человѣка. Сборникъ нов. юмористич. разсказовъ. Перев. съ англ. Изд. М. Попова. Спб. 99 г. Ц. 75 к.

— Забавныя приключенія холостяковъ. Перев. съ англ. Н. д'А. Изд. М. Попова. Спб. 99 г. Ц. 1 р. 25 к.

— Дневникъ путешественника. Перев. съ англ. Изд. Митюрникова. Спб. 900 г. Ц. 1 р.

— Женская логика. Перев. съ англ. Спб. 900 г. Ц. 20 к.

— Очаровательная женщина и др. разсказы. Перев. съ англ. Соколовой. Москва. 901 г.

— Праздныя мысли лѣнтяя, книга для чтенія въ праздникъ, когда нечего дѣлать. Перев. съ англ. Изд. книжн. склада Д. Ефимова. Москва. 901 г. Ц. 1 р.

— Объ умѣніи обращаться съ женщинами (Вторыя мысли праздного человѣка). 12 юмористич. бесѣдъ. Перев. съ англ.

Изд. 2-ое Д. Ефимова. Москва. 901 г. Ц. 1 р.

— О женщинахъ и невѣстахъ. Перев. съ англ. Спб. 99 г. Ц. 20 к.

— Тоже. Изд. Митюрникова. Спб. 900 г.

— О женщинахъ и еще кой о чемъ. Перев. Г. Л. М. Спб. 99 г. Ц. 50 к.

— Тоже. Изд. Митюрникова. ц. 60 к.

— Новый способъ писать романы. Перев. съ англ. Н. Жаринцевой. Изд. 2-ое. Спб. 99 г.

— Въ гостяхъ у нѣмцевъ. Москва. 901 г. Ц. 1 р.

— Три человѣка въ лодкѣ и съ ними собака. Полн. собр. соч. Т. 2. Перев. съ англ. Изд. Книж. скл. Д. Ефимова. Москва. 900 г. Ц. 1 р.

Дживаніолли. Спартакъ. Ром. изъ древне-римской жизни. Перев. съ ит. Л. Шелгуновой. Изд. книжн. склада Н. Аскарханова. Спб. 99 г. Ц. 40 к.

— Тоже. Пер. А. Каррикъ и С. Гумбаровой. Изд. О. Поповой. Спб. 99 г. Ц. 1 р.

Диккенсъ, Ч. Оливеръ Твистъ. Ром., ч. 1-ая. Изд. 4-ое А. Суворина. Спб. 97 г.

— Полное собраніе сочиненій съ портретомъ и біографіей автора. Т. 10-ый. Изд. Ф. Павленкова. Спб. 97 г. Ц. 1 р. 50 к.

— Рождественская пѣсня въ прозѣ (святоч. разсказъ). Нов. перев. съ англ. С. Долгова. Изд. 2-ое исправл. и дополн. Т-ва И. Д. Сытина. Москва. 97 г. Ц. 75 к.

— Иллюстриров. ром. въ сокращенномъ переводѣ Л. Шелгуновой. «Крошка Доритъ». (съ 2 рисун.) Изд. Ф. Павленкова. Спб. 97 г. Ц. 40 к.

— Иллюстриров. романы въ сокращ. перев. Л. Шелгуновой. «Холодный домъ» (съ 20 рис.) Изд. 2-ое Ф. Павленкова. Спб. 98 г. Ц. 40 к.

— Иллюстр. романы въ сокращ. перев. Л. Шелгуновой. — Тяжелыя времена. Изд. 2-ое Ф. Павленкова. Спб. 99 г. Ц. 40 к.

— Воровская шайка или приключеніе бѣднаго сироты Оливера Твиста. Ром. Перев. съ англ. Москва. 900 г.

— Оливеръ Твистъ. Перев. съ англ. въ сокращ. видѣ для дѣтей средн. возр. А. Архангельской. Изд. 4-ое магаз. «Сотруди. Школъ». Москва. 900 г. Ц. 65 к.

— Домби и сынъ. Передѣл. для средн. возр. А. Архангельской. Изд. 3-е Москва. 99 г. Ц. 50 к.

— Любовь въ Тиролѣ или маленькая Доритъ. Ром. Перев. съ англ. В. Т. Москва. 98 г.

— Скряга Скруджъ. Свят. пѣсня въ прозѣ. Съ портрет. автора. Перев. съ англ. Л. Мея. Изд. книгопрод. Н. Мартынова. Спб. 98 г. Ц. 35 к.

— Скряга Скруджъ. Рожд. пѣсня. Разск. для дѣтей. Перев. съ англ. Изд. В. Губинскаго. Спб. 900 г.

— Николай Никльби. Ром. Перев. съ съ англ. Изд. для юнош. съ 13 отдѣльн. картинк. и 34 рисунк. въ текстѣ. Изд. М. Вольфъ. Спб. 98 г.

— Иллюстриров. романы въ сокращ. переводѣ Л. Шелгуновой. Николай Никльби (съ 17 рис.) Изд. 2-ое Ф. Павленкова. Спб. 99 г. Ц. 40 к.

— Блестящая будущность. Ром. сокращ. перев. Энгельгардтъ. Для юнош. (съ 10 ориг. рис.). Изд. Поповой. Спб. 98 г. Ц. 1 р.

— Сочиненія. Холодный домъ. Иллюстр. ром. въ 2-хъ книгахъ. Кн. 1 и 2. Изд. 5-ое книгопрод. Шамова. Москва. 98 г. Ц. 1 р. 20 к.

— Замогильныя записки Пиквикскаго клуба, или подробный и достовѣрный рапортъ о странствованіяхъ, путешествіяхъ, приключеніяхъ и забавныхъ дѣйствіяхъ ученыхъ членовъ - корреспоидентовъ покойнаго клуба. Иллюстр. ром. въ перев. В. Введенскаго въ 2-хъ томахъ. Т. 1 и 2. Изд. 5-ое. Москва. 97 г.

— Смерть пьяпицы. Разск. Изд. Ю. Р. О. П. Д. Одесса. 97 г. Ц. 3 к.

— Бѣдная внучка. Ром. Въ изл. О. Хмѣлевой. Москва. 97 г.

Додэ, Альфонсъ. Избранныя сочиненія. Дивныя приключенія Тартарена изъ Тараскона. Перев. съ фр. М. и Е. Соломиныхъ. Изд. Е. Лавровой и Н. Попова. Спб. 99 г. Ц. 25 к.

— Новые разсказы. Перев. съ фр. Г. Н. Спб. 99 г. Ц. 20 к.

— Три разсказа. Перев. съ фр. Москва. 99 г.

— Три разсказа съ иллюстр. Изд. Ефимова. Москва. 98 г. Ц. 50 к.

— Жены артистовъ. Переь. съ франц. Н. Л. Изд. Ѳ. Митюрникова. Спб. 99 г. Ц. 50 к.

— Натурщица. Съ иллюстрац. и портретомъ автора. Перев. и изд. Савельева. Спб. 97 г. Ц. 25 к.

— Карапузикъ. Исторія ребенка. Изд. 3-ее маг. Дѣтское воспитаніе. Москва. 98 г. Ц. 15 к.

— Волненіе красной куропатки. Разск. для дѣтей. Перев. съ франц. А. Погожевой. Москва. 98 г.

— Прекрасная Нивернеза. Разск. Перев. съ фр. С. Круковской. Изд. О. Поповой. Спб. 99 г. Ц. 30 к.

— Исторія одного ребенка. Пов. для дѣт. старш. возр. Перев. съ фр. Н. Шульгиной. Москва. 98 г.

— Крушеніе корабля.—Смерть Дофина.— Три ворона Перев. съ фр. Москва. 900 г.

— Изъ писемъ съ мельницы. Перев. Перелыгина. Москва. 99 г.

— Первая ночь новобрачныхъ. Перев. съ фр. Спб. 901 г. Ц. 25 к.

— Опора семьи. Ром. Перев. съ фр. С. Леонидовой. Спб. 98 г. Ц. 1 р.

— Тоже. Изд. газ. «Приднѣпровскій край». Екатеринославъ. 98 г. Ц. 75 к.

— Тоже. Перев. Лихтенштадтъ. Изд. редакціи Н. Ж. И. Л. Спб. 98 г. Ц. 75 к.

-- Прежнее и новое счастье. Изд. Д. Ефимова. Москва. 98 г. Ц. 50 к.

Тоже. Перев. Д. Борзаковскаго. Изд. книгопрод. М. Клюкина. Москва. 900 г. Ц. 30 к.

— Первое путешествіе, первая ложь. Воспоминаніе изъ моего дѣтства. Перев. съ фр. Перелыгиной. Изд. Д. Ефимова. Москва. 901 г. Ц. 30 к.

Козочка г-на Сегена. Перев. съ фр. Е. Лавровой и Н. Попова. Спб. 97 г.

Тоже. Изд. 2-ое. Спб. 99 г. Ц. 5 к.

— **Э.** Свадебная ночь. Разск. (съ 5 рис.). Перев. съ фр. Изд. 2-ое Касаткина. Спб. 97 г.

— Тоже. Спб. 99 г.

— Первая ночь въ замкѣ Галеровъ. Разск. Перев. съ фр. Спб. 99 г.

Домбръ, Р. Перль и Фидель. Разск. для мал. дѣтей. Перев. съ фр. А. Быстрениной. Москва. 99 г.

Донъ-Кихотъ Ломанческій. Разск. для дѣтей. Перев. А. Греча. Съ 78 иллюстрац. Густава Дорэ. Изд. 2-ое. Т-ва М. Вольфъ. Сбп. 98 г.

Дюма, Ал. Виконтъ де-Бражелонъ. Ром. Перев. съ фр. Москва. 901 г.

— Сорокъ пять лѣтъ. Перев. съ фр. въ 2-хъ томахъ Изд. Сытина. Москва. 901 г.

Дюма-сынъ Ал. Маргарита Готье. Ром. Перев. съ фр. Спб. 97 г. Ц. 1 р.

— Анжъ Питу. Ром. въ 2-хъ томахъ. Изд. А. Суворина. Спб. 901 г. Ц. 60 к.

—Двадцать лѣтъ спустя (продолженіе 3-хъ Мушкатеровъ). Ром. въ 4-хъ ч. Безплатное приложеніе къ журналу «Вокругъ свѣта». Іюль 901 г. Изд. Сытина Москва. 901 г.

— Королева Марго. Ром. въ 6-ти ч. ч. 1—6. Изд. 2-ое А. Суворина. Спб. 99 г.

— Тоже. Изд. Сытина. Москва. 901 г.

— Графъ Монте-Кристо. Ром. въ 2-хъ ч. Перев. съ фр. Изд. Губинскаго. Москва. 99 г. Ц. 1 р.

— Тоже. Изд. А. Суворина. Т. 3-ій Ц. 60 к.

— Графиня де Монсоро. Ром. Пер: съ фр. Москва. 901 г. изд. Т-ва Сытина.

Дюмурье, Ж. Трильби. Ром. Перев. съ англ. Спб. 97. Ц. 60 к.

Женневре. Уличный бродяжка. Перев. съ фр. Ф. Домбровскаго (съ рис.) Спб. 97 г.

— Семья Маге. Передѣл. съ фр. А. Муриновой. Москва. 97 г.

· **Жипъ, (Графиня де Мартенъ).** Израиль. Перев. съ фр. Спб. 900 г. Ц. 1 р.

— Тайна женщины. Перев. съ фр. Спб. 901 г. Ц. 40 к.

—- Чего хочетъ женщина. Перев. съ фр. Спб. 900 г. Ц. 40 к.

— Тоже. Изд. 2-ое. Спб. 901 г. Ц. 40 к.

За моремъ. Разск. по Г. Сенкевичу. Книж. за книжкой. Изд. 2-ое М. Слѣпцовой. Спб. 98 г. Ц. 7 к.

Зандъ, Ж. Грибуль. Сказка. Перев. съ фр. Н. Перелыгина. Изд. М. Клюкина. Москва. 900 г.

- Тоже. Пер. Михайловой. Изд. А. Суворина. (съ рис.) Спб. 99 г.

— Индіана. Ром. Перев. съ франц. Спб. 99 г. Ц. 60 к.

— Бабушкины сказки. Пер. съ фр. М. Лавровой. Изд. Губинскаго. Спб. 900 г.

— Крылья мужества. Фант. пов. Перев. съ фр. А. Перелыгиной. Изд. М. Клюкина. Москва. 99 г. Ц. 25. к.

Захеръ, - Мазохъ. Еврейскіе разсказы: Пинчевъ и Минчевъ.—-Ципра Гольдфингеръ.— Браницкая Венера.—Продажа фамилій.— Просвѣщенный и др. Перев. съ нѣм. Москва. 99 г. Ц. 1 р.

Зола, Эм. Вампиръ. Разск. Перев. съ фр. Барзовской. Москва. 99 г. Ц. 30 коп.

— Жаба. Пер. съ фр. А. Перелыгиной. Москва. 98 г. Ц. 40 к.

— Семья. Ром. Пер. съ фр. К. Русановой. Изд. книж. маг. газ. „Новости“. Спб. 900 г. Ц. 1 р.

.— Любовь къ животнымъ. Пер. съ фр. Л. Калугина.—Трудъ, нов. ром. Перев. съ фр. С. Ф. Кіевъ. 901 г.

— Жакъ д' Амуръ. — Нашъ Микуленъ.— Капитанъ Бюрль. Разск. съ фр. Москва. 99 г. Ц. 75 к.

— Какъ люди женятся. Пер. съ фр. Спб. 900 г. Ц. 20 к.

— Дѣвушки и женщины. Перев. съ фр. Ундинова. Москва. 900 г.

— Лурдъ. Ром. Перев. съ фр. Е. Поливановой. Изд. 2-ое. Москва. 99 г. Ц. 1 р. 25 к.

— Римъ. Ром. въ 3-хъ ч. Изд. 2-е Н. Мертца. Спб. 98 г. Ц. 1 р. 50 к.

— Плодовитость. Ром. Перев. съ фр. Перелыгиной. Изд. Д. Ефимова. Москва. 99 г. Ц. 1 р. 50 к.

— Тоже. Полн. перев. Вып. 1-й. Изд. Поповой. Спб. 900 г. Ц. 1 р. 50 к.

— Тоже. Изд. ред. Н. Ж. И. Л. Спб. 99 г. Ц. 75 к.

— Собраніе соч. т. 2-й. Нана. Ром. Пер. съ фр. Изд. Д. Ефимова. Москва. 99 г.

— Нана. Ром. Пер. Загуляевой. Спб. 97 г. Ц. 1 р.

— Тоже. Изд. Д. Ефимова. Москва. 99 г. Ц. 1 р.

— Парижъ. Ром. Пер. съ фр. Вып. 1-й. Изд. Ф. Іогансонъ. Кіевъ. 97 г. Ц. 1 р. 25 к.

— Тоже. Вып. 2-й и 3-й. Ц. всего изд. 1 р. 25 к.

— Тоже. Изд. А. Суворина. Спб. 98 г. Ц. 2 р.

— Тоже. Москва. 98 г.

— Тоже. Вып. 4-й. Изд. Ф. Іогансонъ. Кіевъ. 97 г. 1 р. 25 к.

— Тоже. Вып. 5-й. Изд. Іогансонъ. Кіевъ. 97 г. Ц. 1 р. 25 к.

— Тоже. Вып. 6-й. Изд. Ф. Іогансонъ. Кіевъ. 98 г.

— Тоже. Изд. ред. журн. В. И. Л. Спб. 98 г. Ц. 1 р.

— Тоже. Пер. К. Русановой. Изд. книжн. магазина «Новости». Спб. 98 г. Ц. 1 р.

— Тоже. Пер. Лихтенштадтъ. Изд. ред. Н. Ж. И. Л. Спб. 98 г. Ц. 75 к.

— Тоже. Полн. перев. Н. Яковлева. Изд. Іогансонъ. Кіевъ. 98 г.

— Тоже. Изд. ред. газ. «Московскій Вѣст.» Москва. 98 г.

Тоже. Варшава. 98 г.

Зудерманъ. Осень. Разск. Перев. съ нѣм. Изд. библ. «Брокаръ и К°». Москва. 99 г.

— Morturi (обреченные смерти). Тэя.—Фрицынка.—Настоящій мужчина. Перев. съ нѣм. Изд. Ф. Іогансонъ. Кіевъ. 97 г. Ц. 60 к.

— Она улыбается. Разсказы. Пер. съ нѣм. Н. Михайловича. Книгоиздат. М. Козмана. Одесса. 901 г. Ц. 15 к.

Ибсенъ, Генрихъ. Полн. собраніе сочиненій (Г. Ибсенъ—этюдъ проф. Веселовскаго).

Строитель Сольнесъ.—Джонъ-Габріэль Боркманъ.—Врагъ народа. Изд. І. Юрковскаго. Спб. 97 г.

Ивона по разсказу Августа Байнъ. Перев. съ фр. Изд. Е. Лавровой и Н. Попова. («Библ. нашихъ дѣтей»). Спб. 98 г.

Императоръ и разбойникъ. По Р. Домбръ. Пер. съ фр. Изд. Е. Лавровой и Н. Попова. «Библ. нашихъ дѣтей». Спб. 98 г.

Ирасекъ. Старинныя сказанія чешскаго народа. Перев. съ чешск. М. Лялиной. Изд. Девріена. Спб. 99 г.

Испанскія сказки: Оферо. — На всякій случай.—Дядя. — Корыстолюбіе. Пер. съ исп. М. Ватсонъ. «Иллюстр. сказ. библ.» Ф. Павленкова. Спб. 97 г. Ц. 15 к.

—Птицы. — Правда. — Маленькая принцесса Нора.—Казильда.— Жена архитектора. «Иллюстр. сказоч. библ.» Ф. Павленкова. Спб. 97 г. Ц. 15 к.

Кампфмейеръ. Изъ нѣмецкой деревни. Перев. съ нѣм. М. Толмачевой. Москва. 96 г. Ц. 15 к.

Капандю, Эр. Рыцарь курятника. Истор. ром. Пер. съ фр. Изд. Богданова. Спб. 97 г.

— Любовница короля. Ром. Пер. съ фр. Изд. 2-е. Спб. 97 г.

— Графъ де-Сенъ-Жерменъ. Ром. Пер. съ фр. Спб. 98 г. Ц. 60 к.

Капитанъ Дрейфусъ сосланный на Чертовъ Островъ. Сенсаціонный ром. Перев. съ нѣм. Варшава. 98 г. Ц. 5 к.

Капитанъ Дрейфусъ. Письма невинноосужденнаго Дрейфуса съ Чертова Острова. Съ предислов., дополненіями и факсимиле. Перев. съ фр. Вып. I. Варшава. 98 г. Ц. 5 к.

— Тоже. Вып. 2-й. Изд. книгопр. Цукермана. Варшава. 99 г. Ц. 5 к.

Капитанъ Дрейфусъ и Зола. Пожизненная ссылка капит. Дрейфуса. Трогательная судьба его супруги и самоотверженная защита ихъ Э. Зола. Сенсаціонный ром. съ иллюстр. Вып. 5—7. Одесса. 99 г. Ц. вып. 3 к.

Карменъ-Сильва. Царство сказокъ. Пер. съ нѣм. С. Майковой. Изд. В. Губинскаго. Спб. 98 г. Ц. 1 р.

Карнуа. Легенды Франціи. Пер. съ фр. С. Лысцовой. Изд. книжн. магаз. Гроссманъ и Кнебель. Москва. 98 г.

Кейснеръ. Право на свое изображеніе. Перев. съ нѣм. Вильна. 97 г. Ц. 50 к.

Киплингъ. Р. Индусскіе разсказы. Пер. съ англ. В. Офросимова. Сер. разсказовъ «Инд. желѣзнодорож. библ.» Спб. 97 г. Ц. 50 к.

— Разсказы для дѣтей. Перев. съ англ. Рождественской. Кн. 2-я. Москва. 97 г. Ц. 40 к.

— Тоже. Кн. 1-я. Изд. 2-е ред. журн. «Дѣтское чтеніе» и Педагогич. листокъ. Москва. 900 г. Ц. 40 к.

— Тоже. Кн. 2-я. Москва. 900 г. Ц. 40 к.

Кларети, Ж. Князь Зила. Пер. съ фр. Москва. 99 г. Ц. 1 р. 25 к.

Кларкъ. Жена Лота. Пер. съ англ. Спб. 98 г. Ц. 75 к.

де-Кокъ, Поль. Полное собраніе сочиненій съ портрет. автора и статьей о Поль де-Кокѣ. Перев. съ фр. т. 1-й. Лизокъ.— Оселъ.—Госпожа де-Вальнуаръ. Спб. 900 г.

— Полн. собр. сочиненій съ портрет. автора и статьей о немъ. Перев. съ фр. т. 3. Таинственный молодой человѣкъ.—Горбунъ. -Пропавшій мужъ. Спб. 900 г.

— Полн. собр. сочиненій. Съ портр. автора и статьей о немъ. Т. 5-й. Барышня о трехъ юбкахъ. — Неожиданное наслѣдство. — Дѣвушка, которую долго принимали за мальчика. Спб. 900 г.

— Полн. собр. соч.—Парижскій цирульникъ. Ром. Перев. съ фр. Спб. 900 г.

— Т. 8-й. Добрый малый. Перев. съ фр. Спб. 900 г.

— Женихъ не молодыхъ лѣтъ. Ром. Пер. съ фр. Н. Р. Изд. 4-е книгопрод. Холмушина. Спб. 97 г.

— Рекрутъ. Ром. въ 4-хъ ч. Пер. съ фр. Изд. 4-ое Е. Губанова. Москва. 97 г. Ц. 1 р.

Конанъ-Дойль. Записки знаменитаго сыщика. Пер. съ англ. Л. Гольдмерштейнъ. Спб. 98 г.

— Изгнанники. Истор. ром. въ 2-хъ ч Ч. 1-я и 2-я. Сокращ. перев. В. Кошевичъ. Спб. 901 г. Ц. 50 к.

— Исторія безъ вѣсти пропавшаго поѣзда и др. разсказы. Пер. съ англ. К. Русановой. Изд. книж. магазина «Новости». Спб. 901 г. Ц. 50 к.

Конопницкая, М. Мендель Гданскій. Пер. съ польск. Разск. Москва. 97 г.

— Покинутая (Мариська). Разск. для взрослыхъ. Перев. съ польск. Л. Дашкевичъ. Москва. 98 г.

Корделія. Гора чудесъ. Инд. пов. Перев. съ ит. Е. Никольской. Изд. Е. Лавровой и Н. Попова. Спб. 99 г. Ц. 10 к.

Корелли, Марія. Новая женщина. Пов. Перев. съ англ. Изд. Д. Ефимова. Москва. 99 г. Ц. 30 к.

Куперъ, Ф. Морской разбойникъ. Перев. съ англ. Петра Карманова. Изд. И. Сытина. Москва. 97 г.

— Красный морской разбойникъ. Ром. Перев. съ англ. Москва. 98 г.

— Слѣдопытъ. Ром. Перев. съ англ. Москва. 98 г.

— Звѣробой. Ром. Пер. съ англ. Моск. 98 г.

— Браво. Ром. Пер. съ англ. Москва. 98 г.

— Сатанстоэ. Ром. Пер. съ англ. Моск. 98 г.

— Послѣдній изъ Могиканъ. Ром. Пер. съ англ. Москва. 98 г.

— Тоже. Изд. 5. Юж. Русс. Общ. Печ. Дѣла. Одесса. 98 г.

— Сочиненія. Изд. для юнош. Т. 2. Послѣдній изъ Могиканъ. Пов. Пер. съ англ. Д. Коковцева. Изд. 2-ое Т-ва М. Вольфъ. Спб. 98 г.

— Собраніе сочиненій. — Блуждающій огонь. Перев. съ англ. Изд. Сойкина. Спб. 900 г. Ц. 50 к

— Собр. сочин. Колонія на катерѣ. Пер. съ англ. Изд. Сойкина. Спб. 900 г. Ц. 50 к.

— Тоже. Ром. Москва. 98 г.

— Послѣдній изъ Могиканъ. Изд. Сойкина. Спб. 900 г. Ц. 50 к.

— Собр. соч. На сушѣ и на морѣ. Пер. съ англ. Изд. Сойкина. Спб. 900 г. Ц. 50 к.

— Собр. соч. Піонеры. Перев. съ англ. Изд. Сойкина. Спб. 900 г. Ц. 50 к.

— Собр. соч. Прерія. Пер. съ англ. Изд. Сойкина. Спб. 900 г. Ц. 50 к.

— Собр. соч. Хижина на холмѣ. Пер. съ англ. Изд. Сойкина. Спб. 900 г. Ц. 50 к.

— Пѣнитель моря или «Морская волшебница». Ром. Пер. съ англ. Москва. 98 г. 50 к.

— Тоже. Изд. Сойкина. Спб. 900 г. Ц. 50 к.

— Собр. сочин. Красный корсаръ. Пер. съ англ. Изд. Сойкина. Спб. 900 г. Ц. 50 к.

— Вайандотте. Хижина на холмѣ. Ром. Нерев. съ англ. Москва. 98 г.

— Краснокожіе. Собран. соч. Изд. Сойкина. Спб. 900 г. Ц. 50 к.

— Звѣроловъ. Разск. Перев. съ англ. Москва. 901 г.

Лабуле. Пашà-пастухъ. Восточ. сказка. Пер. съ фр. Москва. 99 г.

— Пальчикъ Петрушка. Сказка (съ 20 рис.). Пер. съ фр. Введенскаго. Изд. 5-ое Аскарханова. Спб. 900 г. Ц. 15 к.

Лазарильо изъ Тормея и его удачи и неудачи. Перев. съ исп. Н. Гливенко. Съ предислов. Морель-Паꞈio. Изд. Пантелѣева. Спб. 97 г. Ц. 75 к.

Леббокъ. Какъ надо жить. Пер. съ англ. Д. Коропчевскаго. Изд. 2-ое. Съ портрет. автора. Москва. 97 г. Ц. 75 к.

Ле-Форъ, Ж. Ради золота. Буры и англичане въ Ю. Африкѣ. Перев. съ фр. Н. Гранстремъ. Спб. 901 г.

Ли, Іонасъ. Орлиная мать.—Лѣсъ. Сказки для дѣтей. Перев. съ нѣм. Москва 901 г. Ц. 15 к.

Лоти, П. Галилея. Дневникъ путешествія. Перев. съ фр. Изд. 2-ое Н. Мертца. Спб. 97 г. Ц. 30 к.

Мадамъ Санженъ или безцеремонная дама. Истор. пов. въ 2-хъ част. Сюжетъ заимствованъ изъ пьесы М. Сарду и Моро. Перев. съ фр. М. Горнаго. Изд. Е. Коноваловой. Москва. 99 г.

Майнъ-Ридъ, капитанъ. Оцеола, вождь Семиноловъ. Ром. изъ флорид. жизни. Пер. съ англ. Москва. 97 г.

— Островъ Діавола. Ром. Пер. съ англ. Москва. 97 г.

— Смертельный выстрѣлъ. Ром. Пер. съ англ. Москва. 97 г.

— Изгнанники въ лѣсу. Ром. Пер. съ англ. Москва. 97 г.

— Охота на медвѣдя. Ром. Пер. съ англ. Москва. 97 г.

— Бѣлая перчатка. Ром. Пер. съ англ. Изд. тип. М. Сытина. Москва. 97 г.

Мало, Гекторъ. Въ семьѣ. Пов. Перев. съ фр. Л. Черскаго. Изд. Н. Морева. Спб. 98 г.

— Безъ семьи (Sans famille). Перев. съ фр. С. Брагинской. Спб. 901 г. Ц. 1 р. 50 к.

— Тоже. Перев. въ сокращен. видѣ А. Круковскаго. Изд. О. Поповой. Спб. 97 г. Ц. 50 к.

— Приключенія Ромена Кальбри. Пер. съ фр. Изд. акц. общ. «Издатель». Спб. 99 г. Ц. 1 р. 50 к.

Маргеритъ, П. и В. Пумъ. Изъ исторіи маленькаго мальчика. Пересказано съ фр. Е. Н. Тихоміровой. (Съ рисунк.). Изд. журн. «Дѣтское чтеніе». Москва 98 г. Ц. 35 к.

— Бѣда. Перев. съ франц. Изд. журн. «Русск. Вѣст.». Москва. 98 г. Ц. 1 р.

Марьетъ, капит. Приключенія Якова Вѣрнаго. Переработалъ для юнош. съ англ. К. Рейхнеръ. Пер. Л. Шелгуновой. Изд. Аскарханова. Спб. 99. г. Ц. 60 к.

Марлитъ, Е. Собраніе сочиненій. Т. 10. Повѣсти и разсказы. Пер. съ нѣм. Е. Б. Изд. Д. Ефимова и М. Клюкина. Москва. 99 г. Ц. 1 р. 50 к.

— Вторая жена. Ром. Москва. 98 г. Ц. 1 р.

— Въ домѣ коммерціи совѣтника. Ром. Пер. съ нѣм. А. Перелыгиной. Изд. Д. Ефимова и М. Клюкина. Москва. 98 г. Ц. 1 р. 50 к.

— Въ домѣ Шиллинга. Ром. Пер. съ нѣм. Е. Б. Изд. Д. Ефимова и М. Клюкина. Москва. 98 г. Ц. 1 р. 25 к.

— Женщина съ рубинами (яхонтовая діадема). Ром. Перв. съ нѣм. А. Заблоцкой. Изд. Д. Ефимова и М. Клюкина. Москва 98 г. Ц. 1 р. 50 к.

— Имперская графиня Гизелла. Ром. Перев. съ нѣм. А. Заблоцкой. Изд. Д. Ефимова и М. Клюкина. Москва 98 г. Ц. 1 р. 50 к.

— Тоже. Пер. В. О—на. 3-е русское изд. Перевозчикова и Комлева. Москва. 99 г. Ц. 1 р. 25 к.

— Совиный домъ. Ром. Пер. съ нѣм. Изд.

Д. Ефимова и М. Клюкина. Москва. 98 г. Ц. 1 р. 50 к.

— Степная принцесса. Ром. Пер. съ нѣм. Изд. Д. Ефимова и М. Клюкина. Москва 98 г. Ц. 1 р. 50 к.

— Тайны старой дѣвы. Ром. Пер. съ нѣм. Москва. 98 г. Ц. 1 р. 25 к.

— Эльза. Ром. Пер. съ нѣм. А. Перелыгиной. Изд. Д. Ефимова и М. Клюкина. Москва. 98 г. Ц. 1 р. 50 к.

Массе, Ж. Великій ученый. Сказка. Пер. съ фр. (съ рисун.). Изд. для дѣтей. Москва. 98 г. Ц. 15 к.

Массонъ, Ф. Марія Валевская. Истор. ром. Пер. съ фр. А. Климентова. Изд. Н. Картавовой. Спб. 98 г.

— Пушокъ и пушинка или «Самъ себя выручай». Полный перев. съ фр. Е. Лавровой и Н. Попова. Спб. 97.

Мартинъ. Исторія кусочка каменнаго угля. Пер. съ англ. Изд. А. Суворина. Спб. 901 г.

Мелясъ, Л. Старецъ Евстафій или воспоминаніе моего дѣтства. Пер. съ греч. О. Л. ч. 1, 2 и 3. Изд. 2-е Спб. 1899 г. Ц. 40 к.

Менвиль-феннъ. Живчикъ или мальчикъ на колесѣ безъ тормоза. Пер. съ англ. М. Гранстремъ. (съ рис.) Спб. 97 г.

Мендесъ, Катуллъ. Нашептанные разсказы: Чего не могутъ феи.—Горькая мечта. Лучшая маска.—Справедливый подарокъ. Пер. съ фр. Спб. 99 г. Ц. 5 к.

де-Местръ, Кс. Параша сибирячка. Пер. съ фр. А. Д. Южн. Русск. Книгоизд. Ф. Іогансонъ. Кіевъ. 98 г. Ц. 25 к.

— Тоже. Пер. Перелыгиной. Изд. М. Клюкина. Москва. 99 г. Ц. 10 к.

— Тоже. Пер. Медвѣдева. Изд. Панафидина. Москва. 901 г. Ц. 10 к.

Миліусъ, О. Китайскіе пираты. Разск.

изъ морского быта. Пер. съ нѣм. Н. К. Москва. 97 г., 98 г. и 900.

Могра, Гастонъ. Послѣдніе дни одного Общества. Герцогъ Лозенъ и внутренняя жизнь двора Людовика XIII и Маріи Антуанеты. Пер. съ фр. Изд. Л. Пантелѣева. Спб. 97 г. Ц. 3 р.

Мопассанъ, Г. Полное собраніе сочиненій въ 3-хъ томахъ. Съ портрет. автора и вступительной статьей о немъ. Перев. съ фр. И. Доброславина. Т. 1. Изд. Ф. Іогансона. Спб. 900. г. Ц. за 3 тома 3 р. 50 к.

— Тоже. Т. 2-й. Кіевъ. 900 г. Ц. 3 р. 50 к.

— Новые разсказы. (Посмертное изданіе). Пер. съ фр. С. Миримановой. Изд. ред. Н. Ж. И. Л. Спб. 900 г. 50 к.

— Новое неизд. произведеніе «Воскресеніе Парижскаго Буржуа». Пер. Каменоградскаго. Изд. С. Ахшарумова. Спб. 901 г. Ц. 1 р.

— Разносчикъ и др. разсказы. Пер. Е. Гольдманъ. Москва. 901 г. Ц. 60 к.

— Весенняя любовь. Пер. съ фр. В. Соловьева. Кіевъ. 901 г. Ц. 20 к.

— Исповѣдь красавицы. Нов. неизд. разск. Перев. съ фр. М. Козмана. Изд. Кн. склада Козмана. Одесса 99 г. Ц. 15 к.

— Исповѣдь женщины. Спб. 901 г. Ц. 25 к.

— Разсказы изъ франко-прусской войны. Два пріятеля.—Нѣмецъ.—Въ плѣну у французовъ. Перев. съ фр. Коморской. Изд. О. Поповой. Спб. 99 г.

— Отецъ Милонъ. Сборн. нов. разсказовъ съ портрет. автора. Перев. съ фр. Н. Горевой. Спб. 900 г. Ц. 75 к.

— Наше сердце. Ром. Москва. 901 г. Ц. 1р.

— Пышка. Разск. изъ временъ франкопрусской войны. Пер. съ фр. М. Ф—нъ. Изд. О. Поповой. Спб. 99 г.

— Жизнь женщины. Ром. Москва. 99 г. Ц. 80 к.

— Въ семьѣ. Разск. Перев. Коморской Изд. О. Поповой. Спб. 99 г.

— Чудный другъ и др. разсказы. Пер. съ фр. Л. Никифорова, съ предислов. Л. Толстого. Изд. «Посредникъ» для интелеген. женщинъ. Москва. 96 г.

--- Любовь. Веселые разсказы съ фр. Г. П. Спб. 98 г. Ц. 40 к.

— Тоже. Спб. 901 г. Ц. 50 к.

Месть. Разск. Пер. съ фр. Москва. 97 г.

Моррисонъ, Ар. Разсказы о жалкихъ улицахъ. Очерки изъ жизни рабочаго Лондона. Пер. съ англ. А. Каменскаго. Изд. книжн. склада А. Винеке. Спб. 98 г.

Музеусъ, (Рюбецаль). Сказки: Францъ Бременскій.—Любуша.—Легенда о Рюбецалѣ. Переработалъ для дѣтей д-ръ Мллеръ. Пер. съ нѣм. Изд. Аскарханова. Спб. 98 г. Ц. 1 р.

Оруженосцы. Искатель клада. Рихильда. Волшебница Рузня. Перераб. для дѣтей д-ръ Миллеръ. Пер. Андегренъ. Изд. Аскарханова. Спб. 98 г.

Муръ, Ф. Милліонеры. Ром. Перев. съ англ. Изд. Д. Ефимова. Москва. 99 г. Ц. 1 р.

Мюллеръ, Е. Дѣвочка Робинзонъ, съ прилож. разсказа Штейна «Дикарь». Перев. Владимірова. Изд. Губинскаго. Спб. 97 г. Ц. 1 р.

— Юность знаменитыхъ людей. Редакція Владимірскаго. Изд. Губинскаго. (Съ рисунк. и портретами) Спб. 97 г. Ц. 1 р.

Мюссе, П. Господинъ вѣтеръ и госпожа непогода. Сказка. Пер. съ фр. Огарковой. Москва. 98 г.

На днѣ океана или удивительныя приключенія Триниттуса. Пер. съ фр. Москва. 99 г.

Нансенъ, Ф. Среди льдовъ и во мракѣ ночи. Путешествіе норвежской экспедиціи на кораблѣ «Фрамъ» къ Сѣверному полюсу.

Полн. перев. со шведск. М. Вечеслова. Подъ ред. Березина. Вып. 1. Спб. 97 г. Ц. 30 к.

— Тоже. Вып. 2-ой. Изд. О. Поповой. Спб. 97 г. Ц. 30 к.

— Тоже. Подъ ред. Анучина. Пер. Крубера. Т. 1-ый. Отдѣльн. прилож. къ журналу «Землевладѣніе». Издано географическимъ отдѣленіемъ. Москва. 97 г.

— Тоже. Пер. съ норвежск. В. Семенова. Съ прпложеніемъ біографич. очерка жизни Нансена, составленнаго по сочиненіямъ Брегтера и Рольфсена. (Съ рис.) Изд. Сойкина. Спб. 97 г. Ц. 40 к.

— Тоже. Пер. Крубера подъ ред. Анучина. Т. 2-й. Вып. 4. (посл.) Москва 98 г.

— Тоже. Подъ ред. магистра физ. Ковалевскаго. Т. 1 и 2. Изд. Аскарханова. Спб. 99 г. Ц. 1 р.

Нибуръ. Разсказы о греческихъ герояхъ. Перев. Гершзона. Москва. 97 г. Ц. 50 к.

Нордау, М. Мыльные пузыри. Разск. Пер. съ нѣм. подъ ред. М. Лахтина. Москва. 97 г. Ц. 50 к.

— Геній и талантъ. Пер. съ нѣм. Спб. 98 г. Ц. 15 к.

История любви. Пер. съ 12-го изданія. Спб. 98 и 99 г. Ц. 40 к.

— Комедія чувства. Ром., пер. съ нѣм., изд. Д. Ефимова. Москва. 99 г. Ц. 1 р.

— Битва трутней. Ром., пер. Перелыгиной. Изд. Д. Ефимова и М. Клюкина. Москва. 99 г. Ц. 1 р. 25 к.

Нѣмцовъ. Бабушка. Пов. Пер. съ чешскаго. Изд. А. Суворина. Спб. 99 г.

Нюропъ. О поцѣлуяхъ. Культурно-историч. очерк. Перев. съ датск. А. и П. Ганзенъ. Спб. 98 г.

Ожешко, Эл. Собр. сочиненій. Т. 1-ый. Пер. Домбровскаго. Спб. 99 г.

— Тоже. Т. 2-ой. Пер. Домбровскаго. Спб. 99 г.

— Тоже. Т. 3-й. Надъ Нѣманомъ. Пер. съ польск. Ф. Домбровскаго. Спб. 99 г.

— Аргонавты. Пов. Пер. съ польск. Изд. автора. Спб. 99 г. Ц. 1 р. 50 к.

— Повѣсти и разсказы. Никлочка. — Четырнадцатая часть. - Смерть дома. — Съ пожара. Пер. Лаврова. Изд. журнала Р. М. Москва. 900 г. Ц. 1 р. 50 к.

— Жертва адвоката. Ром. Пер. съ польск. Изд. К. Геруца. Спб. 97 г. Ц. 60 к.

— Колдунья. Разск. Пер. съ польск. Москва. 97 г. Ц. 20 к.

— Пана Роза. — Великій среди цвѣтовъ. Перев. съ польск. Лаврова. Москва. 98 г. Ц. 50 к.

— Хамъ. Ром. Пер. съ польск. Спб. 99 г. Ц. 75 к.

— Мейръ Езофовичъ. Ром. Пер. съ польск. Ф. Домбровскаго. Спб. 99 г. Ц. 1 р. 50 к.

— Искры. Пер. съ польск. У. Энбулаевой. Москва. 900 г. Ц. 75 к.

— Меланхолики. (Одна сотая). Свѣтъ въ развалинахъ. — Цѣпь изъ сумерокъ. Пер. Лаврова. Изд. журн. Р. М. Москва. 900 г. Ц. 1 р. 50 к.

— Въ зимній вечеръ. Разск. Пер. съ польск. Москва. 900 г.

— Брошенная. — Городская картинка. Перев. съ польск. Лаврова. Москва. 901 г. Ц. 50 к.

— Юліанка. — Городскія картинки. Пер. съ польск. В. Лаврова. Изд. ред. жур. Р. М. Москва. 900 г.

— Тоже подъ названіемъ «Подкидышъ».

— Прерванная пѣснь. Пер. съ польск. Л. Хржановскаго и Н. Перелыгина. Москва. 98 г. Ц. 50 к.

— Тоже. Пер. Домбровскаго. Спб. 98 г. Ц. 1 р.

— Могучій Самсонъ. Разск. Пер. съ польск. Изд. 4-ое Акціон. Южн. Русск. Об. Печ. Дѣла. Одесса. 98 г. Ц. 10 к.

— Тоже. Изд. М. Клюкина. Москва. 99 г. Ц. 10 к.

Приключеніе Яся. Свят. разск. Пер. съ польск. Ф. Домбровскаго. Изд. 2-ое Губинскаго. Спб. 900 г. Ц. 20 к.

— Тоже. Разск. для дѣт. Изд. 7-ое Клюкина. Москва. 99 г. Ц. 10 к.

— Сильвекъ-могильщикъ. Ром. въ 2-хъ ч. Пер. съ польск. В. Лаврова. Изд. журн. Р. М. Москва. 98 г. Ц. 1 р. 50 к.

— Хамъ.—Сильвекъ-могильщикъ. Пер. съ польс. Ф. Домбровскаго. Спб. 99 г. Ц. 75 к.

Олькотъ, Луиза. Семь братьевъ и сестра. Пер. съ англ. Бутеневой. Изд. 3-е. Спб. 97 г. Ц. 1 р. 25 к.

— Маленькіе мужчины, ставшіе большими. Ром. для юнош. Пер. съ англ. М. Лялиной. Изд. А. Суворина. Спб. 98 г. Ц. 1 р. 25 к.

Онэ, Ж. Король Парижа. Пер. съ фр. Москва. 99 г. Ц. 1 р. 50 к.

— Горнозаводчикъ. Ром. Пер. съ фр. Изд. А. Суворина. Спб. 900 г. Ц. 60 к.

— Бѣда отъ гордости. Ром. Перев. съ фр. Спб. 901 г. Ц. 1 р. 50 к.

— Развращенный Парижъ. Ром. Спб. 901 г. Ц. 1 р.

— Тоже. Пер. Латернера. Изд. Д. Ефимова. Москва. 901 г.

Отелло, венеціанскій арабъ и прекрасная Дездемона или безуміе ревности. Пов. въ 5-ти ч. по Шекспиру. Сост. А. Юрьева. Москва. 97 г.

Перро. Волшебныя сказки. Изд. 3-е (Народная библ. В. Маракуева). Изд. Южн. Рус. Об. П. Д. Одесса. 97 г. Ц. 35 к.

— Волшебный міръ. Сказка. Пер. Урсыновича. Москва. 97 г.

— Красная шапочка. — Котъ въ сапогахъ.—Спящая красавица.—Синяя борода.—Сказки. Перев. съ фр. Б. Прозоровской. (Иллюстр. сказ. библ. Ф. Павленкова). Съ рис., портрет. и біографіей автора. Спб. 97 г. Ц. 15 к.

— Золушка.—Мальчикъ съ пальчикъ. — Волшебницы.—Хохликъ. Перев. съ фр. Б. Прозоровской. (Иллюстр. сказоч. библ. Ф. Павленкова). Спб. 97 г. Ц. 15 к.

Перро. Волшебныя сказки въ переводѣ Лавровой: 1) Волшебница. 2) Золушка. 3) Котъ въ сапогахъ. 4) Красная шапочка. Изд. Лаврова и Попова. Спб. 901 г.

Писторіусъ. Черный капитанъ или освобожденіе отъ ига рабства. Разск. Пер. съ нѣм. Москва. 98 г., 99 г.

— Гнѣздо разбойниковъ или островъ пиратовъ. Разск. Пер. съ нѣм. Н. К. Изд. 3-е. Москва. 98 г.

— Тоже. Изд. 4-е. Москва. 99 г.

Понсонъ-дю-Террайль. Похожденія Рокамболя.—Парижскія драмы. Томъ 2-й. Клубъ червонныхъ валетовъ.—Грѣшница. Ром. Пер. съ фр. Спб. 901 г.

— Тоже. Т. 3-й. Графъ Артовъ (продолж. романа «Грѣшница»). Ром. Пер. съ фр. Спб. 901 г.

— Тоже. Т. 4: 1) Испанка. 2) Графиня Артова. Пер. съ фр. Спб. 901 г.

— Тоже. Т. 5. Смерть дикаря. Спб. 901 г.

— Похожденія Рокамболя. Ром. Пер. съ фр. Т. 6: 1) Мщеніе Баккара. 2) Воскресшій Рокамболь. 3) Тулонскій острогъ. Спб. 901 г.

— Тоже. Т. VII: 1) Сенъ Лазаръ. 2) Проклятая гостиница. Спб. 901 г.

Порша, Ж. Волшебныя сказки. Пер. съ фр. Москва. 98 г.

Прево, М. Напутствіе. Пер. съ фр. Москва. 96 г.

— Таинственный садъ. Перев. съ фр. А. Перелыгиной. Москва. 97 г. Ц. 1 р.

— Послѣднія письма женщинъ. Пер. съ фр. Изд. Д. Ефимова и М. Клюкина. Москва. 98 г. Ц. 60 к.

— Мелкіе разсказы. Notre compagne. Пер. съ фр. А. Перелыгиной. Изд. Д. Ефимова и М. Клюкина. Москва. 98 г. Ц. 75 к.

— На зарѣ освобожденія. Фредерика. Пер. съ фр. Съ предисловіемъ переводчицы. Спб. 901 г. Ц. 1 р.

— Полудѣвы. Съ предисловіемъ автора и 104 рисунками въ текстѣ. Пер. съ 106 французскаго изданія В. Свѣтлова. Изд. 2-е Богельмана. Спб. 98 г. Ц. 1 р. 25 к.

— Нимфа. Пер. съ фр. Изд. Владимірской типографіи. Спб. 99 г. Ц. 60 к.

— Счастливое супружество. Пер. съ фр. Изд. Д. Ефимова. Москва. 901 г. Ц. 60 к.

— Какъ любятъ дѣвушки. Какъ любятъ женщины. Спб. 901 г. Ц. 20 к.

— Женщины. Изд. 3-е съ илюстр. и портрет. автора. Спб. 98 г. Ц. 60 к.

— О женщинахъ. Новыя письма. Пер. съ фр. «Летуч. библ.». Изд. Ефимова и Клюкина. Москва. 99 г. Ц. 60 к.

— Женское движеніе. Ром. Пер. съ фр. Москва. 900 г. Ц. 1 р.

Приключеніе маленькаго графа. Пер. съ англ. М. Ляпиной. Изд. В. Губинскаго. Спб. 98 г. Ц. 30 к.

Приключенія маленькаго Поля. Пер. съ фр. Москва. 98 г.

Прусъ, Б. Грѣшникъ юности. Пов. Пер. съ польск. Ф. Домбровскаго. Спб. 99 г. Ц. 60 к.

— Михайло Простота. Пер. съ польск. Книж. за книж. № 6. Изд. Слѣпцовой. Спб. 901 г. Ц. 7 к.

— Полн. собр. сочин. Пер. съ польск. Т. 3-й. Изд. Ю-Р. Книго-изд. Ф. Іогансонъ. Кіевъ, 900 г. Ц. за 4 т. 5 р.

Путешествіе Пелагеи Карповны. Разск. для маленькихъ дѣт. Передѣлано съ фр. тетей Катей. Изд. Бетшпажъ. Спб. 901 г.

Рабле, Ф. Гаргантюа и Пантагрюэль. Пер. съ фр. текста XVI в. Изд. ред. Н. Ж. И. Л. Первый русск. перев. Спб. 901 г. Ц. 3 р. 50 к.

Рамбо, А. Печать Цезаря. Изъ воспомин. гальск. солдата. Историч. ром. временъ Юлія Цезаря. Перев. съ фр. Изд. 2-е В. Губинскаго. Спб. 900 г. Ц. 1 р.

Рейбо, Луи. Жеромъ Патюро въ поискахъ за общественнымъ положеніемъ. Перев. съ послѣд. фр. изданія. Изд. Л. Пантелѣева. Спб. 98 г. Ц. 1 р. 25 к.

Реймонтъ. Счастливые. Разск. Перев. съ польск. Рига. 900 г.

де-Ривольеръ. Очерки современнаго французскаго общества. Пер. съ фр. М. А. Б. (Библ. Обществ. Знаній). Подъ ред. Л. Зака. Изд. Ю. Р. О. П. Д. Одесса. 97 г. Ц. 25 к.

Рихтеръ, Ж. П. Цвѣты, плоды и шипы, или брачная жизнь, смерть и свобода адвоката бѣдныхъ Зибенкейза. Ром. Перев. съ нѣм. Изд. ред. Н. Ж. И. Л. Спб. 900 г. Ц. 1 р.

Рише, Ш. Любовь. Психолог. этюдъ. Перев. съ фр. Изд. В. Губинскаго. Спб. 98 г. Ц. 25 к.

Роденбахъ. Призваніе. Пер. съ фр. Л. Перелыгиной. Москва. 99 г. Ц. 50 к.

Розеггеръ. Разсказы съ нѣм. Изд. ред. жур. Р. М. Москва. 901 г. Ц. 15 к.

Руссо, Ж. Ж. Исповѣдь. Пер. Устлярова. Изд. А. Суворина. Спб 98 г. Ц. 3 р.

Свадебныя дѣвы. Ром. въ 3-хъ ч. Перев. студ. С. Зеленскаго. Изд. Ф. Іогансонъ. Кіевъ. 900 г

Сенкевичъ, Г. Полное собраніе сочиненій. Въ переводѣ Ф. Домбровскаго. Въ 6-ти томахъ. Изд. Іогансона. Кіевъ. 98 г. Ц. за всѣ 6 томовъ 6 р.

— Т. 1-й. Безъ догмата. Пов. разск. и проч.

— Т. 2-й. Огнемъ и мечемъ.—Потопъ. Ист. романъ.

Т. 3-й. Потопъ и продолженіе его «Панъ Володіевскій». Ист. ром.

— Т. 4-й. Панъ Володіевскій. Ист. ром.— Семья Поланецкихъ.

— Полн. собр. сочиненій. Т. 5-й. Изд. Ф. Іогансона. Спб 98 г.

— Тоже. Т. 6-й.

— Повѣсти и разсказы: Та третья.— Поѣздка въ Афины. - Янко музыкантъ.— Старый слуга.—Ганя.—У источника. – Идиллія и др. Пер. В. Лаврова. Съ предисловіемъ В. Гольцева. Изд. 2-е удешевленное. Ред. Журн. Р. М. Москва. 98 г. Ц. 1 р.

— Крестоносцы. Истор. ром. въ 6-ти част. Перев. съ польск. (Ч. 1—6). Изд. М. Вольфъ. Спб. 98 г.

— Тоже. Подъ названіемъ «Меченосцы». Изд. ред. Жур. В. И. Л. Спб. 98 г.

— Камо грядеши (Quo vadis). Ром. изъ временъ Нерона. Пер. съ польск. Москва. 97 г. Ц. 2 р.

— Тоже. Пер. В. Лаврова. Съ примѣчаніями С. Соболевскаго. Изд. 2-е журналовъ Р. М. Москва. 97 г. и С. В. Спб. 97 г. Ц. 1 р.

— Тоже. Пер. Ф. Домбровскаго съ предисл. и примѣч. переводчика. Изд. 2-е исправл. Спб. 98 г.

— Тоже. Изд. книжн. скл. Аскарханова. Спб. 98 г.

— Тоже. Сокращ. по изд. Р. М. Перев. Лаврова. Спб. 901 г.

— Семейство Поланецкихъ. Ром. Пер. съ польск. Изд. М. Вольфъ. Спб 97 г. Ц. 1 р. 25 к.

— Огнемъ и мечемъ. Ист. ром. въ 4-хъ част. Изд. 2-е Н. Мертца. Спб. 98 г. Ц. 1 р. 50 к.

— Тоже. Изд. 5-е. Спб. 900 г. Ц. 2 р.

— Вартекъ-побѣдитель. Разск. изъ воен. быта. Пер. съ польск. Ф. Домбровскаго. Спб 99 г. Ц. 1 р.

— Тоже. Пер. В. Батурина. Москва. 900 г.

— Ганя. Пов. Пер. съ польск. Ф. Домбровскаго. Спб. 96 г. Ц. 1 р.

— На ясномъ берегу. Пов. Москва. 97 г.

— Безъ догмата Ром. Пер. В. Лаврова. Изд. 4-е ред. жур. Р. М. Москва. 98 г. Ц. 1 р.

— Геройская оборона Ченстохова. Разск. изъ временъ Шведской войны. Спб. 98 г. Ц. 75 к.

— Убитыя силы. Пов. Пер. съ польск. Ф. Домбровскаго. Изд. 2-ое. Спб 98 г. Ц. 75 к.

— Побѣдитель. Разск. Книж. за книжк. Изд. М. Слѣпцовой. Спб. 98 г. Ц. 10 к.

— За хлѣбомъ. Разск. изъ американск. жизни переселенцевъ. Пер. съ польск. Ф. Домбровскаго. Спб. 99 г. Ц. 60 к.

— Волкъ. Разныя дороги. Юморист. замѣтки. Пер. съ польск. П. Грибоѣдовой. Съ критикобіограф. очеркомъ В. Чуйко и портрет. автора. Спб. 99 г. Ц. 1 р. 25 к.

— Фонарщикъ на маякѣ и Янко музыкантъ. Изд. ред. жур. Р. М. Москва. 900 г.

— Пойдемъ за нимъ. съ польск. В. Лаврова. Изд. 2-ое ред. журн. Р. М. Москва. 900 г.

Серао, М. Или Джіованнино, или смерть. Лоттерейный билетъ. На казенномъ телеграфѣ.

Разсказы. Пер. Веселовской. Москва. 900 г. Ц. 50 к.

— Въ женской учительской семинаріи.— Чѣмъ кончаются дѣвичьи грезы?—Сцена. Идеалъ.—Повѣсть любви. Пер. Веселовской. Москва. 900 г. Ц. 50 к.

Сервантесъ, Мигуэль. Донъ Кихотъ Ламанческій. Пер. съ исп. В. Карелина. Исправл. и дополнено Зотовымъ. Изд. 5-ое съ иллюстр. В. Губинскаго. Спб. 901 г. Ц. за 2 тома 3 р.

Скрамъ, Амалія. Мужъ и жена. Разск. Пер. съ норвежск. Изд. О. Поповой. Спб. 99 г.

— **Сто разсказовъ** изъ жизни животныхъ. Книга для дѣтей младш. возр. Пер. съ англ. Журавской. (Съ рис.) Изд. О. Поповой. Спб. 98 г. Ц. 50 к.

Сю, Евгеній. Парижскія тайны. Пер. съ фр. Ильиной. Изд. А. Суворина. Спб. 99 г. Ц. 60 к.

— **Семь смертныхъ грѣховъ.** Ром. Пер. съ фр. Брале. Вып. 1. Одесса. 901 г. Ц. 15 к.

Сюэль, Анна. Черный красавецъ. Автобіографія лошади. Пер. съ англ. Е. Б. для дѣт. и юнош. Москва. 901 г. Ц. 75 к.

— Тоже. Изд. О. Поповой. Спб. 901 г. Ц. 1 р.

Тавастшерна, К. Мать и сынъ. Ром. изъ жизни финск. крестьянъ. Пер. со шведск. В. Фирсова. Спб. 97 г. Ц. 80 к.

Твэнъ, М. Принцъ и нищій. Пов. для юнош. Пер. съ англ. изданія О. Ніск. съ 155-го иллюстр. Изд. Ф. Іогансона. Кіевъ. 97 г. Ц. 60 коп.

— Тоже. Изд. 5-ое А. Суворина. Спб. 900 г.

— Тоже. Перед. С. Буре. Изд. Сытина. Москва. 99 г.

— Приключенія Тома Сойера. Перев. съ англ. Л. Гольдмерштейна. Изд. Ф. Іогансона. Кіевъ. 98 г. Ц. 35 к.

— Тоже. Пер. Рѣпиной. Подъ ред. Васильева. Изд. М. Клюкина и А. Панафидина. Москва. 901 г. Ц. 80 к.

— Воспоминанія объ Іоаннѣ Д'Аркъ ея пажа и секретаря Монде Конта. Извлекъ изъ древнихъ архивовъ и издалъ Маркъ Твэнъ. Пер. съ англ. Л. Г. (съ рис.) Изд. А. Суворина. т. 1 и 2. Спб. 97 г. Ц. за 2 тома 3 р.

Терье, А. Полевая лилія. Пов. Пер. съ фр. Москва. 99 г. Ц. 1 р.

Тисандье, Г. Мученики науки. Пер. съ фр. Съ 34 гравюрами и 23 портрет. въ текстѣ. Изд. Ф. Павленкова. Спб. 901 г. Ц. 1 р. 25 к.

Топеліусъ. Сказки. Перев. со швед. Изд. Аскарханова. Спб. 97 г.

— Тоже. Съ картинк. Какъ желѣзная дорога пріобрѣла семимильные сапоги. Ц. 10 к.

— Тоже. Каналъ принца Флоріо. Ц. 10 к.

— Тоже. Портной, который сточалъ Финляндію вмѣстѣ со Швеціей. Ц. 10 к.

— Тоже. Рефанутъ. Ц. 10 к.

— Тоже. Червякъ въ малинѣ и дѣти святой ночи. Ц. 10 к.

Трей. Письмо къ дѣвушкѣ. Рожд. разск. Пер. съ нѣм. Перед. В. Остерманъ. Спб. 98 г. Ц. 25 к.

Туръ, Е. Послѣдніе дни Помпеи. Перед. для отроческ. возраста. Пер. съ англ. Изд. 5-е. Москва. 98 г. 1 р.

— Катакомбы. Пов. изъ первыхъ временъ христіанства. Пер. съ англ. Изд. 9-е. Москва. 98 г. 1 р.

— Тоже, изд. 10-е. Москва. 901. Ц. 1 р.

Тысяча и одна ночь. Арабск. сказки знаменитой Шехеразады въ 3-хъ ч. (съ рис). Перед. съ фр. Москва. 97 г.

— Тоже. Перев. съ нѣм. (съ рисунк.) Изд. Бетипажа. Спб. 97 г.

Уайтъ, М. По совѣсти. Разск. Пер. съ англ. Изд. М. Слѣпцовой (Книж. за книж. № 18) Спб. 901 г. Ц. 10 к.

— Гладіаторы. Римъ и Іудея. Истор. ром. изъ временъ осады Іерусалима въ 3-хъ ч. Перев. съ примѣч. А. Измайлова. Изд. книгопрод. Тузова. Спб. 99 г. Ц. 2 р.

Уитби. Въ свѣтлую пору жизни. Пов. для юнош. Пер. съ англ. Изд. В. Бекманъ. Спб. 901 г. Ц. 1 р. 25 к.

Уйда. Сказки. Пер. съ англ. М. Лялиной. Спб. 98 г. Ц. 1 р.

— Приключеніе маленькаго графа. Разск. для дѣт. Пер съ англ. А. Архангельской. Изд. 3-е М. Клюкина. Москва. 97 г.

— Нелло и Патрашъ. Разск. Пер. съ англ. Москва. 900 г.

— На привалѣ. Разск. Пер. съ англ. Москва. 97 г.

— Барчукъ. Пер. съ англ. Изд. М. Слѣпцовой. (Кн. за Кн. № 17). Спб. 901 г. Ц. 8 к.

— Снигирь. Разск. Пер. съ англ. Е. Некрасовой. Москва. 901 г. Ц. 30 к.

Уэльсъ. Юмористическіе разсказы, маленькія новеллы. Пер. съ англ. К. Толстого. Изд. ред. Н. Ж. И. Л. Спб. 99 г. Ц. 1 р.

— Борьба міровъ. Ром. Пер. съ англ. К. Толстого. Изд. ред. Н. Ж. И. Л. Спб. 98 г. Ц. 75 к.

— Послѣ дождика въ четвергъ. Фант. ром. Пер. съ англ. К. Толстого. Изд. Ред. Н. Ж. И. Л. Спб. 900 г. 75 к.

— Машина времени. Ром. Пер. съ англ. М. Черальской. Ковно. 901 г. Ц. 1 р.

— Невидимый. Диковинный романъ. Перев. съ англ. О. Соловьевой. Изд. ред. Н. Ж. И. Л. Спб. 901 г. Ц. 75 к.

Фаге, Эмиль. Девятнадцатый вѣкъ. Литературные этюды. Пер. съ 19-го фр. изданія подъ ред. Кончаловскаго. Москва. 901 г. Ц. 2 р.

Ферраръ. Семейный очагъ. Мужчина и женщина. Пер. съ англ. Ф. Комарскаго. Изд. книгопрод. И. Тузова. Спб. 98 г. Ц. 60 к.

— Сквозь мракъ къ свѣту или на разсвѣтѣ христіанства. Пов. изъ временъ Нероновскаго гоненія на христіанъ. Въ излож. съ англ. подлинника. Ч. 1 и 2. Спб. 97 г. Ц. 25 к.

— Безхарактерность — причина многихъ бѣдствій. Очеркъ нравовъ школьн. жизни. Пер. съ англ. Ф. Комарскаго. Изд. книгопр. Тузова. Спб. 98 г. Ц. 2 р.

— Искатели Бога. Пер. съ англ. Ф. Комарскаго (съ рис.). Изд. книгопр. Тузова. Спб. 98 г. Ц. 1 р. 50 к.

— Христіанскіе труженики. Пер. съ англ. Ф. Комарскаго. Изд. книгопрод. Тузова. Спб. 98 г. Ц. 60 к.

— На разсвѣтѣ христіанства. Истор. ром. изъ временъ Нерона. Изд. 2-е. А. Суворина. Спб. 901 г.

— Раскаяніе — основаніе нравственнаго совершенства. Очеркъ нравовъ школьной жизни. Пер. съ англ. С. Комарскаго. Изд. книгопр. Тузова. Спб. 98 г. Ц. 2 р.

— Тьма и разсвѣтъ. Ром. изъ временъ Нерона. Изд. 2-е. М. Клюкина. Москва. 900 г. Ц. 1 р.

Фламаріонъ. Животная астрономія. Общее описаніе вселенной. Пер. съ фр. Е. Предтеченскаго. (Съ рис.). Изд. Ф. Павленкова. Спб. 97 г. Ц. 3 р.

— Предстоящій звѣздный дождь 2-го ноября 97 г. Пер. съ фр. Изд. В. Врублевскаго. Спб. 98 г. Ц. 15 к.

— Люмэнъ (разговоры о безсмертіи души). Изд. М. Городецкаго. Спб. 98 г. Ц. 50 к.

— Стелла. Астроном. ром. Пер. съ фр. Изд. Городецкаго. Спб. 98 г. Ц. 60 к.

— Тоже. Изд. Ф. Павленкова. Спб. 98 г. Ц. 1 р.

Франко, Ив. Сказка объ Иванѣ-лѣнтяѣ, о дѣдѣ волшебникѣ и о прекрасной княжнѣ Нинѣ. Перелож. съ малорос. Г. Коваленко. Москва. 99 г.

Цыгане. Пер. съ малор. Изд. книж. магаз. «Знаніе» Спб. 99 г. Ц. 3 к.

Франсъ, Анат. Преступленіе Сильвестра Бонара, члена института. Ром. Пер. съ фр. С. Миримановой. Изд. ред. Н. Ж. И. Л. Спб. 99 г. Ц. 50 к.

Хорватъ, Янко. Рокъ. Ром. пер. съ венгерск. Изд. журн. Р. В. Москва. 98 г. Ц. 1 р. 25 к.

Художественные разсказы: Мопассанъ— Уборъ; **Киплингъ**—Чудо; **Флоберъ**—Простое сердце. Изд. Профес. Романова. Спб. 99 г. Ц. 50 к.

Цастровъ, К. Желѣзная маска. Историч. разск. Пер. съ нѣм. Н. К-ова. Москва. 97 г.

Цшоке. Дѣлатели золота. Народн. пов. Изд. 9-е. Общ. Распростр. Полезн. Книгъ. Москва. 97 г. Ц. 25 к.

Шатобріанъ. Гарибальдійцы. Истор. пов. изъ временъ борьбы Италіи за свое освобожденіе. Пер. съ фр. Изд. Д. Алексѣева. Спб. 900 г. Ц. 15 к.

Шелли. Сочиненія. Пер. съ англ. К. Бальмонта. Вып. 5. Изд. маг. „Книжное Дѣло". Москва. 98 г. 75 к.

Шмидтъ. Сто разсказовъ для маленькихъ дѣтей. Пер. съ нѣм. Андреевской. (Съ 5-ю раскраш. картин.). Изд. Ветинажа. Спб. 97 г.

Шнитцлеръ, А. Зеленый попугай.—Три-

логія.—Парацельсъ.—Подруга. Перев. съ нѣм. Изд. книгоизд. Скорпіонъ. Москва. 900 г.

— Жена мудреца. Новеллы. Перев. съ нѣм. М. Гуковскаго. Одесса. 901 г. Ц. 75 к.

Шпильгагенъ. Жертва. Ром. Перев. съ нѣм. А. Перелыгина. Изд. Д. Ефимова. Москва. 901 г. Ц. 1 р. 50 к.

— Одинъ въ полѣ не воинъ. Ром. Перев. съ нѣм. Изд. Ф. Павленкова. Спб. 99 г. Ц. 1 р. 25 к.

— Фаустулъ.—Фаустъ нашихъ дней. Ром. Перев. съ нѣм. Л. Ждановой. Москва. 900 г Ц. 1 р.

Штормъ. Дочь кукольнаго комедіанта. Разск. Перев. съ нѣм. Е. Б. для дѣтей и юношества. Москва. 901 г.

— Павлушка комедіантъ. Разск. для средн. возраста. Перев. съ нѣм. Л. Горбуновой. Москва. 901 г. Ц. 40 к.

Шуппъ. Два друга или поѣздка Петра въ Японію. Разск. для юнош. Перев. съ нѣм. Москва. 901 г.

Эберсъ, Г. Арахнея, истор. ром. Перев. съ нѣм. Е. Кившенка. Изд. ред. Н. Ж. И. Л. Спб. 99 г. Ц. 75 к.

— Сераписъ. Истор. ром. Перев. съ нѣм. Изд. 2-ое В. Губинскаго. Спб. 98 г. Ц. 1 р. 50 к.

Элліотъ, Дж. Адамъ Бидъ. Ром. Перев. съ англ. Изд. Мошкина. Москва. 99 г. Ц. 75 к.

— Дѣтоубійца или Адамъ Бидъ, деревенскій столяръ. Москва. 900 г.

Энгельманъ. Заколдованный міръ. Перев. съ нѣм. Изд. 2-ое испр. и дополнено. В. Губинскаго. Спб. 901 г. Ц. 50 к.

Эрвильи. Приключеніе доисторическаго мальчика. Перев. съ фр. Изд. О. Поповой. Спб. 99 г. Ц. 80 к.

Эркманъ-Шатріанъ. Романы, сказки и повѣсти. Сокровище стараго герцога. (Изъ Рейнскихъ сказокъ). Перев. съ фр. Е. Никольской. Изд. Лавровой и Попова. Спб. 98 г.

— Романы, сказки и повѣсти: Домъ лѣсного сторожа. Перев. съ фр. Е. Никольской. Изд. Е. Лавровой и Попова. Спб. 98 г.

— Романы, сказки и повѣсти: Два брата. Ром. Перев. съ фр. Изд. Лавровой и Попова. Спб. 99 г. Ц. 60 к.

— Лѣсничій Фредерикъ. Воспоминанія одного француза о бѣдствіяхъ и страданіяхъ въ трагическіе дни присоединенія Эльзаса къ Пруссіи. Перев. съ фр. А. Успенской. Изд. 2-ое. Спб. 97 г. Ц. 40 к.

— Гаспаръ Фиксъ. Разск. Перев. съ фр.

Е. Джунковской. Изд. т-ва Знаніе. Спб. 900 г. Ц. 65 к.

Юноша, Кл. Еврейскій Донъ Кихотъ. Произвед. еврейской жаргонной литерат. Перев. съ польск. В. Бороздина. Казань. 98 г. Ц. 80 к.

— Жена съ ярмарки. Пов. изъ сельск. быта. Перев. съ польск. Москва. 98 г. Ц. 75 к.

— Въ глуши. Пов. Перев. съ польск. Перелыгина. Москва. 99 г. Ц. 1 р.

— На мостовой. Повѣсть. Перев. съ польск. Л. Хржановскаго и Н. Перелыгина. Москва. 99 г. Ц. 75 к.

— Пауки. Еврейск. сц. и картины городск. жизни. Перев. съ польск. Изд. книгопр. Мартынова. Спб. 99 г. Ц. 1 р.